에듀윌과 함께 시작하면,
당신도 합격할 수 있습니다!

에듀윌 IT자격증은 학문을 연구하지 않습니다.
가장 효율적이고 빠른 합격의 길을 연구합니다.

IT자격증은 '사회에 내딛을 첫발'을 준비하는 사회 초년생을 포함하여
새로운 준비를 하는 모든 분들의
'시작'을 위한 도구일 것입니다.

에듀윌은
IT자격증이 여러분의 최종 목표를 앞당기는 도구가 될 수 있도록
빠른 합격을 지원하겠습니다.

누구나 합격할 수 있습니다.
시작하겠다는 '다짐', 이루겠다는 '목표'면 충분합니다.

마지막 페이지를 덮으면,

**에듀윌과 함께
IT자격증 합격이 시작됩니다.**

IT자격증 단기 합격!
에듀윌 EXIT 시리즈

컴퓨터활용능력

- **필기 초단기끝장(1/2급)**
  문제은행 최적화, 이론은 가볍게 기출은 무한반복!
- **필기 기본서(1/2급)**
  기초부터 제대로, 한권으로 한번에 합격!
- **실기 기본서(1/2급)**
  출제패턴 집중훈련으로 한번에 확실한 합격!

ADsP

- **데이터분석 준전문가 ADsP**
  이론부터 탄탄하게! 한번에 확실한 합격!

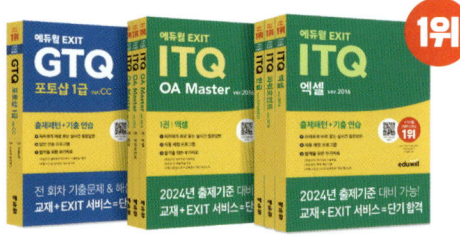

ITQ/GTQ

- **ITQ 엑셀/파워포인트/한글 ver.2016**
  독학러도 초단기 A등급 보장!
- **ITQ OA Master ver.2016**
  한번에 확실하게 OA Master 합격!
- **GTQ 포토샵 1급 ver.CC**
  노베이스 포토샵 합격 A to Z

실무 엑셀

- **회사에서 엑셀을 검색하지 마세요**
  자격증은 있지만 실무가 어려운 직장인을 위한 엑셀 꿀기능 모음 zip

---

*2024 에듀윌 EXIT 컴퓨터활용능력 1급 필기 초단기끝장: YES24 수험서 자격증 > 컴퓨터수험서 > 컴퓨터활용능력 베스트셀러 1위(2023년 10월 4주 주별 베스트)
*에듀윌 EXIT ITQ OA Master: YES24 수험서 자격증 > 컴퓨터수험서 > ITQ 베스트셀러 1위(2023년 12월 월별 베스트)
*에듀윌 EXIT GTQ 포토샵 1급 ver.CC: YES24 > 컴퓨터수험서 > 그래픽 관련 GTQ 베스트셀러 1위(2024년 5월 1주 주별 베스트)
*2024 에듀윌 데이터분석 준전문가 APsP 2주끝장: YES24 수험서 자격증 > 기타/신규 자격증 베스트셀러 1위(2024년 9월 5주 주별 베스트)

에듀윌이
너를
지지할게

ENERGY

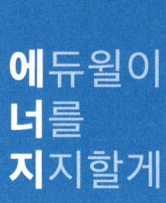

시작하라.

그 자체가 천재성이고,
힘이며, 마력이다.

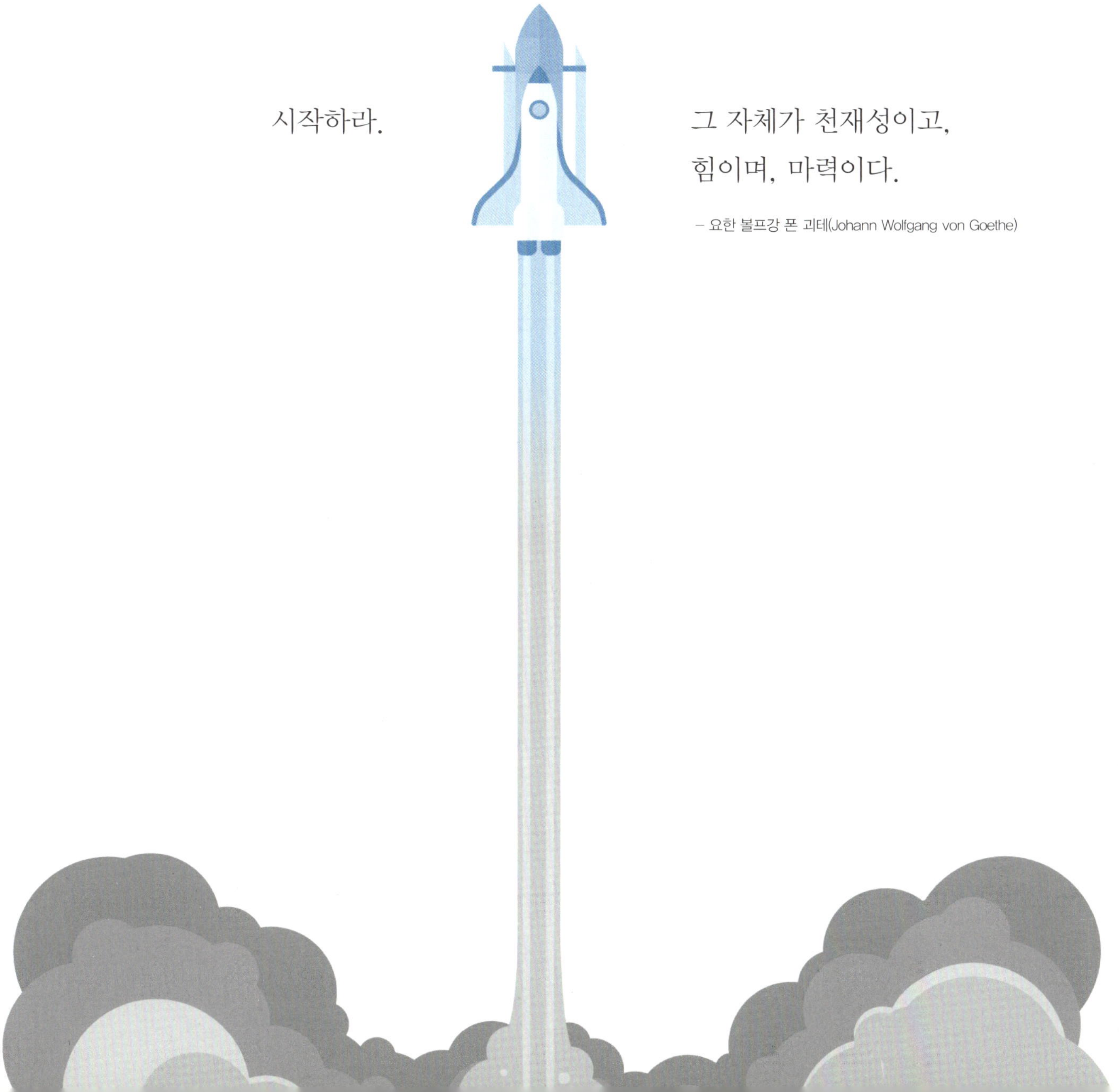

– 요한 볼프강 폰 괴테(Johann Wolfgang von Goethe)

저자 소개

저와 함께 ADsP 학습의 첫걸음을 시작하세요!

데이터분석 준전문가(ADsP)는 데이터 분석 관련 학습을 시작하는 분들께 추천해 드리는 국가공인 자격입니다. 이는 데이터분석 전문가(ADP) 시험에 응시할 수 있는 자격을 부여하며, 국가기술자격인 빅데이터 분석기사 학습의 기초를 다지는 데 도움을 줍니다. 즉, 데이터분석 준전문가(ADsP) 자격을 취득하는 것은 데이터 분석에 대한 학습의 시작점으로, 실무와 이론에 있어서 다양한 장점을 제공합니다.

2024년 출제경향을 살펴보면 1, 2과목은 시험 개정 전과 비슷한 난이도의 문제가 출제되었으나, 3과목은 지금까지와 다른 유형의 문제들도 출제되어 조금 더 어려운 난이도를 보이고 있습니다. 그러나 걱정하실 필요는 없습니다. "시험에 어려운 문제가 나올 수 있으니 당황하지 말자!"라는 생각으로 자주 출제되었던 부분을 꼼꼼하게 학습하시면 합격하실 수 있을 것입니다.

에듀윌 ADsp 2주끝장을 통해 데이터분석 준전문가(ADsP) 자격을 취득하고 나아가 데이터 분석 분야에 대한 이해를 넓혀보시기를 바랍니다!

저자 l 윤소영(EduAtoZ)
아주대학교 IT 융합대학원 정보전자 석사
現) 에듀아토즈(EduAtoZ) 대표, (주)자앤 전임 교수
前) 성균관대학교겸임교수
[직업훈련교사 면허(정보처리, 전문교사2급)/정보처리기사/데이터분석 준전문가(ADsP)/빅데이터 분석기사/데이터분석 전문가(ADP)/SQLD]

검수 l 최광순
데이터전문가포럼 회장
Helsinki School of Economics Executive MBA

검수 l 임효섭
ADP(데이터분석전문가)
성균관대 데이터사이언스융합학과 석사

에듀윌
데이터분석 준전문가
ADsP
2주끝장

EXIT 합격 서비스에서 드려요!

exit.eduwill.net

1* 저자에게 묻는 실시간 질문답변
① 로그인
② 교재 구매 인증
③ 실시간 질문답변 게시판
④ 질문하기

2* 저자 운영 에듀아토즈 사이트
① 로그인
② 사이트 둘러보기
③ ADsP 2일 무료강의 이용하기
 (교재 p.5 참고)

3 더 공부하고 싶다면 PDF 학습자료
① 로그인
② 자료실 〉 ADsP
③ 학습자료 다운로드

4 바로 확인하는 정오표

교재 구매 인증 방법

EXIT 합격 서비스의 [실시간 질문답변 게시판]을 이용하기 위해서는 교재 구매 인증이 필요합니다.
❶ EXIT 합격 서비스(exit.eduwill.net) 접속 → ❷ 로그인 → ❸ 우측 구매도서 인증 아이콘 클릭 → ❹ 정답은 교재 내에서 확인

1. 혼자 고민하지 마세요. 질문하세요.
저자가 직접 답변하는 **실시간 질문답변**

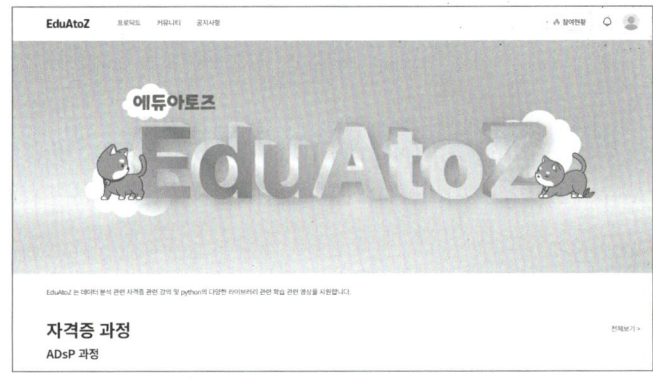

용어가 너무 생소한가요? 내용을 이해하기 어려우신가요? 공부하다 어렵다면 혼자 고민하지 마세요. 교재를 집필하신 교수님들께서 직접! 친절하게! 설명해 주십니다.

2. 혼자 학습하기 막막하신가요?
ADsP 2일 무료강의 서비스(1회 한정)

에듀아토즈 사이트 바로가기

2일 무료강의 수강하기

전문가 강의로 확실히 이해하고 실력을 키워보세요!
시험 일주일 전 기출 특강도 제공합니다.

❶ QR 코드 접속 → ❷ '구매하기' 클릭 → ❸ 회원가입 후 로그인 → ❹ 강의 수강하기

※ 2일 무료강의는 1번 일시정지가 가능하며, 최대 100일간 정지할 수 있습니다.

시험 절차

- 데이터분석 준전문가 자격 검정 시험의 과목은 총 3과목으로 구성되어 있으며, 데이터 이해 과목을 바탕으로 데이터를 분석하는 능력을 검정합니다.
- 데이터분석 준전문가 자격 검정 시험에는 실기시험이 없으며, 필기시험은 PBT(Paper Based Test) 방식으로 자격을 검정합니다.
- 필기시험 합격 기준 요건을 충족하면 최종 합격자로 분류되어 데이터분석 준전문가 자격이 부여됩니다.

시행 기관 K data 한국데이터산업진흥원(시험 관련 홈페이지: www.dataq.or.kr)

시험 절차

1단계 응시 자격 자가 진단	각 종목별 응시 자격을 확인합니다. ※ 데이터분석 준전문가는 응시 자격 제한 없음
2단계 수험 원서 제출	응시하고자 하는 고사장을 선택하여 원서를 제출하고 수수료를 납부합니다.
3단계 수험표 출력	수험표 발행일 이후부터 k data 데이터자격검정 홈페이지에서 확인 및 출력 가능합니다.
4단계 시험 응시	발행된 수험표를 지참하고 응시자 유의 사항을 참조하여 시험에 응시합니다.
5단계 결과 확인	사전점수 공개일(결과발표일 전주 금요일)에는 가채점 결과를, 결과 발표일에는 최종 결과를 확인할 수 있습니다.

자격 검정 응시료 50,000원

2025년 시험 일정

구분	접수 기간	수험표 발급	시험일	사전 점수 공개 및 재검토 접수	결과 발표
제44회	1.20~1.24	2.7	2.22(토)	3.14~3.18	3.21
제45회	4.14~4.18	5.2	5.17(토)	6.5~6.10	6.13
제46회	7.7~7.11	7.25	8.9(토)	8.29~9.2	9.5
제47회	9.22~9.26	10.17	11.2(일)	11.21~11.25	11.28

- 원서 접수 시간 접수 시작일 10:00에서 접수 마감일 18:00까지
- 수험표 발급 시간 16:00
- 사전 점수 공개 공개 시작일 16:00에서 공개 최종일 18:00까지

시험 주요 내용

시험 시간

구분	시간
입실	9:30
응시 안내	9:31~9:59
시험 시간	10:00~11:30
퇴실 가능 시간	10:30~

※ 시험 도중 화장실 이용은 불가합니다.

데이터분석 준전문가 필기시험(총 문항 수: 객관식 50문항)

구분	과목명	문항 수	배점
필기	데이터 이해	10	각 2점
	데이터 분석 기획	10	
	데이터 분석	30	
	합계	50	100점

응시 자격

응시 자격
제한 없음

합격 기준

합격 기준	과락 기준
총점 60점 이상	과목별 40% 미만 취득

시험 과목 및 내용

과목명	주요 항목	세부 항목
데이터 이해	데이터의 이해	데이터와 정보
		데이터베이스의 정의와 특징
		데이터베이스 활용
	데이터의 가치와 미래	빅데이터의 이해
		빅데이터의 가치와 영향
		비즈니스 모델
		위기 요인과 통제 방안
		미래의 빅데이터
	가치 창조를 위한 데이터 사이언스와 전략 인사이트	빅데이터 분석과 전략 인사이트
		전략 인사이트 도출을 위한 필요 역량
		빅데이터 그리고 데이터 사이언스의 미래
데이터 분석 기획	데이터 분석 기획의 이해	분석 기획 방향성 도출
		분석 방법론
		분석 과제 발굴
		분석 프로젝트 관리 방안
	분석 마스터 플랜	마스터 플랜 수립
		분석 거버넌스 체계 수립
데이터 분석	R 기초와 데이터 마트	R 기초
		데이터 마트
		결측값 처리와 이상값 검색
	통계 분석	통계학개론
		기초 통계 분석
		다변량 분석
		시계열 예측
	정형 데이터 마이닝	데이터 마이닝 개요
		분류 분석(Classification)
		군집 분석(Clustering)
		연관 분석(Association Analysis)

ANALYSIS 기출 분석의 모든 것!

1과목　데이터 이해

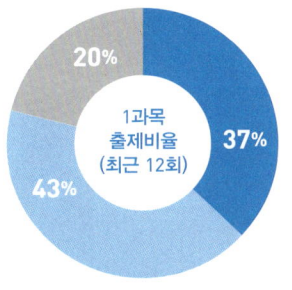

- CHAPTER 01 데이터의 이해
- CHAPTER 02 데이터의 가치와 미래
- CHAPTER 03 가치 창조를 위한 데이터 사이언스와 전략 인사이트

'데이터의 가치와 미래'에서 많은 문제가 출제되고 있습니다. 데이터 분석의 핵심은 역시 '데이터'입니다. 그래서 가장 먼저 다루어지는 과목이며 데이터 분석의 필요성 및 역할까지 다루게 됩니다. 데이터가 무엇인지, 어떻게 저장·활용하는지, 빅데이터는 무엇이고 어떠한 의미와 가치를 갖고 활용하고 있는지, 데이터를 활용하면서 발생하는 위기 요인은 무엇이고 어떻게 통제하는지, 관련 학문인 데이터 사이언스와 데이터 사이언티스트에게 요구되는 역량은 무엇인지에 대해 알아보는 과목입니다.

1과목은 암기를 통해 높은 점수를 받을 수 있습니다. 상대적으로 어려운 3과목의 점수를 보완하기 위해 16점 이상의 점수를 받을 수 있도록 노력해야 합니다.

2과목　데이터 분석 기획

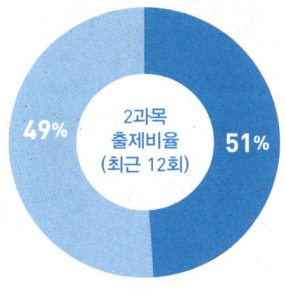

- CHAPTER 01 데이터 분석 기획의 이해
- CHAPTER 02 분석 마스터 플랜

'데이터 분석 기획'은 데이터 분석에 있어 중요한 데이터, 분석 모델, 분석가라는 3요소를 잘 활용해 가치(Value)를 창출할 수 있도록 분석 과제를 발굴하고, 목표를 설정 후 그것을 달성하기 위한 데이터, 분석 모델, IT 솔루션 등의 요건 및 수행 계획을 정의하는 과정이라고 할 수 있습니다. 2과목은 이러한 기획을 수행하는 데 있어 중요한 요소와 접근 방식은 무엇인지 살펴보고, 단기적인 분석 과제의 도출뿐 아니라 중장기적 관점에서의 전사적인 마스터 플랜 및 분석 거버넌스 체계를 어떻게 수립하는지 살펴보게 됩니다. 2과목은 비슷한 용어들이 있어 핵심어와 종류, 분류, 절차, 세부 작업을 정확하게 암기해야 하는 과목입니다. 반복하여 문제를 풀어 보며 익숙해져야 합니다. 교재에 있는 암기법들을 잘 활용하여 주세요!

3과목　데이터 분석

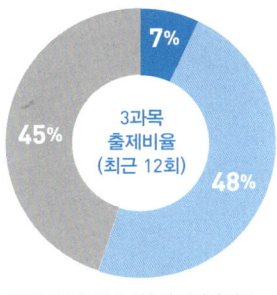

- CHAPTER 01 R 기초와 데이터 마트
- CHAPTER 02 통계 분석
- CHAPTER 03 정형 데이터 마이닝

3과목은 문항 수가 많은 만큼 다루고 있는 내용도 많습니다. 그 중에서 R 기초와 데이터 마트의 경우 출제 경향에 많은 변화가 있었습니다. 최근 R코드 이해 및 분석에 관련된 문항이 출제되지 않고, 기술 통계값을 해석하고 결측치, 이상값에 대한 이해, 그래프를 통한 데이터 분석 등을 할 수 있는지 묻는 문제가 주로 출제되고 있습니다. 이에 따라 R문법을 익히는 것보다 최근 출제 경향에 맞추어 준비하시는 것을 추천드립니다. 문제가 가장 많이 출제되는 곳은 정형 데이터 마이닝 부분입니다. 학습을 순차적으로 진행하다 보니 시간이 없는 분들이 '정형 데이터 마이닝' 부분을 제대로 학습하지 못하고 시험에 응시하게 됩니다. 그러나 합격을 위해서는 꼭 학습을 진행해야 합니다. 학습의 분량도 통계 분석보다 적은 편이니까 반드시 학습한 후 시험장에 들어가시기 바랍니다.

WHY 왜 에듀윌 교재인가?

이론편 시험에 나온! 나올! 것만 모았다. 핵심이론+기출 확인

시간을 전략적으로 활용하는 **핵심이론 학습!**

☑ 총 43회의 기출문제를 완벽 분석하여 꼭 알아야 할 핵심이론만 수록하였습니다.
☑ 각 제목 옆에는 ★을 표시하여 개념에 대한 중요도를 한눈에 확인할 수 있도록 하였습니다.

꿀팁 4종사

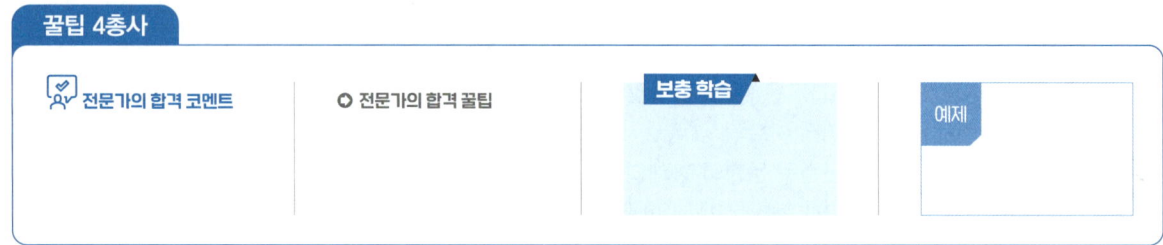

❶ **전문가의 합격 코멘트** 학습 시작 전 중점적으로 학습해야 할 내용을 알려드립니다.
❷ **전문가의 합격 꿀팁** 좀 더 편하게! 효율적으로 학습할 수 있도록 도움을 드립니다.
❸ **보충 학습** 본문의 내용이 잘 이해되지 않는다면? 보충 학습을 통해 학습하세요.
❹ **예제** 간단하게 문제를 풀어보며 계산과정을 이해해 보세요.

개념을 꽉 잡는 **기출 문제풀이**

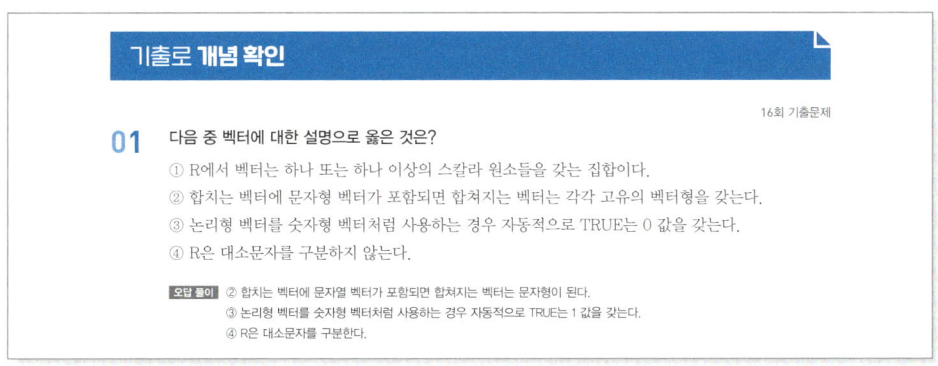

☑ 개념이 어떻게 문제화되는지 확인할 수 있도록 핵심이론과 함께 기출문제를 수록하였습니다.
☑ 문제와 정답에 대한 상세한 설명을 바로 확인할 수 있습니다.
+Bonus! 중간 중간 수록되어 있는 저자의 다양한 풀이전략을 활용하세요!

문제편   실력 최종 점검! 기출 복원 모의고사

실전처럼 풀어본다! **기출 복원 모의고사(8회분)**

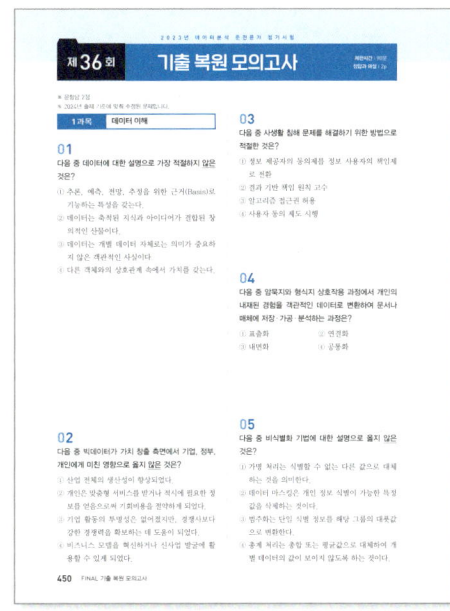

☑ 최신 기출문제를 복원하여 8회분을 수록하였습니다.
☑ 문항별로 핵심이론 번호를 표시하여 효율적인 학습이 가능하도록 하였습니다.

단기 합격 지원 스터디 플래너

과목명	CHAPTER	2주 완성	4주 완성	
1과목 데이터 이해	데이터의 이해	1일	1일	12일
	데이터의 가치와 미래	2일	2일	13일
	가치 창조를 위한 데이터 사이언스와 전략 인사이트	3일	3일	14일
2과목 데이터 분석 기획	데이터 분석 기획의 이해	4일	4일	15일
	분석 마스터 플랜	5일	5일	16일
3과목 데이터 분석	R 기초와 데이터 마트	6~7일	6~7일	17일
	통계 분석	8~9일	8~9일	18일
	정형 데이터 마이닝	10일	10~11일	19일
FINAL 모의고사	제36회 기출 복원 모의고사	11일	20일	28일
	제37회 기출 복원 모의고사		21일	
	제38회 기출 복원 모의고사	12일	22일	29일
	제39회 기출 복원 모의고사		23일	
	제40회 기출 복원 모의고사	13일	24일	30일
	제41회 기출 복원 모의고사		25일	
	제42회 기출 복원 모의고사	14일	26일	
	제43회 기출 복원 모의고사		27일	

스터디 플래너 사용법

단기간 집중으로
합격을 노린다면?!
▶ 2주 완성 플래너

업무, 다른 자격증
병행 등으로 충분히 공부할
시간이 필요하다면?!
▶ 4주 완성 플래너

공부를 완료하면
○ 동그라미 표시를
하세요!

도전! ___주 완성! 셀프 스터디 플래너

과목명	CHAPTER	___주 완성
1과목 데이터 이해	데이터의 이해	
	데이터의 가치와 미래	
	가치 창조를 위한 데이터 사이언스와 전략 인사이트	
2과목 데이터 분석 기획	데이터 분석 기획의 이해	
	분석 마스터 플랜	
3과목 데이터 분석	R 기초와 데이터 마트	
	통계 분석	
	정형 데이터 마이닝	
FINAL 모의고사	제36회 기출 복원 모의고사	
	제37회 기출 복원 모의고사	
	제38회 기출 복원 모의고사	
	제39회 기출 복원 모의고사	
	제40회 기출 복원 모의고사	
	제41회 기출 복원 모의고사	
	제42회 기출 복원 모의고사	
	제43회 기출 복원 모의고사	

셀프 스터디 플래너 사용법

- 개인별 맞춤 속도로 공부하고 싶다면 활용하세요!
- 공부를 완료하면 날짜를 기재하세요!

1과목 데이터 이해

CHAPTER 01 데이터의 이해

001	데이터(Data)의 정의 및 유형	018
002	암묵지와 형식지	020
003	DIKW 피라미드	023
004	데이터베이스 이해	026
005	데이터베이스 용어 BASIC	029
006	데이터베이스 용어 ADVANCED	031
007	DBMS(DataBase Management System)	035
008	데이터베이스 설계	038
009	시대별 기업 내부 데이터베이스 솔루션	039
010	분야별 기업 내부 데이터베이스 솔루션	042

CHAPTER 02 데이터의 가치와 미래

011	빅데이터(Big Data)	048
012	빅데이터의 출현 배경	051
013	IoT(Internet of Things)	053
014	빅데이터의 역할	055
015	빅데이터의 가치와 영향	057
016	빅데이터의 활용 기법	061
017	빅데이터의 위기 요인과 통제 방안	065
018	개인정보 비식별화 기법 및 개인정보 보호 이해	069
019	빅데이터 활용 사례 및 빅데이터 활용을 위한 3요소	071

CHAPTER 03 가치 창조를 위한 데이터 사이언스와 전략 인사이트

020	빅데이터 분석과 전략 인사이트	073
021	데이터 사이언스(Data Science)	075
022	데이터 분석 관련 직무	078
023	데이터 분석과 인문학	083

2과목 데이터 분석 기획

CHAPTER 01 데이터 분석 기획의 이해

024	분석 기획	088
025	목표 시점별 분석 기획 방안	091
026	분석 기획 시 고려 사항	093
027	데이터 유형 및 저장 방식	095
028	분석 방법론 개요	097
029	KDD, CRISP-DM 분석 방법론	101
030	빅데이터 분석 방법론 개요	108
031	빅데이터 분석 방법론 – 분석 기획(Planning)	111
032	빅데이터 분석 방법론 – 데이터 준비(Preparing)	114
033	빅데이터 분석 방법론 – 데이터 분석(Analyzing)	116
034	분석 과제 도출 방법	119
035	하향식 접근 방법의 데이터 기획 단계	121
036	분석 과제 발굴 – 상향식 접근 방식	128
037	분석 프로젝트의 특징 및 특성 관리	130

CHAPTER 02 분석 마스터 플랜

038	분석 마스터 플랜 & ISP	135
039	분석 마스터 플랜 수립	137
040	분석 과제 우선순위 결정	139
041	이행 계획 수립	143
042	분석 거버넌스 체계	145
043	데이터 분석 수준 진단	146
044	분석 수준 진단 결과	151
045	데이터 거버넌스 체계 수립	153
046	데이터 분석을 위한 조직 구조	158
047	분석 과제 관리 프로세스	161

3과목 데이터 분석

CHAPTER 01 R 기초와 데이터 마트

| 048 | R의 특징과 데이터 형 종류 | 166 |
| 049 | R의 데이터 형 – 벡터(vector) | 169 |

050	R의 데이터 형 – matrix, data.frame	174
051	R함수 – summary	178
052	그래프 종류	185
053	파생변수(Derived Variable)	193
054	결측치와 이상값 처리	195

CHAPTER 02 통계 분석

055	통계 분석 개요	202
056	데이터의 분류	206
057	집중화 경향 측정	209
058	확률 기본 용어	215
059	확률분포	220
060	이산형 확률분포	224
061	연속형 확률분포 1	228
062	연속형 확률분포 2	232
063	통계적 추론의 분류	236
064	추정량(Estimator), 추정값(Estimate)	238
065	통계적 추론 – 추정(Estimation)	239
066	통계적 추론 – 가설검정	243
067	모수적 추론과 비모수적 추론	248
068	모수적 추론(Parametric Inference)	250
069	t – 검정 예시	252
070	비모수적 추론(Non-Parametric Inference)	257
071	회귀분석(Regression Analysis) 개요	263
072	회귀 모형의 가정	265
073	데이터 정규성 검정	269
074	회귀 모형의 종류	272
075	회귀 모형 해석	275
076	다중공선성 및 변수 선택법	285
077	과대적합(Overfitting)과 정칙화(Regularization)	292
078	회귀 모델 평가지표	297
079	선형회귀 분석 결과 해석	298
080	데이터 스케일링(Scaling)	308
081	상관 분석	311
082	차원 축소	326
083	주성분 분석(PCA)	329
084	시계열 자료	339
085	시계열 모형, 분해 시계열	344

CHAPTER 03 정형 데이터 마이닝

086	정형 데이터 마이닝	351
087	모형 평가	355
088	분류 분석의 모형 종류	362
089	로지스틱회귀 분석	365
090	의사결정나무(Decision Tree) 모형	371
091	앙상블(Ensemble) 모형	383
092	K-NN, SVM	389
093	인공신경망(ANN) 모형	391
094	분류 모형 평가 지표 1 – 오분류표	399
095	분류 모형 평가 지표 2	405
096	군집 분석 – 계층적 군집	410
097	군집 분석 – 계층적 군집의 예	418
098	군집 분석 – 분할적(=비계층적) 군집	421
099	군집 분석 – 평가, 결과 해석	428
100	군집 분석 – 자기조직화지도(SOM)	433
101	연관 분석(Association Analysis)	437
102	기계 학습과 딥러닝	445

FINAL 기출 복원 모의고사

2023 기출 복원 모의고사

제36회	기출 복원 모의고사	450
제37회	기출 복원 모의고사	459
제38회	기출 복원 모의고사	469
제39회	기출 복원 모의고사	478

2024 기출 복원 모의고사

제40회	기출 복원 모의고사	488
제41회	기출 복원 모의고사	497
제42회	기출 복원 모의고사	506
제43회	기출 복원 모의고사	516

책속책 정답 & 해설

1과목
데이터 이해

문항 수 객관식 10개(20점)
목표점수 16점 / 20점

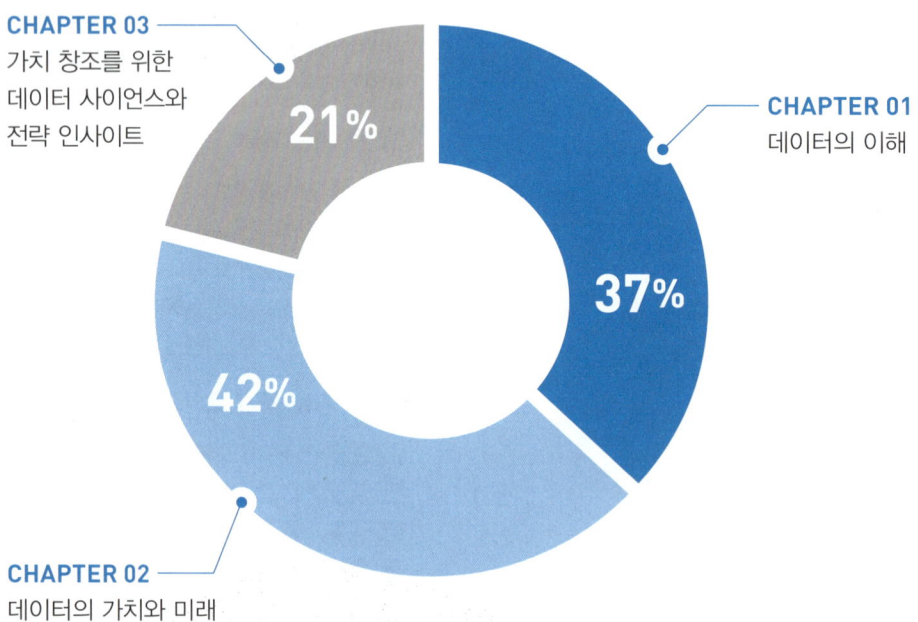

CHAPTER 03
가치 창조를 위한 데이터 사이언스와 전략 인사이트
21%

CHAPTER 01
데이터의 이해
37%

CHAPTER 02
데이터의 가치와 미래
42%

출제유형 & 학습 전략

1과목은 최근 출제 경향이 기존과 크게 다르지 않은 과목입니다.

데이터 분석의 핵심은 역시 '데이터'입니다. 그래서 가장 먼저 다루어지는 과목이며 데이터 분석의 필요성 및 역할, 관련 직무까지 다루게 됩니다. 데이터가 무엇인지, 어떻게 저장·활용하는지, 빅데이터는 무엇이고 어떠한 의미와 가치를 갖고 활용을 하고 있는지, 데이터를 활용하면서 발생하는 위기 요인은 무엇이고 어떻게 통제하는지, 관련된 학문인 데이터 사이언스와 데이터 사이언티스트에게 요구되는 역량은 무엇인지 등에 대해 알아보는 과목입니다. 1과목은 암기를 통해 높은 점수를 받을 수 있습니다. 가장 출제빈도가 높았던 부분은 빅데이터의 가치와 영향(015), 빅데이터의 위기 요인과 통제(017) 부분입니다. 상대적으로 어려운 3과목의 점수를 보완하기 위해 16점 이상의 점수를 받는 것을 목표로 학습해야 합니다.

출제 키워드 TOP 3

CHAPTER 01
- DIKW 계층 구조
- 분야별 기업 데이터베이스 솔루션
- 데이터베이스 이해

CHAPTER 02
- 빅데이터의 가치와 영향
- 빅데이터의 위기 요인과 통제
- 빅데이터 출현 배경
  ▲ 2024년에 출제 비중이 높아짐

CHAPTER 03
- 데이터 분석 관련 직무
- 데이터 분석과 인문학
  ▲ 2024년에 출제 비중이 높아짐
- 데이터 사이언스

데이터의 이해

핵심키워드 #데이터 #정성 #정량

001 데이터(Data)의 정의 및 유형

 전문가의 합격 코멘트
데이터의 유형에 대해 묻는 문제가 간혹 출제됩니다. 이론을 학습할 때 데이터별 예시와 함께 학습하세요.

1 데이터의 정의
① 관념적이고 추상적이었던 개념에서 점차 기술적이고 사실적인 의미로 변화하고 있다.
② 옥스퍼드 대사전에서는 데이터를 '추론과 추정의 근거를 이루는 사실'로 정의하고 있으며, 이는 데이터를 단순한 객체로서의 가치뿐만 아니라 상호관계 속에서 가치를 갖는 것으로 설명한 것이다.
③ 데이터는 '객관적 사실'이라는 존재적 특성을 갖는 동시에 '추론, 예측, 전망, 추정을 위한 근거'로 기능하는 당위적 특성도 갖는다.

2 데이터의 유형
① 데이터는 형태에 따라 크게 정성적 데이터와 정량적 데이터로 구분할 수 있다.
- 정성적 데이터(Qualitative Data): 자료의 성질과 특징을 자세히 풀어 쓰는 방식으로, 데이터의 형태와 형식이 명확하지 않아 활용할 때 상대적으로 많은 비용과 기술적 투자가 필요함
- 정량적 데이터(Quantitative Data): 수치로 명확하게 표현되는 데이터로, 데이터의 양이 증가하더라도 데이터 관리 시스템(DBMS 등)을 통해 저장·검색·분석 등의 활용이 편리함

② 데이터 유형 비교

구분	정성적 데이터 (Qualitative Data)	정량적 데이터 (Quantitative Data)
형태	언어, 문자 등	수치, 도형, 기호 등
특징	비정형 데이터로, 데이터 활용을 위한 저장·검색·분석 등에 많은 비용과 투자가 필요함	정형화된 데이터로, 정성적 데이터에 비해 적은 비용이 사용되고 시스템을 통해 데이터 활용이 용이함
예	설문조사의 주관식 응답, SNS에 올린 글, 기상 특보 등	지역별 온도, 풍속, 강수량 등

기출로 개념 확인

01 데이터는 그 형태에 따라 정성 데이터와 정량 데이터로 구분된다. 다음 중 정성 데이터에 속하는 것은?

15회 기출문제

① 풍속
② 습도
③ 기상 특보
④ 1시간 강수량

정답 해설 정성 데이터는 언어, 문자 등의 형태로 기술된다.
오답 해설 ①, ②, ④ 수치로 명확하게 표현되는 데이터는 정량 데이터이다.

02 다음 데이터의 정의에 대한 설명으로 옳지 않은 것은?

16회 기출문제

① 객관적 사실이라는 존재적 특성을 갖는다.
② 데이터는 추론과 추정의 근거를 이루는 사실이다.
③ 개별 데이터 자체는 의미가 중요한 객관적 사실이다.
④ 데이터는 단순한 객체로서의 가치와 다른 객체와의 상호관계 속에서 가치를 갖는다.

정답 해설 개별 데이터 자체의 의미는 중요하지 않다.

03 다음 중 데이터의 정의에 대한 설명으로 옳지 않은 것은?

36회 기출문제

① 추론, 예측, 전망, 추정을 위한 근거(Basis)로 기능하는 특성을 갖는다.
② 데이터는 축적된 지식과 아이디어가 결합된 창의적인 산물이다.
③ 데이터는 다른 객체와의 상호관계 속에서 가치를 갖는다.
④ 데이터는 객관적 사실이라는 존재적 특성을 갖는다.

정답 해설 '지혜(Wisdom)'에 대한 설명이다.

04 다음 내용이 설명하고 있는 데이터의 유형은?

16회 기출문제(주관식 변형)

> 지역별 온도, 풍속, 강우량과 같이 수치로 명확하게 표현되는 (   )는 데이터의 양이 크게 증가해도 이를 관리하는 시스템에 저장·검색·분석하여 활용하기가 매우 용이하다.

① 정량적 데이터
② 정성적 데이터
③ 이산형 데이터
④ 연속형 데이터

정답 해설 정량적 데이터는 수치, 도형, 기호 등으로 명확하게 표현되는 데이터의 유형이다. 따라서 데이터의 양이 증가하더라도 컴퓨터 시스템을 통해 활용하기가 편리하다.

정답 01 ③ 02 ③ 03 ② 04 ①

핵심키워드 #암묵지 #형식지 #상호작용

002 암묵지와 형식지 ★★★☆☆

 전문가의 합격 코멘트
암묵지와 형식지의 특징과 예시를 연관 지어 답을 찾는 문제가 종종 출제됩니다. 암묵지와 형식지의 특징과 예를 함께 공부하세요.

1 암묵지와 형식지

가장 널리 알려진 지식의 차원은 폴라니(Polanyi)의 '암묵지와 형식지'이다.

암묵지와 형식지의 특징

구분	암묵지	형식지
개요	• 학습과 체험을 통해 개인에게 습득되어 있지만, 겉으로 드러나지 않은 지식 • 시행착오와 오랜 경험을 통해 개인에게 습득된 무형의 지식	• 구체적이거나 문서화된 지식 • 공식적이고 체계적인 언어로 전달 가능한 지식
특징	• 많은 조직이나 직업이 암묵적인 지식과 노하우에 의존하고 있어 사회적으로 중요하지만, 개인에게 체화되어 있어 공유되기 어려움 • 개인의 관심사나 상황 중심적인 지식이므로 공식화하기 어려움 • 관찰, 모방, 현장 작업과 같은 경험을 통해 획득할 수 있는 지식	• 체계적으로 정리되어 있어 전달 및 공유가 용이함 • 책, 설계도 등 체계화된 재료 등을 통해 획득할 수 있는 지식
예	김장김치 담그기, 자전거 타기 등	교과서, 매뉴얼, 비디오, DB 등

2 암묵지와 형식지의 상호작용

① 지식 경영은 개인의 암묵지와 집단의 형식지가 상호작용하며 '생성 → 발전 → 전환'되는 지식의 발전을 기반으로 한 기업의 경영을 의미한다.

② 암묵지와 형식지는 '공통화 → 표출화 → 연결화 → 내면화'라는 4단계의 지식을 순서대로 전환하고 다음과 같이 나선형 형태로 회전한다.

○ **전문가의 합격 꿀팁**
4단계 지식 전환 모드의 순서인 '공통화 → 표출화 → 연결화 → 내면화'를 그대로 암기해야 합니다. 'ㄱ과 ㄴ 사이에 표연이 있다!'를 늘 기억하세요.

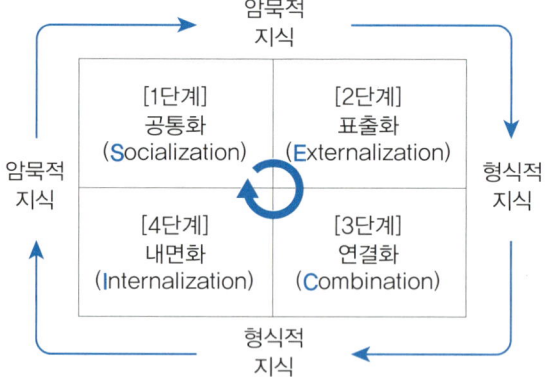

암묵지와 형식지의 4단계 지식 전환 모드

단계	의미
1단계: 공통화 (암묵지 – 암묵지)	암묵적 지식(암묵지)을 다른 사람에게 알려주는 것(암묵지)
2단계: 표출화 (암묵지 – 형식지)	암묵적 지식(암묵지)을 책이나 교본(형식지)으로 만드는 것
3단계: 연결화 (형식지 – 형식지)	책이나 교본(형식지)에 자신이 알고 있는 새로운 지식(형식지)을 추가하는 것
4단계: 내면화 (형식지 – 암묵지)	만들어진 책이나 교본(형식지)을 보고 다른 직원들이 암묵적 지식(노하우)을 습득하는 것

기출로 개념 확인

01 다음 중 암묵지에 대한 설명으로 옳지 않은 것은?   19회 기출문제

① 김장김치 담그기의 노하우이다.
② 암묵지는 개인에게 체화되어 있기 때문에 공유하기 어렵다.
③ 현장 작업과 같이 경험을 통해 획득할 수 있는 지식이다.
④ 회계, 재무 관련 대차대조표에 요구되는 지식의 매뉴얼 등이 암묵지이다.

정답 해설
- 암묵지: 김장김치 담그기, 자전거 타기 등 개인의 관심사나 상황 중심적인 지식으로, 공식화하기 곤란한 지식이다.
- 형식지: 회계, 재무 관련 대차대조표에 요구되는 지식의 매뉴얼, 교과서, 비디오, DB와 같이 형상화된 지식을 의미한다.

02 다음 중 암묵지와 형식지의 상호작용 관계로 옳은 것은?   23회 기출문제

① 내면화 → 연결화 → 표출화 → 공통화
② 표출화 → 공통화 → 내면화 → 연결화
③ 공통화 → 표출화 → 연결화 → 내면화
④ 연결화 → 내면화 → 표출화 → 공통화

정답 해설 암묵지와 형식지의 상호작용 관계는 '공통화 → 표출화 → 연결화 → 내면화'이다.

03 다음 중 개인에게 내재된 경험을 객관적인 데이터로 문서나 매체에 저장, 가공, 분석하는 과정은?

18회 기출문제

① 연결화
② 표출화
③ 공통화
④ 내면화

정답 해설 표출화는 암묵적 지식(노하우)을 책이나 교본 등 형식지로 만드는 것이다.
오답 해설 ① 연결화: 책이나 교본(형식지)에 자신이 알고 있는 새로운 지식(형식지)을 추가하는 것
③ 공통화: 암묵적 지식(노하우)을 다른 사람에게 알려주는 것
④ 내면화: 만들어진 책이나 교본(형식지)을 보고 다른 직원들이 암묵적 지식(노하우)을 습득하는 것

04 다음은 암묵지와 형식지의 상호작용에 대한 설명이다. 1단계~4단계에 대한 내용을 알맞게 짝지은 것은?

17회 기출문제

- 1단계: 암묵적 지식(노하우)을 다른 사람에게 알려주는 것 – (   )
- 2단계: 암묵적 지식(노하우)을 책이나 교본 등 형식지로 만드는 것 – (   )
- 3단계: 책이나 교본에 자신이 알고 있는 새로운 지식을 추가하는 것 – (   )
- 4단계: 만들어진 책이나 교본을 보고 다른 직원들이 암묵적 지식을 습득하는 것 – (   )

① 공통화 → 표출화 → 연결화 → 내면화
② 연결화 → 내면화 → 표출화 → 공통화
③ 연결화 → 공통화 → 내면화 → 표출화
④ 공통화 → 표출화 → 내면화 → 연결화

정답 해설 공통화, 표출화, 연결화, 내면화 각각의 의미를 알아야 한다. 다른 사람에게 지식을 전달하고(공통화), 교본으로 만들고(표출화), 새로운 내용을 추가하여(연결화), 지식 습득의 재료로 사용하는 것(내면화)은 지식 경영에서 굉장히 중요한 상호작용이다.

정답 01 ④ 02 ③ 03 ② 04 ①

핵심키워드 #DIKW #지식 #정보 #데이터 #지혜

003 DIKW 피라미드 ★★★★★

1 DIKW 계층구조 개요
① DIKW는 데이터, 정보, 지식을 통해 최종적으로 지혜를 얻어내는 과정을 계층구조로 설명한다.
② 데이터를 가공하여 얻을 수 있는 것은 정보, 지식, 지혜이다.

2 DIKW의 의미
① **데이터(Data)**: 타 데이터와의 상관관계가 없는 가공하기 전의 순수한 수치나 기호이다.
② **정보(Information)**: 데이터의 가공 및 상관관계 간의 이해를 통해 패턴을 인식하고, 그 의미를 부여한 데이터이다.
③ **지식(Knowledge)**: 상호 연결된 정보 패턴을 이해하여 이를 토대로 예측한 결과물이다.
④ **지혜(Wisdom)**: 근본 원리에 대한 깊은 이해를 바탕으로 도출되는 아이디어이다.

DIKW 피라미드

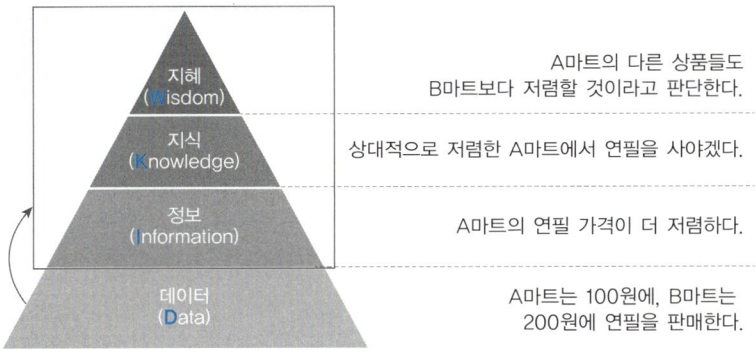

> **전문가의 합격 코멘트**
> DIKW 피라미드 순서(D→I→K→W) 및 데이터를 가공해서 얻을 수 있는 3가지(정보, 지식, 지혜)와 각각에 대한 설명을 연결할 수 있도록 학습해야 합니다.

기출로 개념 확인

01 다음 중 데이터를 가공·처리하여 얻을 수 있는 것으로 옳지 않은 것은?   22회 기출문제

① 정보　　　　　　　　② 지식
③ 지혜　　　　　　　　④ 기호

정답 해설　데이터(Data)를 가공·처리하면 IKW(정보, 지식, 지혜)를 얻을 수 있다.

> **풀이전략**
> 가만히 보면 용어가 모두 'ㅈ'으로 시작되네요!

02 다음 중 데이터의 가공 및 처리와 데이터 간의 상관관계 속에서 의미가 도출된 것은?   14회 기출문제(주관식 변형)

① 정보　　　　　　　　② 지식
③ 지혜　　　　　　　　④ 기호

정답 해설　데이터의 가공 및 처리와 데이터 간의 상관관계 속에서 의미가 도출된 것은 '데이터'의 상위 단계인 '정보(Information)'이다. 정보의 상위 단계에는 지식과 지혜가 있다.

03 다음 중 DIKW 피라미드 계층구조에서 지식(Knowledge)에 대한 설명으로 옳은 것은?   15회 기출문제

① A마트는 200원, B마트는 100원에 볼펜을 판매한다.
② 상대적으로 저렴한 B마트에서 볼펜을 사야겠다.
③ B마트의 다른 상품도 A마트보다 저렴할 것이다.
④ B마트는 볼펜 가격이 저렴하다.

오답 해설　① 데이터(Data)는 다른 데이터와의 상관관계가 없는 가공하기 전의 순수한 수치나 기호이다.
③ 지혜(Wisdom)는 근본 원리에 대한 깊은 이해를 바탕으로 도출되는 아이디어이다.
④ 정보(Information)는 다른 데이터와의 상호관계 간의 이해를 통해 단순하게 의미를 부여하는 것이다.

04 다음 내용 중 데이터, 정보, 지식의 개념과 예시가 적절하게 연결된 것은? 31회 기출문제

> (가) A마트는 200원, B마트는 100원에 볼펜을 판매한다.
> (나) B마트는 볼펜 가격이 저렴하다.
> (다) 상대적으로 저렴한 B마트에서 볼펜을 사야겠다.
> (라) B마트의 다른 상품도 A마트보다 저렴할 것이다.

① 데이터 – (가), 정보 – (나), 지식 – (다)
② 데이터 – (가), 정보 – (다), 지식 – (라)
③ 데이터 – (가), 정보 – (나), 지식 – (라)
④ 데이터 – (가), 정보 – (라), 지식 – (다)

정답 해설 (가) A마트는 200원, B마트는 100원에 볼펜을 판매한다. – 데이터(Data)
(나) B마트는 볼펜 가격이 저렴하다. – 정보(Information)
(다) 상대적으로 저렴한 B마트에서 볼펜을 사야겠다. – 지식(Knowledge)
(라) B마트의 다른 상품도 A마트보다 저렴할 것이다. – 지혜(Wisdom)

05 다음 DIKW에 대한 설명 중 종류가 <u>다른</u> 것은? 18회 기출문제

① A마트는 100원, B마트는 200원에 볼펜을 판매한다.
② C마트의 소고기 가격은 100g에 3,000원이다.
③ 오늘의 최저 온도는 10도, 최고 온도는 25도이다.
④ D마트의 당일 매출액은 2천만 원으로 예상된다.

정답 해설 상호 연결된 정보 패턴을 이해하여 이를 토대로 예측한 결과이므로 지식(Knowledge)에 해당되는 내용이다.
오답 해설 ①, ②, ③ 데이터(Data)에 대한 설명이다.

정답 01 ④ 02 ① 03 ② 04 ① 05 ④

004 데이터베이스 이해

핵심키워드 #통합 #저장 #공용 #변화되는 데이터

★★★★☆

 전문가의 합격 코멘트

데이터베이스의 특징 4가지와 각각의 의미를 함께 정확히 알고 있어야 합니다. 특히 정형 데이터와 비정형 데이터 모두 저장할 수 있다는 점과, '변화되는 데이터(Changed)'의 의미는 '변화하면서도 항상 현재의 정확한 데이터를 유지한다'는 의미라는 점을 알아 두세요!

1 데이터베이스(DB; Database)의 정의

① 데이터베이스는 데이터를 저장 및 검색할 수 있는 복합체로 정의된다. 이때 데이터는 정형뿐만 아니라 비정형 데이터를 포함한다.
② 초기에는 텍스트, 숫자 형태의 데이터를 있는 그대로 저장하는 장치를 의미하였다(정형 데이터).
③ 정보기술의 발달 후 저장되는 데이터가 이미지, 동영상을 포함한 멀티미디어로 확대되었다(비정형 데이터).
④ 이후 단순한 데이터 저장에서 정보를 저장하는 지식 베이스로 진화하였다.
⑤ 데이터베이스는 단순한 저장소의 개념을 넘어 첨단 정보기술을 바탕으로 원하는 데이터를 저장 및 검색할 수 있는 복합체이다.

2 데이터베이스의 특징

데이터베이스는 '통합, 저장, 공용, 변화되는 데이터'를 특징으로 한다.

특징	의미
통합 데이터 (Integrated)	데이터베이스는 같은 내용의 데이터가 중복되어 있지 않음
저장 데이터 (Stored)	자기디스크나 자기테이프 등과 같이 컴퓨터가 접근할 수 있는 저장매체에 저장됨
공용 데이터 (Shared)	여러 사용자에게 서로 다른 목적으로 데이터베이스의 데이터가 공동으로 이용됨
변화되는 데이터 (Changed)	새로운 데이터의 추가, 기존 데이터의 삭제, 갱신으로 항상 변화하면서도 항상 현재의 정확한 데이터를 유지해야 함

3 데이터베이스와 DBMS의 차이

① 데이터베이스(DB)는 체계적으로 구성된 데이터의 집합을 의미한다.
② 데이터베이스 관리 시스템(DBMS)은 해당 데이터베이스를 효율적으로 관리하고 조작할 수 있게 도와주는 소프트웨어이다.
③ DBMS는 데이터베이스를 관리하고 사용자에게 데이터에 접근할 수 있는 인터페이스를 제공한다.

보충학습

정형·반정형·비정형 데이터

특징	내용
정형 데이터 (Structured Data)	• 데이터베이스에는 같은 내용의 데이터가 중복되어 있지 않음 • 행과 열에 의해 데이터의 속성이 구별되는 스프레드시트 형태(표 형식) • 관계형 데이터베이스와 관련된 시스템을 이용하여 수집한 데이터 │ │ A │ B │ C │ D │ │ 1 │ 매출일 │ 제품코드 │ 제품명 │ 단가 │ │ 2 │ 2019-01-03 │ 31 │ 스트랩샌들 │ 136,000 │ │ 3 │ 2019-01-03 │ 27 │ 패딩부츠 │ 31,500 │ ▲ 정형(엑셀Sheet) 데이터의 예

반정형 데이터
(Semi-structured Data)
	• 데이터 구조에 대한 정보를 포함한 데이터로, Parsing을 통해 구조를 파악하고 정보의 활용이 가능함
	• HTML, XML, JSON과 같은 웹에서 사용되는 데이터
	
	``
	{
	  "studentinfo":
	  {
	    "student":
	    [
	      {"name":"Julie Yoon", "kor":95, "eng": 85},
	      {"name":"Calvin Kim", "kor":80, "eng": 90}
	    ]
	  }
	}
	``
	▲ 반정형 데이터의 예

비정형 데이터 (Unstructured Data)	• 형태나 구조가 정형화되지 않은 데이터로, 잠재적 가치가 가장 높음 • E-mail, SNS, voice, IoT, 보고서, News, 이미지, 동영상

Parsing
반정형 데이터가 가지고 있는 데이터 구조에 대한 정보를 해석해 유용한 정보를 추출하는 과정

기출로 개념 확인

01 다음 중 데이터베이스의 특징에 대한 설명으로 적절하지 않은 것은? `20회 기출문제`

① 데이터베이스는 통합된 데이터이다. 이것은 데이터베이스에서 같은 내용의 데이터가 중복되어 있지 않다는 것을 의미한다.

② 데이터베이스는 저장된 데이터이다. 이것은 자기디스크나 자기테이프 등과 같이 컴퓨터가 접근할 수 있는 저장 매체에 저장되는 것을 의미한다.

③ 데이터베이스는 공용 데이터이다. 이것은 여러 사용자에게 서로 다른 목적으로 데이터베이스의 데이터가 공동으로 이용되는 것을 의미한다.

④ 데이터베이스는 변화되는 데이터이다. 이것은 저장된 정량적 데이터 상태로 유지됨을 의미한다.

정답 해설 변화되는 데이터는 새로운 데이터의 추가, 기존 데이터의 삭제, 갱신으로 항상 변화하면서도 항상 현재의 정확한 데이터를 유지해야 한다는 것을 의미한다.

02 다음 중 데이터베이스의 일반적인 특징으로 옳지 않은 것은? 30회 기출문제

① Unchanged Data
② Stored Data
③ Shared Data
④ Integrated Data

정답 해설 데이터베이스의 일반적인 특징을 나타내는 네 가지 단어로는 'Integrated, Stored, Shared, Changed'가 있다.

03 다음 중 데이터베이스의 특징으로 옳지 않은 것은? 18회 기출문제

① USB 등 컴퓨터가 접근할 수 있는 저장 매체에 저장할 수 있다.
② 데이터는 공동으로 이용된다.
③ 데이터베이스는 정형 데이터만 저장할 수 있다.
④ 데이터베이스는 데이터가 중복되어 있지 않다.

정답 해설 데이터베이스는 초기에 텍스트, 숫자 형태의 데이터를 있는 그대로 저장하는 장치(정형 데이터)였으나, 정보기술의 발달 후 저장하는 데이터가 이미지, 동영상을 포함한 멀티미디어로 확대되었다(비정형 데이터).

04 다음 중 데이터베이스의 일반적인 특징으로 옳지 않은 것은? 33회 기출문제

① 데이터베이스는 새로운 데이터의 삽입, 기존 데이터의 삭제, 갱신으로 항상 변화하면서도 항상 현재의 정확한 데이터를 유지한다.
② 데이터베이스는 동일한 내용의 데이터가 중복되어 있지 않다.
③ 여러 사용자가 서로 다른 목적으로 데이터베이스의 데이터를 공동으로 이용한다.
④ 데이터베이스는 컴퓨터가 접근할 수 있는 저장 매체에 정형화된 데이터만을 저장한다.

정답 해설 데이터베이스에는 정형 데이터뿐만 아니라 비정형 데이터도 저장될 수 있다.

정답 01 ④ 02 ① 03 ③ 04 ④

핵심키워드 #DD #ERD #SQL #Table #Relation

005 데이터베이스 용어 BASIC ★★☆☆☆

1 데이터베이스 관련 용어

① 테이블(Table): 단일 주제에 대해 행(가로, Row, Record)과 열(세로, Column, Field)로 구성되는 정보의 집합이다.
② 관계형 데이터베이스: 행(튜플, Tuple), 열(속성, Attribute)의 집합체로, 테이블(릴레이션, Relation)이라고 한다.
③ 도메인(Domain): 하나의 속성이 취할 수 있는 같은 타입의 원자 값들의 집합이다.
④ 카디날리티(Cardinality): 릴레이션에서 튜플의 개수를 의미한다.

> **전문가의 합격 코멘트**
> 데이터베이스 테이블에 대한 내용은 시험에 출제되지는 않지만 앞으로 학습할 내용을 쉽게 이해하기 위한 배경지식으로 알아두기 바랍니다. 특히 'DD'와 'ERD'의 개념을 잘 이해해야 합니다.

보충 학습

〈수강생〉 Relation

학번	이름	학년	학과	학점
202300101	김디비	1	정보통신	A
202300102	이에스	1	정보통신	B
202300103	윤티비	2	전자	A

- 학년 도메인: 1, 2, 3, 4
- 〈수강생〉 릴레이션의 카디날리티: 3

- 〈수강생〉 릴레이션(Relation)은 '학번, 이름, 학년, 학과, 학점'이라는 다섯 개의 애트리뷰트(Attribute)를 갖고, 세 개의 튜플(Tuple)을 가지고 있습니다.
- '학번, 이름, 학년, 학과, 학점'은 스키마(Schema)이고, 김디비, 이에스, 윤티비 이름을 갖는 튜플(Tuple)들은 인스턴스(Instance)입니다.
- 학년 도메인은 {1, 2, 3, 4}이고, 수강생 릴레이션(Relation)의 카디날리티(Cardinality)는 3입니다.

2 DD, ERD

(1) DD(Data Dictionary)

① 자료에 관한 정보를 모아 두는 저장소로, 자료 사전이라고도 한다.
② 자료의 이름, 표현 방식, 자료의 의미와 사용 방식, 다른 자료와의 관계를 저장한다.

〈Customer〉

Column Name	Data Type	Key	Null	Description
Emailid	varchar2(50)	Primary key	Not null	User Email id as primary key
FName	varchar2(20)		Not null	User first name
LName	varchar2(20)		Not null	User last name
Address	varchar2(20)		Not null	User address for deliver address
Cnumber	number		Not null	User Contact number
Password	varchar2(20)		Not null	User password for login

▲ DD의 예

(2) ERD(Entity Relationship Diagram)

① 실체와 이들의 관계를 도형으로 표현한 것이다.
② 실체의 상관관계 다이어그램은 사용자와 애플리케이션 개발자 간의 자료를 공통적으로 이해할 수 있게 하는 유용한 매체가 된다.
③ 데이터베이스의 테이블이 실체(Entity)로 정의될 수 있으며, Entity는 속성(Attribute)으로 구성된다.
④ Relationship은 Entity 간의 관계를 의미하며, 두 Entity 간에 선으로 표시된다. 선의 모양에 따라 의미를 부여할 수 있고, 선 위에 숫자를 표기하기도 한다.

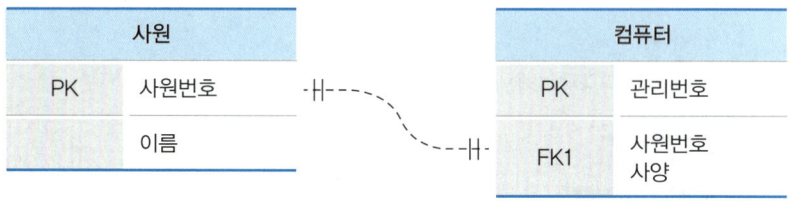

▲ ERD 예

> 위의 ERD에서는 사원과 컴퓨터 Entity 및 두 Entity 사이의 Relationship이 점선으로 표현되어 있는데 사원 Entity의 사원번호와 컴퓨터 Entity의 사원번호가 1 : 1 관계에 있음을 표시한 그림이다. 사원 Entity에는 사원번호와 이름 Attribute가 있고, 컴퓨터 Entity에는 관리번호, 사원번호, 사양 Attribute가 있다.

006 데이터베이스 용어 ADVANCED

핵심키워드 #대응관계 #SQL #메타데이터

★★★☆☆

1 Entity 간 대응관계의 종류

① 대응관계를 표시할 때는 '왼쪽 : 오른쪽'의 관계를 '1 : 1', '1 : N', 'N : 1', 'N : M' 등으로 나타낼 수 있다.
② 1 : N, N : 1, N : M에서는 왼쪽과 오른쪽이 1 : 1로 연결된 것이 있을 수 있다.

대응관계		특징
1 : 1 관계	고객─상품 (1:1 연결)	하나의 개체가 하나의 개체에 대응함 예 모든 고객과 모든 상품이 1 : 1로 연결되어 있음
1 : N 관계	고객─상품 (1:N 연결)	하나의 개체가 여러 개체에 대응함 예 고객 1명이 여러 개(N)의 상품과 연결되어 있음
N : 1 관계	고객─상품 (N:1 연결)	여러 개체가 하나의 개체에 대응함 예 여러 명의 고객(N)이 1개의 상품과 연결되어 있음
N : M 관계	고객─상품 (N:M 연결)	• 여러 개체가 여러 개체에 대응함 • 1 : N, N : 1이 모두 포함된 경우 예 고객 1명이 여러 개의 상품(N)과 연결된 선과 여러 명의 고객(N)이 상품 1개와 연결된 선이 모두 있음

> **전문가의 합격 코멘트**
> 대응관계 및 SQL, 메타데이터의 내용은 시험에서 종종 다루어지고 있는 내용입니다. 대응관계에서는 1 : N과 N : 1의 그림을 구분할 수 있어야 하고, SQL은 DDL, DML, DCL을 구분할 수 있도록 해야 하며, DML 중에서 SELECT 문은 어떤 구조를 갖는지 알아야 합니다.

2 SQL(Structured Query Language)

(1) SQL(Structured Query Language)의 개념

① 데이터베이스를 구축하고 활용하기 위해 사용하는 언어로, 데이터베이스와 통신을 위해 고안되었다.
② RDBMS의 데이터를 관리하기 위해 설계된 특수 목적의 프로그래밍 언어이다.
③ D. 챔벌린과 레이먼드 F. 보이스가 처음 개발하였다.

> **RDBMS(Relational Database Management System)**
> 관계형 데이터베이스관리시스템으로, 데이터를 행과 열의 Table 구조로 관리함

(2) SQL 명령어

DDL	• 데이터 정의 언어(Data Definition Language) • 명령어: CREATE, ALTER, DROP, RENAME, TRUNCATE • 데이터베이스 테이블의 구조를 생성, 수정, 제거하는 명령
DML	• 데이터 처리 언어(Data Manipulation Language) • 명령어: SELECT, INSERT, UPDATE, DELETE • 데이터 검색, 새로운 행 삽입, 기존 행을 수정, 삭제하는 명령
DCL	• 데이터 제어 언어(Data Control Language) • 명령어: GRANT, REVOKE • 데이터베이스에 대해 접근 권한을 부여하거나 회수함
TCL	• 트랜잭션 컨트롤 언어(Transaction Control Language) • 명령어: COMMIT, ROLLBACK, SAVEPOINT • DML로 실행한 변경 사항을 저장, 관리하는 명령

(3) SQL 문법

① SQL 집계 함수
- COUNT(*), COUNT(열): 데이터 타입에 상관없이 개수를 집계
- SUM(열), MIN(열), MAX(열), AVG(열): 숫자 데이터에 대해 합계, 최소, 최대, 평균을 구함

② DML 중 SELECT 문

> SELECT 컬럼 FROM 테이블 WHERE 조건식 GROUP BY 그룹화할 컬럼 HAVING 조건식 ORDER BY 정렬 컬럼

- SELECT * FROM My_Table WHERE AGE BETWEEN 20 AND 25;
  ⇨ My_Table의 AGE 컬럼의 값이 20~25까지의 모든 컬럼을 조회
- SELECT COUNT(*) FROM My_Table;
  ⇨ My_Table의 모든 컬럼별 데이터 개수를 집계하여 반환
- SELECT 과목, AVG(성적) AS 평균성적 FROM 학생성적 GROUP BY 과목 HAVING AVG(성적) >= 85;
  ⇨ '학생성적' 테이블을 '과목'으로 그룹화하고, 각 그룹의 평균 성적이 85 이상인 그룹만을 선택함. HAVING 절은 그룹에 대한 조건을 지정하는 데 사용되며, 여기서 AVG(성적)>=85는 평균 성적이 85 이상인 그룹을 선택하는 조건을 의미함

> **전문가의 합격 꿀팁**
> 시험에 HAVING을 출제한 적이 있었습니다. 반드시 알아두세요!

3 메타데이터, 인덱스

(1) 메타데이터(Metadata)

① 데이터에 관한 데이터로 데이터의 특성, 구조, 포맷, 원천, 의미 등을 설명하는 정보이다.
② 데이터를 분석하고 관리하는 데 도움이 되는 유용한 정보를 포함한다.

③ 데이터의 구조화와 이해를 돕는 데 중요한 역할을 한다. 데이터의 의미, 관련성, 가치, 출처 등을 명시함으로써 데이터를 효율적으로 활용할 수 있도록 한다.
  ⓔ 스마트폰이나 디지털 카메라로 사진을 찍었을 경우 각 사진의 속성을 찾아보면 카메라 자체의 정보, 촬영 시간, 노출, 플래시 사용 여부, 해상도, 이미지 크기 등의 정보를 볼 수 있는데 이를 메타데이터라고 한다.
④ 특정 데이터베이스의 테이블에 저장된 데이터의 구조, 데이터 필드의 명칭, 데이터 유형, 작성일, 업데이트 날짜 등을 설명하는 데이터이다.

(2) 인덱스(Index)
① 데이터베이스에서 테이블의 동작 속도를 높여주는 자료 구조이다.
② 테이블 내의 1개 혹은 여러 개의 컬럼을 이용해 생성할 수 있다.

기출로 개념 확인

01 다음은 고객과 상품의 대응관계를 도식화한 것이다. 대응비 관점에서 고객과 상품 간의 관계가 옳은 것은?
32회 기출문제

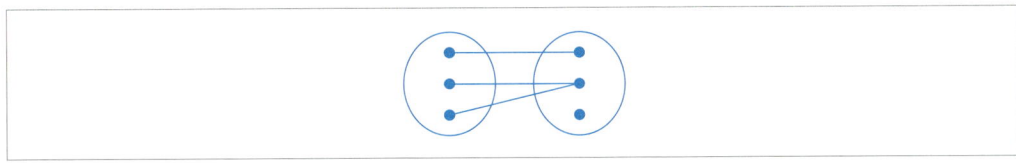

① 1 : 1
② 1 : N
③ N : 1
④ N : M

정답 해설 N : 1은 여러 개체가 하나의 개체에 대응하는 것이다.
오답 해설 ① 1 : 1은 하나의 개체가 하나의 개체에 대응하는 것이다.
② 1 : N은 하나의 개체가 여러 개체에 대응하는 것이다.
④ N : M은 여러 개체가 여러 개체에 대응하는 것이다.

02 다음 중 데이터에 관한 구조화된 데이터로 다른 데이터를 설명해 주는 데이터는?
27회 기출문제

① 메타데이터
② 데이터 사전
③ 데이터베이스
④ 데이터웨어하우스

오답 해설 ② 데이터 사전(DD; Data Dictionary): 일반 사전처럼 데이터베이스에 저장되어 있는 데이터를 정확하고 효율적으로 이용하기 위해 참고해야 하는 스키마, 사상 정보, 다양한 제약 조건 등을 저장한다.
③ 데이터베이스(Database): 데이터를 저장 및 검색할 수 있는 복합체로 정의할 수 있다.
④ 데이터웨어하우스(Data Warehouse): 사용자의 의사결정에 도움을 주기 위하여 다양한 운영 시스템에서 추출, 변환, 통합되고 요약된 데이터베이스이다.

03
다음 SQL 명령어 중 DML 명령어가 아닌 것은?　　　　　32회 기출문제

| 가. SELECT　　나. UPDATE　　다. INSERT　　라. DELETE　　마. CREATE |

① 가, 나
② 다
③ 라
④ 마

정답 해설　DML 명령어에는 SELECT, UPDATE, INSERT, DELETE가 있다. CREATE는 DDL 명령어이다.
- DDL: CREATE, DROP, ALTER
- DCL: GRANT, REVOKE
- TCL: COMMIT, ROLLBACK

04
다음 중 관계형 데이터베이스관리시스템(RDBMS)의 데이터를 관리하기 위해 설계된 특수 목적의 프로그래밍 언어로, 챔벌린과 보이스가 개발한 프로그래밍 언어는?　　　　　17회 기출문제

① C
② PYTHON
③ SQL
④ SPSS

정답 해설　SQL은 관계형 데이터베이스관리시스템(RDBMS)의 데이터를 관리하기 위해 설계된 특수 목적의 프로그래밍 언어이다.

오답 해설　① C: 범용 목적의 프로그래밍 언어로, 운영체제, 시스템 소프트웨어, 응용 소프트웨어, 임베디드 시스템 등 다양한 분야에서 널리 사용된다.
④ SPSS(Statistical Package for the Social Sciences, 사회과학용 통계 패키지): 1968년에 개발된 통계 프로그램이다.

05
테이블명(My_Table)에서 나이(AGE)가 20~25살인 사원을 조회하는 SQL을 작성하려고 한다. 다음 빈칸에 들어갈 내용으로 적절한 것은?　　　　　15회 기출문제(주관식 변형)

| SELECT * FROM My_Table WHERE AGE (　) 20 AND 25; |

① HAVING
② BETWEEN
③ TO
④ OR

정답 해설
| SELECT * FROM My_Table WHERE AGE (BETWEEN) 20 AND 25; |

My_Table의 AGE의 값이 20~25 사이인 사원을 조회한다.

06
다음 중 SQL의 SELECT 문에서만 사용 가능한 집계 함수로, 데이터 타입에 무관하게 사용 가능한 함수는?　　　　　29회 기출문제

① COUNT
② MIN
③ SUM
④ AVG

정답 해설
- 데이터 타입에 무관하게 사용하는 집계 함수: COUNT
- 숫자형 데이터 타입에만 사용하는 집계 함수: SUM(합계), MIN(최소), MAX(최대), AVG(평균)

정답　01 ③　02 ①　03 ④　04 ③　05 ②　06 ①

핵심키워드 #DBMS #RDBMS #ODBMS #NoSQL

007 DBMS(DataBase Management System) ★★★☆☆

1 DBMS의 개념

① 사용자와 데이터베이스 사이에서 사용자의 요구에 따라 정보를 처리해주고 데이터베이스를 관리해주는 소프트웨어이다.

② DBMS의 종류에는 RDBMS와 ODBMS가 있으며, 우리나라에서 일반적으로 많이 사용되는 DBMS는 RDBMS(관계형)이다.

RDBMS와 ODBMS

RDBMS	· 관계형 데이터베이스관리시스템(Relational DBMS) · 행과 열로 이루어진 정형화된 테이블로 구성된 데이터 항목들의 집합체 예) Oracle Database, MySQL, Microsoft SQL Server, PostgreSQL, IBM DB2 등
ODBMS	· 객체 지향 데이터베이스관리시스템(Object Oriented DBMS) · 객체들을 생성하여 계층에서 체계적으로 정리하고, 계층들은 다시 하위 계층이 상위 계층으로부터 속성과 방법들을 물려받을 수 있음 · 복잡한 데이터 구조를 표현하고 관리함 예) ObjectDB, db4o(database for objects) 등

2 DBMS의 장단점

(1) DBMS의 장점

① 데이터의 일관성과 무결성 유지를 통해 데이터가 정확하고 일관되며, 중복이 최소화되어 데이터의 신뢰성을 높일 수 있다.
② 계정을 가진 모든 사용자의 데이터 공유와 동시 접근이 가능하다.
③ 사용자들이 동시에 트랜잭션(Transaction)하는 경우에도 즉각적으로 결괏값을 확인할 수 있다.
④ 데이터 액세스 권한을 제어하고 보안을 제공하여 민감한 정보를 보호할 수 있다.
⑤ SQL과 같은 질의 언어를 사용하여 데이터에 쉽게 접근하고 조작할 수 있다.

(2) DBMS의 단점

① 데이터베이스 관리로 모든 데이터 문제를 해결할 수는 없다.
② DBMS 도입 및 유지에 비용이 발생한다.
③ 구축 및 유지 보수, 관리를 위해 전문 지식과 복잡한 설정이 필요하다.
④ 시스템에 문제가 발생하면 모든 데이터에 영향을 미칠 수 있다.
⑤ 새로운 버전, 시스템 업그레이드 시 호환성 문제가 발생할 수 있다.

> **전문가의 합격 코멘트**
> DBMS의 종류인 RDBMS와 ODBMS를 구분하는 문제와 SQL의 정의와 DBMS의 일반적인 상황 중 틀린 설명을 찾는 문제가 종종 출제되었습니다. 특히 NoSQL의 특징과 종류는 반드시 암기해야 합니다.

> **전문가의 합격 꿀팁**
> 복잡한 데이터 구조, 객체, 계층이라는 단어가 보이면 ODBMS이고 관계, 테이블, SQL 등의 단어가 사용되면 RDBMS를 떠올리세요.

> **보충 학습**
>
> 트랜잭션(Transaction)
> 데이터베이스의 상태를 변환시키는 하나의 논리적 기능을 수행하기 위한 작업의 단위 또는 한꺼번에 수행되어야 하는 일련의 연산들을 의미합니다. 예를 들어 은행에서 A계좌에서 B계좌로 송금하는 작업을 할 때 A계좌에서 송금액만큼을 빼고, B계좌에 더하는 작업이 한 번에 수행되어야 하는 작업들입니다.

◎ **전문가의 합격 꿀팁**
NoSQL의 특징과 종류는 반드시 암기해야 합니다.

3 NoSQL(Non-SQL, Non-Relational, Not Only SQL)

① 관계형 데이터베이스보다 덜 제한적인 일관성 모델을 이용하는 데이터의 저장 및 검색을 위한 메커니즘을 제공한다.
② 디자인 단순화, 수평적 확장성, 세세한 통제 등을 포함한다.
③ 기존의 RDBMS가 가진 특성뿐만 아니라 다른 특성들을 부가적으로 지원한다.
④ NoSQL의 종류에는 MongoDB, Apache HBase, Redis, Apache Cassandra 등이 있다.

기출로 개념 확인

01 다음 중 사용자와 데이터베이스 사이에서 사용자의 요구에 따라 정보를 처리해주고 데이터베이스를 관리해주는 소프트웨어는?　　　　　　　　　　　　　　　　　　　　　　　　　　　　23·35회 기출문제

① DBMS
② Data Dictionary
③ SQL
④ Metadata

오답 해설 ② Data Dictionary: 자료에 관한 정보를 모아 두는 저장소로, 자료 사전이라고도 한다. 자료의 이름, 표현 방식, 자료의 의미와 사용 방식, 그리고 다른 자료와의 관계를 저장한다.
③ SQL(Structured Query Language): 데이터베이스를 구축하고 활용하기 위해 사용하는 언어로, RDBMS의 데이터를 관리하기 위해 설계된 특수 목적의 프로그래밍 언어이다.
④ Metadata: 데이터에 대한 데이터로, 데이터의 특성, 구조, 포맷, 원천, 의미 등을 설명하는 정보를 말한다.

02 다음 중 복잡한 데이터 구조를 표현 및 관리하는 DBMS는?　　　　　　　　　　　　　　17회 기출문제

① RDBMS
② ODBMS
③ 데이터 사전
④ SQL

정답 해설 ODBMS는 객체 지향 데이터베이스관리시스템으로, 복잡한 데이터 구조를 표현 및 관리하는 DBMS이다.
오답 해설 ① RDBMS: 관계형 데이터베이스관리시스템, 정형화된 테이블로 구성된 데이터 항목들의 집합체이다.

03 다음 중 객체들을 생성하여 계층에서 체계적으로 정리하고, 다시 하위 계층이 상위 계층으로부터 속성과 방법들을 물려받을 수 있는 복잡한 데이터 구조를 관리하는 DBMS는? 22·28회 기출문제

① 객체 지향 데이터베이스관리시스템(ODBMS)
② MySQL
③ 관계형 데이터베이스관리시스템(RDBMS)
④ Operating System

오답 해설 ② MySQL: 오라클 사에서 관리하는 오픈소스 RDBMS이다.
③ 관계형 데이터베이스관리시스템(RDBMS): 행과 열로 이루어진 정형화된 테이블로 구성된 데이터 항목들의 집합체를 관리하는 시스템이다.
④ Operating System: Windows, Linux, Unix와 같은 운영체제를 의미한다.

04 다음 중 DBMS에 대한 설명으로 옳지 않은 것은? 34회 기출문제

① 사용자들이 동시에 트랜잭션하는 경우에도 즉각적으로 결괏값을 확인할 수 있다.
② 우리나라에서 일반적으로 많이 사용되는 데이터베이스관리시스템은 관계형 DBMS이다.
③ 데이터베이스 관리로 모든 데이터 문제를 해결할 수 있다.
④ 계정을 가진 모든 사용자의 접근이 가능하다.

정답 해설 데이터베이스 관리로 모든 데이터 문제를 해결할 수는 없다. 데이터베이스관리시스템(DBMS)은 장애가 발생했을 때 원인, 상태 파악이 어려우며, 전체 시스템의 업무 처리가 중단된다는 단점을 가지고 있다.

05 다음 중 데이터 NoSQL 저장 방식과 관련이 없는 도구는? 20·33회 기출문제

① MongoDB
② HBase
③ Redis
④ MySQL

정답 해설 • NoSQL 종류: MongoDB, HBase, Redis, Cassandra 등
• RDBMS 종류: MySQL, Oracle, PostgreSQL, Microsoft SQL Server 등

정답 01 ① 02 ② 03 ① 04 ③ 05 ④

008 데이터베이스 설계

핵심키워드 #요개논물

★★☆☆☆

전문가의 합격 코멘트
최근 자주 출제되고 있는 내용은 아니지만 데이터베이스 설계 절차를 암기하여 두시기 바랍니다.

전문가의 합격 꿀팁
'요개논물' 이렇게 네 글자로 암기하셔도 됩니다.

데이터베이스 설계 절차는 '요구 조건 분석 → 개념적 설계 → 논리적 설계 → 물리적 설계' 순서로 이루어진다.

요구 조건 분석	데이터베이스 사용자, 사용 목적, 사용 범위, 제약 조건 등을 정리하여 명세서를 작성함
개념적 설계	• 정보를 추상적인 개념으로 표현하는 과정 • DBMS에 독립적인 개념적 데이터 모델을 생성함 • 결과물: E-R 다이어그램(Entity Relationship Diagram)
논리적 설계	• 데이터 모델을 구체적인 스키마로 변환하여 데이터 구조를 정확하게 정의하고, 데이터 모델을 정규화하여 테이블을 관리 가능한 크기와 논리적 관계로 나눔 • 자료를 컴퓨터가 이해할 수 있도록 특정 DBMS의 논리적 구조로 변환함
물리적 설계	• 데이터를 저장할 장치를 선택하고 인덱스를 구성하여 데이터 검색을 최적화함 • 데이터베이스의 보안, 백업 및 복구 전략을 개발하여 데이터의 안전성을 보장함

기출로 개념 확인

다음 중 데이터베이스 설계 절차를 순서대로 나열한 것은?   21·25회 기출문제

① 요구 조건 분석 – 개념적 설계 – 논리적 설계 – 물리적 설계
② 개념적 설계 – 요구 조건 분석 – 논리적 설계 – 물리적 설계
③ 논리적 설계 – 요구 조건 분석 – 개념적 설계 – 물리적 설계
④ 개념적 설계 – 물리적 설계 – 요구 조건 분석 – 논리적 설계

정답 해설 데이터베이스의 설계 절차는 '요구 조건 분석 – 개념적 설계 – 논리적 설계 – 물리적 설계'이다.

풀이전략
'요개논물'을 잊지 마세요!

정답 ①

핵심키워드 #OLTP #OLAP #CRM #SCM

009 시대별 기업 내부 데이터베이스 솔루션 ★★★★☆

1 1980년대 기업 내부 데이터베이스 솔루션

(1) OLTP(On-Line Transaction Processing, 온라인 거래 처리)

주 컴퓨터와 통신 회선으로 접속된 복수의 사용자 단말에서 발생한 트랜잭션을 주 컴퓨터에서 처리하여 그 결과를 사용자에게 되돌려 보내주는 처리 형태이다.

예) 상품 주문, 회원 정보 수정, 은행 거래, 항공편 예약 등

(2) OLAP(On-Line Analytical Processing, 온라인 분석 처리)

① 다차원으로 이루어진 데이터로부터 통계적인 요약 정보를 제공할 수 있는 기술이다.

② 다차원의 데이터를 대화식 질의를 통해 분석하는 정보 분석용 소프트웨어(Software)이다.

예) 10년간 A사의 직급별 임금 상승률 등

(3) OLTP와 OLAP의 주요 차이점

OLTP는 '실시간 트랜잭션 데이터의 처리'에, OLAP는 '대량의 데이터에 대한 복잡한 분석과 보고 지원'에 사용한다.

> **보충 학습**
>
> **다차원으로 이루어진 데이터**
>
> 여러 개의 열(Column, 변수)로 이루어진 데이터를 의미하는 것으로 올바른 분석을 위해서는 많은 행(Row)으로 이루어진 데이터가 필요합니다. 아래와 같은 데이터가 있다면 지역별 키의 평균, 성별에 따른 키의 평균, 성별에 따른 연령별 몸무게 변동 등에 대한 분석을 할 수 있습니다.
>
> | 이름 | 나이 | 성별 | 몸무게 | 지역 | 아빠의 키 | 엄마의 키 | 키 |
> |---|---|---|---|---|---|---|---|
> | 홍길동 | 20 | 남 | 60 | 서울 | 175 | 160 | 178 |
> | 김마리 | 19 | 여 | 50 | 강원도 | 177 | 158 | 164 |
>
> **대화식 질의를 통한 정보 분석**
>
> 마치 최종 사용자가 컴퓨터와 직접 대화를 하는 것처럼 느낄 수 있는 질의 방식으로, 한 번의 질의를 통해 데이터를 얻으면 더 자세한 정보나 다른 관점에서의 분석을 얻기 위해 다른 질의를 계속하며 원하는 정보를 얻을 수 있습니다.

> **전문가의 합격 코멘트**
>
> 기업 내부 데이터베이스 솔루션의 정의를 묻는 문제는 출제 빈도가 매우 높은 부분이므로 기출문제를 통해 학습하는 것이 좋습니다. OLTP와 OLAP, CRM과 SCM이 무엇의 약자인지, 차이점은 무엇인지를 학습해야 하고, 솔루션에 대한 올바른 설명을 찾는 문제도 종종 출제되고 있으므로 이 부분도 유의해서 학습해야 합니다.

> ◌ 전문가의 합격 꿀팁
> 개념의 약어를 알면 개념을 유추해볼 수 있습니다.

2 2000년대 기업 내부 데이터베이스 솔루션

(1) CRM(Customer Relationship Management)
  ① 고객별 구매 이력 데이터베이스를 분석하여 고객에 대한 이해를 돕고, 이를 바탕으로 각종 마케팅 전략을 실행하여 높은 이익을 창출할 수 있도록 하는 솔루션이다.
  ② 고객 데이터를 중심으로 구축되며, 고객에 대한 기록, 요구 사항, 구매 이력, 서비스 요청 및 마케팅 활동 등을 추적하고 분석하여 개인화된 고객 경험을 제공함으로써 고객 유치와 충성도 향상에 도움을 준다.
    ㉮ 장바구니에 들어 있는 물건에 대해 지속적으로 알람을 주거나, 할인 정책을 마련해 구매를 유도하거나, 고객이 많은 지역에서 행사를 하거나, 고객들이 선호하는 제품을 알아내어 마케팅 정보로 활용한다.

(2) SCM(Supply Chain Management)
  ① 제조, 물류, 유통 업체 등 유통 공급망에 참여하는 모든 업체들의 협력을 바탕으로 정보기술(Information Technology)을 활용하여 재고를 최적화하기 위한 솔루션이다.
  ② 기업이 외부 공급 업체 또는 제휴 업체와 통합된 정보 시스템으로 연계하여 시간과 비용을 최적화하기 위한 것이다.
  ③ 자재 구매 데이터, 생산·재고 데이터, 유통·판매 데이터, 고객 데이터로 구성된다.

(3) CRM과 SCM의 주요 차이점
  CRM은 고객에 대한 관리, SCM은 물류 공급에 대한 관리를 목표로 한다.

기출로 개념 확인

01 다음 내용이 설명하는 기업 내부 데이터 솔루션은? 17·21회 기출문제(주관식 변형)

> 제조, 물류, 유통 업체 등 유통 공급망에 참여하는 모든 업체들의 협력을 바탕으로 정보기술(Information Technology)을 활용하여 재고를 최적화하기 위한 솔루션이다.

① CRM
② SCM
③ OLAP
④ OLTP

정답 해설 SCM은 기업이 외부 공급 업체 또는 제휴 업체와 통합된 정보 시스템으로 연계하여 시간과 비용을 최적화하기 위한 것으로, 자재 구매 데이터, 생산·재고 데이터, 유통·판매 데이터, 고객 데이터로 구성된다.

02 다음 내용은 데이터베이스를 기반으로 기업 내에 구축하는 주요 정보 시스템 중 하나를 설명한 것이다. 다음 내용이 설명하는 정보 시스템은? 21·29회 기출문제

> 고객별 구매 이력 데이터베이스를 분석하여 고객에 대한 이해를 돕고 이를 바탕으로 각종 마케팅 전략을 통해 보다 높은 이익을 창출할 수 있는 솔루션

① CRM
② SCM
③ EDW
④ OLTP

오답 해설
② SCM(Supply Chain Management): 기업이 외부 공급 업체 또는 제휴 업체와 통합된 정보 시스템으로 연계하여 시간과 비용을 최적화하기 위한 것으로, 자재 구매 데이터, 생산·재고 데이터, 유통·판매 데이터, 고객 데이터로 구성된다.
③ EDW(Enterprise Data Warehouse): 기업이나 조직에서 다양한 데이터 소스에서 수집된 데이터를 중앙 집중화하고 통합하여 저장하고 관리하는 중앙 데이터 저장소를 의미한다.
④ OLTP(On-Line Transaction Processing): 주 컴퓨터와 통신 회선으로 접속된 복수의 사용자 단말에서 발생한 트랜잭션을 주 컴퓨터에서 처리하여 그 결과를 사용자에게 되돌려 보내주는 처리 형태이다.

정답 01 ② 02 ①

핵심키워드 #Data Warehouse #Data Mart #ERP #BI #BA #블록체인 #KMS

010 분야별 기업 내부 데이터베이스 솔루션 ★★★★★

 전문가의 합격 코멘트
시대별 기업 내부 데이터베이스 솔루션과 함께 출제 빈도가 매우 높은 편이므로, 모든 내용을 잘 알고 있어야 합니다. 문제를 통해 학습하시고 특히 Data Warehouse의 4대 특징은 반드시 기억하세요.

전문가의 합격 꿀팁
'비소멸', '비휘발'은 절대 변하지 않는다는 의미가 아닙니다. 빈번한 변화가 없음을 의미합니다!

Batch 작업
대량의 데이터를 모아서 일괄적으로 작업 수행할 때 사용되는 방식으로 여러 데이터 레코드나 파일을 한꺼번에 업데이트하고 수정할 때 사용되는 작업 방법이다.

1 제조부문 기업 내부 데이터베이스 솔루션

(1) 데이터 웨어하우스(Data Warehouse)
① 기업 내의 의사결정 지원 애플리케이션을 위한 정보를 제공하는 하나의 통합된 데이터 저장 공간이다.
② 데이터들은 시간적 흐름에 따라 변화하는 값이며 일정 기간 유지한다.
③ 데이터 웨어하우스(Data Warehouse)의 4대 특징
  - 데이터의 통합: 데이터들은 전사적 차원에서 일관된 형식으로 정의됨
  - 데이터의 시계열성: 관리되는 데이터들은 시간의 흐름에 따라 변화하는 값을 저장함
  - 데이터 주제 지향적: 특정 주제에 따라 데이터들이 분류, 저장, 관리됨
  - 비소멸성(비휘발성): Batch 작업에 의한 갱신 이외에 변하지 않음(빈번한 삽입, 삭제 아님)

데이터 웨어하우스의 개요도

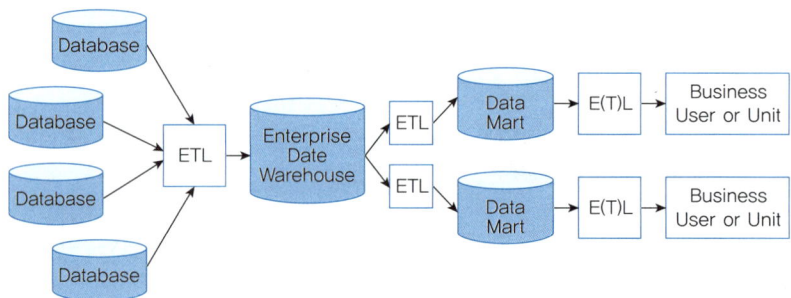

> **보충 학습**
> ETL(Extract, Transform, Load: 추출, 변환, 적재)
> 주기적으로 내부 및 외부 데이터베이스로부터 정보를 추출하고 정해진 규약에 따라 정보를 변환한 후에 정보를 적재하는 방법입니다.

(2) 데이터 마트(Data Mart)
① 전사적으로 구축된 데이터 웨어하우스로부터 특정 주제, 부서 중심으로 구축된 소규모 단일 주제의 데이터 웨어하우스이다.
② 재무, 생산, 운영과 같이 특정 조직의 특정 업무 분야에 초점을 두고 있다.

(3) ERP(Enterprise Resource Planning)
제조업을 포함한 다양한 비즈니스 분야에서 생산, 구매, 재고, 주문, 공급자와의 거래, 고객 서비스 제공 등 주요 프로세스 관리를 돕는 여러 모듈로 구성된 통합 애플리케이션 소프트웨어 패키지이다.

(4) BI와 BA

① BI(Business Intelligence)
- 기업의 데이터 웨어하우스(Data Warehouse)에 저장된 데이터에 접근해 경영 의사결정에 필요한 정보를 획득하고 이를 경영활동에 활용하는 것
- 데이터를 통합·분석하여 기업 활동에 연관된 의사결정을 돕는 프로세스를 의미함
- 하나의 특정 비즈니스 질문에 답변하도록 설계됨
- 가트너(Gartner)는 '여러 곳에 산재하여 있는 데이터를 수집하여 체계적이고 일목요연하게 정리함으로써 사용자가 필요로 하는 정보를 정확한 시간에 제공할 수 있는 환경'으로 정의함
- 관련 키워드: ad hoc report

② BA(Business Analytics)
- 경영 의사결정을 위한 통계적이고 수학적인 분석에 초점을 둔 기법으로, 성과에 대한 이해와 비즈니스 통찰력에 초점을 둔 분석 방법
- 사전에 예측하고 최적화하기 위한 것으로, BI보다 진보된 형태임
- 관련 키워드: Optimization, Forecast, Insight

> **전문가의 합격 코멘트**
> BI와 BA를 구분할 수 있어야 하고, ERP, SCM, 블록체인 등은 설명만 보아도 개념과 바로 연결할 수 있도록 학습하세요.

보충 학습

ad hoc report
- BI와 빅데이터 분석의 차이점을 표현한 키워드입니다.
- 특정 요구나 필요에 따라 즉각적으로 생성되는 보고서를 의미합니다.
- 일반적으로 임시로 생성되는 보고서로 특정 비즈니스의 목적을 충족시키기 위해 필요한 정보를 제공합니다.
- 일회성이거나 한정된 범위의 요구에 대응하기 위해 만들어진 특징을 갖고 중요한 의사결정을 지원하거나 문제 해결을 위한 정보를 제공하는 데 사용합니다.

2 금융 부문 기업 내부 데이터베이스 솔루션

① 블록체인(Block Chain): 기존 금융회사의 중앙 집중형 서버에 거래 기록을 보관하는 방식에서 벗어나, 거래에 참여하는 모든 사용자에게 거래 내용을 보내주며 거래 때마다 이를 대조하는 데이터 위조 방지 기술이다.
② 그 외에도 EAI, EDW, ERP, e-CRM 등의 기술이 있다.

보충 학습

EAI(Enterprise Application Integration)
- 기업 애플리케이션 통합을 의미하는 것으로, 이는 기업 내부의 다양한 소프트웨어 및 시스템 간에 통합을 가능하게 하는 기술 및 접근 방식을 말합니다.
- 기업은 다양한 애플리케이션, 데이터베이스 시스템을 사용하여 비즈니스 활동을 수행합니다. 그러나 이러한 시스템들은 종종 서로 호환되지 않거나, 다른 형식의 데이터를 사용하며, 각각 독립적으로 운영되기 때문에 정보 공유와 통합에 어려움을 겪을 수 있습니다.
- 이때 EAI는 이러한 문제를 해결하고 기업 내부 시스템 및 애플리케이션 간의 통합을 도와줍니다.

3 유통 부문 기업 내부 데이터베이스 솔루션

① KMS(Knowledge Management System): 지식 관리 시스템의 약자로, 조직 내의 지식을 체계적으로 관리하는 시스템이다.
② RFGID(Radio Frequency IDentification): 무선주파수(RF, Radio Frequency)를 이용하여 대상을 식별할 수 있는 기술로, RF 태그에 사용 목적에 알맞는 정보를 저장하여 적용 대상에 부착한 후 판독기에 해당하는 RFID 리더를 통해 정보를 인식한다.

기출로 개념 확인

01 다음 중 데이터 웨어하우스(Data Warehouse)의 고유 특징으로 옳지 <u>않은</u> 것은? 21회 기출문제

① 데이터 웨어하우스는 기업 내의 의사결정 지원 애플리케이션을 위한 정보를 제공하는 하나의 통합된 데이터 저장 공간을 말한다.
② ETL은 주기적으로 내부 및 외부 데이터베이스로부터 정보를 추출하고 정해진 규약에 따라 정보를 변환한 후에 데이터 웨어하우스에 정보를 적재한다.
③ 데이터 웨어하우스에서 관리하는 데이터들은 시간적 흐름에 따라 변화하는 값을 유지한다.
④ 일반적으로 데이터 웨어하우스는 전사적 차원에서 접근하기보다 재무, 생산, 운영과 같이 특정 조직의 특정 업무 분야에 초점을 두고 있다.

> **정답 해설** 재무, 생산, 운영과 같이 특정 조직의 특정 업무 분야에 초점을 두는 것은 데이터 마트(Data Mart)에 대한 설명이다. 데이터들이 전사적 차원에서 일관된 형식으로 정의되는 것은 데이터 웨어하우스의 특징 중 '데이터의 통합'에 대한 설명이다.

> **풀이전략**
> 데이터 웨어하우스(Data Warehouse)에 대한 설명에 데이터 마트(Data Mart)에 대한 내용이 포함되어 있어도 답을 고를 수 있도록 연습하세요.

02 다음 중 데이터 웨어하우스에 대한 설명으로 옳지 <u>않은</u> 것은? 23회 기출문제

① 데이터 웨어하우스에서는 데이터의 지속적 갱신에 따른 데이터의 무결성 유지가 무엇보다 중요하다.
② 데이터 웨어하우스의 데이터들은 전사적 차원에서 일관된 형식으로 정의된다.
③ 데이터 웨어하우스에서 관리되는 데이터들은 시간의 흐름에 따라 변화하는 값을 저장한다.
④ 데이터 웨어하우스에서는 특정 주제에 따라 데이터들이 분류, 저장, 관리된다.

> **정답 해설** 데이터의 지속적 갱신에 따른 무결성 유지는 데이터베이스에 대한 설명이다. 데이터 웨어하우스는 비소멸성, 비휘발성의 특징을 가지고 있으며, 이는 Batch 작업에 의한 갱신 이외에는 변하지 않는다(빈번한 삽입, 삭제 아님).

03 다음 중 방대한 조직 내에서 분산 운영되는 각각의 데이터베이스관리시스템들을 효율적으로 통합하여 조정·관리할 수 있으므로 효율적인 의사결정 시스템을 위한 기초를 제공하는 정보 관리 시스템은?

10회 기출문제

① 관계형 데이터베이스
② 데이터 마트
③ 데이터 웨어하우스
④ 온라인 분석 처리 시스템

오답 해설
① 관계형 데이터베이스(RDBMS): 정형화된 테이블로 구성된 데이터 항목들의 집합체이다.
② 데이터 마트(Data Mart): 전사적으로 구축된 데이터 웨어하우스로부터 특정 주제, 부서 중심으로 구축된 소규모 단일 주제의 데이터 웨어하우스이다.
④ 온라인 분석 처리 시스템(OLAP System): 데이터베이스 및 데이터 웨어하우스에서 데이터를 분석하고 사용자가 데이터를 탐색할 수 있도록 해주는 시스템이다.

04 다음 중 전사적으로 구축된 데이터 웨어하우스로부터 특정 주제, 부서 중심으로 구축된 소규모 단일 주제의 데이터 웨어하우스는?

22회 기출문제

① 데이터베이스
② 데이터 마트
③ ERP
④ ITS

오답 해설
① 데이터베이스(Database): 데이터를 저장 및 검색할 수 있는 복합체로 정의되며, 데이터에는 정형뿐만 아니라 비정형 데이터를 포함한다.
③ ERP(Enterprise Resource Planning): 제조업을 포함한 다양한 비즈니스 분야에서 생산, 구매, 재고, 주문, 공급자와의 거래, 고객 서비스 제공 등 주요 프로세스 관리를 돕는 여러 모듈로 구성된 통합 애플리케이션 소프트웨어 패키지이다.
④ ITS(Intelligent Transportation System): 지능형 교통 시스템으로, 전자, 정보, 통신, 제어 등의 기술을 교통 체계에 접목한 것이다. 신속, 안전, 쾌적한 차세대 교통체계를 만드는 데 목적을 두고 있다.

05 다음 내용이 설명하는 기업 내부 데이터베이스 솔루션은?

19회 기출문제

> 제조업을 포함한 다양한 비즈니스 분야에서 생산, 구매, 재고, 주문, 공급자와의 거래, 고객 서비스 제공 등 주요 프로세스 관리를 돕는 여러 모듈로 구성된 통합 애플리케이션

① ERP
② CRM
③ SCM
④ KMS

오답 해설
② CRM(Customer Relationship Management): 고객별 구매 이력 데이터베이스를 분석하여 고객에 대한 이해를 돕고 이를 바탕으로 각종 마케팅 전략을 통해 보다 높은 이익을 창출할 수 있는 솔루션이다.
③ SCM(Supply Chain Management): 기업이 외부 공급 업체 또는 제휴 업체와 통합된 정보 시스템으로 연계하여 시간과 비용을 최적화하기 위한 것으로, 자재 구매 데이터, 생산·재고 데이터, 유통·판매 데이터, 고객 데이터로 구성된다.
④ KMS(Knowledge Management System): 유통 부문의 기업 내부 데이터베이스 솔루션으로 지식 관리 시스템의 약자이다. 조직 내의 지식을 체계적으로 관리하는 시스템을 의미한다.

06 다음 내용이 설명하는 '이것'은 무엇인가?

24회 기출문제(주관식 변형)

'이것'은 데이터를 통합·분석하여 기업 활동에 연관된 의사결정을 돕는 프로세스를 말하는 것이다. 가트너는 '여러 곳에 산재하여 있는 데이터를 수집하여 체계적이고 일목요연하게 정리함으로써 사용자가 필요로 하는 정보를 정확한 시간에 제공할 수 있는 환경'으로 정의하였다.

① BI
② BA
③ ERP
④ CRM

오답 해설
② BA(Business Analytics): 경영 의사결정을 위한 통계적이고 수학적인 분석에 초점을 둔 기법이다.
③ ERP(Enterprise Resource Planning): 제조업을 포함한 다양한 비즈니스 분야에서 생산, 구매, 재고, 주문, 공급자와의 거래, 고객 서비스 제공 등 주요 프로세스 관리를 돕는 여러 모듈로 구성된 통합 애플리케이션 소프트웨어 패키지이다.
④ CRM(Customer Relationship Management): 고객별 구매 이력 데이터베이스를 분석하여 고객에 대한 이해를 돕고 이를 바탕으로 각종 마케팅 전략을 통해 보다 높은 이익을 창출할 수 있는 솔루션이다.

07 다음 내용은 용어와 의미를 서로 연결한 것이다. 용어와 의미가 **잘못** 연결된 것은?

19회 기출문제

- OLTP: 다차원의 데이터를 대화식으로 분석하기 위한 소프트웨어
- BI(Business Intelligence): 경영 의사결정을 위한 통계적이고 수학적인 분석에 초점을 둔 기법
- BA(Business Analytics): 데이터 기반 의사결정을 지원하기 위한 리포트 중심의 도구
- Data Mining: 대용량 데이터로부터 의미 있는 관계, 규칙, 패턴을 찾는 과정

① OLTP
② OLTP, BI
③ OLTP, BI, BA
④ OLTP, BI, BA, Data Mining

정답 해설
- OLAP: 다차원의 데이터를 대화식으로 분석하기 위한 소프트웨어
- BI(Business Intelligence): 데이터 기반 의사결정을 지원하기 위한 리포트 중심의 도구
- BA(Business Analytics): 경영 의사결정을 위한 통계적이고 수학적인 분석에 초점을 둔 기법

08 다음 중 BI와 빅데이터 분석의 차이점을 표현하는 키워드는?

25회 기출문제

① Insight
② ad hoc report
③ Optimization
④ Forecast

정답 해설 ad hoc report는 일회용으로 작성된 임시 보고서로, BI 도구를 사용하면 조직의 모든 사용자가 IT 직원에게 부담을 주지 않으면서 특정 비즈니스 질문에 답변하고 해당 데이터를 시각적으로 표시할 수 있다. 이는 구조화된 보고서와는 다르다.

오답 해설 ①, ③, ④ insight, optimization, forecast는 빅데이터 분석 관련 키워드이다.

09 다음 중 기업 내부 데이터베이스 활용과 관련이 없는 것은?   20회 기출문제

① CRM ② ERP
③ ITS ④ KMS

정답 해설 지능형 교통 시스템으로 전자, 정보, 통신, 제어 등의 기술을 교통 체계에 접목시킨 것이다. 신속, 안전, 쾌적한 차세대 교통 체계를 만드는 데 목적을 두고 있는 시스템을 의미한다.

오답 해설 ①, ②, ④ 기업 내부 데이터베이스 활용과 관련된 시스템으로는 SCM, CRM, ERP, KMS가 있다.

10 다음 내용이 설명하는 것은?   28회 기출문제(주관식 변형)

> 이것은 기존 금융회사의 중앙 집중형 서버에 거래 기록을 보관하는 방식에서 벗어나 거래에 참여하는 모든 사용자에게 거래 내용을 보내주며, 거래 때마다 이를 대조하는 데이터 위조 방지 기술이다.

① 블록체인 ② 홀로그램
③ IoT ④ RFID

정답 해설 블록체인(Block Chain)에 대한 설명이다.

오답 해설 ② 홀로그램: 3차원 이미지를 기록하고 재현하는 기술 또는 그 결과물을 가리키는 것으로, 일반적인 2차원 사진과는 달리 깊이와 입체감을 가지며, 다양한 각도에서 살펴볼 때 실제 물체처럼 보인다.
③ IoT: 인터넷으로 연결된 기계마다 통신 장치를 갖추고 있는 환경에서 사람 또는 기계끼리 자동으로 통신하는 기술이다. 사물과 사람, 사물과 사물 간의 정보를 상호 소통하는 방식을 의미한다.
④ RFID: 무선주파수(RF, Radio Frequency)를 이용하여 대상을 식별할 수 있는 기술이다.

정답 01 ④ 02 ① 03 ③ 04 ② 05 ① 06 ① 07 ③ 08 ② 09 ③ 10 ①

데이터의 가치와 미래

핵심키워드 #3V #4V #Volumn #Variety #Velocity #Value

011 빅데이터(Big Data) ★★★★☆

 전문가의 합격 코멘트

3V, 4V 관련한 문항들이 출제되고 있으며 최근에는 Volume, Variety에 대한 좀 더 세부적인 내용이 다루어지고 있습니다. 구글의 실시간 자동 번역 시스템과 관련된 것은 Volume이라는 것을 기억하세요.

1 빅데이터의 정의

① 일반적인 데이터베이스 소프트웨어로 저장, 관리, 분석할 수 있는 범위를 초과하는 규모의 데이터이다.
② 다양한 종류의 대규모 데이터로부터 저렴한 비용으로 가치를 추출하고, 데이터의 초고속 수집, 발굴, 분석을 지원하도록 고안된 차세대 기술 및 아키텍처(Architecture)이다.
③ 데이터의 양(Volume), 데이터 유형과 소스 측면의 다양성(Variety), 자료 수집과 처리 측면에서 속도(Velocity)가 급격히 증가하면서 나타난 현상이다.
④ 대용량 데이터를 활용해 작은 용량에서는 얻을 수 없었던 새로운 통찰이나 가치를 추출해내는 일이다.
⑤ 나아가 이를 활용해 시장, 기업 및 시민과 정부의 관계 등 많은 분야에 변화를 가져올 수 있다.

빅데이터 정의의 범주 및 효과

데이터 변화	기술 변화	인재, 조직 변화
• 규모(Volume) • 형태(Variety) • 속도(Velocity)	• 새로운 데이터 처리, 저장, 분석 기술 및 아키텍처 • 클라우드 컴퓨팅 활용	• Data Scientist와 같은 새로운 인재가 필요함 • 데이터 중심 조직

2 빅데이터의 3V와 4V

① 빅데이터의 3V: Volume, Variety, Velocity
② 빅데이터의 4V: 3V+Value(ROI; Return On Investment, 투자자본수익률 관점에서 보는 빅데이터)

Volume	• 데이터의 크기, 생성되는 모든 데이터를 수집함 • 구글 실시간 자동 번역 시스템에 적용되는 빅데이터의 특징임
Variety	• 데이터의 다양성을 의미함 • 정형화된 데이터를 넘어 텍스트, 오디오, 비디오와 같은 비정형 데이터 및 웹 문서와 같은 반정형 데이터를 대상으로 함
Velocity	• 데이터의 속도를 의미함 • 사용자가 원하는 시간 내에 데이터 분석 결과를 제공하며, 업데이트 속도가 빠름
Value	• Value: 비즈니스 효과 요소 • Volume, Variety, Velocity: 투자 비용 요소

3 데이터 크기 단위

① 비트(Bit): 데이터 저장 최소 단위로 이진수(0과 1만 사용하는 수) 하나로 이루어진 단위이다.
② 니블(Nibble): 비트를 4개 모아 사용하는 단위이다.
③ 바이트(Byte): 비트를 8개 모아 사용하는 단위이다.
④ 워드(Word): 바이트를 4개 모아 사용하는 단위이다.

단위	KB	MB	GB	TB	PB	EB	ZB	YB
접두어	Kilo	Mega	Giga	Tera	Peta	Exa	Zetta	Yotta
10^n	10^3	10^6	10^9	10^{12}	10^{15}	10^{18}	10^{21}	10^{24}
2^n	2^{10}	2^{20}	2^{30}	2^{40}	2^{50}	2^{60}	2^{70}	2^{80}

> **전문가의 합격 꿀팁**
> KB, MB, GB, TB 등에 사용된 B는 Byte를 의미합니다.

> **전문가의 합격 꿀팁**
> Peta < Exa < Zetta < Yotta 순서와 Zetta가 2^{70}이라는 것은 꼭 기억해 주세요! 암기를 못하면 '페에지요!'라고 기억하시면 됩니다.

기출로 개념 확인

01 다음 중 과제 우선순위 결정에 대한 설명으로 적절하지 않은 것은? *18회 기출문제*

① Value는 투자 비용 요소이다.
② ROI 관점에서 보는 빅데이터는 4V이다.
③ Volume, Variety는 투자 비용 요소이다.
④ ROI 관점에서의 분석 과제 우선순위 평가 기준에는 시급성과 난이도가 있다.

정답 해설 Value는 '비즈니스 효과 요소'이고, Volume, Variety, Velocity는 '투자 비용 요소'이다.

✔ 풀이전략
④의 내용은 본책의 뒤에서 학습할 내용입니다. 분석 과제 우선순위 평가 기준에 시급성과 난이도가 있음을 기억해 두세요.

02 데이터 크기를 작은 것부터 큰 것 순서로 올바르게 나열한 것은? *33·38회 기출문제*

① PB < EB < ZB < YB
② PB < YB < EB < ZB
③ YB < ZB < EB < PB
④ PB < ZB < EB < YB

정답 해설 KB < MB < GB < TB < PB < EB < ZB < YB

03 다음 중 빅데이터 4V에 해당하지 않는 것은? 20회 기출문제

① Volume
② Visuality
③ Variety
④ Value

> **정답 해설** 4V는 'Volume, Variety, Velocity, Value'이다.

04 다음 빅데이터의 특징 중 투자 비용 측면의 요소로 옳지 않은 것은? 25회 기출문제

① Volume
② Velocity
③ Variety
④ Value

> **정답 해설**
> - Value: 비즈니스 효과 요소
> - Volume, Variety, Velocity: 투자 비용 요소

05 다음 중 일반적으로 통용되고 있는 빅데이터의 정의로 적절하지 않은 것은? 22회 기출문제

① 빅데이터는 일반적인 데이터베이스 소프트웨어로 저장, 관리, 분석할 수 있는 범위를 초과하는 규모의 데이터이다.
② 빅데이터는 다양한 종류의 대규모 데이터로부터 저렴한 비용으로 가치를 추출하고, 데이터의 초고속 수집, 발굴, 분석을 지원하도록 고안된 차세대 기술 및 아키텍처이다.
③ 빅데이터는 기존의 작은 데이터 처리 분석으로는 얻을 수 없었던 통찰과 가치를 하둡(Hadoop)을 기반으로 하는 대용량 분산 처리 기술로 창출하는 새로운 방식이다.
④ 데이터의 양(Volume), 데이터 유형과 소스 측면의 다양성(Variety), 데이터 수집과 처리 측면에서의 속도(Velocity)가 급격히 증가하면서 나타난 현상이다.

> **정답 해설** 하둡(Hadoop)을 기반으로 대용량 분산 처리 기술을 통해 창출하는 새로운 방식은 빅데이터의 처리 기술인 '분산 처리 기술'을 설명하는 것이므로, 빅데이터의 정의로 적절하지 않다.

정답 01 ① 02 ① 03 ② 04 ④ 05 ③

핵심키워드 #양질 전환 법칙 #클라우드 컴퓨팅 #비정형 데이터의 확산

012 빅데이터의 출현 배경 ★★★☆☆

1 빅데이터의 출현 배경

① 빅데이터 현상은 없던 것이 새로 등장한 것이 아니라 기존의 데이터, 처리 방식, 다루는 사람과 조직 차원에서 일어나는 '변화'를 가리킨다(다루는 기술 차원에서 일어난 패러다임의 전환).

② 기업의 고객 데이터 축적 및 활용 증가, 인터넷 확산, 저장 기술의 발전과 가격 하락, 모바일 시대의 도래, 스마트 단말의 보급, 클라우드 컴퓨팅 기술의 발전, SNS, IoT 확산 등이 맞물려 데이터 생산이 폭발적으로 증가하며 빅데이터 시대가 본격적으로 시작되었다.

> **전문가의 합격 코멘트**
> 클라우드 컴퓨팅이 빅데이터 분석에 경제적 효과를 제공해 준 결정적인 기술이라는 것과 비정형 데이터의 확산, 데이터 처리 기술 발전 등이 빅데이터의 출현 배경에 포함되는 것을 기억하세요.

2 분야별 빅데이터의 출현 배경

산업계	빅데이터의 현상은 양질 전환 법칙으로 설명할 수 있음
학계	• 거대 데이터 활용 과학 확산 • 빅데이터를 다루는 현상들이 늘어나고 있음 • 인간 게놈 프로젝트가 대표적임
관련 기술 발전	• 디지털화, 저장 기술, 인터넷 보급, 모바일 혁명, 클라우드 컴퓨팅 등 • 클라우드 컴퓨팅: 빅데이터 분석에 경제적 효과를 제공해 준 결정적 기술로, 클라우드 분산 병렬 처리 컴퓨팅으로 대용량 데이터 처리 비용을 획기적으로 줄임
그 외	소셜 미디어, 영상 등 비정형 데이터의 확산, 데이터 처리 기술 발전

> **보충 학습**
>
> **양질 전환 법칙**
> 일정한 양이 누적되면 어느 순간 질적인 비약이 이루어지는 것으로, 기업들이 보유한 데이터가 '거대한 가치 창출이 가능할 만큼 충분한 규모'에 도달해서 빅데이터가 출현하게 되었음을 의미합니다.
>
> **인간 게놈 프로젝트**
> 인간의 게놈을 세부적으로 조사하고 분석함으로써 인간 유전체의 구조와 기능을 이해하는 것입니다. 인간의 유전 정보에 대한 이해를 크게 향상시키고, 유전 질환의 원인을 찾는 데 도움을 주었으며, 개인 맞춤형 의학의 가능성을 제시하고, 진화와 인간의 공통 조상에 대한 연구에도 도움을 주었습니다.
>
> **클라우드 컴퓨팅**
> 인터넷을 통해 컴퓨팅 리소스를 제공하는 기술 및 모델을 말합니다. 이는 서버, 스토리지, 데이터베이스, 네트워크, 소프트웨어 등의 컴퓨팅 리소스를 필요에 따라 유연하게 제공하고 사용자는 필요한 만큼의 리소스를 원격으로 사용할 수 있도록 합니다.

기출로 개념 확인

01 다음 중 빅데이터의 출현 배경에 대한 설명으로 적절하지 <u>않은</u> 것은?   18회 기출문제

① 산업계에서 일어난 변화를 보면 빅데이터의 현상은 양질 전환 법칙으로 설명할 수 있다.
② 학계에서도 빅데이터를 다루는 현상들이 늘어나고 있다. 대표적 사례로는 인간 게놈 프로젝트가 있다.
③ 디지털화, 저장 기술, 인터넷 보급, 모바일 혁명, 클라우드 컴퓨팅 등 관련 기술 발전과 관련이 있다.
④ 급격한 데이터 구조의 정형화 증가가 원인이 되었다.

정답 해설 소셜 미디어, 영상과 같은 비정형 데이터의 확산이 빅데이터의 출현 원인이다.

02 다음 중 빅데이터 분석에 경제적 효과를 제공하는 결정적 기술로 가장 적절한 것은?   20회 기출문제

① 텍스트 마이닝
② 클라우드 컴퓨팅
③ 저장 장치 비용의 지속적인 하락
④ 스마트폰의 급속한 확산

정답 해설 클라우드 컴퓨팅은 빅데이터 분석에 경제적 효과를 제공해주는 결정적 기술이다. 클라우드 분산 병렬 처리 컴퓨팅으로 대용량 데이터 처리 비용을 획기적으로 줄일 수 있다.

03 다음 중 빅데이터의 출현 배경으로 가장 적절하지 <u>않은</u> 것은?   21회 기출문제

① 비정형 데이터의 확산
② 데이터 처리 기술 발전
③ 정부의 공공데이터 개방 확산
④ 학계의 거대 데이터 활용 과학 확산

정답 해설 빅데이터의 출현 배경
- 디지털화, 저장 기술, 인터넷 보급, 모바일 혁명, 클라우드 컴퓨팅 등 관련 기술 발전
- 소셜 미디어, 영상 등 비정형 데이터의 확산
- 데이터 처리 기술 발전
- 학계의 거대 데이터 활용 과학 확산

정답 01 ④ 02 ② 03 ③

핵심키워드　#IoT　#사물인터넷　#내장 센서　#Nest　#Dash

013　IoT(Internet of Things)　★★★☆☆

1 IoT(Internet of Things)의 정의
① 인터넷으로 연결된 기계마다 통신 장치를 갖추고 있는 환경에서 사람 또는 기계끼리 자동으로 통신하는 기술로, 사물과 사람, 사물과 사물 간의 정보를 상호 소통하는 방식이다.
② 인터넷에 연결되어 IoT 애플리케이션이나 네트워크에 연결된 장치 또는 산업 장비 등의 다른 사물들과 데이터를 공유할 수 있는 수많은 '사물'을 말한다.

2 IoT의 특징
① 인터넷에 연결된 장치는 내장 센서를 사용하여 데이터를 수집하고, 경우에 따라 그에 맞게 반응한다.
② 구글의 인터넷에 연결된 네스트(Nest Product)는 날씨와 기온 정보 그리고 집주인의 평소 온도 설정 데이터를 기반으로 사용자의 Context를 인식해 자동으로 온도를 설정해 주며, 아마존의 Dash라는 작은 장치는 Wi-Fi가 내장된 바코드 인식기로, 상품에 인쇄된 바코드를 Dash로 비추게 되면 그 상품을 아마존 장바구니에 저장할 수 있도록 해준다. 나이키의 경우 애플과 제휴하여 스마트한 운동 관리를 할 수 있도록 해주는 서비스를 제공하고 있는데, 이처럼 IoT는 다양한 분야에서 활용되고 있다.
③ 굳이 우리가 기계를 조작하지 않아도 모든 것이 사람을 위해 알아서 자동으로 돌아가는 세상이 IoT가 보여줄 미래의 모습이다.
④ 미래의 빅데이터 관점에서 볼 때 사물인터넷(IoT)과 모든 사물의 데이터화는 관련이 크다.

> **전문가의 합격 코멘트**
> 31회 시험부터 거의 대부분의 회차에서 출제되고 있는 내용입니다. 다양한 형태로 나오고 있으므로 자세한 내용을 잘 이해해야 합니다.

기출로 개념 확인

01 다음 중 미래의 빅데이터 관점에서 볼 때 사물인터넷(IoT)과 가장 관련이 깊은 것은? 33회 기출문제

① 모든 사물의 데이터화 ② 모든 사물의 그래픽화
③ 모든 사물의 독립화   ④ 모든 사물의 정형화

> **정답 해설** 미래의 빅데이터 관점에서 볼 때 사물인터넷(IoT)과 가장 관련이 깊은 것은 모든 사물의 데이터화이다.

02 다음 내용의 '이것'이 설명하는 것은? 28회 기출문제(주관식 변형)

> 구글의 인터넷에 연결된 네스트(Nest Product)는 날씨와 기온 정보 그리고 집주인의 평소 온도 설정 데이터를 기반으로 사용자의 Context를 인식해 자동으로 온도를 설정해 주며, 아마존의 Dash라는 작은 장치는 Wi-Fi가 내장된 바코드 인식기로, 상품에 인쇄된 바코드를 Dash로 비추게 되면 그 상품을 아마존 장바구니에 저장할 수 있도록 해 준다. 나이키의 경우 애플과 제휴하여 스마트한 운동 관리를 할 수 있도록 해주는 서비스로 자리 매김했다. 굳이 우리가 기계를 조작하지 않아도 모든 것이 사람을 위해 알아서 자동으로 돌아가는 세상은 '이것'이 보여줄 미래이다.

① Machine Learning   ② IoT
③ AI   ④ Database

> **정답 해설** IoT(Internet of Things)는 네스트(Nest Product), 아마존(Dash), 나이키(스마트 운동 관리) 등 다양한 분야에서 활용되고 있다.

03 다음 중 인터넷으로 연결된 기계마다 통신 장치를 갖추고 있는 환경에서 사람 또는 기계끼리 자동으로 통신하는 기술로, 사물과 사람, 사물과 사물 간의 정보를 상호 소통하는 방식은? 34회 기출문제(주관식 변형)

① 인공지능   ② 웹
③ 네트워크   ④ 사물인터넷

> **정답 해설** 사물인터넷(IoT)은 인터넷에 연결되어 IoT 애플리케이션이나 네트워크에 연결된 장치 또는 산업 장비 등의 다른 사물들과 데이터를 공유할 수 있는 수많은 '사물'을 말한다. 인터넷에 연결된 장치는 내장 센서를 사용하여 데이터를 수집하고, 경우에 따라 그에 맞게 반응한다.

정답 01 ① 02 ② 03 ④

핵심키워드 #석탄 #철 #원유 #렌즈 #플랫폼

014 빅데이터의 역할 ★★☆☆☆

빅데이터에 거는 기대를 잘 표현한 비유로는 산업혁명의 '석탄이나 철', 21세기의 '원유, 렌즈, 플랫폼'이 있다.

석탄, 철	석탄과 철이 산업혁명을 통해 1차 산업혁명에서 2차 산업혁명으로 발전시키는 역할을 했던 것처럼 빅데이터가 제조업뿐만 아니라 서비스 분야의 생산성을 획기적으로 끌어올려 혁명적 변화를 가져올 것으로 기대함
원유	우리 사회의 저변을 떠받치는 에너지원인 원유처럼 빅데이터가 각종 비즈니스, 공공기관 대국민 서비스 및 경제 성장에 필요한 '정보'를 제공하여, 산업 전반의 생산성을 향상시킬 것으로 기대함
렌즈	• 현미경이 생물학 발전에 미쳤던 영향만큼 데이터가 산업 전반에 영향을 미칠 것으로 기대함 • 구글이 'Ngram Viewer'를 통해 수천만 권의 책을 디지털화함
플랫폼	• 비즈니스 측면에서의 플랫폼은 '공동 활용의 목적으로 구축된 유·무형의 구조물'을 의미함 • 페이스북은 SNS 서비스로 시작했지만, 2006년 F8 행사를 기점으로 자신들의 소셜 그래프 자산(데이터)을 외부 개발자들에게 공개했고, 이 데이터를 바탕으로 서드-파티 개발자들이 페이스북 위에서 작동하는 애플리케이션을 만들기 시작하면서 플랫폼 역할을 함 • 다양한 사업자들이 공동으로 사용하는 플랫폼을 빅데이터 형태로 제공하면 각종 사용자 데이터나 M2M 센서 등에서 수집된 데이터를 가공, 처리, 저장하고, 이 데이터에 접근할 수 있도록 API를 공개함. 즉, 빅데이터가 그 자체의 플랫폼 역할을 수행함

전문가의 합격 코멘트

각 항목에 대한 설명이 나온 후 틀린 것을 찾는 문제가 출제되었습니다. 석탄, 철이 서비스 분야의 생산성을 획기적으로 끌어올렸다면, 원유는 산업 전반의 생산성을 향상시켰다는 점, 렌즈는 구글의 Ngram Viewer라는 점을 연결하여 알아두세요. 플랫폼에 대한 내용은 반복적으로 학습하는 것이 좋습니다.

기출로 개념 확인

01 다음 내용이 설명하는 것은 빅데이터의 어떤 역할인가? 12회 기출문제(주관식 변형)

> 페이스북은 SNS 서비스로 시작했지만, 2006년 F8 행사를 기점으로 자신들의 소셜 그래프 자산을 외부 개발자들에게 공개하고 서드-파티 개발자들이 페이스북 위에서 작동하는 애플리케이션을 만들기 시작했다. 각종 사용자 데이터나 M2M 센서 등에서 수집된 데이터를 가공, 처리, 저장해 두고, 이 데이터에 접근할 수 있도록 API를 공개하였다.

① 석탄, 철
② 원유
③ 렌즈
④ 플랫폼

정답 해설 빅데이터의 역할
- 석탄, 철: 서비스 분야의 생산성을 획기적으로 향상시킴
- 원유: '정보'를 제공하여, 산업 전반의 생산성을 향상시킴
- 렌즈: 구글 'Ngram Viewer'를 통해 수천만 권의 책을 디지털화함
- 플랫폼: 비즈니스 측면에서는 '공동 활용의 목적으로 구축된 유·무형의 구조물'을 의미함

02 다음 중 빅데이터가 가져온 변화로 적절하지 <u>않은</u> 것은? 33회 기출문제

① 서비스 산업이 확대되고 제조업의 생산성이 감소되었다.
② 빅데이터가 각종 비즈니스, 공공기관 대국민 서비스 및 경제 성장에 필요한 '정보'를 제공하여, 산업 전반의 생산성을 향상시킬 것으로 기대된다.
③ 수집된 데이터를 가공, 처리, 저장해 두고, 이 데이터에 접근할 수 있도록 API를 공개하여 빅데이터가 그 자체의 플랫폼 역할을 수행한다.
④ 구글의 'Ngram Viewer'를 통해 수천만 권의 책을 디지털화하여 산업 전반에 영향을 미칠 것으로 기대한다.

정답 해설 석탄, 철이 산업혁명을 통해 1차 산업혁명에서 2차 산업혁명으로 발전시키는 역할을 했던 것처럼 빅데이터가 제조업뿐만 아니라 서비스 분야의 생산성을 획기적으로 끌어올려 혁명적 변화를 가져올 것으로 기대한다. 우리 사회의 저변을 떠받치는 에너지원인 원유처럼 빅데이터가 각종 비즈니스, 공공기관 대국민 서비스 및 경제 성장에 필요한 '정보'를 제공하여, 산업 전반의 생산성을 향상시킬 것으로 기대한다.

정답 01 ④ 02 ①

핵심키워드 #사후 처리 #전수조사 #양(Quantity) #상관관계 #경쟁력 확보 #생산성 향상 #맞춤형 서비스

015 빅데이터의 가치와 영향

★★★☆☆

1 빅데이터의 가치 산정, 본질적 변화

(1) 빅데이터의 가치 산정이 어려운 이유
① 데이터의 활용 방식: 재사용이나 재조합, 다목적용 데이터 개발 등이 일반화되면서 특정 데이터를 언제, 어디서, 누가 활용할지 알 수 없다.
② 새로운 가치 창출: 데이터가 기존에 없던 가치를 창출함에 따라 그 가치를 측정하기 어렵다.
③ 분석 기술의 발달: 분석 기술의 발달로 지금은 가치 없는 데이터도 새로운 분석 기법의 등장으로 거대한 가치를 만들어 내는 재료가 될 가능성이 있다.

(2) 빅데이터가 만들어 내는 본질적인 변화

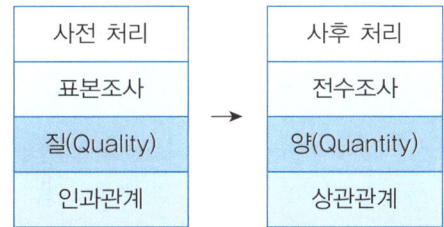

① **사전 처리에서 사후 처리로:** 필요한 데이터만 수집하고 필요하지 않은 정보는 버리는 방식으로, 표준화된 문서 포맷, 사전에 사용할 데이터 및 데이터의 형태를 정하여 수집하는 사전 처리에서 데이터를 모은 뒤 그 안에서 숨은 정보를 찾아내고 모인 데이터에서 정보를 찾기 위한 데이터를 선택하는 사후 처리 방식으로 변화하고 있다.
② **표본조사에서 전수조사로:** 데이터 수집 비용이 기하급수적으로 낮아짐에 따라 데이터 수집 비용과 같은 문제 때문에 연구 대상에 대해 몇 개의 표본을 뽑아 사용하던 것을 전체 데이터를 대상으로 하게 되었다.
③ **질보다 양으로:** 데이터의 질보다 양을 강조하게 되었다. 구글의 자동 번역 시스템 구축 과정은 데이터의 양이 질보다 중요함을 잘 보여준다. 데이터의 수가 증가함에 따라 사소한 몇 개의 오류 데이터가 대세에 영향을 주지 못하는 경향이 늘어나기 때문에 양이 강조되고 있다.
④ **인과관계(Causation)에서 상관관계(Correlation)로:** 과거에는 인과관계로 특정 현상이 일어나는 이유와 과정을 설명하려 했지만, 인과관계를 모르고 상관관계 분석만으로도 비즈니스를 성공으로 이끈 다양한 사례에서 상관관계 분석이 주는 인사이트가 인과관계에 의한 미래 예측을 점점 더 압도해 가는 시대가 도래하고 있다.

> **전문가의 합격 코멘트**
> 빅데이터의 가치 산정이 어려운 이유와 빅데이터가 만들어 내는 본질적인 변화에 대한 문제가 자주 출제되었습니다. 특히 사전, 표본, 질, 인과 4개의 단어가 사후, 전수, 양, 상관이라는 단어로 변화한 것임을 꼭 기억하세요.

○ **전문가의 합격 꿀팁**
35회 시험부터 출제된 내용으로 빅데이터의 영향을 '기업, 정부, 개인'으로 나누어 기억하세요.

2 빅데이터의 영향

다양한 분야에서 빅데이터의 활용이 확산되면서 생활 전반의 스마트화가 이루어지고 있다.

기업	• 소비자의 행동 분석, 시장 변동의 예측을 통해 비즈니스 모델 혁신 및 신사업을 발굴함 • 원가 절감, 제품 차별화, 기업 활동의 투명성 제공 등에 활용하여 경쟁사보다 강한 경쟁력을 확보할 수 있음 • 운용 효율성이 증가하여 산업 전체의 생산성을 향상시키고, 국가 전체 GDP 상승에 효과를 줌
정부	• 환경 탐색, 상황 분석, 미래 대응에 활용함 • 기상, 인구 이동, 각종 통계, 법제 데이터 등을 수집해 사회 변화를 추정하고 각종 재해 관련 정보를 추출할 수 있음 • 미래 사회 도래에 대비한 법 제도 및 거버넌스 시스템 정비 방향, 미래 성장 전략, 국가 안보 등에 대한 정보를 빅데이터가 제공할 수 있음
개인	• 맞춤형 서비스를 저렴한 비용으로 이용 가능함 • 적시에 필요한 정보를 얻을 수 있으므로 다양한 형태로 기회비용을 절약할 수 있음

보충 학습

빅데이터의 영향에 대한 기출 문항의 선택지로 '정부의 이익을 위해 개인의 정보를 활용하며 사물인터넷(IoT)의 발달로 인해 사람의 개입이 최대화됨'이라는 내용이 있었습니다. '정부의 이익을 위해 개인의 정보를 활용하지 않으며, 사물인터넷의 발달로 인해 사람의 개입이 최소화됨'이 올바른 내용입니다. 반대의 의미를 지닌 단어로 오답을 만드는 경우가 많습니다. 선택지를 정확하게 읽고 함정을 피해 가세요!

기출로 개념 확인

01 다음 중 빅데이터의 가치 산정이 어려운 이유로 옳지 않은 것은? 26회 기출문제

① 재사용이나 재조합, 다목적용 데이터 개발 등이 일반화되면서 특정 데이터를 언제, 어디서, 누가 활용할지 알 수 없다.
② 데이터가 기존에 없던 가치를 창출함에 따라 그 가치를 측정하기 어렵다.
③ 지금은 가치 없는 데이터도 새로운 분석 기법의 등장으로 거대한 가치를 만들어 내는 재료가 될 가능성이 있다.
④ 빅데이터 전문 인력의 증가로 다양한 곳에서 빅데이터가 활용되고 있어 빅데이터의 가치를 알 수 없다.

정답 해설 빅데이터 전문 인력은 부족한 상태이며, 빅데이터 가치 산정이 어려운 이유로 적절하지 않다.
오답 해설 ① 데이터의 활용 방식
② 새로운 가치 창출
③ 분석 기술의 발달

02 다음 중 빅데이터의 특징으로 옳지 <u>않은</u> 것은? 27회 기출문제

① 데이터 분석 기술의 발달로 표본조사를 통해 새로운 가치나 지식을 발견하게 되었다.
② 데이터의 질보다 양을 강조한다.
③ 사전 처리에서 사후 처리 시대로 변화하였고, 사전 처리의 대표적인 예로는 표준화된 문서 포맷을 들 수 있다.
④ 비즈니스 상황에서는 인과관계를 모르고 상관관계 분석만으로 충분한 경우가 많다.

정답 해설 데이터 분석 기술의 발달로 '전수조사'를 통해 새로운 가치나 지식을 발견하게 되었다.

03 다음 중 빅데이터가 만드는 본질적인 변화에 대한 설명으로 적절하지 <u>않은</u> 것은? 30회 기출문제

① 사전 처리에서 사후 처리 시대로의 변화
② 표본조사에서 전수조사로의 변화
③ 상관관계에서 인과관계로의 변화
④ 질보다 양으로의 변화

정답 해설 인과관계에서 상관관계로 변화하였다.

> **풀이전략**
> '사전, 표본, 질, 인과' 4개가 '사후, 전수, 양, 상관'으로 변화한 것임을 꼭 기억해 주세요!

04 다음 중 빅데이터가 만드는 본질적인 변화에 대한 설명으로 적절하지 <u>않은</u> 것은? 21회 기출문제

① 새로운 가치나 지식의 발견을 위해 표본조사의 중요성이 부각되고 있다.
② 데이터 수가 증가함에 따라 사소한 몇 개의 오류 데이터가 대세에 영향을 주지 못하는 경향이 증가하고 있다.
③ 빅데이터 시대에는 데이터 획득 비용이 기하급수적으로 감소하고 모든 곳에서 데이터가 넘쳐나 사용자 전수조사가 가능해졌다.
④ 가능한 많은 데이터를 모으고 그 데이터를 다양한 방식으로 조합해 숨은 정보를 찾아낼 수 있다.

정답 해설 새로운 가치나 지식의 발견을 위해 '전수조사'의 중요성이 강조되고 있다.

05 다음 중 빅데이터의 기술 활용에 대한 내용으로 옳지 <u>않은</u> 것은?　　　35회 기출문제

① 기업은 원가 절감, 제품 차별화, 기업 활동의 투명성 제공 등에 활용한다.
② 미래 사회 도래에 대비한 법 제도 및 거버넌스 시스템 정비 방향, 미래 성장 전략 등에 대한 정보를 제공한다.
③ 정부의 이익을 위해 개인의 정보를 활용한다.
④ 적시에 필요한 정보를 얻어 다양한 형태로 기회비용을 절약할 수 있다.

　정답 해설　빅데이터를 활용할 때 정부의 이익을 위해 개인의 정보를 활용할 수는 없다.

06 다음 중 가치 창출 측면에서 빅데이터가 기업, 정부, 개인에 미치는 영향으로 옳지 <u>않은</u> 것은?　　　37회 기출문제

① 기업은 빅데이터를 활용하여 시장 변동을 예측해 비즈니스 모델을 혁신하고 신사업을 발굴할 수 있다.
② 정부는 기상, 인구 이동, 각종 통계, 법제 데이터 등을 수집해 사회 변화를 추정할 수 있다.
③ 운용 효율성이 증가하면 산업 전체의 생산성이 향상되어 국가 전체로서는 GDP가 올라가는 효과가 있다.
④ 개인은 아직 데이터를 활용할 수 없다.

　정답 해설　개인은 맞춤형 서비스를 통해 빅데이터를 저렴한 비용으로 이용 가능하며, 적시에 필요한 정보를 얻을 수 있으므로 다양한 형태로 기회비용을 절약할 수 있다.

정답　01 ④　02 ①　03 ③　04 ①　05 ③　06 ④

핵심키워드 #연관 규칙 학습 #유형 분석 #유전 알고리즘 #감정 분석 #소셜 네트워크 분석

016 빅데이터의 활용 기법 ★★★★☆

1 연관 규칙 학습(Association Rule Learning)
① 변수 간 주목할 만한 상관관계가 있는지 찾아내는 방법이다.
② 시스템 로그 데이터를 분석해 침입자나 유해 행위자 색출에 활용한다.
㉠ 우유 구매자가 기저귀도 같이 구매하는가?, 커피를 사는 사람들이 탄산음료도 많이 구매하는가?

2 유형 분석(Classification Tree Analysis)
① 새로운 사건이 속하게 될 범주를 찾아내는 통계적 분류를 위해 기존 자료를 바탕으로 만들어진 훈련용 분류틀이 있어야 한다.
② 문서를 분류하거나 조직을 그룹으로 나눌 때, 온라인 수강생들을 특성에 따라 분류할 때 사용한다.
㉠ 이 사용자는 어떤 특성을 가진 집단에 속하는가?

> **보충 학습**
> 유형 분석에 대해서 분류 분석이라고 할 수 있는지 묻는 분들이 있습니다. 두 가지는 비슷한 개념으로, 유형 분석은 의사결정나무를 사용하는 분류 분석의 한 가지 종류로 볼 수 있습니다. 분류 분석에 대한 자세한 내용은 3과목에서 다루게 됩니다.

3 유전 알고리즘(Generic Algorithms)
최적화가 필요한 문제의 해결책을 자연 선택, 돌연변이 등과 같은 메커니즘을 통해 점진적으로 진화시켜 나가는 방법이다.
㉠ 최고의 시청률을 얻으려면 어떤 프로그램을 어떤 시간대에 방송해야 하는가?, 응급실에서 의사를 어떻게 배치하는 것이 가장 효율적인가?

4 기계 학습(Machine Learning)
① 훈련 데이터로부터 학습한 알려진 특성을 활용해 '예측'하는 일에 초점을 맞춘다.
② 스팸 메일을 걸러내는 용도로도 사용한다.
㉠ 기존의 시청 기록을 바탕으로 시청자가 현재 보유한 영화 중 어떤 것을 가장 보고 싶어 할까?(넷플릭스 추천 시스템)

> **전문가의 합격 코멘트**
> 꾸준하게 출제되고 있는 부분입니다. 3과목에서도 관련 있는 내용이 출제되고 있으므로 개념을 잘 이해해야 하고, 특히 예시와 함께 연결하여 알아두시면 좋습니다. 예를 들어 자연 선택, 돌연변이, 최적화 문제라는 것이 나오면 '유전 알고리즘'이 답입니다. 또한 감정 분석과 소셜 네트워크 분석을 구별할 수 있어야 합니다. '감정 분석'은 사람의 감정을, '소셜 네트워크 분석'은 소셜 관계를 파악하는 것이 주요 목적입니다.

선형 함수(Linear Function)
데이터의 관계가 서로 직선 형태를 보이는 함수로, $f(x)=ax+b$ 형태가 가장 단순한 형태의 선형 함수이다.

5 회귀 분석(Regression Analysis)
선형 함수로 나타낼 수 있는 수치 데이터 분석이다.
- 예) 사용자의 만족도가 충성도에 어떤 영향을 미치는가?, 구매자의 나이가 구매 차량의 타입에 어떤 영향을 미치는가?

6 감정 분석(Sentiment Analysis)
특정 주제에 대해 말하거나 글을 쓴 사람의 감정을 분석한다.
- 예) 소셜 미디어에 나타난 의견을 바탕으로 고객이 원하는 것을 찾아낸다. 호텔에서 고객의 논평을 받아 서비스 개선을 위해 활용한다.

7 소셜 네트워크 분석(Social Network Analysis)
① 사회 관계망 분석이라고도 한다.
② 영향력 있는 사람을 찾아낼 수 있으면, 사람들 간의 소셜 관계를 파악할 수 있다.
- 예) 보험사에서 보험사기 적발(보험사기 인지 시스템 개발에 사용), 특정인과 다른 사람이 몇 촌 정도의 관계인가?

기출로 개념 확인

01 다음 중 빅데이터 활용 기술에 대한 설명으로 적절하지 않은 것은? 20회 기출문제
① 유형 분석: 택배 차량을 어떻게 배치하는 것이 비용에 효율적인가?
② 유전 알고리즘: 응급실에서 의사를 어떻게 배치하는 것이 가장 효율적인가?
③ 연관 규칙 학습: 시스템 로그 데이터를 분석해 침입자나 유해 행위자를 색출할 수 있는가?
④ 회귀 분석: 사용자의 만족도가 충성도에 어떤 영향을 미치는가?

정답 해설 택배 차량 배치의 효율적인 비용에 대해 생각해야 하는 '최적화' 문제는 '유전 알고리즘'과 관련된 내용이다.

02 다음 중 커피를 사는 사람들이 탄산음료도 많이 구매하는지를 알아보기 위해 사용할 수 있는 분석은?

21회 기출문제

① 회귀 분석
② 기계 학습
③ 유전 알고리즘
④ 연관 규칙 학습

정답 해설 연관 규칙 학습은 변수 간 주목할 만한 상관관계가 있는지 찾아내는 방법으로, 시스템 로그 데이터를 분석해 침입자나 유해 행위자 색출에 활용한다.

오답 해설 ① 회귀 분석: 선형 함수로 나타낼 수 있는 수치 데이터 분석으로, '사용자의 만족도가 충성도에 어떤 영향을 미치는가?'와 같은 문제 해결에 사용할 수 있다.
② 기계 학습: 훈련 데이터로부터 학습한 알려진 특성을 활용해 예측하는 일에 초점을 맞춘 것으로, '기존의 시청 기록을 바탕으로 시청자가 현재 보유한 영화 중 어떤 것을 가장 보고 싶어 할까?'와 같은 문제 해결에 사용할 수 있다.
③ 유전 알고리즘: 최적화가 필요한 문제의 해결책을 자연 선택, 돌연변이 등과 같은 메커니즘을 통해 점진적으로 진화시켜 나가는 방법이다.

03 다음 내용은 어떤 빅데이터 활용 기법에 대한 설명인가?

19회 기출문제(주관식 변형)

> 최적화가 필요한 문제의 해결책을 자연 선택, 돌연변이 등과 같은 메커니즘을 통해 점진적으로 진화시켜 나가는 방법이다. 이 기법은 '최대의 시청률을 얻으려면 어떤 프로그램을 어떤 시간대에 방송해야 하는가?'와 같은 문제를 해결할 때 사용된다.

① 회귀 분석
② 유형 분석
③ 유전 알고리즘
④ 연관 규칙 학습

정답 해설 자연 선택, 돌연변이, 점진적 진화, 최적화 문제 해결 등의 내용은 유전 알고리즘에 대한 설명이다.

04 다음 내용이 설명하는 빅데이터 분석 기법은?

21회 기출문제

> '이 사용자는 어떤 특성을 가진 집단에 속하는가?'와 같은 문제를 해결하고자 할 때 사용한다. 이 기법은 문서를 분류하거나 조직을 그룹으로 나눌 때, 온라인 수강생들을 특성에 따라 분류할 때 사용한다.

① 감정 분석
② 유형 분석
③ 유전 알고리즘
④ 소셜 네트워크 분석

정답 해설 주어진 내용은 '유형 분석'에 대한 설명이다.

풀이전략
문제에서 문서를 분류, 조직을 그룹으로 나누기, 온라인 수강생 분류 등의 이야기가 나오면 '유형 분석'을 묻고 있는 것입니다.

05 다음 중 감정 분석에 대한 설명으로 적절하지 <u>않은</u> 것은?   21회 기출문제

① 호텔에서 고객의 논평을 받아 서비스를 개선하기 위해 활용한다.
② 고객들 간의 소셜 네트워크 관계를 파악할 수 있다.
③ 소셜 미디어에 나타난 의견을 바탕으로 고객이 원하는 것을 찾아낼 때 활용한다.
④ 특정 주제에 대해 말하거나 글을 쓴 사람의 감정을 분석한다.

> **정답 해설** 고객들 간의 소셜 네트워크 관계를 파악하는 데 사용하는 분석은 소셜 네트워크 분석이다.

06 다음 중 감정 분석에 대한 설명으로 적절하지 <u>않은</u> 것은?   23회 기출문제

① 특정 주제에 대해 말하거나 글을 쓴 사람의 감정을 분석한다.
② 소셜 미디어에 나타난 문장이나 단어가 분석 대상이 된다.
③ 고객의 주관적 평가를 측정하고자 할 때 사용된다.
④ 사용자 간의 사회적 관계를 알아내고자 할 때 이용한다.

> **정답 해설** 사용자 간의 사회적 관계를 알아내고자 할 때 사용하는 것은 소셜 네트워크 분석이다. SNA(사회 관계망 분석)라고도 하며, 이를 통해 영향력 있는 사람을 찾아낼 수 있으며, 고객들 간의 소셜 관계를 파악할 수 있다.

정답 01 ① 02 ④ 03 ③ 04 ② 05 ② 06 ④

핵심키워드 #사생활 침해 #책임 원칙의 훼손 #데이터의 오용 #알고리즈미스트 #익명화 #책임제

017 빅데이터의 위기 요인과 통제 방안 ★★★★★

1 빅데이터의 위기 요인

빅데이터의 위기 요인에는 사생활 침해, 책임 원칙의 훼손, 데이터의 오용 등이 있다.

위기 요인	통제 방안
사생활 침해	동의제에서 정보 사용자의 책임제로 전환
책임 원칙의 훼손	기존 책임 원칙의 강화
데이터 오용	알고리즘에 대한 접근권 및 객관적 인증 방안 도입

2 사생활 침해

(1) 위기 요인

① 우리를 둘러싼 정보 수집 센서들의 수가 점점 늘어나고 있고, 이를 통해 수집된 특정 데이터가 본래 목적 외에 가공 처리되어 2차, 3차적 목적으로 활용될 가능성이 증가하고 있다.

② 사생활 침해를 방지하기 위해 익명화 기술이 발전하고 있으나 아직 충분하지 않다.

> **보충 학습**
>
> **익명화(Anonymization) vs 가명(Pseudonym)**
> - 데이터에 포함된 개인 식별 정보에 대해 익명화는 '다른 추가 정보'를 사용하더라도 개인을 알아볼 수 없고, 가명은 다른 추가 정보가 있으면 특정 개인에 대한 유추가 가능합니다.
> - 익명화는 개인 식별 정보를 삭제하거나 알아볼 수 없는 형태로 변환하는 방법에 대한 포괄적인 개념이고, 가명은 개인정보 비식별화의 한 가지 방법에 해당합니다.

(2) 통제 방안

① 동의제에서 책임제로 전환한다.
② 개인정보의 활용에 대해 개인이 매번 동의하는 것은 경제적으로도 매우 비효율적이다.
③ 사생활 침해 문제를 개인정보 제공자의 동의를 통해 해결하기보다는 개인정보 사용자에게 책임을 지움으로써, 개인정보 사용 주체가 더 적극적인 보호 장치를 마련하게 하는 효과가 발생할 것으로 기대된다.

전문가의 합격 코멘트

꾸준하게 출제가 되는 내용입니다. 빅데이터의 위기 요인의 종류와 그 통제 방안을 연결해서 알아 두세요! 본문의 표 내용은 가장 최소한의 내용이며, 자세하게 알아 두는 것이 필요합니다. 또한 알고리즈미스트에 대해서도 출제가 되었으므로 무엇을 하는 직업인지 알고 있어야 합니다.

익명화(Anonymization)
사생활 침해를 방지하기 위해 데이터에 포함된 개인 식별 정보를 삭제하거나 알아볼 수 없는 형태로 변환하는 포괄적 기술

3 책임 원칙의 훼손

(1) 위기 요인
① 빅데이터 기반의 분석과 예측 기술이 발전하면서 정확도가 증가한 만큼, 분석 대상이 되는 사람들은 예측 알고리즘의 희생양이 될 가능성이 증가한다.
② 잠재적 위험 사항에 대해서도 책임을 추궁하는 사회로 변질될 가능성이 높아 민주주의 사회 원칙을 크게 훼손할 수 있다.
㉑ 범죄 예측 프로그램을 통해 범죄가 발생하기 전 체포, 회사의 직원 해고, 의사의 환자 수술 거절, 어떤 사람이 특정한 사회·경제적 특성을 가진 집단에 속한다는 이유로 신용도와 무관하게 대출이 거절되는 상황 등

(2) 통제 방안
① 기존의 책임 원칙을 좀 더 보강하고 강화한다.
② 결과 기반의 책임 원칙을 고수한다.
③ 예측 자료에 의해 불이익을 당할 가능성을 최소화하는 장치를 마련한다.

4 데이터의 오용

(1) 위기 요인
① 빅데이터는 일어난 일에 대한 데이터에 의존한다.
② 그것을 바탕으로 미래를 예측하는 것은 적지 않은 정확도를 가질 수 있지만 항상 맞을 수는 없다.
③ 주어진 데이터로부터 잘못된 인사이트를 얻어 비즈니스에 직접적인 손실을 불러올 수 있다.

(2) 통제 방안
① 데이터 알고리즘에 대한 접근권을 허용해야 한다.
② 객관적인 인증 방안을 도입해야 한다는 필요성이 제기되고 있다.

보충 학습

알고리즈미스트(Algorithmist)
데이터의 오용으로 인한 부당한 피해를 보는 사람을 방지하기 위해 생겨난 직업으로, 데이터 분석 알고리즘으로 인해 불이익을 당한 사람을 구제하는 전문가를 의미합니다. 법률 전문가인 변호인, 금전 거래에 정통한 회계사처럼 컴퓨터와 수학, 나아가 통계학이나 비즈니스에 두루 깊은 지식을 갖춘 사람이 이 직업을 담당하게 됩니다.

기출로 개념 확인

01 다음 중 빅데이터 위기 요인과 해결 방안을 잘못 연결한 것을 모두 고른 것은? _{14회 기출문제}

> 가. 사생활 침해 → 동의제를 책임제로 전환
> 나. 책임 원칙의 훼손 → 알고리즘 허용
> 다. 데이터의 오용 → 결과 기반의 책임 원칙 고수

① 가, 나
② 가, 다
③ 나, 다
④ 가, 나, 다

정답 해설 '책임 원칙의 훼손'의 해결 방안은 '결과 기반의 책임 원칙 고수', '데이터의 오용'의 해결 방안은 '데이터 알고리즘에 대한 접근권 허용 및 객관적 인증 방안 도입'이다.

02 다음 중 빅데이터 시대가 도래하면서 발생하는 사생활 침해를 막기 위해 데이터에 포함된 개인 식별 정보를 삭제하거나 알아볼 수 없는 형태로 변환하는 포괄적 기술은? [17회 기출문제]

① 데이터 익명화(Anonymization)
② 데이터 마스킹(Masking)
③ 가명(Pseudonym)
④ 치환(Permutation)

오답 해설
② 데이터 마스킹(Masking): 식별 값의 전체 또는 부분을 대체 값으로 변환하는 방법이다.
  예) 주민등록번호, 카드 번호의 일부를 * 등으로 변환하여 표기한다.
③ 가명(Pseudonym): 식별이 가능한 데이터를 개인 식별이 불가능한 다른 값으로 대체하는 기법이다.
  예) 홍길동 → 임꺽정, 국제대 재학 → 한성대 재학
④ 치환(Permutation): 비식별화 기법의 종류는 아니다. 수학에서 순열 또는 치환은 순서가 부여된 임의의 집합을 다른 순서로 뒤섞는 연산을 의미한다.

풀이전략
데이터 비식별화 방법에 대해서는 '018 개인정보 비식별화 기법'에서 학습하게 됩니다. 사생활 침해, 포괄적 기술이라는 단어가 포함되면 '익명화'를 기억해 주세요!

03 다음 중 빅데이터의 위기와 통제 방안으로 적절한 것은? [19회 기출문제]

> 가. 사생활 침해의 통제 방안은 책임 원칙 강화뿐이다.
> 나. 알고리즘에 대한 접근권 제공이 데이터 오용을 막을 수 있다.
> 다. 민주주의 사회의 책임 원칙에 따라 빅데이터 예측으로 인한 통제를 강화해야 한다.
> 라. 책임 원칙의 훼손으로 인해 익명화의 기술이 발전되었다.
> 마. 알고리즈미스트는 데이터 오용의 피해를 막아 주는 역할을 한다.

① 가, 나
② 나, 마
③ 다, 라
④ 라, 마

오답 해설
가. 사생활 침해의 통제 방안은 동의제에서 책임제로 전환하는 것이다.
다. 민주주의 사회의 책임 원칙에 따라 책임 원칙을 강화해야 한다.
라. 사생활 침해로 인해 익명화의 기술이 발전되었다.

04 다음 중 빅데이터의 위기 요인으로 옳지 않은 것은?
18회 기출문제

① 사생활 침해
② 책임 원칙의 훼손
③ 데이터의 오용
④ 익명화

정답 해설 빅데이터의 위기 요인에는 사생활 침해, 책임 원칙의 훼손, 데이터의 오용이 있다. 익명화는 사생활 침해를 방지하기 위해 데이터에 포함된 개인 식별 정보를 삭제하거나 알아볼 수 없는 형태로 변환하는 포괄적 기술을 의미한다.

05 데이터 오용으로 인한 부당한 피해를 보는 사람을 방지하기 위해서 생겨난 직업으로, 데이터 분석 알고리즘으로 인해 피해를 입은 사람을 구제하는 전문가는?
35회 기출문제

① 알고리즈미스트
② 데이터 분석가
③ 데이터 엔지니어
④ 데이터 사이언티스트

오답 해설 ②, ③, ④ 데이터 분석과 관련있는 인력이다.

06 다음 중 빅데이터 시대의 위기 요인과 그 사례로 적절하지 않은 것은?
34회 기출문제

① 사생활 침해 – 개인정보를 동의 없이 수집하여 맞춤형 광고 제작
② 책임 원칙 훼손 – 특정 집단에 소속되어 있다는 이유로 부당하게 직원 해고
③ 책임 원칙 훼손 – 특정 성향의 직원에 대한 채용 거부
④ 데이터 오용 – 상업적 목적으로 데이터 크롤링을 사용하여 개인정보 수집

정답 해설 상업적 목적으로 데이터 크롤링을 사용하여 개인정보를 수집하는 것은 '사생활 침해'에 대한 내용이다.
- 사생활 침해: 우리를 둘러싼 정보 수집 센서들의 수가 점점 늘어나고 있고, 특정 데이터가 본래 목적 외에 가공 처리되어 2차, 3차적 목적으로 활용될 가능성이 증가한다.
- 책임 원칙 훼손: 빅데이터 기반 분석과 예측 기술이 발전하면서 정확도가 증가한 만큼, 분석 대상이 되는 사람들이 예측 알고리즘의 희생양이 될 가능성이 증가한다.
- 데이터 오용: 주어진 데이터에 잘못된 인사이트를 얻어 비즈니스에 직접적인 손실을 불러올 수 있다.

정답 01 ③ 02 ① 03 ② 04 ④ 05 ① 06 ④

핵심키워드 #데이터 마스킹 #데이터 범주화 #가명 # 잡음 첨가 #총계 처리 #데이터값 삭제

018 개인정보 비식별화 기법 및 개인정보 보호 이해 ★★☆☆☆

1 개인정보 비식별화 기법

(1) 가명 처리
식별이 가능한 데이터를 개인 식별이 불가능한 다른 값으로 대체하는 기법이다.
예) 홍길동 → 임꺽정, 국제대 재학 → 한성대 재학

(2) 총계 처리
① 개인정보에 통계 값을 적용하여 개인을 특정할 수 없게 하는 방법으로, 집계 수량이 적으면 데이터 결합 과정에서 개인정보의 예측이 가능하므로 데이터의 양이 많아야 한다.
② 집계 처리되어 정밀한 분석이 어려우며, 재배열 방법의 경우 개개인의 특성을 파악하기 힘들다.
예) 개인의 국어 점수를 반 평균 점수로 대체함

(3) 데이터값 삭제
① 특정 데이터값의 부분 또는 전체를 삭제하는 방법이다.
② 식별자 삭제, 식별자 부분 삭제, 레코드 삭제(=행 삭제), 식별 요소 전부 삭제 등의 방법이 있다.

(4) 데이터 범주화
식별 값을 해당 그룹의 대푯값이나 구간값으로 변환하는 방법이다.
예) 홍길동 → 홍 씨, 35세 → 30~40세

(5) 데이터 마스킹(Data Masking)
① 식별값의 전체 또는 부분을 대체값으로 변환하는 방법이다.
② 임의의 잡음을 추가하거나, 공백으로 대체하는 방법 등이 있다(*, 공백 등으로 변환하여 표시함).
예) 카드 뒤 4자리 숨기기, 주민등록번호 뒤 6자리 숨기기

(6) 잡음 첨가
자료의 값에 잡음을 추가하거나 곱하여 원래 자료에 약간의 변형을 가하여 공개하는 방법이다.

2 개인정보 보호 이해
① 기업은 데이터 분석 초기 단계부터 개인정보 보호에 대한 부분을 고려해야 한다.
② 개인정보 제공 동의를 선택적으로 할 수 있도록 하는 것은 개인정보 보호법의 원칙 중 하나로, 동의 없이 자료를 수집하거나 활용하지 않도록 한다.
③ 수집한 개인정보에 대한 개인의 접근성을 높인다.
④ 개인의 행동 예측 알고리즘에 대해서는 데이터 사용 투명성을 높이고 개인이 자신의 데이터에 대한 통제권을 갖도록 하는 방향으로 관리되는 것이 현실적인 방법이다. ⇒ 행동 예측 알고리즘 소유권을 개인에게 제공하는 것이 아니다.

전문가의 합격 코멘트
데이터 마스킹과 데이터 값 삭제의 개념을 바꿔서 문제로 만드는 경우가 많습니다. 개인정보 비식별화 기법에 대한 설명이 주어졌을 때 틀린 것인지 맞는 것인지 정확히 판별할 수 있어야 합니다.

식별자(Identifiers)
개인을 식별할 수 있는 속성으로 주민등록번호, 여권, 운전면허, 성명, 상세주소, 생일 및 기념일, 전화번호, 카드번호, 자동차 기기 등록번호, 사진, 이메일 등이 있다.

기출로 개념 확인

01 다음 중 개인정보 비식별화 기법으로 적절하지 <u>않은</u> 것은? 21·29회 기출문제

① 데이터 마스킹: 특정 열 삭제 처리
② 가명: 개인 식별 정보를 알아볼 수 없는 형태로 변환
③ 데이터 범주화: 변수가 가질 수 있는 가능한 값들을 몇 개의 구간 값으로 변환
④ 잡음 첨가: 자료의 값에 잡음을 추가하거나 곱하여 원래 자료에 약간의 변형을 가하여 공개

> **정답 해설** 데이터 마스킹은 식별 값의 전체 또는 부분을 대체 값으로 변환하는 기법이다. 특정 열 삭제 처리하는 방법은 '데이터 값 삭제' 기술이다.

02 다음 내용이 설명하는 개인정보 비식별화 기법으로 옳은 것은? 26회 기출문제

> 식별이 가능한 데이터를 개인 식별을 할 수 없는 다른 값으로 대체하는 기법

① 데이터 마스킹
② 가명 처리
③ 데이터 범주화
④ 총계 처리

> **정답 해설** '가명 처리'는 식별이 가능한 데이터를 개인 식별을 할 수 없는 다른 값으로 대체하는 기법으로, 홍길동을 임꺽정, 국제대학교를 한성대학교로 대체하는 경우를 예로 들 수 있다.

03 다음 중 개인정보 보호 관련 내용으로 옳지 <u>않은</u> 것은? 43회 기출문제

① 기업은 데이터 수집 초기 단계부터 개인정보 보호에 대한 부분을 고려해야 한다.
② 행동 예측 알고리즘 소유권을 개인에게 제공한다.
③ 개인정보 제공에 대한 동의를 선택적으로 할 수 있도록 한다.
④ 수집한 개인정보에 대한 개인의 접근성을 높인다.

> **정답 해설** 행동 예측 알고리즘 소유권을 개인에게 제공하는 것이 아닌, 개인의 행동 예측 알고리즘에 대해서는 데이터 사용의 투명성을 높이고 개인이 자신의 데이터에 대한 통제권을 갖도록 하는 방향으로 관리되는 것이 현실적인 방법이다.

정답 01 ① 02 ② 03 ②

핵심키워드 #자원 #기술 #인력 #융합 #리스크 #불확실성 #스마트

019 빅데이터 활용 사례 및 빅데이터 활용을 위한 3요소 ★★★☆☆

1 빅데이터 활용 사례
① 구글, 애플 등의 기업에서는 정형화된 데이터뿐만 아니라 비정형 데이터도 수집하여 웹과 스마트폰의 서비스에 활용한다.
② 미국 국가안보국(NSA, National Security Agency)에서는 소셜 미디어, 통화 기록 등의 모니터링과 분석으로 국가 안전을 확보한다.
③ 구매 패턴 데이터를 수집·분석하여 고객 맞춤형 가전제품을 추천한다.
④ 소셜 미디어를 통해 고객 소비 패턴을 분석하는 연구소를 운영한다.
⑤ 고객 맞춤형 서비스를 제공하고, 교통 패턴 분석, 지역인구 기반 상권 분석, 물류 등의 유통 효율성을 제공한다.

2 빅데이터의 활용을 위한 3요소
빅데이터의 활용을 위한 3요소에는 데이터, 기술, 인력이 있다.
- 데이터(자원): 모든 것의 데이터화(Datafication)
- 기술: 진화하는 알고리즘, 인공지능(Artificial Intelligence, AI)
- 인력: 데이터 사이언티스트, 알고리즈미스트(Algorithmist)

3 미래 사회의 특성과 빅데이터 분석의 활용

미래 사회의 특성	빅데이터 분석의 활용
불확실성	통찰력
리스크	대응력
스마트	경쟁력
융합	창조력

① 미래 사회의 특성으로 불확실성, 리스크, 스마트, 융합 등을 들 수 있다.
② 빅데이터 분석을 통하여 미래의 통찰력과 대응력, 경쟁력, 창조력 등을 향상시킬 수 있다.
③ 빅데이터를 활용하면 여러 가지 가능성에 대한 시나리오 시뮬레이션을 통해 불확실한 생활 변화에 유연하게 대처할 수 있다.
④ 빅데이터에 기반을 둔 정보 패턴 분석을 통하여 리스크를 사전에 파악하고 실시간으로 대응할 수 있다.
⑤ 빅데이터 분석을 통하여 개인화, 지능화된 서비스 제공을 확대하여 스마트 사회에서 삶의 질을 향상시키고, 트렌드 변화 분석을 통하여 기업의 경쟁력을 확보할 수 있다.
⑥ 빅데이터를 활용하여 다양한 산업 분야의 결합을 유도하여 새로운 가치를 창출하고, 더 나아가 새로운 융합 시장을 창출할 것으로 기대하고 있다.

전문가의 합격 코멘트
빅데이터의 활용 사례와 관련해서 옳은 것과 그렇지 않은 것을 구분할 수 있도록 해야 합니다. 특히 빅데이터의 활용을 위한 3요소 및 미래 사회의 특성과 빅데이터의 활용에 대한 내용은 암기해서 시험장에 들어갈 수 있도록 하세요!

기출로 개념 확인

01 다음 중 빅데이터 활용 사례로 적절하지 않은 것은? 30회 기출문제

① 구글, 애플 등의 기업에서는 정형화된 데이터만 수집하여 웹과 스마트폰의 서비스에 활용한다.
② NSA(National Security Agency)에서는 소셜 미디어, 통화 기록 등의 모니터링과 분석으로 국가 안전을 확보한다.
③ 구매 패턴 데이터를 수집하고 분석하여 고객 맞춤형 가전제품을 추천한다.
④ 소셜 미디어를 통해 고객 소비 패턴을 분석하는 연구소를 운영한다.

> **정답 해설** 구글, 애플 등의 기업에서는 정형화된 데이터뿐만 아니라 비정형 데이터도 수집하여 웹과 스마트폰의 서비스에 활용한다.

02 다음 중 미래 사회의 특성과 빅데이터 역할이 연결된 내용으로 옳지 않은 것은? 30회 기출문제

① 융합 – 창조력
② 리스크 – 대응력
③ 불확실성 – 통찰력
④ 단순화 – 경쟁력

> **정답 해설** 미래 사회의 특성 중 '스마트'에 대응하는 빅데이터의 역할은 '경쟁력'이다.

03 다음 중 빅데이터를 활용할 수 있는 방법으로 옳지 않은 것은? 30회 기출문제

① 데이터 수집 및 저장
② 고객 맞춤형 서비스 제공
③ 교통 패턴, 지역 인구 기반 상권 분석
④ 물류 등 유통 효율성 제공

> **정답 해설** 빅데이터는 고객 맞춤형 서비스 제공, 교통 패턴 분석, 지역 인구 기반 상권 분석, 물류 등 유통 효율성 제공과 같이 다양한 곳에 활용된다.

정답 01 ① 02 ④ 03 ①

가치 창조를 위한 데이터 사이언스와 전략 인사이트

핵심키워드 #다양한 정보 원천 #일차적 분석

020 빅데이터 분석과 전략 인사이트 ★★☆☆☆

1 빅데이터 분석과 전략 인사이트

① 빅데이터 분석의 'Big'은 핵심이 아니다.
- 데이터의 양이 아닌 유형의 다양성과 관련이 있음
- 음성, 텍스트, 이미지, 비디오 등 다양한 정보 원천을 어떻게 활용하느냐가 중요함

② 전략적 통찰이 없는 분석은 함정이 있다.
- 한국의 경영 문화는 여전히 데이터 분석을 국소적인 문제 해결 용도로 사용하는 단계에 머물러 있음
- 기업의 핵심 가치와 관련해 전략적 통찰력을 가져다주는 데이터 분석을 내재화 하는 것에 어려움이 있음
- 빅데이터의 걸림돌은 분석적 방법과 성과에 대한 이해 부족에 있음

③ 일차적인 분석 vs 전략 도출을 위한 가치 기반 분석
- 일차적 분석을 통해서도 부서나 업무 영역에서 상당한 효과를 얻을 수 있음
- 일차적 분석 경험을 점점 늘림으로써 분석의 활용 범위를 더 넓고 전략적으로 변화시켜 나가야 함

2 대표적인 일차적 분석 애플리케이션 사례

산업	분석 애플리케이션 사례
금융 서비스	신용 점수 산정, 사기 탐지, 고객 수익성 분석
소매업	재고 보충, 수요 예측
제조업	맞춤형 상품 개발, 신상품 개발
에너지	트레이딩, 공급, 수요 예측
온라인	웹 매트릭스, 사이트 설계, 고객 추천

 **전문가의 합격 코멘트**

일차적인 분석에 대한 문제가 출제되었습니다. 일차적 분석을 통해서도 부서나 업무 영역에서 상당한 효과를 얻을 수 있다는 점을 기억해 두시고, 산업별 일차적 분석 애플리케이션의 사례를 연결할 수 있도록 학습하세요. 일차적이라고 하면 부족해 보여서 효과를 얻을 수 없다고 생각하기 쉽지만, 효과를 얻을 수 있습니다! 그리고 일차적 분석 애플리케이션 사례 중 '트레이딩, 공급, 수요 예측'을 나열하고 에너지를 찾는 문제도 출제되었습니다.

웹 매트릭스

하나의 툴에서 웹에 필요한 모든 서버를 설치해주고, 웹 개발 기술을 모르는 초보자도 사이트를 쉽게 만들 수 있도록 해주는 CMS(Content Management System)로 몇 번의 클릭만으로 누구나 사용할 수 있게 제공된다.

기출로 개념 확인

01 다음 중 빅데이터 전략 도출을 위한 가치 기반 분석에 대한 내용으로 옳지 <u>않은</u> 것은? 34회 기출문제

① 일차적 분석만으로 해당 부서 및 업무에 효과를 얻을 수 없다.
② 빅데이터는 가치 창출이 가능해야 하고, 그 시점이 빠를수록 좋다.
③ 빅데이터의 걸림돌은 분석적 방법과 성과에 대한 이해 부족이다.
④ 기업의 핵심 가치와 관련해 전략적 통찰력을 가져다주는 데이터 분석을 내재화하는 것이 어렵다.

> **정답 해설** 일차적 분석을 통해서도 부서나 업무 영역에서 상당한 효과를 얻을 수 있다. 일차적 분석 경험을 증가시켜 분석의 활용 범위를 더 넓고 전략적으로 변화시켜야 한다.

02 다음 중 빅데이터 분석의 특성에 대한 설명으로 옳지 <u>않은</u> 것은? 34회 기출문제

① 데이터가 방대하다고 무조건 더 좋은 가치를 창출하는 것은 아니다.
② 데이터 크기가 커질수록 더 많은 분석을 수행하는 것이 경쟁 우위 확보의 원천이다.
③ 분석적 방법과 성과에 대한 이해 부족은 빅데이터 과제에 대한 걸림돌이다.
④ 비즈니스의 핵심에 더욱 객관적이고 통찰력 있는 데이터를 추출하는 것이 중요하다.

> **정답 해설** 경쟁 우위 확보를 위해 분석의 수를 늘리는 것보다 다양한 정보 원천의 활용이 필요하다.

03 다음 내용은 특정 산업의 일차원적 분석 사례를 나열한 것이다. 어떤 산업에 대한 내용인가? 30회 기출문제

트레이딩, 공급, 수요 예측

① 소매업
② 금융 서비스
③ 운송업
④ 에너지

> **정답 해설**
> • 소매업: 재고 보충, 수요 예측
> • 온라인: 웹 매트릭스, 사이트 설계, 고객 추천
> • 제조업: 맞춤형 상품 개발, 신상품 개발
> • 에너지: 트레이딩, 공급, 수요 예측

정답 01 ① 02 ② 03 ④

핵심키워드 #다양한 유형의 데이터 #포괄적 #총체적

021 데이터 사이언스(Data Science) ★★★☆☆

1 데이터 사이언스의 정의
① 데이터로부터 의미 있는 정보를 추출하는 학문이다.
② 정형, 반정형, 비정형 등 다양한 유형의 데이터를 대상으로 한다.
③ 분석뿐만 아니라 이를 효과적으로 구현하고 전달하는 과정까지 포함한 포괄적인 개념이다.
④ 데이터 공학, 수학, 통계학, 컴퓨터 공학, 시각화, 해커의 사고방식, 해당 분야의 전문 지식을 종합한 학문이다.
⑤ 기존의 통계학과 다르게 총체적(Holistic) 접근법을 사용한다.
⑥ 과학과 인문학의 교차로에 서 있다고 할 수 있으며, 스토리텔링, 커뮤니케이션, 창의력, 직관력 등이 필요하다.

2 데이터 사이언스의 핵심 구성 요소
① IT 영역(Data Management): 시그널 프로세싱, 데이터 엔지니어링, 데이터 웨어하우스, 프로그래밍, 고성능 컴퓨터 등
② 분석 영역(Analytics): 수학, 확률 모델, 머신러닝, 분석학, 패턴 인식과 학습, 불확실성 모델링 등
③ 비즈니스 컨설팅 영역: 커뮤니케이션, 프레젠테이션, 스토리텔링, 시각화 등

3 데이터 사이언스와 다른 학문과의 차이점

구분	데이터 사이언스	통계학	데이터 마이닝
분석 대상	정형, 비정형, 반정형 등 다양한 데이터 유형	정형화된 데이터	-
분석 방법	분석+시각화+전달을 포함한 포괄적 개념	-	분석에 초점
학문 접근	종합적 학문 또는 총체적 접근법	-	-

> **전문가의 합격 코멘트**
>
> 데이터 사이언스에 대한 정의에 대해 틀린 것을 고르는 문항이 주로 출제됩니다. 데이터 사이언스의 핵심 구성 요소 3가지에 대한 내용을 기억해야 하며, 데이터 사이언스와 통계학, 데이터 마이닝의 차이점을 알아두어야 합니다. 특히 데이터 사이언스는 '다양한 유형의 데이터, 포괄적 개념, 총체적 접근법'이라는 세 개념과 연관되어 있다는 점을 기억하시고 통계학은 정형 데이터에, 데이터 마이닝은 분석에 초점을 두고 있다는 것을 기억하세요.

> **전문가의 합격 꿀팁**
>
> 데이터 사이언스의 분석 대상에서 다양한 데이터 유형, 분석 방법에서 포괄적 개념, 학문 접근에서 종합적, 총체적 접근법을 꼭 기억하셔야 합니다.

기출로 개념 확인

01 다음 중 데이터 사이언스에 대한 설명으로 적절하지 <u>않은</u> 것은? 17회 기출문제

① 통계학이 정형화된 데이터를 분석 대상으로 하지만, 데이터 사이언스는 다양한 데이터 유형을 대상으로 한다.
② 데이터 마이닝은 분석의 포괄적 개념이고, 데이터 사이언스는 분석에 초점을 둔다.
③ 데이터 사이언스가 기존 통계학과 다른 점은 총체적(Holistic) 접근법을 사용한다는 점이다.
④ 데이터 사이언스란 데이터로부터 의미 있는 정보를 추출하는 학문이다.

> **정답 해설** 데이터 마이닝(Data Mining)은 분석에 초점이 집중되어 있으며, 데이터 사이언스는 분석뿐 아니라 이를 효과적으로 구현하고 전달하는 과정까지 포함한 포괄적 개념이다.

02 다음 중 데이터 사이언스에 대한 설명으로 적절하지 <u>않은</u> 것은? 18회 기출문제

① 외국의 각 전문가들은 강력한 호기심이야말로 데이터 사이언티스트의 중요한 특징이라고 생각한다.
② 데이터 사이언스는 과학과 인문학의 교차로에 서 있다고 할 수 있다.
③ 통계학은 정형 또는 비정형을 막론하고 다양한 유형의 데이터를 대상으로 한다.
④ 데이터 사이언스의 핵심 구성 요소로는 IT 영역, 분석적 영역, 비즈니스 컨설팅 영역이 있다.

> **정답 해설** 데이터 사이언스(Data Science)는 정형 또는 비정형을 막론하고 다양한 유형의 데이터를 대상으로 하며, 통계학은 정형화된 데이터만을 분석 대상으로 한다.

03 다음 중 데이터 사이언스에 대한 내용으로 옳지 <u>않은</u> 것은? 16회 기출문제

① 데이터 사이언스가 기존 통계학과 다른 점은 총체적(Holistic) 접근법을 사용한다는 점이다.
② 강력한 호기심이야말로 데이터 사이언티스트의 중요한 특징이라고 할 수 있다.
③ 데이터 사이언스란 데이터로부터 의미 있는 정보를 추출해내는 학문이다.
④ 통계와 데이터 마이닝을 융합한 새로운 학문이다.

> **정답 해설** 데이터 사이언스는 데이터 공학, 수학, 통계학, 컴퓨터 공학, 시각화, 해커의 사고 방식, 해당 분야의 전문 지식을 종합한 학문이다.

04 다음 내용이 설명하는 것은?

19회 기출문제(주관식 변형)

> (　　　　)란 데이터로부터 의미 있는 정보를 추출해 내는 학문이며, 정형 또는 비정형을 막론하고 인터넷, 휴대전화, 감시용 카메라 등에서 생성되는 숫자와 문자, 영상 정보 등 다양한 유형의 데이터를 대상으로 하며, 분석뿐 아니라 이를 효과적으로 구현하고 전달하는 과정까지 포함한 포괄적 개념이다.

① 데이터 사이언스
② 데이터 마이닝
③ 통계학
④ 컴퓨터 사이언스

정답 해설 데이터 사이언스하면 생각나는 단어는 '다양한 유형의 데이터', '포괄적 개념', '종합한 학문', '총체적 학문'이다.
오답 해설 ②, ③ 데이터 마이닝은 분석에만 집중하고, 통계학은 정형 데이터를 이용해서 분석한다.

05 데이터 사이언스는 데이터 처리와 관련된 IT 영역, 분석적 영역 그리고 비즈니스 컨설팅 영역을 포함하고 있다. 다음 중 세 개의 영역과 다른 영역에 속하는 것은?

22·26회 기출문제

① 데이터 시각화
② 데이터웨어하우징
③ 분산 컴퓨팅
④ 프로그래밍

정답 해설 데이터 시각화는 비즈니스 컨설팅 영역에 대한 내용이다.
오답 해설 ②, ③, ④ IT 영역에 대한 내용이다.

정답 01 ② 02 ③ 03 ④ 04 ① 05 ①

핵심키워드 #데이터 분석가 #데이터 사이언티스트 #데이터 엔지니어

022 데이터 분석 관련 직무

전문가의 합격 코멘트

데이터 사이언티스트의 역량과 하드 스킬, 소프트 스킬을 구분하는 내용이 자주 출제되었습니다. 아직 데이터 분석가, 데이터 엔지니어의 역량까지는 출제되지 않았으나, 상식으로 알아두세요. 데이터 사이언티스트의 역량을 가트너의 경우와 일반적인 경우로 나누어 알아두시고, 하드 스킬과 소프트 스킬에 대해서도 구분할 수 있어야 합니다.

1 데이터 분석 관련 직무별 필요 역량

(1) 데이터 분석가
① 데이터 분석 보고서 및 시각화 자료를 통해 비즈니스 결정에서 '추측'에 의한 결정을 없앨 수 있도록 해 주고, 서로 다른 팀 간의 중재자 역할을 한다.
② 조직의 성장에 대한 정확한 지표를 확인하고, 데이터 기반 의사결정을 위해 통계적 데이터 분석을 하며, 분석 결과를 시각화한다.
③ 필요 역량으로 문맥과 의미, 통찰력, 이론적 지식, 비즈니스·도메인 지식, 데이터 시각화 역량, 데이터 분석을 위한 통계적 지식, SQL 지식 등이 있다.

(2) 데이터 사이언티스트
① 통찰력 있는 분석과 설득력 있는 전달을 할 수 있어야 하고, 다분야 간의 협력을 통해 빅데이터의 가치를 실현하는 역할을 한다.
② 머신러닝, AI에 대한 지식, 머신러닝 모델 구축을 위한 기본적인 언어를 사용한 코딩 스킬, 데이터 분석을 위한 통계적 지식 등의 능력이 필요하다.

(3) 데이터 분석가와 데이터 사이언티스트의 필요 역량
① 데이터 사이언티스트와 데이터 분석가의 필요 능력은 비슷한 부분이 많다.
② 데이터 사이언티스트는 데이터 분석가보다 머신러닝, AI에 대한 많은 지식을 바탕으로 모델을 구축하고 데이터를 분석하는 능력이 필요하다.
③ 데이터 분석가는 보고서 작성, 시각화, 통찰력, 비즈니스·도메인 지식 등의 능력이 필요하다.

보충 학습

데이터 플랫폼(Platform)
데이터 분석을 위해 필요한 환경을 의미합니다. 컴퓨터, 운영체제, 분산 처리 시스템, 데이터 수집·저장·분석 도구, 시각화 도구 등을 모두 포함한 환경입니다.

데이터 파이프라인 아키텍처(Data Pipeline Architecture)
효율적인 제어 방식으로 소스에서 대상으로 이동하고 처리하는 프로세스(=절차)를 의미하며, 잘 설계된 데이터 파이프라인 아키텍처는 다양한 소스에서 대량의 데이터를 처리하여 기업의 데이터의 품질과 정확성을 보장하기 위해 조직에 필수적인 옵션으로 떠오르고 있습니다. 구성 요소에는 데이터 수집, 데이터 처리, 데이터 저장소, 데이터 변환 등이 있습니다.

분산 처리(Distributed Processing)
네트워크상에 분산된 컴퓨팅 자원을 여러 다른 컴퓨팅 플랫폼에서 이용하는 기술로 여러 컴퓨팅 플랫폼에 프로세스를 분산시키고, 분산 프로세스를 논리적으로 마치 하나의 프로세스처럼 수행하도록 하는 기술을 의미합니다.

2 데이터 사이언티스트의 세부 역량

(1) 가트너(Gartner)가 본 데이터 사이언티스트의 역량
① 데이터 관리, 분석 모델링, 비즈니스 분석, 소프트 스킬 등이 있다.
② 공통점은 호기심에서 시작하는 것이며, 하드 스킬은 포함되어 있지 않다.

(2) 일반적으로 언급되는 데이터 사이언티스트의 역량
① 데이터 해커, 애널리스트, 커뮤니케이션, 신뢰받는 어드바이저 등의 조합이라 할 수 있다.
② 하드 스킬과 소프트 스킬 능력을 동시에 갖추고 있어야 한다.

하드 스킬 (Hard Skill)	• Machine Learning, Modeling, Data Technical Skill • 빅데이터에 대한 이론적 지식: 관련 기법에 대한 이해와 방법론 습득 • 분석 기술에 대한 숙련: 최적의 분석 설계 및 노하우 축적
소프트 스킬 (Soft Skill)	• 통찰력 있는 분석: 창의적 사고, 호기심, 논리적 비판 • 설득력 있는 전달: Storytelling, Visualization • 다분야 간 협력: Communication

③ 데이터 처리 기술 이외에 사고방식, 비즈니스 이슈에 대한 감각, 고객들에 대한 공감 능력이 필요하다.

> **보충 학습**
>
> 단답형으로 출제되었던 문장도 알아두면 좋습니다.
>
> 데이터 사이언티스트들은 주로 데이터 처리나 분석 기술과 관련된 하드 스킬만을 요구받는 것처럼 보인다. 하지만 이러한 하드 스킬은 훌륭한 데이터 사이언티스트가 갖춰야 하는 능력의 절반에 불과하다. 나머지 절반은 통찰력 있는 분석, 설득력 있는 전달, 협력 등의 소프트 스킬이다.

3 데이터 사이언티스트가 효과적인 분석 모델 개발을 위해 고려해야 하는 사항
① 분석 모델이 예측할 수 없는 위험을 살피기 위해 현실 세계를 돌아보고 경험과 세상에 대한 통찰력과 함께 분석을 활용한다.
② 가정들과 현실의 불일치에 대해 끊임없이 고찰하고 모델의 능력에 대해 항상 의구심을 갖는다.
③ 분석의 객관성에 의문을 제기하고 분석 모델에 포함된 가정과 해석의 개입 등의 한계를 고려한다.
④ 모델 범위 바깥의 요인은 판단하지 않는다.

> **보충 학습**
>
> 위 ① ~ ④를 한 문장으로 요약하면 데이터 사이언티스트는 분석 모델이 파악할 수 없거나 실제와 다를 수 있는 부분에 대해 항상 생각해야 하며, 모델 범위의 바깥 요인을 판단하지 않는다고 할 수 있습니다.

기출로 개념 확인

01 가트너가 언급한 데이터 사이언티스트의 역량으로 옳지 <u>않은</u> 것은? 18회 기출문제

① 데이터 관리
② 비즈니스 분석
③ 하드 스킬
④ 분석 모델링

> **정답 해설** 하드 스킬은 일반적으로 데이터 사이언티스트의 역량으로 언급되지만, 가트너는 언급하지 않았다.

02 빅데이터의 다각적 분석을 통해 인사이트를 도출하는 데이터 사이언티스트의 역량으로 옳지 <u>않은</u> 것은? 20회 기출문제

① 데이터 사이언티스트는 데이터 해커, 애널리스트, 커뮤니케이션, 신뢰받는 어드바이저 등의 조합이라 할 수 있다.
② 데이터 사이언티스트는 하드 스킬과 소프트 스킬 능력을 동시에 갖추고 있어야 한다.
③ 데이터 사이언티스트의 역량은 인공 신경망 최적화를 통한 정확도 높은 분석 기법 등에 집중되어 있다.
④ 데이터 처리 기술 이외에 사고방식, 비즈니스 이슈에 대한 감각, 고객들에 대한 공감 능력이 필요하다.

> **정답 해설** 데이터 사이언티스트의 역량은 인공 신경망 최적화를 통한 정확도 높은 분석 기법뿐만 아니라 통찰력 있는 분석, 설득력 있는 전달, 협력도 포함된다.

03 빅데이터의 다각적 분석을 통해 인사이트를 도출하는 데이터 사이언티스트의 역량으로 옳지 <u>않은</u> 것은? 22회 기출문제

① 분석 모델이 예측할 수 없는 위험을 살피기 위해 현실 세계를 돌아보고 경험과 세상에 대한 통찰력과 함께 분석을 활용한다.
② 가정들과 현실의 불일치에 대해 끊임없이 고찰하고 모델의 능력에 대해 항상 의구심을 갖는다.
③ 분석의 객관성에 의문을 제기하고 분석 모델에 포함된 가정과 해석의 개입 등의 한계를 고려한다.
④ 넓은 시각에서 모델 범위 바깥의 요인들을 판단할 수 있도록 가능한 한 많은 과거 상황 데이터를 모델에 포함한다.

> **정답 해설** 데이터 사이언티스트는 인사이트를 도출하는 과정에서 모델 범위 바깥의 요인들을 고려하지 않는다.

04 다음 A, B에 들어갈 내용이 옳게 짝지어진 것은?

28회 기출문제(주관식 변형)

> 데이터 사이언티스트들은 주로 데이터 처리나 분석 기술과 관련된 (A)만을 요구받는 것처럼 보인다. 하지만 이러한 (A)은 훌륭한 데이터 사이언티스트가 갖춰야 하는 능력의 절반에 불과하다. 나머지 절반은 통찰력 있는 분석, 설득력 있는 전달, 다분야 간 협력 등의 (B)이다.

	A	B
①	하드 스킬	소프트 스킬
②	소프트 스킬	하드 스킬
③	모델링 스킬	중재 스킬
④	하드 스킬	스토리텔링 스킬

정답 해설 데이터 사이언티스트에게는 하드 스킬 및 소프트 스킬에 대한 역량이 고르게 요구된다. 하드 스킬은 데이터 처리나 분석 기술과 관련있으며, 소프트 스킬은 통찰력 있는 분석, 설득력 있는 전달, 다분야 간 협력과 연관이 있다.

05 데이터 사이언티스트가 갖춰야 할 역량은 빅데이터의 처리 및 분석에 필요한 이론적 지식과 기술적 숙련에 대한 능력인 하드 스킬 그리고 데이터 속에 숨겨진 가치를 발견하고 새로운 발전 기회를 만들어 내기 위한 능력인 소프트 스킬로 나누어진다. 다음 중 성격이 <u>다른</u> 하나는?

23회 기출문제

① Machine Learning
② Storytelling
③ Modeling
④ Data Technical Skill

정답 해설 하드 스킬에는 Machine Learning, Modeling, Data Technical Skill이 포함되고, 소프트 스킬에는 창의적 사고, 호기심, 논리적 비판, Storytelling, Visualization, Communication이 포함된다.

06 다음 내용은 어떤 기술에 대한 것인가? 26회 기출문제(주관식 변형)

> - 통찰력 있는 분석: 창의적 사고, 호기심, 논리적 비판
> - 설득력 있는 전달: Storytelling, Visualization
> - 다분야 간 협력: Communication

① 하드 스킬
② 소프트 스킬
③ 모델링 스킬
④ 시각화 스킬

정답 해설 데이터 사이언티스트에게는 하드 스킬과 소프트 스킬에 대한 역량이 요구된다. 하드 스킬에는 Machine Learning, Modeling, Data Technical Skill, 빅데이터에 대한 이론적 지식, 분석 기술에 대한 숙련 등이 포함되고, 소프트 스킬에는 창의적 사고, 호기심, 논리적 비판, Storytelling, Visualization, Communication이 포함된다.

07 다음 중 데이터 사이언티스트가 하는 일로 적절하지 않은 것은? 32회 기출문제

① 알고리즘에 의해 부당하게 피해 입은 사람을 구제한다.
② 다분야 간 협력을 통해 빅데이터의 가치를 실현한다.
③ 데이터 시각화를 통해 설득력 있는 전달을 한다.
④ 빅데이터를 다각적으로 분석하여 인사이트를 도출한다.

정답 해설 알고리즘에 의해 부당하게 피해 입은 사람을 구제하는 사람은 알고리즈미스트라고 한다.

정답 01 ③ 02 ③ 03 ④ 04 ① 05 ② 06 ② 07 ①

핵심키워드 #통찰력 #인문학 #복잡한 세계 #서비스 #시장 창조 #상관관계

023 데이터 분석과 인문학 ★★☆☆☆

1 분석으로 다룰 수 있는 핵심 문제

① 최고의 데이터 사이언티스트는 정량 분석이라는 과학과 인문학적 통찰에 근거한 합리적 추론을 탁월하게 조합한다.

② 끊임없이 통찰력을 얻기 위한 질문을 던지는 것이 필요하다.
⠀⠀예) 어떻게 왜 그런 일이 일어났는지? 더 나은 결과를 위해 무엇을 해야 하는지? 최악의 상황은 어떻게 일어나고 그 결과는 무엇인지? 최선의 상황을 끌어내기 위해 무엇을 해야 하는지?

구분	과거	현재	미래
정보 (Information)	무슨 일이 일어났는가? 예) 보고서 작성 등	무슨 일이 일어나고 있는가? 예) 경고	무슨 일이 일어날 것인가? 예) 추출
통찰력 (Insight)	어떻게 왜 일어났는가? 예) 모델링, 실험 설계	차선 행동은 무엇인가? 예) 권고	최악, 최선의 상황은? 예) 예측, 최적화, 시뮬레이션

2 최근의 사회경제적 환경의 변화(인문학 열풍의 이유)

① 단순한 세계에서 복잡한 세계로 변화하며, 다양성과 각 사회의 정체성, 연결성, 창조성 등의 키워드가 대두되었다.

② 비즈니스의 중심이 제품 생산에서 서비스로 이동하며, 고객에게 얼마나 뛰어난 서비스를 제공할 수 있는지가 관건이 되었다.

③ 경제와 산업의 논리가 생산에서 시장 창조로 바뀌며, 무형 자산이 중요한 위치를 갖게 되었다.

3 데이터 사이언스의 한계와 인문학

① 모든 분석은 가정에 근거하므로 잘못된 분석을 할 수 있고, 잘못된 분석은 좋지 않은 결과를 가져올 수 있으므로 인문학적인 사고가 필요하다.

② 데이터 사이언스를 위한 인문학적인 사고
- 모델의 능력에 대해 항상 의구심을 가져야 함
- 가정과 현실의 불일치에 대해 계속 고찰해야 함
- 분석 모델이 예측할 수 없는 위험을 살펴야 함

전문가의 합격 코멘트

정보를 제공하는 질문과 통찰력을 제공하는 질문 및 분석기술을 구분하는 문제, 최근 사회경제적 환경의 변화 등이 종종 문제로 출제되었습니다. 또한 39회 시험에서는 가치 패러다임의 변화에 대한 문제가 출제되었습니다. 순서와 의미를 알아두세요.

4 데이터 기반 분석의 상관관계, 통계적 분석의 인과관계

① 신속한 의사결정을 원하는 비즈니스에서는 실시간 '상관관계' 분석에서 도출된 인사이트를 바탕으로 수익을 창출할 기회가 점점 늘어나고 있다.
② 미래에는 '상관관계'를 통해 특정 현상의 발생 가능성을 알 수 있고, 그에 상응하는 행동을 추천하는 일이 점점 늘어날 것이다.
③ 데이터 기반의 '상관관계' 분석이 주는 인사이트가 통계적 분석의 '인과관계'에 의한 미래 예측을 점점 더 압도해 가는 시대가 도래하고 있다.
④ 결과 예측에 사용되는 변인 간의 인과관계를 많이 알수록 현상에 대한 이해의 폭과 깊이가 깊어져서 인과관계가 완전히 불필요한 것은 아니다.

> **○ 전문가의 합격 꿀팁**
> D-C-A
> 알파벳 역순, Digital Camera 등으로 암기해 보세요!

5 가치 패러다임의 변화

Digitalization → Connection → Agency

디지털화 (Digitalization)	• 아날로그의 세상을 디지털화함 • 운영체제 및 워드, 파워포인트와 같은 오피스 프로그램 등의 디지털화 도구를 제공함
연결 (Connection)	• 인터넷의 등장으로 디지털화된 정보와 대상들은 서로 연결되기 시작함 • 인터넷 세계의 웹 사이트들을 효과적으로 분류해서 연결함(구글)
Agency	• 복잡한 연결을 얼마나 효과적이고 믿을 만하게 관리해 주는가? • 빅데이터를 빠르고 정확하게 처리해 개인과 기기와 사물들이 맺고 있는 하이퍼 연결을 효과적이고 효율적으로 관리함 • 디지털 시계(갤럭시 기어), 디지털 안경(구글 글래스)

6 의사결정 오류의 종류

의사결정 오류를 발생시킬 수 있는 오류의 종류에는 로직(논리) 오류와 프로세스 오류가 있다.

로직(논리) 오류	부정확한 가정을 하고 테스트를 하지 않는 것
프로세스 오류	• 결정에서 분석과 통찰력을 고려하지 않은 것 • 데이터 수집이나 분석이 너무 늦어 사용할 수 없게 되는 것 • 대안을 진지하게 고려하지 않은 것

기출로 개념 확인

01 다음 중 통찰력을 제공하는 분석 기술로 옳지 <u>않은</u> 것은? 14회 기출문제

① 추출
② 최적화
③ 모델링
④ 예측

> **정답 해설** 통찰력을 제공하는 분석 기술에는 모델링, 실험 설계, 권고, 최적화, 예측, 시뮬레이션 등이 있다. 보고서 작성, 경고, 추출은 정보를 제공하는 분석 기술이다.

02 다음 중 최근의 사회경제적 환경의 변화(인문학 열풍의 이유)로 옳지 <u>않은</u> 것은? 18회 기출문제

① 단순한 세계에서 복잡한 세계로의 변화
② 비즈니스의 중심이 제품 생산에서 서비스로 이동
③ 경제와 산업의 논리가 생산에서 시장 창조로 바뀜
④ 빅데이터 분석 기법 및 방법론의 확대

> **정답 해설** 최근 사회경제적 환경 변화에 대한 키워드는 '복잡한 세계', '서비스', '시장 창조'이다.

03 분석의 전형적인 의사결정 오류를 로직(논리) 오류와 프로세스 오류로 나누어 보았을 때 각 오류에 대한 설명으로 가장 적절하지 <u>않은</u> 것은? 23회 기출문제

① 부정확한 가정을 하고 테스트를 하지 않는 것은 로직 오류이다.
② 결정에서 분석과 통찰력을 고려하지 않은 것은 프로세스 오류이다.
③ 데이터 수집이나 분석이 너무 늦어 사용할 수 없게 되는 것은 로직 오류이다.
④ 대안을 진지하게 고려하지 않은 것은 프로세스 오류이다.

> **정답 해설** 데이터 수집이나 분석이 너무 늦어 사용할 수 없게 되는 것은 프로세스 오류이다.

정답 01 ① 02 ④ 03 ③

2과목
데이터 분석 기획

문항 수 객관식 10개(20점)
목표점수 16점 / 20점

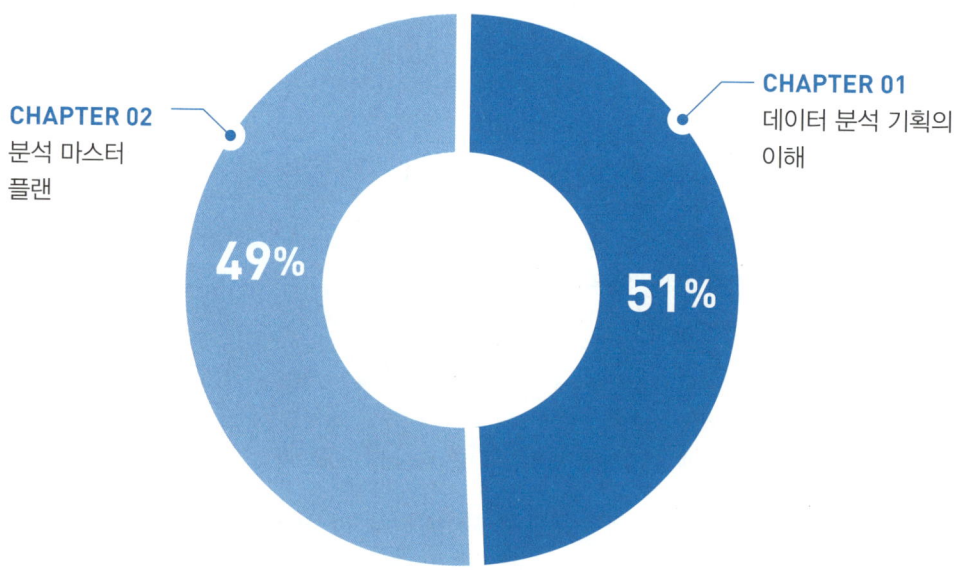

CHAPTER 02
분석 마스터
플랜

49%

CHAPTER 01
데이터 분석 기획의
이해

51%

출제유형 & 학습 전략

2과목 역시 1과목과 마찬가지로 기존과 최근의 출제 경향에 큰 변화가 없는 과목입니다. CHAPTER 01. 데이터 분석 기획의 이해에서 약간 더 많은 문제가 출제되고 있지만, CHAPTER 01과 CHAPTER 02는 매우 비슷한 출제 비율을 보입니다. 데이터 분석 기획은 데이터 분석에 있어 중요한 데이터, 분석 모델, 분석가라는 3요소를 잘 활용해 가치(Value)를 창출할 수 있도록 분석 과제를 발굴하고, 목표를 설정한 후 이를 달성하기 위한 데이터, 분석 모델, IT 솔루션 등의 요건 및 수행 계획을 정의하는 과정입니다. 2과목은 이러한 기획을 수행하는 데 있어 중요한 요소와 접근하는 방식이 무엇인지 살펴보고, 단기적인 분석 과제의 도출뿐만 아니라 중장기적 관점에서의 전사적인 마스터 플랜 및 분석 거버넌스 체계를 어떻게 수립하는지 살펴보게 됩니다. 2과목은 특히 용어가 익숙하지 않고, 비슷한 용어들이 있어 핵심어와 종류, 분류, 절차, 세부 작업 등을 정확하게 암기해야 하는 과목입니다. 반복하여 문제를 풀면서 익숙해질 수 있도록 연습하시고, 교재에 있는 암기법을 적극 활용하세요!

출제 키워드 TOP 3

CHAPTER 01
- 분석 기획(Planning)
- 하향식 접근 방법의 데이터 기획 단계
- 분석 프로젝트의 특징 및 특성 관리

CHAPTER 02
- 데이터 분석 수준 진단
- 분석 과제 우선순위 결정
- 데이터 거버넌스 체계 수립

CHAPTER 01 데이터 분석 기획의 이해

핵심키워드 #최적화 #통찰 #솔루션 #발견 #What #How

024 분석 기획 ★★★★☆

전문가의 합격 코멘트

분석 기획의 정의에 대해서는 한 번 출제되었으며, 주로 분석 주제 유형 4가지에 대해 출제되었습니다. 분석 주제 유형 4가지인 최적화, 솔루션, 통찰, 발견은 What, How를 사용해 만든 표로 반드시 기억해 주세요. What, How라는 단어 자체도 출제된 적이 있습니다.

1 분석 기획의 정의 및 특징

① 실제 분석 수행에 앞서 분석을 수행할 과제의 정의 및 의도했던 결과를 도출할 수 있도록 이를 적절하게 관리할 수 있는 방안을 사전에 계획하는 일련의 작업이다.
② 어떤 목표(What)를 달성하기 위해 어떤 데이터를 가지고 어떤 방식(How)으로 수행할지에 대한 일련의 계획을 수립하는 작업이다.
③ 성공적인 분석 결과 도출을 위해 실행하는 중요한 사전 작업이다.
④ 해당 문제 영역에 대한 전문성 역량 및 통계학적 지식을 활용한 분석 역량과 분석 도구인 데이터 및 프로그래밍 기술 역량에 대한 균형 잡힌 시각을 가지고 방향성 및 계획을 수립해야 한다.

2 의미 있는 분석을 위한 분석 수행 시 분석가에게 요구되는 역량

① 통계학적 지식을 활용한 분석 역량, IT 및 프로그래밍 기술 역량
② 분석 주제에 대한 도메인 전문성
③ 의사소통 능력, 프로젝트 관리 역량, 리더쉽 역량

Math & Statistics
Information Technology
Domain Knowledge

3 분석 주제 유형 및 특징

(1) 분석 주제 유형 4가지

분석 주제는 분석 대상(What) 및 분석 방법(How)에 따라서 4가지로 나눌 수 있다.

		분석 대상(What)	
		Known	Un-Known
분석 방법(How)	Known	최적화(Optimization)	통찰(Insight)
	Un-Known	솔루션(Solution)	발견(Discovery)

최적화(Optimization)	분석 대상 및 분석 방법을 이해하고 현 문제를 최적화된 형태로 분석 과제를 수행함
솔루션(Solution)	분석 대상은 알고, 분석 방법은 알지 못하는 경우 솔루션을 찾는 방식으로 수행함
통찰(Insight)	• 분석 대상이 불분명하나, 분석 방법은 알고 있는 경우 사용함 • 기본 분석 방식을 활용하여 통찰(Insight)을 도출해냄으로써 문제의 도출 및 해결에 기여함
발견(Discovery)	분석 대상, 방법을 모른다면 발견을 통해 분석 대상 자체를 새롭게 도출함

> **◯ 전문가의 합격 꿀팁**
>
> 분석 대상을 모르는 경우, '너는 누구냐?' → 'Insight', 분석 방법을 모르는 경우, '분석 방법을 찾아야겠다' → 'Solution', 분석 방법과 분석 대상을 모두 모르는 경우, '아무것도 몰라요' → 'Discovery', 분석 방법과 분석 대상을 모두 아는 경우, '나는 다 알아!' → 'Optimization'으로 암기하세요.

(2) 분석 주제 유형의 특징

① 분석 주제 및 기법의 특성상 4가지 유형을 넘나들면서 분석을 수행하여 결과를 도출하는 과정을 반복하게 된다.

② 최적화로 문제에 접근했지만 새로운 유형의 주제를 발견하게 되어 새로운 솔루션을 도출하게 되는 경우가 자주 발생한다.

> **보충 학습**
>
> **솔루션(Solution)**
> 비즈니스 문제를 해결하는 소프트웨어 및 하드웨어를 의미하는 용어입니다. 보통은 하드웨어보다는 소프트웨어 완제품을 가리키는 용어로 많이 쓰이나, 하드웨어까지 포함한 IT 시스템도 솔루션의 범위에 포함됩니다. DBMS, WAS, ERP, SCM, CRM, Office 제품 등이 대표적인 솔루션의 사례이며, 이러한 소프트웨어 완제품을 판매하는 오라클, IBM, 세일즈포스, SAP, MS 등을 솔루션사라고 부릅니다. 그룹웨어라고도 하며, 요즘에는 협업 툴이라고도 합니다.

기출로 개념 확인

01 다음 중 분석의 대상(What)은 모르고, 분석 방법(How)은 아는 경우의 분석 주제 유형은? 31회 기출문제

① 최적화(Optimization)
② 통찰(Insight)
③ 솔루션(Solution)
④ 발견(Discovery)

> **정답 해설** 분석 대상(What)은 모르고, 분석 방법(How)은 아는 경우에 적합한 분석 주제 유형은 통찰(Insight)이다.
>
> **오답 해설** ①, ③, ④ 분석 대상과 분석 방법을 모두 모르는 경우는 발견(Discovery), 분석 대상은 알지만, 분석 방법은 모르는 경우는 솔루션(Solution), 모두 알고 있는 경우는 최적화(Optimization)가 적합한 분석 주제이다.

> ✓ **풀이전략**
> 암기법 기억하시죠?! '너는 누구냐?' – 'Insight', '분석 방법을 찾아야겠다' – 'Solution', '아무것도 몰라요' – 'Discovery', '나는 다 알아!' – 'Optimization' 단어의 의미를 생각하며 외워보세요.

02 다음 중 분석 대상은 모르지만 기존 분석 방식을 활용하는 경우에 대상을 새로 선정하는 것은? 18회 기출문제

① 통찰, 발견
② 최적화, 통찰
③ 솔루션, 발견
④ 최적화, 솔루션

> **정답 해설** 분석 대상을 모른다는 것은 분석 방법을 알고 있거나, 모를 때를 모두 포함하므로 '통찰'과 '발견'이 이에 해당한다.

> ✓ **풀이전략**
> 분석 대상을 모른다는 것은 분석 방법은 알고 있을 때와 분석 방법도 모를 때를 포함하기 때문에, '너는 누구냐?(Insight, 통찰)'와 '아무것도 몰라요!(Discovery, 발견)'가 떠올라야 합니다.

03 분석은 분석의 대상 및 분석의 방법에 따라 4가지로 구분할 수 있다. 다음 중 '이것'에 해당하는 것은? 21회 기출문제

> 분석의 대상은 알고, 분석의 방법은 모르는 경우 '이것'을 찾는 방식으로 분석 과제를 수행한다.

① Optimization
② Insight
③ Solution
④ Discovery

> **정답 해설** 분석의 대상은 알지만, 분석의 방법은 모른다면 'Solution'을 적용해야 한다.

> ✓ **풀이전략**
> 분석의 대상은 알지만, 분석의 방법은 모른다면, 분석 방법을 찾아야겠죠! 'Solution을 찾자!'

정답 01 ② 02 ① 03 ③

핵심키워드 #Quick-Win #단기방안 #중장기방안

025 목표 시점별 분석 기획 방안 ★★☆☆☆

1 목표 시점별 분석 기획 방안 구분
① 과제 중심적인 접근 방식의 단기 방안, 마스터 플랜 단위의 중장기 방안으로 구분한다.
② 분석 기획에서는 문제 해결을 위한 단기적인 접근 방식과 분석 과제 정의를 위한 중장기적인 마스터 플랜 접근 방식을 융합적으로 적용하는 것이 중요하다.

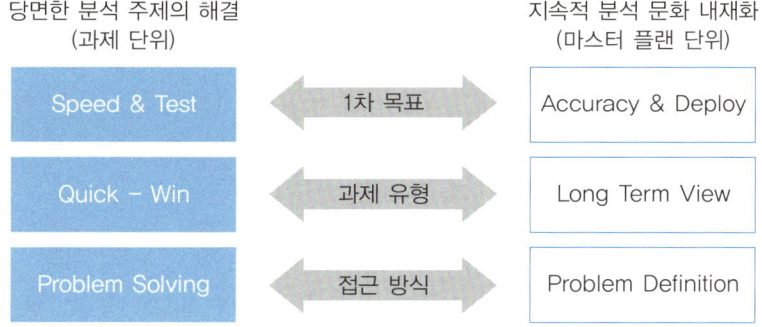

▲ 목표 시점별 분석 기획 방안

> **전문가의 합격 코멘트**
> 과제 중심적인 접근 방식에 대해 Speed & Test, Quick-Win, Problem Solving을 기억하세요. 관련 없는 것에 대한 보기로 Accuracy & Deploy는 두 번 출제되었는데, 모두 답이었습니다.

2 당면한 분석 주제의 해결(과제 단위)
① 1차 목표: Speed & Test(속도와 테스트)
② 과제 유형: Quick - Win은 즉각적인 실행을 통한 성과 도출을 말하는 것으로, 프로젝트 진행 과정에서 일반적인 상식과 경험으로 원인이 명백한 경우에 바로 개선함으로써 과제를 단기로 달성하고 추진하는 과정을 말한다.
③ 접근 방식: Problem Solving(문제 해결)

3 지속적 분석 문화 내재화(마스터 플랜 단위)
① 1차 목표: Accuracy & Deploy(정확도와 배포)
② 과제 유형: Long Term View(장기적인 관점)는 어떤 상황, 계획 또는 문제에 대한 폭넓고 장기적인 시각을 의미한다.
③ 접근 방식: Problem Definition(분석 과제 정의)

기출로 개념 확인

01 다음 중 목표 시점별로 당면한 과제를 빠르게 해결하는 '과제 중심적인 접근 방식'의 특징으로 옳지 <u>않은</u> 것은?

19회 기출문제

① Problem Solving
② Quick – Win
③ Speed & Test
④ Accuracy & Deploy

오답 해설 ①, ②, ③ Problem Solving, Quick-Win, Speed & Test는 '과제 중심적인 접근 방식'의 특징을 표현하는 단어이다.

02 다음 중 지속적인 분석 내재화를 위한 '장기적인 마스터 플랜 방식'과 비교하여 '과제 중심적인 접근 방식'의 특징으로 가장 적절하지 <u>않은</u> 것은?

30회 기출문제

① Quick – Win
② Accuracy & Deploy
③ Problem Solving
④ Speed & Test

정답 해설 Accuracy & Deploy, Long Term View, Problem Definition은 '마스터 플랜 방식'의 특징을 표현하는 단어이다.
오답 해설 ①, ③, ④는 과제 중심적인 접근 방식의 특징이다.

정답 01 ④ 02 ②

핵심키워드 #가용한 데이터 #유즈케이스 #장애 요소

026 분석 기획 시 고려 사항 ★★★☆☆

분석 기획을 하기에 앞서 가용한 데이터, 적절한 유즈케이스 탐색, 장애 요소들에 대한 사전 계획 수립을 고려해야 한다.

1 가용한 데이터(Available Data)
① 분석을 위한 데이터 확보가 우선 필수적이다.
② 데이터 유형에 따라 적용 가능한 솔루션 및 분석 방법이 다르므로 데이터의 유형 분석이 선행되어야 한다(정형, 비정형, 반정형 데이터).

2 적절한 유즈케이스(Proper Business Use Case)
① 유사 분석 시나리오 및 솔루션이 있다면 이것을 최대한 활용해야 한다.
② 유사 분석 시나리오를 토대로 소통할 때, 분석 결과를 활용하면 사용자 측면에서 공감대를 얻을 수 있고 원활한 분석 수행에 도움이 된다.

3 분석 과제 수행을 위한 장애 요소(Low Barrier of Execution)
① 분석 프로젝트를 방해할 수 있는 장애 요소들에 대한 사전 계획의 수립이 필요하다.
② 일회성 분석으로 그치지 않고 조직 역량을 내재화하기 위해서는 충분하고 지속적인 교육 및 활용 방안 등의 변화 관리가 고려되어야 한다.

> **보충 학습**
>
> **분석 프로젝트를 방해할 수 있는 장애 요소**
> - 정확도를 높이기 위해 기간과 투입 리소스가 늘어나면 비용 상승으로 이어질 수 있습니다.
> - 좋은 분석 결과를 도출하여도 분석가만 이해할 수 있는 형태의 결과가 아닌 사용자가 쉽게 이해하고 활용할 수 있는 방안을 수립해야 합니다.
> - 분석 수행 시 문제없이 실행되던 분석 결과가 실제 환경에서 성능에 문제가 발생할 수 있으므로 이러한 부분에 대해서도 고려되어야 합니다.

전문가의 합격 코멘트

분석 기획 시 고려해야 하는 세 가지 사항을 세부 설명과 함께 알아두어야 합니다. 출제 빈도는 높지 않지만 기본적인 내용이므로 알아두세요.

기출로 개념 확인

01 다음 중 분석 과제 기획 시 고려해야 할 사항으로 옳지 않은 것은? 　　　　　　28회 기출문제

① 데이터 유형에 따라 적용 가능한 솔루션 및 분석 방법이 다르므로 유형에 대한 분석이 선행되어야 한다.
② 유사 분석 시나리오 및 솔루션이 있다면 이를 최대한 활용해야 한다.
③ 장애 요소들에 대한 사전 계획 수립이 필요하다.
④ 이해하기 쉬운 모델보다는 복잡하고 정교한 모형이 더 효과적이다.

정답 해설 복잡하고 정교한 모형보다는 사용자가 쉽게 이해하고 활용할 수 있는 방안을 수립하는 과정이 필요하다.

02 다음 중 분석 과제 기획 시 고려해야 할 요소로 옳지 않은 것은? 　　　　　　19회 기출문제

① 유사 분석 시나리오 및 솔루션이 있다면 최대한 적절한 유즈케이스를 활용해야 한다.
② 데이터 분석을 위해서는 데이터 정형화가 필수적이다.
③ 분석 과제가 기업에 내재화될 수 있도록 지속적인 교육 관리가 필요하다.
④ 장애 요소들에 대한 사전 계획 수립이 필요하다.

정답 해설 데이터 유형에 따라 적용 가능한 솔루션 및 분석 방법이 다르므로 데이터의 유형 분석이 선행되어야 한다. 정형, 반정형, 비정형에 대한 유형 분석이 선행되어야 하는 것으로, 분석 과제 기획 단계에서 정형화를 진행할 필요는 없다.

정답 01 ④ 02 ②

핵심키워드 #정형 #반정형 #비정형

027 데이터 유형 및 저장 방식

★★★☆☆

1 데이터 유형

① 정형 데이터: ERP 및 CRM Transaction Data, Demand Forecast, RFID
② 반정형 데이터: Competitor Pricing, Web Logs, Machine-generated Data, Weather Data
③ 비정형 데이터: Email, SNS, Voice, IoT Sensing, News, Twitter Feeds, Facebook Comment

 전문가의 합격 코멘트

1과목에서는 데이터의 유형별 특징을 살펴보았다면, 이번에는 데이터의 종류를 학습합니다. 정형, 반정형, 비정형 데이터의 종류와 해당 데이터의 저장 방식을 알고 있어야 합니다.

> **보충 학습**
>
> 아래의 표를 보고 구분하시면 됩니다. Structured Data와 Semi-structured Data 사이에 있는 것들은 정형에 포함되며 Semi-structured Data와 Unstructured Data 사이에 있는 것들은 Semi-Structured Data로 보시면 됩니다!

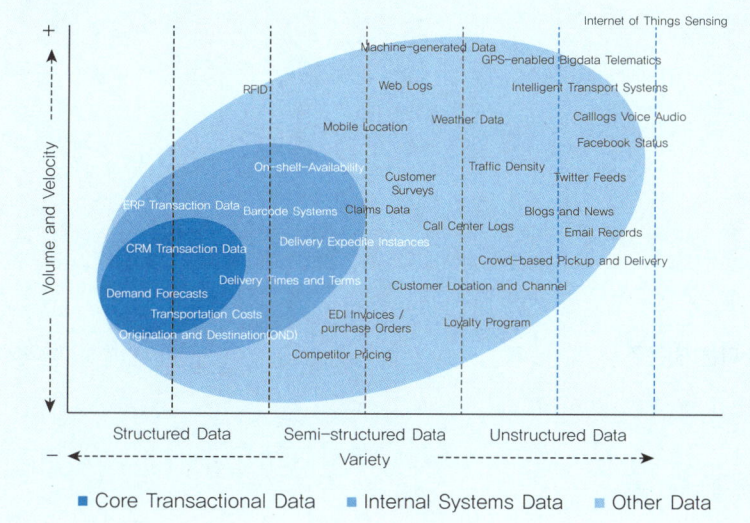

2 데이터 저장 방식

데이터를 저장, 수정, 관리하는 방법에 따라 RDBMS, NoSQL, 분산 파일 시스템으로 분류할 수 있다.

RDBMS	• 관계형 데이터 저장소 • 정형 데이터 저장 • Oracle, MS-SQL, MySQL, DB2 등
NoSQL	• 비관계형 데이터 저장소 • 정형, 반정형, 비정형 데이터 저장 • MongoDB, Cassandra, HBase, Redis 등
분산 파일 시스템	• 분산된 서버의 디스크에 파일 저장 • 정형, 반정형, 비정형 데이터 저장 • HDFS, GFS 등

기출로 개념 확인

01 다음 중 '정형 – 반정형 – 비정형 데이터' 순서로 옳게 나열된 것은? *25회 기출문제*

① Demand Forecast – Competitor Pricing – Email
② RFID – Internet of Things Sensing – Loyalty
③ SNS Media – Sensor – ERP Transaction Data
④ Barcode System – Internet of Things Sensing – Email

> **정답 해설**
> - 정형 데이터: ERP Transaction Data, Demand Forecast, RFID, Barcode System
> - 반정형 데이터: Competitor Pricing, Loyalty, Sensor
> - 비정형 데이터: Email, Internet of Things Sensing, SNS Media

02 다음 중 데이터 유형이 <u>다른</u> 것은? *29회 기출문제*

① ERP 거래 데이터
② CRM 거래 데이터
③ 소음에 대한 음성 파일 데이터
④ Demand Forecast

> **정답 해설** 소음에 대한 음성 파일 데이터는 '비정형 데이터'이다.
> **오답 해설** ①, ②, ④ ERP, CRM, Demand Forecast는 정형 데이터이다.

정답 01 ① 02 ③

핵심키워드 #프레이밍 효과 #폭포수 모델 #나선형 모델 #프로토타입 모델

028 분석 방법론 개요 ★★★★☆

1 분석 방법론

① 데이터 분석을 효과적으로 기업에 정착하기 위해 데이터 분석을 체계화하는 절차와 방법이 정리된 데이터 분석 방법론 수립이 필요하다.
② 분석 방법론의 구성 요소에는 상세한 절차, 방법, 도구와 기법, 템플릿과 산출물이 있다.
③ 기업의 합리적 의사결정에 장애가 되는 요소에는 고정관념, 편향된 생각, 프레이밍 효과(Framing Effect)가 있다.

> **보충 학습**
> 체계화된 절차와 방법이 있다면 조금 덜 전문가라고 해도 더 전문적인 분석이 가능할 것입니다. 분석 방법론은 아주 상세한 안내서, 레시피 등이 있다면 비슷하게 결과를 만들어 낼 수 있는 것과 같은 원리입니다.

전문가의 합격 코멘트

분석 방법론의 구성 요소와 기업의 합리적 의사결정 장애 요소를 암기해야 합니다. 각 장애 요소가 아닌 것을 고르는 문제가 출제된 적이 있고, 프레이밍 효과 및 분석 방법론 모델 3가지는 각각의 정의가 자주 출제되므로 확실하게 알아두세요.

프레이밍 효과(Framing Effect)
동일한 사건이나 상황임에도 불구하고 사람들의 선택이나 판단이 달라지는 현상으로, 특정 사안을 어떤 시각으로 바라보느냐에 따라 해석이 달라진다는 것이다.

2 분석 방법론 모델 3가지

(1) 폭포수 모델

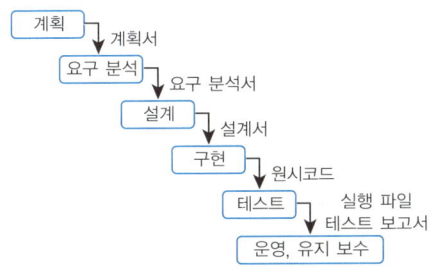

① 단계를 순차적으로 진행하는 방법이다.
② 이전 단계가 완료되어야 다음 단계로 넘어갈 수 있는 하향식 진행 방법이다.
③ 문제점이 발견되면 전 단계로 돌아가는 피드백(Feedback)을 수행한다.

(2) 나선형 모델

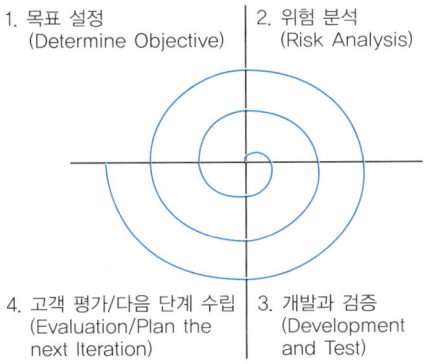

① 반복을 통해 점증적으로 개발하는 방법이다.

전문가의 합격 꿀팁

나선형 모델은 '반복을 통해 점증적으로 개발', 프로토타입 모델은 '반복적으로 개선해 나가는 방법'으로, 둘 다 반복이 있어서 꼭 구분을 해야 합니다. 폭포수 모델은 '하향', 프로토타입은 '상향'이라는 점도 같이 알아두세요.

CHAPTER 01 데이터 분석 기획의 이해

② 반복에 대한 관리 체계가 효과적으로 갖춰지지 못한 경우 복잡도가 상승하여 프로젝트 진행이 어려울 수 있다.
③ 리스크 최소화를 위해 위험 분석 단계가 존재하며, 위험 부담이 큰 대형 시스템 구축에 적합하다.
④ 나선형 모델의 단계: 목표 설정 → 위험 분석 → 구현 및 테스트 → 고객 평가 및 다음 단계 수립

(3) 프로토타입 모델

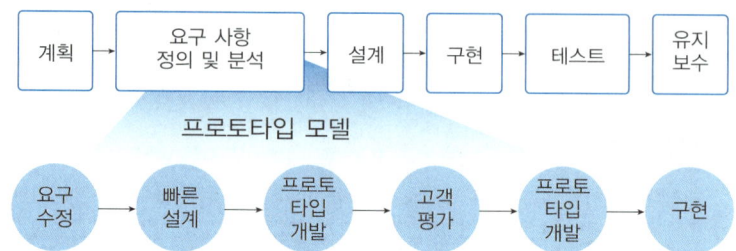

① 프로토타이핑 접근법을 활용하여 신속하게 해결책 모형을 제시하는 모델로, 상향식 접근 방법을 활용한다.
② 사용자 요구 사항이나 데이터를 정확히 규정하기 어렵고 데이터 소스도 명확하게 파악하기 어려운 상황에서 사용한다.
③ 일단 분석을 시도해 보고 그 결과를 확인하면서 반복적으로 개선해 나가는 방법이다.
④ '사용자들이 이렇게 만들면 편하게 사용할 거야'라는 가설을 생성하게 된다.
⑤ 프로토타입을 보고 완성한 결과물을 통해 가설을 확인할 수 있다.
⑥ 특정 가설을 갖고 서비스를 설계하고 디자인에 대한 실험도 실행한다.
⑦ 시제품이 나오기 전의 제품 원형으로, 개발 검증과 양산 검증을 거쳐야 시제품이 될 수 있다.
⑧ 정보 시스템의 미완성 버전 또는 중요한 기능들이 포함된 시스템의 초기 모델이다.

> **전문가의 합격 꿀팁**
> 폭포-하향! 프로토-상향!!
> 폭포는 위에서 아래로 떨어지므로 '하향', 프로토타입은 '상향'과 연결해서 암기해 주세요!

> **보충 학습**
>
> **상향식 접근 방법과 하향식 접근 방법**
> - **상향식 접근 방법**: 세부 모듈부터 시작하여 전체 시스템을 구축해 나가는 방법을 말합니다. 작은 모듈부터 시작하여 이를 조합해 전체적인 시스템을 만듭니다.
> - **하향식 접근 방법**: 큰 부분에서부터 시작하여 세부 사항까지 차근차근 내려가는 방법으로, 일반적으로 전체 시스템의 아키텍처부터 시작하여 세부 모듈을 추가해 가는 방식으로 진행됩니다.

기출로 개념 확인

01 다음 중 분석 방법론의 구성 요소로 옳지 <u>않은</u> 것은? *20회 기출문제*

① 목적
② 절차
③ 방법
④ 도구와 기법

> **정답 해설** 분석 방법론의 구성 요소에는 상세한 절차, 방법, 도구와 기법, 템플릿과 산출물이 있다.

02 다음 내용과 같은 현상은? *17회 기출(주관식 변형)*

> 동일한 사안이라도 제시되는 방법에 따라 그에 관한 해석이나 의사결정이 달라지는 왜곡 현상

① 순환 효과(Circular Effect)
② 프레이밍 효과(Framing Effect)
③ 스텝 효과(Step Effect)
④ 리스크 효과(Risk Effect)

> **정답 해설** 프레이밍 효과(Framing Effect)는 동일한 사건이나 상황임에도 불구하고 사람들의 선택이나 판단이 달라지는 현상으로, 특정 사안을 어떤 시각으로 바라보느냐에 따라 해석이 달라진다는 이론이다.

03 다음 중 프로토타이핑 기법에 대한 내용으로 적절한 것은? *25회 기출문제*

① 신속하게 해결책 모형을 제시하며, 상향식 접근 방법을 활용한다.
② 빠른 결과보다 모델의 정확성에 중점을 둔 기법이다.
③ 폭포수(Waterfall) 모델처럼 전체적인 플랜을 짜고 문서를 통해 개발한다.
④ 대표적인 하향식 접근 방법이다.

> **오답 해설**
> ② 프로토타이핑 기법은 빠른 결과에 중점을 둔 방식이다.
> ③ 프로토타이핑 기법은 일단 분석을 시도해 보고 그 결과를 확인해 가면서 반복적으로 개선해 나가는 방법이다.
> ④ 대표적인 하향식 접근 방법은 폭포수 모델이다.

04 다음 중 프로토타이핑 접근법에 대한 설명으로 적절하지 <u>않은</u> 것은? *25회 기출문제*

① '사용자들이 이렇게 만들면 편하게 사용할거야!'라는 가설을 생성하게 된다.
② 특정 가설을 갖고 서비스를 설계하고 디자인에 대한 실험도 실행한다.
③ 프로토타입을 보고 완성시킨 결과물을 통해 가설을 확인할 수 있다.
④ 프로토타이핑은 순환적 문제 탐색으로 인해 개발 시간을 많이 필요로 한다.

> **정답 해설** 프로토타입 모델이 아닌 나선형 모델은 순환적 문제 탐색으로 인해 개발 시간을 많이 필요로 한다.

05 다음 중 프로토타이핑 기법에 대한 설명으로 적절하지 <u>않은</u> 것은?   31회 기출문제

① 신속하게 해결책 모형을 제시한다.
② 상향식 접근 방법이다.
③ 문제 정의가 명확한 경우에 사용된다.
④ 일단 분석을 시도해보고 그 결과를 확인해 가면서 반복적으로 개선해 나가는 방법이다.

> **정답 해설** 문제 정의가 명확한 경우에는 폭포수 모델이 사용된다. 프로토타이핑 기법은 사용자의 요구 사항이나 데이터를 정확히 규정하기 어렵고 데이터 소스도 명확히 파악하기 어려운 상황에서 사용된다.

06 다음 내용은 어떤 모델에 대한 설명인가?   26회 기출문제(주관식 변형)

> 반복을 통하여 점증적으로 개발하는 모델로, 처음 시도하는 프로젝트에 적용이 용이하지만, 반복에 대한 관리 체계를 효과적으로 갖추지 못한 경우 복잡도가 상승하여 프로젝트 진행이 어려울 수 있다.

① 프로토타입 모델   ② 나선형 모델
③ 폭포수 모델   ④ 혼합 모델

> **정답 해설** 주어진 내용은 '나선형 모델'에 대한 설명이다.

> **풀이전략**
> 점증적 개발, 반복에 대한 관리 체계, 복잡도 상승과 같은 단어가 나오면 나선형 모델에 대한 내용이라는 것을 꼭 기억해 주세요!

07 다음 중 분석 방법 프로세스 모델에 대한 설명으로 적절하지 <u>않은</u> 것은?   15회 기출문제

① 나선형 모델은 위험 관리를 지원하는 프로세스의 프레임워크라고 할 수 있다.
② 폭포수 모델은 순차적이고, 상향식 방법론이며, 구조상 피드백이 어렵다.
③ 나선형 모델은 프로토타이핑 모델을 기반으로 하고 있으며, 위험 분석(Risk Analysis) 단계가 추가된다.
④ 폭포수 모델은 위험성이 낮고 요구 사항이 명확하며, PM이 해당 방법론으로 프로젝트 경험이 있을 경우 적합하다.

> **정답 해설** 폭포수 모델은 순차적이고, 하향식 방법론이며, 문제가 발견되면 전 단계로 돌아가 피드백이 가능하다.

정답 01 ① 02 ② 03 ① 04 ④ 05 ③ 06 ② 07 ②

핵심키워드 #KDD #CRISP-DM

029 KDD, CRISP-DM 분석 방법론 ★★★☆☆

1 KDD(Knowledge Discovery in Database) 분석 방법론

① 1996년 Fayyad가 정리한 '데이터베이스에서 의미 있는 지식을 탐색'하는 데이터 마이닝 프로세스이다.
② KDD 5단계: 데이터셋 선택 – 데이터 전처리 – 데이터 변환 – 데이터 마이닝 – 데이터 마이닝 결과 평가

데이터셋 선택 (Selection)	• 분석 대상의 비즈니스 도메인에 대한 이해와 프로젝트 목표를 정확하게 설정함 • 분석에 필요한 데이터 선택, 목표 데이터(Target Data)를 구성함
데이터 전처리 (Preprocessing)	데이터셋에 포함된 잡음(Noise), 이상값(Outlier), 결측치(Missing Value)를 식별하고 필요할 때 제거함
데이터 변환 (Transformation)	• 분석 목적에 맞는 변수 선택, 데이터의 차원을 축소함 • 데이터 마이닝을 효율적으로 적용할 수 있도록 데이터셋 변경 작업을 함
데이터 마이닝 (Data Mining)	• 분석 목적에 맞는 데이터 마이닝 기법 및 알고리즘을 선택함 • 데이터의 패턴을 찾거나 분류 또는 예측 등의 데이터 마이닝 작업을 시행함
데이터 마이닝 결과 평가 (Interpretation / Evaluation)	• 분석 결과에 대한 해석과 평가, 분석 목적과의 일치성을 확인함 • 데이터 마이닝을 통해 발견된 지식을 업무에 활용하는 방안을 모색함

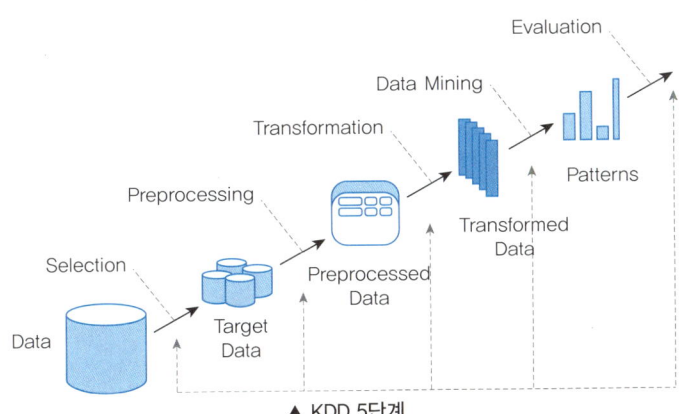

▲ KDD 5단계

전문가의 합격 코멘트

KDD, CRISP-DM의 분석 방법론의 순서 및 각 단계의 작업을 보고 어떤 단계인지 알아야 합니다.
CRISP-DM의 경우 KDD보다 다양한 형태의 문제로 출제됩니다. 실제 분석하는 작업을 KDD에서는 데이터 마이닝, CRISP-DM에서는 모델링이라고 부릅니다. 중요한 용어들이 나오지만, 이번에는 3과목을 학습하기 전 개요를 살펴보는 수준으로 학습하도록 하겠습니다.

비즈니스 도메인
• 특정 비즈니스나 기업이 활동하고 있는 분야나 업무 영역으로, 이것은 해당 기업이나 조직이 서비스를 제공하거나 제품을 생산하는 등의 주요 활동을 진행하는 영역을 의미한다.
• 예를 들어 어떤 소프트웨어 기업의 비즈니스 도메인은 소프트웨어 개발, IT 컨설팅, 소프트웨어 유지보수 등이 될 수 있다.

보충 학습

3과목에서 다루게 되는 내용이지만, 미리 알면 도움이 되는 용어입니다.

잡음 (Noise)	• 데이터에서 원하는 신호를 손상시키거나 데이터를 왜곡시키는 불규칙하고 부정확한 정보 • 데이터 전체에 존재하며, 일정한 패턴이나 규칙성이 없는 무작위 값들로 구성되고, 데이터의 실제 분포와 관련이 없음
이상값(Outlier) =이상치	• 대부분의 데이터와는 다른 패턴이나 특성을 가진 극단적인 값으로, 다른 데이터보다 통계적으로 현저하게 다른 값을 가짐 • 예를 들어 키가 200cm 이상일 때 이상치라고 할 수 있으며, 이상치는 데이터의 분포를 왜곡시킬 수 있고, 데이터 분석 결과에 영향을 미칠 수 있음
결측치 (Missing Value)	• 데이터셋에서 관측치에 대한 정보가 누락되거나 없는 상태 • 결측치는 데이터 수집 과정에서 발생할 수 있음 • 예를 들면 설문에 응답하지 않거나, 측정 도구의 오동작, 기록 오류 등이 있음
데이터 차원 축소	• 표 형식의 정형 데이터에서 한 개의 열(Column)을 한 개의 변수라고 하며, 이러한 변수의 개수를 차원이라고 함 • 차원이 너무 많은 경우 정보를 잃지 않으면서 축소를 하는 것이 올바른 분석을 위해 필요함

2 CRISP-DM(CRoss-Industry Standard Process for Data Mining) 분석 방법론

(1) CRISP-DM 개요

① 데이터 마이닝에 대한 산업 표준 프로세스로, 1996년 유럽연합의 ESPRIT에서 있었던 프로젝트에서 시작되었다.
② 4개 레벨, 6단계로 구성되어 있다.
③ 폭포수 모델처럼 한 방향으로 구성되어 있지 않고, 단계 간 피드백(Feedback)을 통해 단계별 완성도를 높일 수 있도록 구성되어 있다.

(2) CRISP-DM 4레벨

① 단계(Phases): 최상위 레벨로, 여러 개의 단계(Phases)로 구성되며 각 Phases는 일반화 태스크(Generic Tasks)를 포함한다.
   예 기획, 데이터 준비, 분석, 평가
② 일반화 태스크(Generic Tasks): 데이터 마이닝의 단일 프로세스를 완전하게 수행하는 단위이다.
   예 데이터 정제(Data Cleaning)
③ 세분화 태스크(Specialized Tasks): 일반화 태스크를 구체적으로 수행하는 단위이다.
   예 일반화 태스크 데이터 정제의 세분화 태스크에는 범주형 데이터 정제, 연속형 데이터 정제 등이 있음
④ 프로세스 실행(Process Instances): 데이터 마이닝을 위한 구체적인 실행 단계이다.

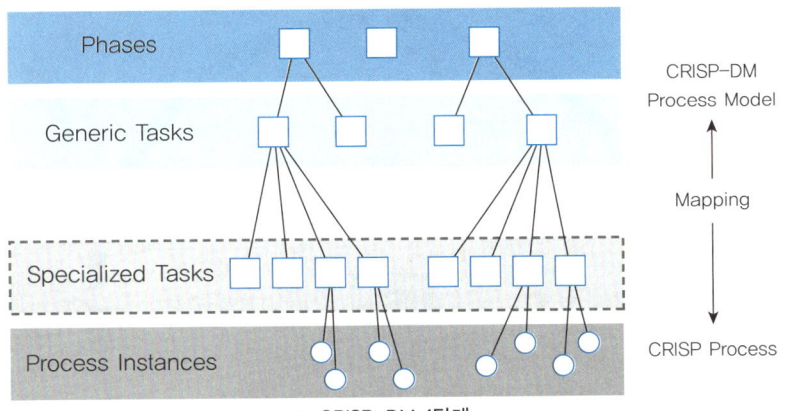

▲ CRISP-DM 4단계

(3) CRISP-DM 프로세스 6단계

업무 이해 (Business Understanding)	• 비즈니스 관점에서 프로젝트의 목적과 요구 사항을 이해하기 위한 단계 • 도메인 지식을 데이터 분석을 위한 문제 정의로 변경하고 초기 프로젝트 계획을 수립하는 단계 • 업무 이해의 주요 작업(Task) 및 절차: 업무 목적 파악 → 상황 파악 → 데이터 마이닝 목표 설정 → 프로젝트 계획 수립
데이터 이해 (Data Understanding)	• 분석을 위한 데이터 수집, 데이터 속성 이해를 위한 과정 • 데이터 품질에 대한 문제점 식별 및 숨겨져 있는 인사이트를 발견하는 단계 • 데이터 이해를 위한 작업에는 초기 데이터 수집, 데이터 기술 분석, 데이터 탐색, 데이터 품질 확인
데이터 준비 (Data Preparation)	• 분석을 위해 수집된 데이터에서 분석 기법에 적합한 데이터셋을 편성하는 단계 • 많은 시간이 소요될 수 있음 • 데이터 준비를 위한 작업에는 분석용 데이터셋 선택, 데이터 정제, 분석용 데이터셋 편성, 데이터 통합, 데이터 포맷팅이 있음
모델링 (Modeling)	• 다양한 모델링 기법과 알고리즘을 선택하고, 모델링 과정에서 사용되는 파라미터를 최적화해 나가는 단계 • 데이터 분석 방법론, 머신러닝을 이용한 수행 모델을 만들거나 데이터를 분할하는 단계 • 모델링 단계를 통해 찾아낸 모델을 테스트용 프로세스와 데이터셋으로 평가하여 모델 과적합(Overfitting) 등의 문제를 발견하고 대응 방안을 마련함 • 모델링 작업에는 모델링 기법 선택, 모델 테스트 계획 설계, 모델 작성, 모델 평가가 있음
평가 (Evaluation)	• 모델링 단계에서 얻은 모델이 프로젝트의 목적에 부합하는지 평가하는 단계 • 데이터 마이닝 결과를 수용할 것인지 최종적으로 판단하는 과정 • 평가 작업에는 분석 결과 평가, 모델링 과정 평가, 모델 적용성 평가가 있음
전개 (Deployment)	• 완성된 모델을 실제 업무에 적용하기 위한 계획을 수립하는 단계 • 전개를 위한 작업에는 전개 계획 수립, 모니터링과 유지 보수 계획 수립, 프로젝트 종료 보고서 작성, 프로젝트 리뷰가 있음

○ 전문가의 합격 꿀팁
'목-상-목-계'로 암기해 보세요!

데이터 기술 분석(Data Descriptive Analysis)
주어진 데이터에 대한 설명을 목적으로 하는 분석으로, 평균, 분산, 표준편차 등 보편적인 지표들을 활용해 데이터 자체의 특성을 알아내는 것이 목적이다.

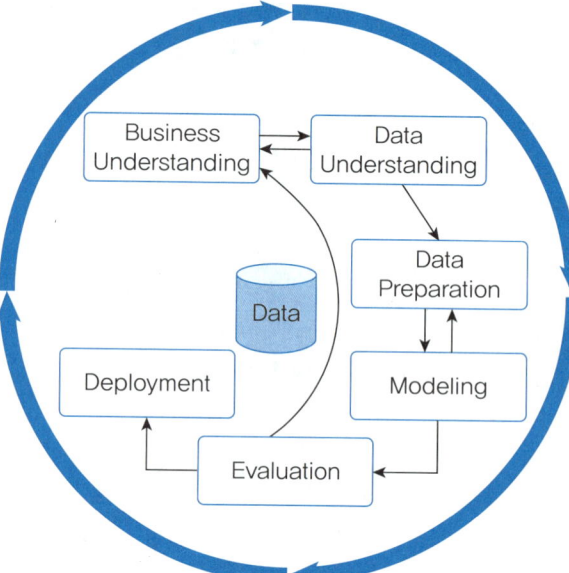

▲ CRISP 프로세스 6단계

화살표가 양쪽으로 있는 것이 피드백 단계임. 위대한 실패란 평가를 했는데 결과가 좋지 않을 때 다시 업무 이해(Business Understanding)부터 시작되도록 돌아가는 것을 의미함
- 피드백 단계(Feedback): 업무 이해와 데이터 이해, 데이터 준비와 모델링
- 위대한 실패: 평가를 통해 업무 이해로 돌아가는 것

> **보충 학습**

모델링과 평가 단계에서의 작업 구분
모델 평가는 모델링에 포함되며, 분석 결과 평가, 모델링 과정 평가, 모델 적용성 평가는 평가 단계에 포함된다는 것을 꼭 기억해 주세요! 모델 평가는 모델 자체의 성능에 대한 평가로, 데이터의 패턴을 얼마나 잘 찾고 반영했는지에 대한 내용입니다. 반면 평가 단계에서의 평가는 프로젝트의 목적에 얼마나 잘 부합하는지에 대한 평가를 의미합니다.

데이터 분석의 큰 흐름!
데이터 '분석 과제 정하기 → 분석 데이터 수집, 탐색, 품질 확인 → 분석에 사용하기 좋은 데이터로 변경 → 실제 분석 수행(모델링, 데이터 마이닝) → 분석이 잘 되었는지 평가 → 실제 업무에 적용하기 위한 계획 수립' 단계로 이루어집니다. 만약 요리를 한다고 생각하면? '어떤 요리를 할지 정하기 → 레시피, 재료 수집, 탐색, 품질 확인 → 재료 준비(다듬기, 씻기, 썰기 등) → 레시피를 보고 요리하기 → 맛보기 → 상차리기'로 쉽게 생각할 수 있습니다.

용어 학습
모르는 용어가 너무 많이 나오죠?! 특히 데이터 이해, 데이터 준비, 모델링, 평가 부분에 대한 용어에는 3과목에서 배워야 하는 단어들이 잔뜩 들어 있습니다. 데이터셋, 파라미터, 과적합, 머신러닝 등의 단어는 미리 정리해두세요.

데이터셋(Dataset)	데이터 분석(데이터 마이닝)을 위해 필요한 데이터의 집합
파라미터(Parameter)	데이터 분석 과정에서 찾게 되는 결과
Hyper-Parameter	모델링 과정에서 좋은 결과를 만들기 위해 사용자가 정하는 값
과적합(= 과대적합) (Overfitting)	• 데이터 분석이 학습용 데이터에만 잘 적합하여 다른 데이터를 사용할 때는 성능이 매우 낮은 상태가 되는 것 • Fit이라는 단어는 원래 잘 맞추어서 좋다는 의미이지만, Overfitting이라는 것은 너무 잘 맞추어서 오히려 좋지 못한 상태를 의미하며, 모델링에서 문제가 되는 상태임 • 데이터의 표본이 적을 때 주로 발생함
데이터 차원 축소 (Dimension Reduction)	• 정보를 최대한 유지하면서 변수의 개수를 줄이는 작업 • 차원(Dimension)이라는 것은 변수의 개수를 의미하며, 모델링에 있어 너무 많은 변수는 데이터 분석을 복잡하게 하고, 시간도 오래 걸림

○ **전문가의 합격 꿀팁**
다음 내용을 이해하고 간단하게 용어를 파악한 뒤에 세부적인 Task는 3과목 학습 후 다시 살펴보는 것을 추천합니다.

기출로 개념 확인

01 데이터 분석 방법론 중 KDD는 데이터 전처리(Preprocessing)에서 분석 대상용 데이터셋에 포함되어 있는 잡음(Noise)과 이상치(Outlier), 결측치(Missing Value)를 식별하고 필요시 제거하거나 의미 있는 데이터로 처리하는 데이터셋 정제 작업을 시행한다. 다음 중 또 다른 분석 방법인 CRISP-DM 분석 방법에서 이와 유사한 프로세스 단계는?

23회 기출문제(주관식 변형)

① 비즈니스 이해
② 데이터 준비
③ 모델링
④ 평가

정답 해설 CRISP-DM의 데이터 준비 단계에서는 분석용 데이터셋 선택, 데이터 정제, 분석용 데이터셋 편성, 데이터 통합, 데이터 포맷팅 등의 작업을 수행한다.

02 다음 중 CRISP-DM의 업무 이해(Business Understanding) 단계의 주요 Task 및 그 순서를 올바르게 나열한 것은?

21회 기출문제

① 업무 목적 파악 – 상황 파악 – 데이터 마이닝 목표 설정 – 프로젝트 계획 수립
② 업무 목적 파악 – 프로젝트 계획 수립 – 데이터 마이닝 목표 설정 – 상황 파악
③ 상황 파악 – 업무 목적 파악 – 프로젝트 계획 수립 – 데이터 마이닝 목표 설정
④ 상황 파악 – 업무 목적 파악 – 데이터 마이닝 목표 설정 – 프로젝트 계획 수립

정답 해설 업무 이해 단계의 Task는 '업무 목적 파악 – 상황 파악 – 데이터 마이닝 목표 설정 – 프로젝트 계획 수립'의 순서로 진행된다.

풀이전략
'목–상–목–계'로 암기하세요!

03 다음 중 CRISP-DM 모델링 단계의 Task로 옳지 않은 것은?

25회 기출문제

① 모델링 기법 선택
② 모델 적용성 평가
③ 모델 평가
④ 모델 작성

정답 해설
- 모델링 단계: 모델링 기법 선택, 모델 테스트 계획 설계, 모델 작성, 모델 평가
- 평가 단계: 분석 결과 평가, 모델링 과정 평가, 모델 적용성 평가

04 다음 중 CRISP-DM 방법론에서 머신러닝을 이용한 수행 모델을 만들거나 데이터를 분할하는 작업을 수행하는 단계는?

13회 기출문제(주관식 변형)

① 평가
② 데이터 준비
③ 데이터 이해
④ 모델링

정답 해설 모델링(Modeling)은 다양한 모델링 기법과 알고리즘을 선택하고, 모델링 과정에서 사용되는 파라미터를 최적화해 나가는 단계로, 데이터 분석 방법론, 머신러닝을 이용한 수행 모델을 만들거나 데이터를 분할하는 단계이다.

05 다음 중 CRISP-DM 분석 방법론의 데이터 준비 단계 Task로 옳지 않은 것은?

27회 기출문제

① 데이터 정제
② 데이터 통합
③ 데이터 탐색
④ 분석용 데이터셋 선택

정답 해설
- 데이터 이해 단계: 초기 데이터 수집, 데이터 기술 분석, 데이터 탐색, 데이터 품질 확인
- 데이터 준비 단계: 분석용 데이터셋 선택, 데이터 정제, 데이터 통합, 데이터 포맷팅

06 다음 내용 중 CRISP-DM에 대한 내용으로 옳은 것은?

34회 기출문제

가. 데이터 이해에서 데이터 준비 단계로 갈 수 있다.
나. 모델링 단계에서 학습용·테스트용 데이터를 사용하여 과소적합, 과대적합을 확인한다.
다. 비즈니스 이해, 데이터 이해 간 피드백이 가능하다.
라. 평가에서 적합하면 바로 프로젝트 투입이 가능하다.

① 가, 라
② 가, 나, 다
③ 가, 나, 라
④ 나, 라

오답 해설 라. 평가 단계에서는 모델이 프로젝트의 목적에 부합하는지 평가하는 것으로, 이 단계의 목적은 데이터 마이닝 결과를 수용할 것인지 판단하는 것이지 프로젝트 투입에 대한 것이 아니다.

정답 01 ② 02 ① 03 ② 04 ④ 05 ③ 06 ②

핵심키워드 #분석 기획 #데이터 준비 #데이터 분석 #시스템 구현 # 평가 및 전개

030 빅데이터 분석 방법론 개요 ★★★☆☆

 전문가의 합격 코멘트

빅데이터 분석 방법론의 5단계 절차는 반드시 암기해야 하며, 각 단계에 포함된 Task에 대해서도 자세하게 알아두어야 합니다. 각 단계에 포함된 Task에 대해서는 다음 학습들에서 세부적인 내용을 살펴보게 됩니다.

1 빅데이터 분석 방법론

(1) 빅데이터 분석 방법론 이해
① 빅데이터 분석 방법론은 계층적 프로세스 모델(Stepwised Process Model)이다.
② 단계(Phase), 태스크(Task), 스텝(Step)의 3개층으로 구성된다.

(2) 빅데이터 분석 방법론 3개층 구조

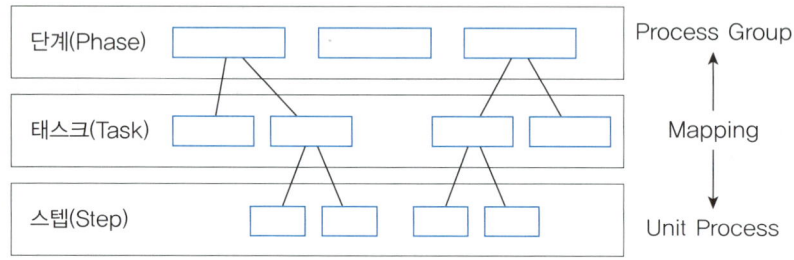

단계(Phase)	• 프로세스 그룹을 통해 완성된 단계별 산출물이 생성되어야 함 • 각 단계는 여러 개의 태스크(Task)로 구성됨 • 각 단계는 기준선(Baseline)으로 설정되어 관리되어야 하며 버전관리 등을 통하여 통제가 이루어져야 함
태스크(Task)	• 단계를 구성하는 단위 활동으로 물리적 또는 논리적 단위임 • 품질 검토 항목이 될 수 있음
스텝(Step)	• 입력 데이터, 처리 및 도구, 출력 데이터로 구성된 단위 프로세스 • WBS(Work Breakdown Structure)의 워크패키지(Work Package)에 해당함

워크패키지(Work Package)
프로젝트 관리에서 사용되는 용어로, 작업을 작고 관리 가능한 단위로 나눈 것으로 프로젝트의 작업 분할 구조(WBS, Work Breakdown Structure)의 가장 하위 수준에 위치하며, 특정 목표나 결과를 달성하기 위한 작업 항목을 의미한다.

2 빅데이터 분석 방법론 5단계 절차 및 태스크

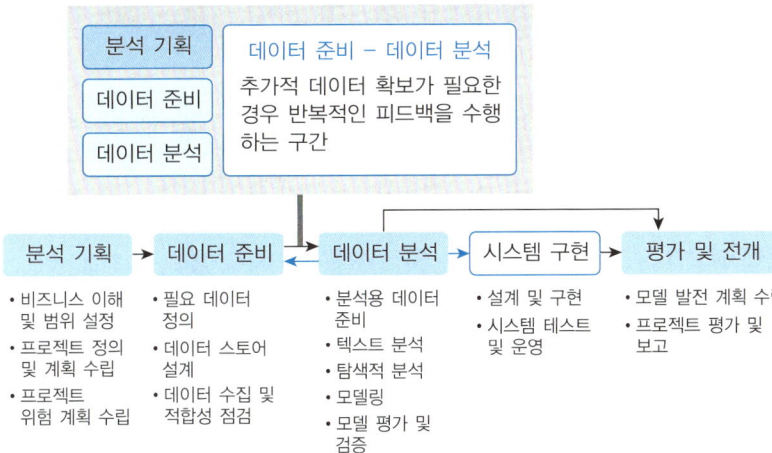

분석 기획 (Planning)	• 분석하려는 비즈니스를 이해하고 도메인의 문제점을 파악하여 빅데이터 분석 프로젝트의 범위를 확정하는 단계 • 프로젝트의 정의 및 수행 계획을 구체적이고 상세하게 수립하여 향후 프로젝트 진행의 기준선이 되도록 준비함
데이터 준비 (Preparing)	• 분석 기획에 근거하여 비즈니스 요구 사항을 데이터 차원에서 다시 파악함 • 프로젝트별로 필요로 하는 데이터를 정의하여 전사 차원의 데이터 스토어(Data Store)를 준비함
데이터 분석 (Analyzing)	• 확보된 데이터를 이용하여 프로젝트 목표를 달성하기 위해 데이터 분석 프로세스를 진행함 • 데이터 스토어에서 분석에 필요한 데이터셋을 준비함 • 분석용 데이터셋으로 편성하고 다양한 분석 기법과 알고리즘을 이용하여 분석함 • 분석 단계에서 추가적인 데이터 확보가 필요한 경우 데이터 준비 단계로 피드백하여 두 단계를 반복하여 진행함
시스템 구현 (Developing)	• 데이터 분석 단계를 진행하면서 도출된 분석 기획에 맞는 모델을 운영 중인 가동 시스템에 적용하거나 프로토타입 시스템을 구현하고자 하는 경우 수행하는 단계 • 단순 데이터 분석이나 데이터 마이닝을 통한 분석 보고서 작성으로 프로젝트가 종료되는 경우에는 시스템 구현 단계를 수행할 필요 없이 바로 평가 및 전개 단계를 수행함
평가 및 전개 (Deploying)	프로젝트의 성과를 평가하고 정리하거나 모델의 발전 계획을 수립하여 차기 분석 기획으로 전달함

◎ 전문가의 합격 꿀팁

'데이터 준비'와 '데이터 분석'은 '화살표 방향이 양쪽'으로 있다는 점을 기억하세요.

◎ 전문가의 합격 꿀팁

큰 제목을 한 번씩 확인하세요. 다음 학습부터 빅데이터 분석 방법론 절차 및 태스크를 세부적으로 학습하겠습니다!

기출로 개념 확인

01 다음 중 빅데이터 분석 방법론 단계 중 추가적인 데이터 확보가 필요한 경우 '반복적인 피드백'을 수행하는 구간은?

16회 기출문제

① 분석 기획 – 데이터 준비
② 데이터 준비 – 데이터 분석
③ 데이터 분석 – 데이터 구현
④ 시스템 구현 – 평가 및 전개

정답 해설 데이터 분석 단계에서 추가적인 데이터 확보가 필요한 경우 데이터 준비 단계로 피드백하여 두 단계를 반복하여 진행한다.

✔ 풀이전략
화살표 방향이 양쪽으로 있음을 항상 기억하세요!

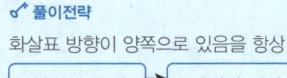

02 다음 중 빅데이터 분석 방법론 5단계 절차를 올바르게 나열한 것은?

32회 기출문제

① 분석 기획 → 데이터 준비 → 데이터 분석 → 시스템 구현 → 평가 및 전개
② 분석 기획 → 데이터 준비 → 시스템 구현 → 데이터 분석 → 평가 및 전개
③ 데이터 준비 → 분석 기획 → 데이터 분석 → 평가 및 전개 → 시스템 구현
④ 데이터 준비 → 데이터 모델링 → 분석 기획 → 데이터 분석 → 평가 및 전개

정답 해설 빅데이터 분석 방법론 5단계 절차는 '분석 기획 → 데이터 준비 → 데이터 분석 → 시스템 구현 → 평가 및 전개'이다.

정답 01 ② 02 ①

핵심키워드 #비즈니스 이해 및 범위 설정 #프로젝트 정의 및 계획 수립 #프로젝트 위험 계획 수립 #SOW #WBS

031 빅데이터 분석 방법론 – 분석 기획(Planning) ★★★★★

1 비즈니스 이해 및 범위 설정

(1) 비즈니스 이해
① 분석 대상인 업무 도메인을 이해하기 위한 작업을 수행한다.
② 내부 업무 매뉴얼과 관련 자료, 외부의 관련 비즈니스 자료 조사 및 프로젝트 진행을 위한 방향을 설정한다.

(2) 프로젝트 범위 설정
① 프로젝트 목적에 부합하는 범위(Scope)를 명확히 설정해야 한다.
② 프로젝트에 참여하는 관계자들의 이해를 일치시키기 위하여 구조화된 프로젝트 범위 정의서인 SOW(Statement of Work)를 작성한다.

> **보충 학습**
>
> SOW(Statement of Work, 작업 기술서, 작업 명세서)
> - 프로젝트 작업 요구 사항에 대한 설명서
> - 고객의 요구 사항 및 프로젝트의 결과 등을 상세히 기술해 놓은 명세서
> - 상호 기대 사항을 공유하고 의사소통을 증진시키기 위한 것

2 프로젝트 정의 및 계획 수립

(1) 데이터 분석 프로젝트 정의
① 상세 프로젝트 정의서를 작성한다.
② 프로젝트의 목표를 명확화하기 위하여 모델의 운영 이미지를 설계한다.
③ 모델 평가 기준을 설정하여 프로젝트 정의를 명확하게 한다.

(2) 프로젝트 수행 계획 수립
① 프로젝트의 WBS(Work Breakdown Structure)를 작성하여 프로젝트의 범위를 명확하게 한다.
② 프로젝트 수행 계획서 작성: 데이터 확보 계획, 빅데이터 분석 방법, 일정 계획, 예산 계획, 품질 계획, 인력 구성 계획, 의사소통 계획 등을 포함한다.
③ 프로젝트의 목적 및 배경, 기대효과, 수행 방법, 일정 및 추진 조직, 프로젝트 관리 방안을 작성한다.

전문가의 합격 코멘트

빅데이터 분석 방법론의 분석 절차는 반드시 암기해야 하며, 각 단계에 포함된 Task에 대해서도 자세하게 알아야 합니다. SOW, WBS가 무엇이고 언제 작성하는 것인지, 그 목적은 무엇인지도 반드시 기억하세요.

> **보충 학습**
>
> WBS(Work Breakdown Structure)
> - 작업 분할 구조도, 업무 분업 구조
> - 전체 업무를 분류하여 구성 요소로 만든 것
> - 각 요소를 평가하고 일정별로 계획하며 그것을 완수할 수 있는 사람에게 할당해 주는 역할을 함
>
>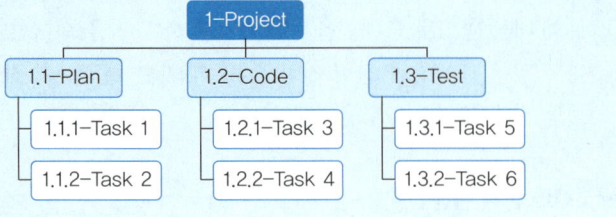

3 프로젝트 위험 계획 수립

(1) 데이터 분석 위험 식별

① 선행하여 진행된 프로젝트 산출물과 정리 자료를 참조하고 전문가의 판단을 활용한다.

② 빅데이터 분석 프로젝트를 진행하면서 발생 가능한 위험을 식별한다.

③ 식별된 위험은 위험의 영향도와 빈도, 발생 가능성 등을 평가하여 위험의 우선순위를 설정한다.

(2) 위험 대응 계획 수립

① 식별된 위험은 상세한 정량적·정성적 분석을 통해 위험 대응 방안을 수립한다.

② 위험에 대한 대응 방법: 회피(Avoid), 전이(Transfer), 완화(Mitigate), 수용(Accept)

> **보충 학습**
>
> 위험에 대한 대응 계획 수립
> - 회피: 계획 변경 등 원인을 제거하는 것(기간 연장, 범위 축소)
> - 전이: 보험, 사후 보증
> - 완화: 용인 가능 임계치까지 절감하려 노력하는 것
> - 수용: 적극적 수용(긴급 대책), 소극적 수용(아무 조치 안함), Fallback Plan(위험의 영향이 클 경우)
>
> Fallback Plan(예비 계획)
> 긴급 대책(비상 계획)이 실패하거나 완전히 효과적이지 않을 때 시행되는 것으로 비상 계획에 대한 백업을 말합니다.
> 예 소모품이 파손되었다. → 공급업체에 소모품을 재주문한다.
> 예 블로그에 데이터를 저장하는데 사이트가 손상되고, 호스팅 공급자에 백업이 없다. → 백업 본을 내 컴퓨터와 구글 드라이브에 보관한다.

기출로 개념 확인

01 다음 중 빅데이터 분석 방법론에서 분석 기획(Planning) 단계의 Task로 옳지 않은 것은? 20회 기출문제

① 비즈니스의 이해
② 프로젝트 정의 및 계획 수립
③ 필요 데이터 정의
④ 프로젝트 위험 계획 수립

> **정답 해설** 빅데이터 분석 방법론의 분석 기획 단계에는 비즈니스의 이해, 프로젝트 정의 및 계획 수립, 프로젝트 위험 계획 수립의 내용이 포함된다.

02 다음 중 빅데이터 분석 방법론에서 분석 기획(Planning) 단계의 Task 수행 순서로 옳은 것은? 17회 기출문제

① 프로젝트 위험 계획 수립 → 비즈니스 이해 및 범위 설정 → 프로젝트 정의 및 계획 수립
② 비즈니스 이해 및 범위 설정 → 프로젝트 정의 및 계획 수립 → 프로젝트 위험 계획 수립
③ 데이터 스토어 설계 → 필요 데이터 정의 → 데이터 수집 및 정합성 점검
④ 필요 데이터 정의 → 데이터 스토어 설계 → 데이터 수집 및 정합성 점검

> **정답 해설** 빅데이터 분석 방법론의 분석 기획 단계는 '비즈니스 이해 및 범위 설정 → 프로젝트 정의 및 계획 수립 → 프로젝트 위험 계획 수립'의 순서를 갖는다.

03 다음 중 프로젝트 위험 계획 수립 시 예상되는 위험에 대한 대응 방법으로 옳지 않은 것은? 20회 기출문제

① 회피(Avoid)
② 전이(Transfer)
③ 관리(Management)
④ 완화(Mitigate)

> **정답 해설** 프로젝트 위험 계획 수립 시 예상되는 위험에 대한 대응 방법에는 회피(Avoid), 전이(Transfer), 완화(Mitigate), 수용(Accept)이 있다.

정답 01 ③ 02 ② 03 ③

핵심키워드 #필요 데이터 정의 #데이터 스토어 설계 #데이터 수집 및 정합성 점검

032 빅데이터 분석 방법론 - 데이터 준비(Preparing) ★☆☆☆☆

전문가의 합격 코멘트
데이터 준비 단계의 Task 목록을 반드시 기억해야 합니다. 데이터 준비 단계의 Task에는 '필요 데이터 정의', '데이터 스토어 설계', '데이터 수집 및 정합성 점검'이 있습니다.

1 필요 데이터 정의

(1) 데이터의 정의
① 프로젝트 수행 계획서, 시스템 설계서, 메타데이터 정의서, ERD(Entity-Relationship Diagram) 등을 자료로 사용하여 데이터 정의서를 작성한다.
② 데이터 정의서에는 정형, 비정형, 반정형 등의 모든 내·외부 데이터, 데이터의 속성, 데이터 오너, 데이터 관련 시스템 담당자 등이 포함된다.

(2) 데이터 획득 방안 수립
① 데이터를 수집하기 위한 구체적인 방안을 수립한다.
② 데이터 획득 시 고려사항
- 내부 데이터: 부서 간 업무 협조와 개인정보 보호 및 정보보안과 관련한 문제점을 사전 점검
- 외부 데이터: 시스템 간 다양한 인터페이스 및 법적인 부분의 문제점을 고려하여 계획 수립

2 데이터 스토어 설계

(1) 정형 데이터 스토어 설계
① 관계형 데이터베이스(RDBMS)를 사용한다.
② 데이터의 효율적 저장과 활용을 위해 데이터 스토어의 논리적·물리적 설계를 구분하여 설계한다.

(2) 비정형 데이터 스토어 설계
하둡, NoSQL 등을 이용하여 비정형 또는 반정형 데이터를 저장하기 위한 논리적·물리적인 데이터 스토어 설계이다.

3 데이터 수집 및 정합성 점검

(1) 데이터 수집 및 저장
① 웹 크롤링(Web Crawling), 시스템 간 실시간(Real Time) 처리, 배치(Batch) 처리 등으로 데이터를 수집한다.
② 데이터베이스 간 연동, API를 이용한 개발, ETL 도구의 활용 등 다양한 방법을 이용하여 데이터를 수집한다.
③ 수집된 데이터를 설계된 데이터 스토어에 저장한다.

(2) 데이터 정합성(무결성) 점검
① 데이터 스토어의 품질 점검을 통해 데이터의 정합성을 확보한다.
② 데이터 품질 개선이 필요한 부분에 보완 작업을 진행한다.

웹 크롤링(Web Crawling)
웹 데이터의 수집을 위해 웹 페이지의 구조를 분석하여 데이터를 자동으로 수집하는 방법이다.

API(Application Programming Interface)
프로그램의 기능을 수행하는 라이브러리에 접근하기 위한 규칙들을 정의한 것이다.

ETL(Extract Transformation Loading)
데이터 수집을 위해 다양한 데이터 원천으로부터 데이터를 추출하고 변환하여 데이터베이스에 적재하는 작업이다.

기출로 개념 확인

다음 중 웹 데이터의 수집을 위해 웹 페이지의 구조를 분석하여 데이터를 자동으로 수집하는 방법은? 36회 기출문제
① FTP
② 웹 크롤링(Web Crawling)
③ Streaming
④ Open API

정답 해설 웹 크롤링(Web Crawling)은 웹 데이터의 수집을 위해 웹 페이지의 구조를 분석하여 데이터를 자동으로 수집하는 방법이다.

오답 해설 ① FTP(File Transfer Protocol): 서버/클라이언트 사이의 파일 전송으로, TCP/IP 기반의 빠른 데이터의 송·수신을 위한 프로토콜이다.
③ Streaming: 음성, 오디오, 비디오 등의 멀티미디어 데이터를 실시간 송·수신하는 기술이다.
④ Open API: 서비스, 정보, 데이터 등 오픈된 정보로부터 API를 통해 실시간 데이터를 수집하는 기술이다(API: 다수의 함수로 구성, 시스템 간 연동을 통한 실시간 데이터 송·수신).

정답 ②

핵심키워드 #분석 데이터 준비 #텍스트 분석 #탐색적 분석 #모델링 #모델 평가 및 검증

033 빅데이터 분석 방법론 – 데이터 분석(Analyzing) ★★☆☆☆

 전문가의 합격 코멘트

데이터 분석의 단계는 반드시 기억해야 합니다. 특히 모델링의 정의 및 모델링에 해당하는 '데이터 분할 – 데이터 모델링 – 모델 적용 및 운영 방안'에 대해서는 순서도 함께 기억해야 합니다.

1 데이터 분석(Analyzing) 단계 개요

① 분석 기획 단계에서 수립된 프로젝트 목표를 달성하기 위해 분석 기술과 방법론을 기반으로 데이터 분석 단계를 수행한다.
② 데이터 분석 단계 절차: 분석용 데이터 준비 → 텍스트 분석 → 탐색적 분석 및 시각화 → 모델링 → 모델 평가 및 검증

분석용 데이터 준비	텍스트 분석	탐색적 분석	모델링	모델 평가 및 검증
• 비즈니스 룰 확인 • 분석용 데이터셋 준비	• 텍스트 데이터 확인 및 추출 • 텍스트 데이터 분석	• 탐색적 데이터 분석 • 데이터 시각화	• 데이터 분할 • 데이터 모델링 • 모델 적용 및 운영 방안	• 모델 평가 • 모델 검증

2 데이터 분석 단계

(1) 분석용 데이터 준비

① 분석에 필요한 데이터셋을 준비하기 위해 프로젝트 목표와 도메인을 이해하고 비즈니스 룰을 확인한다.
② 전사 차원으로 구축된 데이터 스토어에서 분석용 데이터셋을 ETL 도구 등을 이용하여 추출하고 데이터베이스나 구조화된 데이터 형태로 편성한다.

(2) 텍스트 분석

텍스트 데이터를 이용해 어휘·구문 분석, 감성 분석, 토픽 분석, 오피니언 분석, 소셜 네트워크 분석 등을 실시한다.

(3) 탐색적 분석

데이터 탐색의 결과물로는 데이터 탐색 보고서, 데이터 시각화 보고서가 있다.

탐색적 데이터 분석(EDA)	• Exploratory Data Analysis • 주어진 데이터만 가지고도 충분한 정보를 찾을 수 있도록 개발하는 방법 • 탐색적 자료 분석을 통해 분포 비교, 결측치·이상치 확인 등을 할 수 있음 • 데이터에서 특이한 점이나 의미 있는 사실을 도출하는 과정
데이터 시각화	• 탐색적 데이터 분석을 위한 도구로 활용됨 • 탐색적 데이터 분석을 진행하면서 수행된 데이터 시각화는 모델링 또는 향후 시스템 구현을 위한 사용자 인터페이스 또는 프로토타입으로 활용될 수 있음

(4) 모델링

① **데이터 분할**: 모델의 과적합을 발견하고 일반화하기 위해 분석용 데이터셋은 '모델 학습을 위한 훈련용 데이터'와 '모델의 검증력을 확인하기 위한 테스트 데이터'로 분할한다.

② **데이터 모델링**
- 훈련용 데이터를 활용하여 분류(Classification), 예측(Prediction), 군집(Clustering) 등의 모델을 만들어 가동 중인 운영 시스템에 적용함
- 모델링 결과 보고서

③ **모델 적용 및 운영 방안**
- 모델을 가동 중인 운영 시스템에 적용하기 위해서는 모델에 대한 상세한 알고리즘 설명서 작성이 필요함
- 알고리즘 설명서: 시스템 구현 단계에서 중요한 입력 데이터로 활용되므로 필요시 의사코드 수준의 상세한 작성이 필요할 수도 있음
- 모델의 안정적 운영을 모니터링하는 방안 수립

(5) 모델 평가 및 검증

① **모델 평가**: 프로젝트 정의서의 모델 평가 기준에 따라 모델을 객관적으로 평가하고, 품질 관리 차원에서 모델 평가 프로세스를 진행한다. 모델 평가를 위해 모델 결과 보고서 내의 알고리즘을 파악하고 테스트용 데이터 필요시 모델 검증을 위한 별도의 데이터를 활용할 수 있다.

② **모델 검증**: 모델의 실 적용성을 검증하기 위해 검증용 데이터를 이용해 모델 검증 작업을 실시하고 모델링 검증 보고서를 작성한다. 검증용 데이터는 모델 개발 및 평가에 활용된 훈련용 데이터나 테스트용 데이터가 아닌 실 운영용 데이터를 확보하여 모델의 품질을 최종 검증하는 프로세스이다.

3 빅데이터 분석 방법론 – 시스템 구현(Developing)

(1) 설계 및 구현

모델링 결과를 시스템으로 구현하기 위해 모델링 태스크에서 작성된 알고리즘 설명서와 데이터 시각화 보고서를 이용하여 시스템 및 데이터 아키텍처 설계, 사용자 인터페이스 설계를 진행하고, 가동 중인 시스템에 적용하기 위해 운영 시스템에 대한 분석을 수행한다.

(2) 시스템 테스트 및 운영

시스템에 구현된 모델은 테스트를 통하여 가동 중인 시스템에 적용하고 효율적인 운영을 위한 프로세스를 진행한다.

① **시스템 테스트**: 구축된 시스템의 검증을 위해 단위 테스트, 통합 테스트, 시스템 테스트 등을 실시한다.

② **시스템 운영 계획**: 구현된 시스템을 지속적으로 활용하기 위하여 시스템 운영자, 사용자를 대상으로 필요한 교육을 실시하고 시스템 운영 계획을 수립한다.

4 빅데이터 분석 방법론-평가 및 전개(Deploying)

(1) 모델 발전 계획 수립

업무 특성 및 운영 데이터의 품질에 따라 모델 성능은 많은 영향을 받게 되고 이를 개선하는 노력이 주기적으로 진행되어야 한다. 모델의 생명 주기(Life Cycle)를 설정하고 주기적인 평가를 실시하여 모델을 유지보수하거나 재구축하기 위한 방안을 마련한다.

(2) 프로젝트 평가 및 보고

분석 기획 단계에서 설정된 기준에 따라 프로젝트의 성과를 정량적·정성적으로 평가하고 프로젝트 진행 과정에서 산출된 지식, 프로세스, 출력 자료를 지식 자산화하여 프로젝트 최종 보고서를 작성한 후 의사소통계획에 따라 보고함으로써 프로젝트를 종료한다.

기출로 개념 확인

01 다음 중 빅데이터 분석 프로세스에서 분석용 데이터를 이용한 가설 설정을 통해 통계 모델을 만들거나 기계 학습을 이용한 데이터의 분류, 예측, 군집 등의 기능을 수행하는 과정은?   19회 기출문제

① 평가
② 모델링
③ 데이터 이해
④ 탐색적 분석

> **정답 해설** 모델링 과정에서 데이터셋을 학습용과 평가용 데이터로 분할하고, 통계 모델, 기계 학습 등을 이용해 데이터의 분류, 예측, 군집 등의 기능을 수행한다.

02 다음 중 빅데이터 분석 방법론에 대한 설명으로 적절하지 않은 것은?   26회 기출문제

① 시스템 구현 단계에서 정보보안은 중요한 문제가 아니다.
② 모델링 태스크에서는 모델의 과적합 발견과 일반화를 위하여 데이터를 분할한다.
③ 단순한 데이터 분석이나 데이터 마이닝을 통한 분석 보고서를 작성하는 것으로, 프로젝트가 종료될 때에는 시스템 구현 단계를 수행할 필요가 없다.
④ 프로젝트 위험 계획 수립에 대한 대응으로 회피, 전이, 완화, 수용이 있다.

> **정답 해설** 정보보안은 어떤 분석 작업이나 시스템 구현에서 항상 고려되어야 하는 매우 중요한 측면 중 하나이다.

정답 01 ② 02 ①

핵심키워드 #하향식 #상향식 #디자인 사고

034 분석 과제 도출 방법

★★★★☆

1 하향식 접근 방식(Top-Down Approach)
① 문제가 확실할 때, 문제가 주어지고 해법을 찾기 위해 각 과정이 체계적으로 단계화되어 수행하는 방식을 사용한다.
② 전통적으로 수행되었던 분석 과제 발굴 방식이다.
③ 분석 주제가 최적화(Optimization), 솔루션(Solution)일 때 사용하는 방법이다.
예) 신제품을 위한 마케팅 전략 수립

2 상향식 접근 방식(Bottom-Up Approach)
① 문제의 정의 자체가 어려운 경우에 사용한다.
② 데이터 기반으로 문제의 재정의 및 해결 방안을 탐색하고 이를 지속적으로 개선하는 방식이다.
③ 분석 주제가 통찰(Insight), 발견(Discovery)일 때 사용하는 방법이다.
예) 새로운 신제품 개발 프로젝트

3 디자인 사고(Design Thinking)
① 기존의 논리적인 단계별 접근법에 기반한 문제 해결 방식은 최근 복잡하고 다양한 환경에서 발생하는 문제에 적합하지 않을 수 있으므로, '디자인 사고' 접근법을 통해 전통적인 분석적 사고를 극복하려 한다.
② 중요한 의사결정 시 상향식과 하향식을 반복적으로 사용한다.
③ 가능한 옵션을 도출하는 상향식 접근 방식의 발산(Diverge) 단계와 도출된 옵션을 분석하고 검증하는 하향식 접근 방식의 수렴(Converse) 단계를 반복하여 과제를 발굴한다.
예) 고객 이탈률 감소를 위한 은행의 서비스 개선

디자인 사고 프로세스

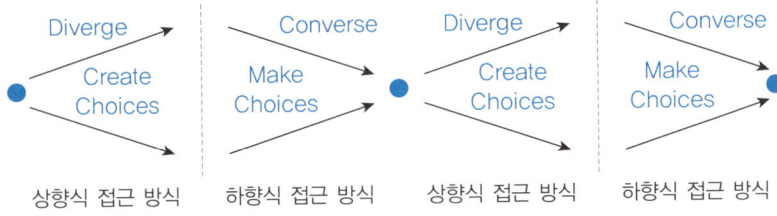

> **전문가의 합격 코멘트**
> 하향식 접근 방식, 상향식 접근 방식 및 디자인 사고의 특징을 구분할 수 있어야 합니다. 문제가 확실할 때는 하향식, 문제의 정의 자체가 어려울 때는 상향식, 창의적인 사고 방식이 필요할 때는 디자인 사고 접근 방식을 사용한다는 점을 기억하세요.

보충 학습

전통적인 분석적 사고
문제를 해결하고 결정을 내리는 데 있어서 과학적이고 논리적인 분석을 중시하는 사고방식을 말합니다. 현실적이고 합리적인 접근 방식으로 주로 수학, 과학, 엔지니어링, 경제학 등의 분야에서 효과적으로 활용되고 있습니다. 하지만 창의적인 해결책을 찾는 데 한계가 있을 수 있으며, 이러한 한계를 극복하기 위해 디자인 사고와 같은 창의적 사고 방식이 등장하게 되었습니다.

기출로 개념 확인

01 다음 중 분석 과제 접근 방식에 대한 설명으로 옳지 <u>않은</u> 것은?   27회 기출문제

① 문제가 확실할 때는 상향식 접근 방식을 사용한다.
② 문제가 주어지고 해법을 찾기 위해서 하향식 접근 방식을 사용한다.
③ 문제의 정의 자체가 어려운 경우 상향식 접근 방식을 사용한다.
④ 디자인 사고(Design Thinking)의 경우 상향식과 하향식을 반복적으로 사용하기 쉽다.

정답 해설 문제가 확실할 때는 하향식 접근 방식을 사용한다.

02 다음 내용의 빈칸에 들어갈 알맞은 용어는?   21회 기출문제(주관식 변형)

> 기존의 논리적인 단계별 접근법에 기반한 문제 해결 방식은 최근 복잡하고 다양한 환경에서 발생하는 문제에 적합하지 않을 수 있다. 이를 해결하기 위해 (   ) 접근법을 통해 전통적인 분석적 사고를 극복하려고 한다. 이 접근법은 가능한 옵션을 도출하는 상향식 접근 방식의 발산단계와 도출된 옵션을 분석하고 검증하는 하향식 접근 방식의 수렴 단계를 반복하여 과제를 발굴한다.

① 폭포수
② 나선형
③ 디자인 사고
④ 프로토타입

정답 해설 분석 과제 도출 방법 중 디자인 사고(Design Thinking)는 상향식 접근 방식의 발산 단계와 하향식 접근 방식의 수렴 단계를 반복하여 과제를 발굴하여 기존의 전통적인 분석적 사고를 극복하는 방법이다. 폭포수 모델, 나선형 모델, 프로토타입 모델은 분석 방법론의 모델이다.

정답 01 ① 02 ③

핵심키워드 #비즈니스 모델 기반 문제 탐색 #외부 참조 모델 기반 문제 탐색 #분석 유즈케이스

035 하향식 접근 방법의 데이터 기획 단계 ★★★★☆

1 하향식 접근 방식의 데이터 분석 기획 단계

하향식 접근 방식의 데이터 분석 기획 단계는 '문제 탐색 → 문제 정의 → 해결 방안 탐색 → 타당성 검토' 순으로 진행된다.

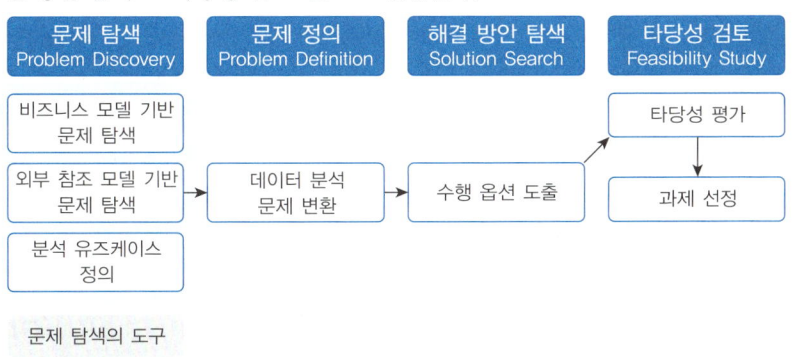

문제 탐색의 도구

2 문제 탐색(Problem Discovery)

| 문제 탐색 Problem Discovery | 문제 정의 Problem Definition | 해결 방안 탐색 Solution Search | 타당성 검토 Feasibility Study |

(1) 문제 탐색 개요
① 전체적인 관점의 기준 모델을 활용하여 빠짐없이 문제를 도출하고 식별한다.
② 문제 탐색(과제 발굴) 단계에서는 세부적인 구현 및 솔루션에 중점을 두는 것이 아니라 문제를 해결함으로써 발생하는 가치에 중점을 두는 것이 중요하다.
③ 문제 탐색 단계에는 비즈니스 모델 기반 문제 탐색, 외부 참조 모델 기반 문제 탐색, 분석 유즈케이스 정의가 있다.

(2) 비즈니스 모델 기반 문제 탐색
① 비즈니스 모델 캔버스를 활용하여 가치가 창출될 문제를 누락 없이 도출할 수 있다.
② 비즈니스 모델 캔버스는 기업의 사업 모델을 도식화한 비즈니스 모델 캔버스의 9가지 블록을 '업무, 제품, 고객, 규제와 감사, 지원 인프라'의 5가지 영역으로 단순화한 것이다.
③ 업무, 제품, 고객 단위로 문제를 발굴, 이를 관리하는 지원 인프라, 규제와 감사 영역에 대한 기회를 추가로 도출하는 작업을 수행한다.

> **전문가의 합격 코멘트**
> 하향식 접근 방식의 데이터 분석 기획 4단계 순서를 묻는 문제가 출제되므로 암기해 두어야 합니다. 하향식 접근 방식의 데이터 분석 기획 단계 중 문제 탐색은 시험에서 많이 다루고 있는 부분입니다. 암기할 내용이 많지만 그만큼 많이 출제되고 있으므로 잘 살펴보시고 암기하세요! 또한 비즈니스 모델 캔버스의 단순화된 5가지 영역에 대해 위치와 명칭, 분석 기획 발굴의 범위 확장에 포함된 세부 내용을 구분할 수 있도록 잘 기억하세요!

> **전문가의 합격 꿀팁**
> 5가지 영역에 대한 이해를 돕기 위한 것이며 암기하실 필요는 없습니다.

④ 비즈니스 모델 캔버스: 과제 발굴을 위한 기본 틀로써 비즈니스에 포함되어야 하는 주요 사업 요소를 한눈에 볼 수 있도록 만든 그래픽 템플릿이다.

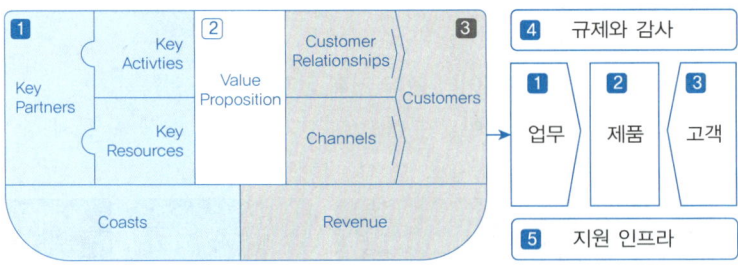

업무	생산 공정 최적화, 재고량 최소화 등
제품	제품의 주요 기능 개선, 서비스 모니터링 지표 도출
고객	고객 Call 대기 시간 최소화, 영업점 위치 최적화
규제와 감사	제품 생산 및 전달 과정 프로세스 중에서 발생하는 규제 및 보안의 관점에서 주제 도출 예) 제공 서비스 품질의 이상 징후 관리, 새로운 환경 규제 시 예상되는 제품 추출
지원 인프라	분석을 수행하는 시스템 영역 및 운영·관리하는 인력의 관점에서 주제 도출 예) EDW 최적화, 적정 운영 인력 도출

> **전문가의 합격 꿀팁**
> 옆의 표는 이해를 돕기 위한 것으로 암기할 필요는 없습니다.

⑤ 분석 기회 발굴의 범위 확장
- 새로운 문제의 발굴 및 장기적인 접근을 위해서는 기업이 현재 수행하고 있는 비즈니스뿐만 아니라 환경과 경쟁 구도의 변화 및 역량의 재해석을 통한 혁신(Innovation)의 관점에서 분석 기회를 추가 도출하는 것이 요구됨
- 거시적 관점의 요인, 경쟁자 확대, 시장의 니즈 탐색, 역량의 재해석 등 새로운 관점의 접근을 통해 새로운 유형의 분석 기회 및 주제 발굴을 수행해야 함

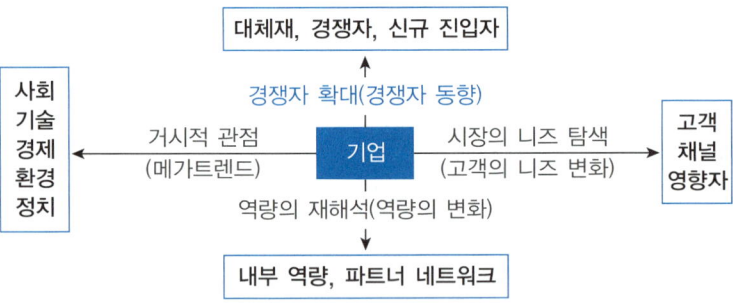

거시적 관점 (메가트랜드)	STEEP: 사회(Social), 기술(Technological), 경제(Economic), 환경(Environmental), 정치(Political)
경쟁자 확대 (경쟁자 동향)	대체재, 경쟁자, 신규 진입자
시장의 니즈 탐색 (고객 니즈의 변화)	고객(소비자), 채널, 영향자들
역량의 재해석 (역량의 변화)	내부 역량, 파트너 네트워크

(3) 외부 참조 모델 기반 문제 탐색
① 유사·동종 사례 벤치마킹을 통해 분석 기회를 발굴한다.
② 제공되는 산업별, 업무 서비스별 분석 테마 후보 그룹을 통해 Quick & Easy 방식으로 필요한 분석 기회가 무엇인지에 대한 아이디어를 얻고, 기업에 적용할 분석 테마 후보 목록을 브레인스토밍(Brainstorming)을 통해 빠르게 도출한다.
③ 데이터 분석 사례를 기반으로 분석 테마 후보 그룹을 미리 정의하고, 그 후보 그룹을 통해 해당 기업에서 벤치마킹할 대상인 분석 기회를 고려하면 빠르고 쉽게 분석 기회를 도출할 수 있다.
④ 유사·동종 업계뿐만 아니라 타 업종 및 다른 분야의 데이터 분석 활용 사례를 정리해 놓으면 새로운 주제 탐색에 도움이 된다.

(4) 분석 유즈케이스 정의
① 현재의 비즈니스 모델 및 유사·동종 사례 탐색을 통해 빠짐없이 도출한 분석 기회들을 구체적인 과제로 만들기에 앞서 분석 유즈케이스로 표기하는 것이 필요하다.
② 풀어야 할 문제에 대한 상세 설명 및 해당 문제를 해결했을 때 발생하는 효과를 명시하고, 향후 데이터 분석 문제로의 전환 및 적합성 평가에 분석 유즈케이스를 활용하도록 한다.

분석 유즈케이스 사례

업무	분석 유즈케이스	설명	효과
재무	자금 시재 예측	일별로 예정된 자금 지출과 입금 추정	자금 과부족 현상 예방, 자금 운용 효율화
	구매 최적화	구매 유형과 구매자별로 과거 실적과 구매 조건을 비교·분석하여 구매 방안 도출	구매 비용 절감

3 문제 정의(Problem Definition)

문제 탐색 (Problem Discovery) | **문제 정의 (Problem Definition)** | 해결 방안 탐색 (Solution Search) | 타당성 검토 (Feasibility Study)

① 문제 정의는 식별된 비즈니스 문제를 데이터의 문제로 변환하여 정의하는 단계이다.

비즈니스 문제	→ 변환 →	데이터 분석 문제
예상치 않은 설비 장애로 인한 판매량 감소		설비의 장애를 이끄는 신호를 감지하여 설비 장애 요인으로 식별하고 장애 발생 시점 및 가능성 예측
기존 판매 정보 기반 영업사원의 판단 시 재고 관리 및 적정 가격 판매 어려움		내부 판매 정보 외의 수요 예측을 수행할 수 있는 인자의 추출 및 모델링을 통한 수요 예측

> **전문가의 합격 코멘트**
> 하향식 접근 방식의 문제 정의, 해결 방안 탐색, 타당성 검토에 대해서는 간단하게 이해하여 두시면 됩니다.

② 앞서 수행한 문제 탐색의 단계는 무엇(What)을 어떤 목적(Why)으로 수행해야 하는지에 대한 관점이었다면, 문제 정의 단계에서는 이를 달성하는 데 필요한 데이터 및 기법을 정의하기 위한 데이터 분석의 문제로의 변환을 수행한다.

4 해결 방안 탐색(Solution Search)

| 문제 탐색 Problem Discovery | 문제 정의 Problem Definition | **해결 방안 탐색 Solution Search** | 타당성 검토 Feasibility Study |

① 해결 방안 탐색은 어떤 데이터 또는 분석 시스템을 사용할 것인지 검토하는 단계이다.
② 데이터 및 분석 시스템에 따라 소요되는 예산 및 활용 가능 도구가 다르다.

분석 기법 및 시스템과 분석 역량 상태에 따른 해결 방안

분석 기법 및 시스템 \ 분석 역량(Who)	확보	미확보
기존 시스템	기존 시스템 개선 활용	교육 및 채용을 통한 역량 확보
신규 도입	시스템 고도화	전문업체(Sourcing)

5 타당성 검토 단계(Feasibility Study)

| 문제 탐색 Problem Discovery | 문제 정의 Problem Definition | 해결 방안 탐색 Solution Search | **타당성 검토 Feasibility Study** |

① 타당성 검토를 통해 프로젝트나 계획의 실현 가능성과 효과성을 평가하고, 필요한 조치나 수정 사항을 식별하여 프로젝트가 계획대로 진행될 수 있도록 한다.
② 평가는 프로젝트의 성공을 보장하고 부정적인 결과를 사전에 예방하는 데 도움을 준다.
③ 타당성 검토 결과 도출된 여러 대안 중에서 가장 우월한 대안을 선택하게 된다.
④ 도출한 데이터 분석 문제 및 선정된 솔루션 방안을 포함하며, 분석 과제 정의서의 형태를 명시하는 후속 작업을 시행하고 프로젝트 계획 수립의 입력물로 활용할 수 있다.

타당성의 종류

경제적 타당성	• 비용 대비 편익 분석 관점의 접근 • 비용 항목: 데이터, 시스템, 인력, 유지 보수 등과 같은 분석 비용으로 구성됨 • 편익: 분석 결과를 적용함으로써 추정되는 실질적 비용 절감, 추가적 매출과 수익 등과 같은 경제적 가치가 발생함
데이터 타당성 및 기술적 타당성	• 데이터 존재 여부 • 분석 시스템 환경, 분석 역량 확보 방안 사전 수립 • 프로젝트가 필요로 하는 기술 및 리소스의 유무와 가용성을 검토함 • 기술적인 측면에서의 어려움이나 제약 사항이 있는지 확인하며, 프로젝트를 수행하기 위한 기술적 조건이 충족되는지를 평가함

기출로 개념 확인

01 다음 중 하향식 접근법의 데이터 분석 기획 단계로 옳은 것은? 20·22·33회 기출문제

① Problem Discovery → Problem Definition → Solution Search → Feasibility Study
② Problem Definition → Problem Discovery → Solution Search → Feasibility Study
③ Solution Search → Feasibility Study → Problem Discovery → Problem Definition
④ Feasibility Study → Problem Discovery → Problem Definition → Solution Search

> **정답 해설** 하향식 접근법의 데이터 분석 기획 단계는 'Problem Discovery → Problem Definition → Solution Search → Feasibility Study'이다.
>
> **풀이전략**
> 22회와 33회에서는 한글 표기로 출제되었으며 가, 나, 다, 라 순서를 찾은 문제로 출제되기도 했습니다.

02 다음 중 하향식 접근 방식의 문제 탐색 단계에 대한 설명으로 옳지 않은 것은? 18회 기출문제

① 비즈니스 모델 캔버스를 활용하여 가치가 창출될 문제를 누락 없이 도출할 수 있다.
② 환경과 경쟁 구도의 변화, 역량의 재해석을 통해 분석 기회를 추가 도출한다.
③ 외부 참조 모델 기반 문제를 탐색한다.
④ 분석 유즈케이스보다 새로운 이유 탐색이 우선한다.

> **정답 해설** 문제 탐색 단계에는 비즈니스 모델 기반 문제 탐색, 외부 참조 모델 기반 문제 탐색, 분석 유즈케이스 정의가 있으며, 새로운 문제의 발굴 및 장기적인 접근을 위해서는 기업이 현재 수행하고 있는 비즈니스뿐만 아니라 환경과 경쟁 구도의 변화 및 역량의 재해석을 통한 혁신(Innovation)의 관점에서 분석 기회를 추가 도출하는 것이 요구된다.

03 다음 내용의 빈칸에 들어갈 알맞은 용어는? 28회 기출문제(주관식 변형)

> 현재의 비즈니스 모델 및 유사, 동종 사례 탐색을 통해서 빠짐없이 도출한 분석 기회들을 구체적인 과제로 만들기 전에 ( )(으)로 표기하는 것이 필요하다. 풀어야 할 문제에 대한 상세 설명 및 해당 문제를 해결했을 때 발생하는 효과를 명시함으로써 향후 데이터 분석 문제로의 전환 및 적합성 평가에 ( )을/를 활용하도록 한다.

① 분석 문제 Pool
② 과제 후보 목록
③ 분석 유즈케이스
④ 문제 사전

> **정답 해설** 비즈니스 모델 기반 문제 탐색과 외부 참조 모델 기반 문제 탐색을 통해 도출한 분석 기회들을 구체적인 과제로 만들기에 앞서 분석 유즈케이스로 표기하는 것이 필요하다.

04 다음 중 비즈니스 모델 캔버스의 5가지 영역은? 22회 기출문제

① 업무, 제품, 고객, 규제와 감사, 지원 인프라
② 조직, 역량, 고객, 규제와 감사, 지원 인프라
③ IT 부문, 제품, 고객, 규제와 감사, 지원 인프라
④ 프로세스, 업무, 제품, 고객, 규제와 감사

> **정답 해설** 비즈니스 모델 캔버스의 5가지 영역에는 업무, 제품, 고객, 규제와 감사, 지원 인프라가 있다.

05 다음 중 하향식 접근 방식의 문제 탐색 도구로 옳지 않은 것은? 24회 기출문제

① 비즈니스 모델 기반 문제 탐색
② 탐색적 문제 발견
③ 외부 참조 모델 기반 문제 탐색
④ 분석 유즈케이스

> **정답 해설** 하향식 접근 방식의 문제 탐색의 도구에는 비즈니스 모델 기반 문제 탐색, 외부 참조 모델 기반 문제 탐색, 분석 유즈케이스가 있다.

06 다음 중 비즈니스 모델 관점 이외에 경쟁자 확대 관점의 영역으로 옳지 않은 것은? 26회 기출문제

① 대체재(Substitute) 영역
② 경쟁자(Competitor) 영역
③ 신규 진입자(New Entrant) 영역
④ 소비자(Consumer) 영역

> **정답 해설** 경쟁자 관점의 영역에는 대체재, 경쟁자, 신규 진입자 영역이 있다. 소비자 영역은 시장의 니즈 탐색(고객 니즈의 변화)에 해당하는 영역이다.

07 다음 내용의 빈칸에 들어갈 알맞은 용어는?
14회 기출문제(주관식 변형)

> 식별된 비즈니스 문제를 데이터의 문제로 변환하여 정의하는 단계이다. 앞서 수행한 문제 탐색의 단계는 무엇을 어떤 목적으로 수행해야 하는지에 대한 관점이었다면, (　　　　) 단계에서는 이를 달성하기 위해서 필요한 데이터 및 기법을 정의하기 위한 데이터 분석의 문제로의 변환을 수행하게 된다.

① 타당성 검토(Feasibility Study)
② 문제 우선순위 결정(Problem Priority Decision)
③ 해결 방안 탐색(Solution Search)
④ 문제 정의(Problem Definition)

정답 해설 식별된 비즈니스 문제를 데이터의 문제로 변환하여 정의하는 단계는 '문제 정의' 단계이다.

08 다음 하향식 접근 방식의 타당성 검토(Feasibility Study)에 대한 설명으로 가장 옳지 않은 것은?
15회 기출문제

① 경제적 타당성은 비용 대비 편익 분석 관점의 접근을 의미한다.
② 기술적 타당성은 분석 역량 확보 방안을 사전에 수립하지 않는다.
③ 빅데이터 프로젝트 추진 시 신뢰할 수 있는 데이터 확보와 분석 역량에 대한 주요 장애 요소를 예방하는 단계라고 할 수 있다.
④ 타당성 검토 결과 도출된 여러 대안 중에서 가장 우월한 대안을 선택한다.

정답 해설 기술적 타당성 평가에서는 분석 역량 확보 방안을 사전에 수립하게 된다.

09 다음 중 하향식 접근법의 타당성 검토 단계에 해당하지 않는 것은?
15회 기출문제

① 경제적 타당성
② 데이터 타당성
③ 절차적 타당성
④ 기술적 타당성

정답 해설 하향식 접근법의 타당성 검토 단계에는 경제적 타당성, 데이터 타당성, 기술적 타당성이 있다.

정답 01 ① 02 ④ 03 ③ 04 ① 05 ② 06 ④ 07 ④ 08 ② 09 ③

036 분석 과제 발굴 - 상향식 접근 방식

전문가의 합격 코멘트
상향식 접근 방식은 하향식 접근 방식처럼 많이 다루어지지 않습니다. 상향식 접근 방식의 특징을 잘 이해하고, 상향식 접근 방식의 프로세스 절차를 암기하세요.

비지도 학습(Unsupervised Learning)
입력만 제시되고, 결괏값이 제시되지 않은 데이터로 진행하는 학습으로, 군집(Clustering) 분석과 연관(Association) 분석이 있다.

1 상향식 접근 방식(Bottom Up Approach)의 이해
① 문제의 정의 자체가 어려운 경우 상향식 접근 방식을 사용한다.
② 데이터를 기반으로 문제의 재정의 및 해결 방안을 탐색하고 이를 지속적으로 개선하는 방식이다.
③ 인사이트 도출 후 반복적인 시행착오를 통해 수정하며 문제를 도출하는 일련의 과정이다.
④ 디자인 사고(Design Thinking)의 발산 단계에 해당한다.
⑤ 상향식 접근 방식의 데이터 분석은 비지도 학습(Unsupervised Learning) 방법에 의해 수행된다.

2 상향식 접근 방식 프로세스
① 상향식 접근 방식은 데이터 분석 과제를 체계적으로 발굴하고 계획하기 위한 방법으로, 프로세스와 데이터에 대한 명확한 이해가 필요하다.
② 다음의 절차를 따르면 데이터 분석 과제를 효과적으로 정의하고, 원하는 결과를 얻기 위한 로드맵을 개발하는 데 도움이 된다.

프로세스 분류 → 프로세스 흐름 분석 → 분석요건 식별 → 분석요건 정의

프로세스 분류	• 조직 내의 프로세스를 분류하고 그룹화하는 단계 • 조직의 주요 업무 영역을 이해하고, 어떤 프로세스가 중요한지를 파악하는 데 도움이 됨
프로세스 흐름 분석	• 프로세스의 상세한 흐름을 분석하는 단계 • 프로세스의 시작부터 끝까지의 활동과 단계를 이해하고, 데이터의 흐름과 상호작용을 파악함 • 프로세스의 복잡성과 효율성을 평가하는 데 중요한 역할을 함
분석요건 식별	• 프로세스 분류와 흐름 분석을 기반으로 분석요건을 식별하는 단계 • 어떤 종류의 분석이 필요한지, 어떤 데이터가 필요한지, 그리고 분석 목표가 무엇인지를 이해하는 단계 • 분석요건 식별을 통해 분석의 목표와 범위를 명확히 정의할 수 있음
분석요건 정의	• 식별된 분석요건을 더 자세하게 정의하고 명확화하는 단계 • 분석 방법, 도구, 데이터 수집 방법, 결과의 형식 등을 고려하여 분석요건을 구체화함 • 분석 프로젝트를 시작하기 위한 중요한 첫 번째 단계임

기출로 개념 확인

01 다음 중 상향식 접근 방식의 특징으로 옳은 것은?   30회 기출문제

① 디자인 사고의 수렴(Converse) 단계에 해당된다.
② 인사이트 도출 후 반복적인 시행착오를 통해서 수정하며 문제를 도출하는 일련의 과정이다.
③ 문제의 대상과 분석 방법도 알고 있는 최적화 방식을 의미한다.
④ 문제의 대상은 알지만, 분석 방법은 모르는 솔루션 방법의 과정이다.

정답 해설 상향식 접근 방식
- 디자인 사고의 발산 단계에 해당된다.
- 문제의 대상을 모르는 Insight 또는 Discovery에 해당하는 과정이다.

02 다음 중 상향식 접근 방식의 프로세스로 옳은 것은?   35회 기출문제

① 프로세스 분류 → 프로세스 흐름 분석 → 분석요건 식별 → 분석요건 정의
② 분석요건 정의 → 프로세스 흐름 분석 → 분석요건 식별 → 프로세스 분류
③ 분석요건 정의 → 분석요건 식별 → 프로세스 흐름 분석 → 프로세스 분류
④ 프로세스 분류 → 분석요건 식별 → 분석요건 정의 → 프로세스 흐름 분석

정답 해설 상향식 접근 방식의 프로세스는 '프로세스 분류 → 프로세스 흐름 분석 → 분석요건 식별 → 분석요건 정의'이다.

정답 01 ② 02 ①

핵심키워드 #분석 과제 정의서 #분석 프로젝트의 5가지 특성 관리 영역

037 분석 프로젝트의 특징 및 특성 관리 ★★★★★

전문가의 합격 코멘트
분석 프로젝트의 특징 및 5가지 특성 관리 영역, 주제별 프로젝트 체계의 종류를 알아두시기를 바랍니다.

전문가의 합격 꿀팁
분석 프로젝트의 특징상 반복되고 시간이 지연되는 경우가 많아 시간 관리가 필요한데, 여기서의 시간 관리는 철저한 통제가 아닌 특정 작업이나 활동에 대한 시간 제한을 설정하여 그 시간 동안 해당 작업을 완료하도록 장려하는 것임을 반드시 기억하세요.

1 분석 프로젝트의 특징

① 분석가의 목표는 분석의 정확도를 높이는 것이지만 프로젝트의 관점에서는 도출된 분석 과제를 잘 구현하여 원하는 결과를 얻고 사용자가 원활하게 활용할 수 있도록 전체적인 과정을 고려해야 하므로 개별적인 분석 업무 수행뿐만 아니라 전반적인 프로젝트 관리도 중요하다.

② 분석 프로젝트에서는 데이터 영역과 비즈니스 영역의 현황을 이해하고 프로젝트의 목표인 분석의 정확도 달성과 결과에 대한 이해를 전달하는 조정자로서의 분석가 역할이 중요하다.

③ 분석 프로젝트는 도출된 결과의 재해석을 통한 지속적인 반복 및 정교화가 수행되는 경우가 대부분이므로 프로토타이핑 방식의 애자일(Agile) 프로젝트 관리 방식에 대한 고려도 필요하다.

④ 분석 과제 정의서를 기반으로 분석 프로젝트를 시작하되 지속적인 개선 및 변경을 염두에 두고 시간 내에 최선의 결과를 도출할 수 있도록 프로젝트 구성원들과 협업하여 진행해야 한다.

⑤ 다양한 데이터에 기반한 분석 기법을 적용하는 특성 때문에 5가지 주요 특성을 고려하여 추가적인 관리가 필요하다.

⑥ 분석 과제 주요 특성 관리 영역에는 Data Size, Data Complexity, Speed, Analytic Complexity, Accuracy & Precision 등이 있다.

⑦ 분석 프로젝트는 다른 프로젝트 유형처럼 범위, 일정, 품질, 리스크, 의사소통 등 영역별 관리가 수행되어야 한다.

> **보충 학습**
>
> **Agile 프로젝트 관리 방식**
> 소프트웨어 개발 및 다른 프로젝트 영역에서 사용되는 반복적이고 유연한 접근 방식입니다. Agile은 변화에 빠르게 대응하고 고객 요구 사항을 우선적으로 고려하는 민첩한 프로젝트 관리 방법론으로, 특히 불확실한 환경에서 효과적입니다.
>
> **분석 과제 정의서**
> - 다양한 분석 과제 도출 방법을 통해 도출된 분석 과제를 분석 과제 정의서로 정리합니다.
> - 필요한 소스 데이터, 분석 방법, 데이터 입수 난이도, 데이터 입수 사유, 분석 수행 주기, 분석 결과에 대한 검증, 분석 과정 상세 등을 작성합니다.
> - 프로젝트 수행 계획의 입력물로 사용됩니다.
> - 이해관계자가 프로젝트의 방향을 설정하고, 성공 여부를 판별할 수 있는 중요한 자료로 명확하게 작성해야 합니다.

2 분석 프로젝트의 5가지 특성 관리 영역

(1) Data Size
분석하고자 하는 데이터의 양을 고려하는 관리 방안 수립이 필요하다.

(2) Data Complexity
비정형 데이터 및 다양한 시스템에 산재되어 있는 데이터들을 통합해서 분석 프로젝트를 진행할 때는 해당 데이터에 잘 적용될 수 있는 분석 모델 선정에 대한 고려가 필요하다.

(3) Speed
① 분석 결과 도출 후 활용하는 시나리오 측면에서 일, 주 단위 실적은 배치 형태로 작업, 사기 탐지 및 서비스 추천은 실시간 수행되어야 한다.
② 분석 모델의 성능 및 속도를 고려한 개발 및 테스트가 수행되어야 한다.

(4) Analytic Complexity
① 정확도(Accuracy)와 복잡도(Complexity)는 트레이드 오프(Trade Off) 관계가 존재한다.
② 분석 모델이 복잡할수록 정확도는 올라가지만 해석이 어려워진다.
③ 기준점을 사전에 정의해 두어야 한다.

> **트레이드 오프(Trade Off)**
> 두 개의 목표 가운데 하나를 달성하면 다른 목표 하나는 희생되는 경우로, 즉 한 가지가 향상할 때 다른 것이 하락하는 것을 의미한다.

(5) Accuracy & Precision
① 정확도(Accuracy)는 분석의 활용적인 측면, 정밀도(Precision)는 분석의 안정적인 측면에 대한 것이다.
② 정확도는 모델과 실제 값의 차이, 정밀도는 모델을 반복했을 때의 편차를 의미한다.
③ 정확도(Accuracy)와 정밀도(Precision)는 트레이드 오프(Trade Off) 관계가 존재한다.
④ 모델의 해석 및 적용 시 사전에 고려해야 한다.

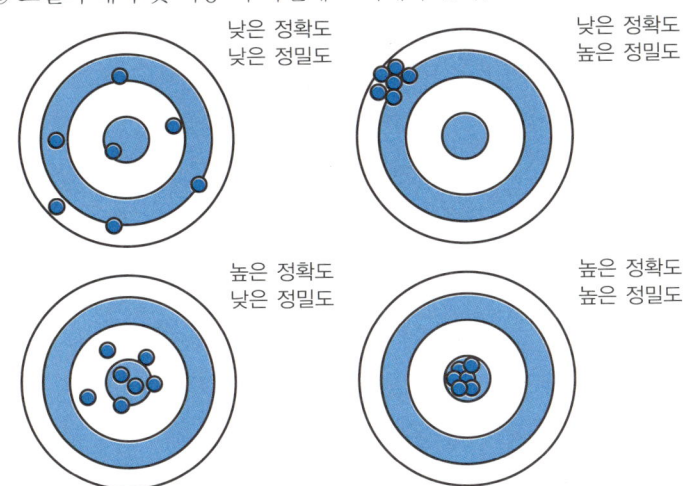

▲ 정확도(Accuracy)와 정밀도(Precision)의 관계

3 10개 주제별 프로젝트 관리 체계

분석 프로젝트는 시간, 범위, 품질, 통합, 이해관계자, 자원, 원가, 리스크, 조달, 의사소통과 같은 관리 영역에서 일반 프로젝트와 다르게 유의해야 할 요소가 존재한다.

시간	• 초기에 의도했던 결과가 나오기 쉽지 않아 지속적으로 반복되어 많은 시간이 소요될 수 있음 • 분석 결과에 대한 품질이 보장된다는 것을 전제하여 Time Boxing 기법으로 일정 관리를 진행하는 것이 필요함
범위	• 프로젝트 범위가 분석을 진행하면서 데이터의 형태와 양 또는 적용되는 모델의 알고리즘에 따라 범위가 빈번하게 변경됨 • 분석의 최종 결과물이 분석 보고서 형태인지, 시스템인지에 따라 투입되는 자원 및 범위가 크게 변경되므로 사전에 충분한 고려가 필요함
품질	품질 보증과 품질 통제를 계획하고 확립하는 데 요구되는 프로세스
통합	프로젝트와 관련된 다양한 활동과 프로세스를 도출, 정의, 결합, 단일화, 조정, 통제, 종료에 필요한 프로세스
이해관계자	프로젝트 스폰서, 고객사, 기타 이해관계자 식별 및 관리에 필요한 프로세스
자원	인력, 시설, 장비, 자재, 기반 시설, 도구와 같은 적절한 프로젝트 자원을 식별하고 확보하는 데 필요한 프로세스
원가	개발 예산과 원가 통제의 진척 상황을 관찰하는 데 요구되는 프로세스
리스크	위험과 기회를 식별하고 관리하는 프로세스
조달	• 계획에 요구된 프로세스를 포함하며, 제품 및 서비스 또는 인도물을 인수하고 공급자와의 관계를 관리하는 데 요구되는 프로세스 • 목적에 맞게 적절한 아웃소싱이 필요하며, PoC(Proof of Concept) 형태의 프로젝트는 클라우드 사용 등의 방안 검토가 필요함
의사소통	프로젝트와 관련된 정보를 계획, 관리, 배포하는 데 요구되는 프로세스

> **보충 학습**
>
> **Time Boxing 기법**
> 프로젝트 관리 및 작업 관리에서 사용되는 접근 방식 중 하나입니다. 이 기법은 특정 작업이나 활동에 대한 시간 제한을 설정하여 그 시간 동안 해당 작업을 완료하도록 장려하는 방법으로, Time Boxing은 특히 Agile 방법론과 같은 프로젝트 관리 접근 방식에서 자주 사용됩니다. 이 기법은 프로젝트를 작은 단위로 나누고 각 단위에 대한 시간 제한을 설정하여 반복적이고 효율적인 작업을 촉진하는 데 도움이 됩니다.

기출로 개념 확인

01 다음 중 분석 과제 수행 시 고려해야 하는 5요소로 적절하지 않은 것은?
18회 기출문제

① 데이터 분석 방법
② 데이터 크기
③ 데이터 복잡성
④ 스피드

정답 해설 분석 과제 수행 시 고려하는 5요소에는 Data Size, Data Complexity, Speed, Analytic Complexity, Accuracy & Precision이 있다.

02 다음 중 분석 프로젝트 관리 방안에 대한 설명으로 적절하지 않은 것은?
21회 기출문제

① 분석의 활용적인 측면에서는 Accuracy가 중요하며, 안정적인 측면에서는 Precision이 중요하다.
② Accuracy와 Precision의 관계는 트레이드 오프되지 않은 경우가 많다.
③ 분석 모델의 정확도와 복잡도는 트레이드 오프 관계가 존재한다.
④ 분석 결과를 도출하였을 때 이를 활용하는 시나리오 측면에서의 속도를 고려해야 한다.

정답 해설 Accuracy와 Precision의 관계는 트레이드 오프(Trade Off)되는 경우가 많다.

03 다음 분석 프로젝트의 특징 중 Accuracy와 Precision에 대한 설명으로 적절하지 않은 것은?
29회 기출문제

① Accuracy와 Precision은 Trade Off 관계가 있다.
② Accuracy는 모델과 실제 값과의 차이를 평가하는 정확도를 의미한다.
③ 분석의 활용적인 측면에서는 Precision이 중요하며 안정성 측면에서는 Accuracy가 중요하다.
④ Precision은 모델을 지속적으로 반복했을 때의 편차의 수준으로서, 일관적으로 동일한 결과를 제시한다는 것을 의미한다.

정답 해설 분석의 활용적인 측면에서는 Accuracy가 중요하며, 안정성 측면에서는 Precision이 중요하다.

04 다음 중 분석 프로젝트 관리의 영역으로 옳지 않은 것은?
19회 기출문제

① 프로세스 관리
② 시간
③ 범위
④ 품질

정답 해설 분석 프로젝트의 경우 시간, 범위, 품질, 통합, 이해관계자, 자원, 원가, 리스크, 조달, 의사소통과 같은 관리 영역이 있다.

05 다음 중 분석 프로젝트에 대한 설명으로 가장 적절하지 않은 것은?
21회 기출문제

① 사용자가 원활하게 활용할 수 있도록 전체적인 과정을 고려해야 하므로 개별적인 분석 업무 수행 뿐만 아니라 전반적인 프로젝트 관리 또한 중요하다.
② 분석 프로젝트에서는 데이터 영역과 비즈니스 영역의 현황을 이해하고 프로젝트의 목표인 분석의 정확도 달성과 결과에 대한 이해를 전달하는 조정자로서의 분석가 역할이 중요하다.
③ 분석 프로젝트 일정계획은 지속적인 철저한 통제와 관리로 일정 관리를 진행하는 것이 필요하다.
④ 분석 과제 정의서를 기반으로 프로젝트를 시작하되 지속적인 개선 및 변경을 염두에 두고 기간 내에 가능한 최선의 결과를 도출할 수 있도록 프로젝트 구성원들과 협업하는 것이 분석 프로젝트의 특징이다.

정답 해설 분석 프로젝트는 지속적인 개선 및 변경을 염두에 두고 시간 내에 가능한 최선의 결과를 도출할 수 있도록 프로젝트 구성원들과 협업하여 진행한다. 즉, 일정을 관리하는 것은 필요하지만 '철저한 통제'가 아닌 시간 제한을 설정해 그 시간 동안 해당 작업을 완료하도록 장려하는 것이다.

06 다음 중 분석 프로젝트 관리에 대한 설명으로 적절하지 않은 것은?
26회 기출문제

① 분석 프로젝트는 도출된 결과의 재해석을 통한 지속적인 반복이 수행되는 경우가 많다.
② 분석 프로젝트는 일반 프로젝트와는 다르게 유의해야 할 요소가 많다.
③ 분석 과제 정의서를 기반으로 분석 프로젝트는 진행하게 된다.
④ 분석 프로젝트는 지속적인 변경으로 인해 일정을 제한하는 계획은 적절하지 못하다.

정답 해설 분석 프로젝트는 초기에 의도했던 결과가 나오기 쉽지 않아 지속적으로 반복되어 많은 시간이 소요될 수 있다. 따라서 분석 결과에 대한 품질이 보장된다는 전제로 특정 작업이나 활동에 대한 시간 제한을 설정하여 그 시간 동안 해당 작업을 완료하도록 장려하는 Time Boxing 기법으로 일정 관리를 진행하는 것이 필요하다.

07 다음 중 데이터 분석 프로젝트 실행 과정의 관리 사항으로 적절하지 않은 것은?
13·34회 기출문제

① 분석 과제는 분석 전문가의 상상력을 요구하므로 일정을 제한하는 일정계획은 적절하지 못하다.
② 분석 과제에는 많은 위험이 있어 사전에 위험을 식별하고 대응 방안을 수립해야 한다.
③ 분석 과제는 적용되는 알고리즘에 따라 범위가 변할 수 있어 범위 관리가 중요하다.
④ 프로젝트 관리 프로세스들이 통합적으로 운영될 수 있도록 관리를 해야 한다.

정답 해설 분석 프로젝트는 초기에 의도했던 결과가 나오기 쉽지 않아 지속적으로 반복되어 많은 시간이 소요될 수 있다. 따라서 분석 결과에 대한 품질이 보장된다는 전제로 특정 작업이나 활동에 대한 시간 제한을 설정하여 그 시간 동안 해당 작업을 완료하도록 장려하는 Time Boxing 기법으로 일정 관리를 진행하는 것이 필요하다.

정답 01 ① 02 ② 03 ③ 04 ① 05 ③ 06 ④ 07 ①

CHAPTER 02 분석 마스터 플랜

핵심키워드 #분석 마스터 플랜 #ISP

038 　분석 마스터 플랜 & ISP 　★★★☆☆

1 분석 마스터 플랜
① 일반적인 ISP 방법론을 활용하되, 데이터 분석 기획의 특성을 고려하여 수행한다.
② 기업에서 필요한 데이터 분석 과제를 빠짐없이 도출한 후 과제의 우선순위를 결정하고 단기 및 중장기로 나누어 계획을 수립하는 것을 의미한다.
③ 분석 마스터 플랜의 세부 이행 계획 수립 시 반복적인 분석 체계의 특성을 고려하며 세부적인 일정계획을 수립해야 한다.
④ 반복적인 분석 체계는 모든 단계를 반복하기보다 데이터 수집 및 확보와 분석 데이터를 준비하는 단계를 순차적으로 진행하고, 모델링 단계는 반복적으로 수행하는 혼합형을 많이 적용한다.

2 ISP(Information Strategy Planning, 정보 전략 계획)
① 기업의 경영 목표 달성에 필요한 전략적 주요 정보를 포착하고, 주요 정보를 지원하기 위해 전사적 관점의 정보 구조를 도출하며, 이를 수행하기 위한 전략 및 실행 계획을 수립하는 전사적인 종합 추진 계획이다.
② 정보 기술, 정보 시스템을 전략적으로 활용하기 위해 조직 내·외부 환경을 분석하여 기회나 문제점을 도출하고 사용자의 요구사항을 분석하여 시스템 구축 우선순위를 결정하는 등 중장기 마스터 플랜을 수립하는 절차이다.
③ 기업 및 공공기관에서는 시스템의 중장기 로드맵(Roadmap)을 정의하기 위해 수행한다.

> **전문가의 합격 코멘트**
>
> 분석 마스터 플랜과 ISP를 구분할 수 있어야 합니다. 분석 마스터 플랜은 '단기'라는 단어가 있고 ISP는 없습니다. ISP가 기간이 더 길고 전략적·전사적인 종합 추진 계획입니다. ISP와 관련된 키워드는 전략적·전사적 종합추진 계획, 중장기 마스터 플랜 등이 있고, 분석 마스터 플랜과 관련된 키워드는 단기 및 중장기로 나누어 계획을 수립합니다. 분석 마스터 플랜은 모든 단계를 반복하기보다 데이터 수집 및 확보와 분석 데이터를 준비하는 단계를 순차적으로 진행하고, 모델링 단계는 반복적으로 수행하는 혼합형을 많이 적용한다는 것을 기억해 두시기 바랍니다. 시험에서는 틀린 지문으로 모든 단계를 반복적으로 수행하는 내용이 출제되었습니다.
>
> **로드맵(Roadmap)**
> 일종의 계획이나 계획서를 나타내는 용어로, 주로 목표 달성을 위한 경로나 방향을 시각적으로 나타내는 도구나 문서를 가리킨다.

기출로 개념 확인

01 다음 중 분석 마스터 플랜에 대한 내용으로 옳지 <u>않은</u> 것은? 17회 기출문제

① 반복적인 분석 체계는 전체 과정을 순환적이고 반복적인 단계로 작성한다.
② 분석 과제의 적용 범위 및 방식에 대해서도 종합적으로 고려하여 결정한다.
③ 일반적인 IT 프로젝트의 우선순위로는 전략적 중요도와 실행 용이성이 있다.
④ 분석 과제를 빠짐없이 도출한 후 과제의 우선순위를 결정하고 단기 및 중장기로 나누어 계획을 수립한다.

> **정답 해설** 반복적인 분석 체계는 모든 단계를 반복하기보다 데이터 수집 및 확보와 분석 데이터를 준비하는 단계를 순차적으로 진행하고, 모델링 단계는 반복적으로 수행하는 혼합형을 주로 적용한다.

02 다음 중 기업의 경영 목표 달성에 필요한 전략적 주요 정보를 포착하고, 주요 정보를 지원하기 위해 전사적 관점의 정보 구조를 도출하며, 이를 수행하기 위한 전략 및 실행 계획을 수립하는 전사적인 종합 추진 계획은? 30회 기출문제(주관식 변형)

① 분석 마스터 플랜
② ISP(Information Strategy Planning, 정보전략계획)
③ 분석 로드맵
④ SOW(Statement of Work)

> **오답 해설** ① 분석 마스터 플랜: 기업에서 필요한 데이터 분석 과제를 빠짐없이 도출한 후 과제의 우선순위를 결정하고 단기 및 중장기로 나누어 계획을 수립하는 것을 의미한다.
> ③ 분석 로드맵: 분석 마스터 플랜의 일부로, 단계적인 계획을 제시하여 목표 달성을 지원한다.
> ④ SOW: 프로젝트 작업 요구 사항에 대한 설명서, 고객의 요구 사항 및 프로젝트의 결과 등을 상세히 기술해 놓은 명세서이다.

> **풀이전략**
> 분석 마스터 플랜과 ISP를 구분하여야 한다. 전사적 관점, 전사적인 종합추진 계획이라는 단어가 있으면 ISP에 대한 설명이다.

03 다음 중 분석 마스터 플랜과 ISP의 관계에 대한 설명으로 옳지 <u>않은</u> 것은? 28회 기출문제

① 기업 및 공공기관에서는 시스템의 중장기 로드맵을 정의하기 위한 정보전략계획으로 ISP를 수행한다.
② ISP는 분석 마스터 플랜과 달리 시스템 구축 우선순위를 결정하는 등의 중장기 마스터 플랜을 수립한다.
③ 분석 마스터 플랜은 데이터 분석 기획의 특성을 고려하여 수행한다.
④ 분석 마스터 플랜은 ISP와는 다르게 인프라와 모델링에 집중하는 방법이다.

> **오답 해설** 분석 마스터 플랜과 ISP는 모두 계획에 관한 것으로, 인프라와 모델링에 집중하는 방식이 아니다.

정답 01 ① 02 ② 03 ④

핵심키워드 #우선순위 고려 요소 #적용 범위 및 방식 고려 요소 #전략적 중요도 #ROI #실행 용이성

039 분석 마스터 플랜 수립

1 분석 마스터 플랜 수립 프레임워크

① 분석 마스터 플랜 과정에서는 전략적 중요도, 비즈니스 성과와 ROI 및 분석 과제의 실행 용이성 등 다양한 기준을 고려하여 적용할 과제의 우선순위를 설정한다.
② 데이터 분석 과제를 추진할 때 우선 고려해야 하는 요소는 전략적 중요도에 따른 시급성이 가장 중요한 요소이다.
③ 중장기적 마스터 플랜 수립을 위해서는 분석 과제를 대상으로 다양한 기준을 고려해 적용할 우선순위를 설정할 필요가 있다.
④ 분석 과제의 적용 범위 및 방식에 대해서도 종합적으로 고려하여 데이터 분석을 실행하기 위한 로드맵을 수립해야 한다.

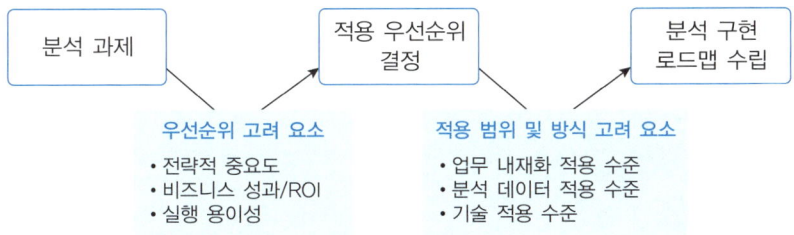

보충 학습

ROI(Return On Investment, 투자자본수익률)
투자자의 어떤 자원 투자로 인해 얻어진 이익으로, 높은 투자자본수익률은 투자가 투자 비용 대비 좋은 성과를 낸다는 의미입니다. ROI는 얼마나 효율적으로 투자가 이루어졌는지, 다양한 투자 방법 간에 효율성을 측정하는 데 쓰입니다.

2 수행 과제 도출 및 우선순위 평가

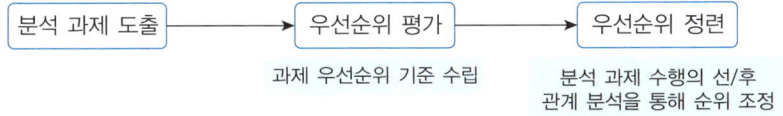

① 우선순위 평가는 정의된 데이터 과제에 대한 실행 순서를 정하는 것이다.
② 업무 영역별로 도출된 분석 과제를 우선순위 평가 기준에 따라 평가하고 과제 수행의 선·후행 관계를 고려하여 적용 순위를 조정해 최종적으로 확정한다.

전문가의 합격 코멘트

분석 마스터 플랜 수립 과정에 대해서 이해하고 있어야 합니다. 특히 우선순위 고려 요소 3가지와 적용 범위 및 방식 고려 요소 3가지를 구분할 수 있어야 합니다.

◎ 전문가의 합격 꿀팁

적용 범위 및 방식 고려 요소에는 업무 내재화 적용 수준, 분석 데이터 적용 수준, 기술 적용 수준처럼 '적용 수준'이 뒤에 포함되어 있다는 것을 기억하시면 편하게 구분할 수 있습니다.

기출로 개념 확인

01 다음 중 분석 마스터 플랜에 대한 설명으로 적절하지 <u>않은</u> 것은? 17회 기출문제

① 중장기적 마스터 플랜 수립을 위해서는 분석 과제를 대상으로 다양한 기준을 고려해 적용할 우선순위를 설정할 필요가 있다.
② 분석 과제의 적용 범위 및 방식에 대해서도 종합적으로 고려하여 결정한다.
③ 분석 과제 수행의 선후 관계 분석을 통해 전체 과제를 반복적이고 순환적으로 작성한다.
④ 일반적인 IT 프로젝트의 우선순위로는 전략적 중요도와 실행 용이성이 있다.

정답 해설 업무 영역별로 도출된 분석 과제를 우선순위 평가 기준에 따라 평가하고 과제 수행의 선·후행 관계를 고려하여 적용 순위를 조정해 최종 확정한다.

02 분석 마스터 플랜 수립 때 적용 범위 및 방식의 고려 요소로 옳지 <u>않은</u> 것은? 20회 기출문제

① 업무 내재화 적용 수준
② 분석 데이터 적용 수준
③ 투자 비용 수준
④ 기술 적용 수준

정답 해설 적용 범위 및 방식의 고려 요소에는 업무 내재화 적용 수준, 분석 데이터 적용 수준, 기술 적용 수준이 있다.

풀이전략 뒤에 모두 '적용 수준'이 붙는군요!

03 다음 중 데이터 분석 구현을 위한 적용 우선순위 평가 고려 요소로 옳지 <u>않은</u> 것은? 26회 기출문제

① 전략적 중요도
② 비즈니스 성과/ROI
③ 실행 용이성
④ 업무 내재화 적용 수준

정답 해설 데이터 분석 구현을 위한 적용 우선순위 평가 고려 요소에는 전략적 중요도, 비즈니스 성과/ROI, 실행 용이성이 있다.

풀이전략 업무 내재화 적용 수준은 적용 범위 및 방식의 고려 요소에 해당한다. 이 문제는 네 번째 선택지만 다른 것으로 바꾸어 여러 번 출제되었다. 주로 업무 내재화 적용 수준, 분석 데이터 적용 수준, 기술 적용 수준과 같이 적용 범위 및 방식 고려 요소를 하나 섞어서 출제하고 있다.

정답 01 ③ 02 ③ 03 ④

핵심키워드 #시급성 #난이도 #사분면 #포트폴리오 사분면

040 분석 과제 우선순위 결정

★★★★☆

1 분석 우선순위 평가 기준

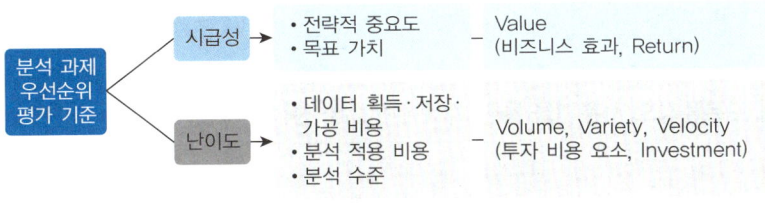

* 빅데이터 4V: Value, Volume, Variety, Velocity

① ROI 요소를 고려하여 데이터 분석 과제에 대한 우선순위 평가 기준을 정의할 수 있다.
② 데이터 분석 과제를 추진할 때 우선 고려해야 하는 요소는 전략적 중요도에 따른 시급성이 가장 중요한 기준이다.
③ 데이터를 생성, 저장, 가공, 분석하는 비용과 현재 기업의 분석 수준을 고려한 난이도 역시 적용 우선순위를 선정하는 데 있어 중요한 기준이 될 수 있다.
④ 시급성의 판단 기준은 전략적 중요도가 핵심이며, 이는 현재의 관점에 전략적 가치를 둘 것인지 미래의 중장기적 관점에 전략적인 가치를 둘 것인지에 적정 시기를 고려하여 시급성 여부를 판단할 수 있다.
⑤ 난이도는 현 시점에서 과제를 추진하는 것이 비용 측면과 데이터 적용 범위 측면에서 바로 적용하기 쉬운(Easy) 것인지 또는 어려운(Difficult) 것인지에 대한 판단 기준이다.

전문가의 합격 코멘트
분석 과제 우선순위 선정에 대해 시급성, 난이도에 관한 내용을 잘 이해하시고, 포트폴리오 사분면을 통한 우선순위 선정 관련 순서를 알아두어야 합니다.

전문가의 합격 꿀팁
현재, 미래, Difficult, Easy로 표현할 때도 있지만 높음, 낮음으로 문제에서 표현되는 경우가 있으므로 연결할 수 있어야 합니다. 시급성에 있어서 현재는 전략적 중요도가 높음, 미래는 전략적 중요도가 낮음으로 연결되고, 난이도에 있어서 Difficult는 높음, Easy는 낮음과 연결됩니다.

2 분석 과제 우선순위 선정 매트릭스

분석 우선순위 평가 기준인 시급성과 난이도에 따라 1사분면 ~ 4사분면으로 나누어 분석 과제 우선순위 선정을 위한 매트릭스를 만들면 다음과 같다.

1사분면(현재, Difficult)	2사분면(미래, Difficult)
• 전략적 중요도가 높아 경영에 미치는 영향이 크므로 현재 시급하게 추진이 필요함 • 난이도가 높아 바로 적용하기 어려움	• 전략적 중요도가 낮지만 반드시 추진되어야 하는 중장기 과제 • 난이도가 높아 바로 적용하기 어려움
3사분면(현재, Easy)	**4사분면(미래, Easy)**
• 전략적 중요도가 높아 현재 시급하게 추진이 필요함 • 난이도가 낮아 바로 적용 가능함 • 가장 우선순위가 높음	• 전략적 중요도가 낮은 중장기 과제 • 난이도가 낮아 바로 적용 가능함

전문가의 합격 꿀팁
사분면의 위치가 일반적으로 알고 있는 사분면과 다르므로 주의하세요.

> **보충 학습**
>
> **전략적 중요도가 경영에 미치는 영향**
> 전략적 중요도는 조직이 장기적인 목표를 달성하기 위한 방향과 우선순위를 결정하는 데 있어서 얼마나 중요한지를 나타냅니다. 이는 경영진이 비전 수립, 자원 할당, 환경 대응, 문화 형성 등 다양한 측면에서 조직을 효과적으로 이끄는 데에 큰 역할을 합니다. 이에 따라 전략적 중요도가 높을수록 경영에 미치는 영향도 상당히 크다고 볼 수 있습니다.

3 포트폴리오 사분면을 통한 과제 우선순위 선정

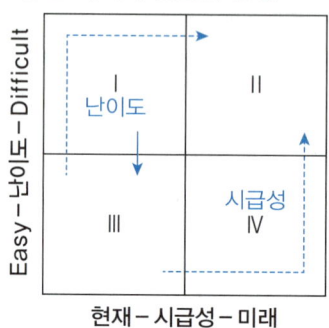

① 일반적으로 가장 먼저 수행해야 하는 것은 3사분면에 해당하는 과제이다.
② 우선순위를 '시급성'에 둔다면 'Ⅲ - Ⅳ - Ⅱ' 순서로 과제를 진행한다.
③ 우선순위를 '난이도'에 둔다면 'Ⅲ - Ⅰ - Ⅱ' 순서로 과제를 진행한다.
④ 시급성이 높고(현재) 난이도가 높은(Difficult) 영역(1사분면)은 경영진 또는 실무 담당자의 의사결정에 따라 적용 우선순위를 조정할 수 있다.
⑤ 분석을 위한 기술적 요소, 분석 범위에 따라서도 우선순위를 조정할 수 있다.

> **보충 학습**
>
> 우선순위를 시급성에 둘 경우 'Ⅲ - Ⅳ - Ⅱ' 순서로 진행하는 것에 대해서 시급성이 높은 현재의 것을 먼저 하겠다는 것으로 오해하면 안 됩니다! 난이도가 Easy인 것에 대해 '시급성 현재 → 미래 순서로 하겠다'는 의미입니다. 우선순위를 난이도에 두는 경우의 'Ⅲ - Ⅰ - Ⅱ' 순서도 시급성인 현재인 것에 대해 '난이도 Easy → Difficult 순서로 하겠다'는 의미입니다.

기출로 개념 확인

01 다음 중 분석 과제 평가 및 선정에 대한 설명으로 적절하지 <u>않은</u> 것은?   33회 기출문제

① 시급성의 판단 기준은 전략적 중요도가 핵심이다.
② 난이도는 현시점에서 과제를 추진하는 것이 비용과 범위 측면에서 쉬운(Easy) 것인지 어려운(Difficulty) 것인지에 대한 판단 기준이다.
③ 시급성이 높고 난이도가 높은 영역은 경영진 또는 실무 담당자의 의사결정에 따라 적용 우선순위를 조정할 수 있다.
④ 시급성은 분석 비용 및 데이터 적용 범위에 따라 달라진다.

정답 해설 시급성의 판단 기준은 전략적 중요도 및 목표 가치이며, 데이터 적용 범위에 따라 달라지는 것은 난이도이다.

02 다음 중 분석 과제 우선순위 선정 매트릭스에 대한 설명으로 적절하지 <u>않은</u> 것은?   21회 기출문제

① 시급성의 판단 기준은 전략적 중요도와 분석 적용 비용에 따라 난이도는 분석 수준과 복잡도 평가로 구분한다.
② 데이터 분석 과제를 추진할 때 우선 고려해야 하는 요소는 전략적 중요도에 따른 시급성이 가장 중요한 요소이다.
③ 난이도는 해당 기업의 현 상황에 따라 조율할 수 있다.
④ 사분면 영역에서 가장 우선적인 분석 과제 적용이 필요한 영역은 3사분면 영역이다.

정답 해설 시급성의 판단 기준은 전략적 중요도 및 목표 가치이며, 난이도의 판단 기준은 데이터 획득·저장·가공 비용, 분석 적용 비용 및 분석 수준이다. 선택지에서 시급성의 판단 기준에 '분석 적용 비용'을 포함했으므로, 이는 옳지 않은 설명이다.

03 다음 중 포트폴리오 사분면 분석을 통한 과제 우선순위 선정에서 일반적으로 가장 먼저 수행하는 것은?   22회 기출문제

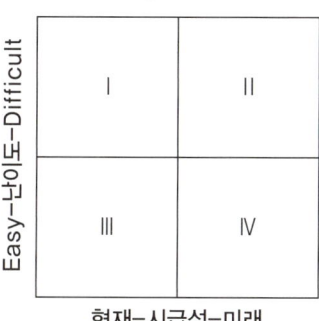

① 1사분면
② 2사분면
③ 3사분면
④ 4사분면

정답 해설 과제 우선순위 선정에서 일반적으로 가장 먼저 하는 것은 난이도가 Easy(=낮음)이므로 바로 적용 가능하고, 전략적 중요도가 높은 시급성이 현재(=높음)인 3사분면이다.

04 다음 중 포트폴리오 사분면 분석을 통한 과제 우선순위를 선정하는 기법에서 분석 과제의 적용 우선순위를 '시급성'에 둔다면 결정해야 할 우선순위는?

20회 기출문제

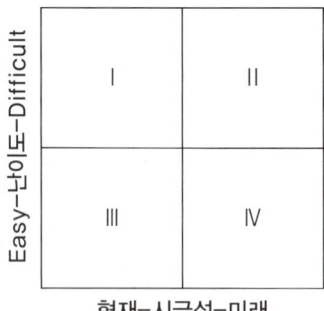

① Ⅲ − Ⅳ − Ⅱ
② Ⅰ − Ⅱ − Ⅲ
③ Ⅱ − Ⅳ − Ⅰ
④ Ⅲ − Ⅰ − Ⅱ

정답 해설 우선순위를 시급성에 둔다면 난이도가 Easy일 때 시급성 현재(Ⅲ), 미래(Ⅳ)를 실행 후 마지막이 2사분면이 된다(Ⅲ − Ⅳ − Ⅱ 순서). 만약 우선순위를 난이도에 둔다면 시급성이 현재일 때 난이도 Easy(Ⅲ), Difficult(Ⅰ) 실행 후, 마지막이 2사분면이 된다(Ⅲ − Ⅰ − Ⅱ 순서).

05 다음 중 분석 과제의 우선순위를 선정할 때 시급성과 난이도를 모두 우선순위로 둔다면 가장 먼저 추진해야 하는 것은?

23회 기출문제

① 시급성 − 현재, 난이도 − Easy
② 시급성 − 미래, 난이도 − Easy
③ 시급성 − 현재, 난이도 − Difficult
④ 시급성 − 미래, 난이도 − Difficult

정답 해설 과제 우선순위 선정에서 일반적으로 가장 먼저 하는 것은 난이도가 Easy(=낮음)여서 바로 적용이 가능하고, 전략적 중요도가 높은 시급성이 현재(=높음)인 3사분면이다.

정답 01 ④ 02 ① 03 ③ 04 ① 05 ①

핵심키워드 #로드맵 # 세부 이행 계획

041 이행 계획 수립 ★★☆☆☆

1 로드맵 수립

① 결정된 과제의 우선순위를 토대로 분석 과제별 적용 범위 및 방식을 고려하여 최종적인 실행 우선순위를 결정한 후 단계적 구현 로드맵을 수립해야 한다.

② 로드맵(Roadmap)
- 로드맵은 일종의 계획이나 계획서를 나타내는 용어로, 주로 목표 달성을 위한 경로나 방향을 시각적으로 나타내는 도구나 문서를 설명함
- 로드맵은 비즈니스 전략, 제품 개발, 프로젝트 관리, 기술 로드맵 등 여러 다양한 분야에서 사용되므로, 목표 달성을 위한 계획과 방향을 명확하게 제시하고, 관련 이해관계자와 팀 간의 커뮤니케이션을 촉진하는 데 도움이 되는 유용한 도구임
- 로드맵은 특정 목표를 달성하기 위한 계획이나 방향을 제시하는데, 이 목표는 조직, 프로젝트, 제품, 기술 개발 또는 다른 영역에 관련될 수 있음
- 로드맵에는 일련의 단계 또는 이벤트가 포함되며 단계는 시간에 따라 나열됨(목표를 언제까지 달성하고 어떤 단계를 거쳐야 하는지를 보여줌)
- 로드맵은 주로 그래프, 다이어그램, 차트 또는 표의 형태로 나타내며, 시각적으로 이해하기 쉽게 설계됨(이해관계자가 전체 계획을 쉽게 파악할 수 있음)

2 분석 로드맵 설정 단계

① 분석 로드맵 설정: 단계별로 추진하고자 하는 목표를 명확하게 정의하고, 선·후행 단계를 고려해 단계별로 추진 내용을 정렬한 것

② 분석 로드맵 설정 단계

데이터 분석 체계 도입	데이터 분석 유효성 검증	데이터 분석 확산과 고도화
• 목표 설정 • 데이터 수집 및 정리 • 인프라 구축 • 팀 구성 및 교육	• 분석 과제 파일럿 수행 • 성과 측정 • 피드백 수집 및 개선	• 확산 전략 수립 • 고급 분석 도입 • 지속적인 모니터링 및 최적화

3 세부 이행 계획 수립

① 데이터 분석 체계는 고전적인 폭포수 방식도 있으나, 반복적인 정련 과정을 통해 프로젝트의 완성도를 높이는 방식을 주로 사용한다.

② 반복적인 분석 체계는 모든 단계를 반복하는 것보다 데이터 수집 및 확보와 분석 데이터를 준비하는 단계를 순차적 진행하고, 모델링 단계는 반복적으로 수행하는 혼합형을 많이 적용하며, 이러한 특성을 고려해 세부적인 일정계획을 수립해야 한다.

> **전문가의 합격 코멘트**
>
> 세부 이행 계획 수립 시 반복적인 정련 과정 및 반복적인 분석 체계에서 모든 단계를 반복하는 것이 아니라 데이터 수집 및 확보와 분석 데이터 준비 단계는 순차적 진행, 모델링 단계는 반복적 수행이라는 것을 꼭 기억해 두세요. 세부 이행 계획 수립 시 이러한 특성을 고려해 세부적인 일정계획도 수립해야 합니다.

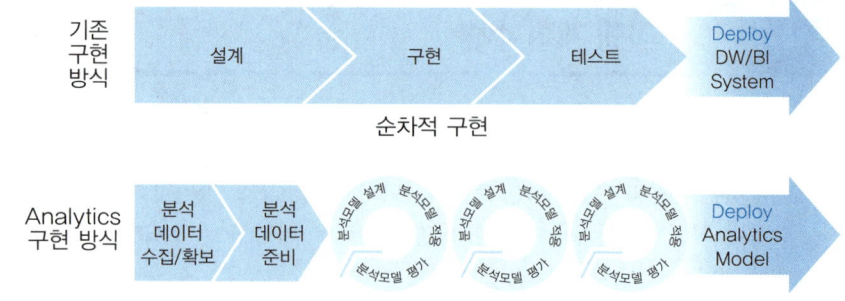

▲ 반복적 정련 특성을 고려한 일정계획 수립

기출로 개념 확인

다음 중 분석 마스터 플랜에 대한 설명으로 적절하지 않은 것은? 17회 기출문제

① 과제 우선순위 평가는 비즈니스 효과인 시급성과 투자 비용 요소인 난이도에 근거하여 결정된다.
② 분석 마스터 플랜은 분석 과제 도출, 우선순위 결정, 중장기 마스터 플랜 수립 과제 도출 순으로 진행된다.
③ 과제별 데이터 분석 체계는 폭포수 방식도 있으나 반복적인 정련 과정을 통하여 과제의 완성도를 높이는 방식으로 많이 사용한다.
④ 분석 과제 로드맵은 과제의 우선순위를 고려하여 작성하되 과제별 선후 관계를 감안하여 반복이 없는 계획을 작성한다.

정답 해설 반복적인 분석 체계는 모든 단계의 반복보다 데이터 수집 및 확보와 분석 데이터를 준비하는 단계를 순차적 진행하고, 모델링 단계는 반복적으로 수행하는 혼합형을 많이 적용하며, 이러한 특성을 고려해 세부적인 일정계획도 수립해야 한다.

정답 ④

핵심키워드 #Process #Organization #System #Human Resource #Data

042 분석 거버넌스 체계 ★☆☆☆☆

1 분석 거버넌스 체계

① 거버넌스(Governance): Government와 같은 어원으로, Government보다 더 폭넓은 의미로 진화하여 기업, 비영리 기관 등에서 규칙, 규범 및 행동이 구조화·유지·규제되고 책임을 지는 방식 및 프로세스를 지칭한다.
② 기업에서 의사결정을 위한 데이터의 분석과 활용을 위한 관리 체계이다.
③ 어떤 목적으로 어떤 분석을 수행하고, 분석을 위해 어떻게 데이터를 활용할 것인지 결정하고, 데이터 분석을 기업의 문화로 정착시키며 데이터 분석 업무를 지속적으로 고도화하기 위한 데이터 관리 체계를 의미한다.

2 분석 거버넌스 체계 구성 요소(POSHD)

Process	과제 기획 / 운영 프로세스
Organization	분석 기획 / 관리 및 추진 조직
System	분석 관련 IT 시스템 / 프로그램
Human Resource	분석 관련 교육 / 마인드 육성 체계
Data	데이터 거버넌스

전문가의 합격 코멘트

분석 거버넌스 체계에 대한 의미와 구성 요소를 알아두도록 합니다. 특히 분석 거버넌스 체계 구성 요소 5가지를 기억해 두세요. Process, Organization, System, Human Resource, Data입니다. 풀이하면 과제 기획/운영 프로세스, 분석 기획/관리 및 추진 조직, 분석 관련 IT 시스템/프로그램, 분석 관련 교육/마인드 육성 체계, 데이터 거버넌스가 됩니다.

전문가의 합격 꿀팁

분석 거버넌스 체계 구성 요소에 '분석 비용 및 예산' 관련 항목이 없음을 기억하세요. 시험에서는 틀린 보기로 분석 거버넌스 체계 구성 요소가 출제되었습니다. 틀린 보기로 '비용'이 언급되는 경우가 많습니다. 다시 한번 기억하세요. No 비용!

기출로 개념 확인

다음 중 분석 거버넌스 체계 구성 요소로 옳지 않은 것은?   16회 기출문제

① 과제 기획 및 운영 프로세스
② IT 시스템과 마인드 육성 체계
③ 분석 기획/관리 및 추진 조직
④ 과제 예산 및 비용 집행

정답 해설 분석 거버넌스 체계 구성 요소에는 Process, Organization, System, Human Resource, Data가 있다.

정답 ④

핵심키워드 #분석 준비도 #분석 성숙도 #Cmmi

043 데이터 분석 수준 진단 ★★★★★

 **전문가의 합격 코멘트**

분석 준비도와 분석 성숙도에 대한 내용은 자주 출제됩니다. 용어가 새로운 것이 많아 암기하기 힘들지만 요령을 가지고 암기하시기 바랍니다. 일단 큰 구성(준비도 6가지 영역, 성숙도 4단계)을 암기하시고, 분석 준비도에서는 '분석 업무 파악' 영역에 대한 것을 확실히 암기한 후 여력이 된다면 세부 사항에 대해서 구분할 수 있도록 하는 것이 좋습니다.

1 데이터 분석 수준 진단 개요

① 데이터 분석 수준 진단으로 데이터 분석 기법을 구현하기 위해 무엇을 준비하고 보완해야 하는지 알 수 있다.
② 분석의 유형 및 분석의 방향성 결정에 도움을 준다.
③ 분석 준비도와 분석 성숙도를 함께 평가함으로써 수행될 수 있다.

2 데이터 분석 준비도(Readiness)

① 기업의 데이터 분석 도입의 수준을 파악하기 위한 진단 방법으로 6가지 영역을 대상으로 현 수준을 파악한다.
② 분석 준비도의 6가지 영역: 분석 업무 파악, 인력 및 조직, 분석 기법, 분석 데이터, 분석 문화, IT 인프라(= 분석 인프라)

분석 업무 파악	인력 및 조직	분석 기법
• 발생한 사실 분석 업무 • 예측 분석 업무 • 시뮬레이션 분석 업무 • 최적화 분석 업무 • 분석 업무 정기적 개선	• 분석 전문가 직무 존재 • 분석 전문가 교육 훈련 프로그램 • 관리자의 기본 분석 능력 • 전사 분석 업무 총괄 조직 존재 • 경영진 분석 업무 이해 능력	• 업무별 적합한 분석 기법 사용 • 분석 업무 도입 방법론 • 분석 기법 라이브러리 • 분석 기법의 효과성 평가 • 분석 기법의 정기적 개선

분석 데이터	분석 문화	IT 인프라(= 분석 인프라)
• 분석 업무를 위한 데이터 충실성 • 분석 업무를 위한 데이터 신뢰성 • 분석 업무를 위한 데이터 적시성 • 비구조적 데이터 관리 • 외부 데이터 활용 체계 • 기준 데이터 관리	• 사실에 근거한 의사결정 • 관리자의 데이터 중시 • 회의 등에서 데이터 활용 • 경영진의 직관보다 데이터 활용 • 데이터 공유 및 협업 문화	• 운영 시스템 데이터 통합 • EAI, ETL 등 데이터 유통 체계 • 분석 전용 서버 및 스토리지 • 빅데이터 분석 환경 • 비주얼 분석 환경

> **보충 학습**
>
> 분석 업무 파악 관련 항목이 아닌 것을 찾는 문제가 출제되었습니다.
> 전체 암기가 힘들다면 이렇게 암기해 보면 어떨까요?! 분석 업무 파악에 관련된 진단 항목에는 '분석 업무'라는 단어가 포함된 것을 확인할 수 있습니다. 다만 '경영진 분석 업무 이해 능력'은 '인력 및 조직' 관련, '분석 업무 도입 방법론'은 '분석 기법' 관련, '분석 업무를 위한 데이터 ***'는 '분석 데이터' 관련 진단 항목입니다. 경영진이 들어가 있으므로 '인력 및 조직', 도입 방법론이 들어가 있으므로 '분석 기법', 데이터라는 단어가 포함되어 있으므로 '분석 데이터' 관련 진단 항목이라고 이해하시면 됩니다.

3 분석 성숙도(Maturity)

① 시스템 개발 업무 능력과 조직의 성숙도 파악을 위해 CMMI 모델을 기반으로 분석 성숙도를 평가한다.

② 비즈니스, 조직·역량, IT 부문을 대상으로 성숙도 수준에 따라 도입, 활용, 확산, 최적화 단계로 구분해 살펴볼 수 있다.

③ 분석 성숙도 수준에 따른 단계는 다음과 같다.

단계	도입	활용	확산	최적화
설명	분석을 시작하여 환경과 시스템 구축	분석 결과를 실제 업무에 적용	전사 차원에서 분석을 관리하고 공유	분석을 진화시켜 혁신 및 성과 향상에 기여
비즈니스 부문	• 실적 분석 및 통계 • 정기 보고 수행 • 운영 데이터 기반	• 미래 결과 예측 • 시뮬레이션 • 운영 데이터 기반	• 전사 성과 실시간 분석 • 프로세스 혁신 3.0 • 분석 규칙 관리 • 이벤트 관리	• 외부환경 분석 활용 • 최적화 업무 적용 • 실시간 분석 • 비즈니스 모델 진화
조직·역량 부문	• 일부 부서에서 수행 • 담당자 역량에 의존	• 전문 담당 부서에서 수행 • 분석 기법 도입 • 관리자가 분석 수행	• 전사 모든 부서 수행 • 분석 CoE 조직 운영 • 데이터 사이언티스트 확보	• 데이터 사이언스 그룹 • 경영진 분석 활용 • 전략 연계
IT 부문	• 데이터 웨어하우스 • 데이터 마트 • ETL/EAI, OLAP	• 실시간 대시보드 • 통계 분석 환경	• 빅데이터 관리 환경 • 시뮬레이션 및 최적화 • 비주얼 분석 • 분석 전용 서버	• 분석 협업 환경 • 분석 Sandbox • 프로세스 내재화 • 빅데이터 분석

능력 성숙도 통합 모델(CMMI, Capability Maturity Model Integration)
소프트웨어 개발 및 전산장비 운영 업체들의 업무 능력 및 조직의 성숙도를 평가하기 위한 모델이다.

CoE(Center of Excellence)
구성원들이 비즈니스 역량, IT 역량 및 분석 역량을 고루 갖추어야 하며, 협업 부서 및 IT 부서와의 지속적인 커뮤니케이션을 수행하는 조직 내 분석 전문 조직을 말한다.

Sandbox
보안 모델, 외부 접근 및 영향을 차단하여 제한된 영역 내에서만 프로그램을 동작시키는 것을 의미한다.

기출로 개념 확인

01 다음 중 데이터 분석 준비도(Readiness) 프레임워크에서 분석 업무 파악에 대한 항목으로 옳지 않은 것은?

13회 기출문제

① 최적화 분석 업무
② 시뮬레이션 분석 업무
③ 예측 분석 업무
④ 분석 기법 라이브러리

> **정답 해설** 분석 업무 파악에 관련된 항목에는 발생한 사실 분석 업무, 예측 분석 업무, 시뮬레이션 분석 업무, 최적화 분석 업무, 분석 업무 정기적 개선 등이 포함되어 있다. '분석 기법 라이브러리'는 '분석 기법'과 관련된 항목이다.

분석 업무 파악	분석 기법	분석 데이터
• 발생한 사실 분석 업무 • 예측 분석 업무 • 시뮬레이션 분석 업무 • 최적화 분석 업무 • 분석 업무 정기적 개선	• 업무별 적합한 분석 기법 사용 • 분석 업무 도입 방법론 • 분석 기법 라이브러리 • 분석 기법 효과성 평가 • 분석 기법 정기적 개선	• 분석 업무를 위한 데이터 충실성 • 분석 업무를 위한 데이터 신뢰성 • 분석 업무를 위한 데이터 적시성 • 비구조적 데이터 관리 • 외부 데이터 활용 체계 • 기준 데이터 관리(Mdm)

02 다음 중 데이터 분석 준비도(Readiness) 프레임워크에서 분석 업무 파악 영역에 관련된 진단 항목으로 적절하지 않은 것은?

34회 기출문제

① 최적화 분석 업무
② 업무별 적합한 분석 기법 사용
③ 예측 분석 업무
④ 발생한 사실 분석 업무

> **정답 해설** '분석 업무 파악'에 관련된 항목에는 '발생한 사실 분석 업무, 예측 분석 업무, 시뮬레이션 분석 업무, 최적화 분석 업무, 분석 업무 정기적 개선' 등이 포함되어 있다. '업무별 적합한 분석 기법 사용'은 '분석 기법'과 관련된 항목이다.

03 다음 중 데이터 분석을 위한 수준 진단에서 분석 준비도의 분석 데이터 영역의 진단 항목으로 옳지 않은 것은?

14회 기출문제

① 분석 업무를 위한 데이터 충실성
② 내부 데이터 집중 활용 체계
③ 기준 데이터 관리(MDM)
④ 비구조적 데이터 관리

> **정답 해설** '분석 데이터' 영역에 관련된 항목에는 '분석 업무를 위한 데이터 충실성, 신뢰성, 적시성, 비구조적 데이터 관리, 외부 데이터 활용 체계, 기준 데이터 관리' 등의 진단 항목이 포함되어 있다. '내부 데이터 집중 활용 체계'는 어떤 영역의 진단 항목에도 포함되어 있지 않다.

04 다음 내용의 빈칸에 들어갈 내용으로 적절한 것은? 32회 기출문제(주관식 변형)

> 분석 수준 진단 방법 중 조직의 분석 및 활용을 위한 역량 수준을 파악하기 위해 (　　　)의 분석 성숙도(Maturity) 단계 포지셔닝을 파악하게 된다.

① 도입 – 확산 – 최적화 – 활용
② 도입 – 확산 – 활용 – 최적화
③ 도입 – 활용 – 확산 – 최적화
④ 도입 – 최적화 – 활용 – 확산

정답 해설 분석 성숙도(Maturity) 단계는 '도입 – 활용 – 확산 – 최적화'의 4단계로 구성된다.

05 다음 분석 성숙도 모델에 관한 내용 중 다른 단계에 속하는 것은? 29회 기출문제

① 분석 CoE 조직 운영
② 전문 담당 부서에서 수행
③ 분석 기법 도입
④ 관리자가 분석 수행

정답 해설 전문 담당 부서에서 수행, 분석 기법 도입, 관리자가 분석 수행은 활용 단계에 관한 내용이며, 분석 CoE 조직 운영은 확산 단계에 속한다.

06 다음 중 분석 수준 진단의 대상에 속하지 않는 것은? 32회 기출문제

① 분석 성과에 대한 조사
② 분석 업무 파악에 대한 조사
③ 분석 인력 및 조직에 대한 조사
④ 분석 인프라에 대한 조사

정답 해설 분석 준비도 6가지 영역에는 분석 업무 파악, 인력 및 조직, 분석 기법, 분석 데이터, 분석 문화, IT 인프라(= 분석 인프라)가 있으며, 분석 성과에 대한 조사는 포함되지 않는다.

07 다음 중 구성원들이 비즈니스 역량, IT 역량 및 분석 역량을 고루 갖추어야 하며, 협업 부서 및 IT 부서와의 지속적인 커뮤니케이션을 수행하는 조직 내 분석 전문 조직은?

22회 기출문제(주관식 변형)

① Data Scientist
② Data Engineer
③ Data Analyst
④ CoE(Center of Excellence)

> **정답 해설** CoE는 구성원들이 비즈니스 역량, IT 역량 및 분석 역량을 고루 갖추어야 하며, 협업 부서 및 IT 부서와의 지속적인 커뮤니케이션을 수행하는 조직 내 분석 전문 조직을 의미한다.

08 데이터 분석을 위한 기업의 성숙도 모델은 수준에 따라 도입 단계, 활용 단계, 확산 단계 및 최적화 단계로 구분할 수 있다. 다음 IT 부문의 내용에 맞는 성숙 단계는?

29회 기출문제

- 빅데이터 관리 환경
- 시뮬레이션 및 최적화
- 비주얼 분석
- 분석 전용 서버

① 도입 단계
② 활용 단계
③ 확산 단계
④ 최적화 단계

> **정답 해설**
>
> | 단계 | 도입 단계 | 활용 단계 | 확산 단계 | 최적화 단계 |
> |---|---|---|---|---|
> | IT 부문 | • 데이터 웨어하우스
• 데이터 마트
• ETL/EAI, OLAP | • 실시간 대시보드
• 통계 분석 환경 | • 빅데이터 관리 환경
• 시뮬레이션 및 최적화
• 비주얼 분석
• 분석 전용 서버 | • 분석 협업 환경
• 분석 Sandbox
• 프로세스 내재화
• 빅데이터 분석 |

정답 01 ④ 02 ② 03 ② 04 ③ 05 ① 06 ① 07 ④ 08 ③

핵심키워드 #정착형 #확산형 #준비형 #도입형

044 분석 수준 진단 결과 ★★☆☆☆

1 분석 수준 진단 결과 사분면 분석(Analytics Quadrant)

분석 수준 진단 결과를 구분하여 향후 고려해야 하는 데이터 분석 수준에 대한 목표 방향을 정의하고 유형별 특성에 따라 개선 방안을 수립할 수 있다.

> **전문가의 합격 코멘트**
> 진단 결과 사분면 분석의 정착형, 확산형, 준비형, 도입형에 대해 특징을 가볍게 알아두세요.

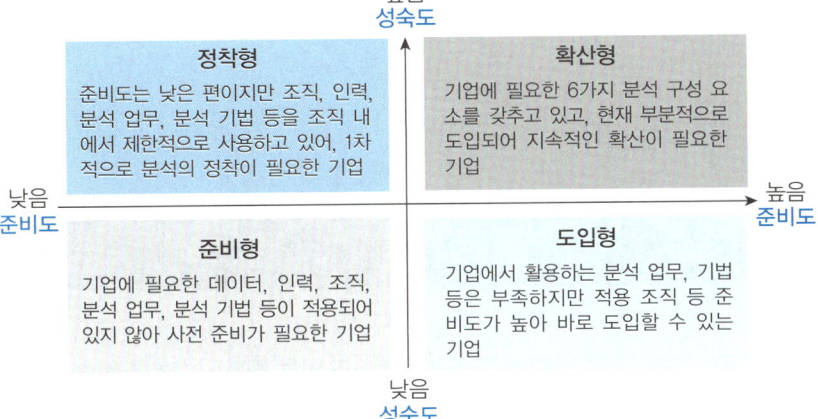

2 분석 지원 인프라 방안 수립

① 분석 과제 단위별로 별도의 분석 시스템을 구축하는 경우, 관리의 복잡도 및 비용의 증대라는 부작용이 나타날 수 있다.

② 분석 마스터 플랜을 기획하는 단계에서부터 장기적, 안정적으로 활용할 수 있는 확장성을 고려한 플랫폼 구조를 도입해야 한다.

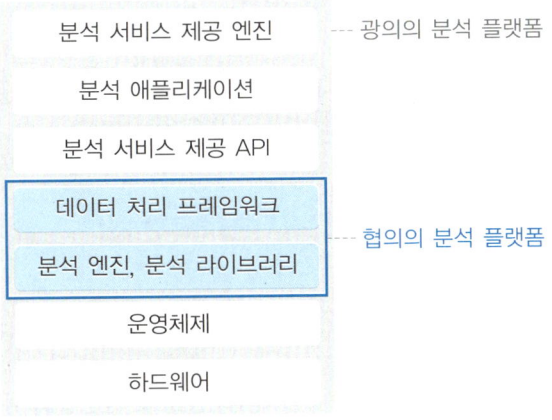

CHAPTER 02 분석 마스터 플랜   151

> **보충 학습**
>
> **플랫폼(Platform)**
> 플랫폼은 사용되는 분야에 따라 그 의미가 달라질 수 있지만, 일반적으로 무엇인가를 제공하는 환경, 서비스, 구조 등을 의미합니다. 분석 지원 인프라에서 광의의 분석 플랫폼에서는 하드웨어나 소프트웨어 등의 기술적인 기반을 제공하는 환경이나 구조를 가리키고, 협의의 분석 플랫폼에서는 데이터 수집, 저장, 처리, 분석을 위한 환경을 제공하는 플랫폼을 의미합니다. 분석 플랫폼에는 빅데이터 플랫폼(예 Hadoop, Spark), 데이터 분석 플랫폼(예 Tableau, Power BI), 데이터 관리 플랫폼(예 Snowflake), 데이터 과학 플랫폼(예 Kaggle) 등이 있습니다.

기출로 개념 확인

01 다음 중 기업에서 활용하는 분석 업무, 기법 등은 부족하지만 적용 조직 등 준비도가 높아 바로 도입할 수 있는 기업의 유형은?
15회 기출문제

① 정착형   ② 확산형
③ 준비형   ④ 도입형

정답 해설 '도입형'은 성숙도가 낮고 준비도가 높은 경우로 기업에서 활용하는 분석 업무, 기법 등은 부족하지만 적용 조직 등의 준비도가 높아 바로 도입할 수 있는 기업 유형이다.

02 다음 중 협의의 분석 플랫폼에 포함된 항목으로 올바른 것은?
42회 기출문제

① 하드웨어
② 분석 라이브러리
③ 분석 서비스 제공 API
④ 분석 서비스 제공 엔진

정답 해설 분석 플랫폼
- 협의의 분석 플랫폼: 데이터 처리 프레임워크, 분석 엔진, 분석 라이브러리
- 광의의 분석 플랫폼: 분석 서비스 제공 엔진, 분석 애플리케이션, 분석 서비스 제공 API, 운영체제, 하드웨어+협의의 분석 플랫폼 항목

정답 01 ④ 02 ②

핵심키워드 #데이터 표준화 #데이터 관리 체계 #데이터 저장소 관리 #표준화 활동

045 데이터 거버넌스 체계 수립

1 데이터 거버넌스
① 전사 차원의 모든 데이터에 대해 정책 및 지침, 표준화, 운영 조직 및 책임 등의 표준화된 관리 체계를 수립하고 운영을 위한 프레임워크(Framework) 및 저장소(Repository)를 구축하는 것을 말한다.
② 마스터데이터(Masterdata), 메타데이터(Metadata), 데이터 사전(Data Dictionary)은 데이터 거버넌스의 중요한 관리 대상이다.
③ 기업은 데이터 거버넌스 체계를 구축함으로써 데이터의 가용성, 유용성, 통합성, 보안성, 안정성을 확보할 수 있다.
④ 빅데이터 프로젝트를 성공으로 이끄는 기반이 된다.
⑤ 데이터 거버넌스는 독자적으로 수행될 수도 있지만 전사 차원의 IT 거버넌스나 EA(Enterprise Architecture)의 구성 요소로서 구축되는 경우도 있다.
⑥ 데이터 표준 및 정책에 따라 데이터를 생성·변경하고 데이터의 품질과 보안 등 전사 차원의 데이터 관리 체계를 구축하는 것이다.

> **보충 학습**
>
> **빅데이터 거버넌스**
> 데이터 거버넌스의 체계에 더해 빅데이터의 효율적인 관리, 다양한 데이터의 관리 체계, 데이터 최적화, 정보 보호, 데이터 생명 주기 관리, 데이터 카테고리별 관리 책임자 지정 등을 포함합니다.

2 데이터 거버넌스의 구성 요소
① 원칙(Principle): 데이터를 유지 관리하기 위한 지침과 가이드
   ㉠ 보안, 품질 기준, 변경 관리
② 조직(Organization): 데이터를 관리할 조직의 역할과 책임
   ㉠ 데이터 관리자, 데이터베이스 관리자, 데이터 아키텍트
③ 프로세스(Process): 데이터 관리를 위한 활동과 체계
   ㉠ 작업 절차, 모니터링 활동, 측정 활동

3 데이터 거버넌스의 체계 요소
(1) 데이터 거버넌스 체계의 요소 이해
① 데이터 표준화: 데이터 표준 용어 설정, 명명 규칙 수립, 메타데이터 구축, 데이터 사전 구축 등을 진행한다.
② 데이터 관리 체계: 메타데이터와 데이터 사전(DD, Data Dictionary)의 관리 원칙을 수립한다.
③ 데이터 저장소 관리: 메타데이터 및 표준 데이터를 관리하기 위한 전사 차원의 저장소를 구성한다.

④ **표준화 활동**: 데이터 거버넌스 체계 구축 후 표준 준수 여부를 주기적으로 점검하고 모니터링을 진행한다.

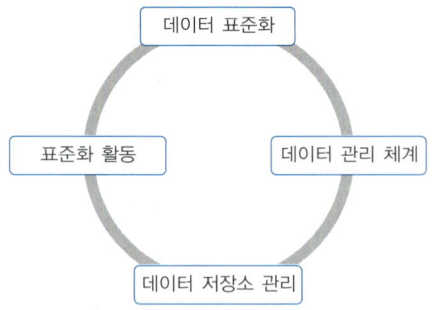

(2) 데이터 거버넌스의 데이터 저장소 관리
① 메타데이터 및 표준 데이터를 관리하기 위한 전사 차원의 저장소를 구성한다.
② 저장소는 데이터 관리 체계 지원을 위한 워크플로우 및 관리용 응용 소프트웨어를 지원하고 관리 대상 시스템과의 인터페이스를 통한 통제가 이루어져야 한다.
③ 데이터 구조 변경에 따른 사전영향평가도 수행되어야 효율적인 활용이 가능하다.

4 빅데이터 거버넌스의 특징
① 기업이 가진 과거 및 현재의 모든 데이터를 분석하여 비즈니스 인사이트를 찾는 노력은 비용면에서 효율적이지 못하므로 분석 대상 및 목적을 명확히 정의하고, 필요한 데이터를 수집, 분석하여 점진적으로 확대해 나가야 한다.
② 빅데이터 분석에서 품질 관리도 중요하지만, 데이터 수명 주기 관리 방안을 수립하지 않으면 데이터 가용성 및 관리 비용이 증대되는 문제에 직면할 수 있다.
③ ERD는 운영 중인 데이터베이스와 일치하기 위해 계속해서 변경 사항을 관리해야 한다.
④ 산업 분야별, 데이터 유형별, 정보 거버넌스 요소별로 구분하여 작성한다.
⑤ 적합한 분석 업무를 도출하고 가치를 높여줄 수 있도록 분석 조직 및 인력에 대해 지속적인 교육과 훈련을 시행한다.
⑥ 개인정보 보호 및 보안에 대한 방법을 마련해야 한다.

기출로 개념 확인

01 다음 중 빈칸에 들어갈 내용으로 옳은 것은?   26회 기출문제(주관식 변형)

> (　　　)란 전사 차원의 모든 데이터에 대하여 정책 및 지침, 표준화, 운영조직 및 책임 등의 표준화된 관리 체계를 수립하고 운영을 위한 프레임워크(Framework) 및 저장소(Repository)를 구축하는 것을 말한다. 특히 마스터데이터(Masterdata), 메타데이터(Metadata), 데이터 사전(Data Dictionary)은 (　　　)의 중요한 관리 대상이다.

① 분석 거버넌스
② 분석 마스터 플랜
③ 데이터 거버넌스
④ ISP

정답 해설 데이터를 관리하기 위한 규정, 관리 체계를 의미하는 것은 데이터 거버넌스이다.

02 다음 중 데이터 거버넌스에 대한 설명으로 옳지 않은 것은?   27회 기출문제

① 전사 차원의 모든 데이터에 대해 정책 및 지침, 표준화, 운영 조직 및 책임 등의 표준화된 관리 체계를 수립하고 운영을 위한 프레임워크 및 저장소를 구축하는 것이다.
② 기업은 데이터 거버넌스 체계를 구축함으로써 데이터의 가용성, 유용성, 통합성, 보안성, 안정성을 확보할 수 있다.
③ 마스터데이터, 메타데이터, 데이터 사전은 데이터 거버넌스의 중요 관리 대상이다.
④ 데이터 거버넌스는 독자적으로 수행되어야만 하고, 전사 차원의 IT 거버넌스나 EA의 구성 요소로서 구축되면 안 된다.

정답 해설 데이터 거버넌스는 독자적으로 수행될 수도 있지만 전사 차원의 IT 거버넌스나 EA(Enterprise Architecture)의 구성 요소로서 구축되는 경우도 있다.

03 다음 중 데이터 표준화 단계에 대한 내용으로 옳은 것은?   26회 기출문제

① 메타데이터와 데이터 사전의 관리 원칙 수립
② 데이터 표준 용어 설정, 명명 규칙 수립, 메타데이터 구축, 데이터 사전 구축
③ 메타데이터 및 표준 데이터를 관리하기 위한 전사 차원의 저장소 구성
④ 데이터 거버넌스 체계를 구축한 후 표준 준수 여부를 주기적으로 점검하고 모니터링 실시

정답 해설 데이터 표준화는 데이터 표준 용어 설정, 명명 규칙 수립, 메타데이터 구축, 데이터 사전 구축과 관련된 내용이다.
오답 해설 ① '데이터 관리 체계'에 대한 내용이다.
③ '데이터 저장소 관리'에 대한 내용이다.
④ '표준화 활동'에 대한 내용이다.

04 다음 중 데이터 거버넌스에서 메타데이터 구축, 표준 용어 설정, 명명 규칙 수립을 하는 단계는?

17회 기출문제

① 데이터 표준화
② 데이터 관리 체계
③ 데이터 저장소 관리
④ 표준화 활동

정답 해설 데이터 거버넌스 체계 요소
- 데이터 표준화: 데이터 표준 용어 설정, 명명 규칙 수립, 메타데이터 구축, 데이터 사전 구축
- 데이터 관리 체계: 메타데이터와 데이터 사전(Data Dictionary)의 관리 원칙 수립
- 데이터 저장소 관리: 메타데이터 및 표준 데이터를 관리하기 위한 전사 차원의 저장소 구성
- 표준화 활동: 데이터 거버넌스 체계 구축 후 표준 준수 여부를 주기적으로 점검 및 모니터링 진행

05 다음 내용은 데이터 거버넌스 중 무엇에 대한 것인가?

31회 기출문제

> 데이터의 표준 용어 설정, 명명 규칙 수립, 메타데이터 구축, 데이터 사전 구축

① 데이터 표준화
② 표준화 활동
③ 데이터 저장소 관리
④ 데이터 관리 체계

정답 해설 데이터 표준 용어 설정, 명명 규칙 수립, 메타데이터 구축, 데이터 사전 구축은 '데이터 표준화'와 관련된 내용이다.

06 다음 내용의 빈칸에 들어갈 알맞은 단어는?

26회 기출문제(주관식 변형)

> 데이터 표준화는 데이터 표준 용어 설정, 명명 규칙(Name Rule) 수립, (   ) 구축, 데이터 사전(Data Dictionary) 구축 등의 업무로 구성된다. 데이터 표준 용어는 표준 단어 사전, 표준 도메인 사전, 표준 코드 등으로 구성되며 사전 간 상호 검증이 가능하도록 점검 프로세스를 포함해야 한다.

① INDEX
② 메타데이터
③ 데이터 저장소
④ 네트워크

정답 해설 데이터 표준화는 데이터 표준 용어 설정, 명명 규칙 수립, 메타데이터 구축, 데이터 사전 구축 등의 업무로 구성된다.

07 다음 내용에서 빅데이터 거버넌스의 특징을 모두 고른 것은? 23회 기출문제

> A. 빅데이터 분석 과제 발굴에 있어 다양한 데이터를 활용하기 위해 회사 내 모든 데이터를 활용해야 한다.
> B. 양질의 데이터가 중요하므로 정보 수명 주기보다 데이터 품질 관리가 더 중요하다.
> C. ERD는 운영 중인 데이터베이스와 일치하기 위해 철저한 변경 사항을 관리해야 한다.
> D. 적합한 분석 업무를 도출하고 가치를 높여줄 수 있도록 분석 조직 및 인력에 대해 지속적인 교육과 훈련을 실시해야 한다.

① A, B
② A, C
③ C, D
④ B, D

정답 해설 빅데이터 분석 과제 발굴에 있어 '회사 내 모든 데이터'를 활용할 필요는 없으며, 분석 대상 및 목적을 명확히 정의하고, 필요한 데이터를 수집·분석하여 점진적으로 확대해 나가는 것이 좋다. 빅데이터 분석에서 품질 관리도 중요하지만, 데이터 수명 주기 관리 방안을 수립하지 않으면 데이터 가용성 및 관리 비용 증대 문제에 직면할 수 있다.

08 빅데이터 거버넌스와 데이터 거버넌스를 비교할 때 차이점으로 적절하지 않은 것은? 26회 기출문제

① 데이터 생명 주기 관리
② 데이터 백업 주기 변경
③ 개인정보 보호 및 보안
④ 데이터 품질 기준 변경 관리

정답 해설 빅데이터 거버넌스와 데이터 거버넌스의 차이점에는 데이터 생명 주기 관리, 개인정보 보호 및 보안, 데이터 품질 기준 변경 관리 등이 있다.

정답 01 ③ 02 ④ 03 ② 04 ① 05 ① 06 ② 07 ③ 08 ②

핵심키워드 #집중형 #기능 중심 #분산 조직

046 데이터 분석을 위한 조직 구조 ★★★★☆

전문가의 합격 코멘트

시험에서 자주 묻는 내용입니다. 집중형 조직 구조, 기능 중심 조직 구조, 분산 조직 구조의 특징을 비교해서 알아두세요.

1 데이터 분석을 위한 조직 구조 이해

(1) 집중형 조직 구조
① 조직 내 별도 독립적인 분석 전담 조직을 구성하여 분석 전담 조직에서 회사의 모든 분석 업무를 담당한다.
② 전사 분석 과제의 전략적 중요도에 따라 우선순위를 정해 추진한다.
③ 일부 협업 부서와 분석 업무가 중복 또는 이원화될 가능성이 있다.

(2) 기능 중심 조직 구조
① 일반적인 분석 수행 구조로, 별도 분석 조직을 구성하지 않고 각 해당 업무 부서에서 직접 분석을 한다.
② 전사적 관점에서 핵심 분석이 어렵다.
③ 특정 업무 부서에 국한된 분석 수행 가능성이 높거나 일부 중복된 분석 업무를 수행할 수 있다.

(3) 분산 조직 구조
① 분석 조직의 인력들이 협업 부서에 배치되어 업무를 수행한다.
② 전사 차원에서 분석 과제의 우선순위를 선정해 수행하는 것이 가능하다.
③ 분석 결과를 신속하게 실무에 적용이 가능하다.
④ 부서 분석 업무와 역할 분담을 명확히 해야 한다.

2 조직 구조의 특징

① 다양한 형태의 분석 조직을 구성하여 운영할 수 있지만, 어떠한 조직 구조가 적합한 형태라고 단정 지을 수는 없다.
② 분석 조직에 비즈니스 인력, IT 기술 인력, 분석 전문 인력, 변화 관리 인력, 교육 담당 인력 등 다양하게 구성함으로써 분석 조직의 경쟁력을 극대화할 수 있다.

> **보충 학습**
>
> 기본적으로 모든 부서에서 데이터 분석이 이루어지고 있다고 생각해야 합니다. 따라서 집중형 조직 구조는 별도의 분석 전담 조직이 회사의 모든 분석 업무를 담당하지만, 일부 협업 부서와 분석 업무가 중복 또는 이원화될 수 있습니다. 기능 중심 조직 구조에서도 일부 중복된 분석 업무를 수행할 수 있으며, 분산 조직 구조에서는 부서 분석 업무와 역할 분담을 명확히 해야 합니다.

3 분석 전담 조직(CoE)의 역할

① 기업 내부 및 외부에 존재하는 데이터를 활용해 분석을 수행한다.
② 전사 분석 과제를 발굴 및 구체화하고 과제 적용을 위한 우선순위를 정한다.
③ 고급 통계 기법을 이해하여 다양한 분석 모형을 설계하고 검증한다.
④ 조직 내 분석 문화 확산을 위해 교육 및 변화 관리 활동을 수행한다.

기출로 개념 확인

01 다음 데이터 분석을 위한 조직 구조에 대한 설명으로 옳지 않은 것은?   17회 기출문제

① 집중형 조직 구조는 조직 내에 별도의 독립적인 분석 전담 조직을 구성하고, 회사의 모든 분석 업무를 전담 조직에서 담당한다.
② 집중형 조직 구조는 일부 협업 부서와 분석 업무가 중복 또는 이원화될 가능성이 있다.
③ 기능 중심의 조직 구조는 별도로 분석 조직을 구성하지 않고 각 해당 업무 부서에서 직접 분석하는 형태이다.
④ 분산된 조직 구조는 조직의 인력들이 협업 부서에 배치되어 신속한 업무 수행에 적합하지 않다.

정답 해설 분산된 조직 구조는 분석 조직의 인력들이 협업 부서에 배치되어 업무를 수행하여, 전사 차원에서 분석 과제의 우선순위를 선정해 수행하는 것이 가능하다. 또한 분석 결과를 신속하게 실무에 적용할 수 있다.

02 다음 내용이 설명하는 분석 조직 구조는?   35회 기출문제

- 전사 분석 업무를 별도의 분석 전담 조직에서 담당함
- 전략적 중요도에 따라 분석 조직이 우선순위를 정해서 진행 가능함
- 협업 업무 부서의 분석 업무와 이중화·이원화 가능성이 높음

① 집중 구조
② 기능 구조
③ 분산 구조
④ 복합 구조

정답 해설 집중형 조직 구조는 전사 분석 업무를 별도의 분석 전담 조직에서 담당하고, 기능 조직 구조는 별도의 분석 전담 조직이 없으며, 분산 조직 구조는 분석 조직의 인력들이 협업 부서에 배치되어 업무를 수행한다.

03 분석 조직의 인력들을 현업 부서에 배치해 분석 업무를 수행하는 형태는? 23회 기출문제

① 집중 구조
② 기능 구조
③ 분산 구조
④ 단일 구조

정답 해설 분산 구조는 분석 조직의 인력들이 협업 부서에 배치되어 업무를 수행하는 구조로, 전사 차원에서 분석 과제의 우선순위를 선정해 수행 및 분석 결과를 신속하게 실무에 적용할 수 있다. 또한 부서 분석 업무와 역할 분담을 명확히 해야 한다.

04 다음 중 분석 전담 조직의 역할에 대한 설명으로 적절하지 않은 것은? 28회 기출문제

① 기업 내부에 존재하는 데이터로만 분석을 수행한다.
② 조직 내 분석 문화 확산을 위해 교육 및 변화 관리 활동을 수행한다.
③ 고급 통계기법을 이해하여 다양한 분석 모형을 설계하고 검증한다.
④ 전사 분석 과제를 발굴 및 구체화하고 과제 적용을 위한 우선순위를 정한다.

정답 해설 기업 내부에 존재하는 데이터뿐 아니라 필요하다면 기업 외부의 데이터를 함께 활용해 분석을 수행할 수 있다.

정답 01 ④ 02 ① 03 ③ 04 ①

047 분석 과제 관리 프로세스

핵심키워드 #분석 과제 관리 프로세스

1 분석 과제 관리 프로세스 이해

분석 과제 관리 프로세스는 과제 발굴과 과제 수행 및 모니터링의 두 단계로 나뉜다.

| 과제 발굴 | 분석 아이디어 발굴 | 분석 과제 후보 제안 | 분석 과제 확정 |

| 과제 수행 | 팀 구성 | 분석 과제 실행 | 분석 과제 진행 관리 | 결과 공유·개선 |

(1) 과제 발굴 단계
① 개별 조직이나 개인이 도출한 분석 아이디어를 발굴하고 이를 과제화하여 분석 과제 풀(Pool)로 관리하면서 분석 프로젝트를 선정하는 작업을 수행한다.
② 분석 아이디어 발굴, 분석 과제 후보 제안, 분석 과제 확정 순서로 진행된다.

(2) 과제 수행 단계
① 과제 수행 단계에서는 분석을 수행할 팀을 구성하고 분석 과제 실행 시 지속적인 모니터링과 과제 결과를 공유하고 개선하는 절차를 수행한다.
② 팀 구성, 분석 과제 실행, 분석 과제 진행 관리, 결과 공유·개선 순서로 진행된다.
③ 분석 조직이 지속적이고 체계적인 분석 과제 관리 프로세스를 수행함으로써 조직 내 분석 문화를 내재화하고 경쟁력을 확보할 수 있다.
④ 해당 과제를 진행하면서 만들어진 시사점(Lesson Learned)을 포함한 결과물을 풀(Pool)에 잘 축적하고 관리함으로써 향후 유사한 분석 과제 수행 시 시행착오를 최소화하고 프로젝트를 효율적으로 진행할 수 있다.

2 분석 교육 및 변화 관리

① 예전에는 기업 내 데이터 분석가가 담당했던 일을 지금은 모든 구성원이 데이터를 분석하고 이를 바로 업무에 활용할 수 있도록 조직 전반에 분석 문화를 정착시키고 변화시키려고 시도하고 있다.
② 분석 문화 정착을 위해서는 분석 조직 및 인력에 대한 지속적인 교육과 훈련이 필요하다.

> **전문가의 합격 코멘트**
> 분석 과제 관리 프로세스의 '과제 발굴'과 '과제 수행'에 대한 순서는 자주 출제됩니다. 또한 과제를 진행하면서 만들어진 시사점을 포함한 결과물을 풀(Pool)로 축적하여 관리한다는 것을 반드시 기억하세요.

기출로 개념 확인

01 다음 중 분석 과제 관리 프로세스에 대한 설명으로 적절하지 <u>않은</u> 것은? *28회 기출문제*

① 과제 발굴 단계에는 분석 아이디어 발굴, 분석 과제 후보 제안, 분석 과제 확정 프로세스가 있다.
② 분석 과제로 확정된 분석 과제를 풀(Pool)에 관리한다.
③ 분석 과제를 진행하면서 만들어진 시사점과 분석 결과물은 풀(Pool)에 잘 축적하고 관리한다.
④ 과제 수행 단계에서는 팀 구성, 분석 과제 실행, 분석 과제 진행 관리, 결과 공유 프로세스가 있다.

> **정답 해설** 분석 과제로 확정된 분석 과제가 아닌 분석 과제를 진행하면서 만들어진 시사점과 분석 결과물은 풀(Pool)에 잘 축적하고 여기에서 분석 프로젝트를 선정한다.

02 다음 분석 과제 관리 프로세스에 관한 내용 중 (가)~(다)에 들어갈 용어가 올바르게 짝지어진 것은? *21회 기출문제(주관식 변형)*

> 분석 과제 관리 프로세스는 크게 과제 발굴과 (가) 및 모니터링으로 나누어진다. 과제 발굴 단계에서는 개별 조직이나 개인이 도출한 분석 아이디어를 발굴한다. 이를 과제화하여 분석 과제 풀(Pool)로 관리하면서 분석 과제가 확정되면, (나)을/를 하고 (다) 시 지속적인 모니터링과 과제 결과를 공유하고 개선하는 절차를 수행한다.

	가	나	다
①	분석 기획	팀 구성	분석 과제 실행
②	과제 수행	분석 과제 실행	팀 구성
③	분석 기획	분석 과제 실행	팀 구성
④	과제 수행	팀 구성	분석 과제 실행

> **정답 해설** 분석 과제 관리 프로세스는 과제 발굴과 과제 수행 및 모니터링의 두 단계로 구분된다. 과제 발굴 단계는 분석 아이디어 발굴, 분석 과제 후보 제안, 분석 과제 확정의 순서로 진행되고, 과제 수행 단계는 팀 구성, 분석 과제 실행, 분석 과제 진행 관리, 결과 공유 및 개선의 순서로 진행된다.

정답 01 ② 02 ④

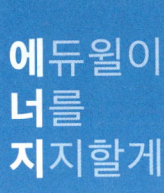

내가 꿈을 이루면
난 다시 누군가의 꿈이 된다.

3과목 데이터 분석

문항 수 객관식 30개(60점)
목표점수 40점 / 60점

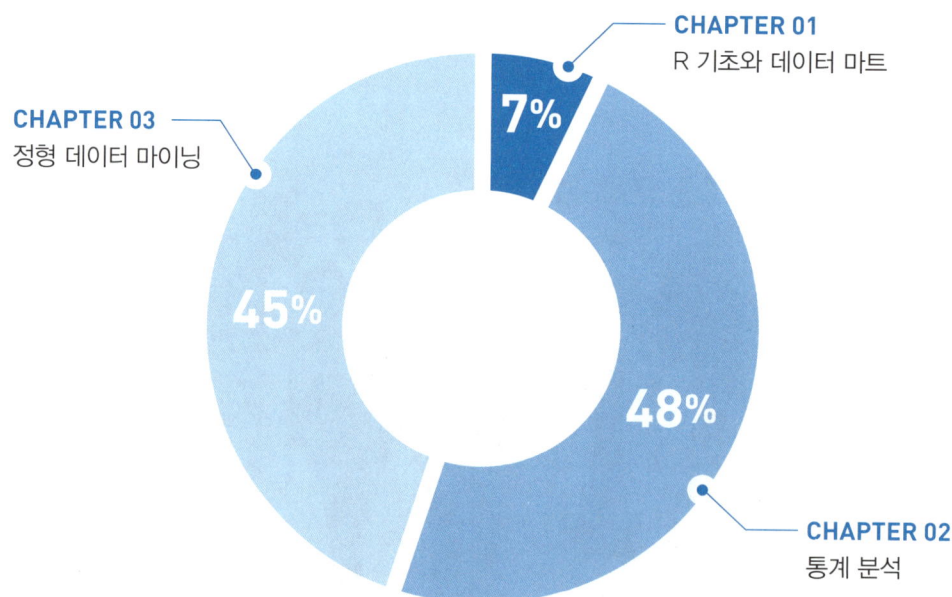

CHAPTER 01
R 기초와 데이터 마트 7%

CHAPTER 02
통계 분석 48%

CHAPTER 03
정형 데이터 마이닝 45%

출제 유형 & 학습 전략

3과목은 문항의 수가 많은 만큼 다루고 있는 내용도 많습니다. 3개의 CHAPTER로 나누어 공부하면 되는데 그 중에서 R 기초와 데이터 마트의 경우 출제 경향에 많은 변화가 있었습니다. 최근 R에 대한 코드 이해 및 분석에 관련된 문항이 출제되지 않고 기술 통계값을 해석하고, 결측치, 이상값에 대한 이해, 그래프를 통한 데이터 분석 등을 할 수 있는지 묻는 문제가 주로 출제되고 있습니다. 이에 따라 R의 문법을 익히고, 코드를 분석하고 결과를 예측하는 것보다 최근 출제 경향에 맞추어 학습하시는 것을 추천드립니다. 학습을 순차적으로 진행하다 보니 시간이 없는 분들이 정형 데이터 마이닝 부분을 제대로 학습하지 못하고 시험을 보게 되는 경우가 많습니다. 합격을 위해서는 꼭! 학습을 진행하셔야 합니다. 학습의 분량도 통계 분석보다 적은 편입니다. 식을 암기하고 구해야 하는 것들이 마지막에 있어 더욱 연습이 필요합니다. 일반적으로 학습자들이 가장 어려워하시는 부분은 통계 분석입니다. 통계 분석의 출제비중이 많이 높아졌습니다. 주로 출제되는 범위는 크게 변동되지 않았습니다만, 기존에 시험에 나오던 내용보다 좀 더 어렵거나 새로운 형태의 문제들이 출제되었습니다. 75, 76, 81, 83, 84, 85강이 매우 높은 출제 비중을 보이고 있습니다. 통계 분석의 전체 내용을 다 이해하면 좋겠지만, 55~59강 및 75~85강 학습에 집중해 보시는 것도 좋은 전략이 될 수 있을 것 같습니다. 식을 암기하고, 이해하는 것이 쉽지는 않겠지만 기초 통계이므로 두려워하지 마시고 즐기는 학습, 필요성을 느끼는 학습을 하시기 바랍니다. 모르는 부분은 저에게 질문하면서 이해하는 학습을 진행하세요.

출제 키워드 TOP 3

CHAPTER 01
- 결측치, 이상값 처리
- Summary
- 그래프 종류

CHAPTER 02
- 회귀 모형 해석
- 주성분 분석(PCA)
- 상관 분석

CHAPTER 03
- 계층적 분석
- 연관 분석
- 의사결정나무

R 기초와 데이터 마트

핵심키워드 #R의 특징 #vector #matrix #data.frame #list

048 R의 특징과 데이터 형 종류

> **전문가의 합격 코멘트**
>
> R의 특징 및 데이터 형에 대해서 묻는 문제가 출제되었습니다. 'data.frame, list'는 복합형, 'vector, matrix, array'는 단일형이라는 것을 꼭 기억하세요! data.frame과 matrix는 둘 다 행과 열의 개념이 있는 2차원 구조인데 이 중 data.frame은 열별로 다른 기본형을 사용할 수 있고, matrix는 한 가지 종류의 기본형으로 구성됩니다. list의 경우 2차원 이상의 구조가 필요할 때 사용하는데 data.frame처럼 열별로 다른 기본형을 사용할 수 있으며, array의 경우는 matrix처럼 한 가지 종류의 기본형으로 구성됩니다.

1 R의 특징

① 오픈소스(= 무료 소프트웨어)이며, 다양한 운영체제에서 사용할 수 있다.
② S 언어 기반의 프로그래밍 언어이다.
③ 다양한 데이터 구조(형)를 지원하므로 분석 대응력이 좋다.
④ 복잡한 통계 분석 기법을 활용할 수 있다.
⑤ 텍스트, CSV, 엑셀, SAS, SPSS, DB 등 다양한 데이터 형식을 지원한다.
⑥ 명령 단위로 바로 실행할 수 있는 인터프리터 방식으로 동작한다.
⑦ 우수한 그래픽 기능을 갖추고 있다(2D, 3D, 동적 그래프를 지원).
⑧ index 번호는 1부터 시작한다.

> **보충 학습**
> - 운영체제에는 Windows, Linux, Mac OS 등이 있습니다.
> - SAS, SPSS 등은 통계 분석 프로그램의 종류입니다.
> - 2D, 3D는 2차원, 3차원을 의미하는 것으로, 그래프의 축의 개수에 따라 나눈 것입니다.
> - index는 데이터에 빠르게 접근하기 위해 사용하는 행, 열 번호 등을 의미합니다.

2 R의 데이터 형 종류

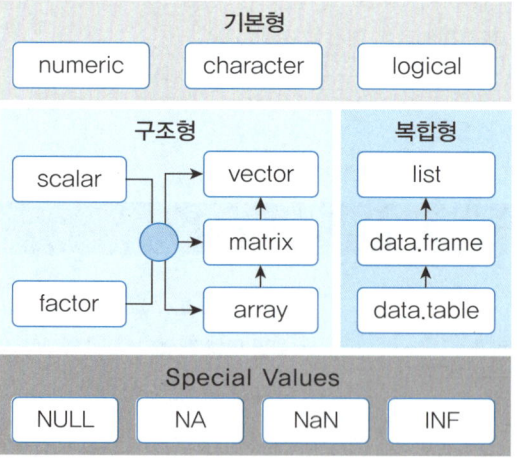

(1) 기본형

① 하나의 '데이터가 취할 수 있는 값'에 따른 데이터 형이다.

② 기본형 데이터의 특징

데이터 형	특징	예
수치형 (numeric)	정수, 실수, 복소수, 수학적 연산 및 통계적 계산	10, 3.14
문자형 (character)	문자, 단어로 구성되며, " " 또는 ' ' 내에 표현됨	"남", 'Hello'
논리형 (logical)	TRUE, FALSE 값으로, 산술 연산 시 TRUE는 1, FALSE는 0으로 사용됨	TRUE, FALSE

(2) 구조형

① 동일한 기본형 데이터를 단일 또는 다양한 차원으로 묶어 사용하는 데이터 형이다.

② 구조형 데이터의 특징

데이터 형	차원	원소	원소의 타입
scalar	단일	수치, 문자, 논리	단일
factor	1차원	수치, 문자	단일, 범주형
vector	1차원	수치, 문자, 논리	단일
matrix	2차원	수치, 문자, 논리	단일
array	2차원 이상	수치, 문자, 논리	단일

(3) 복합형

① 컬럼(열)별로 서로 다른 기본형 데이터를 가질 수 있는 2차원 또는 2차원 이상의 데이터 형이다.

② 복합형 데이터의 특징

데이터 형	차원	원소	원소의 타입
data.frame	2차원	수치, 문자, 논리	복합 가능
list	2차원 이상	수치, 문자, 논리	복합 가능

(4) Special Values

① 결측치, 무한대와 같은 특별한 값을 의미한다.

② Special Values의 종류

NULL	변수값이 초기화되지 않음
NA(Not Available)	데이터값 없음(결측치)
NAN(Not Available Number)	계산 불가능
INF(INFinite)	무한대 값

○ **전문가의 합격 꿀팁**
NA(결측치)는 데이터 입력이 되지 않은 상태로 데이터가 없는 것을 의미합니다.

기출로 개념 확인

01 다음 중 R의 특징으로 옳지 <u>않은</u> 것은? 23회 기출문제

① R은 리눅스, Mac OS에서는 사용할 수 없다.
② R은 S 언어 기반의 프로그래밍 언어이다.
③ 다양한 형태의 데이터 구조를 지원한다.
④ 무료 소프트웨어이면서 복잡한 통계 분석 기법의 활용이 가능하다.

정답 해설 R은 '다양한 운영체제에서 사용할 수 있다'는 특징을 가지고 있다.

02 다음 중 R의 데이터 구조에서 2차원 목록이면서 각 열이 서로 다른 데이터 타입을 가질 수 있는 데이터 구조는? 20회 기출문제

① 행렬(matrix) ② 벡터(vector)
③ 데이터 프레임(data.frame) ④ 스칼라(scalar)

정답 해설 각 열이 서로 다른 타입을 갖는 데이터 구조에는 데이터 프레임(data.frame)과 리스트(list)가 있다.

03 다음 중 R에서 데이터 타입이 같지 않은 객체들을 하나의 객체로 묶어놓을 수 있는 자료 구조는? 20회 기출문제

① 행렬(matrix) ② 벡터(vector)
③ 배열(array) ④ 리스트(list)

정답 해설
- 각 열이 서로 다른 타입을 갖는 데이터 구조에는 데이터 프레임(data.frame)과 리스트(list)가 있다.
- 한 가지 종류의 타입으로만 구성된 데이터 구조에는 벡터(vector), 행렬(matrix), 배열(array)이 있다.

정답 01 ① 02 ③ 03 ④

핵심키워드 #vector #vector의 연산 #vector의 인덱싱

049 R의 데이터 형 - 벡터(vector) ★☆☆☆☆

1 벡터(vector)

(1) 벡터(vector) 이해
① 하나 이상의 스칼라(= 길이가 1인 벡터) 원소들을 갖는 단순한 형태의 집합이다.
② 숫자(numeric)형, 문자(character)형, 논리(logical)형 데이터를 원소(element)로 사용할 수 있다.
③ 동일한 자료형을 갖는 값들의 집합으로 하나의 열(column)로 구성된다.

(2) 벡터(vector) 생성
① c(value1, value2, …): 괄호 속에 포함된 값들을 가진 벡터(vector)를 생성한다.
② seq(from, to, [by=1]): from에 있는 숫자부터 to에 있는 숫자까지 by에 있는 숫자 간격으로 구성된 값들을 가진 벡터를 생성한다. 이때 by는 생략 가능하며, 생략 시 1의 값을 갖는다.
③ rep(x, [times=1], [each=1])
- x에 있는 값을 times에 있는 숫자만큼 반복한 값들을 each에 지정한 숫자만큼 반복한 데이터를 가진 벡터를 생성함
- times를 생략하고 each를 사용할 때는 'each=숫자'로 지정해야 하며, x와 times로 생성된 vector 내부의 각각의 값에 대해 each에 지정한 숫자만큼 반복된 형태의 값을 갖는 벡터를 생성함
- times, each는 생략 가능하며, 생략 시 1의 값을 가짐

벡터 생성 함수	의미
1:5	1부터 5까지의 수를 가진 벡터 ⇒ 결괏값: [1, 2, 3, 4, 5]
c(1, 3, 4, 6, 9)	나열된 값으로 구성된 벡터 ⇒ 결괏값: [1, 3, 4, 6, 9]
seq(1, 5)	1부터 5까지 1씩 증가하는 수를 가진 벡터 ⇒ 결괏값: [1, 2, 3, 4, 5]
seq(10, 50, 10)	10부터 50까지 10씩 증가하는 수를 가진 벡터 ⇒ 결괏값: [10, 20, 30, 40, 50]
rep(3, 5)	3을 5(times)개 가진 벡터 ⇒ 결괏값: [3, 3, 3, 3, 3]
rep(2:4, each=2)	2부터 4까지 2번씩 반복되는 수를 가진 벡터(times를 생략하고 each를 사용할 때는 반드시 'each=숫자' 형식으로 사용해야 함) ⇒ 결괏값: [2, 2, 3, 3, 4, 4]
rep(1:2, 2, 3)	[1, 2]를 2(times)개 가진 벡터 [1, 2, 1, 2]에 each=3이 적용된 벡터(세 번째 숫자는 each=3 또는 3으로 지정 가능) ⇒ 결괏값: [1, 1, 1, 2, 2, 2, 1, 1, 1, 2, 2, 2]

전문가의 합격 코멘트
vector는 최근 기출된 사례가 없어 상세하게 학습하지 않으셔도 시험 준비에 큰 지장은 없습니다.

2 벡터(vector) 연산

① NA(결측치)는 연산의 대상이 아니다. NA를 포함한 데이터의 평균, 합계 함수를 적용한 결과는 NA가 된다.
② 데이터의 개수가 서로 다른 두 벡터를 연산할 경우 개수가 작은 것이 반복 사용되며, 경고 메시지와 함께 결과가 표시된다.
③ 기본형을 포함한 다양한 벡터를 병합하면 표현 범위가 더 넓은 것으로 형식이 변경된다.
④ '문자형 > 숫자형 > 논리형'으로, 표현 범위가 가장 넓은 것이 문자형이고 좁은 것이 논리형이다.
⑤ 숫자형, 문자형, 논리형 벡터를 병합하면 문자형이 되며, 숫자형, 논리형을 병합하면 숫자형이 된다.

벡터 연산	의미
y <- c(2, 4, NA) y * 3	• c(2, 4, NA)를 y라는 이름으로 지정 • y * 3은 [2, 4, NA] 벡터와 3의 곱셈으로 해석 • NA는 연산의 대상이 아니므로 NA가 그대로 유지됨 ⇒ 결괏값: [6, 12, NA]
x <- c(1, 2, 3) y <- c("apple", "kiwi") xy <- c(x, y)	• c(1, 2, 3)을 x라는 이름으로, c("apple", "kiwi")를 y라는 이름으로 지정 • c(x, y)는 c(1, 2, 3)과 c("apple", "kiwi")를 합친 것 • c(x, y)의 결과를 xy라는 이름으로 사용. 이때 벡터는 한 가지 타입으로만 구성되어야 하므로 더 넓은 표현 범위를 갖는 문자형으로 통일 ⇒ 결괏값: ["1", "2", "3", "apple", "kiwi"]
x <- c(1, 2, NA) mean(x)	NA를 포함한 벡터에 대해 mean( ) 함수의 결과는 NA임 ⇒ 결괏값: NA
x <- c(1, 2, 3) y <- c(1, 5) x + y	• x는 1, 2, 3을 요소로 갖고, y는 1, 5를 요소로 갖는데 x와 y 요소의 개수가 다르므로 적은 개수의 요소를 갖는 y가 반복 사용됨 • x + y = c(1, 2, 3) + c(1, 5, 1) = c(2, 7, 4) ⇒ 결괏값: [2, 7, 4]

mean 함수
mean( )은 평균을 구하는 함수이다.

3 벡터(vector) 인덱싱

① 인덱싱은 데이터에 부여된 순서 번호인 index를 사용하여 원하는 데이터만 추출하는 작업을 의미한다. index는 1부터 시작하여 1씩 증가하는 정수이며, 벡터(vector) 출력 시 데이터별로 index가 별도 표시되지 않으므로 위치로 index를 가늠해야 한다.
② 대괄호를 사용하며, 위치 index를 사용하거나 조건문, 순열 등을 사용할 수 있다.
  • v[n]: 벡터의 n번째 원소를 반환함. 이때 n=1부터 시작함
  • v[-n]: 벡터에서 n번째 원소를 제외한 나머지 원소들을 반환함
  • v[start:end]: start 원소부터 end 원소까지를 반환함

벡터 인덱싱	의미
v1 <- 3:7	3부터 7까지의 수를 가진 벡터 ⇒ 결괏값: [3, 4, 5, 6, 7]
v1[3]	v1에서 세 번째에 있는 값 ⇒ 결괏값: [5]
v1[-3]	v1에서 세 번째 있는 값을 제외한 모든 값 ⇒ 결괏값: [3, 4, 6, 7]
v1[2:3]	v1에서 두 번째부터 세 번째까지의 값 ⇒ 결괏값: [4, 5]
v1[3:2]	v1에서 세 번째부터 두 번째까지의 값 ⇒ 결괏값: [5, 4]
v1[c(2, 3)]	v1에서 두 번째와 세 번째에 있는 값 ⇒ 결괏값: [4, 5]
names(v1) <- c('A','B','C','D','E') v1['C']	v1의 첫 번째 ~ 다섯 번째 요소에 'A' ~ 'E'의 이름을 부여하고, 'C'라는 이름이 붙은 세 번째에 있는 값을 가져옴 ⇒ 결괏값: 5

기출로 개념 확인

01 다음 중 벡터에 대한 설명으로 옳은 것은? 　　　　　16회 기출문제

① R에서 벡터는 하나 또는 하나 이상의 스칼라 원소들을 갖는 집합이다.
② 합치는 벡터에 문자형 벡터가 포함되면 합쳐지는 벡터는 각각 고유의 벡터형을 갖는다.
③ 논리형 벡터를 숫자형 벡터처럼 사용하는 경우 자동적으로 TRUE는 0의 값을 갖는다.
④ R은 대소문자를 구분하지 않는다.

오답 해설 ② 합치는 벡터에 문자열 벡터가 포함되면 합쳐지는 벡터는 문자형이 된다.
③ 논리형 벡터를 숫자형 벡터처럼 사용하는 경우 자동적으로 TRUE는 1의 값을 갖는다.
④ R은 대소문자를 구분한다.

02 R에서 c 명령어를 이용하여 벡터와 벡터를 결합하면 새로운 벡터를 형성할 수 있다. 숫자형, 문자형, 논리형 벡터를 병합했을 때의 벡터 형식은? 　　　　　22회 기출문제

① 논리형　　　　　　　　　　　　② 숫자형
③ 문자형　　　　　　　　　　　　④ 고유의 형태를 모두 표현할 수 있다.

정답 해설 • 기본형을 포함한 다양한 벡터를 병합하면 표현 범위가 더 넓은 것으로 형식이 변경된다.
• '문자형 〉 숫자형 〉 논리형'으로, 표현 범위가 가장 넓은 것이 문자형이고 좁은 것이 논리형이다.
• 숫자형, 문자형, 논리형 벡터를 병합하면 문자형이 되며, 숫자열, 논리형을 병합하면 숫자형이 된다.

03 다음 중 y = c(1, 2, 3, NA)일 때 y * 3의 결괏값은? 18회 기출문제

① 3, 6, 9, NA
② NA, NA, NA, NA
③ 3, 6, 9, NAN
④ 3, 6, 9, 3NA

정답 해설 NA는 연산이 불가능하므로 그대로 유지되어 y = c(1, 2, 3, NA)일 때, y * 3은 [3, 6, 9, NA]이다.

04 다음 중 결괏값이 다른 것은? 20회 기출문제

```
fruit <- c(5, 10, 1, 2)
names(fruit) <- c('orange', 'banana', 'apple', 'peach')
```

① fruit[c('apple', 'banana')]
② fruit[3:2]
③ fruit[c(3, 2)]
④ fruit[-2:3]

정답 해설
❶ fruit <- c(5, 10, 1, 2) ⇒ c(5, 10, 1, 2)에 fruit라는 이름을 부여함
❷ names(fruit) <- c('orange', 'banana', 'apple', 'peach') ⇒ [5, 10, 1, 2]라는 값을 갖는 벡터의 각 요소에 ['orange', 'banana', 'apple', 'peach']라는 이름을 붙임. index로 1, 2, 3, 4를 사용할 수도 있지만 이름을 사용할 수 있게 설정함

따라서 fruit[-2:3]은 에러가 발생하며, fruit[-(2:3)]을 사용하면 2, 3번째 index에 해당하는 것을 제외하고 1, 4번째에 해당하는 [5, 2]가 결과로 표시된다.

오답 해설 ② fruit[3]=fruit['apple']이고, 결과는 1이며, fruit[2]=fruit['banana']이고 결과는 10이므로 결괏값은 [1, 10]이다.
①, ③ fruit[c('apple', 'banana')]는 fruit[c(3, 2)]와 동일하므로 결괏값은 [1, 10]이다.

05 다음 중 R의 데이터 구조에서 벡터에 대한 설명으로 옳은 것은? 16회 기출문제

① 벡터는 행과 열을 갖는 $m \times n$ 형태의 직사각형에 데이터를 나열한 데이터 구조이다.
② 벡터는 하나의 스칼라값 또는 하나 이상의 스칼라 원소들을 갖는 단순한 형태의 집합이다.
③ 벡터는 행렬과 유사한 2차원 목록의 데이터 구조이다.
④ 벡터는 숫자로만 구성되어야 한다.

오답 해설 ① 매트릭스(matrix)에 대한 설명이다.
③ 벡터는 1차원 목록의 데이터 구조이다.
④ 벡터는 문자로 구성될 수도 있다.

06 다음 R 코드 중 결괏값이 다른 것은? 11회 기출문제

① a <- seq(1, 10, 1)
② b <- c(1, 10)
③ c <- 1:10
④ d <- seq(10, 100, 10)/10

정답 해설 c(1, 10)은 두 개의 요소만 가지고 있는 벡터이다.
오답 해설 ①, ③ 10개 요소를 가지고 있는 벡터이다.
④ seq(10, 100, 10)은 10, 20, …, 90, 100이고, 이것을 10으로 나누므로 1, 2, …, 9, 10이 된다.

07 다음 프로그램을 통해 생성된 벡터 xy에 대한 설명으로 옳지 않은 것은?

20회 기출문제

```
x <- c(1:4)
y <- c("apple", "banana", "orange")
xy <- c(x, y)
```

① xy는 문자형 벡터이다.
② xy의 길이는 7이다.
③ xy[1]+xy[2]의 결과는 3이다.
④ xy[5:7]은 y와 동일하다.

정답 해설 숫자형이 아닌 자료의 덧셈은 불가능하므로 xy[1] + xy[2]의 결괏값은 Error이다.

오답 해설 ① xy는 숫자형 벡터와 문자형 벡터가 합쳐지는 것이므로 문자형으로 합쳐지게 된다.
따라서 xy를 출력하면 ["1", "2", "3", "4", "apple", "banana", "orange"]와 같이 문자형으로 표시된다.
② 7개 요소가 있으므로 길이는 7이다.
④ xy에서 x는 [1, 2, 3, 4]로 4개의 요소가 있으므로, xy[5:7]은 y와 동일한 ["apple", "banana", "orange"]이다.

08 다음 R 코드를 수행한 결괏값으로 옳은 것은?

11회 기출문제

```
c(2, 4, 6, 8) + c(1, 3, 5, 7, 9)
```

① 경고 메시지와 함께 결과가 출력된다.
② 4개의 숫자로 이루어진 벡터가 출력된다.
③ 9개의 숫자로 이루어진 벡터가 출력된다.
④ 에러 메시지가 출력되고, 명령 수행이 중단된다.

정답 해설 개수가 서로 다른 경우 경고 메시지 표시와 함께 결과가 출력된다. 데이터 개수가 적은 쪽이 반복 사용되어 결과가 만들어지므로 c(2, 4, 6, 8, 2) + c(1, 3, 5, 7, 9)가 수행되어 5개의 숫자로 이루어진 c(3, 7, 11, 15, 11)이 출력된다.

09 다음 내용의 R 코드의 수행 결과는?

8회 기출문제(주관식 변형)

```
x <- c(3, 6, 9, NA)
mean(x)
```

① 4.5
② 6
③ NA
④ INF

정답 해설 • c(3, 6, 9, NA)는 NA를 포함한 벡터이며, mean은 평균을 구하는 함수이다.
• NA가 포함된 벡터에 대해서 평균을 구할 수 없기 때문에 결과는 NA가 된다.

정답 01 ① 02 ③ 03 ① 04 ④ 05 ② 06 ② 07 ③ 08 ① 09 ③

핵심키워드 #matrix #matrix의 인덱싱 #data.frame

050 R의 데이터 형 - matrix, data.frame

★☆☆☆☆

 전문가의 합격 코멘트

matrix, data.frame은 최근 기출된 사례가 없어 상세하게 학습하지 않으셔도 시험 준비에 큰 지장은 없습니다.

1 매트릭스(matrix)

(1) matrix 생성

① 데이터의 형태가 2차원으로 행(Row)과 열(Column)로 구성된다.
② 하나의 데이터 유형으로만 구성할 수 있다.
③ matrix, rbind, cbind 등의 함수를 사용해 생성할 수 있다.

(2) 행렬(matrix) 생성 함수

① matrix 함수: 행, 열의 수를 지정하여 데이터를 2차원의 matrix 구조로 만든다.

$$matrix(data, nrow=1, ncol=1, byrow=FALSE)$$

m1 <- matrix(c(1, 2, 3, 4, 5, 6), ncol=3, byrow=TRUE)

❶ ncol=3: 열의 수를 3으로 지정한 것이며, 데이터가 6개이므로 행의 수는 2가 된다.

❷ byrow=TRUE: 1행을 모두 채우고 2행을 채우는 순서로 채우기를 진행한다.

	[,1]	[,2]	[,3]
[1,]	1	2	3
[2,]	4	5	6

m2 <- matrix(c(1, 2, 3, 4, 5, 6), nrow=3)

❶ nrow=3: 행의 수를 3으로 지정한 것이며, 데이터가 6개이므로 열의 수는 2가 된다.

❷ byrow=FALSE: 기본 설정으로 별도의 지정이 없는 경우에 사용된다. 직접 지정해도 상관없다.

	[,1]	[,2]
[1,]	1	4
[2,]	2	5
[3,]	3	6

174 3과목_데이터 분석

② **rbind 함수**: rbind 함수에 목록으로 제공된 vector나 matrix들이 각각 행 방향으로 연결된 행렬이 생성된다.

> rbind(vectors or matrices)

```
x <- 1:3
y <- seq(10, 30, 10)
결과1 <- rbind(x, y)
```

❶ x: 1, 2, 3이라는 3개 요소를 가진 vector이다.
❷ y: 10, 20, 30이라는 3개 요소를 가진 vector이다.
❸ 결과1 <- rbind(x, y): x가 첫 번째 행, y가 두 번째 행으로 사용되어 생성된 matrix에 대해 '결과1'이라는 이름을 부여한다.

```
> 결과1
     [,1] [,2] [,3]
x      1    2    3
y     10   20   30
```

③ **cbind 함수**: cbind 함수에 목록으로 제공된 vector나 matrix들이 각각 열 방향으로 연결된 행렬이 생성된다.

> cbind(vectors or matrices)

```
x <- 1:3
y <- seq(10, 30, 10)
결과2 <- cbind(x, y)
```

❶ x: 1, 2, 3이라는 3개 요소를 가진 vector이다.
❷ y: 10, 20, 30이라는 3개 요소를 가진 vector이다.
❸ 결과2 <- cbind(x, y): x가 첫 번째 열, y가 두 번째 열로 사용되어 생성된 matrix에 대해 '결과2'라는 이름을 부여한다.

```
> 결과2
      x    y
[1,]  1   10
[2,]  2   20
[3,]  3   30
```

2 matrix의 인덱싱

① matrix의 이름 뒤에 대괄호를 붙인 뒤 행 번호, 열 번호를 콤마(,)로 구분해 지정할 수 있다.
② 행 번호 및 열 번호는 1개의 숫자이거나, 벡터의 형태일 수 있다.
③ m이 matrix의 이름일 때, m[행 번호, 열 번호]와 같이 대괄호와 행 번호, 열 번호를 사용하며, 행 번호 또는 열 번호는 생략할 수 있다.
④ 행 번호와 열 번호를 모두 생략한 m[,]는 m과 같다.

matrix 생성 및 인덱싱		결과
생성	m <- matrix(c(1, 2, 3, 4, 5, 6), nrow=2, byrow=TRUE)	[,1] [,2] [,3] [1,] 1 2 3 [2,] 4 5 6
인덱싱	m[1,] ⇒ 1번 행(row) 전체	[1 2 3]
	m[,1] ⇒ 1번 열(column) 전체	[1 4]
	m[2, 1] ⇒ 2번 행, 1번 열	4
	m[1, c(2, 3)] ⇒ 1번 행, 2, 3번 열	[2 3]

3 data.frame

① 엑셀의 워크시트(Worksheet)와 같은 구조의 2차원 데이터이다.
② '여러 가지 데이터 유형'을 가질 수 있고, 벡터별로 다른 데이터 유형을 사용할 수 있다.
③ 벡터가 모여 데이터 프레임을 구성한다.
④ data.frame에 있는 하나의 vector인 열을 추출하기 위해서는 다음과 같은 명령어를 사용한다.

> data.frame이름$열이름

보충 학습

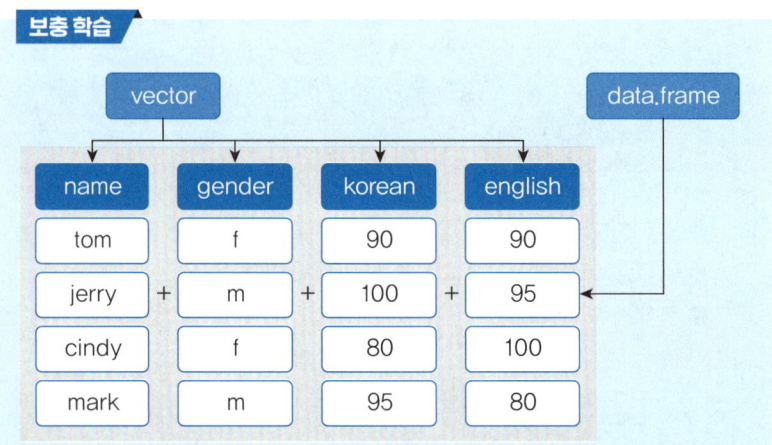

- data.frame의 이름을 Student라고 하면 korean 열을 추출하기 위해서는 Student$korean을 사용합니다.
- 4개의 vector가 1개의 data.frame을 구성하며, name, gender는 문자형, korean, english는 숫자형인 것을 알 수 있습니다.

기출로 개념 확인

01 다음은 R 스크립트의 실행 결과는? 22회 기출문제

```
m <- matrix(c(1, 2, 3, 4, 5, 6), ncol=2, byrow=TRUE)
m[1,]
```

① 1 2 ② 3 4
③ 5 6 ④ 1 3

정답 해설 행이 3개, 열이 2개이며 byrow=TRUE이므로 행 단위로 채워진다.

```
> m
     [,1] [,2]
[1,]    1    2
[2,]    3    4
[3,]    4    5
```

이 matrix에서 1번 행을 가져오는 것이므로 1 2가 된다.

02 다음 중 R 코드의 결과로 옳지 않은 것은? 19회 기출문제

```
x <- 1:5
y <- seq(10, 50, 10)
결과 <- rbind(x, y)
```

① 2 * 5 행렬이다. ② 결과[1,]은 x와 같다.
③ 결과[,1]은 y와 같다. ④ matrix 타입의 데이터형이다.

정답 해설 rbind이므로 x, y를 각각의 행으로 묶어 2행 5열의 matrix를 생성한다.

```
> 결과
  [,1] [,2] [,3] [,4] [,5]
x    1    2    3    4    5
y   10   20   30   40   50
```

결과[1,]은 x와 같고, 결과[,1]은 1 10과 같다.

정답 01 ① 02 ③

핵심키워드 #summary #연속형 #범주형 #NA's

051 R함수 - summary

★★★★★

 전문가의 합격 코멘트

summary 함수 결과를 해석하는 문제는 자주 출제되고 있습니다. 데이터셋을 직접 해석할 수 있도록 꼼꼼하게 학습해 주세요! 매우 중요한 부분입니다.

1 summary(데이터셋)

① 데이터셋을 구성하는 항목(= 변수)의 기초 통계량을 보여준다.
② 변수의 형태에는 연속형(수치형), 범주형이 있으며, 데이터에 포함된 결측치의 개수를 NA's로 표기한다.

연속형(수치형)	• Min.(최솟값), 1st Qu.(1사분위수), Median(중간값), Mean(평균), 3rd Qu.(3사분위수), Max.(최댓값) • 평균을 제외하면, 순서통계량임
범주형	• 범주별 개수가 표시됨 • 범주별 개수를 모두 더해 총 데이터의 개수를 알 수 있음
NA's	결측치의 개수

2 데이터셋에서 summary 적용 예

(1) iris 데이터셋

```
> summary(iris)
  Sepal.Length    Sepal.Width     Petal.Length    Petal.Width
 Min.   :4.300   Min.   :2.000   Min.   :1.000   Min.   :0.100
 1st Qu.:5.100   1st Qu.:2.800   1st Qu.:1.600   1st Qu.:0.300
 Median :5.800   Median :3.000   Median :4.350   Median :1.300
 Mean   :5.843   Mean   :3.057   Mean   :3.758   Mean   :1.199
 3rd Qu.:6.400   3rd Qu.:3.300   3rd Qu.:5.100   3rd Qu.:1.800
 Max.   :7.900   Max.   :4.400   Max.   :6.900   Max.   :2.500
       Species
 setosa    :50
 versicolor:50
 virginica :50
```

① 연속형 변수

• 연속형 변수명: Sepal.Length, Sepal.Width, Petal.Length, Petal.Width

• Sepal.Width를 통해 다음 내용을 추론할 수 있음

> − 2.8보다 크거나 같은 값을 갖는 데이터가 75%이다.
> − 3.0보다 크거나 같은 값을 갖는 데이터가 50%이다.
> − 3.3보다 크거나 같은 값을 갖는 데이터가 25%이다.

② 범주형 변수
- 범주형 변수명: Species
- setosa, versicolor, virginica의 3개 범주가 있음
- 각 범주별로 50개씩 총 150개의 데이터가 있음(setosa, versicolor, virginica는 각 50개씩의 데이터가 있음)

③ NA's: iris 데이터셋에는 결측치가 없다.

(2) hitters 데이터셋

```
> summary(hitters) 일부
 League    Division      PutOuts           Assists          Errors
 A:175     E:157      Min.   :   0.0    Min.   :  0.0    Min.   : 0.00
 N:147     W:165      1st Qu.: 109.2    1st Qu.:  7.0    1st Qu.: 3.00
                      Median : 212.0    Median : 39.5    Median : 6.00
                      Mean   : 288.9    Mean   :106.9    Mean   : 8.04
                      3rd Qu.: 325.0    3rd Qu.:166.0    3rd Qu.:11.00
                      Max.   :1378.0    Max.   :492.0    Max.   :32.00

     Salary        NewLeague
 Min.   :  67.5    A:176
 1st Qu.: 190.0    N:146
 Median : 425.0
 Mean   : 535.9
 3rd Qu.: 750.0
 Max.   :2460.0
 NA's   :  59
```

① 연속형 변수: PutOuts, Assists, Errors, Salary

② 범주형 변수
- 범주형 변수명: League, Division, NewLeague
- 총 322개의 데이터가 있음

변수	범주 및 데이터 수	합계
League	A: 175개, N: 147개	322개
Division	E: 157개, W: 165개	
NewLeague	A: 176개, N: 146개	

③ NA's
- Salary 변수에 59개의 결측치가 존재함
- 결측치는 NA's: 59로 표시됨

(3) Orange 데이터셋

```
> summary(Orange)
 Tree         age                circumference
 3:7    Min.   : 118.0          Min.   : 30.0
 1:7    1st Qu.: 484.0          1st Qu.: 65.5
 5:7    Median :1004.0          Median :115.0
 2:7    Mean   : 922.1          Mean   :115.9
 4:7    3rd Qu.:1372.0          3rd Qu.:161.5
        Max.   :1582.0          Max.   :214.0
```

① 연속형 변수
- 연속형 변수명: age, circumference
- age의 평균: 922.1
- circumference의 Median을 봤을 때 115.0이므로, 약 50%의 나무는 115보다 큰 둘레를 가지고 있음

② 범주형 변수
- 35개의 관측치를 포함함(Tree의 종류는 5가지이며, 각각 7개씩임)
- Tree는 factor 타입이며 '3 → 1 → 5 → 2 → 4' 순서로 되어 있음

> **보충 학습**
>
> factor 타입은 범주형 타입으로 지정된 범주 목록을 가지며, 순서가 있습니다. 범주는 문자열이거나 숫자 형태일 수 있습니다. 예를 들어 Orange 데이터셋에서 Tree 변수는 숫자 형태의 5개 범주를 가지며, 순서는 '3 → 1 → 5 → 2 → 4'로 설정되어 있어 summary의 결과에서 '1 → 2 → 3 → 4 → 5' 순서가 아닌 '3 → 1 → 5 → 2 → 4' 순서로 표시되는 것입니다. 이러한 순서가 있는 것은 범주형 변수의 값들이 실제 메모리에 저장될 때에는 문자열이든 숫자든 일련의 숫자로 변경되어 저장되므로 그 변경되는 숫자를 배정하는 순서가 필요하기 때문입니다. 즉, 메모리에 저장될 때에는 '3 → 1 → 5 → 2 → 4'가 '1 → 2 → 3 → 4 → 5'로 저장되고 눈에 보일 때에만 '3 → 1 → 5 → 2 → 4'로 보여지는 것입니다.

◎ **전문가의 합격 꿀팁**

age는 Tree별로 평균에 유의한 차이가 없다고 할 수 있다.

⇒ 틀림

age의 평균은 전체 평균만 표시된 것으로, Tree별로 평균이 표시되어 있지 않아 유의한 차이가 있는지 없는지 판단할 수 없습니다.

기출로 개념 확인

01 다음 중 최솟값, 1사분위수, 중위수, 3사분위수, 최댓값, 평균값을 구할 수 있는 함수는? 16회 기출문제

① str
② summary
③ head
④ inform

정답 해설 summary 함수는 연속형 데이터의 최솟값, 1사분위수, 중위수, 3사분위수, 최댓값, 평균값을 구할 수 있다.

오답 해설 ① str은 구조를 확인하는 데 사용된다.
③ head는 데이터의 첫 부분을 출력하는 데 사용된다.

02 다음 summary(cars)에 대한 설명으로 옳지 않은 것은? 19회 기출문제

```
> summary(cars)
     speed                dist
 Min.   : 4.0        Min.   :  2.00
 1st Qu.: 12.0       1st Qu.: 26.00
 Median : 15.0       Median : 36.00
 Mean   : 15.4       Mean   : 42.98
 3rd Qu.: 19.0       3rd Qu.: 56.00
 Max.   : 25.0       Max.   :120.00
```

① dist variable의 최솟값과 최댓값을 알 수 있다.
② 두 변수의 중위값(Median)을 확인할 수 있다.
③ speed의 제3사분위수는 알 수가 없다.
④ dist의 평균값을 확인할 수 있다.

정답 해설 speed의 제3사분위는 19.00이다.

03 다음 summary(iris)에 대한 설명으로 옳지 않은 것은?   29회 기출문제

```
> summary(iris)
  Sepal.Length    Sepal.Width     Petal.Length    Petal.Width      Species
 Min.   :4.300   Min.   :2.000   Min.   :1.000   Min.   :0.100   setosa    :50
 1st Qu.:5.100   1st Qu.:2.800   1st Qu.:1.600   1st Qu.:0.300   versicolor:50
 Median :5.800   Median :3.000   Median :4.350   Median :1.300   virginica :50
 Mean   :5.843   Mean   :3.057   Mean   :3.758   Mean   :1.199
 3rd Qu.:6.400   3rd Qu.:3.300   3rd Qu.:5.100   3rd Qu.:1.800
 Max.   :7.900   Max.   :4.400   Max.   :6.900   Max.   :2.500
```

① Sepal.Width의 중위값은 3.000이다.
② Petal.Width 변수의 벡터를 추출하기 위해서는 iris$Petal.Width를 실행한다.
③ Sepal.Length 변수는 범주형 데이터 타입이다.
④ Petal.Length 변수의 최댓값은 6.900이다.

정답 해설 Sepal.Length 변수에 Min.~Max.가 표시되어 있으므로 연속형 데이터 타입이라는 것을 알 수 있다. 범주형 데이터는 Species이다.

04 다음 중 wage 데이터셋에 summary 함수를 적용한 결과로 옳지 않은 것은?   17회 기출문제

```
> summary(wage[, c("wage", "education")])
      wage                    education
 Min.   : 20.09      1. < HS Grad       :268
 1st Qu.: 85.38      2. HS Grad         :971
 Median :104.92      3. Some College    :650
 Mean   :111.70      4. College Grad    :685
 3rd Qu.:128.68      5. Advanced Degree :426
 Max.   :318.34
```

① wage의 최솟값은 20.09이다.
② 교육 수준이 5개의 그룹으로 구분된다.
③ wage는 범주형 변수이다.
④ education은 순서형 변수이다.

정답 해설 wage는 연속형 변수이다.

05
다음은 다섯 종류의 오렌지 나무(Tree)의 연령(age)과 둘레(circumference)를 조사한 자료이다. 이에 대한 설명으로 옳지 않은 것은?

26회 기출문제

```
> summary(Orange)
  Tree           age              circumference
  3:7     Min.   : 118.0        Min.   : 30.0
  1:7     1st Qu.: 484.0        1st Qu.: 65.5
  5:7     Median :1004.0        Median :115.0
  2:7     Mean   : 922.1        Mean   :115.9
  4:7     3rd Qu.:1372.0        3rd Qu.:161.5
          Max.   :1582.0        Max.   :214.0
```

① age는 Tree별로 평균에 유의한 차이가 없다고 할 수 있다.
② age의 평균은 922.1이다.
③ 35개의 관측치를 포함하고 있다.
④ 약 50%의 나무가 115보다 큰 둘레를 가지고 있다.

정답 해설 age를 Tree별로 나누어 평균을 구한 자료가 없으므로 주어진 데이터만으로는 age가 Tree별로 평균에 유의한 차이가 있는지에 대해서는 판단할 수 없다.

풀이전략 판단하기 위해서는 3개 이상의 그룹에 대한 평균 차이 검정을 실시할 수 있는 ANOVA 검정과 같은 분석 방법을 사용해야 합니다.

06 다음은 hitters 데이터의 일부 내용에 대한 summary 결과이다. 이 결과물에 대한 설명으로 가장 옳지 않은 것은?

26회 기출문제

```
> summary(hitters) 일부
   League      Division       PutOuts            Assists           Errors
   A:175       E:157     Min.    :   0.0    Min.    :   0.0    Min.    :  0.00
   N:147       W:165     1st Qu. : 109.2    1st Qu. :   7.0    1st Qu. :  3.00
                         Median  : 212.0    Median  :  39.5    Median  :  6.00
                         Mean    : 288.9    Mean    : 106.9    Mean    :  8.04
                         3rd Qu. : 325.0    3rd Qu. : 166.0    3rd Qu. : 11.00
                         Max.    :1378.0    Max.    : 492.0    Max.    : 32.00

       Salary            NewLeague
   Min.    :  67.5      A:176
   1st Qu. : 190.0      N:146
   Median  : 425.0
   Mean    : 535.9
   3rd Qu. : 750.0
   Max.    :2460.0
   NA's    :59
```

① Salary 변수는 꼬리가 왼쪽으로 길다.
② 요약통계량에서의 범주형 변수는 총 3개이다.
③ Errors 변수의 25%가 11보다 큰 값을 가진다.
④ 결측치가 존재하는 변수가 있다.

정답 해설 Salary 변수의 경우 Mean이 Median보다 크기 때문에 오른쪽 꼬리가 길다고 할 수 있다.
오답 해설 ② 범주형 변수는 League, Division, NewLeague이다.
③ Errors 변수의 3rd Qu.가 11.00이므로 25%가 11보다 큰 값을 갖는다.
④ Salary 변수에 결측치가 존재한다.

✔ 풀이전략
문제에서 보기 ①은 'Salary 변수의 경우 꼬리가 왼쪽으로 치우쳐져 있다'는 것과 동일한 표현으로 이해해 주시기 바랍니다. 이것에 대한 학습은 통계 분석 챕터에서 다루게 됩니다.

핵심키워드 #산점도 #산점도 행렬 #상자그림 #히스토그램 #막대그래프

052 그래프 종류 ★★★★★

1 대표적인 그래프 종류

> **전문가의 합격 코멘트**
>
> 상자그림은 박스플롯이라고도 하며 그래프 중에서 가장 출제 빈도가 높습니다. 자세하게 알아두어야 하며, 상한 및 하한을 구하는 식도 암기해 두어야 합니다. 또한 히스토그램의 특징도 출제된 적이 있으므로 함께 알아두시기 바랍니다.

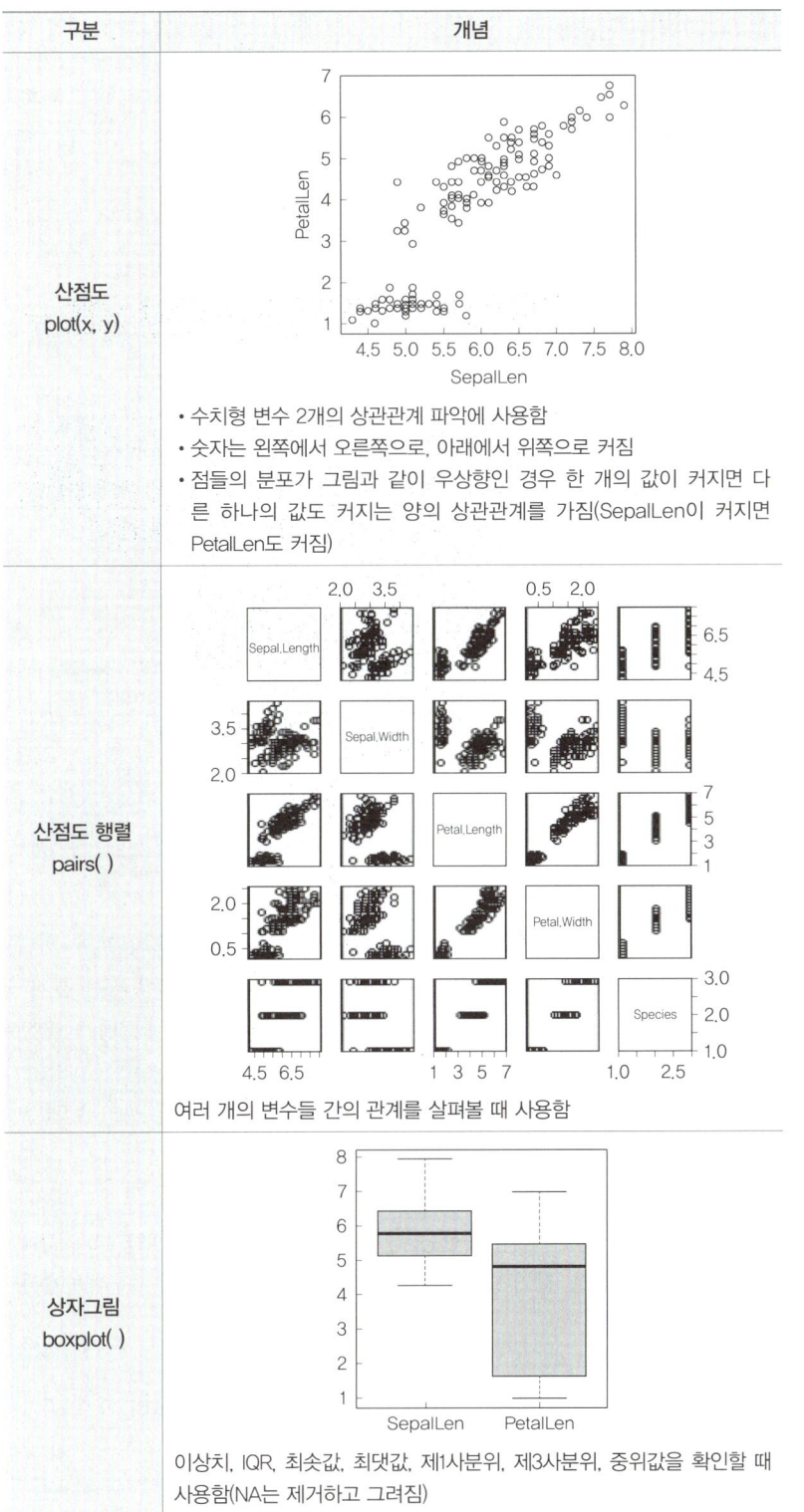

구분	개념
산점도 plot(x, y)	• 수치형 변수 2개의 상관관계 파악에 사용함 • 숫자는 왼쪽에서 오른쪽으로, 아래에서 위쪽으로 커짐 • 점들의 분포가 그림과 같이 우상향인 경우 한 개의 값이 커지면 다른 하나의 값도 커지는 양의 상관관계를 가짐(SepalLen이 커지면 PetalLen도 커짐)
산점도 행렬 pairs( )	여러 개의 변수들 간의 관계를 살펴볼 때 사용함
상자그림 boxplot( )	이상치, IQR, 최솟값, 최댓값, 제1사분위, 제3사분위, 중위값을 확인할 때 사용함(NA는 제거하고 그려짐)

히스토그램 hist( )	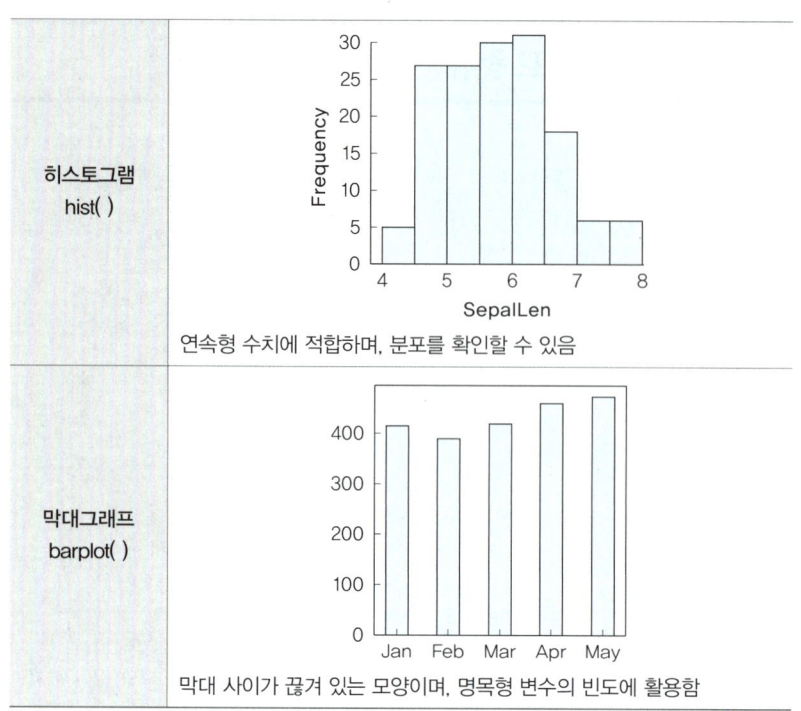	
	연속형 수치에 적합하며, 분포를 확인할 수 있음	
막대그래프 barplot( )	(그래프)	
	막대 사이가 끊겨 있는 모양이며, 명목형 변수의 빈도에 활용함	

2 상자그림(Boxplot)

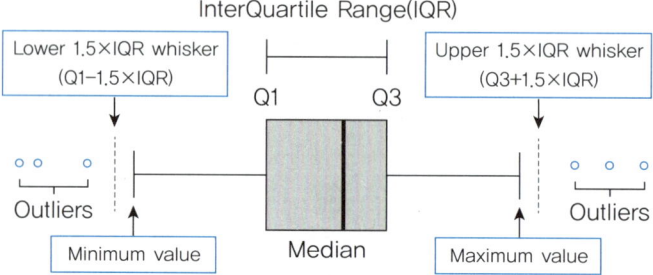

① Min, Q1, Median, Q3, Max 값과 이상값(Outlier)을 확인할 수 있다.
② Min, Max는 일반적인 범위(이상치 범위 안쪽)에서 가장 작은 값과 큰 값을 의미하므로 Min, Max 값까지 연결된 선(= 수염)의 길이는 대칭이 아닐 수 있다.
③ Q1, Q3는 각각 제1사분위수, 제3사분위수를 의미하며 25%, 75% 위치를 나타낸다.
④ IQR은 사분위수 범위라고 하여 Q3−Q1으로 구한다.
⑤ 이상값의 기준이 되는 하한은 Q1−1.5×IQR, 상한은 Q3+1.5×IQR이다.
⑥ 하한보다 작은 값이거나 상한보다 큰 값은 이상값으로, 그래프에서 동그라미로 표시된다.
⑦ Median은 중앙값을 의미하고, 50% 위치를 나타낸다.
⑧ 상자그림에 평균, 분산, 데이터의 개수 등의 정보는 들어있지 않다.

3 상자그림(Boxplot)의 예

(1) 사료 첨가물(feed)에 따른 닭의 무게(weight)를 나타낸 상자그림 해석

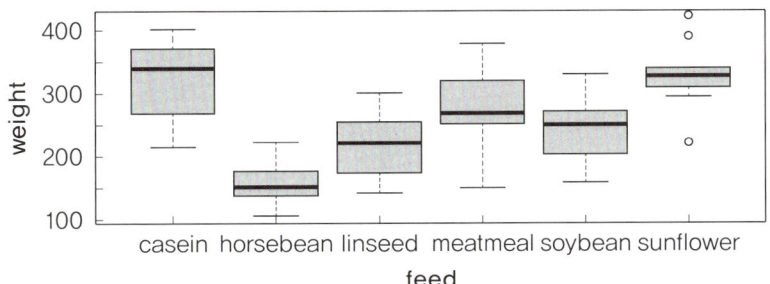

① horsebean을 섭취한 닭의 무게는 다른 사료를 섭취한 닭보다 적게 나간다.
② casein을 섭취한 닭의 무게는 다른 사료를 섭취한 닭보다 많이 나간다.
③ sunflower를 섭취한 닭의 무게에는 이상치가 있다.
④ casein의 경우 horsebean보다 중위수가 크다.
⑤ soybean의 경우 meatmeal보다 최솟값은 크지만, 최댓값이 작다.
⑥ Boxplot을 사용하여 그룹 간의 분포 차이를 비교할 수 있으나 그 차이가 유의미함을 보일 수는 없다.
⑦ 평균 차이의 유의미함을 보기 위해서는 ANOVA와 같은 평균 차이 검정을 해야 한다.

(2) 오존(Ozone) 데이터를 나타낸 상자그림 해석

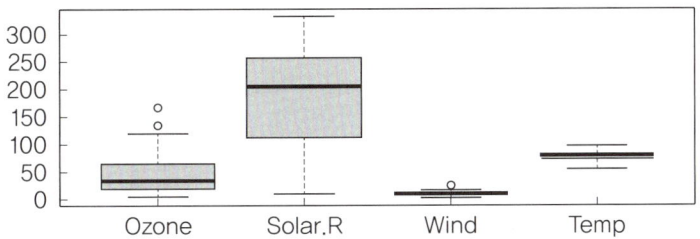

① Solar.R의 중위수가 가장 크다.
② Solar.R의 분산이 가장 크다고 할 수 있다.
③ Ozone은 이상값이 2개 존재한다.

> **전문가의 합격 꿀팁**
>
> Temp의 데이터 수가 가장 많음을 알 수 있다.
>
> ⇒ 틀림
> 데이터 수는 상자그림을 통해 알 수 없습니다.

4 히스토그램(Histogram)

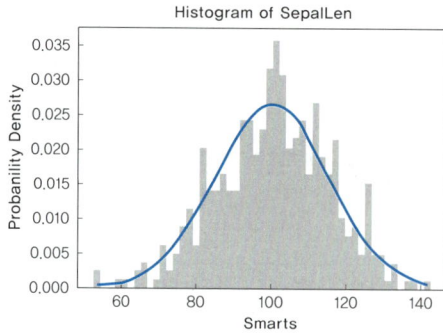
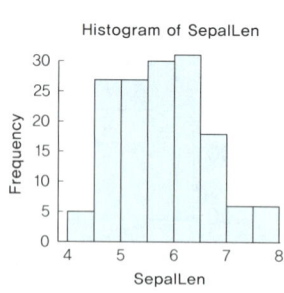

① 도수분포표의 각 계급을 가로축에 나타내고, 해당 계급에 속하는 측정값의 도수를 세로축에 표시하여 직사각형 모양으로 그린다.
② 꼬리가 오른쪽으로 긴 모양이라면 데이터가 전체 범위에서 수치가 낮은 쪽에 몰려 있음을 의미하고, 꼬리가 왼쪽으로 긴 모양이라면 데이터가 전체 범위에서 수치가 높은 쪽에 몰려 있음을 의미한다.
③ 한쪽으로 치우치는 것 없이 비슷한 높이로 그려진다면 분포는 균일하다.
④ 막대의 높이는 빈도를 나타내며, 폭은 의미가 없다.
⑤ 가로, 세로축 모두 연속 데이터를 사용하며, 범주형에는 막대그래프를 사용한다.
⑥ 많은 데이터를 가지고 있는 경우 더 정확한 분포를 파악할 수 있다.
⑦ 구간의 개수를 적절하게 잘 정하여야 한다.

기출로 개념 확인

01 다음 중 Boxplot에 대한 설명으로 적절하지 <u>않은</u> 것은?   16회 기출문제

① 중위수는 상자의 선으로 표시되며 데이터 중심의 일반적인 측도로, 관측치의 절반은 이 값보다 작거나 같고 절반은 이 값보다 크거나 같다.
② 사분위 간 범위 상자는 데이터의 중간 50%를 나타내며, 제1사분위수와 제3사분위수 간의 거리를 보여 준다.
③ 수염은 상자의 양쪽에서 연결되며, 이상치를 제외하고 데이터값의 하위 25%와 상위 25%의 범위를 나타낸다.
④ 그룹 간 분포 차이를 비교할 수 있으며, 그 차이가 유의미함을 보여준다.

정답 해설 Boxplot을 사용하여 그룹 간의 분포 차이를 비교할 수 있지만 그 차이가 유의미함을 보일 수는 없다. 차이의 유의미함을 위해서는 가설을 세우고 증명하는 통계적인 검정을 해야 한다.

02 다음 중 히스토그램에 대한 설명으로 옳지 <u>않은</u> 것은?   17회 기출문제

① 히스토그램에서는 분포의 봉우리와 산포를 확인할 수 있다.
② 표본 크기와 관계없이 데이터 분포를 정확하게 진단할 수 있다.
③ 히스토그램에서 양쪽 끝의 고립된 막대는 특이치를 의미한다.
④ 연속형 자료에 적합하며, 범주형 자료는 막대그래프를 이용한다.

정답 해설 히스토그램으로 분포를 확인할 경우 표본의 개수(= 표본 크기)가 많을수록 데이터 분포를 정확하게 진단할 수 있다.

03 다음 중 상자그림에 대한 설명으로 옳지 <u>않은</u> 것은?   34회 기출문제

① 자료의 크기 순서를 나타내는 5가지 통계량(최솟값, 최댓값, 1사분위수, 중앙값, 3사분위값)을 이용하여 시각화하는 방법이다.
② 상자그림은 그룹 간 분포 차이를 비교할 수 있다.
③ 이상치 판단에 적합하지 않다.
④ 상자그림에서 IQR은 '제3사분위수 − 제1사분위수'를 의미한다.

정답 해설 상자그림은 이상치 판단에 사용하는 대표적인 그래프이다.

04 다음 중 IQR(Interquartile Range)로 표시하며 확률분포 또는 자료값의 산포도를 나타내는 측도 중 하나로, 확률분포 또는 자료의 가운데 50%가 포함되는 범위는? 21회 기출문제

① 사분위수 범위
② 범위
③ 1사분위수 범위
④ 3사분위수 범위

정답 해설 기술통계학에서 사분위수 범위는 간단히 IQR(InterQuartile Range)로 표시하며 확률분포, 또는 자료값의 산포도를 나타내는 측도 중 하나이다. 이는 확률분포 또는 자료의 가운데 50%가 포함되는 구간의 길이로 정의하는데, 1사분위수는 25%, 3사분위수는 75% 위치를 말하며, 범위는 (가장 큰 값)−(가장 작은 값)이다.

05 다음 Boxplot에서 상한(최댓값)과 하한(최솟값)은 얼마인가? 25회 기출문제

Q1(1사분위수) = 4, Q3(3사분위수) = 12

① 하한 = −8, 상한 = 24
② 하한 = −6, 상한 = 22
③ 하한 = −4, 상한 = 20
④ 하한 = −2, 상한 = 18

정답 해설 IQR=(3사분위수)−(1사분위수)=12−4=8
- 상한: Q3+1.5×IQR=12+1.5×8=24
- 하한: Q1−1.5×IQR=4−1.5×8=−8

06 박스플롯(boxplot)에서 중간에 있는 선은? 32회 기출문제

① median
② mean
③ IQR
④ outlier

정답 해설

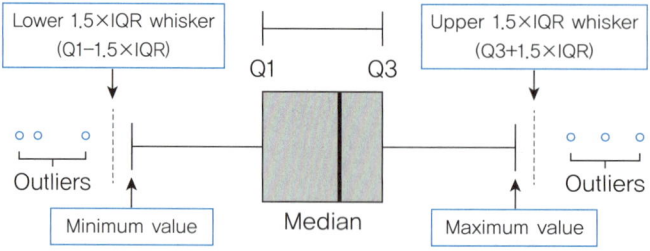

07 Default dataset에 대한 설명 중 적절하지 않은 것은?

27회 기출문제

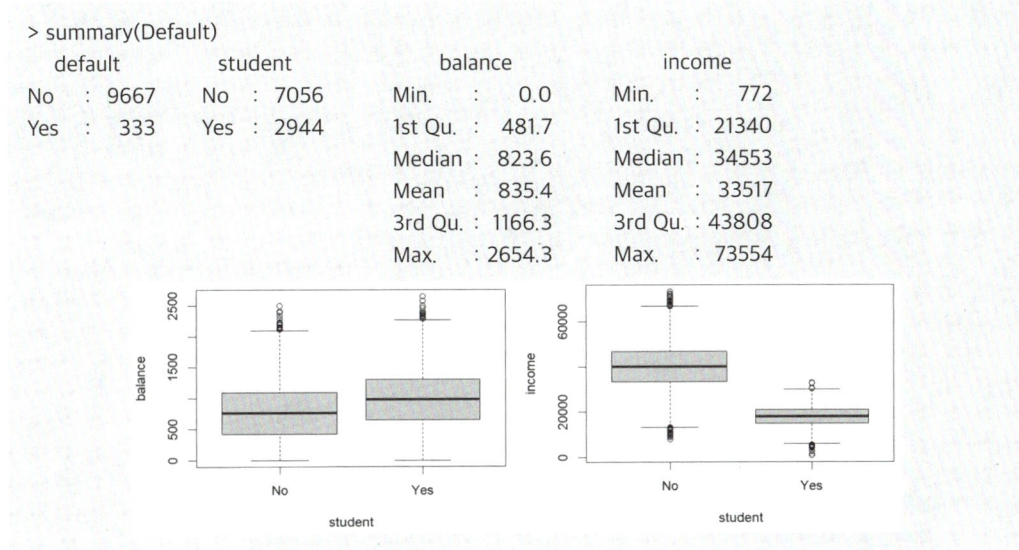

① 학생인 경우는 학생이 아닌 경우보다 balance가 낮은 경향을 보인다.
② 학생인 경우의 income이 학생이 아닌 경우보다 편차가 작다.
③ default와 student 변수는 범주형 데이터이다.
④ balance, income에 이상치가 있음을 알 수 있다.

정답 해설 왼쪽 boxplot을 살펴보면 학생인 경우(student=Yes)의 balance가 더 높은 경향을 보인다.

오답 해설 ② 오른쪽 boxplot을 보면 학생일 때 상자의 크기 및 min, max의 차이가 작은 것을 볼 수 있다. 따라서 income이 학생이 아닌 경우보다 편차가 작다고 할 수 있다.
③ summary를 보면 default와 student 변수는 Yes, No의 범주를 가진 범주형 데이터인 것을 볼 수 있다.
④ boxplot에 동그랗게 표시된 것이 이상치이며, balance, income에 이상치가 있음을 알 수 있다.

08 오렌지 나무의 dataset에 대한 설명 중 적절하지 않은 것은?

26회 기출문제

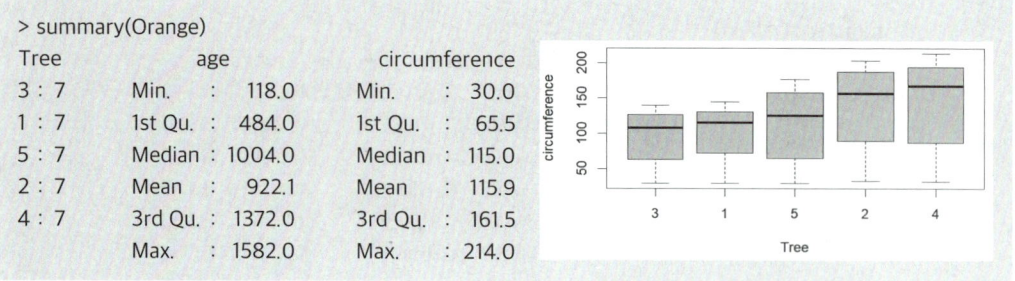

① 결측치가 존재하지 않는다
② age의 최솟값은 118.0이다
③ Tree는 연속형 변수이다.
④ 3번 Tree의 중앙값이 가장 낮다.

정답 해설 Tree는 1, 2, 3, 4, 5의 값을 갖는 범주형 변수이다.
오답 해설 ① NA's라는 것이 summary 결과에 보이지 않으므로 결측치는 존재하지 않는다.
② summary의 age 결과를 보면 Min. : 118.0으로 되어 있어 최솟값은 118.0이다.
④ 오른쪽 boxplot을 보면 3번 Tree의 중앙값이 가장 낮다.

09 다음 airquality 데이터셋에 대한 설명 중 적절하지 않은 것은?

25회 기출문제

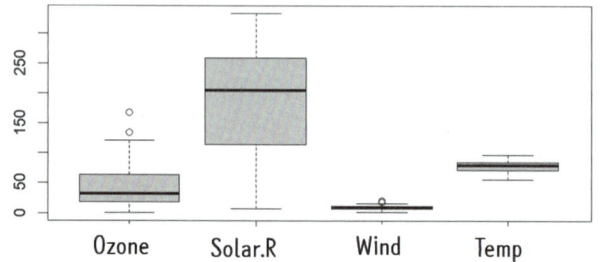

① Solar.R 중위수가 가장 크다.
② Solar.R 분산이 가장 크다고 할 수 있다.
③ Ozone은 이상값이 2개 존재한다.
④ Temp의 데이터 수가 가장 많음을 알 수 있다.

정답 해설 Boxplot은 데이터 수에 대한 정보를 표현하지 않는다.

정답 01 ④ 02 ② 03 ③ 04 ① 05 ① 06 ① 07 ① 08 ③ 09 ④

핵심키워드 #논리적 타당성 #단위 변환 #요약 통계량 #변수 분해 #변수 결합

053 파생변수(Derived Variable) ★★☆☆☆

1 파생변수의 개념

① 기존 데이터의 변수들을 조합하거나 변환하여 새롭게 생성한 변수이다.
② 데이터 분석 및 모델링에서 데이터의 의미를 풍부하게 하고 모델의 성능을 개선하기 위해 사용된다.
③ 데이터의 특징을 강화하고, 패턴을 탐지하며, 모델 성능 개선에 도움이 될 수 있다.
④ 의미 있는 변수의 생성을 위해 도메인 지식과 많은 실험이 필요할 수 있다.
⑤ 너무 많은 파생변수를 생성하면 오히려 모델이 과대적합(overfitting)될 위험이 있다.
⑥ 파생변수는 다양한 모델에 공통적으로 적용될 수 있지만, 모델의 특성과 데이터의 특성에 따라 적합하게 정보를 제공할 수도 있고 아닐 수도 있으므로 주의하여 사용해야 한다.
⑦ 파생변수는 매우 주관적일 수 있으므로 논리적 타당성을 갖추어 개발해야 한다.

> **보충 학습**
>
> **과대적합(overfitting)**
> 77강에서 학습하게 되는 내용으로 모델이 훈련 데이터에 지나치게 적합되어 훈련 데이터에 존재하는 불필요한 정보까지 학습한 경우 발생하는 것으로 좋지 못한 학습상태를 의미합니다.

> **전문가의 합격 코멘트**
>
> 2024년에 처음 다루어진 개념입니다. ADsP 시험 개정 이후 3과목에서 새롭게 등장하거나 다루어지는 내용이 점점 늘어날 것으로 보이며, 우선은 파생변수에 대한 개념을 정립하여 두시기를 바랍니다.

2 파생변수의 종류

(1) 단위 변환

변수의 단위 또는 척도를 변환하여 생성하는 방식이다.

㉑ 24시간 → 12시간 / 1m → 100cm / 나이 → 연령대(10대, 20대, 30대…)

(2) 요약 통계량 변환

요약 통계량을 활용하여 생성하는 방식이다.

㉑ 고객별 누적 방문 횟수, 고객별 총구매액, 고객별 최대 구매액

(3) 변수 분해
다양한 정보를 포함한 하나의 값을 분해하여 여러 정보로 나누어 생성하는 방식이다.
예) 주민등록번호 → 나이, 성별 / 날짜 → 년, 월, 일, 요일

(4) 변수 결합
다양한 함수 등 수학적 결합을 통해 새로운 변수를 생성하는 방식이다.
예) 키, 몸무게 정보를 사용하여 BMI 구하기

기출로 개념 확인

파생변수에 대한 설명으로 틀린 것은? 43회 기출문제

① 모든 데이터에 공통으로 활용할 수 있다.
② 파생변수는 다양한 모델에 공통으로 적용할 수 있다.
③ 파생변수는 주관적이라서 논리적 타당성을 확보해야 한다.
④ 비만도를 알기 위해 몸무게와 키를 사용하여 BMI 지수를 구한 경우 BMI는 파생변수이다.

정답 해설 파생변수가 모든 데이터에 공통으로 활용될 수 있는 것은 아니다. 파생변수는 특정한 목적이나 분석 목표에 따라 원본 데이터를 기반으로 추가 생성되는 변수이기 때문에, 데이터의 속성과 맥락에 따라 다르게 적용된다.

정답 ①

핵심키워드 #결측치 #단순 대치법 #다중 대치법 #이상값

054 결측치와 이상값 처리

★★★★★

1 결측치(Missing Value) 처리

(1) 결측치 처리 개요
① 결측치를 포함한 데이터는 학습할 수 없다. 학습은 연산을 통해 이루어지는데 결측치는 연산할 수 없기 때문이다.
② 결측치가 있는 데이터는 결측치 처리를 위한 과정이 필수이며, 데이터 전처리 비용이 증가하고 결측값을 해결하는 과정에서 데이터가 왜곡될 수 있어 품질이 저하된다.
③ 결측값은 데이터가 입력이 되지 않은 것으로 NA, NaN 등으로 표시된다 (0, 공백 문자는 결측값이 아님).
④ 결측치의 추정량 표준오차와 과소추정 문제를 보완하기 위해 단순 확률 대치법과 다중 대치법 등의 다양한 방법이 고려되었다.
⑤ 그러나 결측치를 처리하는 문제는 완전하게 해결되지 못했고, 계산의 난해성이라는 문제도 존재한다.

(2) 단순 대치법(Single Imputation)
① 완전히 응답한 개체만을 이용한 분석(Completes Case Analysis)
  - 불완전 자료는 모두 무시하는 방법
  - 부분적으로 관측된 자료를 무시하기 때문에 효율성 상실, 통계적 추론의 타당성 문제가 존재함
② 평균 대치법
  - 관측 또는 실험을 통해 얻어진 데이터의 평균으로 결측값을 대치하는 방법
  - 비조건부 평균 대치법과 조건부 평균 대치법이 있음
    - 비조건부 평균 대치법: 관측 데이터의 평균값으로 대치하는 방법
    - 조건부 평균 대치법: 회귀 분석을 활용하여 대치하는 방법
③ 단순 확률 대치법
  - 평균 대치법에서 추정한 표준오차의 과소추정 문제를 보완하고자 고안된 방법
  - 간단한 문제를 제외한 대부분의 경우에 추정량의 표준오차 계산 자체가 어렵다는 문제가 있음
  - Hot-deck, Nearest Neighbor 방법 등이 있음

(3) 다중 대치법(Multiple Imputation)
① 결측값(missing data)을 처리하기 위한 통계적 방법으로, 결측값을 대체하기 위해 단일 값이 아닌 여러 대치값(imputed values)을 생성하여 분석에 반영하는 방법이다.
② 단순 대치법을 1번이 아닌 m번 수행하여 m개의 가상적 완전 자료를 만드는 방법이다(m: 임의의 정수로, 여러 번을 의미함).

전문가의 합격 코멘트

결측치를 처리하는 방법과 이상값을 처리하는 방법에 대한 문제가 출제되고 있는데, 이상값을 처리하는 방법이 더 높은 비중으로 출제됩니다. 상자그림(Boxplot)과 함께 문제가 출제되므로 상자그림이 이상치를 검출하는 그래프라는 것을 반드시 기억해야 합니다.

Hot-deck
대치법의 한 유형으로, 누락된 값이 유사한 패턴을 가진 기존의 값들로 대체되는 방법을 나타낸다. 이 방법은 주로 비슷한 특성을 가진 이웃 값들로 결측값을 대치하는 경우에 사용된다.

③ 통계적 추론에 사용된 통계량의 효율성 및 일치성 등의 문제를 부분적으로 보완한다.
④ 추정량 표준오차의 과소추정, 계산의 난해성 문제 등을 가지고 있다.

> **보충 학습**
> 추정량 표준오차의 과소추정은 통계학에서 특정 추정량의 표준오차(Standard Error)를 과소평가하는 현상을 나타냅니다. 즉, 추정량의 표준오차가 실제보다 낮게 추정되는 경우를 말합니다.

2 이상값(Outlier) 처리

(1) 이상값 개요
① 일반적인 다른 값과 멀리 떨어져 있는 값(거리, 밀도)을 의미한다.
② 이상값은 정형 데이터보다 반정형, 비정형 데이터에서 많이 발생한다.
③ 분포를 왜곡할 수 있으나 실제 오류인지 통계적으로 검증할 수 없으므로 제거 여부는 해당 분야의 전문가 또는 실무자와 상의하여 판단해야 한다.
④ 이상값도 분석의 대상이 될 수 있어 반드시 제거해야 하는 것은 아니며, 분석의 목적이나 종류에 따라 적절한 판단이 필요하다.
⑤ 이상값을 활용한 시스템에는 '부정 사용 방지 시스템' 등이 있다.

(2) 이상값 탐지
① ESD(Extreme Studentized Deviation) 방법: 정규분포에서 나온 표본값일 경우, 평균과 표준편차를 사용하여 이상값을 탐색하기 위한 통계적 방법이다.

$$\mu - 3\sigma < 정상 데이터 < \mu + 3\sigma$$
μ: 평균, σ: 표준편차

평균으로부터 T 표준편차(Standard Deviation) 이상 떨어져 있는 값들을 이상값(Outlier)으로 판단하고, T는 3으로 설정하는 이상값 검색 알고리즘이다.

② 사분위수(Quartile) 방법: Q1, Q3 및 IQR을 사용해서 이상값을 탐색하는 방법으로 상자그림(Boxplot)에서 사용된다.

$$(Q1-1.5 \times IQR) < 정상 데이터 < (Q3+1.5 \times IQR)$$
Q1: 제1사분위수, Q3: 제3사분위수, IQR = Q3 − Q1(IQR: 데이터의 가운데 50%)

③ summary 함수: summary 함수의 결과로 표시되는 Q1, Q3값을 보고 판단하는 방법으로 Q1, Q3를 사용하여 IQR을 구하고, Q1, Q3, IQR을 사용해 lower, upper의 범위를 구한다.

```
   CompPrice        Income         Advertising      Population
 Min.   : 77     Min.   : 21.00   Min.   : 0.000   Min.   : 10.0
 1st Qu.: 115    1st Qu.: 42.75   1st Qu.: 0.000   1st Qu.: 139.0
 Median : 125    Median : 69.00   Median : 5.000   Median : 272.0
 Mean   : 125    Mean   : 68.66   Mean   : 6.635   Mean   : 264.8
 3rd Qu.: 135    3rd Qu.: 91.00   3rd Qu.: 12.000  3rd Qu.: 398.5
 Max.   : 175    Max.   : 120.00  Max.   : 29.000  Max.   : 509.0
```

위의 summary함수의 결과에서 CompPrice는 이상치를 가지고 있다.

- CompPrice: IQR = Q3 − Q1 = 135 − 115 = 20
- lower = Q1 − 1.5×IQR, upper = Q3 + 1.5×IQR
- lower = 115 − 30 = 85, upper = 135 + 30 = 165
- Max 값을 보면 upper보다 더 큰 값인 175가 존재하므로 이상치가 있음

④ **머신러닝 기반 방법**: 머신러닝의 군집 기법을 사용하여 군집에 포함되지 않는 것을 이상값으로 판단하는 방법이다.

(3) 이상값 처리 방법

① 이상값 제거
- 이상값이 데이터 오류나 노이즈일 경우, 해당 값을 제거함
- 분석의 신뢰도를 높일 수 있지만, 중요한 정보일 가능성이 있는 이상값을 제거하면 데이터가 왜곡될 수 있음
- 데이터를 삭제하면 정보손실률이 높아짐. 특히 데이터의 수가 적을 때 유용한 정보도 함께 손실될 수 있어 신중히 사용해야 함

② 데이터 변환
- 이상치가 데이터의 분포에 큰 영향을 준다면 로그 변환, 제곱근 변환 등을 통해 분포를 정규화할 수 있음
- 다만, 해석이 어려워지며 변환이 모든 모델에 적합한 것은 아님

③ 이상값 절단(capping)
- 이상값을 특정 임곗값으로 제한하는 방법으로 하한 및 상한값을 설정하여 이상값을 해당 값으로 대체하는 방법
- 이상치를 절단하면 이상치의 영향을 줄이면서 데이터 손실을 최소화할 수 있지만, 데이터의 분포를 왜곡할 수 있음

기출로 개념 확인

01 결측값은 과측되어 얻어지는 실험 자료에서 종종 나타나는 현상으로, 결측값을 분석할 수 있는 통계 분석 방법론에는 대치법이 있다. 다음 중 결측값을 처리하는 방법에 대한 설명으로 적절하지 않은 것은?

25회 기출문제

① Complete Analysis는 불완전 자료를 모두 삭제하고 완전한 관측치만으로 자료를 분석하는 방법이다. 그러나 부분적 관측 자료를 사용하므로 통계적 추론의 타당성 문제가 있다.
② 평균 대치법은 자료의 평균값으로 결측값을 대치하여 불완전한 자료를 완전한 자료로 만들어 분석하는 방법이다.
③ 단순 확률 대치법은 평균 대치법에서 추정량 표준오차의 과소추정 문제를 보완하고자 고안된 방법이다.
④ 다중 대치법은 단순 대치법을 1번에 하지 않고 m번의 대치를 통해 m개의 가상적 완전 자료를 만들어서 분석하는 방법으로, 추정량의 과소추정이나 계산의 난해성 문제가 보완된 방법이다.

정답 해설 다중 대치법을 사용하더라도 추정량의 과소추정 및 계산의 난해성 문제는 존재한다.

02 다음 중 이상값 검색을 활용한 응용 시스템으로 가장 적절한 것은?

11회 기출문제

① 장바구니 분석 시스템
② 데이터 마트
③ 교차 판매 시스템
④ 부정 사용 방지 시스템

정답 해설 이상값 검색을 활용한 응용 시스템에는 '부정 사용 방지 시스템'이 있다.
오답 해설 장바구니 분석, 교차 판매 시스템 등은 비지도 학습의 연관 분석과 관련된 것이며, 데이터 마트는 데이터 저장소를 의미한다.

03 다음 중 이상치(Outlier)를 판별하는 방법에 대한 설명으로 가장 적절하지 않은 것은?

11회 기출문제

① 평균으로부터 3×표준편차를 벗어나는 값은 이상치로 판단하고 제거한다.
② IQR=Q3−Q1이라 할 때 Q3+1.5×IQR, Q1−1.5×IQR 범위를 벗어나는 값을 이상치로 판단한다.
③ 이상치는 변수의 분포에서 벗어난 값으로 상자그림을 통해 확인할 수 있다.
④ 이상치는 분포를 왜곡할 수 있으나 실제 오류인지 통계적으로 검증할 수 없으므로 제거 여부는 해당 분야의 전문가와 상의하여 판별하여야 한다.

정답 해설 이상값도 분석 대상이 될 수 있으므로 무조건 삭제하는 것은 적절하지 않다. 이상치(= 이상값)의 제거는 그 원인 또는 해결 방법에 대해 해당 분야의 전문가와 상의해서 판단해야 한다.

04 다음 중 평균으로부터 T Standard Deviation 이상 떨어져 있는 값들을 이상값(Outlier)으로 판단하고, T는 3으로 설정하는 이상값 검색 알고리즘은?

22회 기출문제

① 사분위수(Quartile)
② ESD(Extreme Studentized Deviation)
③ 정규분포
④ 군집 방법(Clustering)

정답 해설 ESD는 평균으로부터 3×표준편차(Standard Deviation) 이상 떨어져 있는 값을 이상값으로 판단하는 방법이다.

오답 해설 ① 사분위수(Quartile): IQR=Q3−Q1이라 할 때 Q3+1.5×IQR, Q1−1.5×IQR 범위를 벗어나는 값을 이상치로 판단한다.
④ 군집(Clustering) 방법: 군집으로 묶이지 않은 값을 이상값으로 판단하는 방법으로, 3과목의 군집 분석에서 자세하게 학습한다.

05 데이터 전처리 과정에서 이상치를 어떻게 처리할지를 결정할 때 이상치를 판정하는 방법을 사용할 수 있다. 다음 중 상자그림을 이용하여 이상치를 판정하는 방법에 대한 설명으로 적절하지 않은 것은?

30회 기출문제

① IQR=Q3−Q1이라고 할 때, $(Q1-1.5 \times IQR) < x < (Q3+1.5 \times IQR)$을 벗어나는 x를 이상치라고 규정한다.
② 평균으로부터 3×표준편차를 벗어나는 것들을 이상치라 규정하고 제거한다.
③ 이상치는 변수의 분포에서 벗어난 값으로 상자그림을 통해 확인할 수 있다.
④ 이상치는 분포를 왜곡할 수 있으나 실제 오류인자에 대해서는 통계적으로 실행하지 못하기 때문에 제거 여부는 실무자들을 통해서 결정하는 것이 바람직하다.

정답 해설 상자그림을 이용하는 경우 IQR=Q3−Q1이라고 할 때, Q1−1.5×IQR<x<Q3+1.5×IQR을 벗어나는 x를 이상치라고 한다. 평균으로부터 3×표준편차를 벗어나는 것에 대한 이상치 규정은 ESD 방법이다.

풀이전략
이상치의 제거는 전문가와 실무자를 통해 결정하는 것이 바람직하다는 것도 꼭! 기억해 주시기 바랍니다.

06 결측값을 처리하는 방법 중에서 완전 사례 분석(Complete Case Analysis)에 대한 설명으로 옳지 않은 것은?

41회 기출문제

① 결측값을 모두 제거하는 방법이다.
② 결측값을 데이터의 평균으로 대치한다.
③ 결측값의 수가 적으면 효율적이다.
④ 데이터/결측값 수가 많은 경우 데이터 손실이 많이 발생할 수 있다.

정답 해설 결측값을 데이터의 평균으로 대치하는 것은 '단순 대치법 − 평균 대치법'에 해당한다. 완전 사례 분석은 불완전 자료는 모두 무시하는 방법으로, 부분적으로 관측된 자료를 무시함으로써 생기는 효율성 상실, 통계적 추론의 타당성 문제가 존재한다.

07 결측값에 대한 설명 중 옳은 것은?

41회 기출문제

① 결측값은 데이터 학습 속도에 영향을 주지 않는다.
② 결측값은 데이터의 입력이 되지 않은 상태로 0, 공백 문자 등으로 채워진 경우를 말한다.
③ 결측값을 포함한 경우라도 해결하지 않고 그대로 학습이 가능하다.
④ 결측값을 해결하는 과정에서 데이터가 왜곡될 수 있다.

정답 해설 결측값을 해결하는 과정에서 데이터가 왜곡될 수 있는데, 이에 대한 문제는 완전하게 해결되지 못했다.
오답 해설 ① 결측값을 포함한 데이터는 데이터 전처리 비용이 증가하고 품질을 저하시킨다(결측치가 있는 데이터는 학습이 불가하므로 전처리 없이는 학습 자체가 불가능함).
② 결측값은 데이터의 입력이 되지 않은 것으로 NA, NaN 등으로 표시된다(0, 공백 문자는 결측값이 아님).
③ 결측값을 포함한 경우 학습을 수행할 수 없다.

08 다음 중 결측치의 대치법에 대한 설명으로 옳지 않은 것은?

43회 기출문제

① 완전 사례 분석은 불완전 자료는 모두 무시하는 방법이다.
② 평균 대치법(Mean Imputation)은 관측 또는 실험을 통해 얻어진 데이터의 평균으로 결측값을 대치하는 방법이다.
③ 단순확률 대치법(Single Stochastic Imputation) 중 조건부 평균 대치법은 회귀 분석을 활용하여 대치하는 방법이다.
④ 다중 대치법은 단순 대치법을 한 번이 아닌 m번 수행하여 m개의 가상적 완전 자료를 만드는 방법으로 추정량 표준오차의 과소추정 또는 계산의 난해성 문제 등을 가지고 있다.

정답 해설 단순확률 대치법은 Hot Deck, Nearest Neighbor 방법 등을 사용한다. 평균 대치법 중 조건부 평균 대치법은 회귀 분석을 활용하여 결측값을 대치하는 방법이다.

09 다음 중 이상치에 처리 방법에 대한 설명 중 <u>틀린</u> 것은? 43회 기출문제

① 이상치라도 반드시 제거해야 하는 것은 아니다.
② 이상치가 데이터의 분포에 큰 영향을 준다면 변환을 통해 분포를 정규화한다.
③ 이상값 데이터를 삭제하면 정보손실률도 낮아진다.
④ 이상치를 절단하면 이상치의 영향을 줄이면서 데이터 손실을 최소화할 수 있다.

정답 해설 데이터를 삭제하면 정보손실률이 높아진다. 특히 데이터의 수가 적을 때 유용한 정보도 함께 손실될 수 있어 신중히 사용해야 한다.

오답 해설 ① 이상치라도 분석 대상이 될 수 있으므로 반드시 제거해야 하는 것은 아니다.
② 이상치가 데이터의 분포에 큰 영향을 준다면 변환을 통해 분포를 정규화할 수 있지만, 해석이 어려워지므로 변환이 모든 모델에 적합한 것은 아니다.
④ 이상치를 절단하면 이상치의 영향을 줄이면서 데이터 손실을 최소화할 수 있지만, 데이터의 분포를 왜곡할 수 있다.

10 다음 중 이상치가 있을 것으로 의심되는 집단은? 41회 기출문제

CompPrice	Income	Advertising	Population
Min. : 77	Min. : 21.00	Min. : 0.000	Min. : 10.0
1st Qu. : 115	1st Qu. : 42.75	1st Qu. : 0.000	1st Qu. : 139.0
Median : 125	Median : 69.00	Median : 5.000	Median : 272.0
Mean : 125	Mean : 68.66	Mean : 6.635	Mean : 264.8
3rd Qu. : 135	3rd Qu. : 91.00	3rd Qu. : 12.000	3rd Qu. : 398.5
Max. : 175	Max. : 120.00	Max. : 29.000	Max. : 509.0

① CompPrice ② Income
③ Advertising ④ Population

정답 해설
- CompPrice: IQR=Q3−Q1=135−115=20
- lower=Q1−1.5×IQR, upper=Q3+1.5×IQR
- lower=115−30=85, upper=135+30=165
- Max 값을 보면 upper보다 더 큰 값인 175가 존재하므로 이상치가 있을 것으로 의심된다.

정답 01 ④ 02 ④ 03 ① 04 ② 05 ② 06 ② 07 ④ 08 ③ 09 ③ 10 ①

통계 분석

핵심키워드 #모수 #추출 #통계량 #층화 추출 #표본 추출 오차 #비표본 추출 오차 #표본 편의

055 통계 분석 개요

> **전문가의 합격 코멘트**
> 통계량에 대한 의미를 묻는 문제, 층화 추출과 비표본 추출 오차, 표본편의 개념에 대한 이해를 다룬 문제가 출제되었습니다. 가장 기본이 되는 용어들이므로 잘 이해하셔야 합니다. 표본 추출 오차, 비표본 추출 오차, 표본 편의의 경우 그 특징까지 잘 이해하고 있어야 합니다.

1 통계 관련 기본 용어

(1) 모집단과 표본

모집단 (Population)	잘 정의된 연구 목적과 이와 연계된 명확한 연구 대상 데이터 전체 집합 예) 대통령 후보의 지지율을 구할 때의 유권자 집합을 모집단으로 볼 수 있음
모수 (Parameter)	• 모집단의 특성을 나타내는 수치 • 모집단의 평균(μ), 분산(σ^2)과 같은 수치들을 모수라고 함
표본 (Sample)	• 모집단의 데이터를 전부 조사하기 힘들 때 모집단에서 추출(Sampling) 한 것 • 추출(Sampling)한 표본으로 모집단의 특성을 추론(Inference)함(오차 발생) 예) 각종 여론조사에 참여한 유권자
통계량 (Statistic)	• 표본의 특성을 나타내는 수치 • 표본의 평균($\bar{x}$), 분산(s^2)과 같은 수치를 통계량이라고 함

(2) 통계학(Statistics)에서의 모집단과 표본

① 모집단이 연구 대상이지만 모집단 전체의 값을 얻기 힘들 때 표본의 통계량을 사용해 모집단의 모수를 추론한다.

② 모집단에서 일부 데이터를 선택하여 값을 얻는 것을 추출(Sampling)이라고 한다.

③ 표본의 통계량(Statistic)을 사용하여 모집단의 모수를 추정하는 것을 추론(Inference)이라고 한다.

> **보충 학습**
> 모집단의 평균, 분산을 모평균, 모분산이라고 하며 표본 집단에 대해서는 표본평균, 표본분산이라고 합니다. 기호를 구분하여 알아두어야 하며, 다양한 통계 관련 기호들을 읽고 해석할 수 있도록 하는 연습이 필요합니다.

2 확률적 표본 추출법의 종류

(1) 단순 무작위 추출(Simple Random Sampling)
① 모집단의 각 개체가 표본으로 선택될 확률이 동일하게 추출되는 경우이다.
② 모집단의 개체 수는 N, 표본 수는 n일 때 개별 개체가 선택될 확률은 n/N이다.

(2) 계통 추출(Systematic Sampling)
모집단 개체에 1, 2, ⋯, N이라는 일련번호를 부여한 후, 첫 번째 표본을 임의로 선택하고 일정 간격으로 다음 표본을 선택한다.
㉠ 1~100까지 번호를 부여한 후 10개를 선택하면 1, 11, 21, 31, ⋯, 91이 선택된다.

(3) 층화 추출(Stratified Sampling)
모집단을 서로 겹치지 않게 몇 개의 집단 또는 층(Strata)으로 나누고, 각 집단 내에서 원하는 크기의 표본을 단순 무작위 추출법으로 추출한다.

층(Strata)
성별, 나이대, 지역 등 차이가 존재하는 그룹을 말한다.

(4) 군집 추출(= 집락 추출, Cluster Sampling)
① 모집단을 차이가 없는 여러 개의 집단(Cluster)으로 나눈다.
② 집단 중 몇 개를 선택한 후, 선택된 집단 내에서 필요한 만큼의 표본을 임의로 추출한다.
㉠ 유치원 어린이에 대해 연구할 때, A유치원, B유치원, ⋯과 같이 여러 유치원 중에서 몇 개를 표본으로 추출한다.

> **보충 학습**
> 표본 추출은 성공적인 추론을 위해 매우 중요한 부분입니다. 따라서 비확률 표본 추출법은 특정 표본이 선정될 확률을 알 수 없기 때문에 통계학에서 사용할 수 없습니다.

3 표본 추출 오차의 종류 및 특징

(1) 표본 오차·표본 추출 오차(Sampling Error)
① 모집단을 대표하지 못하는 표본을 추출하여 발생하는 오차이다.
② 모집단을 전수 조사하는 것이 아닌 표본을 추출하여 발생하는 오차이다.
③ 표본 오차는 표본의 크기가 커지면 작아지고, 전수 조사에서는 0이 된다.

(2) 비표본 추출 오차(Non-Sampling Error)
① 표본 오차를 제외한 조사, 집계, 분석 과정에서 발생할 수 있는 모든 오차를 의미한다.
㉠ 설문 또는 측정 방식이 잘못됨, 자료 기록 및 처리의 오류, 무응답·오응답 오류 등
② 비표본 추출 오차는 표본의 크기에 비례하여 커진다. 그러므로 표본의 크기가 크다고 반드시 좋은 것은 아니다.

(3) 표본편의(Sampling Bias)

① 표본 추출 과정에서 발생하는 편의(Bias)로, 편의는 추정값의 기댓값과 모수의 차이를 의미한다.

  예) 일반인으로부터 피험자를 모집했을 때, 참여자들은 내용에 관심이 높은 사람일 가능성이 있어 표본이 치우칠 수 있다.

② 확률화(Randomization)에 의해 최소화하거나 없앨 수 있다.

기출로 개념 확인

01 모집단에 대해 알고자 하는 값을 모수라고 하는데, 다음 중 모수를 추론하기 위해 구하는 표본의 값들은?

22회 기출문제

① 통계량
② 기댓값
③ 표본평균
④ 표준오차

정답 해설 모수를 추론하기 위해 구하는 표본의 값은 통계량(Statistic)이라고 한다. 표본평균, 표본분산과 같은 수치가 대표적인 통계량이다.

02 다음 중 먼저 모집단을 서로 겹치지 않는 여러 개의 층으로 분할한 후, 각 층에서 단순 임의 추출법에 따라 배정된 표본을 추출하는 방법은?

31회 기출문제

① 층화 추출(Stratified Sampling)
② 집락 추출(Cluster Sampling)
③ 계통 추출(Systematic Sampling)
④ 편의 표본 추출(Convenience Sampling)

정답 해설 서로 겹치지 않는 '층'을 사용하는 표본 추출 방법은 층화 추출법(Stratified Sampling)이다. 이 방법은 모집단을 먼저 서로 겹치지 않는 여러 개의 층으로 분할한 후, 각 층에서 단순 임의 추출법에 따라 배정된 표본을 추출한다.

03 다음 중 모집단 개체에 1, 2, …, N이라는 일련번호를 부여한 후, 첫 번째 표본을 임의로 선택하고 일정 간격(k)으로 다음 표본을 선택하는 방법은?

25회 기출문제

① 층화 추출(Stratified Sampling)
② 단순 무작위 추출(Simple Random Sampling)
③ 계통 추출(Systematic Sampling)
④ 군집 추출(Cluster Sampling)

정답 해설 계통 추출법은 모집단 개체에 1, 2,…, N이라는 일련번호를 부여한 후, 첫 번째 표본을 임의로 선택하고 일정 간격으로 다음 표본을 선택하는 방식이다.

> **풀이전략**
> 단순 무작위 추출은 모집단의 각 개체가 표본으로 선택될 확률이 동일하게 추출되는 경우이며, 군집 추출은 집단 중 몇 개를 선택한 후 선택된 집단 내에서 필요한 만큼의 표본을 임의로 추출하는 방식이라는 것도 함께 알아두시기 바랍니다.

04 다음 중 표본 추출 시 발생하는 오차에 대한 설명으로 옳지 <u>않은</u> 것은?　　　34회 기출문제

① 표본오차(Sampling Error)는 모집단의 일부인 표본에서 얻은 자료를 통해 모집단 전체의 특성을 추론함으로써 생기는 오차를 의미한다.
② 비표본오차(Non-sampling Error)는 표본 크기가 증가함에 따라 증가한다.
③ 표본편의(Sampling Bias)는 표본 추출 방법에서 기인하는 오차를 의미하고, 표본 추출 방법에 의해 최소화하거나 없앨 수 있다.
④ 표본오차(Sampling Error)는 표본의 크기를 증가시키고, 표본 선택 방법을 엄격히 하여 줄일 수 있다.

정답 해설 표본편의(Sampling Bias)는 표본 추출 방법에서 기인하는 오차를 의미하며, 확률화를 통해 최소화하거나 없앨 수 있다.

05 모집단 내에서 조사하는 모집단의 일부분을 추출한 것을 표본(Sample)이라고 한다. 다음 중 표본의 오차(Error)에 대한 설명으로 적절하지 <u>않은</u> 것은?　　　25회 기출문제

① 표본 오차(Sampling Error)는 모집단을 대표할 수 있는 표본 단위들이 조사 대상으로 추출되지 못함으로써 발생하는 오차를 말한다.
② 표본편의(Sampling Bias)는 모수를 작게 또는 크게 할 때 추정하는 것과 같이 표본 추출 방법에서 기인하는 오차를 의미한다.
③ 표본편의는 확률화(Randomization)에 의해 최소화하거나 없앨 수 있다. 확률화란 모집단으로부터 편의되지 않은 표본을 추출하는 절차를 의미하며, 확률화 절차에 의해 추출된 표본을 확률표본(Random Sample)이라 한다.
④ 비표본 오차(Non-Sampling Error)는 표본 오차를 제외한 모든 오차로, 조사 과정에서 발생하는 모든 부주의나 실수, 알 수 없는 원인 등의 모든 오차를 의미하며 조사 대상이 증가한다고 해서 오차가 커지지는 않는다.

정답 해설 비표본 오차(Non-sampling Error)의 경우 조사 대상이 증가하면 그 크기에 비례하여 커지는 특성을 갖는다. 따라서 표본의 크기가 크다고 반드시 좋은 것은 아니다.

정답 01 ① 02 ① 03 ③ 04 ③ 05 ④

핵심키워드 #명목척도 #서열척도 #등간척도 #비율척도 #범주형 #수치형 #이산형 #연속형

056 데이터의 분류

★★★★☆

 전문가의 합격 코멘트

척도의 종류를 구분하는 문제가 출제되었습니다. 명목, 서열, 등간, 비율척도의 특징을 구분하여 알고 있어야 하며, 특히 등간척도와 비율척도는 반드시 구분할 수 있어야 합니다. 범주형과 연속형 데이터에 대한 의미는 데이터 분석에 있어 매우 중요한 부분입니다. 특히 이산형 형태의 데이터는 범주형으로 취급받거나 연속형 데이터로 취급받을 수 있으므로 값의 종류를 통한 구분이 필요합니다.

1 데이터 특성에 따른 분류

(1) 범주형과 수치형 데이터

① 범주형(Categorical)
- 고유한 값의 종류가 제한된 데이터로 문자, 숫자 등으로 표현할 수 있음
- 순서가 없는 명목형, 순서가 존재하는 서열(순위)형이 있음

② 수치형(Numeric)
- 숫자를 사용하여 표현된 데이터
- 정수로 표현되는 이산형과 실수로 표현되는 연속형이 있음

(2) 이산형과 연속형

① 이산형(Discrete)
- 셀 수 있고 특정값과 값 사이에 다른 값이 존재하지 못하는 정수 데이터
  - 예) 주사위 눈의 수, 자녀 수, 사고 횟수, 제품의 개수 등
- 이산형이면서 종류가 제한된 경우 범주형과 같은 의미를 가짐
  - 예) 주사위 눈의 수(1, 2, 3, 4, 5, 6), 성별을 나타내는 숫자(1, 2, 3, 4) 등
- 이산형이면서 종류가 제한되지 않는 경우 연속형과 같은 의미로 사용
  - 예) 사고 횟수, 제품의 개수, 판매량 등

② 연속형(Continuous)
- 데이터값과 값 사이에 무수히 많은 다른 값들이 존재하는 실수 데이터
- 등간척도, 비율척도를 포함함
  - 예) 키, 몸무게, 기온 등

2 척도의 종류

(1) 명목척도(Nominal Scale)
① 단순히 측정 대상의 특성을 분류하거나 확인하기 위한 목적의 척도이다.
② 숫자로 바꾸어도 그 값이 크고 작음을 의미하지 않고 어떠한 범주를 표시한다.
- 예) 성별(F, M), 혈액형(A, B, O, AB), 출생지, 부서 등

(2) 서열(순위)척도(Ordinal Scale)
① 높고 낮음 등의 순위만 제공할 뿐 양적인 비교는 할 수 없는 척도이다.
② 항목들 사이에 서열이나 순위가 존재한다.
- 예) 학점(A, B, C, D, F), 메달(금, 은, 동), 만족도(1, 2, 3, 4, 5, Likert 척도) 등

(3) 등간(구간)척도(Interval Scale)

① 순위를 부여하되 순위 사이의 간격이 동일하여 양적인 비교가 가능하므로 덧셈, 뺄셈이 가능하다.
② 절대 0점이 존재하지 않는다.
예 온도계 수치, 물가지수 등

(4) 비율척도(Ratio Scale)

① 절대 0점이 존재하여 측정값 사이의 비율 계산이 가능한 척도이다.
② 사칙연산이 가능하다.
③ 표현의 범위가 가장 넓어 데이터 양이 가장 많이 발생하는 척도이다.
예 몸무게, 나이, 형제의 수, 직장까지의 거리 등

> **◎ 전문가의 합격 꿀팁**
> 절대 0점은 '없음(無)'을 의미합니다. 온도의 0은 상대 0점으로 없음이 아니라 영상, 영하의 중간 지점을 나타냅니다.

기출로 개념 확인

01 다음 중 자료의 척도에 대한 설명으로 옳지 않은 것은? *19회 기출문제*

① 범주형 데이터 중 항목 간의 서열이나 순위가 존재하는 척도를 서열척도라고 한다.
② 구간척도는 아무것도 없는 상태를 '0'으로 정할 수 있는 척도이다.
③ 연속형 자료를 나타내는 척도로는 등간척도와 비율척도가 있다.
④ 남녀, 혈액형 등은 대표적인 명목척도이다.

> **정답 해설** 비율척도는 아무것도 없는 상태를 '0'으로 정할 수 있는 절대 영점이 존재하는 척도이며, 구간척도는 절대 영점이 존재하지 않는 척도이다.

02 다음 중 자료의 척도에 대한 설명으로 옳지 않은 것은? *13·21·25회 기출문제*

① 명목척도: 단순히 측정 대상의 특성을 분류하거나 확인하기 위한 목적으로 숫자를 부여한다.
② 서열척도: 대소 또는 높고 낮음 등의 순위만 제공할 뿐 양적인 비교는 할 수 없다.
③ 등간척도: 순위를 부여하되 순위 사이의 간격이 동일하여 양적인 비교가 가능하다.
④ 비율척도: 측정값 사이의 비율 계산이 가능한 척도이며, 절대 영점이 존재하지 않는다.

> **정답 해설** 비율척도는 측정값 사이의 비율 계산이 가능한 척도이며, 절대 영점이 존재한다. 반면 등간척도는 절대 영점이 존재하지 않는 척도로, 양적인 비교는 가능하지만 비율 계산이 불가능하다.

03 다음 중 성별 데이터에 사용되는 척도는? *20회 기출문제*

① 명목척도
② 서열척도
③ 구간척도
④ 비율척도

> **정답 해설** 성별은 남·여 두 가지 범주만 존재하며, 순서가 존재하지 않으므로 명목척도에 해당한다.

04. 다음 내용에 사용된 척도는?

22회 기출문제 변형

> (1) 서울특별시, (2) 경기도, (3) 부산광역시, (4) 그 외 지역

① 명목척도 ② 서열척도
③ 구간척도 ④ 비율척도

정답 해설 문제에서 사용된 척도는 명목척도이다. 명목척도는 단순히 측정 대상의 특성을 분류하거나 확인하기 위한 목적의 척도로, 숫자로 바꾸어도 그 값이 크고 작음을 나타내지 않고 범주를 표시하는 척도이다.

05. 다음 내용에 사용된 척도는?

20회 기출문제 변형(주관식 변형)

> 매우 불만족 – 불만족 – 보통 – 만족 – 매우 만족

① 명목척도 ② 서열척도
③ 구간척도 ④ 비율척도

정답 해설 문제에서 사용된 척도는 서열척도이다. 서열척도는 크기의 대소가 있으며 간격이 일정하지 않은 척도이다. 서열척도는 순서척도라고도 한다. 예 금·은·동메달, 선호도, 만족도(Likert 척도) 등

06. 다음 중 순위만 제공할 뿐 양적인 비교는 불가능한 척도는?

14회 기출문제

① 명목척도 ② 서열척도
③ 구간척도 ④ 비율척도

정답 해설 서열(순위, 순서)척도에 대한 설명이다.
오답 해설 ① 명목척도: 단순히 측정 대상의 특성을 분류하거나 확인하기 위한 목적으로 사용된다. 예 성별, 혈액형
③ 등간척도(구간척도): 순위를 부여하되 순위 사이의 간격이 동일하여 양적인 비교가 가능하고, 절대 0점 존재하지 않는다. 예 온도계 수치, 물가지수
④ 비율척도(Ratio Scale): 절대 0점이 존재하여 측정값 사이의 비율 계산이 가능한 척도이다.

07. 다음 중 비율척도에 대한 예시로 적절한 것은?

29회 기출문제

① 출생지(서울특별시, 부산광역시, 경기도 등) ② 선호도(좋다, 보통, 나쁘다 등)
③ 온도 ④ 몸무게, 나이

정답 해설 몸무게, 나이 → 비율척도
오답 해설 ① 출생지(서울특별시, 부산광역시, 경기도 등) → 명목척도
② 선호도(좋다, 보통, 나쁘다 등) → 서열척도
③ 온도 → 등간척도

정답 01 ② 02 ④ 03 ① 04 ① 05 ② 06 ② 07 ④

핵심키워드 #평균 #중앙값 #최빈값

057 집중화 경향 측정

★★★☆☆

1 집중화 경향(Central Tendency) 측정

(1) 집중화 경향 측정값

① 평균(Mean)·산술평균
- 값들의 무게 중심이 어디인지를 나타내는 값
- 대칭(Symmetric)일 때는 중앙값과 같은 위치이지만, 한쪽 꼬리가 긴 경우는 평균의 위치가 꼬리 방향으로 이동함
- 예) {1, 2, 3, 4, 5} 데이터의 평균은 (1+2+3+4+5)÷5=3임

② 중앙값(Median)
- 자료를 크기 순서대로 배열했을 때, 중앙에 위치하게 되는 값
- 이상값에 민감하게 반응하지 않음
- 예) {1, 2, 3, 4, 5} 데이터에서 중앙값은 3이고, {1, 2, 3, 4, 5, 6} 데이터에서 중앙값은 (3+4)÷2=3.5임

③ 최빈값(Mode)
- 어떤 값이 가장 많이 관찰되는지 나타낸 값
- 주로 범주형 변수에서 사용하는 개념
- 최빈값은 1개 이상일 수 있음
- 예) {1, 1, 1, 2, 2, 2, 3, 3} 데이터의 최빈값은 1과 2임

> **보충 학습**
>
> **이상값과 평균, 중앙값의 관계**
> - {1, 2, 3, 4, 5, 6, 30}이라는 데이터가 있을 때 30은 다른 값들과 많은 차이가 있는 값이므로 이상값으로 볼 수 있습니다.
> - 이때 데이터의 중앙값은 4이며, 평균은 약 7.3 정도로 이상값인 30에 더 가까운 것은 평균입니다.
> - 따라서 평균은 중앙값에 비해 이상값이 있는 곳과 가까운 곳에 위치하게 됩니다.

(2) 집중화 경향 측정값의 특징

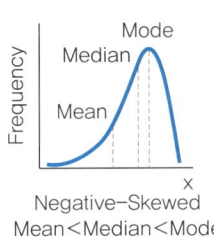
Negative-Skewed
Mean<Median<Mode

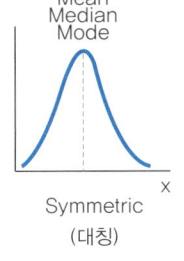
Symmetric
(대칭)

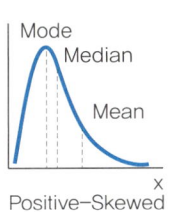
Positive-Skewed
Mode<Median<Mean

$$\bar{x} = \frac{x_1 + x_2 + \cdots + x_n}{n} = \frac{1}{n}\sum_{i=1}^{n} x_i$$

전문가의 합격 코멘트

평균과 중앙값의 위치에 따른 왜도를 알고 있어야 합니다. 음의 왜도와 양의 왜도의 특징을 평균과 중앙값의 위치와 함께 알아야 합니다. 평균, 중앙값, 최솟값, 최댓값, 범위, 사분위수 범위 등을 직접 구할 수 있도록 연습하세요.

○ 전문가의 합격 꿀팁

Mode < Median < Mean
Mean > Median > Mode
작은 것부터 나열될지, 큰 것부터 나열될지 알 수 없으므로 순서에 유의해야 합니다.

① 집중화 경향 측정에는 평균, 중앙값, 최빈값이 사용된다.
- Negative-Skewed: 왼쪽 꼬리가 긴 상태, 오른쪽에 데이터가 치우친 상태
- Positive-Skewed: 오른쪽 꼬리가 긴 상태, 왼쪽에 데이터가 치우친 상태
- 이상치(Outlier)
    - 꼬리가 긴 방향에 있을 수 있음
    - 평균은 이상치의 영향을 많이 받고, 중앙값은 이상치에 민감하지 않음

② Mean=Median=Mode가 모두 동일한 경우 대칭(Symmetric) 형태를 보인다.
③ Median > Mean일 때, 왼쪽으로 꼬리가 긴 음의 왜도(Negative-Skewed)가 나타난다.
④ Median < Mean일 때, 오른쪽으로 꼬리가 긴 양의 왜도(Positive-Skewed)가 나타난다.

2 데이터 퍼짐 정도 측정

(1) 산포도(Dispersion)
① 자료의 변량들이 흩어져 있는 정도를 하나의 수로 나타낸 값이다.
② 산포도가 크면 변량들이 평균으로부터 멀리 흩어져 있고, 변동성이 커진다.
③ 산포도가 작으면 변량들이 평균 주위에 밀집하고, 변동성이 작아진다.
④ 범위, 사분위수 범위, 분산, 표준편차, 절대편차, 변동계수 등이 있다.

(2) 범위(Range)

$$범위 = 최댓값 - 최솟값$$

최솟값과 최댓값의 차이를 의미한다.
예) 데이터가 {1, 3, 5, 7, 9}인 경우 범위는 9−1=8이다.

(3) 사분위수 범위(Interquartile Range)

$$IQR = Q3 - Q1$$

① 가운데 50%의 데이터가 위치하는 범위를 의미한다.
② 이상치 검출에 사용되는 수치이다.

(4) 편차(Deviation)

$$편차 = 변량 - 평균$$

① 어떤 자료의 변량에서 평균을 뺀 값을 의미한다.
② 편차의 총합은 항상 0이다.
③ 편차의 절댓값이 클수록 변량들은 평균에서 멀리 떨어져 있다.
④ 편차의 절댓값이 작을수록 변량들은 평균에 가까이 있다.

(5) 표본분산(s^2, Sample Variance)

$$s^2 = \frac{1}{n-1} \sum_{i=1}^{n} (x_i - \bar{x})^2$$

① 편차 제곱의 합을 자유도($n-1$)로 나눈 것이다.
② 데이터 집합이 얼마나 퍼져 있는지 알아볼 수 있는 수치이다.
③ 평균이 같아도 분산은 다를 수 있다.
  예) {1, 3, 5, 7, 9}인 경우
  - 평균: $(1+3+5+7+9) \div 5 = 5$
  - 표본분산: $(16+4+0+4+16) \div 4 = 40 \div 4 = 10$

(6) 표본표준편차(s, Sample Standard Deviation)

$$s = \sqrt{\frac{1}{n-1} \sum_{i=1}^{n} (x_i - \bar{x})^2}$$

① 자료의 산포도를 나타내는 수치로, 분산의 양의 제곱근을 의미한다.
② 평균으로부터 각 데이터의 관찰값까지의 평균 거리를 나타낸다.
  예) {1, 3, 5, 7, 9}인 경우
  위에서 구한, 표본분산 10에 대해 루트를 적용하면 표본표준편차는 $\sqrt{10}$ 이다.

> **보충 학습**
>
> **자유도(Degree of Freedom)**
>
> $$\bar{x} = \frac{1}{n} \sum_{i=1}^{n} x_i \qquad s^2 = \frac{1}{n-1} \sum_{i=1}^{n} (x_i - \bar{x})^2$$
>
> - 표본평균의 자유도: n
> - 표본분산의 자유도: $n-1$
>
> 표본의 분산은 모집단의 분산보다 항상 작아지는 경향을 보입니다. 그리하여 표본의 분산을 모집단의 분산에 근사하게 만드는 비율을 찾았는데 그것이 바로 $\frac{n}{n-1}$ 입니다. 이것을 표본의 분산에 곱하면 모집단의 분산에 근사하게 됩니다. 그런데 분산의 계산식에 원래 있던 분모의 n이 약분되므로 $n-1$만 남게 됩니다.
> 결론적으로 표본의 분산을 구할 때 $n-1$을 사용하면 표본의 분산을 모집단의 분산에 근사하게 불편(불편향) 추정할 수 있으므로 $n-1$을 자유도라고 합니다.

(7) 평균절대편차(Mean Absolute Deviation)

$$MAD = \frac{1}{n} \sum_{i=1}^{n} |x_i - \bar{x}|$$

① 자료의 변동성을 측정하는 지표로 편차 절댓값의 평균이다.
② 모집단과 표본집단의 평균절대편차의 식은 동일하다.

전문가의 합격 꿀팁

- 모분산(σ^2, Variance): 편차의 제곱의 합을 N으로 나눈 것
- 모표준편차(σ, Deviation): 모분산의 양의 제곱근
- {1, 3, 5, 7, 9}에 대한 모분산은 $40 \div 5 = 8$이고, 모표준편차는 $\sqrt{8}$이다.

예 {1, 3, 5, 7, 9}인 경우

평균은 5이고, 절대편차를 구하면 4, 2, 0, 2, 4이다. 이것의 평균을 구하면 평균 절대편차이므로 평균절대편차는 $\frac{4+2+0+2+4}{5}=\frac{12}{5}=2.4$ 이다.

(8) 변동계수(CV)

$$CV = \frac{s}{\bar{x}} \ (s: \text{표본표준편차}, \ \bar{x}: \text{표본평균})$$

① 변동계수(CV, Coefficient of Variation)는 단위가 다른 두 그룹 또는 단위는 같지만 평균 차이가 클 때의 산포 비교에 사용한다.
② 관측되는 자료가 모두 양수일 때 사용한다.

> **보충 학습**
>
> A학생이 평균 3시간 공부했을 때의 표준편차는 0.4이고, B학생이 평균 6시간 공부했을 때의 표준편차가 0.7이라면 어떤 학생이 꾸준하게 공부했을까요?
> - A=0.4÷3≒0.133, B=0.7÷6≒0.117 → 변동계수가 작은 B가 더 꾸준히 공부함
> - 이때 B학생의 표준편차가 0.8이라면 A, B 학생의 변동계수는 같아짐
> ⇒ 이처럼 공부 시간 평균에 대한 표준편차의 비율이 변동계수(CV)입니다.

○ **전문가의 합격 꿀팁**

예를 들어 100kg의 사람이 1주일에 5kg을 감량한 것과 50kg의 사람이 한 달에 5kg을 감량한 것은 다르게 느껴집니다. 50kg였던 사람이 더 많이 빠졌다고 느껴질 것입니다.

3 분산과 표준편차의 이해

① 특정 도시의 10가구를 표본으로 추출해 자녀 수를 조사한 결과가

0, 0, 0, 1, 1, 2, 2, 3, 3, 3일 때 표본평균과 표본표준편차는 다음과 같다.

- 표본평균: (0+0+0+1+1+2+2+3+3+3)÷10=15÷10=1.5
- 표본분산: {(−1.5)²+(−1.5)²+(−1.5)²+(−0.5)²+(−0.5)²+(0.5)²+(0.5)²+(1.5)²+(1.5)²+(1.5)²}÷(10−1)=14.5÷9≒1.61
- 표본표준편차: $\sqrt{1.61}≒1.27$

② 특정 도시의 각 가구는 평균 1.5명의 자녀가 있으며, 각 가구에서 자녀의 수는 평균 1.5명에서 약 1.27명을 더하거나 뺀 범위 안에 있을 것으로 예상된다.

기출로 개념 확인

01 다음 중 데이터들이 왼쪽으로 치우쳐진(= 오른쪽으로 꼬리가 긴) 분포의 평균과 중앙값의 관계는?

21회 기출문제

① 평균>중앙값
② 평균=중앙값
③ 평균<중앙값
④ 평균=(중앙값)^2

정답 해설 평균은 꼬리가 긴 방향을 따라가기 때문에 오른쪽으로 꼬리가 긴 경우 중앙값보다 큰 값을 갖게 된다.

02 다음 중 변수의 측정 수준에 따른 집중 경향치와 산포도에 대한 설명으로 옳지 <u>않은</u> 것은?

25회 기출문제

① 평균은 데이터의 총합을 총개수로 나눈 값을 의미한다.
② 최빈값은 가장 많이 관측되는 수로, 주어진 자료에서 평균, 중앙값을 구하기 어려운 경우에 특히 유용하다.
③ 중앙값은 대표적인 집중 경향치로, 이상값 및 다른 관측값에 의한 영향에 민감하다는 단점이 있다.
④ 분산은 관측값에서 평균을 뺀 값을 제곱하고, 그것을 모두 더한 후 전체 개수로 나누어 구한다.

정답 해설 집중 경향치(평균, 중앙값, 최빈값)에서 이상값 및 다른 관측값에 의한 영향에 민감한 것은 평균이다.

03 다음 R의 벡터 데이터에서 평균, 중앙값, 최빈값, 범위의 값을 더한 총합은?

29회 기출문제

```
a <- c(3, 6, 8, 5, 6, 1, 5, 4, 2, 10, 5)
```

① 21　　② 22　　③ 23　　④ 24

정답 해설 c(3, 6, 8, 5, 6, 1, 5, 4, 2, 10, 5)는 11개의 값을 가진 벡터이다. 문제를 쉽게 풀기 위해 숫자를 정렬해 나타내면 (1, 2, 3, 4, 5, 5, 5, 6, 6, 8, 10)이다.
- 평균: (1+2+3+4+5+5+5+6+6+8+10)÷11=55÷11=5
- 중앙값: 5
- 최빈값: 5
- 범위: 10−1=9

따라서 5+5+5+9=24이다.

04 10개의 실수 관측값을 수집하여 평균과 표준편차를 구한 결과, 10과 2의 값을 얻었다. 다음 중 모든 관측치에 4를 더한 후 평균과 표준편차를 구하면? 29회 기출문제

① 10과 2로 변화가 없다.
② 평균은 14가 되고 표준편차는 2가 된다.
③ 평균은 14가 되고 표준편차는 4가 된다.
④ 평균은 14가 되고 표준편차는 6이 된다.

정답 해설
- 평균이 10인 경우 모든 관측치에 4를 더하면 (평균)=(이전 평균)+4=10+4=14이다.
- 모든 관측치에 동일한 값인 4를 더하는 경우 표준편차는 변하지 않고 2를 유지한다.

05 다음 설명 중 틀린 것은? 42회 기출문제

① 분산은 평균으로부터 떨어진 정도를 나타낸다.
② 중앙값은 데이터를 크기 순으로 정렬했을 때 가운데 위치한 값을 의미한다.
③ 편차가 작을수록 값들이 평균에 더 가까이 분포한다.
④ 평균절대편차값은 각 측정치에서 중앙값을 뺀 값의 절댓값으로 표시되는 편차와 관련된 값이다.

정답 해설 평균절대편차는 각 측정치에서 전체 평균값을 뺀 값(= 편차)의 절댓값 평균으로, 데이터의 분포에서 각 값이 평균에서 얼마나 떨어져 있는지를 측정하는 방법이다.

정답 01 ① 02 ③ 03 ④ 04 ② 05 ④

핵심키워드 #사건 #독립사건 #배반사건 #종속사건 #확률 #조건부 확률

058 확률 기본 용어 ★★★★☆

1 사건과 확률의 정의

① **표본점(Sample Point)**: 어떤 행위를 했을 때 나올 수 있는 값이다.
  - 예) 주사위를 굴리는 행위를 했다면 표본점은 1, 2, 3, 4, 5, 6이다.

② **표본공간(Sample Space)**: 모든 표본점의 집합이다.
  - 예) 주사위를 굴리는 행위에 대한 표본공간을 S라고 하면 $S=\{1, 2, 3, 4, 5, 6\}$이다.

③ **사건(Event)**: 표본점의 특정한 집합이다.
  - 예) 주사위를 한 번 굴렸을 때 홀수가 나오는 사건을 A라고 하면 $A=\{1, 3, 5\}$이다.

④ **확률(Probability)**: 사건이 일어날 가능성을 수로 나타낸 것이다.
  - 어떤 사건을 A라고 했을 때, A가 발생할 확률은 $P(A)$로 표기함
  - 확률 = $\dfrac{\text{사건이 발생할 경우의 수}}{\text{전체(= 표본공간) 경우의 수}}$
  - 확률값의 범위: $0 \leq P(A) \leq 1$

> **예제** 동전 3개를 동시에 던져서 앞면이 한 번 나올 확률은?
>
> **해설** 뒤=0, 앞=1이라고 하면
> - 표본공간={000, 001, 010, 011, 100, 101, 110, 111}
> - 앞면이 한 번 나오는 사건={001, 010, 100}
>
> 따라서 앞면이 한 번 나올 확률은 $\dfrac{\text{사건}}{\text{표본공간}} = \dfrac{3}{8}$이다.

전문가의 합격 코멘트
독립사건과 종속사건에 대한 문제는 조건부 확률을 확실하게 이해하고 확률을 구할 수 있도록 연습하세요.

2 조건부 확률(Conditional Probability)

① $P(A|B)$: 사건 B가 발생했다는 조건이 있을 때 사건 A가 발생할 확률

$$P(A|B)=\frac{P(A\cap B)}{P(B)} \text{ (단, } P(B)>0)$$

② 두 사건 A, B가 독립사건인 경우
- $P(B|A)=P(B)$
- $P(A|B)=P(A)$
- $P(A\cap B)=P(A)\cdot P(B)$

예제

1. 음주, 비음주에 대한 사고, 무사고에 대한 확률이 다음과 같을 때 P(음주|사고)를 구하면?

구분	사고	무사고
음주자	0.07	0.23
비음주자	0.06	0.64

해설 $P(\text{음주}|\text{사고})=\dfrac{P(\text{음주}\cap\text{사고})}{P(\text{사고})}=\dfrac{\text{음주자의 사고}}{\text{음주자의 사고}+\text{비음주자의 사고}}$

$=\dfrac{0.07}{0.07+0.06}≒0.54$

위의 식을 보았을 때, 분모에는 사고에 대한 확률이 사용되고, 분자에는 음주상태에서의 사고에 대한 확률이 사용된다. 따라서 분모에는 음주자의 사고와 비음주자의 사고의 합을 사용하고, 분자에는 음주상태에서의 사고를 사용해야 한다.

2. A사에서 고객들의 햄버거 소스 취향을 조사한 결과 75%는 겨자를 사용하고, 80%는 케찹을 사용하며, 65%는 두 가지를 모두 좋아한다는 사실을 발견하였다. 겨자 사용자가 케찹을 사용할 확률을 구하면?

해설 사건A: 고객은 겨자를 사용한다.
사건B: 고객은 케찹을 사용한다.

$P(B|A)=\dfrac{P(B\cap A)}{P(A)}=\dfrac{\text{겨자와 케찹을 둘 다 사용하는 사용자}}{\text{겨자 사용자}}=\dfrac{0.65}{0.75}≒0.87$

3 사건의 종류

(1) 독립사건
① A의 발생이 B가 발생할 확률을 바꾸지 않는 사건이다.
② 두 사건 A, B가 독립이면 $P(B|A)=P(B)$, $P(A|B)=P(A)$, $P(A \cap B)=P(A) \cdot P(B)$가 성립한다.
③ 두 사건 A, B가 독립이면 $P(A \cup B)=P(A)+P(B)-P(A \cap B)=P(A)+P(B)-P(A) \cdot P(B)$가 성립한다.
㉠ 주사위 던지기를 통해 임의값을 얻는 사건과 동전을 던져 앞/뒤가 나오는 사건, 서로 다른 사람이 총을 쏘아 과녁에 명중할 사건

(2) 배반사건
① 교집합이 공집합인 사건, 즉 한쪽이 일어나면 다른 쪽이 일어나지 않을 때의 두 사건이다.
② 두 사건 A와 B가 배반이면 $P(A \cap B)=0$, $P(A \cup B)=P(A)+P(B)$가 성립한다.
㉠ 동전 하나를 던져 앞면이 나오는 사건과 뒷면이 나오는 사건

(3) 종속사건
① 두 사건 A와 B에서 한 사건의 결과가 다른 사건에 영향을 주는 사건이다.
② 두 사건 A와 B가 종속이면 $P(A \cap B)=P(A|B) \cdot P(B)$가 성립한다.
㉠ 음주와 사고 사건

예제

1. 독립사건에서의 $P(A \cap B)$의 예

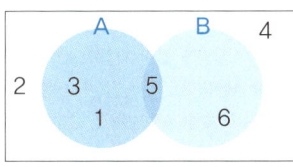

해설 A는 주사위 눈 중에서 홀수인 사건, B는 주사위 눈 중에서 4보다 큰 수인 사건이라고 하면,
$P(A) = \frac{3}{6} = \frac{1}{2}$
$P(B) = \frac{2}{6} = \frac{1}{3}$
$P(A) \cdot P(B) = \frac{1}{2} \times \frac{1}{3} = \frac{1}{6}$

2. $P(A)=0.3$, $P(B)=0.4$이며 서로 독립일 때 $P(B|A)$는 얼마인가?

해설 A, B가 독립사건일 때, $P(B|A)=P(B)$이므로 0.4이다.
⇒ $P(A)$가 $P(B)$의 발생에 영향을 주지 않기 때문에 $P(A)$를 전제로 발생하는 $P(B)$와 전제되지 않는 경우가 동일하다는 것을 의미한다.

---

(4) 근원사건(Elementary Event)
① 표본공간에서의 원소가 한 개일 때 더 이상 나눌 수 없는 단순한 사건이다.
② 표본공간의 최소 단위로, 다른 사건들로 나눌 수 없는 단순한 사건이다.

4 베이즈 정리(Bayes' theorem)

① 두 확률 변수(A, B)의 사전 확률과 사후 확률 사이의 관계를 나타내는 정리로 <u>귀납적 추론</u> 방법이다.

② A는 불확실성을 계산해야 하는 대상, B는 관측하여 알아낼 수 있는 대상이라고 할 때, 사전 확률인 $P(A)$는 특정 사건(B)이 일어나기 전의 확률, 즉 관측자가 관측 전 가지고 있는 확률 분포를 의미한다.

③ 사후 확률인 $P(A|B)$는 사전 확률인 $P(A)$, 가능도인 $P(B|A)$ 및 증거 $P(B)$가 주어지면 관측값을 얻은 후 베이즈 정리에 의해 얻을 수 있는 확률이다.

④ 베이즈 정리 기반의 지도 학습 분류 모델로 나이브 베이즈(Naïve Bayes) 모델이 있다.

$$A\text{의 사후확률} = \frac{B\text{의 사후확률} \times A\text{의 사전확률}}{B\text{의 사전확률}}$$

귀납적 추론
- 개별적인 사례나 경험을 바탕으로 일반적인 원칙이나 법칙을 도출하는 논리적 사고 과정이다.
- 관찰된 특정 사례들로부터 보편적인 결론을 이끌어내는 방식으로, 결론의 확실성을 보장하지 않으며 관찰되지 않은 경우에도 적용된다.
- 과거의 데이터를 기반으로 미래를 예측하거나 패턴을 발견하는 데 유용하다.

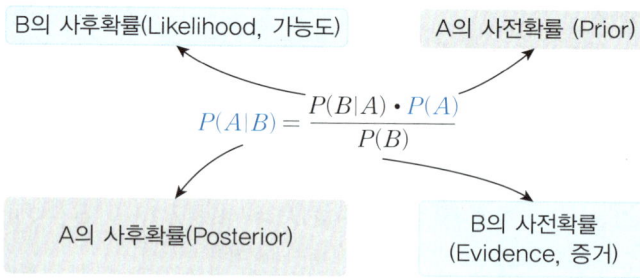

예제 다음 내용을 바탕으로 A질병을 진단받은 사람 중 A질병에 걸린 사람의 비율을 구하면?

- 전체 인구 중 A질병에 걸린 사람이 10%이다.
- 전체 인구 중 A질병으로 진단받은 사람은 20%이다.
- A질병에 걸린 사람 중 A질병을 진단받은 사람은 90%이다.

해설
- 전체 중 A질병에 걸린 사람의 비율: $P(A) = 0.1$
- 전체 중 A질병으로 진단받은 사람의 비율: $P(B) = 0.2$
- A질병에 걸린 사람 중 A질병을 진단받은 사람의 비율: $P(B|A) = 0.9$
- A질병을 진단받은 사람 중 A질병에 걸린 사람의 비율
$$P(A|B) = \frac{P(B|A) \times P(A)}{P(B)} = \frac{0.9 \times 0.1}{0.2} = \frac{0.09}{0.2} = 0.45$$

기출로 개념 확인

01 다음 중 표본공간과 확률에 대한 설명으로 옳지 <u>않은</u> 것은? 19회 기출문제

① 모든 사건의 E의 확률값은 0과 1 사이에 있다.
② 배반사건이란 교집합이 공집합인 사건들을 말한다.
③ 이산형 확률분포에는 베르누이분포, 이항분포, 포아송분포, 기하분포 등이 있다.
④ 두 사건 A, B가 독립이면 $P(B|A) \neq P(B)$가 성립한다.

정답 해설 두 사건 A, B가 독립이면 $P(B|A)=P(B)$이다.

02 $P(A)=0.3$, $P(B)=0.4$일 때 두 사건 A와 B가 독립일 경우 $P(B|A)$는 얼마인가? 29회 기출문제

① 0.3　　　　　　　　　　② 0.4
③ 0.7　　　　　　　　　　④ 0.6

정답 해설 두 사건 A, B가 독립이면 $P(B|A)=P(B)$가 성립하므로 $P(B|A)$는 $P(B)$의 값인 0.4가 된다.

03 다음 내용을 바탕으로 검사 결과 양성 판정이 나온 사람 중에 실제 질병이 있는 사람의 확률은? 33회 기출문제

- 전체 인구 중 검사 결과 양성인 사람은 0.2이다.
- 전체 인구 중 실제 질병에 걸린 사람은 0.1이다.
- 질병에 걸린 사람 중 검사 결과 양성인 사람은 0.9이다.

① 0.09　　　　　　　　　② 0.45
③ 0.18　　　　　　　　　④ 0.5

정답 해설 $P(양성)=0.2$, $P(질병)=0.1$, $P(양성|질병)=0.9$
$$P(질병|양성)=\frac{P(양성|질병) \times P(질병)}{P(양성)}=\frac{(0.9 \times 0.1)}{0.2}=0.45$$

정답 01 ④　02 ②　03 ②

핵심키워드 #이산형 확률분포 #연속형 확률분포 #기댓값 #확률 질량 함수 #확률 밀도 함수 #누적 분포 함수

059 확률분포

 전문가의 합격 코멘트

이산형 확률분포와 연속형 확률분포의 종류를 구분할 수 있도록 학습해야 합니다. 이산형 확률분포의 기댓값을 직접 구할 수 있도록 예시를 통해 알아두시고, 확률 질량 함수와 확률 밀도 함수를 구분할 수 있도록 학습하세요. 세부적인 확률분포의 종류는 별도로 학습합니다.

1 확률변수와 확률분포

① 분포: 일정한 범위 안에 흩어져 퍼져 있는 정도이다.
② 확률변수(Random Variable): 확률 현상에 기인해 결괏값이 확률적으로 정해지는 변수이다. 여기서 확률 현상이란 어떤 결과들이 나올지 알지만, 가능한 결과들 중 어떤 결과가 나올지 모르는 현상을 말한다.
③ 확률분포: 어떤 확률변수가 취할 수 있는 모든 값들과 그 값을 취할 확률의 대응 관계로 표시하는 것이다.

> **예제** 확률변수와 확률분포
> 동전을 2번 던질 때
> **1.** 확률변수 → 동전을 2번 던질 때 앞면이 나온 횟수
>
> | 앞면 나온 횟수 | 0 | 1 | 2 | 합계 |
> |---|---|---|---|---|
> | 확률 | $\frac{1}{4}$ | $\frac{1}{2}$ | $\frac{1}{4}$ | 1 |
>
> **해설** 동전을 2번 던지면 앞면이 0, 1, 2회 나올 것은 알지만 몇 회가 나올지는 모른다.
>
> **2.** 확률분포 → 동전을 2번 던질 때 앞면이 나오는 횟수에 대한 확률분포(이산형 확률분포)
>
> **해설** 동전을 2번 던질 때 나올 수 있는 표본공간은 (뒤, 뒤), (앞, 뒤), (뒤, 앞), (앞, 앞)의 4가지 종류이며, 앞을 포함하는 횟수에 따라 구분하면 위의 표와 같다.

2 확률분포의 종류

(1) 이산형 확률분포
  ① Discrete(별개의), 확률변수가 유한 개 또는 셀 수 있는 무한 개의 가능한 값을 가지는 분포이다.
  ② 각 사건은 서로 독립이어야 한다.
  ③ 베르누이분포, 이항분포, 기하분포, 포아송분포, 이산균등분포 등이 있다.

(2) 연속형 확률분포
  ① Continuous(연속의), 확률변수의 가능한 값이 무한 개로, 사실상 셀 수 없을 때 사용하는 분포이다.
  ② 정규분포, 지수분포, 연속균등분포, 카이제곱분포, F-분포 등이 있다.

3 기댓값

① 어떤 과정을 무한히 반복했을 때 평균으로 기대되는 값을 의미한다.

② 기댓값 공식
- 이산적 확률변수 기댓값

$$E(X)=\sum_{i=1}^{n}x_i\cdot f(x_i)=\sum_{i=1}^{n}x_i\cdot p(X=x_i)$$

- 연속적 확률변수 기댓값

$$E(X)=\int_{-\infty}^{+\infty}x\cdot f(x)dx$$

| 예제 | 이산형 확률변수 기댓값 구하기 |

주사위 1개를 반복해서 던질 때 나타나는 기댓값은?

해설 주사위의 눈은 1, 2, 3, 4, 5, 6이며 각 눈이 나올 확률은 $\frac{1}{6}$이므로
(눈의 수)$\times\frac{1}{6}$을 누적하여 기댓값을 구한다.

$1\times\frac{1}{6}+2\times\frac{1}{6}+3\times\frac{1}{6}+4\times\frac{1}{6}+5\times\frac{1}{6}+6\times\frac{1}{6}=3.5$

4 확률 분포 함수

(1) 확률 질량 함수(Probability Mass Function, PMF)

이산 확률변수에서 특정값에 대한 확률을 계산하기 위한 함수이다.

$$f(x)=p(X=x)$$

㉠ 주사위를 한 번 굴릴 때 나올 수 있는 값을 나타내는 확률변수가 X일 때 특정값에 대한 확률은 $P(X=x)=\frac{1}{6}$이다.

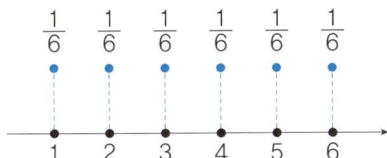

(2) 확률 밀도 함수(Probability Density Function, PDF)

① 연속 확률변수에서 특정 구간에 속할 확률을 계산하기 위한 함수이다.

$$y=f(x)$$

② 확률 밀도 함수 $f(x)$와 구간 $[a, b]$에 대해 확률변수 x가 구간에 포함될 확률이다.

$$P(a\leq X\leq b)=\int_{a}^{b}f(x)dx$$

③ 확률 밀도 함수는 다음의 두 조건을 만족한다.
- 모든 실수값 x에 대해 $f(x)\geq 0$
- $\int_{-\infty}^{+\infty}f(x)dx=1$

○ 전문가의 합격 꿀팁

$y=f(x)$는 함수에 대한 정의를 의미하는 것으로, 확률 질량 함수와 확률 밀도 함수 모두에서 사용할 수 있습니다. 또한, 누적 분포 함수는 $y=F(x)$로 나타냅니다.

(3) 누적 분포 함수(Cumulative Distribution Function, CDF)

① 어떤 확률분포에 대해 확률변수가 특정값보다 작거나 같을 확률을 계산하기 위한 함수이다.

$$y = F(x), \; f(x) = \frac{d}{dx}F(X)$$

② $F(x) = P(-\infty < X \leq x) = P(X \leq x), \; F(-\infty) = 0, \; F(+\infty) = 1$

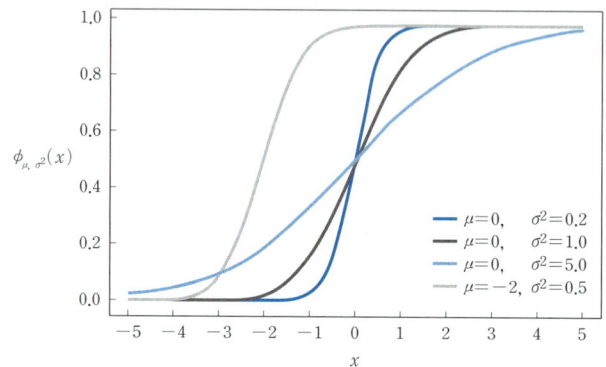

기출로 개념 확인

01 다음 중 이산형 확률분포로 옳지 않은 것은? 23회 기출문제

① 이항분포(Binomial Distribution)
② 포아송분포(Poisson Distribution)
③ 기하분포(Geometric Distribution)
④ 지수분포(Exponential Distribution)

정답 해설 이산형 확률분포에는 베르누이분포, 이항분포, 포아송분포, 기하분포, 이산균등분포 등이 있다. 지수분포는 연속형 확률분포의 한 가지 종류이며, 연속형 확률분포에는 정규분포, 지수분포, 연속균등분포, 카이제곱분포, F분포, T분포 등이 있다.

02 다음 중 이산형 확률변수 기댓값의 계산식은? 33회 기출문제

① $E(x) = \sum_{i=1}^{n} x_i \cdot f(x_i)$
② $E(x) = \int_{-\infty}^{+\infty} x \cdot f(x) dx$
③ $E(x) = x \cdot f(x)$
④ $E(x) = sd(x)$

정답 해설 이산형 확률분포의 기댓값은 $\sum_{i=1}^{n} x_i \cdot f(x_i)$이며, 연속형 확률분포의 기댓값은 $\int_{-\infty}^{+\infty} x \cdot f(x) dx$이다.

03 다음 중 확률분포에 대한 설명으로 적절하지 <u>않은</u> 것은? 15회 기출문제

① 확률변수란 표본공간의 각 원소에 하나의 실수값을 대응시켜 주는 함수이다.
② 확률변수가 취할 수 있는 값이 유한하거나 무한히 많더라도 하나씩 셀 수 있는 경우를 이산형 확률변수라고 한다.
③ 이산형 확률변수의 확률분포를 나타내는 함수를 확률 밀도 함수라고 한다.
④ 결과가 두 가지 중 하나로만 나오는 실험이나 시행을 베르누이 시행(Bernoulli Trial)이라고 한다.

정답 해설 이산형 확률변수의 확률분포를 나타내는 함수는 확률 질량 함수이다. 확률 밀도 함수는 연속형 확률분포에서 특정 구간에 속할 확률을 계산하기 위한 함수이다.

04 실험 결과가 단지 성공과 실패만 있다고 할 때, 성공일 경우 확률변수는 1의 값을 가지며 실패일 경우 확률변수는 0의 값을 가진다. 이때 성공일 확률은 0.3이다. 이 경우의 기댓값은? 29회 기출문제

① 0.3
② 0
③ 1
④ 0.7

정답 해설 성공 확률 P(Y=1)=0.3, 실패 확률 P(Y=0)=1−0.3=0.7일 때, 기댓값=성공 확률×성공값+실패 확률×실패값이다.
따라서 기댓값=0.3×1+0.7×0=0.3이다.

정답 01 ④ 02 ① 03 ③ 04 ①

060 이산형 확률분포 ★★☆☆☆

핵심키워드 #베르누이분포 #이항분포 #기하분포 #포아송분포

전문가의 합격 코멘트

이산형 확률분포의 종류와 각 분포의 정의를 기억해야 합니다. 베르누이분포, 이항분포, 기하분포의 경우 확률변수에 대한 확률 및 기댓값과 분산을 기억하면 더욱 좋습니다. 포아송분포는 공식을 반드시 기억해야 합니다. 두 가지 중 하나로 나오는 시행에 대한 베르누이분포를 시작으로 베르누이를 여러 번 반복하는 이항분포, x번 시도해서 성공하는 기하분포, 단위 시간 또는 단위 공간에서 사건의 발생 횟수에 대한 포아송분포까지 큰 그림을 그려 두시기 바랍니다.

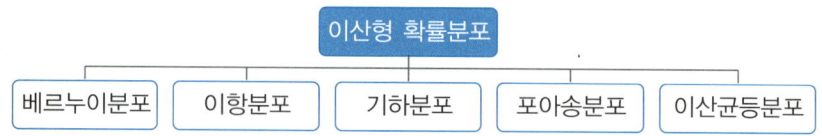

1 베르누이분포(Bernoulli Distribution)

① 매 시행마다 오직 두 가지의 가능한 결과만 일어난다고 할 때, 이를 1회 시행하여 일어난 두 가지 결과에 의해 값이 각각 0과 1로 결정되는 확률분포이다.

② X가 1일 때의 확률을 p라고 하고 X가 0일 때의 확률을 q라고 할 때, p가 0~1 사이의 값이고 q는 $1-p$의 값을 가질 때의 확률변수 X가 따르는 확률분포이다.

> $P(X=1)=p$, $P(X=0)=q$, $0 \leq p \leq 1$, $q=1-p$
>
> p(parameter, 모수): 확률함수에서 확률분포 모양을 결정하는 값
>
> p: 베르누이분포의 모수

③ 모수가 하나이며 서로 반복되는 사건이 일어나는 실험의 반복적 실행을 확률분포로 나타낸 것이다(모수=p).

④ 베르누이분포의 기댓값과 분산
- 베르누이분포의 기댓값: $E(x)=p$
- 베르누이분포의 분산: $V(x)=p(1-p)$

> **예제** 베르누이분포가 쉽게 와닿지 않으신다면 아래의 예시를 보고 이해해 보세요!
>
> **1.** 동전을 던져서 앞면이 나올 확률
>
> 해설 앞면 또는 뒷면: $p=\frac{1}{2}$, $q=\frac{1}{2}$
>
> **2.** 주사위를 던져서 4의 눈이 나올 확률
>
> 해설 4의 눈 또는 4가 아닌 눈: $p=\frac{1}{6}$, $q=\frac{5}{6}$
>
> **3.** 주사위를 던져서 4, 5의 눈이 나올 확률
>
> 해설 4, 5의 눈 또는 4, 5가 아닌 눈: $p=\frac{1}{3}$, $q=\frac{2}{3}$

2 이항분포(Binomial Distribution)

① 서로 독립된 베르누이 시행을 n회 반복할 때 성공한 횟수가 x인 경우 x의 확률분포를 말한다.

② 확률변수 K가 n, p 두 개의 모수를 가지며, $X \sim B(n, p)$로 표기한다.

$$P(k=x) = f(x;\ n,\ p) = \binom{n}{x} p^x (1-p)^{n-x}$$

x: 성공횟수, n: 반복 수행 횟수, p: 성공의 확률

③ $n=1$일 때의 이항분포는 베르누이분포이다.

④ 이항분포의 기댓값과 분산
- 이항분포의 기댓값: $E(x) = np$
- 이항분포의 분산: $V(x) = np(1-p)$

> **예제** 이항분포가 쉽게 와닿지 않으신다면 아래의 예시를 보고 이해해 보세요!
>
> **1.** 동전을 50번 던져서 앞면이 나올 때의 확률 p와 기댓값, 분산을 구하면 다음과 같다.
>
> **해설** $n=50$, $p=\dfrac{1}{2}$이므로 $E(x) = 50 \times \dfrac{1}{2} = 25$, $V(x) = 50 \times \dfrac{1}{2} \times \dfrac{1}{2} = 12.5$
>
> **2.** 주사위를 10번 던져서 나오는 눈이 5일 확률 p와 기댓값, 분산을 구하면 다음과 같다.
>
> **해설** $n=10$, $p=\dfrac{1}{6}$이므로 $E(x) = 10 \times \dfrac{1}{6} = \dfrac{5}{3}$, $V(x) = 10 \times \dfrac{1}{6} \times \dfrac{5}{6} = \dfrac{5}{3} \times \dfrac{5}{6} = \dfrac{25}{18}$
>
> **3.** 타율 3할인 타자가 100번 타석에 들어서면 안타를 칠 확률 p와 기댓값, 분산을 구하면 다음과 같다.
>
> **해설** $n=100$, $p=0.30$이므로 $E(x) = 100 \times 0.3 = 30$, $V(x) = 100 \times 0.3 \times 0.7 = 21$

3 기하분포(Geometric Distribution)

① 베르누이 시행에서 처음 성공까지 시도한 횟수 x를 확률변수로 가지는 확률분포이다.

② 성공 확률 p인 베르누이 시행에 대해, x번 시행 후 첫 번째 성공을 얻을 확률로 $X \sim Geo(p)$로 표기한다.

$$P(X=x) = (1-p)^{x-1} p$$

(단, $x = 1, 2, 3, \cdots$)

예 실패는 3회, 성공은 1회 했다면

$P(X=4) = (1-p) \times (1-p) \times (1-p) \times p = (1-p)^3 \times p$이다.

③ 기하분포의 기댓값과 분산
- 기하분포의 기댓값: $E(x) = \dfrac{1}{p}$
- 기하분포의 분산: $V(x) = \dfrac{1-p}{p^2}$

> **◎ 전문가의 합격 꿀팁**
> 성공 확률은 실패 확률을 실패 횟수만큼 곱하고, 성공은 1회이므로 성공 확률 1회까지 곱하여 구합니다.

> **예제** 기하분포가 쉽게 와닿지 않으신다면 아래의 예시를 보고 이해해 보세요!
>
> A 야구선수가 홈런을 칠 확률이 5%일 때, 이 선수가 x번째 타석에서 홈런을 칠 확률분포는 다음과 같다.
>
> | x | 1 | 2 | 3 | 4 | 5 | 6 | – |
> |---|---|---|---|---|---|---|---|
> | 확률 | 0.0500 | 0.0475 | 0.0451 | 0.0428 | 0.0407 | 0.0387 | |
>
> 위 선수가 5번째 타석에서 홈런 칠 확률은?
>
> **해설** 5번째 타석에서 홈런을 친다는 것은 실패를 4회, 성공을 1회 한 것이므로 다음과 같이 확률을 구할 수 있다.
> $$P(X=5)=(1-p)\times(1-p)\times(1-p)\times(1-p)\times p=(1-p)^4\times p$$
> $$=(0.95)^4\times 0.05 \fallingdotseq 0.040725$$

○ **전문가의 합격 꿀팁**

단위 시간 동안 발생하는 사건의 횟수는 포아송분포를 따릅니다.

4 포아송분포(Poisson Distribution)

① 단위 시간이나 단위 공간에서 어떤 사건이 몇 번 발생할 것인지를 표현하는 확률분포이다.

② 특정 기간에 대한 사건 발생 확률을 구할 때 사용되며, X ~ Pois(λ)로 표기한다.

$$P(X=x)=\frac{e^{-\lambda}\lambda^x}{x!}$$

(단, λ: 정해진 시간 안에 어떤 사건이 일어날 횟수에 대한 기댓값)

③ 확률은 $x=\lambda$일 때 최대이며, x가 커질수록 0에 접근한다.

④ 포아송분포의 기댓값과 분산
  - 포아송분포의 기댓값: $E(x)=\lambda$
  - 포아송분포의 분산: $V(x)=\lambda$

> **예제** 포아송분포가 쉽게 와닿지 않으신다면 아래의 예시를 보고 이해해 보세요!
> (답을 구하는 상세한 과정은 생략합니다)
>
> 1. 어느 AS센터에 1시간당 평균 120건의 전화가 온다. 이때 1분 동안 걸려오는 전화 요청이 4건 이하일 확률은?
>
>   **해설** AS센터가 1시간당 평균 120건의 전화를 받으므로 1분당 평균 $\lambda=\frac{120}{60}=2$건의 전화를 받는다. 따라서 $P(X\leq 4)=\sum_{x=0}^{4}\frac{e^{-2}\cdot 2^x}{x!}$이다.
>
> 2. 어느 가게에 1시간당 평균 8명의 손님이 온다. 이때, 1시간 동안 손님이 10명 올 확률은?
>
>   **해설** $\lambda=8$명이므로 확률을 구하면 $P(X\leq 10)=\sum_{x=0}^{10}\frac{e^{-8}\cdot 8^x}{x!}$이다.

5 **이산균등분포(Discrete Uniform Distribution)**
① 정의된 모든 곳에서 확률분포함수의 값이 일정한 분포이다.
② 확률변수가 n개의 값을 가질 수 있다면, k_i일 확률은 $\frac{1}{n}$이다.
㉠ 주사위 던지기의 경우 $n=6$이며, 확률은 $\frac{1}{6}$로 동일하다.

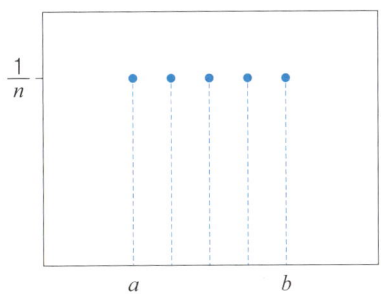
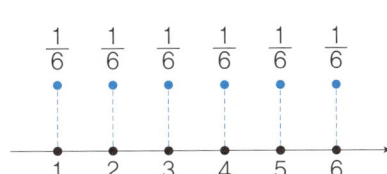

기출로 개념 확인

01 다음 중 이산형 확률분포 중 모수가 하나이며 서로 반복되는 사건이 일어나는 실험의 반복적 시행을 나타낸 확률분포는? 21회 기출문제

① 베르누이분포 ② 이항분포
③ 기하분포 ④ 포아송분포

정답 해설 베르누이분포는 모수가 하나이며, 서로 반복되는 사건이 일어나는 실험을 확률분포로 나타낸 것이다.
오답 해설 ② 이항분포: 베르누이분포를 n회 반복할 때 성공한 횟수 x에 대한 것을 확률분포로 나타낸 것이다.
③ 기하분포: 베르누이 시행에서 처음 성공까지 시도한 횟수 x를 확률변수로 가지는 확률분포이다.
④ 포아송분포: 단위 시간이나 단위 공간에서 어떤 사건이 몇 번 발생할 것인지를 표현하는 확률분포이다.

02 다음 중 단위 시간 안에 어떤 사건이 몇 번 발생할 것인지를 표현하는 이산확률분포는? 22회 기출문제

① 베르누이분포 ② 이항분포
③ 기하분포 ④ 포아송분포

정답 해설 단위 시간이나 단위 공간에서 어떤 사건이 몇 번 발생할 것인지를 표현하는 확률분포는 포아송분포이다.

정답 01 ① 02 ④

핵심키워드 #정규분포 #정규분포의 당위성 #이항분포의 근사 #중심극한정리

061 연속형 확률분포 1 ★☆☆☆☆

전문가의 합격 코멘트
정규분포의 특징 및 이항분포의 근사, 중심극한정리의 개념을 간단하게 알아두세요.

1 정규분포(Normal Distribution)의 개념

① 가우스 분포라고도 하며, 수집된 자료의 분포를 표현하는 데 자주 사용한다.
② 평균과 표준편차(σ)에 의해 모양이 결정되고 $N(\mu, \sigma^2)$으로 표기한다.
③ 평균=0, 표준편차=1 또는 분산=1인 정규분포 $N(0, 1)$을 표준정규분포 또는 z-분포라고 한다.
④ 중심극한정리에 의해 키, 몸무게, 시험 점수 등 대부분의 측정값은 정규분포를 따른다.
⑤ 정규분포의 평균 주위로 표준편차의 1배 범위에 있을 확률은 68%, 2배 범위에 있을 확률은 95%, 3배 범위에 있을 확률은 99.7%이다(정규분포의 3 시그마 규칙).

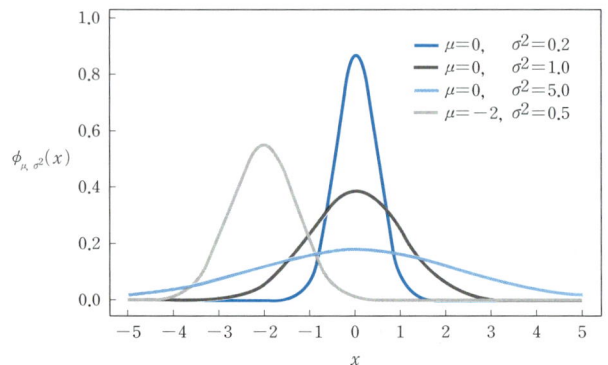

> **정규분포의 평균과 분산에 따른 첨도와 왜도**
> • 평균이 동일하게 0일 때 분산이 작으면 높은 첨도를 보이고, 분산이 크면 낮은 첨도를 보이는 것을 알 수 있다.
> • 평균이 -2인 경우는 -2를 기준으로 좌우대칭인 것을 확인할 수 있으며, 분산이 0.5인 경우 분산이 1인 것보다는 높은 왜도를 보이고 있음을 확인할 수 있다. 또한 분산이 0.2인 것보다는 낮은 왜도를 보이는 것을 확인할 수 있다. 따라서 정규분포는 평균과 분산을 알면 분포를 알 수 있다.

2 정규분포의 3 시그마 규칙

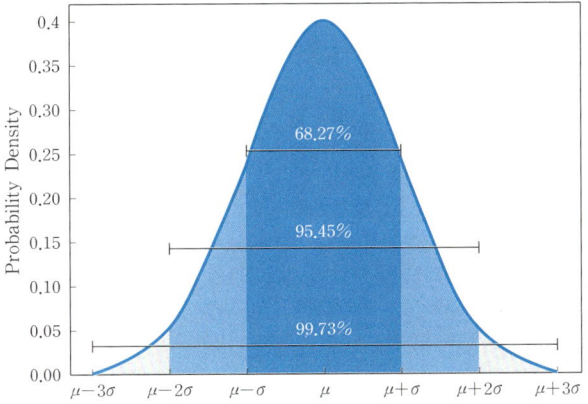

① 약 68%의 값들이 평균에서 양쪽으로 1 표준편차 범위($\mu \pm \sigma$)에 존재한다.
② 약 95%의 값들이 평균에서 양쪽으로 2 표준편차 범위($\mu \pm 2\sigma$)에 존재한다.
③ 거의 모든 값들(실제로는 99.7%)이 평균에서 양쪽으로 3 표준편차 범위($\mu \pm 3\sigma$)에 존재한다.

3 정규분포의 당위성

(1) 이항분포의 근사
시행횟수 N이 커질 때, 이항분포 $B(N, p)$는 정규분포 $N(Np, Npq)$과 거의 같아진다(평균 Np, 분산 Npq인 정규분포).

(2) 중심극한정리
① 표본의 크기가 N인 확률표본의 표본평균은 N이 충분히 크면 근사적으로 정규분포를 따른다.
② 모집단의 분포와 상관없이 표본의 크기가 30 이상이 되면 N이 커짐에 따라 표본평균의 분포가 정규분포에 근사하게 된다.

(3) 오차의 법칙
① 제 값의 MLE가 측정값의 평균이라면, 오차는 정규분포를 따른다.
② 오차(Error): $\varepsilon = x - \mu$

> **전문가의 합격 꿀팁**
> '정규분포의 당위성'은 대부분의 측정값을 정규분포로 가정하는 이유입니다.

> MLE(Maximum Likelihood Estimator)
> 실제값일 가능성이 가장 높은 추정값을 말한다.

> **보충 학습**

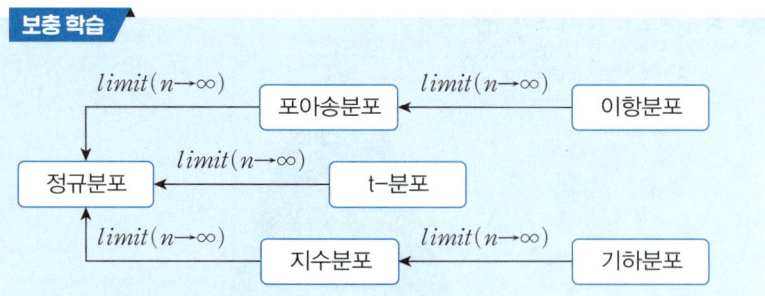

- 이항분포에서 n이 무한대로 많아지면 포아송분포가 되고, 기하분포에서 n이 무한대로 많아지면 지수분포가 됩니다.
- 포아송분포, t-분포, 지수분포에서 n이 무한대로 많아지면 정규분포가 됩니다.

4 이항분포의 근사와 중심극한정리

(1) 이항분포의 근사
① 시행횟수 N이 커질 때, $B(N, p)$는 $N(Np, Npq)$에 근사한다.
② 시행 횟수가 많아지면 이항분포는 평균 Np, 분산 Npq인 정규분포와 거의 같아진다.
㉠ $N=600$, $p=\dfrac{1}{6}$, $q=\dfrac{5}{6}$이면 $N(100, 83.3)$

> **보충 학습**
>
> 주사위를 던져 3이 나오는 횟수의 이항분포와 정규분포
>
>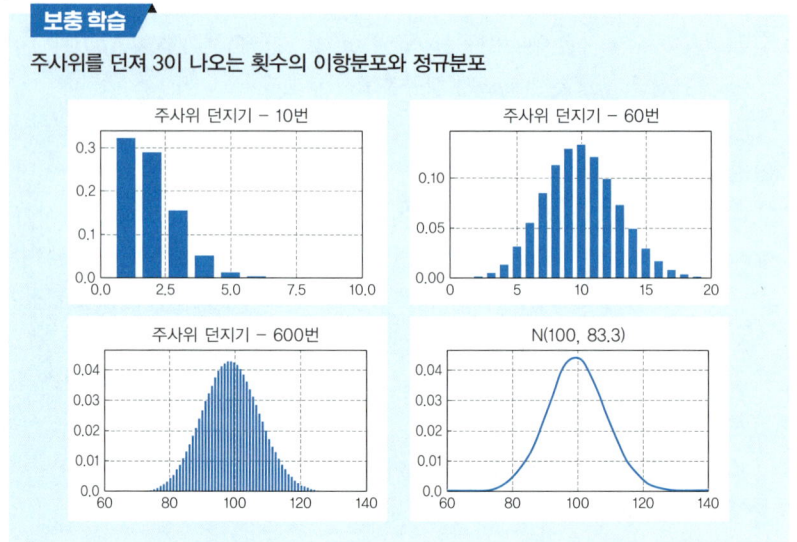

(2) 중심극한정리(Central Limit Theorem)

동일한 확률분포를 가지는 독립 확률변수 $X1, X2, ... Xn$의 집합이 있을 때, n개의 표본 평균 $\overline{X}$의 분포는 원래 데이터가 어떤 분포와 상관없이 n이 충분히 클수록 정규분포에 가까워진다.

$$\overline{X} \sim N\left(\mu, \frac{\sigma^2}{n}\right)$$

예) $n=100$, $\mu=3.5$, $\sigma^2=2.92$인 경우 $N(3.5, 0.029)$인 정규분포가 된다.

보충 학습

주사위를 던지는 확률분포를 구했을 때 $n=30$만 되어도 정규분포 모양이 되는 것을 알 수 있습니다.

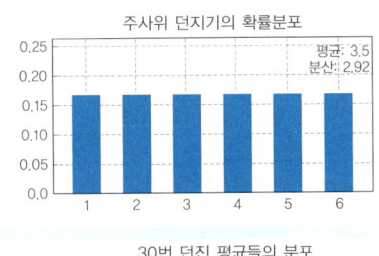

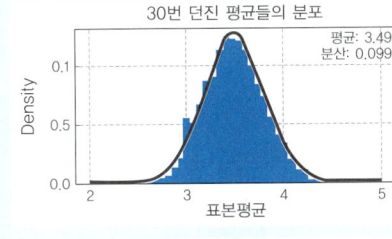

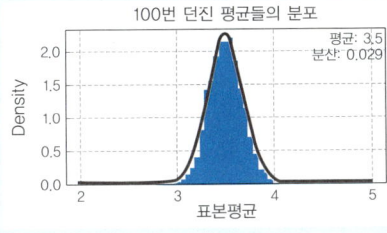

핵심키워드 #t-분포 #카이제곱분포 #F-분포 #연속균등분포 #지수분포

062 연속형 확률분포 2

전문가의 합격 코멘트
t-분포, 카이제곱분포, F-분포의 용도와 특징을 간단하게 알고 종류를 확실하게 암기해야 합니다.

1 t-분포(t-Distribution)

① 정규분포는 표본의 수가 적으면 신뢰도가 낮아진다(n이 30개 미만인 경우).
② 표본이 적은 경우에는 예측 범위가 넓은 t-분포를 사용한다.
③ t-분포는 표본의 개수에 따라 그래프의 모양이 변한다.
  - 표본의 개수가 많아질수록 정규분포와 비슷하며, 적을수록 옆으로 퍼진 모양임
  - 표본의 개수가 적을수록 신뢰도가 낮아지므로 예측 범위를 넓히기 위해 옆으로 그래프의 모양이 퍼지게 됨
④ 그래프의 x축 좌표를 t값이라 부르며, t-분포표를 사용해 구하고 이를 검정에 사용한다.

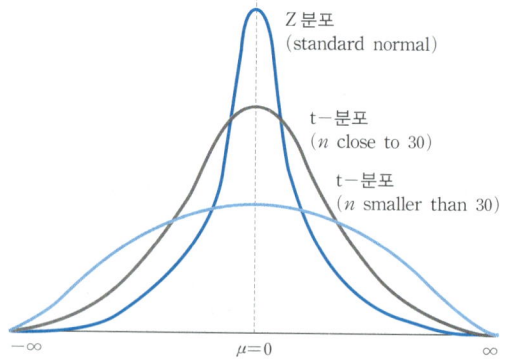

자유도 (r)	확률(α)							
	0.0005	0.001	0.005	0.010	0.025	0.050	0.100	0.200
1	636.6192	318.3088	63.65674	31.82052	12.70620	6.313752	3.077684	1.376382
2	31.59905	22.32712	9.924843	6.964557	4.302653	2.919986	1.885618	1.060660
3	12.92398	10.21453	5.840909	4.540703	3.182446	2.353363	1.637744	0.978472
4	8.610302	7.173182	4.604095	3.746947	2.776445	2.131847	1.533206	0.940965
5	6.868827	5.893430	4.032143	3.364930	2.570582	2.015048	1.475884	0.919544
6	5.958816	5.207626	3.707428	3.142668	2.446912	1.943180	1.439756	0.905703

예측 범위는 그래프의 모양이 가운데로 집중되어 있을수록 좁고, 퍼져 있을수록 넓다.

2 카이제곱분포(χ^2)

① 분산의 특징을 확률분포로 만든 것으로, 카이(χ)는 평균 0, 분산 1인 표준 정규분포를 의미한다.
② 0 이상의 값만 가질 수 있으며, 오른쪽 꼬리가 긴 비대칭 모양이다.
③ 표본의 수가 많아지면 옆으로 넓적한 정규분포 형태가 된다.

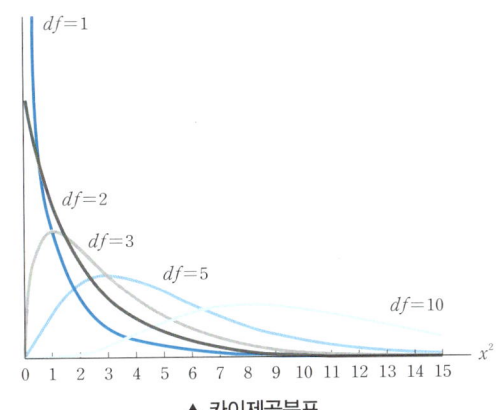

▲ 카이제곱분포

3 F-분포

① 카이제곱분포와 같이 분산을 다룰 때 사용하는 분포이다.
② 카이제곱분포와 비슷하게 비대칭 모양이며 양수만 존재하고, 표본의 수가 많아지면 1을 중심으로 정규분포 모양이 된다.
③ F-분포는 두 집단의 분산의 크기가 서로 같은지 또는 다른지를 비교하는 데 사용한다.
④ 두 집단의 분산을 나누었을 때 1이면 두 집단의 크기가 같다고 판단한다.
⑤ F 검정과 분산 분석(ANOVA)에서 사용된다.

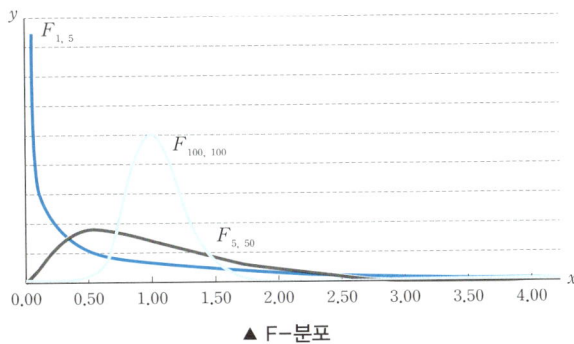

▲ F-분포

> **보충 학습**
>
> **언제 사용되는 분포일까?**
>
> 각 분포가 활용되는 경우는 다음과 같습니다.
> - Z-분포, t-분포: 한 집단 또는 두 집단의 평균의 차이를 검정할 때 사용합니다.
> - χ^2 분포: 한 집단의 모분산 검정(모수), 범주형 변수의 적합도, 동질성, 독립성 검정(비모수)에 사용합니다.
> - F-분포: 두 집단의 분산이 같은지를 검정할 때 사용합니다.
>
> **모분산 추정**
> - 모집단의 변동성 또는 퍼짐의 정도에 관심이 있는 경우, 모분산이 추론의 대상이 됩니다.
> - 모분산에 대한 추정에는 카이제곱분포를 사용하여 신뢰구간을 구하거나 가설검정을 수행하는 등의 통계적 방법을 활용할 수 있습니다.
> - 1개 집단에 대한 분산 검정은 자유도가 $N-1$인 카이제곱분포를 따릅니다.
> - 이표본(Two Sample)에 의한 분산비 검정은 두 표본의 분산이 동일한지를 비교하는 검정으로 검정통계량은 F-분포를 따릅니다.
> - 모집단이 정규분포를 따르지 않더라도 중심극한정리를 통해 정규 모집단으로부터 모분산에 대한 검정을 유사하게 시행할 수 있습니다.

4 연속균등분포(Continuous Uniform Distribution)

① 연속확률분포로 분포가 특정 범위 내에서 균등하게 나타나는 경우의 분포이다.

② 두 개의 매개변수 a, b를 가지며, [a, b] 범위에서 균등한 확률을 갖는다.

③ U(a, b)로 나타내며, U(0, 1)인 경우 표준연속균등분포라고 한다.

④ 연속균등분포의 기댓값과 분산
   - 연속균등분포의 기댓값: $E(X) = \dfrac{a+b}{2}$
   - 연속균등분포의 분산: $Var(X) = \dfrac{(b-a)^2}{12}$

> **예제** 다음 확률변수 Y에 대한 기댓값과 분산을 구하면?
>
> $$Y = x \cdot f(x) \; \{1, \; 0 \leq x \leq 1\} \; \{0, \; otherwise\}$$
>
> **해설** 확률변수 Y의 분포는 U(0, 1)이므로 $a=0$, $b=1$을 사용하여 다음과 같이 구할 수 있다.
>
> $E(Y) = \dfrac{0+1}{2} = 0.5$이고, $Var(Y) = \dfrac{(1-0)^2}{12} = \dfrac{1}{12}$이다.

5 지수분포(Exponential Distribution)

① 사건이 서로 독립적일 때 다음 사건이 일어날 때까지 대기 시간이 따르는 분포이다.
② 지수분포와 포아송분포는 λ를 사용한다(λ: 정해진 시간 안에 어떤 사건이 일어날 횟수에 대한 기댓값).

> **보충 학습**
>
> 검정할 모수 → 평균
>
>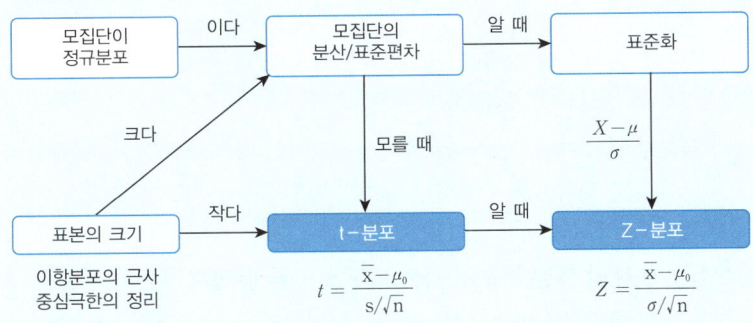
>
> 검정할 모수 → 분산
>
>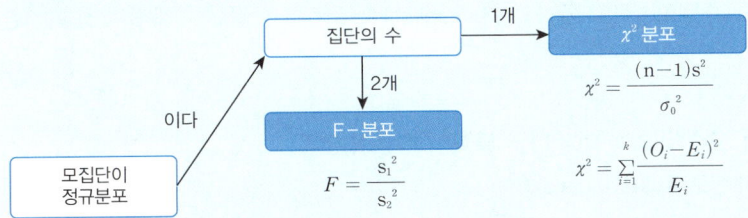
>
> - 모집단이 정규분포이고, 모집단의 분산 또는 표준편차를 모르는 경우 또는 표본의 크기가 작은 경우에는 t-분포를 사용합니다.
> - 모집단이 정규분포이고, 모집단의 분산 또는 표준편차를 아는 경우 검정할 모수가 평균일 때에는 표준화 후에 Z-분포를 사용합니다.
> - 검정할 모수가 분산이면서 집단이 1개인 경우는 카이제곱분포를 사용하고, 집단이 2개인 경우는 F-분포를 사용합니다.
> - 카이제곱분포는 비모수 검정에도 사용됩니다.
> - 위의 식들은 검정통계량을 구하는 식이며, 카이제곱분포의 경우 위의 식은 모수 검정에서, 아래의 식은 비모수 검정에서 사용합니다.

핵심키워드 #모수 #비모수 #추정 #베이지안

063 통계적 추론의 분류

★★☆☆☆

 **전문가의 합격 코멘트**
앞으로 학습할 내용에 대해 제목을 살펴보는 것으로 통계적 추론은 '모집단'에 대한 추론을 위한 것임을 꼭 숙지해 두시기 바랍니다. 문제에서 모집단으로 표기되어야 하는 부분을 다른 단어로 바꾸어 틀린 내용으로 출제하기도 합니다.

1 추론 목적에 따른 통계적 추론의 분류

① 추정(Estimation): 통계량을 사용하여 모집단의 모수를 구체적으로 추측하는 과정이다.
② 점추정(Point Estimation): 하나의 값으로 모수의 값이 얼마인지 추측하는 추정이다.
③ 구간추정(Interval Estimation): 모수를 포함할 것으로 기대되는 구간을 확률적으로 구하는 추정이다.
④ 가설검정(Testing Hypotheses): 모수에 대한 가설을 세우고 그 가설의 옳고 그름을 확률적으로 판정하는 방법론이다.

2 모집단에 대한 특정 분포의 가정 여부에 따른 통계적 추론의 분류

① 모수적 추론(Parametric Inference): 모집단에 특정 분포를 가정하고 모수에 대해 추론하는 것으로, 특정 분포는 대부분 정규분포를 의미한다.
② 비모수적 추론(Non-parametric Inference): 모집단에 대해 특정 분포를 가정하지 않는 추론이다.

3 모수 처리방식에 따른 통계적 추론의 분류

(1) 빈도주의(Frequentist)
① 확률을 사건의 빈도로 보고, 특정 사건이 얼마나 반복되어 발생하는가를 관찰하고 가설을 세우고 모델을 만들어 검증하는 추론 방법이다.
② 모수를 어떤 고정된 상수로 생각한다.

(2) 베이지안(Bayesian)
① 확률을 사건 발생에 대한 믿음이나 척도로 바라보는 관점이다.
② 고정된 데이터의 관점에서 모수에 대한 신념의 변화를 분석한다.
③ 수학적 배경이 까다롭고, 계산량이 많아 구현의 어려움이 있어서 예전에는 통계학자들로부터 환영받지 못했다.
④ 컴퓨터의 연산 능력 확장과 다양한 알고리즘 개발로 구현 및 사용이 용이해졌다.
⑤ 일어나지 않은 일에 대한 확률의 불확실성의 개념과 사건과 관련있는 여러 확률들을 이용해 새롭게 일어날 사건을 추정하는 방법이다.
⑥ 머신러닝에서 많이 활용된다[나이브 베이지안 분류(Naive Bayesian Classification)].

보충 학습

빈도주의와 베이지안의 관점 차이
검진 결과에 의해 암에 걸렸을 확률이 90%라면,
- 빈도주의(의사 관점): '이러한 검진 결과를 가진 환자는 정밀검사를 하면 100에 90명은 암에 걸려있다'고 보는 관점입니다.
- 베이지안(환자 관점): '암에 걸렸음을 주장하는 의사의 주장이 사실일 가능성(신뢰도)이 90%'라고 보는 관점입니다.

기출로 개념 확인

01 다음 중 베이즈 정리(Bayes Theory)와 특징에 대한 조건부 독립을 가설로 하는 알고리즘으로, 클래스에 대한 사전 정보와 데이터로부터 추출된 정보를 결합하고 베이즈 정리를 이용하여 어떤 데이터가 특정 클래스에 속하는지를 분류하는 알고리즘은?

16회 기출(주관식 변형)

① 나이브 베이지안 분류(Naive Bayes Classification)
② 로지스틱 회귀(Logistic Regression)
③ 인공신경망(Artificial Neural Network)
④ 의사결정트리(Decision Tree)

정답 해설 나이브 베이지안 분류(Naive Bayes Classification)는 베이즈 정리(Bayes Theory)의 특징에 대한 조건부 독립을 가설로 하는 알고리즘이다.

풀이전략
아래의 내용은 정형 데이터 분석에서 다룰 것입니다. 간단하게 읽고 뒤에서 학습하시면 됩니다.
- 로지스틱 회귀(Logistic Regression): 이진 분류 모델로, 입력 변수의 선형 결합을 로지스틱 함수에 적용하여 확률을 예측하고, 이를 기반으로 두 클래스 중 하나를 선택합니다.
- 인공신경망(Artificial Neural Network, ANN): 생물학적 뉴런의 작동 원리를 모방한 기계 학습 모델로, 여러 층의 뉴런과 가중치로 구성되어 입력에서 출력까지 정보 전달과 변환을 수행합니다.
- 의사결정트리(Decision Tree): 데이터의 특성에 따라 의사 결정 규칙을 학습하고, 나무 구조로 표현하여 데이터를 분류하거나 예측하는 모델로, 각 노드에서 특정 특성에 대한 기준을 적용합니다.

02 다음 중 모집단의 모수에 대한 어떤 가설을 설정한 뒤에 표본 관찰을 통해 그 가설의 채택 여부를 결정하는 분석 방법은?

34회 기출문제

① 구간추정
② 점추정
③ 신뢰수준
④ 가설검정

정답 해설 모집단의 모수에 대한 가설을 설정하는 방식을 사용하는 것은 '가설검정'이다. 점추정, 구간추정은 통계량을 사용하여 모집단의 모수를 구체적으로 추측하는 것을 말한다.

정답 01 ① 02 ④

064 추정량(Estimator), 추정값(Estimate)

전문가의 합격 코멘트
좋은 추정량을 판단하는 기준 3가지를 암기하여 두세요.

1 추정량(Estimator)과 추정값(Estimate)

(1) 추정량(Estimator)
① 모수를 추정하기 위한 관찰 가능한 표본의 식 또는 표본의 함수이다.
② $y=f(x)$에서 $f(x)$에 해당한다.

(2) 추정값(Estimate)
① 표본의 식 또는 함수에 실제 관찰치를 대입하여 계산한 값이다.
② $y=f(x)$에서 y에 해당한다.

2 좋은 추정량의 판단 기준

(1) 일치성(Consistency)
표본의 크기가 커짐에 따라 표본오차가 작아져야 한다.

(2) 비편향성, 불편성(Unbiasedness)
추정량의 기댓값이 모수의 값과 같아야 한다(편향=0).

> 편향(Bias)=추정량의 기댓값−실제값(=모수의 값)

(3) 효율성(Efficiency)
① 추정량의 분산은 최대한 작아야 한다(최소분산추정량).
② MSE(Mean Squared Error)가 작아야 한다.

065 통계적 추론 - 추정(Estimation)

핵심키워드 #점추정 #구간추정 #신뢰구간 #신뢰수준

★★★☆☆

1 점추정(Point Estimation)

(1) 점추정 개요
① 통계량 하나를 구하고 그것으로 모수를 추정하는 방법이다.
② '모수가 특정한 값'일 것으로 추정하는 방법이다.
예) A과목 전체 수강생 중 50명을 뽑아 조사한 결과 기말 점수 평균이 80점이라면, 50명뿐만 아니라 나머지 A과목을 수강한 학생들의 평균 점수도 80점 정도로 추정한다.

(2) 점추정량을 구하는 방법
① 적률법: 표본의 기댓값을 통해 모수를 측정하는 방법이다.
② 최대가능도추정법[최대우도추정법, MLE(Maximum Likelihood Estimation)]: 우도함수를 미분해서 기울기가 0인 위치에 존재하는 MLE(Maximum Likelihood Estimator)를 찾는 방법이다. 이때, MLE는 관측된 데이터를 가장 잘 설명할 수 있는 모수이다.

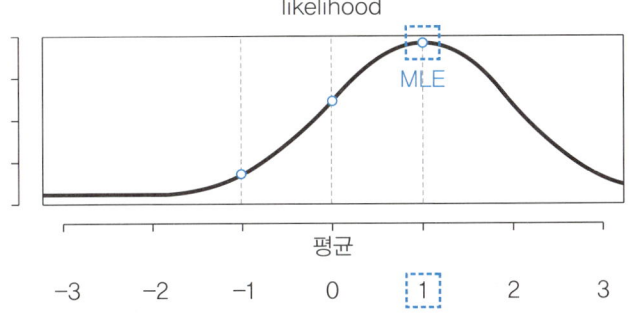

③ 최소제곱법: 오차를 제곱한 합이 최소가 되는 함수를 구하는 방법이다.

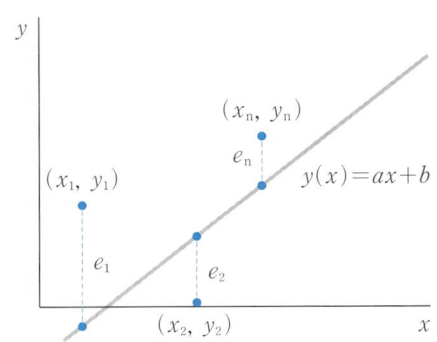

> **전문가의 합격 코멘트**
>
> 점추정의 의미와 점추정량을 구하는 방법의 종류 및 간략한 정의를 기억하세요! 또한 신뢰수준 95%의 의미를 확실하게 알고 있어야 합니다. '모수값을 포함하고 있을 것'을 꼭! 기억해 주세요. 그리고 신뢰구간의 값을 직접 구해야 할 필요는 없지만, 신뢰수준에 따른 신뢰구간의 변화 및 표본의 크기에 따른 신뢰구간의 변화를 이해하기 위해 신뢰구간의 식을 잘 이해해야 합니다.
>
> **우도함수**(Likelihood Function)
> 우도함수는 모수 추정을 위한 함수로, 관측된 데이터가 주어졌을 때, 특정 모수값이 데이터를 생성했을 가능성을 나타내는 함수이다.
>
> **오차**
> 함수값과 측정값의 차이를 말한다.

2 구간추정(Interval Estimation)
① 점추정의 정확성을 보완하는 방법이다.
② 통계량을 제시하는 것은 점추정과 같지만, 구간추정은 신뢰구간을 만들어서 추정한다는 점에서 차이가 있다.
③ 신뢰구간이란 모수가 포함되리라고 기대되는 범위이다.

3 신뢰수준
① 모수값이 정해져 있을 때 다수 신뢰구간 중 모수값을 포함하는 신뢰구간이 존재할 확률을 말한다.
② 신뢰수준 95%의 의미: n번 반복 추출하여 산정하는 여러 신뢰구간 중에서 평균적으로 95%는 모수값을 포함하고 있을 것이다.

> **보충 학습**
>
> **신뢰수준 95%**
> 배달 앱에서 배달의 예측 시간을 알려주는 방법 중에 '20~30분 소요'라고 뜰 때가 있는데, 그것이 구간추정이며, 이는 배달 주문 100건을 예측했을 때 그중 95건이 20~30분에 도착했다는 의미이다.

4 신뢰구간

(1) 표준오차(Standard Error)

$$SE(Standard\ Error) = \frac{\sigma}{\sqrt{n}} \approx \frac{s}{\sqrt{n}}$$

① 표본평균이 모평균과 얼마나 차이가 있는지를 나타낸다.
② 모집단에서 표본(Sample)을 무한 번 뽑아 각 표본의 평균을 구했을 때, 그 평균들의 표준편차가 표준오차이다.
③ 표준오차는 표본의 크기(n)가 클수록 작은 값을 갖는다.
④ 모평균에 대해 추론할 때 표본평균의 표준오차를 사용한다.

(2) 표본오차(Sampling Error)

- 표본오차 = 오차한계 = 임곗값 $\times \frac{\sigma}{\sqrt{n}}$
- 표준정규분포에서 표본오차 $= z \times \frac{\sigma}{\sqrt{n}} \approx z \times \frac{s}{\sqrt{n}}$

① 표본을 샘플링할 때 모집단을 대표할 수 있는 전형적인 구성 요소를 선택하지 못함으로써 발생하는 오차를 의미한다.
② 표본오차는 표본의 크기를 증가시키고, 표본 선택의 방법을 엄격히 하여 줄일 수 있다.
③ 추정(Estimation)을 할 때 모평균 추정구간의 중심으로부터 최대한 허용할 최대허용오차를 의미한다.

④ 추정 문제에서 표본오차를 구하라는 것은 '오차한계'를 구하라는 것과 같으며, 오차한계는 임곗값(Critical Value)과 표준오차(Standard Error)를 곱하여 구한다.

임곗값(Critival Value)
간단하게 설명하면 z값, t값, 카이제곱값으로, 검정통계량이 임곗값보다 더 큰 값을 갖는 경우 귀무가설을 기각하게 된다. 이는 가설검정에서 자세히 학습한다.

(3) 신뢰구간의 길이

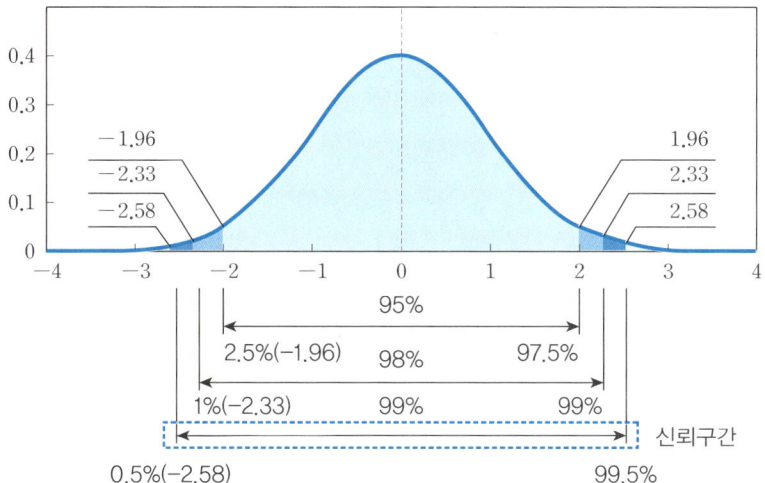

① 신뢰구간이란 모수가 포함되리라고 기대되는 범위이다.
② 99% 신뢰수준에 대한 신뢰구간이 95% 신뢰수준에 대한 신뢰구간보다 길다.
③ 신뢰구간 = (평균 − 임곗값 × 표준오차) ~ (평균 + 임곗값 × 표준오차)이고, 표준오차 = $\frac{\sigma}{\sqrt{n}}$ 이기 때문에, 표준오차의 식에 n이 분모에 있으므로 다른 값이 같다면, 표본의 크기(n)가 커지면 신뢰구간의 길이는 줄어든다.

> **보충 학습**
>
> **z 분포의 z값 사용**
>
> - 신뢰도 95% 신뢰구간의 길이 = $2 \times 1.96 \times \frac{\sigma}{\sqrt{n}}$
> - 신뢰도 99% 신뢰구간의 길이 = $2 \times 2.58 \times \frac{\sigma}{\sqrt{n}}$
>
> | 100(1−α) | α | α/2 | z값 |
> | --- | --- | --- | --- |
> | 90% | 0.1 | 0.05 | 1.645 |
> | 95% | 0.05 | 0.025 | 1.96 |
> | 99% | 0.01 | 0.005 | 2.576 |
>
> 임곗값을 구하는 데 있어 신뢰도에 따른 유의수준(α)을 사용하며, 양측검정의 경우 좌측과 우측에 모두 기각역이 존재하므로 유의수준(α)을 2로 나눈 값에 대한 z값을 사용합니다.

보충 학습

신뢰수준이 높다고 해서 좋은 것일까?
- 신뢰수준이 높을수록 신뢰구간의 폭이 더 넓어지는데, 이때 정밀도는 더 낮아집니다.
- 신뢰구간을 좁게 유지하면서 신뢰수준을 높이기 위해서는 표본의 크기를 크게 사용해야 합니다. 신뢰구간=(평균−임곗값×표준오차)~(평균+임곗값×표준오차)이고, 표준오차=$\frac{\sigma}{\sqrt{n}}$ 이기 때문입니다.
- 표본의 크기를 나타내는 n은 분모에 위치합니다. 분모에 큰 수가 있으면 결과는 작아지고, 분자에 큰 수가 있으면 결과는 커지게 됩니다.

기출로 개념 확인

01 다음 중 통계적 추정에 대한 설명으로 옳지 않은 것은? 　　　　18회 기출문제

① 추정(Estimation)은 통계량을 사용하여 모집단의 모수를 구체적으로 추측하는 과정을 말한다.
② 표본 크기가 커질수록 신뢰구간이 좁아지는데, 이는 정보가 많을수록 추정량이 더 정밀하다는 것을 의미한다.
③ 신뢰수준 95%의 의미는 추정값이 신뢰구간에 존재할 확률이 95%라고 할 수 있다.
④ 하나의 점으로 값을 표현하는 것을 점추정(Point Estimation)이라고 한다.

> **정답 해설** 신뢰수준 95%의 의미는 n번 반복 추출하여 산정하는 여러 신뢰구간 중에서 평균적으로 95%는 모수값을 포함하고 있을 것이라는 점을 의미한다고 할 수 있다. 문제에서 모수값 대신 추정값으로 표현했으므로 옳지 않은 내용이다.

02 다음 중 신뢰구간에 대한 설명으로 적절하지 않은 것은? 　　　　22회 기출문제

① 신뢰수준 99%의 신뢰구간이 95%의 신뢰구간보다 길다.
② 관측치의 크기가 커지면 신뢰구간의 길이는 줄어든다.
③ 신뢰수준 95% 신뢰구간은 미지의 수가 포함되지 않을 확률이 95%라는 것을 의미한다.
④ 점추정의 정확성을 보완하는 방법이다.

> **정답 해설** 신뢰수준 95%의 신뢰구간은 모수값이 포함되어 있을 확률이 95%인 것을 의미한다.

정답 01 ③　02 ③

핵심키워드 #귀무가설 #대립가설 #제1종오류 #신뢰수준 #유의수준 #검정통계량 #p-value #기각 #채택

066 통계적 추론 - 가설검정

★★★★☆

1 가설검정(Statistical Hypothesis Testing)

(1) 가설검정 개요
① 모집단에 대해 가설 설정 후, 표본 관찰을 통해 그 가설의 채택 여부를 결정하는 통계적 추론 방법이다.
② 가설검정의 절차는 다음과 같다.

가설 설정	➡	유의수준(α) 설정	➡	검정통계량 산출	➡	기각/채택 판단
귀무가설, 대립가설		제1종 오류의 최대 허용 한계		검정통계량으로 p-value 구함		p-value<α일 때 귀무가설 기각

(2) 귀무가설(Null Hypothesis)과 대립가설(Alternative Hypothesis)
① 귀무가설(H_0, Null Hypothesis)
  • 가설검정의 대상이 되는 가설, 연구자가 부정하고자 하는 가설
  • 알고 있는 것과 같음, 변화, 영향력, 연관성, 효과 없음에 대한 가설
    예) 과자의 평균 중량은 80g이다.
② 대립가설(H_1, Alternative Hypothesis)
  • 연구자가 연구를 통해 입증·증명되기를 기대하는 예상이나 주장
  • 귀무가설이 기각되면 채택되는 가설로서 알고 있는 것과 다름, 변화, 영향력, 연관성, 효과 있음에 대한 가설
    예) 과자의 평균 중량은 80g이 아니다.

2 제1종 오류, 제2종 오류

(1) 제1종 오류(α error)
① 귀무가설이 참인데도 기각됨으로써 발생하는 오류이다.
② $\alpha = P(\text{제1종 과오를 범함}) = P(H_0 \text{ 기각} \mid H_0 \text{ 참})$

(2) 제2종 오류(β error)
① 귀무가설이 거짓인데도 채택됨으로써 발생하는 오류이다.
② $\beta = P(\text{제2종 과오를 범함}) = P(H_0 \text{ 채택} \mid H_0 \text{ 거짓})$

판단 \ 진실	H_0 참	H_0 거짓
H_0 채택	신뢰수준($1-\alpha$) 제1종 오류를 범하지 않을 확률	제2종 오류(β)
H_0 기각	제1종 오류(α)	검정력($1-\beta$) 제2종 오류를 범하지 않을 확률

> **전문가의 합격 코멘트**
>
> 가설검정은 말을 다르게 표현하여 문제를 출제하면 어려운 내용입니다. 전체적인 흐름과 각 용어의 의미를 잘 파악하여 두는 것이 필요하며 특히 임곗값, 검정통계량, 유의수준, p-value의 개념을 혼동하지 않도록 구별하여 알아두세요. p-value는 매우 중요한 개념으로 다양한 정의에 대해 이해를 기반한 암기를 해야 합니다. 실제로 말을 너무 꼬아서 문제를 출제하는 느낌이 강합니다.

3 신뢰수준, 기각역, 유의수준

(1) 신뢰수준(1−α)

제1종 오류를 범하지 않을 확률로 연구활동(99%), 일반적(95%), 단순설문조사(90%) 등에 사용한다.

(2) 기각역(Critical Riegion)

① 귀무가설을 기각하고 대립(= 연구)가설을 채택하게 되는 영역이다.
② 귀무가설이 옳다는 전제하에 구한 검정통계량의 분포에서 확률이 유의수준 α인 부분을 말한다.

(3) 유의수준(α)

① 귀무가설이 참인데도 기각시키는 확률(제1종 오류 발생 확률)의 최대허용 한계이다.
② 유의수준 0.05(5%)의 의미: 100번 실험에서 제1종 오류를 범하는 최대허용 한계가 5번이라는 의미이다.
③ 유의수준의 특징
- 유의수준+신뢰수준=1
- 유의수준=1−신뢰수준
- 유의수준=$\int$기각역

양측검정
기각역이 양쪽에 있는 검정으로, 예를 들면 대립가설은 '과자의 평균 중량이 80g이 아니다'인 경우에 사용된다.

좌측검정
기각역이 왼쪽에 있는 검정으로, 예를 들면 대립가설은 '과자의 평균 중량이 80g보다 작다'인 경우 사용된다.

우측검정
기각역이 오른쪽에 있는 검정으로, 예를 들면 대립가설은 '과자의 평균 중량이 80g보다 크다'인 경우 사용된다.

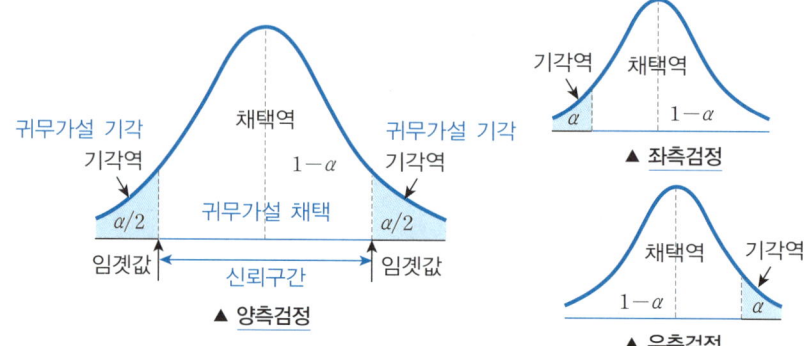

4 검정통계량과 유의확률(p-value)

(1) 검정통계량

① 표본 데이터를 사용해 계산되어 가설검정에 사용되는 랜덤변수로, 검정통계량을 사용해 귀무가설을 기각할 것인지를 판별할 수 있다.
② 귀무가설의 기각 여부는 모수로부터 검정통계량이 얼마나 떨어져 있는지에 따라 판단하며, 많이 떨어져 있을수록 귀무가설을 기각한다.

(2) 유의확률(p-value, Probability Value)

① $0 \leq p\text{-value} \leq 1$
② 자유도를 고려한 검정통계량에 대한 확률이다.
③ 제1종 오류를 범할 확률이다.

④ 귀무가설의 신뢰구간을 벗어나는 확률(= 극단적인 표본값이 나올 확률)로, 판정이 잘못되었을 확률이다.
⑤ 귀무가설을 지지하는 정도로, p-value가 작을수록 그 지지도가 약하다는 것을 의미한다.
⑥ p-value < α일 때 귀무가설을 기각하고 대립가설을 채택한다.
⑦ p-value가 0.05(5%)라는 것은 귀무가설을 기각했을 때 기각 결정이 잘못될 확률이 5%라는 것을 의미한다.

> **보충 학습**
>
> 임곗값과 유의수준, 검정통계량과 p-value를 혼동하지 않도록 주의합니다. 직접 정한 기준에 따른 것인지, 표본 데이터로부터 계산한 것인지를 구분하여 알아두시기 바랍니다.
>
> | 구분 | 확률 밀도 함수 그래프의 x축 값 | 확률 |
> | --- | --- | --- |
> | 직접 정한 기준에 따름 | 임곗값 | 유의수준 |
> | 표본 데이터로부터 계산 | 검정통계량 | p-value |

기출로 개념 확인

01 다음 중 귀무가설이 사실일 때 기각하는 제1종 오류에서 우리가 내린 판정이 잘못되었을 실제 확률은?

18회 기출문제

① 유의수준
② p-value
③ 검정통계량
④ 기각역

정답 해설 선택지에서 확률을 나타내는 것은 유의수준과 p-value이다. 유의수준은 신뢰수준을 지키기 위한 제1종 오류의 최대한계이며, p-value는 표본 데이터를 가지고 계산한 제1종 오류의 확률이다.

02 다음 중 가설검정에 대한 설명으로 옳지 않은 것은?

23회 기출문제

① 기각 가능성이 '크다' 또는 '작다'의 판단 기준을 유의수준이라 한다.
② 기각역이란 귀무가설이 옳다는 전제하에 구한 검정통계량의 분포에서 확률이 유의수준 α인 부분을 말한다.
③ 유의확률(p-value)의 값이 미리 정해 놓은 유의수준의 값보다 클 경우, 귀무가설을 기각하고 대립가설의 가정이 옳다고 할 수 있다.
④ 귀무가설이 옳은데도 이를 기각하게 되는 오류를 제1종 오류라고 한다.

정답 해설 유의확률(p-value)의 값이 미리 정해 놓은 유의수준의 값보다 작을 경우, 귀무가설을 기각하고 대립가설이 옳다고 할 수 있다.

03 다음 중 연구자가 연구를 통해 입증 또는 증명되기를 기대하는 예상이나 주장을 무엇이라 하는가?

25회 기출문제

① 대립가설 ② 귀무가설
③ 유의확률 ④ 검정통계량

정답 해설 귀무가설은 가설검정의 대상이 되는 가설로 연구자가 부정하고자 하는 가설이며, 대립가설은 귀무가설이 기각되면 채택되는 가설로 연구자가 연구를 통해 입증되거나 증명되기를 기대하는 예상이나 주장이다.

04 다음 중 추정과 가설검정에 대한 설명으로 옳지 않은 것은?

29회 기출문제

① 귀무가설이 사실일 때 검정통계량이 나올 확률을 p-value라고 한다.
② 귀무가설을 기각하는 검정통계량의 영역을 기각역이라 한다.
③ 가장 참 값이라고 여겨지는 하나의 모수값을 추정하는 것을 점추정이라 한다.
④ 일정한 크기의 신뢰수준으로 모수가 특정한 구간에 있을 것이라 추정하는 것을 구간추정이라 한다.

정답 해설 p-value는 귀무가설이 참일 때 이것을 기각해서 발생하는 제1종 오류에 대한 확률이다.

05 다음 중 제1종 오류에 대한 설명으로 옳은 것은?

10회·30회 기출문제

① H_0가 사실일 때, H_0가 사실이라고 판정
② H_0가 사실이 아닐 때, H_0가 사실이라고 판정
③ H_0가 사실일 때, H_0가 사실이 아니라고 판정
④ H_0가 사실이 아닐 때, H_0가 사실이 아니라고 판정

정답 해설 H_0는 귀무가설을 의미하며, 제1종 오류는 H_0가 사실일 때 H_0를 기각하여 발생하는 오류이다. 이때 기각이란 사실이 아니라고 판정하는 것을 말한다. 제2종 오류는 H_0가 사실이 아닐 때 H_0가 사실이라고 판정하는 것을 말한다.

06 가설검정은 모집단의 모수 또는 분포 등에 관하여 귀무가설과 대립가설을 설정한 후에 표본을 통해 얻어지는 정보로 어떤 가설이 맞는지 결정하는 것이다. 이때 결정의 기준으로 제1종 오류와 제2종 오류를 사용하게 되는데 다음 중 이에 대한 설명으로 옳지 <u>않은</u> 것은?   29회 기출문제

① 제1종 오류는 실제로 귀무가설이 맞는데 틀리다고 결론을 내리는 오류이다.
② 제2종 오류는 귀무가설이 틀릴 때 대립가설이 맞다고 결론을 내리는 오류이다.
③ 제1종 오류는 실제로 대립가설이 거짓인데도 검정 결과 대립가설을 채택하는 오류이다.
④ 유의수준을 너무 작게 하면 귀무가설을 선택할 확률이 커져 대립가설이 옳은데도 불구하고 부정해버리는 오류를 범할 수 있다.

정답 해설 제2종 오류는 귀무가설이 사실이 아닐 때, 귀무가설을 채택(사실이라고 판정)하여 발생하는 오류를 의미한다.

07 다음 중 가설검정 용어에 대한 설명으로 옳지 <u>않은</u> 것은?   29회 기출문제

① 현재까지 주장되어 온 것이나, 변화나 차이가 없음을 설명하는 가설을 귀무가설이라 한다.
② 대립가설이 맞는데도 귀무가설이 맞다고 결론을 내리는 오류의 확률을 검정력이라고 한다.
③ 귀무가설을 기각시키는 검정통계량들의 범위를 기각역이라 한다.
④ 귀무가설이 맞다고 가정할 때 표본통계량보다 극단적인 결과가 실제로 관측될 확률을 유의확률(p-value)이라 한다.

정답 해설
• 제2종 오류는 귀무가설이 사실이 아닐 때 귀무가설을 채택하여 발생하는 오류이므로, 대립가설이 맞는데도 귀무가설이 맞다고 결론을 내리는 오류의 확률은 제2종 오류이다.
• 검정력이란 제2종 오류를 발생하지 않을 확률을 의미한다.

정답 01 ② 02 ③ 03 ① 04 ① 05 ③ 06 ② 07 ②

067 모수적 추론과 비모수적 추론

핵심키워드 #모수적 추론 #비모수적 추론

★★★☆☆

전문가의 합격 코멘트
모수적 추론과 비모수적 추론을 언제 사용하는 것인지 알아야 합니다. 특히 비모수적 추론은 모수를 추론하는 것이 아니라 분포 형태에 관한 검정을 시행한다는 것임을 알아두세요!

1 모수적 추론과 비모수적 추론의 이해

(1) 모수적 추론
① 모집단에 특정 분포를 가정하고 분포의 특성을 결정하는 모수에 대해 추론하는 방법이다(특정 분포는 정규분포를 의미함).
② 모수로는 평균, 분산 등을 사용한다.
③ 자료가 정규분포이면서 등간척도 또는 비율척도인 경우에 사용한다.
④ 자료가 등간척도, 비율척도이더라도 정규분포가 아니면 비모수적 추론을 사용한다.
㉮ 온도, 물가지수, 몸무게, 자녀수 등의 평균, 분산 등을 추론함

(2) 비모수적 추론
① 모집단에 대해 특정 분포를 가정하지 않는다(정규분포가 아닌 경우에도 사용 가능).
② 모수 자체보다 분포 형태에 관한 검정을 실시한다.
③ 분포 형태 검정을 위해 중앙값, 순위 등을 사용한다.
④ 정규분포가 아닌 경우 또는 표본 수가 적은 경우에 사용한다.
⑤ 자료가 명목척도, 서열척도일 때 사용한다.
㉮ 성별, 혈액형, 만족도, 메달 등의 분포 형태 또는 관계를 추론함

2 모수적 추론과 비모수적 추론의 선택

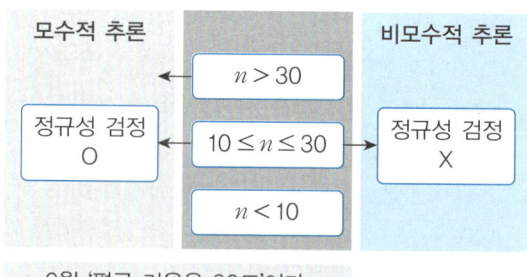

6월 '평균 기온은 30도'이다.

남/여 두 그룹 혈액형의 '분포는 동일'하다.

① n은 표본의 크기를 나타낸다.
② $n>30$인 경우 정규성 검정 없이 모수적 추론을 할 수 있다.
③ $10 \leq n \leq 30$인 경우 정규성 검정을 한 뒤, 정규성을 갖는 경우 모수적 추론을 사용하고, 정규성을 갖지 않으면 비모수적 추론을 사용한다. 또는 정규성 검정 없이 비모수적 추론을 사용할 수 있다.
④ $n<10$인 경우 비모수적 추론을 사용한다.

기출로 개념 확인

01 다음 중 가설검정에 대한 설명으로 옳지 않은 것은? 30회 기출문제

① 점추정은 '모수가 특정한 값일 것'이라고 선언하는 것으로, 사실상 추정이 얼마나 정확한가를 판단하기가 불가능하다.
② 가설검정이란 모집단에 대한 어떤 가설을 설정한 뒤에 표본 관찰을 통해 그 가설의 채택 여부를 결정하는 분석 방법이다.
③ 귀무가설이 옳은데도 귀무가설을 기각하게 되는 오류를 제1종 오류라고 한다.
④ 비모수적 추론은 가정된 분포가 없으므로 아무런 가정을 하지 않고 검정을 실시해 모수를 추정한다.

> **정답 해설** 비모수적 추론은 가정된 특정 분포가 없어 정규분포가 아닌 경우에도 사용할 수 있으며, 분포 형태에 대한 검정을 한다. 모수를 추정하는 것은 모수 추론이다.

02 다음 중 비모수적 추론의 특징으로 옳지 않은 것은? 23회 기출문제

① 평균, 분산을 이용한 검정을 이용한다.
② 자료가 추출된 모집단의 분포에 대해 아무 제약을 가하지 않고 검정을 실시하는 검정 방법이다.
③ 관측값들의 순위와 두 관측값 사이의 부호 등을 이용해 검정한다.
④ 모수 자체보다 분포 형태에 관한 검정을 실시한다.

> **정답 해설** 비모수적 추론은 분포 형태에 관한 검정을 하므로 중앙값이나 순위 등을 사용해 검정한다. 평균, 분산 등을 이용하는 것은 모수 추론이다.

정답 01 ④ 02 ①

068 모수적 추론(Parametric Inference)

핵심키워드 #모수적 추론 #비모수적 추론

★☆☆☆☆

 전문가의 합격 코멘트

모수적 추론의 전제 조건과 모수적 추론의 종류에 대해 알아 두시기를 바랍니다. 카이제곱검정은 모수적 추론에서도 사용되지만, 비모수적 추론에서도 사용할 수 있으므로 비모수와 섞여 있는 경우 모수 추론의 종류로, 모수와 섞여 있는 경우 비모수 추론의 종류로 취급하도록 문제가 출제되기도 합니다. 따라서 카이제곱검정에 대한 문제는 문맥을 잘 이해한 후 풀어야 합니다.

1 모수적 추론 개요

(1) 모수적 추론의 정의

검정하고자 하는 모집단의 분포에 대해 가정을 하고, 그 가정하에서 검정통계량과 검정통계량의 분포를 유도해 검정한다.

- 가정된 분포의 모수에 대해 가설을 설정함
- 관측된 자료를 이용해 구한 표본평균, 표본분산 등을 이용해 검정을 실시함

(2) 모수적 추론의 전제 조건

① 표본의 모집단이 정규분포를 이루어야 한다.
② 여러 개 집단 간의 차이를 검정하는 경우 집단들의 분산이 같아야 한다.
③ 변인(= 변수)은 등간척도나 비율척도로 측정되어야 한다.
④ 전제 조건을 만족하지 않으면 비모수적 추론을 사용해야 한다.

(3) 모수적 추론 방법

t-검정(One Sample t-test, Paired t-test, Two Sample t-test), ANOVA 검정, Z-검정, F-검정, 카이제곱검정 등이 있다.

(4) 모수적 추론 방법의 사용 예시

① 한 개의 모집단의 분산 추론에 사용: 카이제곱검정
② 두 개의 모집단의 분산을 비교하기 위한 추론에 사용: F-검정
③ 모집단의 평균에 대한 추론에 사용: Z-검정, t-검정

2 모수적 추론(t-검정)

① 한 집단의 평균값이 올바른지, 두 집단의 평균에 차이가 있는지를 검증하는 방법으로 t값을 사용한다.
② t값이 커질수록 p-value는 작아지며, 집단 간 유의한 차이를 보일 가능성이 높아진다.

t-검정 방법과 그 예시

t-검정 방법	예시
단일 표본 t-검정 (One Sample t-test)	단일 표본의 평균을 검정하기 위한 방법 예) S사 USB의 평균 수명은 20,000시간이다.
대응 표본 t-검정 (Paired t-test)	• 동일 개체에 어떤 처리를 하기 전, 후의 자료를 얻을 때 그 차이 값에 대한 평균을 검정하기 위한 방법 예) 매일 1시간씩 한 달을 걸으면 2Kg이 빠진다(걷기 수행 전, 수행 후). • 가능한 동일한 특성을 갖는 두 개체에 서로 다른 처리를 하여 그 처리의 효과를 비교하는 방법(Matching) 예) X질병 환자들을 두 집단으로 나누어 A, B 약을 투약해 약의 효과 비교

독립 표본 t-검정 (Two Sample t-test)	• 서로 다른 두 그룹의 평균을 비교하여 두 표본의 차이가 있는지 검정하는 방법 • 귀무가설: 두 집단의 평균의 차이값이 0이다. 2학년과 3학년의 결석률은 같다.

3 ANOVA 검정

① K개 집단에 대한 평균 차이가 있는지 분산을 사용하여 검증하는 방법이다.
② '집단 간 분산', '집단 내 분산' 기반의 F-분포를 이용해 가설을 검정하며 정규성, 등분산성, 독립성을 가정한다.
③ 독립변수는 범주형, 종속변수는 연속형이다.
④ 귀무가설 기각 시 구체적인 차이를 파악하기 위해 사후 검정(Post Hoc test)이 필요하다.
⑤ 사후 검정 종류
  • 등분산/동일 크기 표본: Tukey 검정
  • 등분산/다른 크기 표본: Scheff 검정, Fisher's LSD 검정

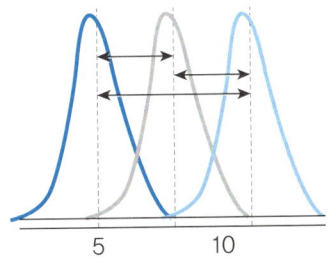
Between group variation
(집단 간 분산)

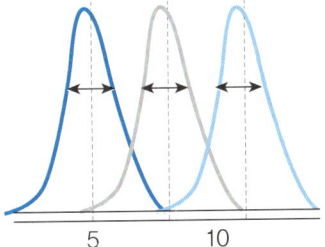
Within group variation
(집단 내 분산)

ANOVA 검정 방법과 그 예시

ANOVA 방법	예시
일원분산 분석 (One-Way ANOVA)	범주형 독립변수가 한 개인 경우에 사용함 예 계절별 아이스크림의 판매량 평균이 동일함
이원분산 분석 (Two-Way ANOVA)	• 범주형 독립 변수가 두 개인 경우 사용함(K-Way ANOVA, 범주형 변수가 K개인 경우) • 두 변수의 상호작용 효과와 각 변수의 주효과를 분석함 • 주효과: 각 변수로 일원분산 분석한 결과 예 날씨 및 계절의 아이스크림 판매량에 대한 각각의 영향도와 상호작용을 확인(두 요인이 종속변수에 영향을 주는지 안 주는지 분석하는 것)

핵심키워드 #One Sample t-test #Paired t-test #Two Sample t-test

069 t-검정 예시 ★★★★☆

 **전문가의 합격 코멘트**

R을 사용해 작성된 코드를 보고 결과를 해석할 수 있도록 연습해야 합니다. 귀무가설, 대립가설, 데이터의 개수, p-value, 기각 여부, 95% 신뢰구간, 점추정값을 확인할 수 있도록 위치와 해석 방법을 기억하세요. 데이터의 개수는 '자유도(df)+그룹의 개수'라는 것도 기억해야 합니다.

1 단일 표본 t-검정(One Sample t-test)

(1) 단일 표본 t-검정 Ⅰ

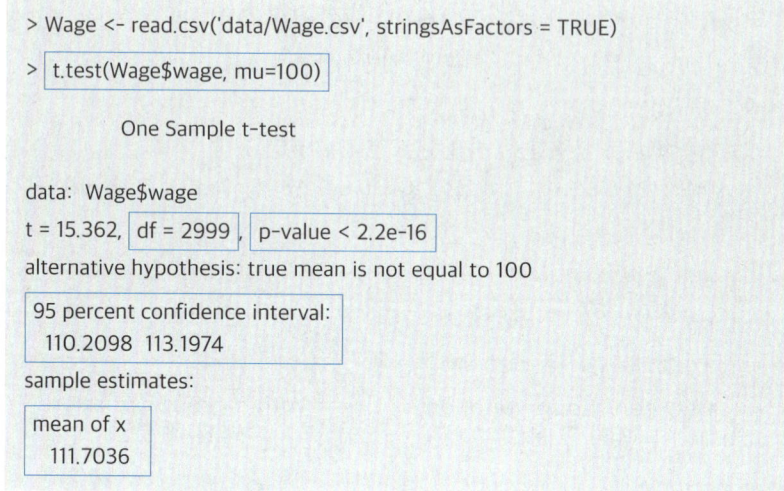

① 귀무가설: 임금의 평균이 100이다.
② 대립가설: 임금의 평균은 100과 같지 않다.
③ df=2999: n=df+1이므로, 자유도는 2999이고 데이터의 수는 3,000개이다.
④ 유의수준 5%에서 p-value가 2.2e-16으로, 0.05보다 작은 숫자이므로 귀무가설이 기각된다.
⑤ 95% 신뢰구간: 110.2098~113.1974이다.
⑥ 귀무가설에서 설정한 평균이 신뢰구간 내에 존재하지 않는다.
⑦ 점추정값은 111.7036이다.

> **보충 학습**
> 2.2e-16은 2.2×10^{-16}이므로 0에 매우 가까운 숫자이다.

(2) 단일 표본 t-검정 Ⅱ

```
> Default <- read.csv('data/Default_dataset.csv', stringsAsFactors = TRUE)
> t.test(Default$income, mu=33000)

        One Sample t-test

data:  Default$income
t = 3.8764, df = 9999, p-value = 0.0001067
alternative hypothesis: true mean is not equal to 33000
95 percent confidence interval:
 33255.56  33778.41
sample estimates:
mean of x
 33516.98
```

① 귀무가설: income의 평균이 33000과 같다.
② 대립가설: income의 평균이 33000과 같지 않다.
③ df=9999: n=df+1이므로, 자유도는 9999이고 데이터의 수는 10,000개이다.
④ 95% 신뢰구간: 33255.56~33778.41이다.
⑤ p-value는 0.0001067로 0.05보다 작기 때문에 귀무가설을 기각하고 대립가설을 채택한다.
⑥ x의 평균(income의 평균, 점추정값)은 33516.98이다.

2 대응 표본 t-검정(Paired t-test)

```
> sleep <- read.csv('data/sleep.csv')
> t.test(extra~group, data=sleep, paired=TRUE )

        Paired t-test

data:  extra by group
t = -4.0621, df = 9, p-value = 0.002833
alternative hypothesis: true difference in means is not equal to 0
95 percent confidence interval:
 -2.4598858  -0.7001142
sample estimates:
mean of the differences
                  -1.58
```

① paired=TRUE: Paired t-test를 지정한다.
② 짝을 이루는 데이터이므로 분석 전 등분산성검정을 실시할 필요가 없다.
③ df=9: n=df+1이므로, 그룹별 데이터의 수가 10개이므로 분석 전 정규성 검정을 해야 한다.
④ p-value는 0.002833으로 두 집단의 평균이 같다는 귀무가설을 기각할 수 있다.
⑤ 95% 신뢰구간은 -2.4598858~-0.7001142이므로, 0이 포함되지 않는다.

3 독립 표본 t-검정(Two Sample t-test)

```
> t.test(extra~group, data=sleep, var.equal=TRUE)

        Two Sample t-test

data:  extra by group
t = -1.8608, df = 18, p-value = 0.07919
alternative hypothesis: true difference in means is not equal to 0
95 percent confidence interval:
 -3.363874  0.203874
sample estimates:
mean in group 1    mean in group 2
           0.75               2.33
```

① var.equal=TRUE: 두 집단의 분산이 같다는 등분산성을 만족한다. → 분석 전 등분산성검정을 실시하여 등분산성을 만족하면 TRUE를 사용한다.
② df=18: 그룹이 2개이므로 데이터의 수는 n=df+2=20개이며, 10≤n≤30이므로 분석 전 정규성검정을 해야 한다.
③ p-value가 0.07919로 두 집단의 평균이 같다는 귀무가설을 기각할 수 없다.
④ 95% 신뢰구간은 −3.363874∼0.203874로, 0이 포함되므로 두 집단 간의 평균에 차이가 없다고 해석할 수 있다.

보충 학습

t-test 종류별 데이터 개수를 구하는 식

단일 표본 t-검정 (One Sample t-test)	대응 표본 t-검정(Paired t-test)	독립 표본 t-검정 (Two Sample t-test)
$n=df+1$	$n=df+1$(두 개의 그룹이지만 1개로 취급함)	$n=df+2$

기출로 개념 확인

01 다음은 Wage dataset의 One Sample t-test이다. 결과를 해석한 내용으로 옳지 <u>않은</u> 것은? 17회 기출문제

```
> Wage <- read.csv('data/Wage.csv', stringsAsFactors = TRUE)
> t.test(Wage$wage, mu=100)

        One Sample t-test

data: Wage$wage
t = 15.362, df = 2999, p-value < 2.2e-16
alternative hypothesis: true mean is not equal to 100
95 percent confidence interval:
 110.2098 113.1974
sample estimates:
mean of x
 111.7036
```

① 귀무가설에서 설정한 평균이 신뢰구간 내에 존재한다.
② 유의수준 5%에서 평균 wage=100이라는 귀무가설은 기각된다.
③ wage 표본의 크기가 3,000개로 중심극한이론에 따라 정규성을 만족한다고 본다.
④ 신뢰구간 하한과 상한의 폭이 넓어지면 평균 wage가 신뢰구간 안에 있을 가능성은 높아지지만 정밀성은 떨어지는 결과를 초래한다.

정답 해설 귀무가설이 임금의 평균은 100이며, 신뢰구간은 110.2098~113.1974로 100이 신뢰구간 내에 존재하지 않는다.

02

다음은 chickwts dataset의 weight 변수에 대한 t-test 결과에 대한 해석이다. 결과를 해석한 내용으로 옳지 않은 것은?

18회 기출문제

```
> t.test(chickwts$weight, mu=260)

        One Sample t-test

data: chickwts$weight
t = 0.14137, df = 70, p-value = 0.888
alternative hypothesis: true mean is not equal to 260
95 percent confidence interval:
 242.8301 279.7896
sample estimates:
mean of x
 261.3099
```

① 닭 무게 260은 신뢰구간 안에 존재한다.
② 전체 관측치의 수는 70이다.
③ 닭 무게의 95% 신뢰구간은 약 242.8~279.8이다.
④ 닭 무게의 점추정량은 약 261.3이다.

정답 해설 df=70은 자유도에 대한 값이며, One Sample t-test에서 n=df+1이므로, 관측치의 개수는 71이다.

03

수면유도제 데이터를 통한 t-test 결과이다. 결과를 해석한 내용으로 옳지 않은 것은?

19회 기출문제

```
> t.test(extra~group, data=sleep, var.equal=TRUE)

        Two Sample t-test

data: extra by group
t = -1.8608, df = 18, p-value = 0.07919
alternative hypothesis: true difference in means is not equal to 0
95 percent confidence interval:
 -3.363874 0.203874
sample estimates:
mean in group 1    mean in group 2
           0.75               2.33
```

① 수면유도제 2가 수면유도제 1보다 효과적이다.
② 유의수준이 0.05일 때 두 집단의 평균이 동일하다는 귀무가설을 채택할 수 있다.
③ 두 개의 표본집단의 크기가 클 경우(N>30) 집단의 정규성검정 없이 이 표본의 t-검정을 사용할 수 있다.
④ 독립표본 t-검정 분석 전에 등분산검정을 실시한다.

정답 해설 귀무가설은 '두 집단의 평균 차이가 0이다'(두 집단의 평균이 동일하다)이며, p-value 값이 0.07919로 유의수준 0.05에서 귀무가설을 채택해야 한다. 즉, 두 집단의 평균 차이가 없으므로 수면유도제 1, 2는 차이가 없다고 판단된다.

정답 01 ① 02 ② 03 ①

핵심키워드 #카이스퀘어검정 #Kolmngorov-Smirnov test #Sign Test #Mann-Whitney U test #Kruskal-Wallis H test

070 비모수적 추론(Non-Parametric Inference) ★★★☆☆

1 비모수적 추론 개요

(1) 비모수적 추론의 정의 및 특징
① 모집단의 분포에 대해 제약(정규분포, 집단의 등분산 등)을 가하지 않고 실시하는 검정 방법이다.
② 평균, 분산과 같은 모수 자체보다 분포 형태에 관한 검정을 실시한다.
③ 가설을 '분포의 형태가 동일하다', '분포의 형태가 동일하지 않다'와 같이 분포 형태에 대해 설정한다(검정 방법에 따라 가설은 다름).
④ 관측값들의 순위나 두 관측값 사이의 부호, 중앙값 등을 이용해 검정한다.
⑤ 모수적 방법보다 훨씬 단순하며, 민감성을 잃을 수 있다.
⑥ 데이터의 개수가 작거나 범주형(명목, 서열 척도) 데이터에 사용한다.

(2) 비모수적 추론의 종류
① 명목척도: Runs Test, 카이제곱검정(Chi-square Test), McNemar Test, Cochran Test
② 서열척도: Kolmogorov-Smirnov Test, Sign Test, Wilcoxon Signed Rank Test, Friedman Test, Mann-Whitney U Test, Kruskal-Wallis H Test

전문가의 합격 코멘트
비모수적 검정의 종류를 비교 대상인 집단 수별로 나누어 암기하세요. 또한 카이스퀘어 검정을 해석하여 기각인지, 채택인지를 판단할 수 있어야 합니다.

2 비교 대상 집단 수에 따른 모수·비모수적 추론 방법

비교 대상 집단 수	관계	비모수적 검정 (명목척도)	비모수적 검정 (서열척도·연속형)	모수적 검정
1	–	Runs Test χ^2 적합성 검정	• Wilcoxon Signed rank Test • Sign Test • Kolmogorov-Smirnov Test (연속형)	One sample t-test
2	독립	Crosstab χ^2 동질성·독립성 검정	• Mann-Whitney U Test • Wilcoxon Rank-sum Test • Kolmogorov-Smirnov Test (연속형)	Two sample t-test
2	대응	McNemar Test	• Wilcoxon Signed-rank Test • Sign Test	Paired t-test
k (다변량)	독립	χ^2 동질성·적합성 검정	Kruskal-Wallis H Test	ANOVA Test
k (다변량)	대응	Cochran Test	Friedman Test	

① Wilcoxon Signed-rank Test, Mann-Whitney U Test, Kruskal-Wallis H Test는 모수적 검정의 전제 조건을 만족하지 못하는 경우 t-test, ANOVA Test 대신 사용하는 비모수적 검정 방법이다.

② 카이제곱검정(χ^2 검정)을 모수적 검정에서 사용할 때에는 구간척도, 비율척도의 분산에 대한 검정에 사용하며, 명목척도는 비모수적 검정 방법으로 적합성, 동질성, 독립성 검정에서 사용한다.

> **보충 학습**
>
> **카이제곱검정의 양면성**
> '다음 중 비모수적 추론의 종류가 아닌 것은?'이라는 질문과 함께 Runs Test, Sign Test, Wilcoxon Rank, 카이제곱검정·분포 등이 선택지로 나오면 카이제곱검정·분포가 답이 됩니다. 이 문제에서는 카이제곱검정이 모수 검정에도 사용되기 때문에 답이 될 수 있는 것입니다.

3 카이제곱검정(χ^2 검정)

(1) 카이제곱검정
① 적합도 검정: 한 개의 범주형 변수와 각 그룹별 비율과 특정 상수비가 같은지 검정한다.
② 동질성 검정: 각 집단이 서로 유사한 성향을 갖는지 검정한다.
③ 독립성 검정: 두 개의 범주형 변수가 서로 독립인지 검정한다.

(2) 카이제곱검정 가설 예시
① 적합도 검정(한 개의 범주형 변수, 알려진 사실): 혈액형 비율이나, 멘델의 법칙처럼 기존에 알려진 비율 관련 사실이 존재하는 검정이다.
　예 교배 실험으로 얻은 완두콩 비율이 멘델의 법칙 9:3:3:1을 따르는지 확인함, 혈액형 범주(A, B, O, AB)의 비율이 1:1:1:1을 따르는지 확인함
② 동질성 검정(부모집단, 범주형 변수): '남자와 여자'와 같은 부모집단(Subpopulation)에 대해 열 변수의 분포가 동질한지 검정한다.
　예 귀무가설: 남자와 여자의 음료 선호도는 동일하다(남자와 여자 → 부모집단).
③ 독립성 검정(두 개의 범주형 변수): 도로 형태(국도, 특별광역시도로, 고속도로)와 교통사고 피해 정도(사망, 중상, 경상)의 관련성을 검정한다.
　예 귀무가설: 도로 형태와 교통사고 피해 정도는 독립이다.

> **보충 학습**
>
> **동질성, 독립성 검정의 차이**
> 동질성은 표본을 추출할 때 부모집단의 집단별로 동일한 개수의 표본을 추출합니다. 예를 들어 남자와 여자의 음료 선호가 동일한지 검정하기 위해서는 남자 100명, 여자 100명의 표본을 추출해야 합니다. 독립성의 경우 전체 표본의 수만 정하는 것으로 각 집단별 표본의 수가 동일할 필요는 없습니다.

부모집단
전체 모집단을 여러 하위 그룹으로 나눈 것이다. 예를 들어 전체 인구를 남자와 여자로 나누면 남자와 여자가 부모집단이 된다.

(3) 카이제곱검정의 가설검정

가설 검정	유의수준(α) 설정	검정통계량 산출	기각·채택 판단
귀무가설, 대립가설	→ 제1종 오류의 최대 허용 한계 확인 (임곗값)	→ 관찰값, 기댓값, 검정통계량 구하기	→ 검정통계량 > 임곗값 일 때 귀무가설 기각

(4) 카이제곱검정의 귀무가설·대립가설

① 적합도 검정
- H_0: 변수의 분포가 기대 분포와 같다.
- H_1: 변수의 분포가 기대 분포와 같지 않다.

② 동질성 검정
- H_0: 집단 간 변수의 분포가 같다.
- H_1: 집단 간 변수의 분포가 같지 않다.

③ 독립성 검정
- H_0: 두 변수는 연관성이 없다(독립이다).
- H_1: 두 변수는 연관성이 있다(독립이 아니다).

(5) 카이제곱의 동질성·독립성 검정

① 두 범주형 자료 간의 차이를 분석하는 검증 방법이다.

② 카이제곱 값 $(\chi^2) = \sum_{i=1}^{k} \frac{(관측값-기댓값)^2}{기댓값} = \sum_{i=1}^{k} \frac{(O_i-E_i)^2}{E_i}$

③ 관찰빈도(실제값)가 기대빈도(기댓값)와 유의한 차이가 있는지 검증하는 것이다.

④ 관찰빈도와 기대빈도의 차이가 커지면 카이제곱 통계량은 커지고, 유의확률은 작아진다.

⑤ 귀무가설이 기각되면 범주별 기대빈도와 관측빈도의 차이가 충분히 크다고 말할 수 있다.

⑥ 기대빈도의 합과 관찰빈도의 합은 같다.

⑦ 기댓값 = 전체 표본 수 $\times \dfrac{행의\ 합}{전체\ 표본수} \times \dfrac{열의\ 합}{전체\ 표본수} = \dfrac{행의\ 합 \times 열의\ 합}{전체\ 표본수}$

보충 학습

카이제곱값 구하기(카이제곱 통계량)

관측값

구분	모델A	모델B	모델C	합계
남자	10	40	50	100
여자	30	60	10	100
합계	40	100	60	200

기댓값

구분	모델A	모델B	모델C	합계
남자	20	50	30	100
여자	20	50	30	100
합계	40	100	60	200

카이제곱값(카이제곱 통계량)

$= \dfrac{(10-20)^2}{20} + \dfrac{(40-50)^2}{50} + \dfrac{(50-30)^2}{30} + \dfrac{(30-20)^2}{20} + \dfrac{(60-50)^2}{50} + \dfrac{(10-30)^2}{30}$

$= \dfrac{100}{20} + \dfrac{100}{50} + \dfrac{400}{30} + \dfrac{100}{20} + \dfrac{100}{50} + \dfrac{400}{30} ≒ 40.6$

(6) 카이제곱 독립성 검정 결과 해석

```
> table(Default$default, Default$student)

        No   Yes
  No  6850  2817
  Yes  206   127

> chisq.test(Default$default, Default$student)
        Pearson's Chi-squared test with Yates' continuity correction

data:  Default$default and Default$student
X-squared = 12.117, df = 1, p-value = 0.0004997
```

① 귀무가설: 학생 여부와 연체 여부 간에는 독립성이 있다(두 변수 간 통계적으로 유의미한 관련성이 없다). → 학생과 비학생의 연체에는 차이가 없다.
② 대립가설: 학생 여부와 연체 여부 간에는 독립성이 없다(두 변수 간 통계적으로 유의미한 관련성이 있다). → 학생과 비학생의 연체에는 차이가 있다.
③ 카이제곱검정은 범주형 데이터를 대상으로 범주 간의 차이를 분석하는 것이다.
④ p-value가 0.0004997로 0.05보다 작다. 따라서 5% 유의수준에서 귀무가설을 기각하게 되므로, 학생 여부와 연체 여부 간에 독립성이 없다.
⑤ 독립성이 없으므로(관련성이 있다고 판단) 학생과 비학생의 연체의 차이가 존재한다.

4 부호 검정

(1) 부호 검정(Sign Test)

① 단일 표본 검정(One Sample Test): 데이터의 순위를 계산하여 중앙값보다 작거나 큰 순위에 대한 분포를 이용하는 비모수 검정이다.
② 대응 표본 검정(Paired 2 Sample Test): 표본들이 서로 연관성이 있는 경우 짝지어진 두 개의 관찰치들의 크고 작음을 +와 −로 표시하여 그 개수를 가지고 두 그룹의 분포 차이가 있는가에 대한 가설을 검증한다.

(2) 부호 검정 가설 예시

① 귀무가설: 새로운 약물의 투여 전후에 관한 결과 차이가 없다.
② 대립가설: 새로운 약물의 투여 전후에 관한 결과 차이가 있다.

> **전문가의 합격 꿀팁**
> 부호 검정의 단일 표본 및 대응 표본에 대해서는 여러 번 읽고, 반드시 이해해야 합니다.

기출로 개념 확인

01 다음의 통계 검정 중 표본 특성이 2개 표본 이상일 때의 비모수적 검정으로 옳지 않은 것은? 17회 기출문제

① 부호 검정
② 크루스칼-왈리스 검정
③ 맨-위트니 검정
④ 카이스퀘어검정

정답 해설 카이스퀘어검정(카이제곱검정)은 '모수 검정'에 사용된다. 비모수 검정에서는 카이제곱 독립성, 카이제곱 동질성 검정이 2개 집단 이상에서 사용된다.

02 다음 중 데이터의 순위를 계산하여 중심 위치 모수(중앙값)보다 작거나 큰 순위에 대한 분포를 이용하는 비모수 검정은? 21회 기출문제

① Kolmogorov-Smirnov Test
② Sign Test
③ 카이제곱검정
④ Paired t-test

정답 해설 부호 검정(Sign Test)
- 단일 표본(One Sample): 데이터의 순위를 계산하여 중앙값보다 작거나 큰 순위에 대한 분포를 이용하는 비모수 검정 방법이다.
- 대응 표본(Paired 2 Sample): 표본들이 서로 관련된 경우, 짝지어진 두 개의 관찰치들의 크고 작음을 +와 -로 표시하여 그 개수를 가지고 두 그룹의 분포 차이가 있는가에 대한 가설을 검증하는 방법이다.

03 통계적 추론에서 모집단의 모수를 검증하기 위해 사용하는 모수적 방법과 비교하여 비모수적 방법의 특징으로 가장 적절하지 않은 것은? 18회 기출문제

① 비모수적 검정은 모집단의 분포에 대해 아무런 제약을 가하지 않는다.
② 관측된 자료가 특정 분포를 따른다고 가정할 수 없는 경우 사용된다.
③ 분포의 모수에 대한 가설을 설정하지 않고 분포의 형태에 대해 가설을 설정한다.
④ 비모수적 검정에서는 관측값의 절대적 크기에 의존하여 평균, 분산 등을 사용해 검정을 실시한다.

정답 해설 비모수 검정에서는 '평균, 분산' 등의 모수를 사용한 검정을 실시하지 않고 중앙값, 순위 등을 사용한다.

04 다음 독립성 검정 결과에 대한 설명으로 옳지 않은 것은? [단, Default 데이터셋은 10,000명의 신용카드 고객에 대한 카드대금 연체여부(default=Yes/No), 학생여부(student=Yes/No)를 포함한다] 29회 기출문제

```
> table(Default$default, Default$student)

        No   Yes
  No  6850  2817
  Yes  206   127
>
> chisq.test(Default$default, Default$student)

    Pearson's Chi-squared test with Yates' continuity correction

data:  Default$default and Default$student
X-squared = 12.117, df = 1, p-value = 0.0004997
```

① 카이제곱검정은 범주형 데이터를 대상으로 범주 간의 차이를 분석한다.
② 귀무가설은 '학생과 비학생 간의 연체는 차이가 없다'이다.
③ 학생과 비학생 간의 연체는 서로 독립이다.
④ 학생과 비학생 간 연체의 차이가 5% 유의수준에서 존재한다.

정답 해설 5% 유의수준에서 p-value가 0.0004997로 귀무가설을 기각하고, 대립가설을 채택하게 된다. 따라서 학생 여부와 연체 여부 간에 독립성이 없다. 독립성이 없으므로(관련성이 있다고 판단) 학생과 비학생 간의 연체의 차이가 존재한다.

05 카이제곱검정에서 기댓값과 관측값 차이, 검정통계량, 유의확률 관계에 대한 설명으로 적절한 것은?

40회 기출문제

① 기댓값과 관측값의 차이가 작을수록 검정통계량의 값이 감소하며 유의확률이 작아진다.
② 기댓값과 관측값의 차이가 클수록 검정통계량의 값이 증가하며 유의확률이 작아진다.
③ 기댓값과 관측값의 차이가 작을수록 검정통계량의 값이 증가하며 유의확률이 커진다.
④ 기댓값과 관측값의 차이가 클수록 검정통계량의 값이 감소하며 유의확률이 커진다.

정답 해설 범주형 교차 분석(카이제곱 동질성, 독립성 검정)은 기댓값과 관측값의 차이가 클수록 검정통계량의 값이 증가하며 유의확률이 작아진다.

정답 01 ④ 02 ② 03 ④ 04 ③ 05 ②

071 회귀 분석(Regression Analysis) 개요

핵심키워드 #독립변수 #종속변수 #잔차

★☆☆☆☆

1 용어 정리

(1) 독립변수
① 다른 변수에 영향을 받지 않고 독립적으로 변화하는 수로, 설명변수라고도 한다.
② 입력값이나 원인을 나타내는 변수로, $y=f(x)$에서 x에 해당한다.

(2) 종속변수
① 독립변수의 영향을 받아 값이 변화하는 수로, 분석의 대상이 되는 변수이다.
② 결과물이나 효과를 나타내는 변수로, $y=f(x)$에서 y에 해당한다.

(3) 잔차(오차항)
① 계산에 의해 얻어진 이론값과 실제 관측이나 측정에 의해 얻어진 값의 차이이다.
② 모집단의 오차(Error) 개념이 표본집단에서는 잔차(Residual)가 된다.

2 회귀 분석(Regression Analysis) 개요

① 변수와 변수 사이의 관계를 알아보기 위한 통계적 분석 방법이다.
② 독립변수의 값에 의해 종속변수의 값을 예측하기 위한 분석 방법이다.
③ 일반 선형회귀는 종속변수가 연속형 변수일 때 가능하다.
④ 명목척도 또는 서열척도로 구성된 데이터의 경우 이산형(범주형) 변수이고, 구간척도 또는 비율척도로 구성된 데이터의 경우 연속형 변수이다.

> **보충 학습**
> 분석에 있어 이산형 데이터는 그 종류가 1, 2, 3과 같이 몇 가지로 한정되는 경우 범주형으로 취급되고, 종류가 한정되지 않는 경우 연속형으로 취급됩니다.
> 예를 들어 온도에 따른 아이스크림 판매량 예측을 회귀 분석으로 한다고 했을 때 독립변수는 온도, 종속변수는 아이스크림 판매량이며, 아이스크림 판매량은 이산형이지만 연속형으로 취급합니다(아이스크림 판매량은 비율척도에 해당함).

3 회귀 모형(Regression Model)

(1) 선형회귀 모형
① 종속변수 y와 한 개 이상의 독립변수 x와의 선형 상관관계를 모델링하는 회귀 분석 기법이다.
② 독립변수가 한 개일 때를 단순선형회귀, 독립변수가 둘 이상일 때를 다중선형회귀라고 한다.

전문가의 합격 코멘트

독립변수, 종속변수, 잔차, 회귀 분석, 회귀 모형과 같은 용어를 이해해 두세요! 직접적인 시험의 출제보다는 개념을 알아 두어야 뒤쪽의 내용을 이해하는 데 도움이 됩니다.

잔차와 잔차항
- 잔차(Residual): 실제 관측값과 예측값 간의 차이
- 잔차항(Residual Term): 회귀 모델의 오차항으로, 잠재적인 오차를 의미

(2) 단순선형회귀 모형(독립변수가 한 개인 경우)

$$Y_i = \beta_0 + \beta_1 X_i + \varepsilon_i \quad (i=1, 2, \cdots, n)$$

Y_i: 종속변수, X_i: 독립변수, ε_i: 에러(error), β_0: 선형회귀식의 절편, β_1: 기울기, 회귀계수(Coefficient)

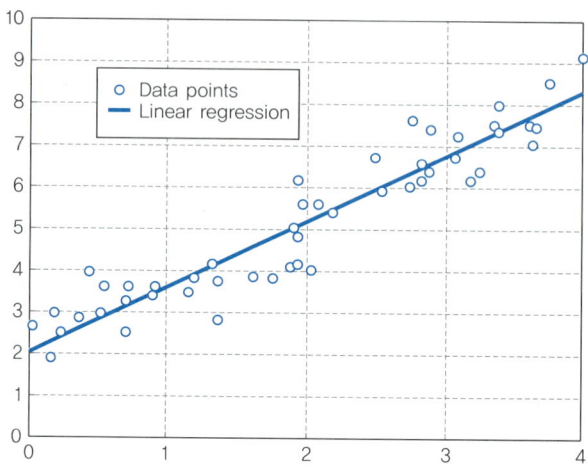

핵심키워드 #선형성 #독립성 #정규성 #등분산성 #비상관성 #Q–Q plot #Scale–Location #Residuals vs Leverage

072 회귀 모형의 가정

★★★☆☆

1 회귀 모형의 가정

① 선형성: 독립변수의 변화에 따라 종속변수도 변화하는 선형(Linear) 모형이다.
② 독립성: 잔차와 독립변수의 값이 관련되어 있지 않다(Durbin–Watson 통계량 확인).
③ 정규성(= 정상성, Normality): 잔차항이 정규분포를 이루어야 한다.
④ 등분산성: 독립변수의 모든 값에 대해 잔차항들의 분포는 동일한 분산을 갖는다.
⑤ 비상관성: 관측치들의 잔차들끼리 상관이 없어야 한다.
⑥ 잔차와 관련된 회귀 모형의 가정으로 '독립성, 정규성, 등분산성, 비상관성'이 있다.

> **보충 학습**
>
> Normality(정규성, 정상성)
> 정규분포를 이루는 성질을 정규성이라고 하는데, 이것을 정상성이라고도 합니다. 영어로 Normality를 한국어로 정규성, 정상성이라 부르고 있으며, 정규성이라고 표현하는 것이 일반적입니다.

전문가의 합격 코멘트

회귀 모형의 5가지 가정은 반드시 암기해 두어야 하며 또한 회귀 모형의 가정 중 선형성의 제외한 4가지(독립성, 정규성, 등분산성, 비상관성)는 잔차와 관련이 있다는 것도 기억해 두세요! 또한 모델 진단 그래프의 종류별 기능을 알아두고 해석할 수 있어야 합니다.

2 모델 진단 그래프

Normal Q–Q	Scale–Location	Residuals vs Leverage	Residuals vs Fitted
정규성	등분산성	영향점	선형성, 등분산성

(1) 정규 분위수 그림(Normal Q–Q plot, Q: Quantile)
① 정규성(정상성), 잔차가 정규분포를 잘 따르고 있는지를 확인하는 그래프이다.
② 잔차들이 그래프의 대각선 선상에 있어야 이상적이다(정규성을 가짐).
③ 그래프에서 숫자와 함께 표시된 것들은 이상치(Outlier)를 의미한다.

(2) 척도와 위치 산점도(Scale–Location)
① 등분산성을 확인하는 그래프이다.
② y축이 표준화 잔차를 나타내며, 기울기가 0인 직선이 이상적이다(등분산성을 가짐).

전문가의 합격 꿀팁

모델 진단 그래프는 한글 이름보다 영어 이름이 훨씬 중요합니다. 영어 이름이 시험에 출제되므로 영어 이름을 반드시 암기하세요!

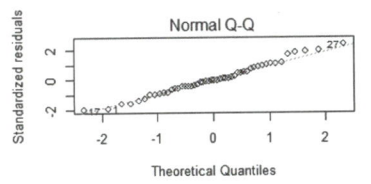
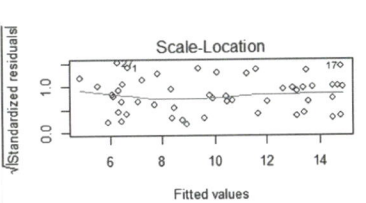

(3) 잔차(Residuals)와 레버리지(Leverage)
  ① 회귀 분석에는 잔차(Residual)의 크기가 큰 데이터가 이상치(Outlier)가 되는데 이 중에서도 주로 관심을 가지는 것은 레버리지(Leverage)와 잔차(Residual)의 크기가 모두 큰 데이터이다.
  ② 레버리지(Leverage): 종속변수의 값이 예측값에 미치는 영향을 나타낸 값이다.
  ③ Cook's distance는 Leverage와 Residual을 동시에 보기 위한 기준으로 그래프에서 파란색 점선으로 표시된다.
  ④ Leverage가 커지거나 Residual의 크기가 커지면 Cook's distance의 값이 커진다.
  ⑤ 일반적으로 Cook's distance의 값이 1이 넘어가는 관측치를 영향점(Influence Points)으로 판별한다.

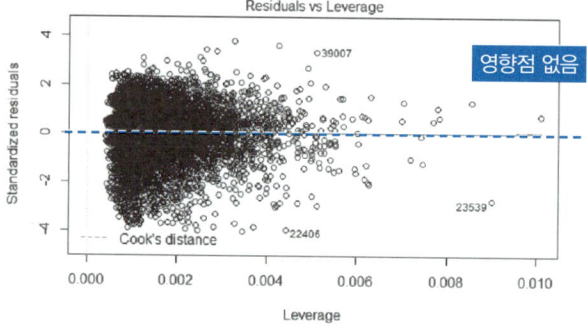

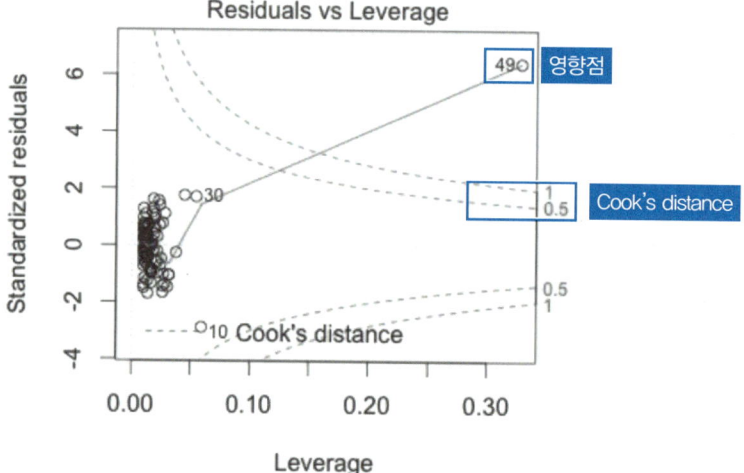

(4) 잔차 vs 적합치 산점도(Residuals vs Fitted)
  ① 선형성, 등분산성에 대해 알아볼 수 있는 그래프이다.
  ② 선형성: y값의 기울기가 0인 직선이 이상적이다(선형성을 가짐).
  ③ 등분산성: 점의 위치가 전체 그래프에 고르게 분포하는 것이 이상적이다 (등분산성을 가짐).

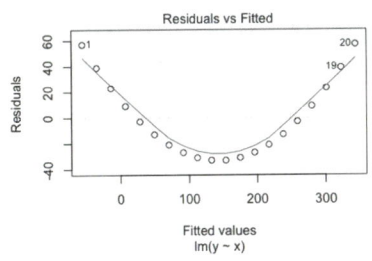
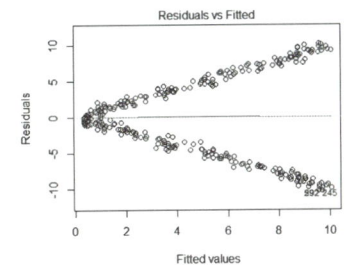

- lm(y~x)가 선형성, 잔차가 등분산성을 만족하지 않음
- U자 모형으로 제곱항을 넣어 보거나, 비선형으로 변환해 볼 수 있음

- 잔차가 등분산성을 만족하지 않음(이분산성)
- 분산이 증가하고 있음
- 종속변수를 log로 변환하여 사용함

3 변수의 영향력 측정 지표

DFBETA, Cook's distance, Leverage, Residuals 등이 크면 영향력이 큰 관측치라고 할 수 있다.

(1) DFBETA(Difference in Beta)
① 회귀 분석에서 특정 데이터 포인트가 회귀계수에 미치는 영향을 측정하는 지표이다.
② DFBETA 값이 크면 해당 데이터 포인트가 회귀계수에 미치는 영향이 크다는 것을 의미하며, 이는 해당 데이터가 모델에 대해 비교적 큰 영향력을 가지고 있음을 나타낸다.
③ 표본 크기에 따라 달라질 수 있지만, 일반적으로 DFBETA 값이 절댓값 1을 넘으면 해당 관측치가 그 회귀계수에 상당한 영향을 미친다고 판단할 수 있다.

(2) Cook's distance
① 모델의 전체 예측에 대한 개별 데이터 포인트의 영향을 측정하는 지표로 사용한다. 즉, 데이터 포인트 하나를 제외했을 때 모델 파라미터의 추정치가 얼마나 변하는지를 측정한다.
② Cook's distance 값이 크면 해당 데이터 포인트가 회귀모델에 미치는 영향이 크다는 것을 의미한다.

(3) Leverage와 Residuals
Leverage가 높고 Residual의 크기가 커지면 Cook's distance 값은 커진다. 즉, 레버리지가 높고 잔차 역시 큰 경우 영향력이 큰 관측치라고 할 수 있다.

기출로 개념 확인

01
다음 내용은 회귀 모형의 가정에 대한 설명이다. 빈칸에 들어갈 적절한 용어는?　　20회 기출문제

- 잔차와 독립변수의 값이 관련되어 있지 않아야 한다. - 독립성
- 잔차들끼리 상관이 없어야 한다. - 비상관성
- (　　　)이/가 정규분포를 이뤄야 한다. - 정상성

① 잔차항　　　　　　　　　　② 독립변수
③ 종속변수　　　　　　　　　　④ 편차

정답 해설 정규성(= 정상성)은 잔차항이 정규분포를 이루어야 한다는 회귀 모형의 가정 중 하나이다.

02
다음 중 잔차항이 정규분포를 이루어야 한다는 회귀 모형에 대한 가정으로 옳은 것은?　　21회 기출문제

① 독립성　　　　　　　　　　② 비상관성
③ 등분산성　　　　　　　　　④ 정규성

오답 해설 ① 독립성: 잔차와 독립변수의 값이 관련되어 있지 않다.
② 비상관성: 잔차들끼리 상관이 없어야 한다.
③ 등분산성: 잔차항들의 분포는 동일한 분산을 갖는다.

03
다음은 결과를 생성한 잔차도이다. 다음 중 어떤 회귀 분석의 가정이 위배되었다고 판단할 수 있는지 고르면?　　26회 기출문제

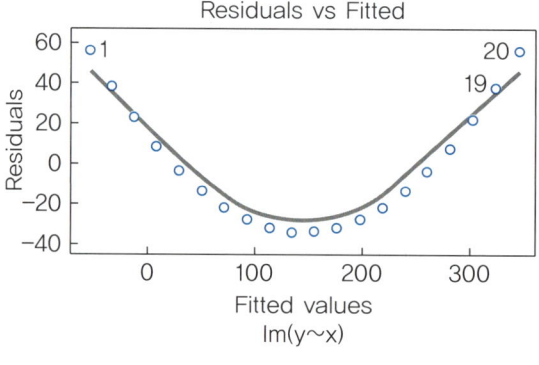

① 정규성　　　　　　　　　　② 독립성
③ 선형성　　　　　　　　　　④ 비상관성

정답 해설 Residuals vs Fitted 그래프에서 y값의 기울기가 0이 아니므로 선형성을 가지지 않으며, 점의 위치가 전체 그래프에 고르게 분포하지 않으므로 등분산성을 가지지 않는다.

정답 01 ①　02 ④　03 ③

핵심키워드　#Shapiro Wilk test　#Kolmogorov-Smirnov test　#Anderson-Darling test

073 데이터 정규성 검정

★☆☆☆☆

1 데이터의 정규성 검정 개요

① 정규성 확인 방법에는 Q-Q 플롯(Q-Q plot), 히스토그램(Histogram), 샤피로-윌크 검정(Shapiro-Wilk Test), 콜모고로프-스미르노프 검정(Kolmogorov-Smirnov Test), 앤더슨-달링 검정(Anderson-Darling Test)이 있다.

② 그래프를 사용하는 Q-Q 플롯과 히스토그램은 통계적인 유의미성을 이야기할 수 없다.

> **전문가의 합격 코멘트**
> 데이터의 정규성 검정에 사용되는 검정의 종류를 암기해야 합니다.

2 데이터의 정규성 검정 방법

(1) Q-Q 플롯(Q-Q plot)

① 그래프를 그려서 정규성 가정이 만족되는지 시각적으로 확인하는 방법이다.
② 대각선 참조선을 따라 값들이 분포하게 되면 정규성을 만족한다고 할 수 있다.
③ 아래의 Q-Q 플롯을 보면 참조선 밖에 많은 값들이 위치하고 있으므로 정규성을 만족하지 않는다.

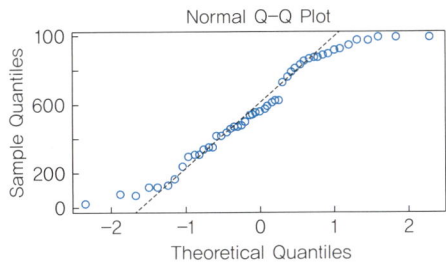

(2) 히스토그램(Histogram)

① 구간별 도수를 그래프로 표시하여 시각적으로 정규분포를 확인하는 방법이다.
② 아래의 히스토그램은 정규분포를 보이므로 정규성을 만족한다고 할 수 있다.

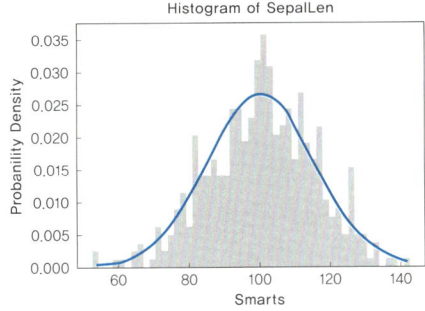

(3) 샤피로-윌크 검정(Shapiro-Wilk Test)
① 데이터가 정규분포를 따르는지 알아보는 검정 방법이다.
② 귀무가설과 대립가설
- 귀무가설: 데이터가 정규분포를 따른다.
- 대립가설: 데이터가 정규분포를 따르지 않는다.

③ p-value가 0.05보다 크면 정규성을 가정하게 되므로 아래의 Sleep & extra 변수는 정규성을 갖는다고 할 수 있다.

```
> shapiro.test(sleep$extra)

        Shapiro-Wilk normality test

data:  sleep$extra
W = 0.94607, p-value = 0.3114
```

(4) 콜모고로프-스미르노프 검정(K-S Test, Kolmogorov-Smirnov Test)
① 표본데이터가 특정 분포를 갖는 모집단에서 온 것인지 확인하는 적합도 검정 방법이다.
② 귀무가설과 대립가설
- 귀무가설: 데이터는 특정 분포를 따른다.
- 대립가설: 데이터는 특정 분포를 따르지 않는다.

③ 1개의 확률분포를 검정하는 방법과 두 모집단의 분포가 같은지 검정하는 방법이 있다.

④ p-value가 0.05보다 크면 정규성을 가정하게 되므로 아래의 경우는 정규성을 갖는다고 할 수 있다.

```
> ks.test(rnorm(30), rnorm(30))

        Two-sample Kolmogorov-Smirnov test

data:  rnorm(30) and rnorm(30)
D = 0.26667, p-value = 0.2391
alternative hypothesis: two-sided
```

(5) 앤더슨-달링 검정(Anderson-Darling Test)
① 데이터가 특정 분포를 따르는지 확인하는 적합도 검정 방법이다.
② 귀무가설과 대립가설
- 귀무가설: 데이터는 특정 분포를 따른다.
- 대립가설: 데이터는 특정 분포를 따르지 않는다.

③ K-S Test를 수정한 적합도 검정으로 특정 분포의 꼬리에 K-S Test보다 가중치를 더 두어 수행된다.

> **보충 학습**
>
> **더빈-왓슨 검정(Durbin-Watson Test)**
> 오차항(Residuals)이 독립인지 확인하는 방법 중 한 가지로, 더빈-왓슨 검정을 통해 자기상관(Autocorrelation)에 대해 검정할 수 있다.
> - **귀무가설**: 오차항 간에 자기상관이 없다.
> - **대립가설**: 오차항 간에 자기상관이 있다.

기출로 개념 확인

다음 중 데이터의 정규성 확인 방법으로 옳지 않은 것은? 17회 기출문제

① Durbin-Watson Test
② Shapiro-Wilk Test
③ Q-Q plot
④ Histogram

정답 해설 Durbin-Watson은 잔차가 독립성을 만족하는지 검정하는 것이다. 정규성 확인 방법에는 Q-Q 플롯(Q-Q plot), 히스토그램(Histogram), 샤피로-윌크 검정(Shapiro-Wilk Test), 콜모고로프-스미르노프 검정(Kolmogorov-Smirnov Test), 앤더슨-달링 검정(Anderson-Darling Test)이 있다.

정답 ①

074 회귀 모형의 종류

★☆☆☆☆

핵심키워드 #단순회귀 분석 #다중회귀 분석

전문가의 합격 코멘트
단순회귀 분석과 다중회귀 분석의 결과에서 회귀식을 도출할 수 있을 정도로 연습해야 합니다.

1 단순회귀 분석

(1) 최소제곱법(최소자승법, Least Square Method)

① $Y=f(X)$의 측정값 y_i와 함수값 $f(x_i)$의 차이를 제곱한 것의 합이 최소가 되도록 $Y=f(X)$를 구하는 방법이다.

② $Y=aX+b$일 때 잔차를 제곱한 것의 합이 최소가 되도록 하는 상수 a, b를 찾는다. 즉, (측정값−함수값)^{2}의 합이 최소가 되는 직선의 그래프를 찾는 것을 의미한다.

③ 큰 폭의 잔차에 대해 보다 더 큰 가중치를 부여하여, 독립변수의 값이 동일한 평균치를 갖는 경우 가능한 변동폭이 적은 표본 회귀선을 도출하기 위한 것이다.

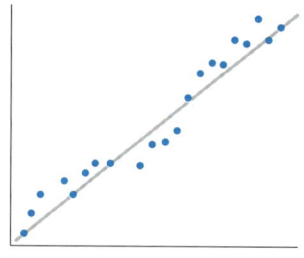
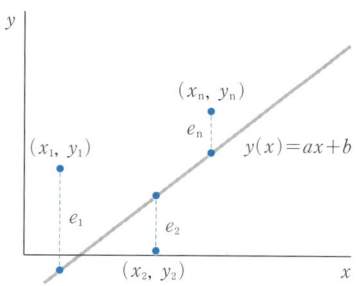

(2) 단순회귀 모형의 예

```
set.seed(2)
x = runif(50, 0, 5)
y = 5 + 2 * x + rnorm(50, 0, 0.5)
df <- data.frame(x, y)
fit <- lm(y~x, data=df)
fit

Call:
lm(formula = y ~ x, data = dfrm)

Coefficients:
(Intercept)
```

절편: 4.745
x: 2.072 — 회귀계수
y=2.072*x+4.745 — 회귀방정식

① fit <- lm(y~x, data=df): df라는 이름의 데이터셋에서 y를 종속변수, x를 독립변수로 하는 선형 모델(Linear Model)을 생성해 fit이라는 이름을 지정한다.

② set.seed(정수): 난수(Random)가 발생할 때 특정 규칙을 따르도록 지정하는 것으로, 여러 번 반복 수행해도 동일한 난수가 발생하므로 동일한 결과를 갖는 데이터를 생성할 수 있게 된다. 이때 정수는 어떤 것을 사용해도 된다.

③ runif(개수, 시작, 끝): 시작~끝 범위에서 개수만큼의 균등분포를 따르는 난수가 발생한다. runif(50, 0, 5)는 0~5 범위에서 50개의 난수가 발생한다.

④ rnorm(개수, 평균, 표준편차): 특정 평균 및 표준편차를 가지며 정규분포를 따르는 난수가 발생한다. rnorm(50, 0, 0.5)는 평균이 0, 표준편차가 0.5인 50개의 정규분포를 따르는 난수가 발생한다(오차로 사용할 데이터이며, 오차가 정규분포이어야 하기 때문).

⑤ y=5+2*x+rnorm(50, 0, 0.5): y=5+2x+오차인 모형이다.

> **전문가의 합격 꿀팁**
> 내용이 너무 어렵다면 ②~⑤의 설명은 이해하지 않아도 괜찮습니다.

runif(개수, 시작, 끝)
시작~끝 범위에서 개수만큼의 균등분포를 따르는 난수가 발생한다.

rnorm(개수, 평균, 표준편차)
특정 평균 및 표준편차를 가지며, 정규분포를 따르는 난수가 발생한다.

2 다중회귀 모형의 예

```
set.seed(10)
u <- runif(50, 0, 6)
v <- runif(50, 6, 12)
w <- runif(50, 3, 25)
y = 3 + 0.5*u + 1*v - 2*w + rnorm(50, 0, 0.5)
df <- data.frame(y, u, v, w)

> a <- lm(y ~ u + v + w, df)
> a

Call:                   종속변수    독립변수
lm(formula = y ~ u + v + w, data = df)

Coefficients:
(Intercept)         u          v          w
절편— 3.4374      0.4676     0.9556    -1.9923  —회귀계수

y = 3.4374 + 0.4676*u + 0.9556*v - 1.9923*w  —회귀방정식
```

① a <- lm(y~u+v+w, df): df라는 이름의 데이터셋에서 y를 종속변수, u, v, w를 독립변수로 하는 선형 모델(Linear Model)을 생성해 a라는 이름으로 지정하는 것이다.

② set.seed(10): 난수(Random)가 발생할 때 특정 규칙을 따르도록 지정하는 것으로, 여러 번 반복 수행해도 동일한 난수가 발생한다. 따라서 동일한 결과를 갖는 데이터를 생성할 수 있게 된다.

③ runif(50, 0, 5): 0~5 범위에서 50개의 난수가 발생한다.

④ runif(50, 6, 12): 6~12 범위에서 50개의 난수가 발생한다.

⑤ runif(50, 3, 25): 3~25 범위에서 50개의 난수가 발생한다.

⑥ rnorm(50, 0, 0.5): 평균이 0, 표준편차가 0.5인 50개의 정규분포를 따르는 난수가 발생한다(오차로 사용할 데이터이며, 오차가 정규분포이어야 하기 때문).

⑦ y=3+0.5*u+1*v-2*w+rnorm(50, 0, 0.5): y=3+0.5u+v-2w+오차인 모형이다.

핵심키워드 #모형의 통계적 유의미 #회귀계수의 통계적 유의미 #설명력 #모형의 데이터 적합

075 회귀 모형 해석 ★★★★★

1 표본 회귀선의 유의성 검정

① 두 변수 사이에 선형 관계가 성립하는지 검정하는 것이다.

② 귀무가설과 대립가설
- 귀무가설: 회귀식의 기울기 계수 β_1은 0과 같다.
- 대립가설: 회귀식의 기울기 계수 β_1은 0과 같지 않다.

2 회귀 모형의 해석

(1) 회귀 모형의 해석 방법

① '모형이 통계적으로 유의미한가?'를 F 통계량의 유의확률(p-value)로 확인한다.

② '회귀계수들이 통계적으로 유의미한가?'를 회귀계수의 t값에 대한 유의확률로 확인한다.

③ '모형이 얼마나 설명력을 갖는가?'를 결정계수(R^2)의 크기로 확인한다.

④ 모형이 데이터를 잘 적합하고 있는지에 대해 잔차를 그래프로 그려 회귀 진단을 한다.

⑤ '데이터가 모형 가정을 만족시키는가?'를 확인한다(모형 가정: 선형성, 정규성, 독립성, 등분산성, 비상관성).

(2) F 통계량

$$F \text{ 통계량} = \frac{\text{회귀제곱평균(MSR)}}{\text{잔차제곱평균(MSE)}}$$

① 모델의 통계적 유의성을 검정하기 위한 검정통계량이다.
② F 통계량이 클수록 회귀 모형은 통계적으로 유의하다.
③ F 통계량에 대한 p-value<0.05일 때 통계적으로 유의하다.

(3) t값

$$t \text{값} = \frac{\text{Estimate(회귀계수)}}{\text{Std.Error(표준오차)}}$$

① t값에 대한 p-value<0.05일 때 통계적으로 유의하다.
② t 통계량이 크다는 것은 표준오차가 작다는 의미이다.
③ t 통계량이 클수록 회귀계수가 유의하다.

> **전문가의 합격 코멘트**
> 회귀 모형을 잘 해석할 수 있도록 예시를 통해 알아 두세요.

(4) 결정계수(R^2)

$$결정계수(R^2) = \frac{SSR}{SST}, \ 1 - \frac{SSE}{SST}$$

① 회귀식의 적합도를 측정하는 척도이다.
② 결정계수는 0~1 사이의 범위를 가지며, 결정계수가 커질수록 회귀방정식의 설명력이 높아진다.
③ 전체 분산 중 모델에 의해 설명되는 분산의 양이다.

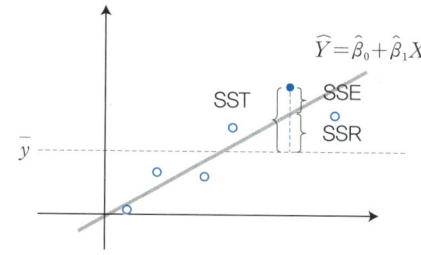

$$\underbrace{\sum_{i=1}^{n}(y_i - \bar{y})^2}_{SST} = \underbrace{\sum_{i=1}^{n}(y_i - \hat{y})^2}_{SSE} + \underbrace{\sum_{i=1}^{n}(\hat{y}_i - \bar{y})^2}_{SSR}$$

- SST(Total Sum of Squares): Y의 변동성
- SSE(Error Sum of Squares): X, Y를 통해 설명하지 못하는 변동성
- SSR(Regression Sum of Squares): Y를 설명하는 X의 변동성

(5) 회귀 모형의 해석 예제

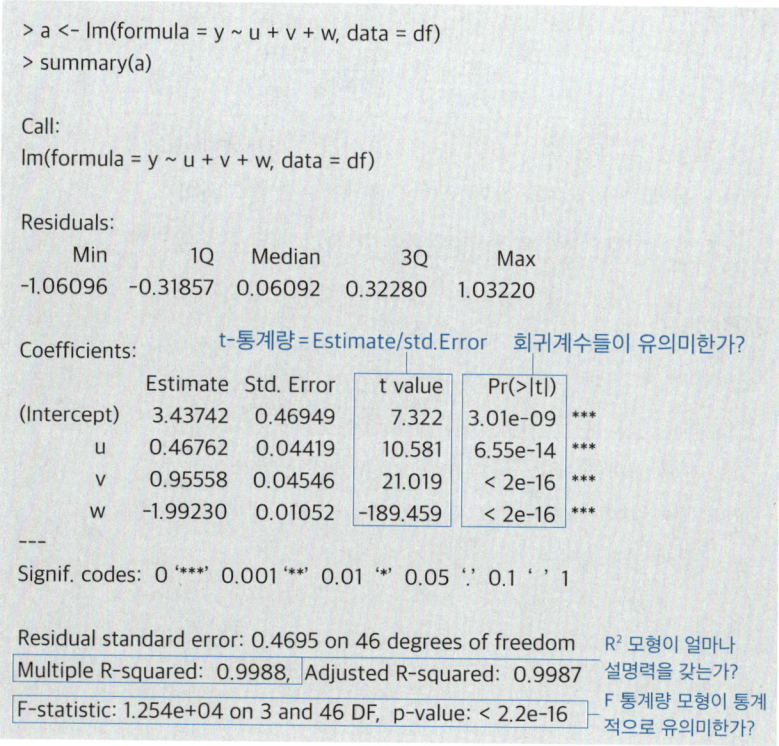

① Signif. codes: 회귀계수(Estimate)나 절편(Intercept)의 p-value에 대해서 유의한지를 '*', '.' 등의 표기로 빠르게 인지할 수 있도록 돕는 도구이다.
② '***', '**', '*': '***'은 0에서 0.001 사이의 값, '**'은 0.001에서 0.01 사이의 값, '*'은 0.01~0.05 사이의 값을 나타낸다.
③ 5% 유의수준하에서 Signif. codes에 '*'이 없는 경우는 통계적인 유의미하지 않다고 판단할 수 있다.
④ F-statistic의 p-value는 <2.2e-16으로, 모형은 통계적으로 유의미하다고 판단할 수 있다.
⑤ u, v, w 변수의 p-value는 모두 0.05보다 작으므로 통계적으로 유의미하다고 판단할 수 있다.
⑥ Multiple R-squared: 0.9988로 모델은 매우 높은 설명력을 갖는다.
⑦ Adjusted R-squared: 0.9987은 수정된 결정계수로, 단순히 변수의 수가 많아짐에 따라 결정계수가 커지는 것에 대해 보정한 값이다. 변수가 3개라 큰 차이를 보이지 않는다.
⑧ 다중회귀 모형의 자유도 df는 46이며, 데이터의 개수 n=df+k+1이다. 즉, n=46+3+1=50이다.

> n, k
> n은 sample의 수, k는 독립 변수의 수이다.

3 회귀 모형의 분산 분석

```
> out <- lm(dist ~ speed, data=cars)
> anova(out)
Analysis of Variance Table

Response: dist
          Df   Sum Sq   Mean Sq   F value   Pr(>F)
speed      1    21186   21185.5    89.567   1.49e-12 ***
Residuals 48    11354     236.5
---
Signif. codes:  0 '***' 0.001 '**' 0.01 '*' 0.05 '.' 0.1 ' ' 1
```

① cars 데이터를 사용해 속도(speed)와 제동거리(dist)의 관계를 회귀 모형으로 추정한 것이다(회귀 모형의 유의성 검정).
② 결정계수는 $\frac{SSR}{SST}$로 구한다. speed의 Sum Sq값이 SSR이고 Residuals의 Sum Sq값이 SSE이다. 따라서 결정계수=SSR÷(SSR+SSE)=21186÷(21186+11354)≒0.651076이다.
③ F-value의 P-value를 보면 1.49e-12로, 통계적으로 유의미하다고 판단할 수 있다[Pr(>F)는 F value의 p-value를 의미함].
④ MSE(Mean Squared Error)는 오차 분산의 불편추정량(오차 제곱의 평균)으로 Residuals의 Mean Sq. 값인 236.5이다.
⑤ 데이터의 개수는 n=df+1이며, speed의 df, Redisuals의 df를 모두 더한 값에 1을 더하여 구한다. 따라서 n=(1+48)+1=50이다.

기출로 개념 확인

01 다음 중 회귀 분석과 결정계수에 대한 설명으로 옳지 <u>않은</u> 것은?   18회 기출문제

① 결정계수는 총변동과 오차에 대한 변동 비율이다.
② 결정계수가 커질수록 회귀방정식의 설명력이 높아진다.
③ 결정계수는 0~1 사이의 범위를 갖는다.
④ 회귀계수의 유의성 검정은 t값과 p값을 통해 확인한다.

정답 해설 결정계수는 $\dfrac{\text{회귀제곱합(SSR)}}{\text{총제곱합(SST)}}$ 이다.

02 다음은 Credit 데이터의 선형회귀 분석 결과이다. balance를 종속변수로 하는 선형회귀 분석은?   23회 기출문제

```
Coefficients:
              Estimate   Std. Error   t value   Pr(>|t|)
(Intercept)  7.676e+02   2.236e+01    34.334    <2e-16 ***
income       1.052e-04   5.407e-04     0.195    0.846
studentYes   2.184e+02   1.582e+01    13.804    <2e-16 ***
---
Signif. codes:  0 '***' 0.001 '**' 0.01 '*' 0.05 '.' 0.1 ' ' 1

Residual standard error: 473.6 on 9997 degrees of freedom
Multiple R-squared:  0.04145,  Adjusted R-squared:  0.04126
F-statistic: 216.1 on 2 and 9997 DF,  p-value: < 2.2e-16
```

① glm(balance~income+student, data=Credit)
② lm(income~balance+student, data=Credit)
③ lm(balance~income+student, data=Credit)
④ glm(income~balance+student, data=Credit)

정답 해설 선형회귀 분석은 lm(Linear Model) 함수를 사용하며, 종속변수~독립변수1+독립변수2+… 형식의 독립변수와 종속변수 데이터셋을 전달한다. 이때 Balance는 종속변수이고, income과 student가 독립변수이므로 lm(balance~income+student, data=Credit)을 사용한다. Student 변수가 범주형 변수이고, No, Yes라는 범주에서 범주가 2개인 경우 1개만 사용되기 때문에 studentYes가 Coefficient 목록에 표시된 것이다.

풀이전략
glm(Generalized Linear Model, 일반화 선형 모형) 함수는 로지스틱회귀에서 사용한다.

03 다음 중 swiss dataset의 다중회귀 분석 결과에 대해 옳지 않은 것은?

14회 기출문제

```
> out <- lm(formula = Fertility ~., data=swiss)
> summary(out)

Call:
lm(formula = Fertility ~ ., data = swiss)

Residuals:
     Min      1Q   Median      3Q     Max
 -15.2743  -5.2617  0.5032  4.1198  15.3213

Coefficients:
                 Estimate  Std. Error  t value  Pr(>|t|)
(Intercept)      66.91518    10.70604    6.250  1.91e-07 ***
Agriculture      -0.17211     0.07030   -2.448  0.01873 *
Examination      -0.25801     0.25388   -1.016  0.31546
Education        -0.87094     0.18303   -4.758  2.43e-05 ***
Catholic          0.10412     0.03526    2.953  0.00519 **
Infant.Mortality  1.07705     0.38172    2.822  0.00734 **
---
Signif. codes:  0 '***' 0.001 '**' 0.01 '*' 0.05 '.' 0.1 ' ' 1

Residual standard error: 7.165 on 41 degrees of freedom
Multiple R-squared:  0.7067,   Adjusted R-squared:  0.671
F-statistic: 19.76 on 5 and 41 DF,  p-value: 5.594e-10
```

① 자료의 개수는 41개이다.
② Examination 변수는 유의하지 않다.
③ lm( ) 함수로는 다중공선성을 확인할 수 없다.
④ 수정된 결정계수는 67.1%이다.

정답 해설 df=41이므로 자료의 개수는 df+k+1로 구하므로 41+5+1=47이다.

04 다음은 내장 데이터 Auto dataset의 다중회귀적합 후의 잔차도이다. 아래의 잔차도를 통해 판단할 수 있는 결과로 옳지 <u>않은</u> 것은?

17회 기출문제

```
par(mfrow=c(2,2))
automodel <- lm(mpg~weight+year+acceleration, data=Auto)
plot(automodel)
```

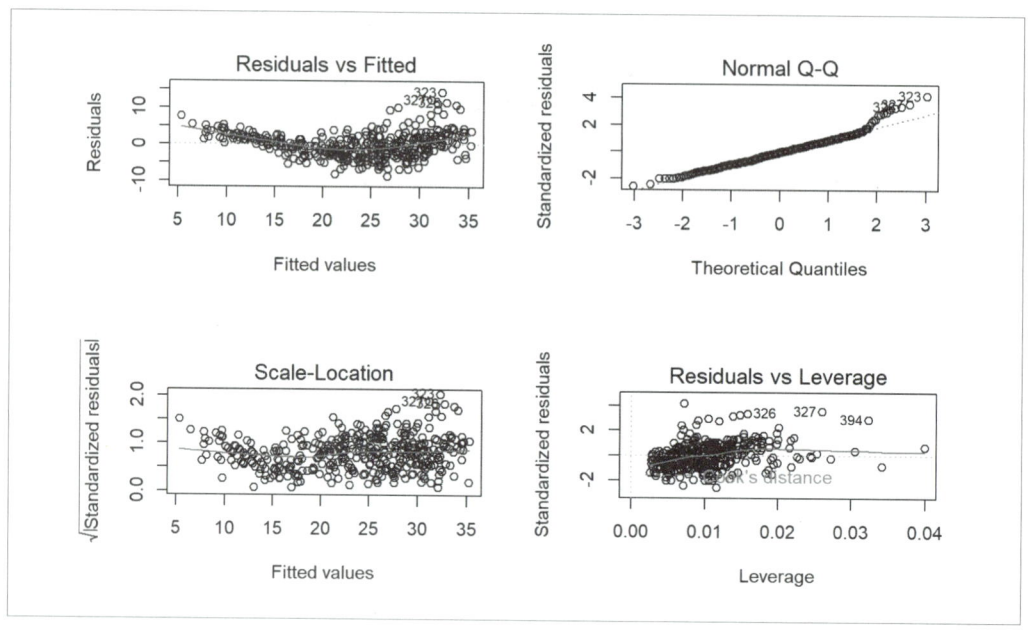

① 영향점이 없다.
② Normal Q-Q 플랫을 보면 잔차의 정규성을 만족하지 않는다.
③ 이상값이 존재한다.
④ 잔차의 등분산성을 만족한다.

정답 해설 잔차의 등분산성은 Scale-Location 그래프를 사용해 판단할 수 있다. Scale-Location의 중앙에 있는 선의 기울기가 0인 경우 등분산성이 있다고 볼 수 있고, Residuals vs Fitted의 점들이 고르게 분포해야 등분산성을 갖는데 고르게 분포하지 않은 것을 확인할 수 있다.

05 다음 중 회귀 모형의 코드에 대한 설명으로 옳지 않은 것은?

25회 기출문제

```
> out <- lm(Fertility ~ Examination+Infant.Mortality+Education+Catholic+Agriculture, data=swiss)
> summary(out)

Call:
lm(formula = Fertility ~ Examination + Infant.Mortality + Education +
    Catholic + Agriculture, data = swiss)

Residuals:
     Min       1Q   Median       3Q      Max
 -15.2743  -5.2617   0.5032   4.1198  15.3213

Coefficients:
                  Estimate  Std. Error  t value  Pr(>|t|)
(Intercept)       66.91518   10.70604    6.250   1.91e-07 ***
Examination       -0.25801    0.25388   -1.016   0.31546
Infant.Mortality   1.07705    0.38172    2.822   0.00734 **
Education         -0.87094    0.18303   -4.758   2.43e-05 ***
Catholic           0.10412    0.03526    2.953   0.00519 **
Agriculture       -0.17211    0.07030   -2.448   0.01873 *
---
Signif. codes:  0 '***' 0.001 '**' 0.01 '*' 0.05 '.' 0.1 ' ' 1

Residual standard error: 7.165 on 41 degrees of freedom
Multiple R-squared:  0.7067,    Adjusted R-squared:  0.671
F-statistic: 19.76 on 5 and 41 DF,  p-value: 5.594e-10
```

① 오차의 표준편차에 대한 추정값은 7.165이다.
② 설명변수 모두가 출산율 변동에 유의한 변수이다.
③ Fertility 변동성을 설명하는 가장 유의한 설명변수는 Education이다.
④ 회귀식은 Fertility 변동성을 70.67% 설명한다.

정답 해설 설명변수 중 Examination은 t value에 대한 p-value가 0.31546으로 0.05보다 크기 때문에 출산율(Fertility) 변동에 유의하지 않은 변수이다.

오답 해설 ① 오차의 표준편차는 Residual standard error: 7.165를 보고 알 수 있다.
③ Fertility 변동성을 설명하는 가장 유의한 설명변수는 t value에 대한 p-value가 가장 작은 Education이다.
④ Multiple R-squared: 0.7067이므로 회귀식은 Fertility 변동성을 70.67% 설명한다.

06 다음 중 다중회귀 분석 결과를 해석한 내용으로 옳지 않은 것은?

23회 기출문제

```
> out <- lm(formula= wage ~ education + age, data=Wage)
> summary(out)

Call:
lm(formula = wage ~ education + age, data = Wage)

Residuals:
    Min      1Q   Median      3Q      Max
-110.033  -19.635  -3.907   14.441  220.408

Coefficients:
                          Estimate  Std. Error  t value  Pr(>|t|)
(Intercept)                60.33597   3.24571   18.589   < 2e-16 ***
education2. HS Grad        11.43865   2.48025    4.612   4.16e-06 ***
education3. Some College   24.16700   2.60976    9.260   < 2e-16 ***
education4. College Grad   39.76677   2.59031   15.352   < 2e-16 ***
education5. Advanced Degree 64.98656  2.80838   23.140   < 2e-16 ***
age                         0.56869   0.05719    9.943   < 2e-16 ***
---
Signif. codes:  0 '***' 0.001 '**' 0.01 '*' 0.05 '.' 0.1 ' ' 1

Residual standard error: 35.94 on 2994 degrees of freedom
Multiple R-squared:  0.2593,   Adjusted R-squared:  0.2581
F-statistic: 209.6 on 5 and 2994 DF,  p-value: < 2.2e-16
```

① education2. HS Grad 그룹의 wage 평균은 약 11.43이다.
② education 더미변수는 4개이다.
③ education 학력이 상승할수록 임금의 평균도 상승한다.
④ 더미변수로 변환하지 않더라도 R은 범주형 변수를 더미변수화한다.

정답 해설 wage~education + age이므로 education2 그룹의 Estimate뿐 아니라 age에 대한 정보도 가지고 있어야 알 수 있다. 11.43은 eduation2. HS Grad에 대한 회귀계수이다. eduation의 그룹별 wage 평균을 구하면 다음과 같은 결과를 얻을 수 있다.

```
> tapply(Wage$wage, Wage$education, mean)
     1. < HS Grad        2. HS Grad     3. Some College
         84.10441          95.78335         107.75557
    4. College Grad    5. Advanced Degree
        124.42791          150.91778
```

07
다음은 회귀 분석의 분산 분석표이다. 결정계수의 값은? *19회 기출문제(주관식 변형)*

```
> anova(df1)
Analysis of Variance Table

Response: Happiness
```

	Df	Sum Sq	Mean Sq	F value	Pr(>F)
BM	1	280.00	287.95	702.2	< 2.2e-16 ***
Residuals	1923	720.00	0.41		

① 0.72
② 0.28
③ 0.41
④ 0.32

정답 해설 결정계수 $= \dfrac{SSR}{SST} = \dfrac{SSR}{SSR+SSE} = \dfrac{280}{280+720} = 0.28$

- Residuals는 오차이므로 Residuals와 Sum Sq가 교차하는 곳의 수치 720은 SSE이고, BM은 변수 이름이므로 BM과 Sum Sq가 교차하는 곳의 수치 280은 SSR이다.
- BM은 오른쪽에 F value, Pr(>F)가 표시되어 있어 독립변수이고, 그 값이 2.2e-16이므로 통계적으로 유의미하다.
- SST=SSR+SSE이므로 두 가지 BM과 Residuals의 Sum Sq를 합친 것이 된다.
- MSE는 0.41이다.

08
다음 중 다중회귀 모형의 통계적 유의성을 확인하는 방법은? *19회 기출문제*

① F 통계량을 확인한다.
② 결정계수를 확인한다.
③ 잔차통계량을 확인한다.
④ 회귀계수의 t값을 확인한다.

정답 해설 F 통계량의 유의확률(p-value)을 사용하면 통계적 유의성을 확인할 수 있다.

오답 해설 ② 모형의 설명력: 결정계수
③ 모형의 데이터 적합성: 잔차 그래프를 사용한 잔차통계량 확인
④ 회귀계수의 유의성: 회귀계수 t값의 유의확률(p-value)

09 다음 R의 내장데이터는 cars에서 속도(speed)와 제동거리(dist)의 관계를 회귀 모형으로 추정한 것이다. 다음 중 옳지 <u>않은</u> 것은?

30회 기출문제

```
> out <- lm(dist~speed, data=cars)
> anova(out)
Analysis of Variance Table

Response: dist
```

	Df	Sum Sq	Mean Sq	F value	Pr(>F)
speed	1	21186	21185.5	89.567	1.49e-12 ***
Residuals	48	11354	236.5		

---
signif. codes: 0 '***' 0.001 '**' 0.01 '*' 0.05 '.' 0.1 ' ' 1

① 회귀계수는 5% 수준에서 유의하다.
② 오차분산의 불편추정량은 236.5이다.
③ 전체 관측치 수가 49개이다.
④ 결정계수는 약 0.65이다.

정답 해설 $n = df$의 합+1이므로 전체 관측치 수(n)는 1+48+1=50이다.
- speed의 Pr(>F) 값이 0.05보다 작은 1.49e−12이므로 회귀계수는 5% 수준에서 유의하다.
- 오차분산의 불편추정량은 MSE를 의미하며, Residuals와 Mean Sq가 교차하는 지점의 수치인 236.5이다.
- 결정계수는 $\dfrac{SSR}{SST}$이므로 $\dfrac{21186}{21186+11354} \fallingdotseq 0.65$이다.

정답 01 ① 02 ③ 03 ① 04 ④ 05 ② 06 ① 07 ② 08 ① 09 ③

핵심키워드 #다중공선성 #후진 제거법 #전진 선택법 #단계별 선택법

076 다중공선성 및 변수 선택법 ★★★★☆

1 다중공선성(Multicollinearity)의 이해
① 모형의 일부 설명변수(= 예측변수)가 다른 설명변수와 상관되어 있을 때 발생한다.
② 중대한 다중공선성은 회귀계수의 분산을 증가시켜 불안정하고 해석하기 어렵게 만들기 때문에 문제가 된다.
③ R의 vif 함수를 사용해 구할 수 있으며, 분산팽창지수(VIF, Variance Inflation Factor)의 값이 10이 넘으면 다중공선성이 존재한다고 본다.
④ 높은 상관관계가 있는 설명변수를 모형에서 제거하는 것으로 해결할 수 있다.
⑤ 설명변수를 제거하면 대부분 결정계수(R-squared)가 감소한다.
⑥ 단계적 회귀 분석을 이용하여 제거할 수 있다.
⑦ 주성분 분석을 통해 선형관계에 있는 변수들을 사용하여 선형관계가 없는 새로운 주성분을 생성한다.
⑧ 표본의 크기가 작을 때 변수 간의 상관관계를 더 정확하게 파악하기 어려울 수 있으며, 이로 인해 다중공선성을 예측하거나 다루는 것이 더 어려울 수 있다.

전문가의 합격 코멘트
다중공선성의 의미와 확인 방법 및 해결 방법을 알아두시기 바랍니다. 후진 제거법, 전진 선택법, 단계별 선택법에 대해 간단히 이해하고, 후진 제거법, 전진 선택법에 대한 R 코드를 해석할 수 있도록 연습합니다.

2 설명변수 선택
(1) 설명변수 선택 방법
① 모든 가능한 조합: 모든 가능한 독립변수들의 조합에 대한 회귀 모형을 고려해 AIC, BIC를 기준으로 가장 적합한 회귀 모형을 선택한다.
② 후진 제거법(Backward Elimination): 독립변수 후보 모두를 포함한 모형에서 출발해 제곱 합을 기준으로 가장 적은 영향을 주는 변수부터 하나씩 제거하면서 더 이상 유의하지 않은 변수가 없을 때까지 설명변수를 제거한 후 모형을 선택한다.
③ 전진 선택법(Forward Selection): 절편만 있는 모델에서 출발해 기준 통계치를 가장 많이 개선시키는 변수를 차례로 추가하는 방법이다.
④ 단계별 선택법(Stepwise Method): 모든 변수가 포함된 모델에서 출발 또는 절편만 있는 모델에서 출발해 기준 통계치에 가장 도움이 되지 않는 변수를 삭제하거나, 모델에서 빠져 있는 변수 중에서 기준 통계치를 가장 개선시키는 변수를 추가하는 방법이다.

AIC, BIC
최소제곱법(최소자승법)의 R^2과 비슷한 역할을 하며, 적합성을 측정해주는 지표로 R^2은 큰 값이 좋지만, AIC, BIC는 작은 값이 좋다.

(2) 회귀모델에서 변수 선택을 위한 판단 기준
① 회귀 모형에서 변수 선택을 위한 판단 기준으로 평가지표인 Mallow's Cp, AIC, BIC 등을 사용한다.

② AIC, BIC는 값이 작을수록, Mallow's Cp는 Cp의 값이 p(변수의 수)에 가까울수록 좋은 모델이다.

3 회귀 모형의 평가 지표

AIC, BIC는 모델의 적합도와 복잡도를 기준으로 평가하며, 값이 작을수록 모델 적합도는 높고, 복잡도는 낮다고 평가한다.

(1) AIC(Akaike Information Criterion)
① AIC = 적합도 + 복잡도 패널티(변수의 개수만 반영)
② AIC 공식

$$AIC = -2 \cdot \log(likelihood) + 2 \cdot k$$
Likelihood: 최대우도값, k: 모델의 변수(자유도)의 개수

③ 변수의 개수가 많을수록 더 많은 벌점을 부과한다(변수의 개수가 작을수록 단순한 모델).

(2) BIC(Bayesian Information Criterion)
① BIC = 적합도 + 복잡도 패널티(변수의 개수, 샘플의 개수 모두 반영)
② 통계적으로 베이지안 모형 비교(Bayesian model comparison)에 기반을 두고 있다.
③ BIC 공식

$$BIC = -2 \cdot \log(likelihood) + k \cdot \log(n)$$
L: 최대우도값, k: 모델의 변수의 개수, n: 샘플의 개수

④ AIC보다 복잡도에 대해 더 큰 벌점을 부과(변수개수, 샘플의 개수)한다.

(3) Mallow's Cp
① 모델의 적합도와 복잡도를 동시에 고려하여 모델의 편향(Bias)과 분산(Variance)을 균형 있게 평가해 최적의 모델을 선택하는 지표이다.
② 잔차 제곱의 합을 오차의 분산으로 표준화한 값을 통해 데이터의 오차분산과 비교했을 때 얼마나 큰 차이가 나는지 알 수 있다.
  • Cp값이 p(변수의 수)에 가까울 때 선택된 모델이 적절하다고 판단함
  • Cp값이 p보다 크면 과대적합, p보다 작으면 과소적합의 가능성이 있음
③ Mallow's Cp 공식

$$C_p = \frac{1}{\sigma^2} \sum_{i=1}^{n} (y_i - \hat{y}_i)^2 + 2p - n$$
p: 모델에서 사용된 변수(자유도)의 수, n: 데이터의 수

4 유의확률을 사용한 설명변수 선택

① F 통계량 및 유의확률(p-value)이 유의수준 5% 아래이므로, 통계적으로 유의하다.
② 설명변수 $x1$, $x2$ 유의확률의 값이 유의하다.
③ 최종 회귀식은 $y=52.57735+1.46831x1+0.66225x2$이다.

5 step 함수를 사용한 후진 제거법

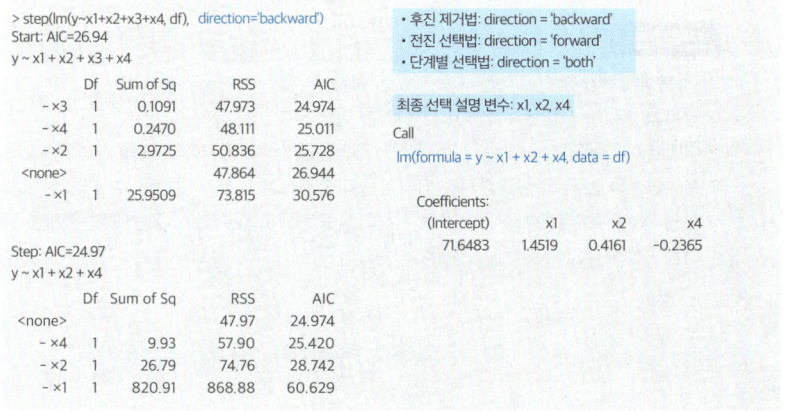

① step 함수의 direction을 'backward'로 지정하면 후진 제거법, 'forward'로 지정하면 전진 선택법, 'both'로 지정하면 단계별 선택법이 된다.
② Start: AIC=26.94는 변수를 제거하기 전의 AIC값을 의미한다.
③ 결과는 AIC값을 기준으로 오름차순 정렬되어 표시되기 때문에 가장 위에 있는 한 개만 확인하면 된다.
④ $-x3$ … 24.974: $x3$을 제거했을 때 AIC가 24.974가 되는 것을 의미하므로 결과에서 가장 위에 있는 한 개의 변수를 제거한다.
⑤ 결과에서 〈none〉이 첫 번째로 보이면 AIC를 좋게 만드는 방법이 없는 것이므로 변수 제거를 멈추고 최종 선택 변수를 확인한다.
⑥ 위의 방법에서 최종 선택 설명 변수는 $x1$, $x2$, $x4$이다.

설명변수 선택 함수
- 후진 제거법: direction='backward'
- 전진 선택법: direction='forward'
- 단계별 선택법: direction='both'

6 step 함수를 사용한 전진 선택법

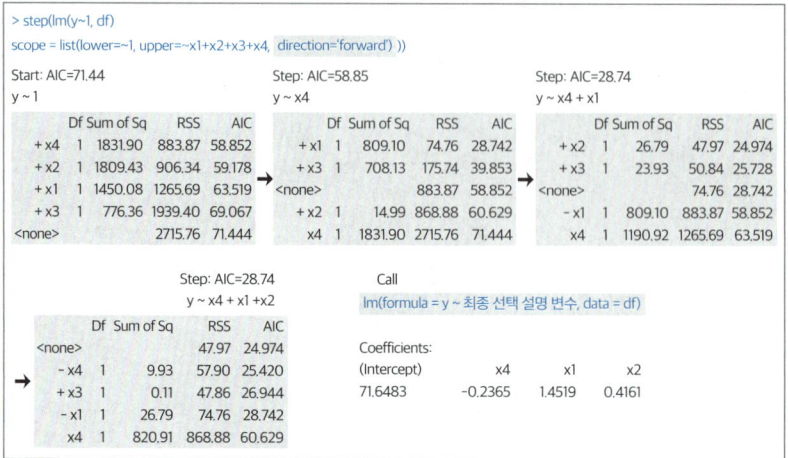

① Start: AIC=71.44는 변수를 추가하기 전의 AIC값을 의미한다.
② +$x4$ ⋯ 58.852: $x4$를 추가했을 때 AIC가 58.852가 되는 것을 의미하므로 결과에서 가장 위에 있는 한 개의 변수를 추가한다.
③ 결과에서 〈none〉이 첫 번째로 보이면 AIC를 좋게 만들 방법이 없는 것이므로 변수 추가를 멈추고 최종 선택 변수를 확인한다.
④ 따라서 최종 선택 설명 변수는 $x1$, $x2$, $x4$이다.

보충 학습

회귀 분석에서의 변수
- 명목형 변수는 더미변수화하여 사용할 수 있습니다.
- 설명변수(= 독립변수)의 수가 많아지면 모델의 설명력이 증가하고 모형이 복잡해집니다.
- 설명변수들 간 강한 상관관계가 나타나는 다중공선성 문제가 발생할 수 있습니다.
- 회귀 분석은 설명변수와 종속변수의 사이를 모형으로 나타내고 두 변수의 관계를 도출하는 것입니다.

기출로 개념 확인

01 다음 중 다중회귀 분석에서 설명변수들 사이에 선형관계가 존재할 경우 회귀계수의 정확한 추정이 곤란한 경우는?

22회 기출문제

① 모형의 적합성 위배
② 다중공선성
③ 등분산성
④ 회귀계수의 유의성 검정

정답 해설 다중공선성은 모형의 일부 설명변수가 다른 설명변수와 상관되어 있을 때 발생하는 것으로, 중대한 다중공선성은 회귀계수의 분산을 증가시켜 불안정하고 해석하기 어렵게 만들기 때문에 문제가 된다.

02 다음 중 다중공선성(Multicollinearity)에 대한 설명으로 옳지 않은 것은?

37회 기출문제

① 다중공선성에 대한 측정은 VIF를 사용한다.
② 다중공선성이 발생하는 독립변수들은 표본의 크기에 관계없이 발생하게 된다.
③ 독립변수 간 높은 상관관계를 가질 때 다중공선성이 발생할 확률이 높다.
④ 중대한 다중공선성은 회귀계수의 분산을 증가시켜 불안정하고 해석하기 어렵게 만든다.

정답 해설 다중공선성
- 모형의 일부 설명변수(= 예측변수)가 다른 설명변수와 상관되어 있을 때 발생한다.
- 중대한 다중공선성은 회귀계수의 분산을 증가시켜 불안정하고 해석하기 어렵게 만들기 때문에 문제가 된다.
- R의 vif 함수를 사용해 구할 수 있으며, VIF값이 10이 넘으면 다중공선성이 존재한다고 본다.
- 표본의 크기가 작을 때 변수 간의 상관관계를 더 정확하게 파악하기 어려울 수 있으며, 이로 인해 다중공선성을 예측하거나 다루는 것이 더 어려울 수 있다.

03 다음 내용은 다중회귀의 어떤 설명변수 선택 방법에 대한 설명인가?

35회 기출문제(주관식 변형)

> 독립변수 후보 모두를 포함한 모형에서 출발해 제곱 합을 기준으로 가장 적은 영향을 주는 변수부터 하나씩 제거하면서 더 이상 유의하지 않은 변수가 없을 때까지 설명변수를 제거하고, 이때의 모형을 선택한다.

① 전진 선택법
② 단계별 선택법
③ 후진 제거법
④ 단계별 제거법

정답 해설 후진 제거법은 독립변수 후보 모두를 포함한 모형에서 출발해 제곱 합을 기준으로 가장 적은 영향을 주는 변수부터 하나씩 제거하면서 더 이상 유의하지 않은 변수가 없을 때까지 설명변수를 제거하고 모형을 선택하는 방법이다.

04 다음 Hitters 데이터의 회귀 분석 결과에 대한 설명으로 옳지 않은 것은?

17회 기출문제

```
> Hitters <- read.csv('data/Hitters_dataset.csv', stringsAsFactors=TRUE)
> step(lm(Salary~Walks+Hits+Runs, data=Hitters), direction='backward')
Start:  AIC=3145.95
Salary ~ Walks + Hits + Runs

         Df  Sum of Sq      RSS     AIC
- Runs    1     270119  40235743  3145.7
<none>                  39965624  3146.0
- Hits    1    1583002  41548626  3154.2
- Walks   1    2963198  42928823  3162.8

Step:  AIC=3145.72
Salary ~ Walks + Hits

         Df  Sum of Sq      RSS     AIC
<none>                  40235743  3145.7
- Hits    1    2578537  42814280  3160.1
- Walks   1    2822878  43058621  3161.6

Call:
lm(formula = Salary ~ Walks + Hits, data = Hitters)

Coefficients:
(Intercept)     Walks      Hits
     0.2482    5.9052    2.7163
```

① 전진 선택법을 사용하였다.
② 최종 회귀식은 Salary=5.9052×Walks+2.7163×Hits+0.2482로 추정된다.
③ 단계별 선택법으로 설명변수 선택 방법을 지정하려면 direction='both'로 변경한다.
④ 회귀모델에서 변수를 선택하기 위한 판단 기준에는 Mallow's Cp, AIC, BIC 등이 있다.

정답 해설 direction='backward'는 후진 제거법, direction='forward'는 전진 선택법, direction='both'는 단계별 선택법이다.

05 각 대학을 다니는 데 필요한 비용이 졸업률(Grade.Rate)에 미치는 영향을 알아보기 위해 Outstate, Room.Board, Books, Personal 데이터를 활용하여 회귀 분석을 실시했다. 아래의 결과물을 바탕으로 변수 선택을 할 때 첫 단계에서 제거되는 변수는?

29회 기출문제

```
> College <- read.csv('data/College.csv', stringsAsFactors=TRUE)
> summary(lm(Grad.Rate ~ Outstate + Room.Board + Books + Personal, data=College))

Call:
lm(formula = Grad.Rate ~ Outstate + Room.Board + Books + Personal,
    data = College)

Residuals:
    Min      1Q  Median      3Q     Max
-47.732  -8.817  -0.169   8.404  51.823

Coefficients:
              Estimate   Std. Error  t value  Pr(>|t|)
(Intercept)  42.0238625   2.7721270   15.159   < 2e-16 ***
Outstate      0.0020530   0.0001693   12.124   < 2e-16 ***
Room.Board    0.0014194   0.0006108    2.324   0.020396 *
Books        -0.0010694   0.0031341   -0.341   0.733032
Personal     -0.0026798   0.0007929   -3.380   0.000762 ***
---
Signif. codes:  0 '***' 0.001 '**' 0.01 '*' 0.05 '.' 0.1 ' ' 1

Residual standard error: 13.97 on 772 degrees of freedom
Multiple R-squared:  0.3416,    Adjusted R-squared:  0.3382
F-statistic: 100.1 on 4 and 772 DF,  p-value: < 2.2e-16
```

① Room.Board
② Outstate
③ Personal
④ Books

정답 해설 Books의 경우 p-value가 가장 큰 값이며 종속변수에 대해 통계적인 유의미성을 가지지 못하므로 가장 먼저 제거될 것으로 보인다.

핵심키워드 #Underfitting #Overfitting #Regularization #Lasso #Ridge #ElasticNet

077 과대적합(Overfitting)과 정칙화(Regularization) ★★★☆☆

전문가의 합격 코멘트
과대적합(Overfitting)의 개념을 이해하고, Lasso, Ridge의 특징을 알아두시기를 바랍니다.

1 과소적합과 과대적합

(1) 과소적합(Underfitting)
① 모델이 너무 단순하거나 훈련 데이터를 충분히 학습하지 못할 때 발생한다.
② 모델이 훈련 데이터에 대해 충분한 패턴을 학습하지 못하므로, 테스트 데이터에서도 성능이 좋지 않다.
③ 일반화 능력이 부족하며, 새로운 데이터에 대한 예측이 부정확할 수 있다.
④ 학습을 좀 더 진행하여 예측력을 높임으로써 성능을 높여야 한다.

(2) 과대적합(Overfitting)
① 모델이 훈련 데이터에 지나치게 적합되어 훈련 데이터에 존재하는 잡음까지 학습한 경우에 발생한다.
② 훈련 데이터에 대한 예측은 우수하지만, 새로운 데이터나 테스트 데이터에서는 성능이 떨어질 수 있는 상태이다.
③ 모델이 훈련 데이터의 특정 패턴이나 노이즈에 과도하게 민감한 반응을 보이는 경향이 있다.
④ 학습을 방해하는 요소를 추가하여 과대적합을 해결해서 학습 데이터의 성능과 평가 데이터의 성능의 차이가 많지 않도록 조정해야 한다.

2 과대적합 문제와 해결 방법

① 주어진 표본들의 설명변수와 종속변수의 관계를 필요 이상으로 너무 자세하고 복잡하게 분석하기 때문에 발생한다.
② 표본에 심취한 모델로 새로운 데이터가 주어졌을 때 제대로 예측해내기 어려울 수 있다.
③ 해결 방법으로는 독립변수(Feature)의 개수를 줄이거나, 정칙화(Regularization)를 수행하는 방법이 있다.
④ 아래 그림 중 가운데 있는 것처럼 새로운 데이터에 대해서도 잘 적합하는 모델이 가장 좋은 모델이다.

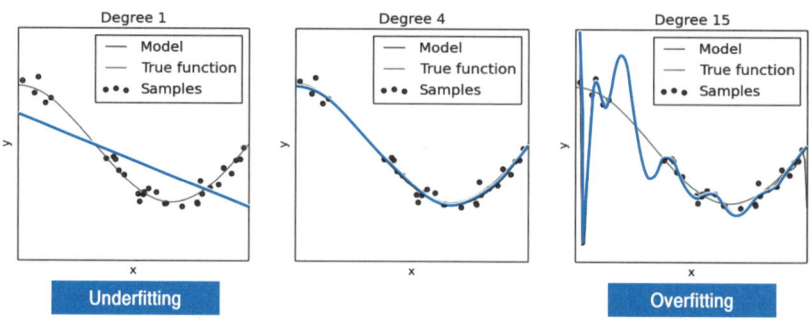

> **보충 학습**
>
>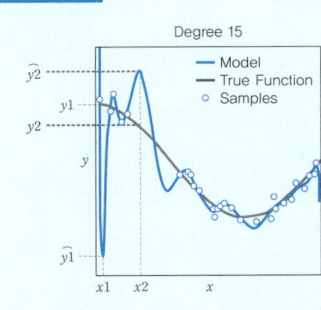
>
> 과대적합(Overfitting)된 그림을 자세히 살펴보면 $x1$의 경우 $y1-\hat{y}1$ 만큼의 오차가 발생하고, $x2$의 경우 $y2-\hat{y}2$ 만큼의 오차가 발생하는데, 그 오차의 크기가 매우 큽니다. 이렇게 알고 있는 데이터에 대해서는 오차가 매우 적고, 새로운 입력 값을 사용했을 때에는 오차가 커질 수 있는 상태를 과대적합(Overfitting)이라고 합니다.

3 정칙화(= 정규화, 규제, Regularization) 개념

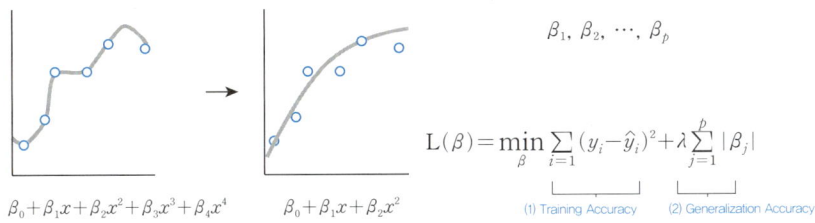

① 베타(β)값(회귀계수)에 제약(Penalty)을 주어 모델에 변화를 주는 방법이다.
② 람다(λ)값은 정규화 모형을 조정하는 hyper parameter이다.
③ 람다(λ)값이 클수록 제약이 많아져 적은 변수가 사용되고, 해석이 쉬워지지만 과소적합(Underfitting)될 수 있다.
④ 람다(λ)값이 작아질수록 제약이 적어 많은 변수가 사용되고, 해석이 어려워지며 과대적합(Overfitting)될 수 있다.
⑤ 람다(λ)는 알파(α)라는 기호로 사용되기도 한다.

4 $L1$, $L2$ norm

① norm은 선형대수학에서 벡터의 크기(Magnitude) 또는 길이(Length)를 측정하는 방법이다.
② $L1$ norm과 $L2$ norm
  - $L1$ norm(= Manhattan norm): 벡터의 모든 성분의 절댓값을 더하여 구함
  - $L2$ norm(= Euclidean norm): 출발점에서 도착점까지의 거리를 직선 거리로 측정하는 것으로, 각 성분을 제곱하여 더한 값의 제곱근으로 구함

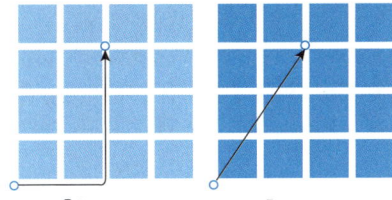

$L1$ norm $\|*\|_1$
$x = \begin{bmatrix} 2 \\ 3 \end{bmatrix}$ $\quad \|x\|_1 = |2| + |3| = 5$

$L2$ norm $\|*\|_2$
$x = \begin{bmatrix} 2 \\ 3 \end{bmatrix}$ $\quad \|x\|_2 = \sqrt{(2)^2 + (3)^2} = \sqrt{13}$

5 정규화 선형회귀모델(Regularized Linear Regression)

(1) 라쏘(Lasso)회귀

$$\sum_{i=1}^{n}\left(y_i - \beta_0 - \sum_{j=1}^{p}\beta_j x_{ij}\right)^2 + \lambda\sum_{j=1}^{p}|\beta_j| = \text{RSS} + \lambda\sum_{j=1}^{p}|\beta_j|$$

RSS: Residual Sum of Squares, λ: Lasso 패널티, β_j: 회귀계수, β_0: 절편

① $L1$ norm을 패널티로 가진 선형회귀 방법이다.
② 회귀계수의 절댓값이 클수록 더 큰 패널티를 부여한다.
③ 변수 선택이 가능하며, 변수 간 상관관계가 높으면 성능이 떨어진다.
④ 오차 제곱의 합이 최소가 되게 하는 회귀계수와 절편을 찾는 동시에 회귀계수의 절댓값의 합이 최소가 되어야 한다.
⑤ 오차 제곱의 합(RSS) 대신 오차 제곱의 평균(MSE, Mean Squared Error)을 사용할 수 있다.
⑥ 회귀계수의 모든 원소가 0이 되거나 0에 가깝게 된다.
⑦ 회귀계수가 0이 되게 함으로써 그에 해당하는 특성들을 제외하는 것이다 (= 불필요 특성 제거).
⑧ 모델에서 가장 중요한 특성이 무엇인지 알게 되는 등 모델 해석력이 좋아진다.
⑨ 식에서 + 기호의 앞 부분은 오차 제곱의 합이며, 뒷 부분은 회귀계수 절댓값의 합에 λ를 곱한 것이다. Lasso는 이 두 가지 값을 더한 값이 최소가 되게 하는 회귀계수를 찾게 된다.

> **보충 학습**
> - 람다(λ, lambda)의 크기는 규제의 정도, 규제의 강도를 나타냅니다.
> - 규제의 강도가 크거나, 작을 경우 문제가 발생할 수 있으므로, 적당한 λ의 크기를 정해야 합니다.
> - 람다(λ)값이 너무 크면 모든 항들에 대해 너무 많은 규제(Penalty)가 적용되므로 모델이 데이터를 잘 설명하지 못하는 과소적합(Underfitting) 문제가 발생합니다.
> - 람다(λ)값이 너무 작으면 모든 항들에 대해 너무 적은 규제(Penalty)가 적용되므로 모델의 과대적합(Overfitting) 문제를 해결하지 못할 것입니다.

○ **전문가의 합격 꿀팁**
$L1$-Lasso, $L2$-Ridge는 반드시 연결지어 기억해야 합니다. Lasso의 L은 한 획에 쓸 수 있는 글자이니까 $L1$, Ridge의 R은 두 획에 쓸 수 있는 글자이니까 $L2$로 암기해 보세요!

(2) 릿지(Ridge)회귀(= 능형회귀)

① $L2$ norm을 패널티로 가진 선형회귀 방법이다.
② 회귀계수의 제곱값이 클수록 더 큰 패널티를 부여한다.
③ 변수 선택이 불가능하며, 변수 간 상관관계가 높아도 좋은 성능을 보인다.
④ Lasso는 가중치들이 0이 되지만, Ridge의 가중치들은 0에 가까워질 뿐 0이 되지는 않는다.
⑤ 특성이 많은데 특성의 중요도가 전체적으로 비슷하다면 Ridge가 좀 더 괜찮은 모델을 찾아줄 것이다.

⑥ 릿지(Ridge)회귀 수식

$$\sum_{i=1}^{n}\left(y_i - \beta_0 - \sum_{j=1}^{p}\beta_j x_{ij}\right)^2 + \lambda\sum_{j=1}^{p}\beta_j^2 = \text{RSS} + \lambda\sum_{j=1}^{p}\beta_j^2$$

RSS: Residual Sum of Squares, λ: Lasso 패널티, β_j: 회귀계수, β_0: 절편

식에서 앞부분은 오차 제곱의 합이며, 뒷부분은 회귀계수 제곱값의 합에 λ를 곱한 것이다. Ridge는 이 두 가지 값을 더한 값이 최소가 되게 하는 회귀계수를 찾게 된다.

(3) 엘라스틱넷(ElasticNet)회귀

① Regularization에 $L1$, $L2$ norm을 모두 사용한다.
② $L1$, $L2$ norm을 모두 사용하기 때문에 변수 선택이 가능하고, 변수 간 상관관계를 반영한 Regularization이 가능하다.

$$\frac{\sum_{i=1}^{n}(y_i - x_i^J\hat{\beta})^2}{2n} + \lambda\left(\frac{1-\alpha}{2}\sum_{j=1}^{m}\hat{\beta}_j^2 + \alpha\sum_{j=1}^{m}|\hat{\beta}_j|\right)$$

σ: Lasso 패널티, λ: ElasticNet 패널티, β_j: 회귀계수

6 편향과 분산(Bias and Variance)

① 편향, 분산(Bias, Variance): 학습 알고리즘이 갖는 두 가지 종류의 오류(Error)로 상충 관계(Trade Off)이다.
② 학습 모형이 유연할수록 모델 복잡도(Model Complexity)가 증가한다는 것을 의미하며 편향(Bias)이 낮고, 분산(Variance)이 높은 상태가 된다.
  - 편향(Bias): 지나치게 단순한 모델로 인한 오류(Error), Bias가 크면 과소적합(Underfitting)을 야기함
  - 분산(Variance): 지나치게 복잡한 모델로 인한 오류(Error), Variance가 크면 과대적합(Overfitting)을 야기함

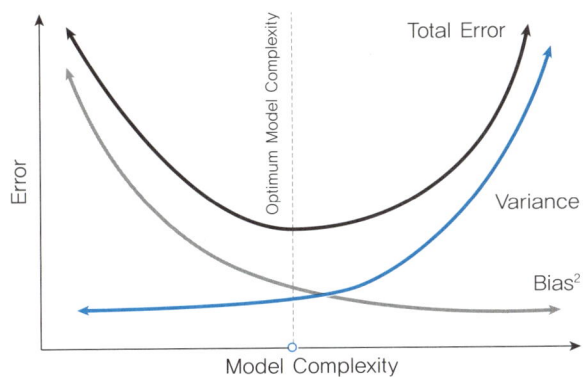

상충 관계(Trade Off)
하나의 목표를 달성하기 위해 다른 목표를 어느 정도 희생해야 하는 상황을 의미한다. '둘 중 하나를 선택하면 다른 쪽에 손해를 본다'는 관계로, 제한된 자원이나 조건 속에서 선택의 딜레마를 표현하는 것이다.

기출로 개념 확인

01 다음 중 Lasso회귀 분석에 대한 설명으로 옳지 않은 것은? 16회 기출문제
① 회귀계수의 절댓값이 클수록 큰 패널티를 부여한다.
② 독립변수가 많아질수록 training data의 설명력은 좋아지지만 과적합 문제가 발생할 수 있다.
③ 람다(lambda)값이 너무 크면 모든 항들에 대해 너무 많은 penalty가 적용되므로 model이 데이터를 잘 설명하지 못하는 underfitting 문제가 발생할 것이다.
④ Lasso regression은 $L2$ norm을 사용해 penalty를 주는 방식이다.

정답 해설 Lasso regression은 $L1$ norm을 사용해 패널티를 주는 방법이다. $L2$ norm을 사용하는 것은 Ridge이다.

02 다음 중 Lasso회귀 분석에 대한 설명으로 옳지 않은 것은? 23회 기출문제
① 모형에 포함된 회귀계수의 절댓값이 클수록 penalty를 부여하는 방식이다.
② 자동적으로 변수 선택을 하는 효과가 있다.
③ 람다값(lambda)으로 penalty의 정도를 조정한다.
④ $L2$ norm을 사용해 penalty를 주는 방식이다.

정답 해설 Lasso regression은 $L1$ norm을 사용해 패널티를 주는 방법이다.

03 다음 내용은 Bias-Variance Trade Off에 대한 설명이다. 빈칸에 들어갈 말이 옳게 짝지어진 것은? 31회 기출문제

> 일반적으로 학습 모형의 유연성이 클수록 분산(Variance)은 (   ), 편향(Bias)은 (   ).

① 낮고, 높다
② 높고, 낮다
③ 높고, 높다
④ 낮고, 낮다

정답 해설 학습 모형의 유연성이 클수록 모델이 복잡하게 되며, 복잡한 모델은 분산(Variance)이 높고, 편향(Bias)은 낮다.

정답 01 ④ 02 ④ 03 ②

핵심키워드 #MAE #MSE #RMSE #MAPE

078 회귀 모델 평가지표 ★☆☆☆☆

1 회귀 모델 평가지표

① MAE(Mean Absolute Error, 평균 절대 오차): MSE와 비교해 이상치에 대해 영향을 덜 받는다.

$$\mathrm{MAE} = \frac{\sum_{i=1}^{n} |y_i - \hat{y}_i|}{n}$$

② MSE(Mean Squared Error, 평균 제곱 오차)
- 제곱을 하게 되므로 1 미만의 에러는 그 크기가 더 작아지고, 1 이상의 에러는 그 크기가 더 커짐
- 큰 값에 대해 제곱을 하면 더 크게 되므로 이상치에 민감한 특성을 가짐

$$\mathrm{MSE} = \frac{\sum_{i=1}^{n} |y_i - \hat{y}_i|^2}{n}$$

③ RMSE(Root Mean Squared Error, 평균 제곱근 오차): MSE값의 제곱근으로, MSE가 이상치에 민감한 점을 보완한다.

$$\mathrm{RMSE} = \sqrt{\mathrm{MSE}}$$

④ MAPE(Mean Absolute Percentage Errors, 평균 절대 백분율 오차)
- MSE, RMSE 평가지표의 경우 데이터 크기에 따라 오차의 크기가 달라져서 오차의 크기를 직관적으로 알 수 없다는 단점이 있으며, 이러한 단점을 극복하기 위한 방법으로 MAPE가 사용됨
- 오차의 백분율로 구해지며, 단위 Scale이 되어 단위에 영향을 받지 않고, 음수 사용이 가능함

$$\mathrm{MAPE} = \frac{100\%}{n} \sum_{i=1}^{n} \left| \frac{y_i - \hat{y}_i}{y_i} \right|$$

y_i: 실제값, actual value $\hat{y}_i$: 예측값, forecast value

전문가의 합격 코멘트
MAPE를 구하는 문제가 출제되었습니다. 식과 구하는 방법을 알아두시길 바랍니다.

2 MAPE 구하기

actual	1	2	4	8
forecast	0.7	2.5	3.6	10

MAPE는 각 항의 '(실제값과 예측값의 차이)÷(실제값)'의 절댓값을 모두 합하여 데이터의 개수인 n으로 나누고 100을 곱한 값이다.

- 데이터 개수 $n=4$
- $\sum_{i=1}^{n} \left| \frac{y_i - \hat{y}_i}{y_i} \right| = \left| \frac{1-0.7}{1} \right| + \left| \frac{2-2.5}{2} \right| + \left| \frac{4-3.6}{4} \right| + \left| \frac{8-10}{8} \right|$

  $= \frac{0.3}{1} + \frac{0.5}{2} + \frac{0.4}{4} + \frac{2}{8} = 0.3 + 0.25 + 0.1 + 0.25 = 0.9$

- $\mathrm{MAPE} = \frac{100\%}{4} \times 0.9 = 100\% \times 0.225 = 22.5\%$

핵심키워드 #Swiss #Orange #College #Wage #선형회귀 #교호작용

079 선형회귀 분석 결과 해석

★★★☆☆

전문가의 합격 코멘트
범주형 변수와 교호작용을 포함한 어려운 회귀모델의 해석을 통해 회귀모델의 결과를 해석하는 방법을 알아봅니다. 하나씩 차분히 읽어 보세요

1 swiss 데이터셋

swiss 데이터셋은 스위스의 47개 프랑스어 사용지역의 출산율(Fertility)과 관련된 변수들을 사용하여 얻은 다중선형회귀 분석의 결과이다.

```
> out <- lm(formula = Fertility ~., data=swiss)
> summary(out)

Call:
lm(formula = Fertility ~ ., data = swiss)

Residuals:
     Min       1Q   Median       3Q      Max
-15.2743  -5.2617   0.5032   4.1198  15.3213

Coefficients:
                 Estimate  Std. Error  t value  Pr(>|t|)
(Intercept)      66.91518    10.70604    6.250  1.91e-07 ***
Agriculture      -0.17211     0.07030   -2.448  0.01873 *
Examination      -0.25801     0.25388   -1.016  0.31546
Education        -0.87094     0.18303   -4.758  2.43e-05 ***
Catholic          0.10412     0.03526    2.953  0.00519 **
Infant.Mortality  1.07705     0.38172    2.822  0.00734 **
---
Signif. codes:  0 '***' 0.001 '**' 0.01 '*' 0.05 '.' 0.1 ' ' 1

Residual standard error: 7.165 on 41 degrees of freedom
Multiple R-squared:  0.7067,  Adjusted R-squared:  0.671
F-statistic: 19.76 on 5 and 41 DF,  p-value: 5.594e-10
```

① lm(Fertility~., data=swiss): swiss 데이터셋에서 Fertility를 종속변수로 사용하고, 나머지 모든 변수를 독립변수로 사용하였다.
② Agriculture, Examination, Education, Catholic, Infant.Mortality라는 5개의 독립변수가 있다.
③ Multiple R-squared: 0.7067이므로, 출산율 변동의 70.67%를 설명한다.
④ Adjusted R-squared: 0.671이므로, 수정결정계수는 0.671이다.
⑤ F-statistic에 대한 p-value가 5.594e-10으로 0.05보다 작은 값이기 때문에 유의수준 0.05하에서 회귀 모형은 유의적으로 출산율(Fertility)을 설명하고 있다.
⑥ Examination 변수는 p-value가 0.31546으로 통계적으로 유의미하지 않다.

전문가의 합격 꿀팁
⑥에서 모든 설명변수가 출산율 변동의 원인임을 보여준다고 하면 틀린 지문이 된다.

2 Orange 데이터셋

Orange 데이터셋은 나무 종류(Tree)와 나무의 둘레(circumference), 연령(age)을 가지고 있으며, 나무 종류(Tree)는 5가지 범주를 가진다.

```
lm(formula = circumference ~ age + Tree, data = Orange)

Residuals:
    Min      1Q   Median      3Q     Max
-30.505   -8.790   3.737    7.650  21.859

Coefficients:
             Estimate    Std. Error    t value    Pr(>|t|)
(Intercept)  17.399650    5.543461      3.139     0.00388 **
age           0.106770    0.005321     20.066    < 2e-16 ***
Tree.L       39.935049    5.768048      6.923    1.31e-07 ***
Tree.Q        2.519892    5.768048      0.437    0.66544
Tree.C       -8.267097    5.768048     -1.433    0.16248
Tree^4       -4.695541    5.768048     -0.814    0.42224
---
Signif. codes:  0 '***' 0.001 '**' 0.01 '*' 0.05 '.' 0.1 ' ' 1

Residual standard error: 15.26 on 29 degrees of freedom
Multiple R-squared: 0.9399,   Adjusted R-squared: 0.9295
F-statistic: 90.7 on 5 and 29 DF,  p-value: < 2.2e-16
```

① lm(circumference~age+Tree, data=Orange): Orange 데이터셋에서 circumference를 종속변수로 사용하고, age와 Tree를 독립변수로 사용하였다.
② Tree.L, Tree.Q, Tree.C, Tree^4와 같이 Tree 뒤에 범주가 표기되어 있으므로 age는 연속형 변수, Tree는 범주형 변수이다.
③ dummy 변수가 4개이기 때문에 Tree의 범주는 5개라는 것을 알 수 있다.
④ Estimate가 양수이므로, age가 증가할수록 circumference도 증가한다.
⑤ F-statistic의 p-value가 <2.2e-16으로 0.05보다 작으므로 유의수준 0.05하에서 통계적으로 유의미하다.
⑥ 독립변수(= 설명변수) 중에서 age와 Tree.L만 유의미하고, Tree.Q, Tree.C, Tree^4는 유의미하지 않다.
⑦ 결정계수는 0.9399로 매우 높다.

3 College 데이터셋

College 데이터셋은 졸업률(Grad.Rate)과 Private, Top10perc, Outstate, Expend 변수를 가지고 있다. Private는 범주형 변수로 No와 Yes라는 2개의 범주를 갖는다.

```
> summary(College)
 Private     Top10perc        Outstate          Expend         Grad.Rate
 No :212   Min.   : 1.00   Min.   : 2340    Min.   : 3186    Min.   : 10.00
 Yes:565   1st Qu.: 15.00  1st Qu.: 7320    1st Qu.: 6751    1st Qu.: 53.00
           Median : 23.00  Median : 9990    Median : 8377    Median : 65.00
           Mean   : 27.56  Mean   : 10441   Mean   : 9660    Mean   : 65.46
           3rd Qu.: 35.00  3rd Qu.: 12925   3rd Qu.: 10830   3rd Qu.: 78.00
           Max.   : 96.00  Max.   : 21700   Max.   : 56233   Max.   : 118.00

> summary(lm(Grad.Rate~., data=College))

Call:
lm(formula = Grad.Rate ~ ., data = College)

Residuals:
    Min      1Q   Median     3Q      Max
 -47.317  -8.503  -0.245   7.741   58.760

Coefficients:
              Estimate    Std. Error   t value   Pr(>|t|)
(Intercept)  39.4130270   1.3579828    29.023    < 2e-16 ***
PrivateYes    2.9131163   1.3431005     2.169    0.030391 *
Top10perc     0.3209807   0.0379053     8.468    < 2e-16 ***
Outstate      0.0018820   0.0001988     9.467    < 2e-16 ***
Expend       -0.0004723   0.0001423    -3.320    0.000943 ***
---
Signif. codes:  0 '***' 0.001 '**' 0.01 '*' 0.05 '.' 0.1 ' ' 1

Residual standard error: 13.51 on 772 degrees of freedom
Multiple R-squared:  0.3843,  Adjusted R-squared:  0.3811
F-statistic: 120.5 on 4 and 772 DF,  p-value: < 2.2e-16
```

① **lm(Grad.Rate ~., data=Colleage)**: College 데이터셋에서 Grad.Rate를 종속변수로 사용하고, 다른 모든 변수를 독립변수로 사용하였다.

② PrivateYes와 같이 Private 뒤에 범주가 표기되어 있으므로, Top10Perc, Outstate, Expend는 연속형 변수, Private는 범주형 변수이다.

③ 회귀식은 Grad.rate=2.9131563×PrivateYes+0.3209807×Top10perc+0.0018820×Outstate−0.0004723×Expend+39.4130270이다.

④ 더미변수가 1개이므로 Private의 범주는 2개라는 것을 알 수 있다 (PrivateYes → 더미변수).

⑤ Top10perc의 Estimate가 양수이므로, Top10perc(고교성적 상위 10% 학생의 비율)이 높을수록 졸업률이 높아진다(Estimate가 음수라면 졸업률이 낮아짐).

⑥ PrivateYes의 Estimate가 양수이므로, 다른 설명변수의 조건이 동일할 때 사립학교(PrivateYes)의 경우 공립학교(PrivateNo)에 비해 졸업률이 높다.
⑦ F-statistic의 p-value가 <2.2e-16으로 0.05보다 작으므로 유의수준 0.05하에서 통계적으로 유의미하다.
⑧ 모든 독립변수가 유의미하다. 즉, 모든 독립변수는 졸업률에 유의한 영향을 미치는 변수이다.
⑨ 결정계수는 0.3843으로 매우 낮다.

4 Wage 데이터셋

Wage 데이터셋은 근로자의 임금 관련 데이터이다. 나이(age)와 직군(jobclass)을 사용하여 임금(wage)을 예측하는 작업을 위해 wage, age, jobclass 변수에 대해 summary를 적용해 본다.

(1) Wage Ⅰ

```
> Wage <- read.csv('data/Wage_dataset.csv', stringsAsFactors=TRUE)
> Wage <- Wage[, c('wage', 'age', 'jobclass')]
> summary(Wage)
```

```
      wage              age              jobclass
 Min.   : 20.09    Min    :18.00    1. Industrial  :1544
 1st Qu.: 85.38    1st Qu :33.75    2. Information :1456
 Median :104.92    Median :42.00
 Mean   :111.70    Mean   :42.41
 3rd Qu.:128.68    3rd Qu :51.00
 Max.   :318.34    Max.   :80.00
```

① Wage 데이터셋에서 'wage', 'age', 'jobclass'라는 3개의 변수를 가져와 summary를 출력한다.
② wage, age 두 개의 변수는 연속형 변수이며, jobclass는 범주형 변수인 것을 알 수 있다.
③ wage, age는 Min, 1st Qu, Median, Mean, 3rd Qu, Max.를 알 수 있는데 이것은 각각 최솟값, 제1사분위수(= 25% 위치값), 중위수(= 50% 위치값, 중앙값), 평균, 제3사분위수(= 75% 위치값), 최댓값이다.
④ jobclass는 '1. Industrial', '2. Information'이라는 두 개의 범주가 있으며 총 3000개의 데이터가 있다.

(2) Wage Ⅱ

```
> model <- lm(wage ~ age+jobclass+age * jobclass, data=Wage)
> summary(model)

Call:
lm(formula = wage ~ age + jobclass + age * jobclass, data = Wage)

Residuals:
    Min      1Q  Median      3Q     Max
-105.656 -24.568  -6.104  16.433  196.810

Coefficients:
                          Estimate Std.   Error    t value   Pr(>|t|)
(Intercept)               73.52831       3.76133  19.548    < 2e-16 ***
age                        0.71966       0.08744   8.230    2.75e-16 ***
jobclass2. Information    22.73086       5.63141   4.036    5.56e-05 ***
age:jobclass2. Information -0.16017       0.12785  -1.253    0.21
---
Signif. codes:  0 '***' 0.001 '**' 0.01 '*' 0.05 '.' 0.1 ' ' 1

Residual standard error: 40.16 on 2996 degrees of freedom
Multiple R-squared: 0.07483, Adjusted R-squared:  0.07391
F-statistic: 80.78 on 3 and 2996 DF,  p-value: < 2.2e-16
```

① wage를 종속변수, age, jobclass를 독립변수로 사용하고 age와 jobclass의 교호작용을 포함하여 선형회귀 분석을 실행한다.

② 분석 결과 wage에 대한 회귀식은 wage=73.53+0.72×age+22.73×jobclass2. Information−0.16×age:jobclass2. Information인 것을 알 수 있다.

③ age는 연속형 변수, jobclass2. Information은 더미변수(Dummy Variable)이다.
   - 위의 summary 결과를 보았을 때 jobclass는 범주형 변수이고, lm을 통한 분석을 하면서 자동으로 더미변수화됨
   - 범주형 변수가 더미변수가 될 때에는 범주의 수 −1만큼의 더미변수가 생성되며, 변수명+범주명의 형태로 더미변수의 이름이 정해짐
   - 오름차순으로 정렬해 보았을 때 첫 번째 범주는 더미변수에서 제외되어 −1을 함
   - jobclass는 '1. Industrial'과 '2. Information'이라는 두 개의 범주가 있는데 '1. Industrial'이 오름차순으로 정렬했을 때 첫 번째 범주이므로 더미변수로 만들어지지 않음
   - 오름차순 정렬은 작은 것에서 큰 순서로 나열됨(0, 1, 2, ⋯, 가, 나, 다, ⋯, A, B, C, ⋯)

④ 직업군(jobclass)이 동일할 때 나이가 많을수록 임금이 올라가는 경향이 있다.
   - age에 대한 Estimate를 확인한 결과 양수(0.71966)이고 이것을 통해 나이가 많을수록 임금이 올라간다는 것을 알 수 있음(만일 음수였다면 임금이 내려감)

⑤ 나이가 동일할 때, Information 직군이 Industrial 직군에 비해 평균적으로 임금이 높다.
- wage 회귀식을 보았을 때 Information 직군에 대한 더미변수만 존재하고 Information 직군의 Estimate가 양수(22.73086)이므로 Information 직군의 임금이 Industrial 직군에 비해 높다고 할 수 있음
- Industiral 직군은 회귀식에 포함되어 있지 않기 때문에 wage에 영향을 주지 않음(만일 Information 직군에 대한 Estimate가 음수였다면, Information 직군의 임금이 Industrial 직군에 비해 낮다고 할 수 있음)

⑥ 나이에 따라 두 직군 간의 임금의 평균 차이가 유의하게 변하지 않는다.
- 나이(age)에 따른 직군(jobclass) 간의 임금의 평균 차이에 대한 유의미 여부를 교호작용이라고 하며, 'age:jobclass2. Information'의 p-value를 확인하여 알 수 있음
- p-value가 0.21이므로 유의수준 0.05보다 크기 때문에 나이에 따라 두 직군 간의 임금의 평균 차이는 유의하지 않음

⑦ 회귀식은 유의수준 0.05에서 임금의 변동성을 설명하는 데 유의하다.
- 회귀식에 대한 유의성은 F-statistic의 p-value를 보고 확인할 수 있다. 위의 결과에서 살펴보면 p-value는 <2.2e-16이고, $p\text{-value} < 2.2 \times 10^{-16}$이므로 유의하다고 할 수 있음

⑧ age, jobclass2. Information 두 개의 변수는 모두 통계적으로 유의하다.
- 변수에 대한 유의성은 각 변수의 p-value를 보고 확인할 수 있음
- p-value<유의수준(0.05)이므로 두 변수는 모두 통계적으로 유의하다고 할 수 있음

기출로 개념 확인

01 다음은 Wage 데이터셋을 사용한 회귀 분석 결과이다. 이에 대한 설명으로 옳지 <u>않은</u> 것은? <small>31회 기출문제</small>

```
> Wage <- read.csv('data/Wage_dataset.csv', stringsAsFactors=TRUE)
> summary(lm(wage~education, Wage))

Call:
lm(formula = wage ~ education, data = Wage)

Residuals:
    Min      1Q  Median      3Q     Max
-112.31  -19.94   -3.09   15.33  222.56

Coefficients:
                         Estimate  Std. Error  t value  Pr(>|t|)
(Intercept)                84.104       2.231   37.695   < 2e-16 ***
education2. HS Grad        11.679       2.520    4.634  3.74e-06 ***
education3. Some College   23.651       2.652    8.920   < 2e-16 ***
education4. College Grad   40.323       2.632   15.322   < 2e-16 ***
education5. Advanced Degree 66.813      2.848   23.462   < 2e-16 ***
---
Signif. codes:  0 '***' 0.001 '**' 0.01 '*' 0.05 '.' 0.1 ' ' 1

Residual standard error: 36.53 on 2995 degrees of freedom
Multiple R-squared:  0.2348,  Adjusted R-squared:  0.2338
F-statistic: 229.8 on 4 and 2995 DF,  p-value: < 2.2e-16
```

① 잔차의 IQR은 35.27이다.
② education의 더미변수는 4개이다.
③ education4. College Grad 그룹의 임금(wage)이 가장 높다.
④ 모든 변수가 Wage를 설명하는 데 유의하게 나타나고 있다.

정답 해설 education5 그룹의 Estimate가 가장 큰 수를 갖기 때문에 education5 그룹의 임금(wage)이 가장 높다고 할 수 있다.
오답 해설 ① IQR=Q3-Q1이므로 15.33-(-19.94)=35.27이다.
② education2, education3, education4, education5 4개가 더미변수이다.
④ 모든 변수의 p-value가 0.05보다 작으므로 통계적으로 유의하다.

02 다음은 스위스의 47개 프랑스어 사용지역의 출산율(Fertility)과 관련된 변수들을 사용하여 얻은 결과이다. 이에 대한 설명으로 옳지 <u>않은</u> 것은?

14회 기출문제

```
> out <- lm(formula = Fertility ~., data=swiss)
> summary(out)

Call:
lm(formula = Fertility ~ ., data = swiss)

Residuals:
     Min      1Q   Median      3Q     Max
-15.2743  -5.2617   0.5032   4.1198  15.3213

Coefficients:
                 Estimate  Std. Error  t value  Pr(>|t|)
(Intercept)      66.91518    10.70604    6.250  1.91e-07 ***
Agriculture      -0.17211     0.07030   -2.448   0.01873 *
Examination      -0.25801     0.25388   -1.016   0.31546
Education        -0.87094     0.18303   -4.758  2.43e-05 ***
Catholic          0.10412     0.03526    2.953   0.00519 **
Infant.Mortality  1.07705     0.38172    2.822   0.00734 **
---
Signif. codes:  0 '***' 0.001 '**' 0.01 '*' 0.05 '.' 0.1 ' ' 1

Residual standard error: 7.165 on 41 degrees of freedom
Multiple R-squared: 0.7067, Adjusted R-squared: 0.671
F-statistic: 19.76 on 5 and 41 DF,  p-value: 5.594e-10
```

① 유의수준 0.05하에서 위의 회귀 모형은 유의적으로 출산율을 설명한다.
② 위의 설명변수들이 출산율 변동의 원인임을 보여준다.
③ 위의 회귀 모형은 출산율 변동의 70.67%를 설명한다.
④ 수정결정계수는 0.671이다.

정답 해설 설명변수 중에서 Examination의 p-value는 0.05보다 크기 때문에 출산율 변동의 원인으로 보기 힘들다.
오답 해설 ① F-statistic의 p-value가 5.594e-10이므로 유의수준 0.05하에서 위의 회귀 모형은 유의적으로 출산율을 설명한다.
③ 결정계수가 0.7067이므로 위의 회귀 모형은 출산율 변동의 70.67%를 설명한다.
④ 수정결정계수는 Adjusted R-squared를 통해 알 수 있으며 0.671이다.

03 다음 회귀 분석의 결과에 대한 설명으로 옳지 <u>않은</u> 것은?

```
> summary(lm(circumference~age+Tree, data=Orange))

Call:
lm(formula = circumference ~ age + Tree, data = Orange)

Residuals:
    Min      1Q   Median      3Q     Max
-30.505  -8.790    3.737   7.650  21.859

Coefficients:
              Estimate   Std. Error   t value   Pr(>|t|)
(Intercept)  17.399650    5.543461     3.139    0.00388 **
age           0.106770    0.005321    20.066    < 2e-16 ***
Tree.L       39.935049    5.768048     6.923    1.31e-07 ***
Tree.Q        2.519892    5.768048     0.437    0.66544
Tree.C       -8.267097    5.768048    -1.433    0.16248
Tree^4       -4.695541    5.768048    -0.814    0.42224
---
Signif. codes:  0 '***' 0.001 '**' 0.01 '*' 0.05 '.' 0.1 ' ' 1

Residual standard error: 15.26 on 29 degrees of freedom
Multiple R-squared: 0.9399,  Adjusted R-squared: 0.9295
F-statistic: 90.7 on 5 and 29 DF,  p-value: < 2.2e-16
```

① Tree는 범주형 변수이다.
② age가 증가할수록 circumference가 증가한다.
③ 해당 모형은 통계적으로 유의하다.
④ 설명변수 중 age만 유의하다고 볼 수 있다.

정답 해설 설명변수 중에 age, Tree.L 두 가지가 유의하다고 볼 수 있다.
오답 해설 ① Tree 변수 하나를 사용했는데 Tree.L, Tree.Q ~와 같이 더미변수가 생성되었으므로 범주형 변수이다.
② age의 Estimate가 양수이므로 age가 증가할수록 circumference가 증가한다.
③ F-statistic에 대한 p-value가 <2.2e-16으로 모형이 통계적으로 유의하다.

04 다음 회귀 분석의 결과에 대한 설명으로 옳지 않은 것은? 12회 기출문제

```
> summary(College)
  Private      Top10perc        Outstate         Expend        Grad.Rate
 No :212    Min.   : 1.00    Min.   : 2340    Min.   : 3186    Min.   : 10.00
 Yes:565    1st Qu.:15.00    1st Qu.: 7320    1st Qu.: 6751    1st Qu.: 53.00
            Median :23.00    Median : 9990    Median : 8377    Median : 65.00
            Mean   :27.56    Mean   :10441    Mean   : 9660    Mean   : 65.46
            3rd Qu.:35.00    3rd Qu.:12925    3rd Qu.:10830    3rd Qu.: 78.00
            Max.   :96.00    Max.   :21700    Max.   :56233    Max.   :118.00

> summary(lm(Grad.Rate~., data=College))

Call:
lm(formula = Grad.Rate ~ ., data = College)

Residuals:
    Min      1Q  Median      3Q     Max
-47.317  -8.503  -0.245   7.741  58.760

Coefficients:
              Estimate  Std. Error  t value  Pr(>|t|)
(Intercept)  39.4130270  1.3579828   29.023  < 2e-16 ***
PrivateYes    2.9131163  1.3431005    2.169  0.030391 *
Top10perc     0.3209807  0.0379053    8.468  < 2e-16 ***
Outstate      0.0018820  0.0001988    9.467  < 2e-16 ***
Expend       -0.0004723  0.0001423   -3.320  0.000943 ***
---
Signif. codes:  0 '***' 0.001 '**' 0.01 '*' 0.05 '.' 0.1 ' ' 1

Residual standard error: 13.51 on 772 degrees of freedom
Multiple R-squared 0.3843, Adjusted R-squared: 0.3811
F-statistic: 120.5 on 4 and 772 DF, p-value: < 2.2e-16
```

① Outstate 변수는 졸업률에 유의한 영향을 미치는 변수이다.
② 고교성적 상위 10% 학생의 비율이 높을수록 졸업률이 높다.
③ 다른 설명변수의 조건이 동일할 때 사립학교(PrivateYes)의 경우 공립학교(PrivateNo)에 비해 졸업률이 낮다.
④ 위의 모형은 유의수준 5%하에서 유의하다.

정답 해설 사립학교(PrivateYes)의 Estimate가 양수이므로 다른 설명변수의 조건이 동일할 때 공립학교(PrivateNo)에 비해 졸업률이 높다.
오답 해설 ① Outstate 변수의 p-value가 <2e-16이므로 졸업률에 유의한 영향을 미치는 변수이다.
② Top10perc 변수의 Estimate가 양수이기 때문에 고교성적 상위 10% 학생의 비율이 높을수록 졸업률이 높아진다.
④ F-statistic의 p-value가 <2.2e-16이므로 모형은 유의수준 5%에서 유의하다.

정답 01 ③ 02 ② 03 ④ 04 ③

핵심키워드　#정규화　#표준화　#구간화　#부호화　#변환

080   데이터 스케일링(Scaling)　★★☆☆☆

전문가의 합격 코멘트
앞으로 학습하게 될 상관계수, 주성분 분석 등에서 사용하게 될 용어입니다. 정규화와 표준화에 대해 직접 변환할 수 있도록 식을 암기하시고 변환하는 연습을 해야 합니다.

1 정규화(Normalization)

① 정규화와 표준화는 데이터 단위의 불일치 문제를 해결하는 방법으로 분석에 사용되는 변수들에 사용 단위가 다를 때 데이터를 같은 기준으로 만드는 방법이다.

② 정규화는 값의 범위를 [0, 1]로 변환하는 것으로 최소-최대 정규화(Min-Max Normalization)라고도 한다.

③ 분석에서 여러 개의 변수를 사용할 때 변수별로 정규화를 적용하면 모든 변수가 동일한 범위를 갖게 된다.

④ 정규화 방법

$$X' = \frac{X - X_{min}}{X_{max} - X_{min}}$$

X': 정규화 결과, X: 정규화 대상, X_{min}: 최솟값, X_{max}: 최댓값

예) $X_{min}=0$, $X_{max}=100$인 경우 50점을 정규화한 값은 $\frac{50-0}{100}=0.5$이다.

2 표준화(Standardization)

① 특성의 값이 표준정규분포를 갖도록 변환하는 것으로, 평균을 0, 표준편차를 1이 되도록 변환한다.

② 표준화 방법

$$Z' = \frac{X - \mu}{\sigma}$$

Z': 표준화 결과, X: 표준화 대상, μ: X의 평균, σ: X의 표준편차

예) 평균이 80, 표준편차가 10인 경우 90점을 표준화한 값은 $\frac{90-80}{10}=1$이다.

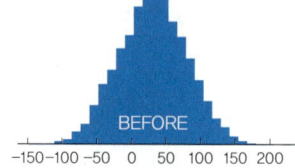

> **보충 학습**
>
> R에서의 표준화 적용 예
>
> ```
> > iris_s = cbind(as.data.frame(scale(iris[1:4])), iris$Species)
> > head(iris_s)
>   Sepal.Length  Sepal.Width  Petal.Length  Petal.Width  iris$Species
> 1   -0.8976739   1.01560199    -1.335752    -1.311052       setosa
> 2   -1.1392005  -0.13153881    -1.335752    -1.311052       setosa
> 3   -1.3807271   0.32731751    -1.392399    -1.311052       setosa
> ```

3 구간화(Binning)

① 데이터의 종류가 많은 경우, 구간으로 나누어 묶어 사용한다.
② 구간화의 개수가 감소하면 정확도가 낮아지고, 속도가 높아질 수 있다.
③ 성수기·비수기와 같이 임의의 구간을 만들 수 있다.
㉎ 날짜·시간 → 월별, 일별, 요일별, 시간별 / 나이 → 연령별 등

4 부호화(Encoding)

① 사용자가 입력한 문자나 기호들을 컴퓨터가 이용할 수 있는 것으로 바꾸는 것이다.
② 범주형 데이터가 문자 및 문자열로 표현된 경우, 이산형 수치로 바꿔 사용한다.
㉎ Label Encoding, One Hot Encoding, Binary Encoding 등

원본	Label Encoding	One Hot Encoding		
Data	Data2	A	B	C
A	0	1	0	0
B	1	0	1	0
C	2	0	0	1
A	0	1	0	0
B	1	0	1	0

5 변환(Transformation)

① 큰 값을 작게 만들기 위해 로그(log) 변환, 제곱 루트 변환($\sqrt{x}$)을 사용하여 오른쪽 꼬리가 긴 분포를 정규분포로 만들 수 있다.
② 작은 값을 크게 만들기 위해 지수(exp) 변환, 제곱 변환(x^2)을 사용하여 왼쪽 꼬리가 긴 분포를 정규분포로 만들 수 있다.
③ 박스-콕스(Box-Cox)는 양수로 이루어진 정규분포가 아닌 데이터를 정규분포로 만드는 데 사용하는 변환 방법으로, 람다(λ)값에 따라 다양한 변환이 가능하다.

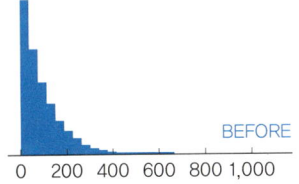
BEFORE
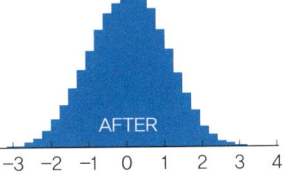
AFTER

기출로 개념 확인

01 다음 데이터 전처리 방법 중 데이터를 일정 범위로 Feature Scaling하는 변환 방법으로, 범위 0~1 사이로 적용하며 원 데이터의 분포를 유지하는 정규화 방법은? 25회 기출문제

① Robust Normalization
② Min-Max Normalization
③ Standardization
④ Smoothing

> **정답 해설** Min-Max Normalization은 값의 범위를 [0, 1]로 변환하는 것이다.
> **오답 해설** ① Robust Normalization: 이상치에 민감하지 않고 데이터의 중앙값과 분산을 정규화하는 방법이다.
> ③ Standardization: 평균이 0, 표준편차가 1인 표준정규분포로 변환하는 것이다.
> ④ Smoothing: 데이터의 노이즈나 불규칙한 변동을 줄이고 부드럽게 만드는 과정으로, 데이터의 패턴이나 추세를 더 명확하게 볼 수 있다. 가장 일반적인 Smoothing 기술 중에는 이동평균(Moving Average)이 있다.

02 다음 중 변수 가공에 대한 설명으로 적절하지 않은 것은? 36회 기출문제

① 구간화의 개수가 감소하면 정확도는 높아지지만 학습 속도가 느려진다.
② log, sqrt를 취하면 큰 값을 작게 만들 수 있으므로, 오른쪽 꼬리가 긴 분포를 정규분포로 만들 때 사용한다.
③ 제곱, exp를 취하면 작은 값을 크게 만들 수 있으므로, 왼쪽 꼬리가 긴 분포를 정규분포로 만들 때 사용한다.
④ Min-Max Normalization을 하면 값이 0~1 사이의 범위로 변경된다.

> **정답 해설** 구간화의 개수가 감소하면 정확도가 낮아지고, 학습 속도가 높아질 수 있다.

정답 01 ② 02 ①

핵심키워드   #상관계수 #피어슨 상관계수 #스피어만 상관계수

081 상관 분석

★★★★★

1 상관계수의 이해

① 상관계수는 두 변수의 관련성의 정도를 의미하며, −1~1의 값으로 나타낸다.
② 두 변수의 상관관계가 존재하지 않을 경우 상관계수는 0이다.
③ 상관관계가 높다고 해서 인과관계가 있다고 할 수는 없다.
④ 피어슨 상관계수와 스피어만 상관계수가 있다.
⑤ 피어슨 상관계수는 두 변수 간의 선형적인 크기만 측정 가능하며, 스피어만 상관계수는 두 변수 간의 비선형적인 관계도 나타낼 수 있다.
⑥ R의 cor.test( ) 함수를 사용해 상관계수 검정을 수행하고, 상관계수의 통계적 유의성 검정을 판단할 수 있다.
⑦ 귀무가설과 대립가설
- 귀무가설: 상관계수는 0이다.
- 대립가설: 상관계수는 0이 아니다.

> **전문가의 합격 코멘트**
>
> 상관 분석에 대한 내용은 어렵지는 않지만, 시험에 자주 출제되는 편입니다. 반드시 숙지하셔서 관련 문제가 출제되면 꼭! 점수를 얻을 수 있도록 준비하세요. 피어슨 상관계수, 스피어만 상관계수를 구하는 것에 대한 예제는 실제 출제되었던 내용입니다.

보충 학습

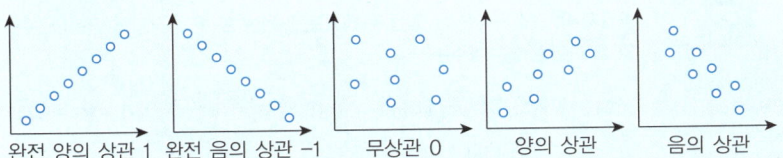

상관관계를 나타내는 산점도를 보면 완전 양의 상관이나 완전 음의 상관은 직선의 형태를 보이며, 점들의 모양이 퍼지면 퍼질수록 0에 가까워집니다.

2 공분산(Covariance)

① 공분산 공식

- 모집단인 경우

$$cov(x, y) = \frac{\sum_{i=1}^{N}(x-\mu_x)(y-\mu_y)}{N}$$

μ_x: x의 평균, μ_y: y의 평균, N: 데이터의 개수

- 표본인 경우

$$cov(x, y) = \frac{\sum_{i=1}^{n}(x-\bar{x})(y-\bar{y})}{n-1}$$

② 2개 확률변수의 선형관계를 나타내는 값이다.
③ 하나의 변수가 상승하는 경향을 보일 때 다른 값도 상승하는 선형 상관성이 있다면 양의 공분산을 갖는다.

④ 두 확률변수 x, y가 독립이면 공분산 $cov(x, y)=0$이며, 관측값들이 4면에 균일하게 분포되어 있다고 추정할 수 있다.
⑤ $cov(x, y)=0$이라고 해서 항상 두 확률변수 x, y가 독립인 것은 아니다.

3 피어슨 상관계수

① 피어슨 상관계수: x, y의 공분산을 x, y의 표준편차의 곱으로 나눈 값이다.
② 피어슨 상관계수 공식

- 모집단인 경우

$$corr(x, y) = \frac{cov(x, y)}{\sigma_x \sigma_y}$$

- 표본인 경우

$$corr(x, y) = \frac{cov(x, y)}{s_x s_y}$$

③ 대상 자료는 등간척도, 비율척도를 사용한다.
④ 두 변수 간의 선형적인 크기만 측정할 수 있다.

예제

1. 응답자1의 표준편차는 2, 응답자2의 표준편차는 2, 두 응답자의 공분산값은 4일 때 피어슨 상관계수는?

[해설] 피어슨 상관계수(p)$=corr(x, y)=\dfrac{cov(x, y)}{s_x s_y}$이며, 식에 대입하면 $\dfrac{4}{2\times 2}=1$이다.

2. 다음 표는 응답자의 키와 몸무게를 나타낸 것이다. 응답자 1과 응답자 2의 피어슨 상관계수는 얼마인가? (단, 모집단에 대한 값을 구한다)

[표] 응답자의 키와 몸무게

응답자 ID	키	몸무게
1	165	65
2	170	70
3	175	75
4	180	80
5	185	85

[해설]
- 피어슨 상관계수(p)$=corr(x, y)=\dfrac{cov(x, y)}{\sigma_x \sigma_y}$
- 키의 평균은 175, 표준편차는 $\sqrt{50}$이고, 몸무게의 평균은 75, 표준편차는 $\sqrt{50}$이다.
- 이때 키와 몸무게의 공분산은 50이다.

$$corr(x, y) = \frac{\sum_{i=1}^{n}(x-\mu_x)(x-\mu_y)}{n}$$

- 이를 피어슨 상관계수 식에 대입하면 $\dfrac{50}{\sqrt{50}\times\sqrt{50}}=1$이다.

4 스피어만 상관계수

① 서열척도인 자료에서 사용할 수 있으며, 두 변수 간의 비선형적인 관계를 나타낼 수 있다.
② 두 변수의 순위 사이의 통계적 의존성을 측정하는 비모수적인 척도이다.
③ 연속형 외에 이산형도 가능하다.
④ 스피어만 상관계수는 원시 데이터가 아니라 각 변수에 대해 순위를 매긴 값을 기반으로 한다.
⑤ 두 변수 안의 순위가 완전 일치하면 1, 완전 반대이면 −1이다.
㉮ 수학을 잘하는 학생이 영어도 잘하는 것과 상관있는지 알아보는 데 사용될 수 있다.

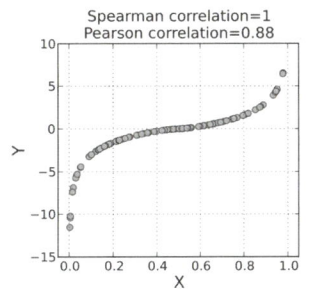

두 변수 X, Y가 선형관계가 아니더라도 스피어만 상관계수는 1이 될 수 있다.

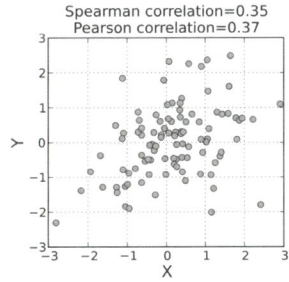

데이터가 뚜렷한 경향성을 보이지 않을 경우 스피어만 상관계수와 피어슨 상관계수는 비슷한 값을 가진다.

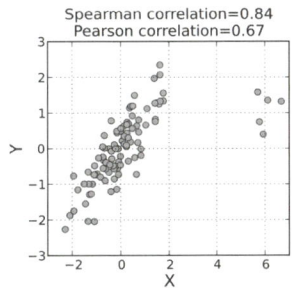

스피어만 상관계수는 피어슨 상관계수에 비해 이상치에 덜 민감하다. 이것은 스피어만 상관계수가 이상치를 그 값이 아닌 순위로만 고려하기 때문이다.

5 상관 분석의 예

```
> cor.test(c(1,3,5,7,9), c(1,2,4,6,8), method='pearson')

        Pearson's product-moment correlation

data:  c(1, 3, 5, 7, 9) and c(1, 2, 4, 6, 8)
t = 15.588, df = 3, p-value = 0.0005737
alternative hypothesis: true correlation is not equal to 0
95 percent confidence interval:
 0.9065015  0.9996163
sample estimates:
      cor
0.9938837
```

① 귀무가설: 상관계수는 0이다.
② 대립가설: 상관계수는 0이 아니다.
③ p-value가 0.05보다 작은 값(p-value=0.0005737)이므로 귀무가설을 기각하고 "상관계수는 0이 아니다."라는 대립가설을 채택한다.

6 상관계수 행렬

```
> Carseats <- read.csv('data/Carseats_dataset.csv', stringsAsFactors=TRUE)
> rcorr(as.matrix(Carseats[, c(1:6, 8)], type="pearson"))
```

	Sales	CompPrice	Income	Advertising	Population	Price	Age
Sales	1.00	0.06	0.15	0.27	0.05	-0.44	-0.23
CompPrice	0.06	1.00	-0.08	-0.02	-0.09	0.58	-0.10
Income	0.15	-0.08	1.00	0.06	-0.01	-0.06	0.00
Advertising	0.27	-0.02	0.06	1.00	0.27	0.04	0.00
Population	0.05	-0.09	-0.01	0.27	1.00	-0.01	-0.04
Price	-0.44	0.58	-0.06	0.04	-0.01	1.00	-0.10
Age	-0.23	-0.10	0.00	0.00	-0.04	-0.10	1.00

n= 400
P

	Sales	CompPrice	Income	Advertising	Population	Price	Age
Sales		0.2009	0.0023	0.0000	0.3140	0.0000	0.0000
CompPrice	0.2009		0.1073	0.6294	0.0584	0.0000	0.0451
Income	0.0023	0.1073		0.2391	0.8752	0.2579	0.9258
Advertising	0.0000	0.6294	0.2391		0.0000	0.3743	0.9276
Population	0.3140	0.0584	0.8752	0.0000		0.8087	0.3948
Price	0.0000	0.0000	0.2579	0.3743	0.8087		0.0411
Age	0.0000	0.0451	0.9258	0.9276	0.3948	0.0411	

① 결과에서 위쪽에 있는 것이 상관계수 행렬, 아래쪽에 있는 것은 상관계수에 대한 p-value 행렬이다.
② 위쪽에 있는 상관계수 행렬은 상관관계에 대해 보여주는 것으로, −1~1의 값으로 표시되며 대각선은 1로 채워진다. 두 변수의 교차 지점의 숫자는 상관계수를 나타낸다. 예를 들어 Price와 Sales는 −0.44이므로 음의 상관관계를 갖는다.

③ 아래쪽에 있는 p-value 행렬을 사용해 위쪽의 상관계수가 통계적으로 유의미한지를 알 수 있다. 예를 들어 Price와 Sales는 p-value가 0이므로 통계적으로 유의미하며, Sales와 CompPrice, Sales와 Population은 통계적으로 유의미하지 않다.

④ Sales와 가장 강한 상관관계를 보이는 변수는 Price인데, 절댓값을 보았을 때 가장 크기 때문이다.

⑤ 전체에서 가장 큰 상관관계를 보이는 두 변수는 0.58의 값을 갖는 Price와 CompPrice이다.

7 시각적 표현을 사용한 상관 분석

(1) 그래프로 표시된 상관계수 행렬

변수 이름에서 행과 열의 방향으로 있는 숫자를 사용하여 해석하면 된다.

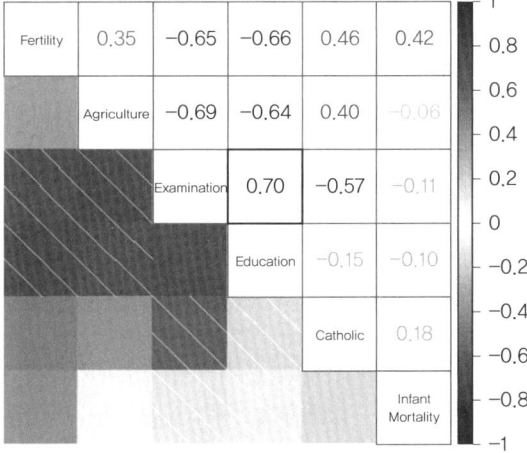

위의 그림에서 사각형에 해당하는 0.70은 Examination과 Education 변수의 상관계수이다.

(2) 원의 크기로 표시된 상관계수 행렬

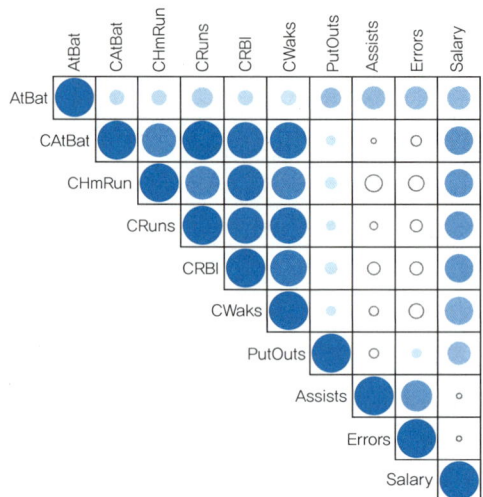

* 그림에서 흰색 동그라미는 음의 상관관계, 파란색 동그라미는 양의 상관관계를 나타냄

① 동그라미가 작고 흐리게 표시된 것은 상관계수가 작은 것을 의미하고, 동그라미가 크고 진하게 표시된 것은 상관계수가 큰 것을 의미한다.
② CAtBat, CHmRun, CRuns, CRBI 등의 독립변수들은 서로 상관관계가 높아 다중공선성의 문제가 발생할 수 있다.

(3) 산점도로 알아보는 상관관계

① 직선의 형태에 가까울수록 -1 또는 1에 가까운 모양이며, 사분면에 고르게 점이 보이면 상관관계가 없는 것이다. 산점도를 통해 상관관계가 있다고 판단되는 두 변수는 단순 선형회귀 모형 추정이 가능하다.
② 아래 산점도는 차량 392대의 연비(mpg)와 마력(horsepower)에 관한 그래프이다.

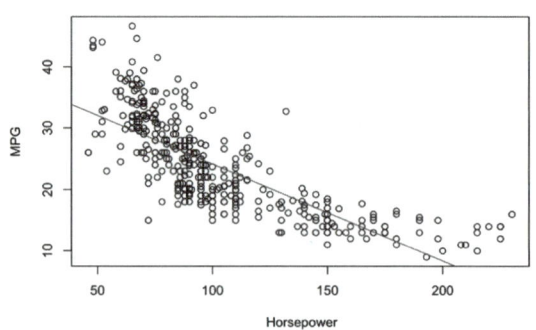

- 연비(MPG)와 마력(Horsepower)은 음의 상관관계이므로 마력이 증가할 때 연비가 감소하는 경향을 볼 수 있음
- 연비와 마력 간에 선형성을 볼 수 있으므로 영향력으로 단순 선형회귀 모형 추정이 가능함
- 연비, 마력은 비율척도이므로 피어슨 상관계수로 분석이 가능함

기출로 개념 확인

01 다음 중 스피어만 상관계수에 대한 설명으로 옳지 <u>않은</u> 것은?   17회 기출문제

① 두 변수 간의 비선형적인 관계를 나타낼 수는 없다.
② 연속형 외에 이산형도 가능하다.
③ 관계가 랜덤이거나 존재하지 않을 경우 상관계수는 0에 가깝다.
④ 스피어만 상관계수는 원시 데이터가 아니라 각 변수에 대해 순위를 매긴 값을 기반으로 한다.

정답 해설 스피어만 상관계수는 두 변수 간의 비선형적인 관계도 나타낼 수 있다.

02 다음 중 두 변수 간의 비선형적인 관계를 파악할 수 있는 상관계수는?   21회 기출문제

① 결정계수
② 피어슨 상관계수
③ 스피어만 상관계수
④ 수정된 결정계수

정답 해설 스피어만 상관계수는 비선형적인 관계를 파악할 수 있으나, 피어슨 상관계수는 선형적인 관계만 파악할 수 있다.

03 다음 중 상관 분석에 대한 설명으로 옳은 것은?   15회 기출문제

① 스피어만 상관계수는 선형관계 파악만 가능하다.
② 피어슨 상관계수는 서열척도에서 사용한다.
③ 피어슨 상관계수가 0이면 상관관계가 없다.
④ 공분산은 측정 단위에 영향을 받지 않는다.

오답 해설 ① 스피어만 상관계수는 비선형관계를 파악할 수 있다.
② 피어슨 상관계수는 비율척도에서 사용하며, 상관계수가 0이면 서로 선형관계가 없음을 의미한다.
④ 공분산은 측정 단위에 영향을 받으며, 상관계수는 측정 단위에 영향을 받지 않는다.

04 다음 중 일반적으로 스피어만 상관계수를 계산할 때 대상이 되는 자료의 종류는? 33회 기출문제

① 명목척도
② 서열척도
③ 등간척도
④ 비율척도

정답 해설 스피어만 상관계수는 서열척도, 피어슨 상관계수는 등간척도, 비율척도를 사용한다.

풀이전략
스피어만 상관계수에 대해서는 다음의 사항을 꼭 기억해 주세요.
- 서열척도인 자료에서 사용할 수 있으며, 두 변수 간의 비선형적인 관계를 나타낼 수 있다.
- 연속형 외에 이산형도 가능하고, 원시 데이터가 아니라 각 변수에 대해 순위를 매긴 값을 기반으로 한다.

05 다음 중 피어슨 상관계수에서 두 변수의 상관관계가 존재하지 않는 경우의 상관계수 값은? 22회 기출문제

① 1
② −1
③ 0
④ 0.5

정답 해설 피어슨 상관계수에서 두 변수의 상관관계가 존재하지 않을 경우 상관계수의 값은 0, 매우 강한 상관관계가 존재할 경우 −1 또는 1의 값을 갖는다.

06 다음 중 응답자 1의 표준편차는 2, 응답자 2의 표준편차는 2, 그리고 두 응답자의 공분산의 값이 4일 때 피어슨 상관계수의 값은? 22회 기출문제

① 0
② 1
③ 0.5
④ −1

정답 해설 피어슨 상관계수$(p) = corr(x, y) = \dfrac{cov(x, y)}{s_x s_y} = \dfrac{4}{2 \times 2} = 1$

풀이전략
본문 예시로 사용되었던 문항입니다. 기억나시나요? 두 문제가 출제되었는데 묘하게도 답이 둘 다 1이었네요.

07 다음 중 상관 분석에 대한 설명으로 옳지 않은 것은? 18회 기출문제

① 종속변수값을 예측하는 선형 모형 추출 방법이다.
② 피어슨 상관계수는 두 변수 간의 선형관계 크기만 측정한다.
③ 스피어만 상관계수는 두 변수 간의 비선형적인 관계도 나타낼 수 있다.
④ cor.test( ) 함수를 사용해 상관계수 검정을 수행하고, 유의성 검정을 판단할 수 있다.

정답 해설 종속변수 값을 예측하는 선형 모형 추출 방법은 '선형회귀 분석'이다.

08 다음은 광고 매출 분석 자료이다. 이에 대한 설명으로 옳지 <u>않은</u> 것은?   18회 기출문제

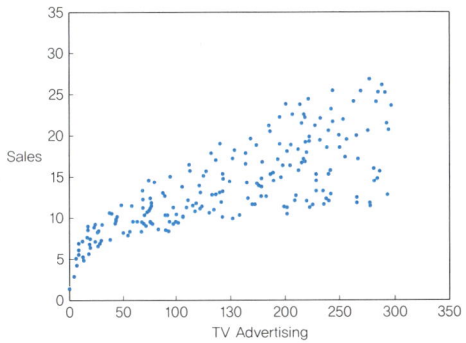

① 사용척도가 서열척도인 경우 스피어만 상관 분석을 이용한다.
② 공분산이 0이면 관측값들이 4면에 균일하게 분포되어 있다고 추정할 수 있다.
③ 상관계수는 두 변수의 관련성의 정도를 의미한다.
④ TV 광고와 매출액의 상관관계가 크면 당연히 인과관계도 있다고 할 수 있다.

정답 해설 상관관계가 크다고 해서 인과관계가 있다고는 할 수 없다.

09 다음 중 상관 분석에 대한 해석으로 옳지 <u>않은</u> 것은?   19회 기출문제

	Sales	Income	Population	Price	Education
Sales	1.00000000	0.15195098	0.05047098	-0.44495073	-0.05195524
Income	0.15195098	1.00000000	-0.00787699	-0.05669820	-0.05685542
Population	0.05047098	-0.00787699	1.000000000	-0.01214362	-0.10637823
Price	-0.44495073	-0.05669820	-0.01214362	1.00000000	0.01174660
Education	-0.05195524	-0.05685542	-0.10637823	0.01174660	1.00000000

① 이 데이터 프레임은 5개의 변수를 포함한다.
② Sales와 Price 변수 간에는 강한 양의 선형관계를 갖는다.
③ Education과 Income 변수 간의 상관계수는 약 -0.06이다.
④ 상관계수의 가설검정은 cor.test( ) 함수를 사용한다.

정답 해설 Sales와 Price의 상관계수는 -0.445 정도이며 이는 음의 선형관계임을 나타낸다.

10. 다음 Credit 데이터에서 상관계수 및 summary 함수 결과를 해석한 내용으로 적절하지 않은 것은?

23회 기출문제

```
> summary(Credit[, c('Income','Limit')])
    Income            Limit
 Min.   : 10.35   Min.   :  855
 1st Qu.: 21.01   1st Qu.: 3088
 Median : 33.12   Median : 4622
 Mean   : 45.22   Mean   : 4736
 3rd Qu.: 57.47   3rd Qu.: 5873
 Max.   :186.63   Max.   :13913

> B <- c('Income', 'Limit', 'Age', 'Education', 'Balance')
> cor(as.matrix(Credit[,B]))
                Income        Limit         Age    Education      Balance
Income      1.00000000   0.79208834   0.175338403  -0.027691982   0.463656457
Limit       0.79208834   1.00000000   0.100887922  -0.023548534   0.861697267
Age         0.17533840   0.10088792   1.000000000   0.003619285   0.001835119
Education  -0.02769198  -0.02354853   0.003619285   1.000000000  -0.008061576
Balance     0.46365646   0.86169727   0.001835119  -0.008061576   1.000000000
```

① Balance와 Income 간에 상관관계가 가장 높다.
② Income의 분포는 오른쪽 꼬리가 긴 분포를 가진다.
③ Age와 Education은 매우 낮은 상관관계이다.
④ 모든 변수가 양의 상관계수라고 할 수 없다.

정답 해설 Balance와 Limit 간의 상관관계가 0.86 정도로 가장 높다(크기 비교는 절댓값으로 함). Income은 Median<Mean이므로 오른쪽 꼬리가 긴 분포를 갖는다고 할 수 있으며, Age와 Education은 0.0036으로 0에 가까운 매우 낮은 상관관계이고, -기호가 붙은 값들은 음의 상관관계를 갖는다.

11 다음은 스위스 내 47개의 프랑스어 사용 지역에서의 출산율과 관련된 변수들을 사용하여 그린 그림이다. 이에 대한 설명으로 옳지 <u>않은</u> 것은?

26회 기출문제

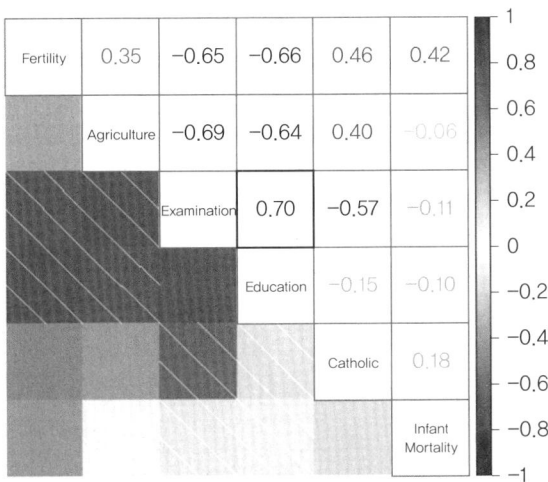

① 출산율(Fertility)은 시험(Examination)과 가장 높은 음의 상관관계를 가진다.
② 시험(Examination)과 상관관계가 가장 큰 변수는 교육 수준(Education)이다.
③ 교육 수준(Education)이 높을수록 출산율(Fertility)은 낮아진다.
④ 출산율(Fertility)과 농업인구 비율(Agriculture)은 선형관계를 보인다.

정답 해설
- 두 변수명에서 선을 그려서 만나는 위치의 숫자가 두 변수의 상관계수이다. 예를 들어 출산율(Fertility)과 교육 수준(Education)의 경우 -0.66이 되며 음수이므로 음의 상관관계를 갖는다.
- 시험(Examination)과 가장 높은 음의 상관관계를 갖는 것은 농업인구 비율(Agriculture)이다(음수는 -1에 가까울수록 높은 상관관계를 가짐).

12 Credit 데이터는 400명의 신용카드 고객에 대한 신용카드와 관련된 변수들이 포함되어 있다. 아래 변수 간의 산점도와 피어슨 상관계수를 나타내고 있다. 이에 대한 설명으로 옳지 <u>않은</u> 것은? 34회 기출문제

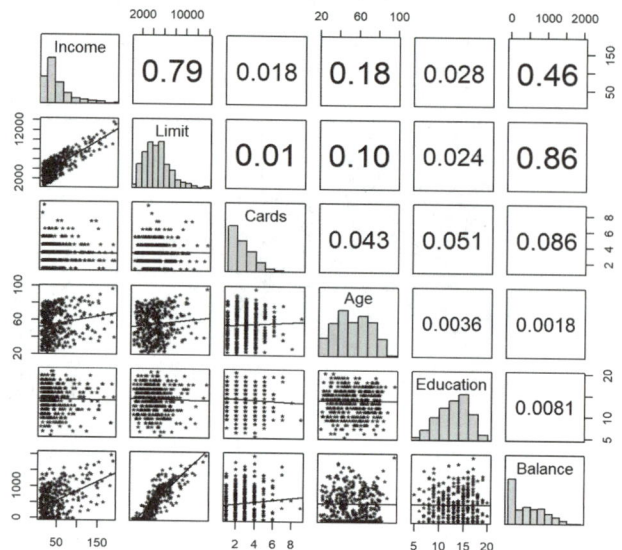

① 가장 상관관계가 높은 두 변수는 Limit와 Balance이다.
② 모든 상관관계가 양의 상관관계를 보인다.
③ Balance와 가장 상관관계가 높은 변수는 Income이다.
④ Age와 Balance는 매우 낮은 상관관계를 보인다.

정답 해설 Balance와 가장 상관관계가 높은 변수는 Limit이다.

13 다음 산점도는 차량 392대의 연비(MPG)와 마력(Horsepower)을 나타낸 것이다. 이에 대한 설명으로 적절하지 <u>않은</u> 것은?

35회 기출문제

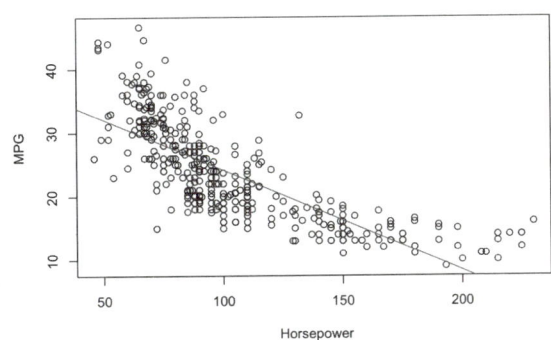

① 연비와 마력은 음의 상관관계이다.
② 연비-마력의 상관관계는 피어슨 상관계수로 분석이 가능하지 않다.
③ 연비와 마력 간의 영향력은 단순선형회귀 모형으로 추정이 가능하다.
④ 마력이 증가할 때 연비가 감소하는 경향이 있다.

정답 해설 연비, 마력은 비율척도이므로 피어슨 상관계수로 분석이 가능하다.
오답 해설 ① 양의 상관은 좌하단에서 우상단으로의 기울기를 갖고, 음의 상관은 좌상단에서 우하단으로의 기울기를 갖는다.
③ MPG vs Horsepower는 마력이 증가할 때 연비가 감소하는 음의 상관을 보인다.
④ 선형성을 갖고 있고, 종속변수가 연속형이고, 1개의 독립변수이므로 단순선형회귀 모형으로 추정이 가능하다.

14 다음 내용에 대한 설명으로 적절하지 <u>않은</u> 것은? (단, Hitters 데이터셋은 메이저리그에서 활약하는 322명의 선수에 대한 타자 기록으로 연봉을 비롯한 17개의 변수를 포함하고 있으며 아래는 몇몇 변수의 상관계수를 나타낸다)

29회 기출문제

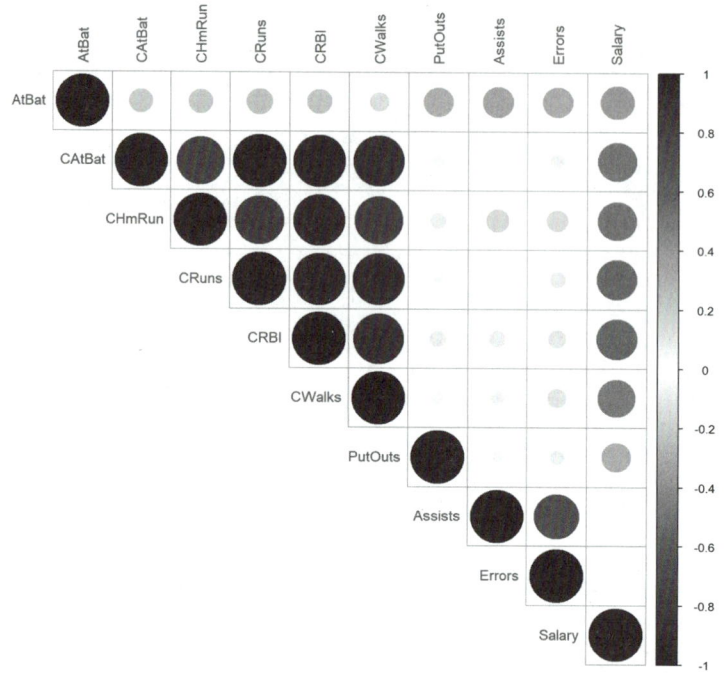

① Salary와의 상관계수가 작은 변수 중 하나는 Errors이다.
② Salary와 CRuns의 상관계수는 통계적으로 유의하다.
③ Salary와 Errors의 산점도에서는 선형성이 나타나지 않을 것이다.
④ Salary를 종속변수로, 나머지 변수들을 독립변수로 하는 회귀 모형을 적합할 때 다중공선성이 존재할 가능성이 크다.

정답 해설 Salary와 CRuns의 상관계수에 대한 통계적 유의성은 상관계수에 관한 그래프로 알 수 없으며, 상관계수에 대한 p-value가 필요하다.

오답 해설 ① 동그라미가 작고 흐리게 표시된 것은 상관계수가 작음을 의미하고, 동그라미가 크고 진하게 표시된 것은 상관계수가 큰 것을 의미한다.
③ 상관계수가 큰 것은 선형성이 높음을 의미하는데, Salary와 Erros의 경우 상관계수가 작으므로 선형성이 나타나지 않는다.
④ CAtBat, CHmRun, CRuns, CRBI 등의 독립변수들은 서로 상관관계가 높아 다중공선성의 문제가 발생할 수 있다.

15 다음 중 공분산과 상관계수에 대한 설명으로 옳지 <u>않은</u> 것은? 29회 기출문제

① 공분산이 0이면 두 변수 간의 상관계수는 0인 비선형관계이다.
② 상관계수는 상관 정도의 절대적인 크기를 측정할 수 있도록 만들어진 값이다.
③ 공분산은 측정 단위에 영향을 받지 않는다.
④ 상관계수의 종류에는 피어슨, 스피어만, 켄달 상관계수 등이 있다.

> **정답 해설** 공분산은 표준화가 적용되지 않으므로 측정 단위에 영향을 받고, 상관계수는 표준화 과정이 있으므로 측정 단위에 영향을 받지 않는다.

16 상관계수는 두 변수가 함께 변화하는 경향이 있는 범위를 측정한다. 다음 그래프에서 해당 그래프의 형태에 사용된 상관계수의 종류와 상관계수로 옳은 것은? 29회 기출문제

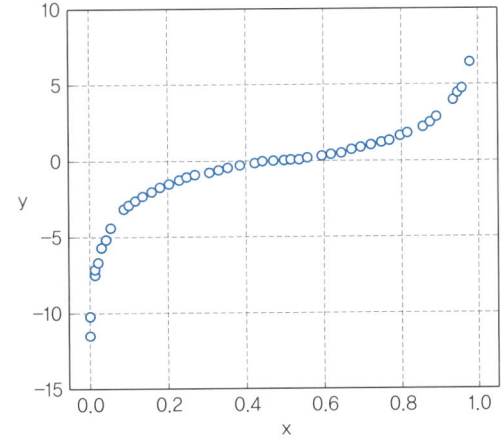

① 완벽 선형, 1 ② 피어슨 상관계수, 1
③ 스피어만 상관계수, 1 ④ 비선형, 0

> **정답 해설** 비선형의 모습을 나타내는 것은 스피어만 상관계수이며, 일직선 형태가 되는 경우는 상관계수가 1인 때이다.

정답 01 ① 02 ③ 03 ③ 04 ② 05 ③ 06 ② 07 ① 08 ④ 09 ② 10 ① 11 ① 12 ③ 13 ② 14 ② 15 ③ 16 ③

핵심키워드 #주성분 분석 #다차원척도법 #요인 분석 #판별 분석 #군집 분석 #정준상관 분석

082 차원 축소 ★★★★☆

전문가의 합격 코멘트
차원 축소 기법의 종류를 기억해야 합니다.

1 차원 축소 목표를 위해 개발된 분석 방법

(1) 주성분 분석(Principal Component Analysis)
① 상관관계가 있는 변수들을 선형 결합으로 상관관계가 없는 새로운 변수(주성분)를 만들고 분산을 극대화하는 변수로 축약한다.
② 공분산 행렬 또는 상관계수 행렬을 사용해 모든 변수를 가장 잘 설명하는 주성분을 찾는다.

(2) 다차원척도법(Multi-Dimensional Scaling)
개체들 사이의 상대적 거리 또는 유사성 정보를 활용하여 고차원 데이터를 저차원(2차원 혹은 3차원) 공간상에 점으로 표현하여 개체 사이의 군집을 시각적으로 표현하는 분석 방법이다.

(3) 요인 분석(Factor Analysis)
① 다차원 데이터 집합에서 숨겨진 구조를 파악하고 변수들 간의 상관관계를 이해하는 통계적 기법이다.
② 주로 변수 간의 상관성을 고려하여 변수들을 몇 개의 잠재적인 요인(Factor)으로 요약하기 위해 사용된다.

(4) 판별 분석(Discriminant Analysis)
① 여러 그룹 또는 범주 간의 차이를 감지하고 설명하는 통계적 기술이다.
② 다차원 데이터에서 그룹 간의 차이를 최대화하고 그룹 내의 변동을 최소화하는 선형 결합을 찾아내려는 목적으로 사용된다.

(5) 군집 분석(Cluster Analysis)
① 데이터를 유사한 특성을 갖는 그룹 또는 군집으로 나누는 비지도 학습 기법이다.
② 데이터 간의 내재된 구조나 패턴을 찾아내기 위해 사용된다.

(6) 정준상관 분석(Canonical Correlation Analysis)
① 두 개 이상의 다른 변수 세트 간의 상관관계를 파악하고 이를 최대화하는 통계적 기술이다.
② 다변량 데이터 분석에서 주로 사용되며, 변수 세트 간의 상호 관계를 밝히고 이를 통합하는 데 사용된다.

2 다차원척도법(MDS, Multi-Dimensional Scaling)

① 개체들 사이의 상대적 거리 또는 유사성 정보를 활용하여 고차원 데이터를 저차원(2차원 혹은 3차원) 공간상에 점으로 표현하여 개체 사이의 군집을 시각적으로 표현하는 분석 방법이다.
② 주요 목적은 객체 간 상대적 위치를 보존하면서 데이터를 시각화하거나 분석하기 쉬운 형태로 변환하는 것이다.
③ 개체들의 거리는 유클리드(Euclidean) 거리와 유사도를 이용하여 구한다.
④ 관측 대상의 상대적 거리의 정확도를 높이기 위해 적합 정도를 스트레스 값(Stress Value)으로 나타내며, 0에 가까울수록 적합도가 좋다.

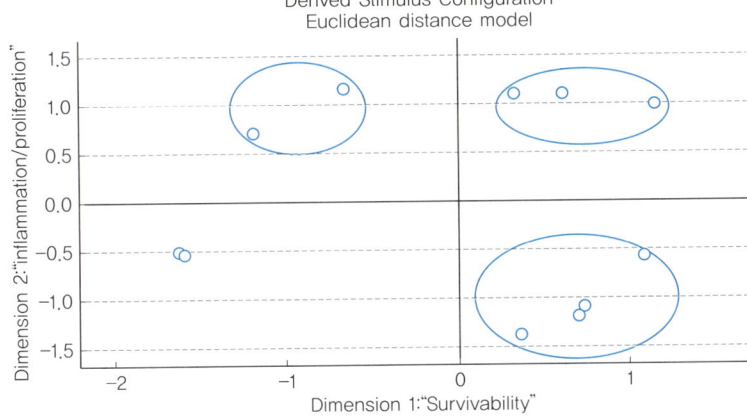

3 t-SNE(t-distributed Stochastic Neighbor Embedding)

① 비선형 차원 축소 기법이다(PCA는 선형 차원 축소 기법이지만 t-SNE는 비선형 차원 축소 기법이어서 표현력이 증가됨).
② 고차원 데이터를 저차원 공간으로 투영하여 시각화하는 데 효과적인 방법이다(복잡한 비선형 구조를 시각화하는 데 매우 유용함).
③ 데이터의 구조적인 패턴을 시각적으로 파악하는 데 사용되며, 데이터의 잠재적 패턴 발견에 유용하다.
④ 고차원에서 두 점 사이의 유사도를 확률적으로 계산하고, 저차원에서도 이 두 점 사이의 유사도가 비슷하게 유지되도록 변환된다.
⑤ 유사도는 고차원에서는 가우시안 분포, 저차원에서는 t-분포로 계산된다.
⑥ 이미지 데이터, 자연어 처리(NLP), 생물 정보학 등에서 고차원의 데이터를 저차원 데이터로 축소할 때 사용된다.
⑦ 계산 비용이 높고, 매우 큰 데이터에서는 성능이 떨어질 수 있다.

기출로 개념 확인

01 다음 차원 축소 기법 중 객체들 사이의 유사성, 비유사성을 2차원 혹은 3차원 공간상에 점으로 표현하여 개체 사이의 군집을 시각적으로 표현하는 기법은?

21·35회 기출문제(주관식 변형)

① 군집 분석
② 정준상관 분석
③ 다차원척도법
④ 판별 분석

정답 해설 다차원척도법은 객체들 사이의 유사성, 비유사성을 2차원 혹은 3차원 공간상에 점으로 표현하여 개체 사이의 군집을 시각적으로 표현하는 기법으로, 차원 축소에 활용된다.

02 다음 중 다차원척도법에 대한 설명으로 옳은 것은?

37회 기출문제

① 데이터를 고차원에서 저차원으로 축소하는 방법으로, 독립변수들 간의 다중공산성 문제를 해결할 수 있다.
② 다차원척도법에서 개체들 간의 유사성 측정에는 밀도 개념을 사용한다.
③ 관측 대상의 상대적 거리의 정확도를 높이기 위해 적합 정도를 스트레스값(Stress Value)으로 나타내며, 1에 가까울수록 적합도가 좋다.
④ 상관관계가 있는 변수들을 선형 결합을 통해 상관관계가 없는 새로운 변수로 만들고 분산을 극대화하는 변수로 축약한다.

정답 해설
- 개체들 사이의 유사성 및 비유사성을 측정하여 2차원 또는 3차원 공간상에 점으로 표현하는 분석 방법이다.
- 다차원척도법은 주로 데이터 시각화와 데이터 간의 거리나 유사성 분석에 활용한다.

오답 해설 ② 개체들의 거리는 유클리드(Euclidean) 거리와 유사도를 이용하여 구한다.
③ 관측 대상의 상대적 거리의 정확도를 높이기 위해 적합 정도를 스트레스값(Stress Value)으로 나타내며, 0에 가까울수록 적합도가 좋다.
④ 상관관계가 있는 변수들을 선형 결합을 통해 상관관계가 없는 새로운 변수로 만들고, 분산을 극대화하는 변수로 축약하는 것은 '주성분 분석'에 대한 설명이다.

정답 01 ③ 02 ①

핵심키워드 #주성분 분석 #Proportion of Variance #Cumulative Proportion #Scree Plot #Elbow 기법

083 주성분 분석(PCA) ★★★★★

1 주성분 분석(Principal Component Analysis)
① 데이터를 분석할 때 변수의 개수가 많다고 모든 데이터를 활용하는 것이 꼭 좋은 것은 아니다.
② 오히려 변수에 '다중공선성'이 있을 때 분석 결과에 영향을 줄 수도 있다.
③ 공분산 행렬 또는 상관계수 행렬을 사용해 모든 변수를 가장 잘 설명하는 주성분을 찾는다.
④ 상관관계가 있는 변수들을 선형 결합을 통해 상관관계가 없는 새로운 변수(주성분)를 만들고 분산을 극대화하는 변수로 축약한다.
⑤ 주성분은 변수들의 선형 결합으로 이루어진다.
⑥ 독립변수들과 주성분과의 거리인 '정보 손실량'을 최소화하거나 분산을 최대화한다.

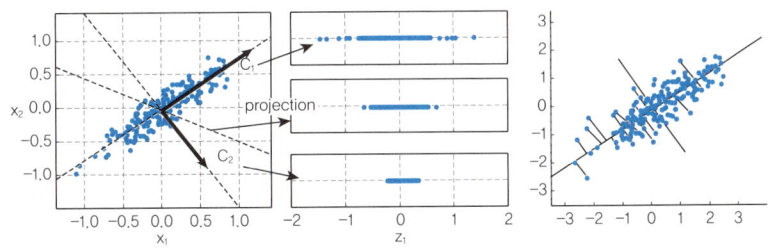

- 원본 데이터셋과 투영(Projection)된 데이터셋 간의 분산이 최대가 되는 축을 찾는다(그림에서 C_1).
- "PCA는 데이터의 분산이 최대가 되는 축을 찾는다."="정보의 손실을 최소화한다."

2 주성분 분석 수행 시 고민해야 하는 것
① 공분산 행렬과 상관계수 행렬 중 어떤 것을 선택할 것인가?
② 주성분의 개수를 몇 개로 할 것인가?
③ 주성분에 영향을 미치는 변수로 어떤 변수를 선택할 것인가?

> **전문가의 합격 코멘트**
> 주성분 분석은 많은 문제들이 출제되고 있으므로 상세하게 학습해야 합니다. 차원 축소를 위한 기법이라는 것부터 공분산, 상관계수 행렬, 명령의 사용(prcomp, primcomp), 주성분 개수 선택 및 Scree Plot, Elbow 기법까지 모든 내용을 숙지하고 있어야 합니다. 또한 주성분 분석의 결과 해석에 대해서도 심화 내용까지 꼼꼼하게 학습하세요.

3 공분산 행렬 vs 상관계수 행렬

① 공분산 행렬은 변수의 측정 단위를 그대로 반영한 것이고, 상관계수 행렬은 모든 변수의 측정 단위를 표준화한 것이다.
② 공분산 행렬은 변수의 측정 단위를 그대로 반영하였기 때문에 변수들의 측정 단위에 민감하다.
③ 주성분 분석은 거리를 사용하기 때문에 척도에 영향을 받는다(정규화 전후의 결과가 다름).
④ 설문조사와 같이 모든 변수가 같은 수준으로 점수화되었으면 공분산 행렬을 사용한다.
⑤ 변수들의 Scale이 서로 많이 다른 경우에는 상관계수 행렬(Correlation Matrix)을 사용한다.
⑥ 주성분 분석에서의 상관계수 행렬의 사용
  - prcomp(data, scale=TRUE)
  - princomp(data, cor=TRUE)
  - scale, cor을 FALSE로 지정하거나 생략하면 공분산 행렬이 사용됨
  - prcomp와 princomp의 결과는 동일함

4 주성분 개수 결정 기준

(1) 성분들이 설명하는 분산의 비율
① 누적 분산 비율을 확인하면 주성분들이 설명하는 전체 분산의 양을 알 수 있다.
② 누적 분산 비율이 70~90% 사이인 주성분의 개수를 선택한다.

(2) 고윳값(Eigenvalue)
① 평균 고윳값(각 주성분의 표준편차를 제곱한 값)들의 평균을 구한 후 고윳값이 평균값 이상이 되는 주성분을 선택한다.
② 카이저 규칙(Kaiser Rule)은 고윳값이 1 이상인 주성분만 선택하는 방법이다.

(3) 스크리 플롯(Scree Plot, 스크리 그림)
① 고윳값을 가장 큰 값에서 가장 작은 값의 순서로 정렬해 보여주는 것으로, 고윳값이 1 이상인 주성분을 선택하거나 Elbow 기법을 사용한다.
② Elbow 기법을 사용하는 경우 고윳값이 급격하게 감소하는 지점을 찾는다.

◐ 전문가의 합격 꿀팁

최적의 주성분의 개수를 결정할 때 분산의 비율, 고윳값, 스크리 플롯의 결정 기준이 항상 절대적인 기준은 아닙니다. 기법을 활용하되 도메인 지식과 분석 목적 등을 고려하여 결정해야 합니다.

보충 학습

주성분 개수 결정의 예

다음은 USArrests라는 범죄에 대한 자료를 사용한 주성분 분석의 결과입니다. USArrests는 미국의 주별 범죄 통계 정보를 포함하고 있으며, 총 50개 주의 4가지 범죄 유형에 대한 데이터가 포함되어 있습니다.

```
> fit <- prcomp(USArrests, scale=TRUE)
> summary(fit)

Importance of components:
                          PC1       PC2       PC3       PC4
Standard deviation       1.5749    0.9949    0.59713   0.41645
Proportion of Variance   0.6201    0.2474    0.08914   0.04336
Cumulative Proportion    0.6201    0.8675    0.95664   1.00000

> eigenvalues <- (fit$sdev)^2
> eigenvalues
[1] 2.4802416   0.9897652   0.3565632   0.1734301
> mean(eigenvalues)
[1] 1
> fit$rotation
                PC1          PC2          PC3          PC4
Murder      -0.5358995    0.4181809   -0.3412327    0.64922780
Assault     -0.5831836    0.1879856   -0.2681484   -0.74340748
UrbanPop    -0.2781909   -0.8728062   -0.3780158    0.13387773
Rape        -0.5434321   -0.1673186    0.8177779    0.08902432
```

- 위의 eigenvalues를 보면 1개의 주성분만 평균값 이상이며, 1 이상인 것을 확인할 수 있습니다.
- 주성분 결과를 보면 PC2의 Cumulative Proportion이 0.8675로 86.75%이므로 2개의 주성분을 사용합니다.
- Scree Plot을 보면 Eigenvalue가 1보다 큰 것은 1개입니다. 하지만 2 주성분도 1에 가까운 값이므로 상황에 따라 2개의 주성분을 사용할 수 있습니다.

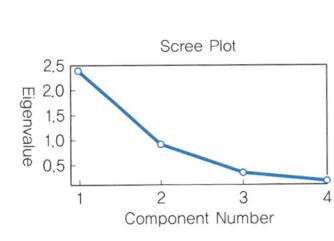
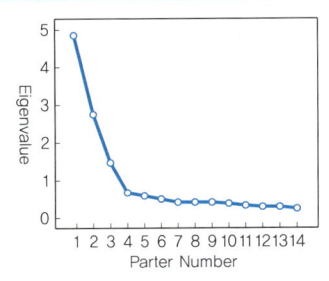

- [왼쪽] Scree Plot을 보면 Eigenvalue가 1보다 큰 것이 그림상 확실하지 않지만, 대략 2개의 주성분을 사용할 수 있습니다.
- [오른쪽] Scree Plot에서 Eigenvalue가 1보다 큰 것을 사용하려면 3개의 주성분을 사용해야 하고, 팔꿈치 부분(각도가 급격하게 완만해지는 부분)을 찾는 Elbow 기법을 사용하여 최적의 요소 수를 찾으면 4개입니다.

> **○ 전문가의 합격 꿀팁**
> - 각 주성분에 대해 원래 변수들이 기여하는 정도(가중치, 계수)를 주성분의 회전 행렬로 구합니다.
> - 제1주성분 식:
> PC1=-0.536Murder-0.583Assault-0.278UrbanPop-0.543Rape

> **○ 전문가의 합격 꿀팁**
> 실제 팔꿈치를 떠올려보세요!

5 주성분 분석 결과 해석

Importance of components:	PC1	PC2	PC3	PC4
Standard deviation	1.5749	0.9949	0.59713	0.41645
Proportion of Variance	0.6201	0.2474	0.08914	0.04336
Cumulative Proportion	0.6201	0.8675	0.95664	1.00000

① Standard deviation(표준편차): 자료의 산포도를 나타내는 수치로, 분산의 양의 제곱근, 표준편차가 작을수록 평균값에서 변량들의 거리가 가깝다.
② Proportion of Variance(분산 비율): 각 분산이 전체 분산에서 차지하는 비중을 의미한다.
③ Cumulative Proportion(누적 비율): 분산의 누적 비율이다.
④ 첫 번째 주성분 하나가 전체 분산의 62%를 설명하고 있다. 반대로 이야기하면 첫 번째 주성분 부분만 수용했을 때 정보 손실은 100%−62%=38%가 된다.
⑤ 두 번째는 24.7%를 설명하고 있다.

6 주성분 분석 결과 해석 심화

> ○ 전문가의 합격 꿀팁
> 문제에서 Scree Plot이 제시되고 Eigenvalue 또는 Elbow 기법이 표시되어 있지 않다면 Elbow 기법으로 풀이하는 게 더 좋습니다.

```
> data3 <- princomp(data1, cor=TRUE)
> data3
Call :
princomp(x = data1, cor = TRUE)

Standard deviations:
    Comp.1     Comp.2     Comp.3     Comp.4     Comp.5     Comp.6     Comp.7
2.77339679 2.0326013 1.31485574 0.95454099 0.84109683 0.7237422 0.69841796

              … (생략) …

17 variables and 263 observations.
> summary(data3)
Importance of components:
```

	Comp.1	Comp.2	Comp.3	Comp.4	Comp.5
Standard deviation	2.7733967	2.0302601	1.3148557	0.9575410	0.84109683
Propotoin of Variance	0.4524547	0.2424680	0.1016968	0.0539344	0.04161435
Cumulative Propotoin	0.4524547	0.6949227	0.7966195	0.8505539	0.89216822

① Comp.1, Comp.2, …, Comp.5가 주성분이며 뒤쪽이 생략되어 있다.
② Proportion of Variance는 각 성분의 분산으로 설명력을 의미한다.
  • 성분은 가장 분산이 큰 것부터 작은 것 순서로 주성분 1, 주성분 2, 주성분 3, …임
  • Comp.1은 0.4524547, Comp.2는 0.2424680, …로 표시함

③ Cumulative Proportion은 Proportion of Variance를 누적한 것이다.
- Cumulative Proportion의 마지막을 보면 모든 주성분에 대한 내용이 표시됨
- Comp.1은 그대로 표시되고 Comp.2의 경우는 Comp.1+Comp.2의 Proportion of Variance를 더한 것이며, Comp.3의 경우는 Comp.1+Comp.2+Comp.3의 Proportion of Variance를 더한 것이 됨
- 문제에서 '설명력'을 이야기할 때는 Cumulative Proportion을 확인해야 함

④ 주성분은 1번부터 순서대로 사용한다.
- 주성분을 4개 사용한다면 Comp.1에서 Comp.4까지 사용한 것임
- 주성분을 4개 사용했을 때의 설명력은 Comp.4의 Cumulative Proportion을 보면 되므로, 위의 결괏값에서는 0.8505539가 되어 85.05%가 됨
- 차원을 2차원으로 줄였다는 것은 2개의 주성분만 사용한다는 것을 의미함
- 설명력은 전체 주성분을 사용했을 때 100%가 됨
- 차원을 2차원으로 줄인 경우 1−0.6949227이 되어서 0.3050773이고, 이를 %로 표현하면 약 30.51% 손실이 있음을 의미함
- X차원으로 줄였을 때 손실률은 1−(X차원의 Cumulative Proportion)임

⑤ princomp(data1, cor=TRUE)라는 것이 주성분 분석의 함수이다.
- cor=TRUE라는 것은 상관계수 행렬을 사용한다는 것을 의미하고, prcomp(data1, scale=TRUE)라는 것과 동일하게 작동함
- prcomp의 경우 scale=TRUE라는 것은 상관행렬을 사용하겠다는 것을 의미함 (cor=FALSE, scale=FALSE를 사용하거나 생략하면 공분산 행렬을 사용하겠다는 의미가 됨)
- 공분산 행렬은 변수의 측정 단위를 그대로 반영한 것이고, 상관계수 행렬을 사용하는 경우 모든 측정 단위를 표준화한 것이므로, 공분산 행렬을 이용한 분석은 변수들의 측정 단위에 민감함

기출로 개념 확인

01 다음 중 주성분 분석에 대한 설명으로 옳지 <u>않은</u> 것은? 19회 기출문제

① 주성분 분석은 독립변수들과 주성분과의 거리인 '정보 손실량'을 최소화하거나 분산을 최대화한다.
② 주성분은 변수들의 선형 결합으로 이루어져 있다.
③ 주성분 분석의 목적 중 하나는 데이터를 이해하기 위한 차원의 축소이다.
④ 정규화 전후의 주성분 분석 결과는 동일하다.

정답 해설 주성분 분석은 거리를 사용하기 때문에 척도에 영향을 받다. 따라서 정규화 전후의 주성분 분석 결과는 동일하지 않다.

02 다음 중 주성분 분석에 대한 설명으로 옳지 <u>않은</u> 것은? 20회 기출문제

① 가장 분산이 적은 것을 제1주성분으로 설정한다.
② 주성분 분석은 상관관계가 있는 변수들을 결합해 상관관계가 없는 변수로 분산을 극대화하는 변수로, 선형 결합해 변수를 축약하는 데 사용하는 방법이다.
③ 공분산 행렬은 변수의 측정 단위를 그대로 반영한 것이고, 상관행렬은 모든 변수의 측정 단위를 표준화한 것이다.
④ 공분산 행렬을 이용한 분석의 경우 변수들의 측정 단위에 민감하다.

정답 해설 주성분 분석에서 제1주성분은 가장 분산이 많은 것이다. 주성분의 순서는 분산의 내림차순 순서이므로, 분산의 크기가 큰 것부터 작은 것 순서로 순차적으로 생성된다.

03 다음 중 주성분 분석에 대한 설명으로 옳지 <u>않은</u> 것은? 26회 기출문제

① 주성분 분석에서 주성분의 개수를 선택하는 방법으로 스크리 그래프, 평균 고윳값, 전체 변이의 공헌도 등이 있다.
② 변수들의 선형 결합으로 이루어진 주성분은 서로 독립이다.
③ 전체 분산을 설명하는 비율이 기준치를 넘는 주성분의 수를 이용한다.
④ 주성분의 수를 고려할 때 평균 고윳값이 큰 경우의 주성분을 제거하고 분석을 실시한다.

정답 해설 고윳값은 큰 것이 좋은 것이므로 1보다 큰 고윳값을 갖는 주성분을 선택한다.

04 다음 주성분 분석에 대한 설명으로 적절하지 않은 것은?

19회 기출문제

```
> data3 <- princomp(data1, cor=TRUE)
> data3
Call :
princomp(x = data1, cor = TRUE)

Standard deviations:
     Comp.1      Comp.2      Comp.3      Comp.4      Comp.5      Comp.6      Comp.7
  2.77339679  2.0326013  1.31485574  0.95454099  0.84109683  0.7237422  0.69841796

… (생략) …

17 variables and 263 observations.
> summary(data3)
Importance of components:
                           Comp.1      Comp.2      Comp.3      Comp.4      Comp.5
Standard deviation       2.7733967   2.0302601   1.3148557   0.9575410   0.84109683
Propotoin of Variance    0.4524547   0.2424688   0.1016968   0.0539344   0.04161435
Cumulative Propotoin     0.4524547   0.6949227   0.7966195   0.8505539   0.89216822
```

① 80% 이상 설명하려면 주성분 4개 이상을 선택하면 된다.
② 제1성분의 설명력은 45%이다.
③ 공분산 행렬을 활용한 결과이다.
④ 차원을 2차원으로 줄이면 데이터 손실률은 약 30.51%이다.

정답해설 princomp(data1, cor=TRUE)이기 때문에 상관계수 행렬을 사용한 결과이다. cor=FALSE이거나 생략되었을 때 공분산 행렬을 사용한 것이다.

05 다음 중 주성분 수의 결정에 대한 설명으로 옳지 않은 것은?

31회 기출문제

① 스크리 플롯(Scree plot)을 통해서 주성분의 분산의 감소가 급격하게 줄어들어 주성분의 개수를 늘릴 때 얻게 되는 정보의 양이 상대적으로 미미한 지점에서 주성분의 개수를 정할 수 있다.
② 주성분들이 설명하는 총 분산의 비율이 70~90% 사이가 되는 주성분의 개수를 선택할 수도 있다.
③ 고윳값(Eigenvalue)이 평균값 이상이 되도록 주성분을 제거한다.
④ 위의 3가지 방법을 고려하여 주성분의 수를 결정한다.

정답해설 주성분의 수를 고려할 때 주성분들이 설명하는 총 분산의 비율, Scree Plot, 고윳값(Eigenvalue)을 사용한다. 고윳값은 큰 것이 좋은 것으로, 1보다 큰 고윳값을 갖는 주성분을 선택하고, 총 분산의 비율이 70~90% 사이가 되는 주성분의 수를 선택할 수 있으며, 스크리 플롯은 Elbow 기법으로 팔꿈치 부분, 즉 기울기가 완만해 지는 부분을 찾는다.

06 다음 주성분 분석 결과에 대한 설명으로 옳지 않은 것은? 27회 기출문제

```
> data_1 <- prcomp(df, scale=TRUE)
> data_1
Standard deviations (1, .., p=4):
[1] 1.49522708 1.25541470 0.43197934 0.04029573

Rotation (n x k) = (4 x 4):
         PC1         PC2         PC3         PC4
x1    0.4759552  -0.5089794   0.6755002   0.2410522
x2    0.5638702   0.4139315  -0.3144204   0.6417561
x3   -0.3940665   0.6049691   0.6376911   0.2684661
x4   -0.5479312  -0.4512351  -0.1954210   0.6767340

> summary(data_1)
Importance of components:
                          PC1      PC2      PC3       PC4
Standard deviation      1.4952   1.2554   0.43198   0.04030
Proportion of Variance  0.5589   0.3940   0.04665   0.00041
Cumulative Proportion   0.5589   0.9529   0.99959   1.00000
```

① 제2주성분을 구하는 주성분 함수식은 $-0.51 \times x1 + 0.41 \times x2 + 0.60 \times x3 - 0.45 \times x4$이다.
② 주성분 2개의 누적 기여율은 95.29%이다.
③ 변수들의 scale이 많이 다른 경우 특정 변수가 전체적인 경향을 좌우하기 때문에 상관계수 행렬을 사용하여 분석하는 것이 좋다.
④ princomp(data, cor=TRUE)와 결과가 다르다.

정답 해설 prcomp(data, scale=TRUE)와 princomp(data, cor=TRUE)는 동일한 결과를 갖는다.

07 다음은 주성분 분석 결과이다. 80% 이상 자료를 설명하려면 필요한 주성분은 최소 몇 개인가? 23회 기출문제

```
Importance of components:
                          Comp.1   Comp.2   Comp.3    Comp.4
Standard deviation        1.5749   0.9949   0.59713   0.41645
Proportion of Variance    0.6201   0.2474   0.08914   0.04336
Cumulative Proportion     0.6201   0.8675   0.95664   1.00000
```

① 1개   ② 2개
③ 3개   ④ 4개

정답 해설 Comp.2의 Cumulative Proportion이 0.8675이므로 80% 이상의 자료를 설명할 수 있다. 즉, 2개의 주성분이 필요하다.

08 다음은 주성분 분석 결과이다. 2개의 주성분을 사용한다면 전체 분산의 몇 퍼센트(%)를 설명할 수 있는가?

21회 기출문제

```
Importance of components:
                         Comp.1   Comp.2   Comp.3   Comp.4
Standard deviation       1.5749   0.9949   0.59713  0.41645
Proportion of Variance   0.6201   0.2474   0.08914  0.04336
Cumulative Proportion    0.6201   0.8675   0.95664  1.00000
```

① 24.74%
② 62%
③ 86.75%
④ 95.66%

정답 해설 전체 분산에 대한 설명력은 Cumulative Proportion을 사용해서 확인할 수 있다. Comp.2에 대한 Cumulative Proportion이 0.8675이므로 %로 변환하면 86.75%가 된다.

09 다음 중 주성분 분석 결과에 대한 설명으로 옳지 않은 것은?

26회 기출문제

```
fit <- prcomp(USArrests, scale=TRUE)
summary(fit)

Importance of components:
                         PC1      PC2      PC3      PC4
Standard deviation       1.5749   0.9949   0.59713  0.41645
Proportion of Variance   0.6201   0.2474   0.08914  0.04336
Cumulative Proportion    0.6201   0.8675   0.95664  1.00000

fit$rotation

              PC1          PC2          PC3          PC4
Murder    -0.5358995   -0.4181809    0.3412327    0.64922780
Assault   -0.5831836   -0.1879856    0.2681484   -0.74340748
UrbanPop  -0.2781909    0.8728062    0.3780158    0.13387773
Rape      -0.5434321    0.1673186   -0.8177779    0.08902432
```

① 주성분 분석이란 다변량 자료 분석에 이용하는 독립변수를 분석에 이용한다.
② 변수들이 선형 결합으로 이루어진 주성분은 서로 독립이며, 기존 자료보다 적은 수의 주성분들로 기존 자료의 변동을 설명한다.
③ 주성분 분석에서는 공분산 행렬이 아닌 상관 행렬을 사용하였다.
④ 2번째 주성분의 로딩 벡터를 통해서 4개의 변수 모두 2번째 주성분과 양적인 관련이 있음을 보여준다.

정답 해설 PC2의 로딩 벡터를 보면 Murder, Assault의 경우 음수인 것을 확인할 수 있다.

10 다음은 4개의 변수를 가진 USArrests 데이터에 주성분 분석을 적용해서 얻은 결과이다. 제1주성분을 구하는 식으로 옳은 것은?

37회 기출문제

```
fit <- prcomp(USArrests, scale=TRUE)
summary(fit)

Importance of components:
                          PC1      PC2      PC3      PC4
Standard deviation      1.5749   0.9949   0.59713  0.41645
Proportion of Variance  0.6201   0.2474   0.08914  0.04336
Cumulative Proportion   0.6201   0.8675   0.95664  1.00000

fit$rotation

                 PC1         PC2         PC3         PC4
Murder      -0.5358995  -0.4181809   0.3412327   0.64922780
Assault     -0.5831836  -0.1879856   0.2681484  -0.74340748
UrbanPop    -0.2781909   0.8728062   0.3780158   0.13387773
Rape        -0.5434321   0.1673186  -0.8177779   0.08902432
```

① $-0.536 \times \text{Murder} - 0.583 \times \text{Assault} - 0.278 \times \text{UrbanPop} - 0.543 \times \text{Rape}$
② $-0.418 \times \text{Murder} + 0.187 \times \text{Assault} - 0.873 \times \text{UrbanPop} - 0.167 \times \text{Rape}$
③ $-0.341 \times \text{Murder} - 0.268 \times \text{Assault} - 0.378 \times \text{UrbanPop} + 0.818 \times \text{Rape}$
④ $0.649 \times \text{Murder} - 0.743 \times \text{Assault} + 0.134 \times \text{UrbanPop} + 0.089 \times \text{Rape}$

정답 해설 주성분을 구하는 식은 fit$rotation의 결과를 보면 되는데 제1주성분이라고 했으므로 PC1에 대한 것을 사용하여 주성분을 구하는 식을 알 수 있다.

정답 01 ④ 02 ① 03 ④ 04 ③ 05 ③ 06 ④ 07 ② 08 ③ 09 ④ 10 ①

핵심키워드 #정상성(Stationary) #차분(Differencing)

084 시계열 자료 ★★★★☆

1 시계열 자료(Time Series)

(1) 시계열 자료
① 시간의 흐름에 따라 관측된 데이터이다.
② 시계열 분석을 위해서는 정상성을 만족해야 한다.
③ 정상성(Stationary)
- 시계열의 평균과 분산에 체계적인 변화가 없고, 주기적 변동이 없음
- 미래는 확률적으로 과거와 동일함

(2) 정상 시계열의 조건
① 평균은 모든 시점(시간 t)에 대해 일정하다.
$E(x_t)=\mu$
② 분산은 모든 시점(시간 t)에 대해 일정하다.
$var(x_t)=\sigma^2$
③ 공분산은 시점(시간 t)에 의존하지 않고, 단지 시차에만 의존한다.
$Cov(x_{t+h}, x_t)=\gamma_h$

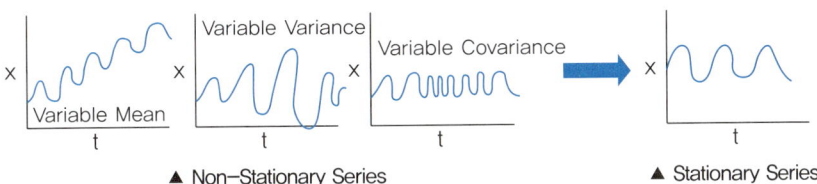

▲ Non-Stationary Series   ▲ Stationary Series

2 시간 관련 데이터의 종류

(1) 횡단면 데이터(Cross-Sectional Data)
① 한 시점에서 여러 대상(사람, 회사, 국가 또는 지역 등)을 관찰한 데이터이다.
② 횡단면 데이터의 분석은 각 대상 간의 차이점을 비교하는 데 사용된다.
(예) 2024년의 회사 A, B, C의 매출 데이터(동일한 연도, 여러 회사)

(2) 시계열 데이터(Time-Series Data)
① 하나의 대상을 시간에 따라 관찰한 데이터이다.
② 하나의 대상만을 관측하는 종단면(패널) 데이터의 특별한 경우의 데이터이다.
(예) 2018~2022년에 대한 A회사의 매출 데이터(변화되는 연도, 한 개 회사)

> **전문가의 합격 코멘트**
> 시계열 자료의 정상성(Stationary)에 대해 표현 그대로를 알아두시길 바랍니다. 또한 차분과 로그 변환을 통해 정상 시계열로 변환할 수 있다는 것을 기억하세요.

(3) 패널 데이터 (Panel Data)
① 여러 개체를 여러 시점에 걸쳐 관찰한 데이터이다.
② 시계열 데이터와 횡단면 데이터를 결합한 형태의 데이터이다.
㉠ 2018~2022년에 대한 회사 A, B, C의 매출 데이터(변화되는 연도, 여러 회사)

횡단면 데이터(Cross-Sectinoal Data)

Company	Revenue	Employee	Year
A	100	50	2024
B	95	60	2024
C	80	55	2024
D	75	40	2024
E	110	70	2024

시계열 데이터(Time-Series Data)

Year	Revenue
2018	100
2019	105
2020	110
2021	115
2022	120

패널 데이터(Panel Data)

Year	Company	Revenue
2018	A	100
2019	A	105
2020	A	110
2021	A	115
2022	A	120
2018	B	90
2019	B	95
2020	B	100
2021	B	105
2022	B	110
2018	C	80
2019	C	82
2020	C	85
2021	C	88
2022	C	92

3 정상 시계열 전환

(1) 정상 시계열 전환
① 비정상 시계열 자료는 정상성을 만족하는 정상 시계열로 만든 후 시계열 분석을 수행한다.
② 상황별 시계열 전환
- 평균이 일정하지 않은 경우: 원 계열에 차분(Differencing)을 사용함
- 계절성을 갖는 경우: 계절 차분을 사용함
- 분산이 일정하지 않은 경우: 원 계열에 로그 변환(Log Transformation)을 사용함

(2) 차분(Differencing)과 로그 변환(Log Transformation)
① 차분(Differencing): 비정상 시계열 데이터에 대해 정상성(Stationary)을 만족하는 정상 시계열 데이터로 만들기 위해, 현재 시점의 값에서 이전 시점의 값을 빼는 작업을 수행하는 것이다.

$$Y'_t = Y_t - Y_{t-1}$$

② 로그 변환(Log Transformation)
- 데이터의 분산이 일정하지 않은 경우 시계열 데이터의 값에 로그 함수를 취함으로써 데이터의 변동을 조절하는 방법
- 로그 변환을 적용하면 큰 값의 영향을 줄이고, 상대적으로 작은 값의 영향을 높일 수 있음

$$Y'_t = \log(Y_t)$$

보충 학습

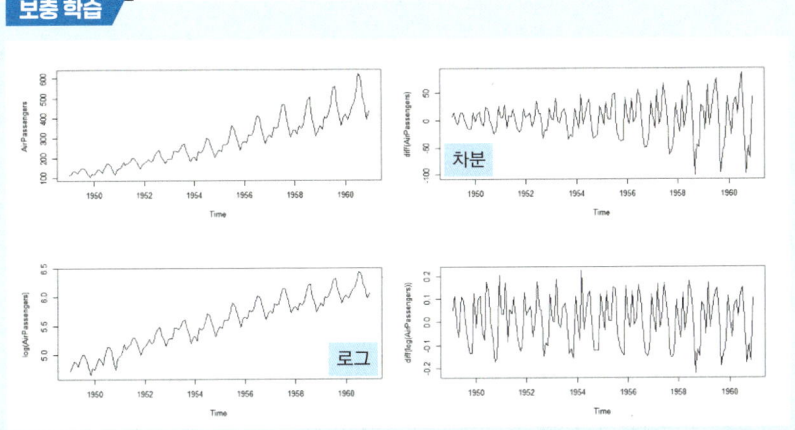

- 상단 좌측 그래프를 보면 추세(평균이 일정하지 않음)와 계절성(분산이 일정하지 않음)을 가지고 있습니다. 이에 따라 차분과 로그 변환을 적용하면 하단 우측 그래프처럼 정상 시계열이 되는 것을 확인할 수 있습니다.
- 차분만 수행한 경우는 상단 우측과 같이 추세(평균)가 일정해지는 것을 볼 수 있고, 로그 변환만 수행한 경우는 하단 왼쪽과 같이 분산이 일정해지는 것을 볼 수 있습니다.

기출로 개념 확인

01 다음 중 시간의 흐름에 따라 관측된 데이터는? 　　　　　　　　　　　　　　32회 기출문제

① 주성분 분석　　　　　　　　② 회귀 분석
③ 시계열 자료　　　　　　　　④ 군집 분석

정답 해설 시간의 흐름에 따라 관측된 데이터는 시계열 자료라고 한다.

02 다음 중 시계열 자료에서 추세가 존재할 때 이를 제거하기 위해 현시점에서 전 시점의 차를 구하는 것은?

23회 기출문제(주관식 변형)

① 로그 변환　　　　　　　　② 차분
③ 이동　　　　　　　　　　　④ 제거

정답 해설 현시점에서 전 시점의 차를 구하는 것을 차분이라고 한다.

03 다음 중 시계열 자료의 정상성(Stationary)에 대한 설명으로 적절하지 <u>않은</u> 것은?　　22회 기출문제

① 모든 시점에 대해 일정한 평균을 갖는다.
② 모든 시점에 대해 일정한 분산을 갖는다.
③ 공분산은 단지 시차에만 의존하고 시점 자체에는 의존하지 않는다.
④ 분산은 시점(t)에, 공분산은 시차(h)에 의존한다.

정답 해설 분산은 모든 시점에 대해 일정하고, 공분산은 시차(h)에 의존한다. 선지에서는 분산이 시점(t)에 의존한다고 하였으므로 적절하지 않다.

04 다음 중 정상 시계열에 대한 설명으로 옳지 않은 것은?   23회 기출문제

① 차분이란 평균이 일정한 경우 현시점의 자료에서 전 시점의 자료를 빼는 것으로, 정상 시계열 변환에 사용한다.
② 비정상 시계열 자료는 정상성을 만족하도록 데이터를 정상 시계열로 만든 후 시계열 분석을 수행한다.
③ 정상성이란 평균, 분산이 일정하고, 공분산은 단지 시차에만 의존하는 경우를 말한다.
④ 시간에 따라 분산이 일정하지 않은 경우에는 로그 변환을 통해서 정상 시계열로 바꿀 수 있다.

정답 해설 평균이 일정하지 않은 경우 현시점의 자료에서 전 시점의 자료를 빼는 차분을 실행하여 정상 시계열로 변환한다.

05 다음 내용은 시점에 상관없이 시계열의 특성이 일정한 것에 대한 특징으로, 이를 만족한다는 것은 다음과 같음을 의미한다. 무엇에 대한 설명인가?   25회 기출문제

- 평균이 시점에 의존하지 않는다.
- 분산이 시점에 의존하지 않는다.
- 공분산은 단지 시차에만 의존하고 시점 자체에는 의존하지 않는다.

① 정규성
② 표준화
③ 정상성
④ 일반화

정답 해설 평균과 분산이 시점에 의존하지 않고, 공분산은 시차에만 의존하고 시점 자체에는 의존하지 않는 것은 '정상성'에 대한 설명이다. '정상성'은 시점에 상관없이 시계열의 특성이 일정한 것을 의미한다.

정답 01 ③ 02 ② 03 ④ 04 ① 05 ③

핵심키워드 #정상성(Stationary) #차분

085 시계열 모형, 분해 시계열

★★★★★

전문가의 합격 코멘트
시계열 모형에서 AR, MA, ARIMA가 어떤 모형인지 알아두시고, ARIMA 모형에서 차분의 횟수를 찾을 수 있어야 합니다. 또한 ACF, PACF의 결과를 보고 AR 및 MA의 차수를 구할 수 있어야 합니다. 분해시계열의 종류와 개념을 확실하게 알아두세요!

1 시계열 모형의 종류

(1) 자기회귀 모형(AR 모형, Auto Regressive Model)

① AR(p): 현시점의 자료를 p 시점 전의 유한 개의 자기 자신의 과거 값을 사용하여 설명하는 모형이다.
② 백색 잡음의 현재값과 자기 자신의 과거값의 선형 가중값으로 이루어진 정상확률 모형이다.
③ 현시점의 시계열 자료에 과거 1 시점 이전의 자료만 영향을 주면 이를 1차 AR 모형이라 하고 AR(1)이라고 표기한다.
④ AR 모형의 수식

$$y_t = c + \phi_1 y_{t-1} + \phi_2 y_{t-2} + \cdots + \phi_p y_{t-p} + \epsilon_t$$

c: "drift", 모델의 평균 또는 추세를 나타내는 상수
ϵ_t: 백색 잡음의 현재값
$y_{t-1}, y_{t-2}, \cdots$: 자기 자신의 과거값

보충 학습

백색 잡음(White Noise)
- 시계열 자료 중 자기 상관이 전혀 없는 특별한 경우를 의미합니다.
- 시계열의 평균이 0, 분산이 일정한 값, 자기 공분산이 0인 경우입니다.
- 현재값이 미래 예측에 전혀 도움이 되지 못함을 의미합니다.
- 회귀 분석의 오차항과 비슷한 개념으로 원인은 알려지지 않았습니다.

(2) 이동평균 모형(MA 모형, Moving Average Model)

① MA(q): 과거 q 시점 이전의 오차들에서 현재 항의 상태를 추론한다.
② 이동평균 모형의 경우는 백색 잡음항 앞에 세타(θ)로 표현된 값에 따라 가중치가 다르게 적용된다.
③ 현시점의 자료는 평균과 유한 개의 과거 백색 잡음의 선형 결합으로 표현되었기 때문에 항상 정상성을 만족한다.
④ MA 모형의 수식

$$y_t = c + \epsilon_t + \theta_1 \epsilon_{t-1} + \theta_2 \epsilon_{t-2} + \cdots + \theta_q \epsilon_{t-q}, \ \epsilon_t \sim N(0, \sigma^2)$$

c: 모델의 평균을 나타내는 상수
ϵ: 백색 잡음(t는 현재, $t-1$은 과거 시점을 의미함)

> **보충 학습**
>
> **지수평활법(Exponential Smoothing)**
> - 이동평균법의 종류로, 최근 시점의 관측치에 더 높은 가중치를 부여하고 과거 시점으로 갈수록 가중치를 지수적으로 줄여 나가는 방법입니다.
> - 최신의 변동사항을 민감하게 반영할 수 있습니다.
> - 지수평활을 사용하여 얻은 예측치는 가장 최근 관측값과 이전 예측값의 가중평균(과거 관측값의 가중평균)으로 구합니다.

(3) 자기회귀 누적 이동평균 모형(ARIMA 모형, Auto-Regressive Integrated Moving Average)

① 현재와 추세 간의 관계를 정의한 것으로, 많은 시계열 자료가 ARIMA 모형을 따른다.
② ARIMA 모형은 비정상 시계열 모형이며 차분·변환을 통해 AR, MA, ARMA 모형으로 정상화할 수 있다.
③ ARIMA(p, d, q)에서 p는 AR 모형 차수, d는 차분, q는 MA 모형 차수를 의미한다.
  예 ARIMA(1, 2, 3)이라면 2번 차분해서 ARMA 모형이 될 수 있다.
④ 차분을 나타내는 d 차수만큼 차분하면 정상 시계열이 된다.
  예 ARIMA(0, 1, 3)는 IMA(1, 3) 모형이고 이것을 1번 차분하면 MA(3) 모형이 된다.
  예 ARIMA(2, 3, 0)는 ARI(2, 3) 모형이고, 이것을 3번 차분하면 AR(2) 모형이 된다.

2 자기상관함수(ACF), 부분자기상관함수(PACF)

(1) 자기상관함수(ACF; Auto-Correlation Function)

$$ACF(k) = \frac{\sum_{t=1}^{N-k}(y_t - \overline{y})(y_{t+k} - \overline{y})}{\sum_{t=1}^{N}(y_t - \overline{y})^2}$$

① 시계열 데이터의 자기 상관성을 파악하기 위한 함수이다.
② 시계열 관측치 y_t와 y_{t-k} 간의 상관계수를 k의 함수 형태로 표시한 것이다 (k: 시간 단위).
③ k가 커질수록 ACF는 0으로 수렴한다.

$$-1 \leq \text{autocorr}(Y_t, Y_{t-k}) \leq 1$$

④ 정상 시계열과 비정상 시계열
  - 정상 시계열: 상대적으로 빠르게 0에 수렴함
  - 비정상 시계열: 천천히 감소하며, 종종 큰 양의 값을 가짐

(2) 부분자기상관 함수(PACF; Partial ACF)

$$PACF(k) = Corr(e_t, e_{t-k})$$

① Y_t와 Y_{t-k} 중간에 있는 값들의 영향을 제외시킨 Y_t와 Y_{t-k} 사이의 직접적 상관관계를 파악하기 위한 함수이다.
② 시차가 다른 두 시계열 데이터 간의 상관관계를 의미한다.

(3) AR, MA 모델의 ACF, PACF 그래프

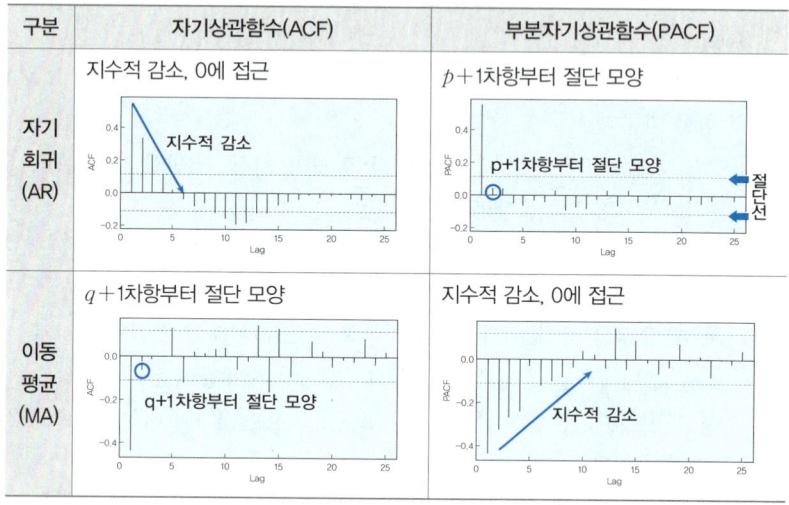

3 분해 시계열

① 분해 시계열은 시계열에 영향을 주는 일반적인 요인을 시계열에서 분리해 분석하는 방법을 말한다.
② 분해 시계열의 분해 요인
- 추세 요인(Trend Factor): 자료의 그림을 그렸을 때 그 형태가 오르거나 내리는 등 자료가 어떤 특정한 형태를 취하는 경우
- 계절 요인(Seasonal Factor): 계절 또는 고정된 주기에 따라 자료가 변화하는 경우
  예) 1년 중 특정한 때, 일주일의 특정 요일에 나타나는 요인
- 순환 요인(Cyclical Factor): 물가상승률, 급격한 인구 증가 등의 이유로 알려지지 않은 주기를 가지고 자료가 변화하는 경우
- 불규칙 요인(Irregular Factor): 추세 요인, 계절 요인, 순환 요인의 세 가지 요인으로 설명할 수 없는 회귀 분석에서 오차에 해당하는 요인에 의해 발생하는 경우

> **보충 학습**

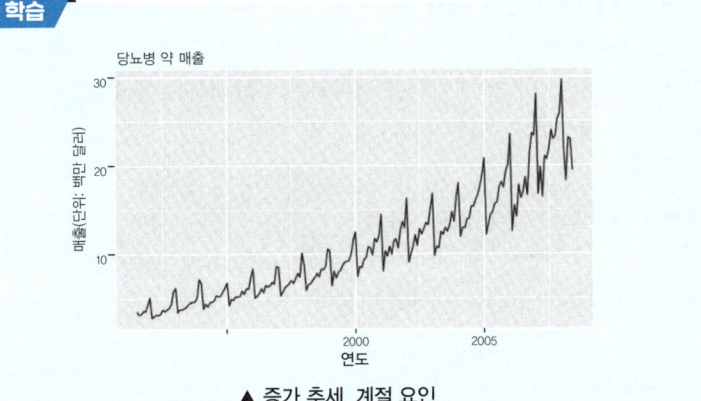

▲ 증가 추세, 계절 요인

- 연도가 증가함에 따라 Y값이 커지는 것을 봤을 때 당뇨병 약의 매출이 증가하는 추세(Trend)를 보이고 있습니다.
- 매 연초마다 의약품 매출이 급감하고, 이후 증가하는 패턴을 보면 매년 반복되는 계절 요인(Seasonal)이 있다는 것을 알 수 있습니다.

4 시계열 분해 그래프

시계열 분해 그래프를 통해 관찰값(Observed), 추세(Trend), 계절 요인(Seasonal) 및 잔차(Residual)에 관한 내용을 확인할 수 있다.

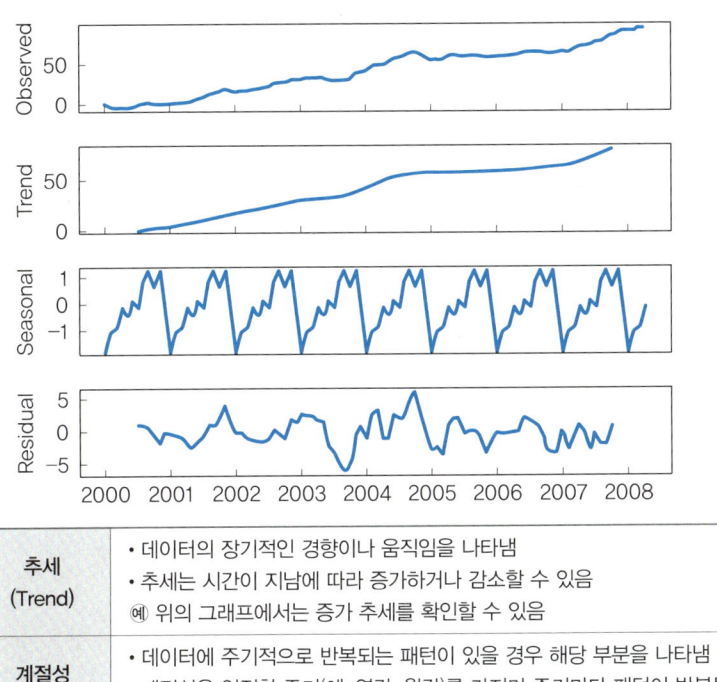

추세 (Trend)	• 데이터의 장기적인 경향이나 움직임을 나타냄 • 추세는 시간이 지남에 따라 증가하거나 감소할 수 있음 예) 위의 그래프에서는 증가 추세를 확인할 수 있음
계절성 (Seasonal)	• 데이터에 주기적으로 반복되는 패턴이 있을 경우 해당 부분을 나타냄 • 계절성은 일정한 주기(예: 연간, 월간)를 가지며 주기마다 패턴이 반복됨 예) 위의 그래프에서는 1년을 단위로 패턴이 반복되는 것을 확인할 수 있음
잔차 (Residual)	추세와 계절성으로 설명되지 않는 나머지 부분으로, 랜덤한 불규칙성을 나타냄 예) 위의 그래프에서는 −5~5 범위의 잔차가 있는 것을 확인할 수 있음

5 시계열 데이터의 분석 절차

(1) 시계열 그래프 그리기
분석의 시작은 시계열 데이터를 시각적으로 탐색하는 것으로, 시계열 그래프를 그려서 데이터의 패턴, 추세, 계절성, 이상치 등을 시각적으로 확인한다.

(2) 추세와 계절 요인 파악 및 제거하기
데이터에서 추세(Trend)와 계절성(Sesonal)을 식별하고 이것을 제거하여 시계열 데이터를 안정적인 상태로 만든다.

(3) 잔차 예측하기
잔차(Residual)를 예측하는 모델을 만든다. 잔차는 추세와 계절성을 제거한 후의 잔여 변동성을 나타낸다.

(4) 잔차에 대한 모델 적합하기
예측된 잔차를 모델링하여 다음 시점의 잔차를 예측하는 모델을 개발한다. 주로 ARIMA, Exponential Smoothing 등의 시계열 모델을 사용할 수 있다.

(5) 예측된 잔차에 추세와 계절성을 재반영하여 예측하기
모델을 사용하여 예측된 잔차에 다시 추세와 계절성을 반영하여 최종 예측값을 생성한다. 이 예측값은 원래 데이터의 패턴을 반영하면서 미래 시점의 값을 예측하는 데 사용된다.

기출로 개념 확인

01 다음 내용이 설명하는 시계열 모형은? *32회 기출문제*

> 현시점의 자료를 유한 개의 백색 잡음의 선형 결합으로 표현하므로 항상 정상성을 만족한다. 자기 상관함수 $q+1$ 시차 이후 절단된 형태를 취한다.

① AR 모형
② MA 모형
③ ARIMA 모형
④ ARMA 모형

정답 해설 유한 개의 백색 잡음의 선형 결합으로 되어 있으며, 항상 정상성을 만족하는 시계열 모형은 MA 모형이다.

02 ARIMA(자기회귀 누적 이동평균 모형)는 기본적으로 비정상 시계열 모형이기 때문에 차분이나 변환을 통해 AR, MA, ARMA 모형으로 정상화할 수 있다. ARIMA(1, 2, 3)에서 ARMA로 정상화한다면 몇 번의 차분이 필요한가? *22회 기출문제*

① 1
② 2
③ 3
④ 4

정답 해설 AIRIMA(1, 2, 3)에서 가운데 있는 2가 차분에 대한 숫자이고, 1은 AR 모형, 3은 MA 모형에 대한 차수이다.

03 다음 중 분해 시계열의 분해 요인에 대한 설명으로 옳지 <u>않은</u> 것은? *15회 기출문제*

① 추세 요인: 자료의 그림을 그렸을 때 그 형태가 오르거나 내리는 등 자료가 어떤 특정한 형태를 취하는 경우이다.
② 계절 요인: 고정된 주기에 따라 자료가 변화하는 경우이다.
③ 순환 요인: 물가상승률, 급격한 인구 증가 등의 이유로 일정한 주기를 가지고 변화하는 경우이다.
④ 불규칙 요인: 위의 세 가지 요인으로 설명할 수 없는 요인에 의해 발생한다.

정답 해설 순환 요인은 고정된 주기를 갖지 않는 요인이다. 물가상승률, 급격한 인구 증가 등의 이유로 고정된 주기를 갖지 않고 변화하는 경우이다.

04 다음 중 분해 시계열 요인으로 옳지 않은 것은? 23회 기출문제

① 추세 요인(Trend Factor)
② 계절 요인(Seasonal Factor)
③ 순환 요인(CyclTcal Factor)
④ 교효 요인(Factorial Interaction)

정답 해설 시계열의 분해 요인에는 추세 요인, 계절 요인, 순환 요인 및 불규칙 요인이 있다.

오답 해설 ④ 교효 요인은 독립변수(또는 설명변수) 간의 상호작용 또는 서로에 대한 영향을 설명하는 개념이다. 교효 요인은 두 개 이상의 변수가 함께 사용될 때 그 효과가 독립변수들 각각의 효과의 합이나 평균을 넘어서는 경우를 의미한다.

05 다음 중 시계열에 영향을 주는 일반적인 요인을 시계열에서 분리해 분석하는 방법은? 17회 기출문제(주관식 변형)

① 분산 분석
② 분해 시계열
③ 정상성
④ 차분

정답 해설 시계열에 영향을 주는 일반적인 요인을 시계열에서 분리해 분석하는 방법을 '분해 시계열'이라고 하며 분해 요인에는 '추세 요인, 계절 요인, 순환 요인 및 불규칙 요인'이 있다.

06 다음 ⓐ~ⓔ에서 시계열 데이터의 분석 절차를 옳게 나열한 것은? 13회 기출문제

> ⓐ 시계열 그래프 그리기
> ⓑ 추세와 계절 요인 파악 및 제거하기
> ⓒ 잔차 예측하기
> ⓓ 잔차에 대한 모델 적합하기
> ⓔ 예측된 잔차에 추세와 계절성을 재반영하여 예측하기

① ⓐ → ⓑ → ⓒ → ⓓ → ⓔ
② ⓔ → ⓐ → ⓑ → ⓒ → ⓓ
③ ⓐ → ⓑ → ⓓ → ⓔ → ⓒ
④ ⓑ → ⓐ → ⓒ → ⓓ → ⓔ

정답 해설 시계열 데이터의 분석 절차는 '시계열 그래프 그리기 → 추세와 계절 요인 파악 및 제거하기 → 잔차 예측하기 → 잔차에 대한 모델 적합하기 → 예측된 잔차에 추세와 계절성을 재반영하여 예측하기'이다.

정답 01 ② 02 ② 03 ③ 04 ④ 05 ② 06 ①

CHAPTER 03 정형 데이터 마이닝

핵심키워드 #데이터 마이닝 5단계 #분류 분석 #군집 분석 #연관 분석 #기술(Description)

086 정형 데이터 마이닝 ★★★★☆

1 데이터 마이닝(Data Mining) 개념
기업이 보유하고 있는 일일 거래 데이터, 고객 데이터, 상품 데이터 혹은 각종 마케팅 활동에 있어서 고객 반응 데이터 등과 이외의 외부 데이터를 포함하는 모든 사용 가능한 원천 데이터를 기반으로 감춰진 지식, 기대하지 못했던 경향 또는 새로운 규칙 등을 발견한 후 이를 실제 비즈니스 의사결정 등에 유용한 정보로 활용하는 일련의 작업이다.

2 데이터 마이닝 5단계

(1) 목적 정의
데이터 마이닝의 도입 목적을 명확하게 하는 단계이다.

(2) 데이터 준비
① 고객 정보와 거래 정보, 상품 마스터 정보 등 데이터 마이닝 수행에 필요한 데이터를 수집하는 단계이다.
② 데이터 정제(Cleaning)를 통한 데이터의 품질 확보까지 포함한다.
③ 필요시 보강 작업을 거쳐 데이터 양을 충분하게 확보한다.

(3) 데이터 가공
① 목적변수를 정의하고, 필요한 데이터를 데이터 마이닝 소프트웨어에 적용할 수 있게 가공 및 준비하는 단계이다.
② 충분한 CPU와 메모리, 디스크 공간 등 개발 환경 구축이 선행되어야 한다.

(4) 데이터 마이닝 기법의 적용
① 수집된 데이터에 데이터 마이닝 기법을 적용하는 단계이다.
② 목적에 맞게 모델을 선택하고 소프트웨어를 사용하는 데 필요한 값을 지정한다.

(5) 검증
① 데이터 마이닝으로 추출한 정보를 검증하는 단계이다.
② 검증 단계를 거친 후에는 IT 부서와 자동화 방안을 협의하여 상시적으로 데이터 마이닝 결과를 업무에 적용할 수 있도록 해야 한다.

> **전문가의 합격 코멘트**
> 분류 · 군집 · 연관 분석에 대한 정의를 확실하게 알아야 합니다. 설명을 주고 무엇을 의미하는지를 묻는 문제가 주로 출제되고 있으며, 데이터 마이닝 5단계 중 특히 데이터 준비, 데이터 가공, 데이터 마이닝 기법의 적용을 구분할 수 있도록 해야 합니다.

3 대표적인 데이터 마이닝 기법

(1) 분류(Classification)
- ① 새롭게 나타난 현상을 검토하여 기존의 분류, 정의된 집합에 배정하는 것이다.
- ② 잘 정의된 분류 기준과 선분류(Preclassified)되어진 검증 집합에 의해 완성된다.
- 예) 생물을 종, 속, 과로 나누는 것, 물질을 요소별로 나누는 것

(2) 추정(Estimation)
- ① 연속된 변수의 값을 추정한다.
- ② 주어진 입력 데이터를 사용하여 알려지지 않은 결괏값을 추정한다.
- 예) 가족 구성원의 총수입 추정, 고객의 평생 가치 추정

(3) 연관 분석(Association Analysis)
- ① '같이 팔리는 물건'과 같이 아이템의 연관성을 파악하는 분석이다.
- ② 카탈로그 배열 및 교차 판매, 공격적 판촉 행사 등의 마케팅 계획에 사용한다.

(4) 군집(Clustering)
- ① 미리 정의된 기준이나 예시에 의해서가 아닌 레코드 자체가 가진 다른 레코드와의 유사성에 의해 그룹화되고, 이질성에 의해 세분화된다.
- ② 데이터 마이닝이나 모델링의 준비 단계로 사용된다.
- ③ 군집과 분류의 차이점은 군집은 선분류되어 있는 기준에 의존하지 않는다는 점이다.
- 예) 시장 세분화의 첫 단계로 판촉 활동에 가장 반응률이 높은 고객을 선별함, 고객 특성에 따라 고객의 그룹을 형성해 마케팅 전략을 수립하는 데 활용함

(5) 기술(Description)
- ① 데이터가 가진 특징 및 의미를 단순하게 설명하는 것이다.
- ② 데이터가 암시하는 바에 관해 설명 및 그에 대한 답을 찾아낼 수 있어야 한다.
- ③ 사람, 상품에 관한 이해를 증가시키기 위한 것으로, 데이터의 특징 및 의미를 표현 및 설명하는 기능이다.
- 예) 미국의 유명한 정치적 설문, "미국 여성들은 남자들보다 민주당을 훨씬 더 많이 지지한다."는 미국 여성들의 데이터가 암시하고 있는 내용 중 하나를 설명한 것이며 저널리스트, 사회학자, 경제학자들에게 연구의 주체로서 더 큰 의미를 제공할 수 있음

기출로 개념 확인

01 다음 중 기업이 보유하고 있는 일일 거래 데이터, 고객 데이터, 상품 데이터 혹은 각종 마케팅 활동에 있어서의 고객 반응 데이터 등과 이외의 외부 데이터를 포함하는 모든 사용 가능한 원천 데이터를 기반으로 감춰진 지식, 기대하지 못했던 경향 또는 새로운 규칙 등을 발견하고 이를 실제 비즈니스 의사결정 등에 유용한 정보로 활용하는 일련의 작업은?

16회 기출문제

① 분류 분석
② 데이터 마이닝
③ 기술 분석
④ 군집 분석

정답 해설 데이터 마이닝은 모든 사용 가능한 원천 데이터를 기반으로 감춰진 지식, 기대하지 못했던 경향 또는 새로운 규칙 등을 발견하고 이를 실제 비즈니스 의사결정 등에 유용한 정보로 활용하는 일련의 작업이다.

02 다음 데이터 마이닝 단계 중 목적변수를 정의하고 필요한 데이터를 데이터 마이닝 소프트웨어에 적용할 수 있게 데이터를 준비하는 단계는?

18회 기출문제

① 데이터 가공
② 데이터 준비
③ 검증
④ 데이터 마이닝 기법의 적용

정답 해설 데이터 마이닝 소프트웨어에 적용할 수 있게 데이터를 준비하는 단계는 데이터 가공 단계이다.

풀이전략
데이터를 준비하는 단계라는 말에 현혹되어서는 안 됩니다! '데이터를 데이터 마이닝 소프트웨어에 적용할 수 있게'라는 부분이 더 중요한 부분입니다!

03 다음 중 교차 판매, 물건 배치 등에 이용되는 데이터 마이닝 기법은?

32회 기출문제

① 회귀 분석
② 주성분 분석
③ 연관 분석
④ SOM

정답 해설 데이터 마이닝 기법 중 교차 판매, 물건 배치 등에 이용되는, 마케팅과 관련된 분석은 연관 분석이다.
오답 해설 ① 회귀 분석: 종속변수가 연속형일 때 사용하는 지도 학습으로, 연속된 데이터의 추정에 사용한다.
② 주성분 분석: 차원 축소 기법이다.
④ SOM: 군집 분석 방법의 한 가지 종류이다.

풀이전략
SOM은 자기조직화 지도라는 것으로, 아직 학습하지 않았으므로 눈으로 한 번 보고 지나가시면 됩니다.

CHAPTER 03 정형 데이터 마이닝

04 다음 중 데이터 마이닝 기법의 사례와 분석 방법이 옳게 연결된 것은? *20회 기출문제*

① 부모가 있는 어린이의 수를 추정, 가족 구성원의 총수입 추정 – 의사결정나무
② 카탈로그 배열 및 교차 판매, 공격적 판촉 행사 등의 마케팅 계획 – 연관 분석
③ 생물을 종, 속, 과로 나누는 것, 물질을 요소별로 나누는 것 – 장바구니 분석
④ 시장 세분화의 첫 단계로 판촉 활동에 가장 반응률이 높은 고객을 선별 – 회귀 분석

오답 해설 ① 부모가 있는 어린이의 수를 추정, 가족 구성원의 총수입 추정 – 추정
③ 생물을 종, 속, 과로 나누는 것, 물질을 요소별로 나누는 것 – 분류
④ 시장 세분화의 첫 단계로 판촉 활동에 가장 반응이 높은 고객 선별 – 군집

05 다음 중 데이터 마이닝의 목적 중 사람, 상품에 관한 이해를 증가시키기 위한 것으로, 데이터의 특징 및 의미를 표현하고 설명하는 기능은? *20회 기출문제*

① 분류
② 추정
③ 예측
④ 기술

정답 해설 기술(Description)은 데이터가 가진 특징 및 의미를 단순하게 설명하는 것이다. 데이터가 암시하는 바에 대해 설명하고 그에 대한 답을 찾아낼 수 있어야 하며, 사람·상품에 관한 이해를 증가시키기 위한 목적으로 데이터의 특징 및 의미를 표현하고 설명하는 기능을 말한다.

06 다음 중 데이터 마이닝 기법의 하나로, 유사성에 의해 그룹화하고 이질적인 모집단을 세분화시키는 방법은? *16회 기출문제*

① 연관 분석
② 군집
③ 분류
④ 주성분 분석

정답 해설 데이터 마이닝 기법 중 군집은 레코드 자체가 가진 다른 레코드와의 유사성에 의해 그룹화하고 이질성에 의해 세분화된다.

정답 01 ② 02 ① 03 ③ 04 ② 05 ④ 06 ②

핵심키워드 #홀드아웃 #교차검증 #K-Fold #LOOCV #붓스트랩

087 모형 평가 ★★★★☆

1 클래스 불균형 데이터
① 분류모델에서 일부 범주형의 관측치가 현저히 부족하여 모형이 학습하기 힘든 상태이다.
② 클래스의 비율이 한쪽에 치우쳐있다.
③ 클래스 불균형 상태라면 학습 전 언더샘플링(Undersampling)과 오버샘플링(Oversampling) 기법의 사용을 고려한다.
- 언더샘플링(Undersampling): 범주별 데이터 개수를 적은 class의 수에 맞추는 것
- 오버샘플링(Oversampling): 범주별 데이터 개수를 많은 class의 수에 맞추는 것

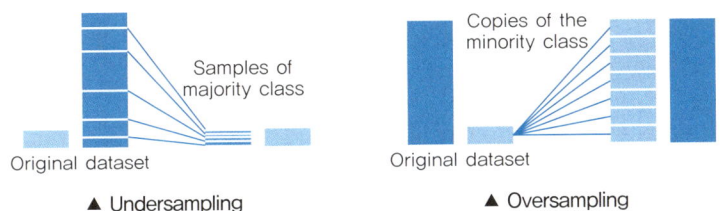

▲ Undersampling   ▲ Oversampling

④ 오버샘플링 방법 적용 시 과적합 및 노이즈 증가, 데이터 분포 왜곡, 계산 비용 증가 등의 문제가 발생할 수 있으므로 주의해야 한다.
⑤ 모델의 과적합을 방지하기 위해 교차검증 및 하이퍼 파라미터 튜닝(= 조정)을 신중하게 수행해야 한다.

2 홀드아웃(Holdout)
① 원천 데이터를 랜덤 추출 방법을 활용하여 데이터가 편향되지 않도록 두 개로 분리하여 과대적합(Overfitting) 발생 여부와 성능을 평가하는 방법이다.
② 하나는 모형 학습(= 훈련, Train)을 위한 자료로, 다른 하나는 모형 성과 평가를 위한 평가(Test)용 자료로 사용한다.
③ 과대적합 발생 여부를 확인하기 위해 Train, Test 데이터에 대해 각각 평가한 후 점수를 비교한다.
- Train 점수가 Test 점수에 비해 매우 높은 경우 과대적합(Overfitting)이라고 판별함
- Train 점수와 Test 점수가 모두 낮은 경우 과소적합(Underfitting)이라고 판별함
- Train 점수와 Test 점수가 모두 높으면서 비슷한 경우 적절하다고 판별함
- 일반적으로 Train 점수가 Test 점수보다 높게 나타남
④ 학습 단계(Training Phase)에서 학습용 데이터는 다시 학습과 검증(Validation) 데이터로 나누어 사용할 수 있다.
⑤ 데이터를 학습(Train) 세트, 검증(Validation) 세트, 테스트(Test) 세트 세 가지로 나누어 사용할 수 있다.

> **전문가의 합격 코멘트**
> 홀드아웃의 Training Data, Validation Data, Test Data의 구분 및 교차검증의 K개 분할 및 K-1개의 데이터를 훈련에 사용, K번 학습에 대한 개념의 이해 및 순서, LOOCV의 개념 그리고 붓스트랩의 개념과 사용되는 비율, 사용되지 않는 비율이 고르게 문제에 출제되고 있습니다. 붓스트랩은 모형 학습 전에 데이터를 분할하여 학습을 평가하도록 하는 것입니다.

⑥ **검증 데이터(Validation Data)**
- 학습 중 성능 확인을 위해 사용하는 데이터로, 학습의 과대적합 발생 여부 확인과 이른 정지(Early Stopping) 등을 위해 사용함
- 반복되는 학습 기법에서 사용되며 몇 번의 반복을 하면서 과대적합되는지를 확인하거나, 과대적합 발생이 감지되면 빠르게 학습을 멈추기 위해 사용하는 데이터

⑦ 학습 데이터와 테스트 데이터는 겹쳐서는 안 되며, 검증 데이터와 테스트 데이터는 일치할 수 있다.

⑧ 분류 모형에서 불균형 데이터의 경우 불균형 범주의 비율을 유지하도록 분할하기도 한다(층화 추출법 사용).

⑨ 잘못된 가설을 가정하게 되는 제2종 오류의 발생을 방지한다.

㈎ 데이터를 2개로 나누는 R 코드

```
idx <- sample(2, nrow(iris), replace=TRUE, prob=c(0.7, 0.3))
train_data <- iris[idx==1, ]
test_data <- iris[idx==2, ]
```

- iris 데이터를 7 : 3 비율로 복원 추출하여 Training 단계에 70%, Testing 단계에 30%를 사용하도록 함
- set.seed(정수)를 사용하면 랜덤 수의 발생을 고정할 수 있어 여러 번 반복 수행 시에도 동일한 데이터 분할이 될 수 있음

> **보충 학습**
>
> **층화 추출을 사용한 데이터 분할이란?**
> 데이터에 A, B 두 개의 범주가 있을 때 A가 60%, B가 40%라면, A와 B의 비율인 6 : 4에 맞춰 Train에서도 6 : 4, Test에서도 6 : 4의 비율이 되도록 데이터를 분할하는 것을 의미합니다.

Data Set(7 : 3, 8 : 2)

Train Data (Train + Validation) → Build Model → Model | Test Data / Model → Apply Model → Predict Results
Learning Algorithm | Training Phase | Testing Phase

Train Data | Test Data
Train Data | Validation | Test Data

3 교차검증(Cross Validation)

(1) 교차검증 개요

① 데이터가 충분하지 않은 경우 데이터셋을 Train, Validation, Test의 3개로 나누는 방식의 홀드아웃(Holdout)을 사용하면 Validation 데이터의 양이 적기 때문에 데이터가 나뉘는 비율이나 데이터 상태에 따라 검증 결과가 크게 달라질 수 있다.

② 홀드아웃의 단점에 대한 해결책으로 보다 많은 조각으로 나누어 여러 번 검증하는 교차검증을 사용할 수 있다.

③ 교차검증은 데이터를 무작위로 섞어 동일한 여러 개로 나누게 되므로, 데이터가 골고루 섞이지 않고 한쪽으로 모이는 현상을 보일 수 있는 클래스 불균형 데이터에는 적합하지 않다.

④ 교차 검증의 종류: K-Fold 교차검증, Stratified K-Fold 교차검증, LOOCV(Leave One Out Cross Validation) 등

(2) K-Fold 교차검증

① 주어진 데이터를 K개로 나누고, K번 반복적으로 학습하고 성과를 측정하여 그 결과를 평균 낸 성능으로 평가하는 방법이다.

② 10 Fold 교차검증
- K는 데이터를 동일한 10개 조각으로 나누고, 1개를 검증, 9개를 학습 데이터로 사용함
- 총 10번 검증을 실시하고 얻은 결과를 평균 내어 최종 결과로 사용함

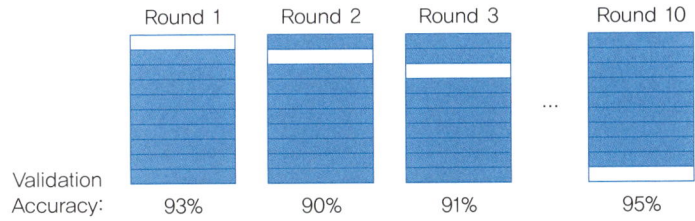

③ K-Fold 교차검증의 순서

> ❶ 전체 데이터를 섞는다(Shuffle).
> ❷ 데이터를 동일 크기의 K개로 분할한다(K의 최솟값은 2).
> ❸ K번째의 하부 집합은 검증용 자료, $K-1$개는 훈련용 자료로 사용하여 K번 반복한 다음 모델링하고 성능을 측정한다.
> ❹ K개의 결과를 평균 낸 값을 최종 결과로 사용한다.

(3) LOOCV(Leave One Out Cross Validation)

$$CV_{(n)} = \frac{1}{n}\sum_{i=1}^{n} MSE_i$$

① 데이터 개수를 n개라고 할 때 n번의 학습을 진행하고, 그 평가 결과를 평균하여 최종 결과로 사용하는 방식이다.

② 1개 관측값만을 Validation Set으로 사용하고, 나머지 $n-1$개를 train Set으로 사용하여 n번의 학습을 진행한다.

③ $k=n$인 경우의 교차검증이다.

④ 학습 후 계산된 n개의 MSE(Mean Squared Error)를 평균하여 최종 MSE를 계산한다.

⑤ 매우 많은 반복 학습으로 시간이 오래 걸린다.

⑥ 주로 데이터가 한정적이고, 새로운 데이터에 대한 정확한 에러 예측을 위해 사용한다.

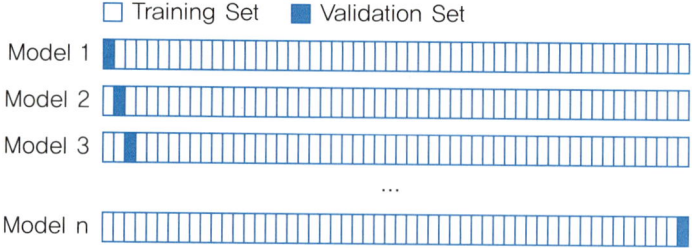

4 부트스트랩(Bootstrap)

① 평가를 반복하는 측면에서 교차검증과 유사하지만, 훈련용 자료를 반복하여 재선정한다는 점에서 차이가 있는 평가 방법이다.
② 부트스트랩은 관측치를 한 번 이상 훈련용 자료로 사용하는 복원 추출법에 기반한다.
③ 전체 데이터 양이 크지 않을 경우의 모형 평가에 가장 적합하다.
④ 훈련 데이터를 63.2% 사용하는 0.632 부트스트랩이 있다. 즉, 훈련에 사용하지 않는 데이터가 36.8%가 되는 것이다.

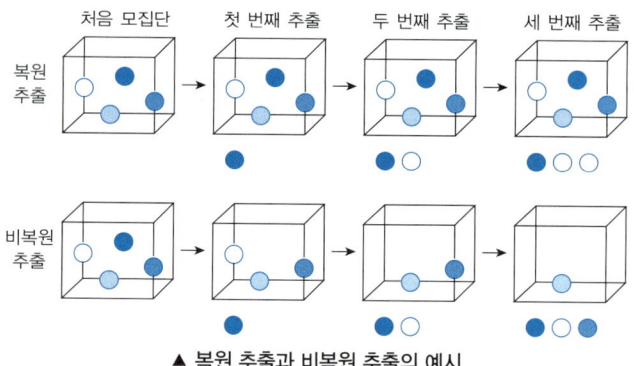

▲ 복원 추출과 비복원 추출의 예시

5 학습 데이터의 양

① 학습 데이터가 부족하면 알고리즘 학습이 어려워질 수 있다.
② 과대적합이나 과소적합의 문제를 최소화하고 모델의 정확도를 높이는 가장 좋은 방법은 더 많고 다양한 데이터를 확보하고, 확보한 데이터로부터 더 다양한 특징(Feature)들을 찾아서 학습에 사용하는 것이다.

구분	홀드아웃	교차검증	부트스트랩
사용 데이터의 수	사용 데이터가 많을 때 적합함	불균형 데이터에 부적합함	사용 데이터가 적을 때 적합함
분할 방법	랜덤 추출 사용	• 분리 전 섞기(Shuffle) • 동일 크기로 분할	단순 임의 복원 추출
종류	2개 분할(train, test) 3개 분할(train, validation, test)	K-Fold CV(k번 학습) LOOCV(k=n)	63.2% 데이터 사용

기출로 개념 확인

01 과적합(Overfitting) 발생 여부를 확인하기 위해서 주어진 데이터의 일정 부분은 모델을 만드는 훈련 데이터로 사용하고, 나머지 데이터를 사용해 모델을 평가한다. 다음 중 데이터를 훈련, 테스트 데이터로 분리하여 검증하는 방법은? *17회 기출문제*

① 홀드아웃(Holdout)
② 신경망 모형
③ 향상도 곡선
④ 오분류표

정답 해설 홀드아웃(Holdout)은 데이터를 랜덤하게 훈련 데이터와 테스트 데이터로 분리하여 과대적합(Overfitting) 발생 여부를 검증하는 방법이다.

오답 해설 ② 신경망 모형은 학습 알고리즘의 한 가지로, 퍼셉트론이라고 하는 사람의 뉴런을 모방한 인공뉴런을 사용하는 학습 알고리즘이다.
③, ④ 향상도 곡선과 오분류표는 분류 모형의 성능을 평가하는 방법이다.

02 다음 내용이 설명하고 있는 검증용 자료의 사용 방법은? *20회 기출문제(주관식 변형)*

> 이것은 주어진 원천 데이터를 랜덤하게 두 분류로 분리하여 사용하는 방법으로, 하나는 모형 학습 및 구축을 위한 훈련용 자료로, 다른 하나는 학습 성능 평가를 위한 평가용 자료로 사용하는 방법이다.

① 붓스트랩
② 교차검증
③ 향상도 곡선
④ 홀드아웃(Holdout)

정답 해설 홀드아웃(Holdout)은 원천 데이터를 랜덤하게 두 개의 데이터로 분리하여 사용하는 방법으로, 분리된 데이터를 훈련용 자료와 평가용 자료로 사용한다.

풀이전략 홀드아웃(Holdout)은 랜덤 방식을 사용한다는 것을 함께 기억하세요!

03 다음 중 붓스트랩 방식을 이용하였을 때 훈련 데이터로 사용되는 일반적인 데이터의 양은? *16회 기출문제*

① 63.20%
② 10.20%
③ 23.80%
④ 36.80%

정답 해설 붓스트랩은 훈련 데이터를 63.2% 사용하는 0.632 붓스트랩이 있다.

04 다음의 내장 데이터 Hitters dataset의 분할에 대한 설명으로 옳지 않은 것은?

27회 기출문제

```
Hitters = read.csv('../data/Hitters.csv', fileEncoding='UTF-8-BOM')
data('Hitters')
hitters <- Hitters[, -1]
set.seed(1234)
idx <- sample(2, nrow(hitters), replace=TRUE, prob=c(0.7, 0.3))
traindata <- hitters[idx==1, ]
testdata <- hitters[idx==2, ]
```

① sample( )은 데이터의 무작위 재배열보다는 데이터에서 일부를 train data와 test data로 분리하는 데 유용하게 사용된다.
② Hitters dataset 70%는 train data로 분할된다.
③ 반복 수행 시 매회 다른 데이터 분할이 샘플링된다.
④ 데이터 분할을 하는 이유는 주어진 데이터에서만 높은 성과를 보이는 모형의 과적합 문제를 해결하기 위한 단계로, 잘못된 가설을 가정하게 되는 제2종 오류의 발생을 방지하는 데 있다.

정답 해설 set.seed(1234)는 랜덤 수 발생의 순서를 고정하는 것으로, 반복 수행하게 되어도 매회 동일한 데이터 분할로 샘플링된다.

05 다음 중 데이터 분할에 대한 설명으로 옳지 않은 것은?

16회 기출문제

① 훈련 데이터에 대한 학습만을 바탕으로 모델의 설정(Hyper-parameter)을 튜닝하게 되면 과대적합(Overfitting)이 일어날 가능성이 매우 크다.
② 모델이 너무 간단하여 정확도가 낮은 모델을 과소적합(Underfitting)되었다고 말한다.
③ 과대적합이나 과소적합의 문제를 최소화하고 모델의 정확도를 높이는 가장 좋은 방법은 더 많고 다양한 데이터를 확보하고, 확보한 데이터로부터 더 다양한 특징(Feature)들을 찾아서 학습에 사용하는 것이다.
④ Test Set 결과가 일반적으로 Train Set 결과보다 좋다.

정답 해설 반드시는 아니지만, 일반적으로 Train Set이 Test Set보다 결과가 좋은 편이다.

06 다음 중 분류 모형에서 일부 범주형의 관측치가 현저히 부족하여 모형이 학습하기 힘든 문제는?

21회 기출문제

① 클래스 불균형
② 집중 샘플링
③ ROSE 샘플링
④ 차원 축소

정답 해설 클래스 불균형은 분류 모형에서 일부 범주형의 관측치가 현저히 부족하여 학습하기 힘든 상태를 의미한다. 학습 전 데이터의 범주 간 균형을 맞추기 위해 Oversampling, Undersampling 등의 사용을 고려할 수 있다.

07 다음 중 K-fold 교차검증에 대한 설명으로 옳지 <u>않은</u> 것은? 　　32·39회 기출문제

① $k=2$인 경우, LOOCV라고 한다.
② 주어진 데이터를 가지고 K번 반복적으로 성과를 측정해 그 결과를 평균한다.
③ K-Fold는 데이터를 K개로 분할하는 것을 의미한다.
④ 데이터가 충분하지 않은 경우 주로 사용한다.

> **정답 해설** LOOCV(Leave One Out Cross Validation)는 1개 관측값만을 Validation Set으로 사용하고, 나머지 $n-1$개를 Train Set으로 사용하여 n번 학습을 진행하는 방법으로 $k=n$인 경우의 교차검증이다. 학습 후 n개의 MSE를 평균하여 최종 MSE를 계산한다.

08 다음 중 모델의 학습 과정에서 학습 및 검증 데이터를 나눌 때, 단순히 한 번 나누는 게 아니라 K번 나누고 각각의 학습 모델의 성능을 비교하여 평균값으로 분류 분석 모형을 평가하는 방법은? 　　17회 기출문제

① 홀드아웃　　　　　　　　　② K-fold 교차검증
③ 붓스트랩　　　　　　　　　④ 군집

> **정답 해설** K-fold 교차검증은 주어진 데이터를 K개로 나누고, K번 반복 학습 및 성과를 측정하여 그 결과를 평균한 것으로 분류 분석 모형의 평가 방법이다.
>
> **오답 해설** ① 홀드아웃(Holdout): 원천 데이터를 랜덤하게 두 분류로 분리하여 교차검증을 실시하는 방법이다.
> ③ 붓스트랩(Bootstrap): 평가를 반복하는 측면에서 교차검증과 유사하지만, 훈련용 자료를 반복 재선정한다는 점에서 차이가 있는 평가 방법으로 복원 추출 방법을 사용한다.
> ④ 군집(Clustering): 레코드 자체가 가진 다른 레코드와의 유사성에 의해 그룹화하고 이질성에 의해 세분화시키는 분석 기법이다.

> **정답** 01 ① 02 ④ 03 ① 04 ③ 05 ④ 06 ① 07 ① 08 ②

핵심키워드 #로지스틱회귀 #의사결정나무 #앙상블 #K-NN #SVM #신경망 모형 #나이브베이즈 모형

088 분류 분석의 모형 종류

★★☆☆☆

전문가의 합격 코멘트
분류 분석에 사용할 수 있는 모형의 종류를 기억해야 합니다. 분류 분석의 실제 예에 해당하는 모형을 고를 수 있도록 학습하세요.

전문가의 합격 꿀팁
분류 분석의 모형 종류에서 소개하는 용어들은 각 학습에서 좀 더 자세하게 다루게 됩니다. 우선 어떤 종류가 있는지 개괄적으로 살펴보고, 세부적인 학습 시 용어를 더 자세히 알아보도록 합니다.

1 로지스틱회귀(Logistic Regression) 모형
① 분류 분석에만 사용하는 선형 모형이다.
② 이진 분류에 주로 사용되지만 다중 분류에도 사용할 수 있다.
③ 입력 특성의 가중치 합을 로지스틱 함수에 적용하여 확률을 예측한다.

2 의사결정나무(Decision Tree) 모형
① 트리 구조를 사용하여 데이터를 분류 또는 회귀하는 모델이다.
② 노드는 특정 기준으로 데이터를 분할하며, 리프 노드에서 예측값을 반환한다.
③ 해석이 쉽고 과적합을 조절하기 위한 가지치기가 가능하다.

3 앙상블(Ensemble) 모형
① 앙상블은 여러 모델을 결합하여 더 강력한 모델을 생성하는 기법이다.
② 앙상블의 종류: Voting, Bagging, Boosting, Random Forest, Stacking 등

4 K-NN(K-Nearest Neighbors) 모형
① 데이터 포인트 주변의 k개의 가장 가까운 이웃 데이터 포인트를 기반으로 분류 또는 회귀를 수행하는 비모수적 알고리즘이다.
② 새로운 데이터 포인트와 가장 가까운 이웃들의 클래스를 기반으로 예측한다.

5 SVM(Support Vector Machine) 모형
① 데이터를 고차원 공간으로 매핑하여 선형 또는 비선형 분류를 수행하는 모형이다.
② 최대 마진을 가진 결정 경계를 찾는 것이 주요 목표이며, 이를 통해 일반화 능력이 높은 분류를 가능하게 한다.

6 신경망 모형(ANN, Artificial Neural Network)
① 인공신경망 구조를 사용하여 복잡한 패턴을 학습하는 모델이다.
② 여러 계층의 뉴런으로 구성되며, 숨겨진 계층을 통해 비선형 함수를 모델링할 수 있다.
③ 딥러닝에서 사용되며 이미지 인식, 자연어 처리 등의 다양한 분야에서 활용된다.

7 나이브베이즈(Naive Bayes) 모형

① 베이즈 이론(Bayes' Theorem)을 기반으로 하며, 주어진 특성(또는 예측변수)과 클래스 간의 관계를 모델링한다.
② 확률적 분류 및 분류 문제를 해결하기 위한 간단하면서도 효과적인 통계적 분류 모델이다.

> **보충 학습**
>
> **지도 학습(Supervised Learning)**
> - X를 사용해 Y를 예측할 때, 학습 데이터에 X, Y 데이터가 모두 존재하는 학습을 의미합니다.
> - X를 독립변수, Y를 종속변수라고 하며, Y에는 실제값과 예측값이 존재합니다.
> - 회귀(Regression) 분석과 분류(Classification) 분석이 있습니다.
>
> **비지도 학습(Unsupervised Learning)**
> - 학습 데이터에 X(독립변수)에 대한 데이터만 존재한 학습을 의미합니다.
> - 군집(Clustering) 분석과 연관(Association) 분석이 있습니다.

기출로 개념 확인

01 다음 중 신용카드 고객의 파산 여부를 예측하는 모형으로 옳지 않은 것은?　　21회 기출문제

① 로지스틱회귀 모형
② 선형회귀 모형
③ 의사결정나무 모형
④ 앙상블 모형

정답 해설 신용카드 고객의 파산 여부를 예측하여 파산인지 아닌지를 예측하는 것은 범주 분류 분석에 해당하며, 선형회귀 분석은 연속형 데이터를 대상으로 한다.

02 다음 중 보험사에서 해지할 예상 고객을 예측할 때 사용할 수 있는 가장 적절한 기법은?　　16회 기출문제

① 랜덤 포레스트
② 주성분 분석
③ 군집 분석
④ 연관 분석

정답 해설 '해지할 고객, 해지하지 않을 고객'과 같은 분류가 필요하다. 랜덤 포레스트는 앙상블 기법의 하나로, 분류 예측이 가능한 방법이다.
오답 해설 ②, ③ ④ 주성분 분석, 군집 분석, 연관 분석은 비지도 학습이다.

03 다음 중 모형의 활용 분야가 다른 것은?　　18회 기출문제

① 신경망 모형
② 로지스틱회귀 모형
③ 의사결정나무 모형
④ SOM(Self-Organizing Map)

정답 해설 SOM은 군집 분석에 사용하는 모형이다.
오답 해설 ①, ②, ③ 로지스틱회귀 모형, 신경망 모형, 의사결정나무 모형은 분류에 사용되는 모형이다.

정답 01 ② 02 ① 03 ④

핵심키워드 #odds #log odds #sigmoid #odds ratio

089 로지스틱회귀 분석 ★★★☆☆

1 로지스틱회귀 분석

(1) 로지스틱회귀 분석의 이해
① 종속변수가 범주형일 때 적용되는 회귀 분석 모형으로 로지스틱회귀 모형이라고도 한다.
② 종속변수와 독립변수 간의 관계식을 이용하여, 종속변수가 성공/실패, 사망/생존과 같이 이항변수(0, 1)로 되어있는 이항분류 및 그 이상의 집단인 다항분류에 사용되는 분류 기법이다.
③ 일반선형회귀는 X값의 변화에 따른 Y값의 변화를 알아내는 것으로 X가 1 증가할 때 Y는 회귀계수만큼 증가하는 것이며, 로지스틱회귀는 Y가 성공일 확률에 대한 것을 선형 모델로 알아내는 것이다.

> **전문가의 합격 코멘트**
> 로지스틱회귀 분석은 반응변수(=종속변수)가 범주형이며, '분류 분석' 용도라는 것부터 일반선형회귀 모형과의 차이, odds, log_odds, sigmoid, odds ratio에 대한 내용을 잘 이해하고 있어야 합니다. 특히 sigmoid 함수는 그 식의 형태와 값의 범위도 꼭 암기하셔야 합니다.

(2) 일반선형회귀 분석과 로지스틱회귀 분석

구분	일반 선형회귀	로지스틱회귀
종속변수	연속형 변수	이산형(범주) 변수
수식	$Y=\beta_0+\beta_1 X_1+\beta_2 X_2+\cdots+\beta_n X_n$	$P(Y=1\|X)=\dfrac{1}{1+e^{-z}}$ ($Z=\beta_0+\beta_1 X_1+\beta_2 X_2+\cdots+\beta_n X_n$) $Y=1$은 성공을 의미함
모형 탐색 방법	최소자승법(LSM, 최소제곱법)	최대우도법(MLE), 가중최소자승법
모형 검정	F-test, T-test	χ^2 test
그래프	(선형 그래프)	(S자형 시그모이드 그래프, 0.5 기준 발생 Yes/No)

2 로지스틱회귀 분석 변환 과정
① 로지스틱회귀 분석은 Y가 성공일 확률에 대한 것을 선형 모델로 알아내는 것이다.
② 로지스틱회귀 분석에서 $P(Y=1|X)$는 0~1의 값을, $\beta_0+\beta_1 X_1+\cdots+\beta_n X_n$는 $-\infty \sim +\infty$의 값을 갖기 때문에 변환이 필요하다.
③ Probability(0~1 값)에 odds를 구하면 0~∞로 값이 변환되며, odds값에 log를 취하면 값의 범위가 전체 실수 범위로 확장된다.

④ 선형 분석의 결과인 $-\infty \sim +\infty$의 값을 $0 \sim 1$의 확률값으로 변환하기 위해 sigmoid 함수를 사용한다.

⑤ 따라서 로지스틱회귀는 $P(Y=1|X) = \frac{1}{1+e^{-z}}(Z=\beta_0+\beta_1X_1+\beta_2X_2+\cdots+\beta_nX_n)$다($Y=1$은 성공을 의미함).

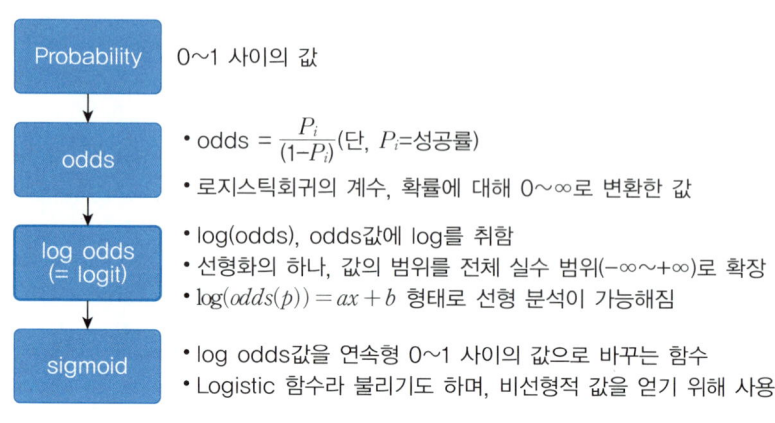

3 R 코드를 통한 로지스틱회귀 분석 변환 과정 해석

(1) 승산, 로그 오즈, 비선형 변환

```
pi <- 0.8
odds <- Pi / (1 - Pi)
log_odds <- log(odds)
r <- 1 / (1 + exp(-log_odds))
```

values	
log_odds	1.38629436111989
odds	4
pi	0.8
r	0.8

① 승산(odds) = $\frac{P_i}{1-P_i}$ (단, P_i = 성공률)
 - 성공할 가능성이 큰 경우는 1.0보다 큰 값이 됨
 - 실패할 가능성이 큰 경우는 1.0보다 작은 값이 됨
 - 로지스틱회귀모델의 회귀계수로, 확률에 대해 $0 \sim \infty$로 변환한 값

② log odds, logit transformation = $\log(odds)$: 선형화(linearization)의 하나로, odds값에 log를 취하여 값의 범위를 전체 실수 범위로 확장함

③ sigmoid 함수
 - Logistic 함수라 불리기도 하며, log odds값을 연속형 $0 \sim 1$ 사이의 값으로 바꾸는 함수
 - 비선형값을 얻기 위해 사용함

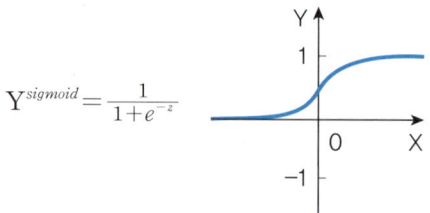

$Y^{sigmoid} = \frac{1}{1+e^{-z}}$

(2) 승산비(odds ratio, 오즈비)

```
prob_a <- 0.5
prob_b <- 0.2
odds_a <- prob_a / (1-prob_a)
odds_b <- prob_b / (1-prob_b)
odds_ratio <- odds_a / odds_b
```

values	
odds_a	1
odds_b	0.25
odds_ratio	4

① 승산비는 나머지 변수가 주어질 때, 예측변수 x1이 한 단위 증가할 때마다 성공($Y=1$)의 오즈(odds)가 몇 배 증가하는지를 나타낸다.

② odds ratio = $odds\_a/odds\_b = exp(coef)$
- 로지스틱회귀에서 $exp(\beta_1)$는 승산비(단, β_1: 어떤 입력변수 x_1에 대한 회귀계수).
- 즉, $exp(\beta_1)=10$이면 x_1이 1 증가할 때마다 성공($Y=1$)의 오즈(odds)가 약 10배 증가함
- 승산비(odds ratio)가 1인 경우는 효과 없음. 음수인 경우 확률 감소, 양수인 경우 확률 증가로 해석함

③ iris 데이터

```
> data(iris)
> a <- subset(iris, Species=='setosa' | Species=='versicolor')
> a$Species <- factor(a$Species)
> b <- glm(Species ~ Sepal.Length, data=a, family=binomial)
> coef(b)
(Intercept)   Sepal.Length
 -27.831451      5.140336
> exp(coef(b))['Sepal.Length']
Sepal.Length
    170.7732
```

- Sepal.Length의 coef가 5.140336이므로, 승산비(odds ratio)는 exp(5.140336)이고, 값을 구하면 170.7732임
- 이는 성공($Y=1$)이 'versicolor'일 경우 'Sepal.Length'가 한 단위 증가하면 'versicolor'일 odds가 170배 증가함을 의미함

4 로지스틱회귀 분석 결과 해석

① 로지스틱회귀 분석도 기본적인 선형회귀 분석과 동일한 해석을 한다.
② Default 데이터셋은 student, balance, income, default의 변수를 가지고 있으며, 이 중 student는 범주형 변수로 Yes, No라는 두 개의 범주를 갖는다.
③ default는 고객의 채무불이행 여부, studentYes는 학생 여부(Yes/No), balance는 채무 잔액, income은 수입을 의미한다.

④ R 코드

```
> Default <- read.csv('data/Default_dataset.csv', stringsAsFactors=TRUE)
> model <- glm(default ~., data=Default, family=binomial)
> summary(model)

Call:
glm(formula = default ~ ., family = binomial, data = Default)

Deviance Residuals:
    Min       1Q   Median       3Q      Max
-2.4691  -0.1418  -0.0557  -0.0203   3.7383

Coefficients:
              Estimate  Std. Error  z value  Pr(>|z|)
(Intercept)  -1.087e+01  4.923e-01  -22.080   < 2e-16 ***
studentYes   -6.468e-01  2.363e-01   -2.738   0.00619 **
balance       5.737e-03  2.319e-04   24.738   < 2e-16 ***
income        3.033e-06  8.203e-06    0.370   0.71152
---
Signif. codes:  0 '***' 0.001 '**' 0.01 '*' 0.05 '.' 0.1 ' ' 1

(Dispersion parameter for binomial family taken to be 1)

    Null deviance: 2920.6  on 9999  degrees of freedom
Residual deviance: 1571.5  on 9996  degrees of freedom
AIC: 1579.5

Number of Fisher Scoring iterations: 8
```

- glm(default ~., data=Default, family=binomial)은 로지스틱회귀(분류), 종속변수는 default, 이항분류임
- income 변수는 p-value가 0.71152이므로 종속변수 default에 통계적으로 유의미한 영향을 주는 변수가 아님
- student가 범주형 변수이기 때문에 더미변수(dummy)로 만들어져 사용됨 (studentYes일 때 1, studentNo일 때 0)
- 회귀식에서 studentYes의 회귀계수가 음수이므로 student값이 Yes일 때, default를 감소시킴

$$default = -1.087e+01 - 6.468e-01 \times studentYes + 5.737e-03 \times balance + 3.033e-06 \times income$$

- studentNo는 0값으로 회귀식에 studentNo 항이 포함되지 않으므로 student값이 No일 때, default를 변화시키지 않음

$$default = -1.087e+01 + 5.737e-03 \times balance + 3.033e-06 \times income$$

- 데이터 개수 n=df+k(변수 개수)+1=9996+3+1=10000개이다.

5 더미변수(Dummy Variable)

① 머신러닝(Machine Learning)에서 학습을 위해 범주형 데이터를 수치형 데이터로 변환하는 데 사용하는 변수로, 각 범주가 독립변수로 생성되며 R언어에서는 별도의 작업 없이 범주형(Factor Type) 변수에 대해 자동으로 더미변수가 생성된다.

② 모든 범주를 각각 독립변수로 만들면 다중공선성 문제를 일으킬 수 있기 때문에 '범주의 개수−1'개의 더미변수가 생성된다.

③ R에서는 범주명을 오름차순으로 정렬했을 때 가장 앞의 것을 제외한 나머지 범주들이 더미변수로 만들어진다.

예) 다음 중 studentNo, TreeA는 더미변수로 생성되지 않는다.

처리 전

no	student	Tree
1	Yes	A
2	No	B
3	No	C
4	Yes	B
5	No	C
6	Yes	A

처리 후

no	studentNo	studentYes	TreeA	TreeB	TreeC
1	0	1	1	0	0
2	1	0	0	1	0
3	1	0	0	0	1
4	0	1	0	1	0
5	1	0	0	0	1
6	0	1	1	0	0

studentYes: 더미 변수, TreeB·TreeC: 더미 변수

기출로 개념 확인

01 다음 내용의 빈칸에 들어갈 알맞은 단어는? <small>25회 기출문제(주관식 변형)</small>

> 아래는 단순 로지스틱회귀 모형이다. "$\exp(\beta_1)$의 의미는 $x_1, x_2, \cdots, x_k$가 주어질 때 x_1이 한 단위 증가할 때마다 성공($Y=1$)의 (　　)이/가 몇 배 증가하는지를 나타내는 값이다."
> $$\log\left(\frac{\Pi(x)}{1-\Pi(x)}\right)=\beta_0+\beta_1 x_1+\cdots+\beta_k x_k$$
> 식에서 $\pi(x)=P(Y=1|x)$, $x=(x_1, \cdots, x_k)$를 나타낸다.

① odds　　　　　　　　　　② log odds
③ odds ratio　　　　　　　　④ sigmoid

정답 해설　로지스틱회귀에서 $\exp(\beta_1)$(단, x_1 변수의 회귀계수)은 나머지 변수가 주어질 때 x_1 변수값이 한 단위 증가할 때마다 성공($Y=1$)의 odds가 몇 배 증가하는지를 나타낸다.

오답 해설　② log odds: 선형화(linearization)의 하나로, odds값에 log를 취하여 값의 범위를 전체 실수 범위로 확장한다.
③ odds ratio: 나머지 변수가 주어질 때, 예측변수 x_1이 한 단위 증가할 때마다 성공($Y=1$)의 오즈(odds)가 몇 배 증가하는지를 나타낸다.
④ sigmoid: Logistic 함수라 불리기도 하며, log odds값을 연속형 0~1의 값으로 바꾸는 함수이다.

02 다음 중 종속변수가 성공 또는 실패인 이항변수일 경우 종속변수와 독립변수 간의 관계식을 이용하여 두 집단 또는 그 이상의 집단을 분류하고자 할 때 사용되는 분석 기법은? <small>20회 기출문제</small>

① 앙상블 모형　　　　　　　② 다중회귀 분석
③ 의사결정나무 모형　　　　④ 로지스틱회귀 분석

정답 해설　• 종속변수가 범주형일 때 적용되는 회귀 분석 모형이다.
• 종속변수와 독립변수 간의 관계식을 이용하여 종속변수가 성공/실패, 사망/생존과 같이 이항변수(0, 1)로 되어 있는 이항 분류 및 그 이상의 집단인 다항분류에 사용되는 분류 기법이다.

03 다음 중 반응변수가 범주형인 경우 적용되는 회귀 분석 모형은? <small>22회 기출문제</small>

① 다중회귀 분석　　　　　　② 로지스틱회귀 분석
③ 더미회귀 분석　　　　　　④ 교차 분석

오답 해설　①, ③ 다중회귀 분석, 더미회귀 분석은 반응변수(= 종속변수)가 연속형인 경우 적용되는 회귀 분석 모형이다.
④ 교차 분석은 명목, 서열 수준과 같은 범주형 변수에 대한 것이지만 회귀 분석이 아닌 교차 빈도를 사용하여 통계적 유의성을 검증하는 통계 분석 기법이다.

정답　01 ①　02 ④　03 ②

핵심키워드 #분리 기준 #정지 규칙 #가지치기 규칙 #지니지수 #엔트로피지수 #카이제곱통계량 #분산 감소량

090 의사결정나무(Decision Tree) 모형

1 의사결정나무 모형

(1) 의사결정나무 개요
① 의사결정 규칙을 나무 구조로 나타내 전체 자료를 몇 개의 소집단으로 분류하거나 예측을 수행하는 분석 방법이다.
② 분석 과정이 직관적이고 이해하기 쉽다.

(2) 의사결정나무 모형

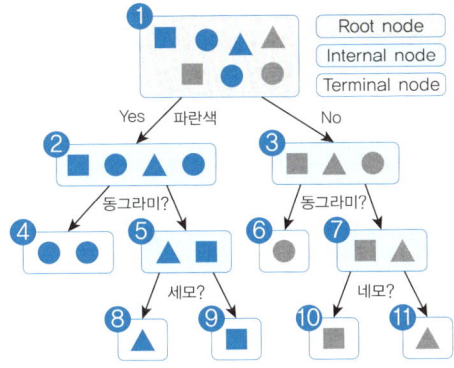

① 뿌리노드(Root Node): 부모노드가 없는 노드로, 최상위 노드(❶번 노드)
② 자식노드(Child Node): 현 노드의 하위 노드(나가는 화살표와 연결된 노드, ❷번의 자식노드는 ❹, ❺번)
③ 부모노드(Parent Node): 현 노드의 상위 노드(들어오는 화살표와 연결된 노드, ❺번의 부모노드는 ❷번 노드)
④ 최종노드(Terminal Node): 자식노드가 없는 노드(위의 그림에서는 ❹, ❻, ❽, ❾, ❿, ⓫번 노드)
⑤ 중간노드(Internal Node): 부모노드와 자식노드가 모두 있는 노드(❷, ❸, ❺, ❼번 노드)
⑥ 가지(Branch): 화살표 모양
⑦ 깊이(Depth): 노드 사이의 가지 수 중 최댓값(위의 경우 Root Node에서 Terminal Node까지 최대 가지 수는 3이므로 깊이가 3인 Tree)

> **전문가의 합격 코멘트**
> 의사결정나무에 대해서는 다양한 문제가 자주 출제되고 있습니다. 전반적인 내용을 모두 살펴보시고, 변형된 형태로 출제가 되기도 하니 정확하게 내용을 알아두시길 바랍니다. 특히 지니지수는 직접 구할 수 있도록 연습해야 합니다.

2 의사결정나무 모형의 종류와 특징

(1) 의사결정나무 모형의 종류
① 분류나무(Classification Tree): 목표변수(= 종속변수)가 이산형인 의사결정나무
② 회귀나무(Regression Tree): 목표변수가 연속형인 의사결정나무

(2) 의사결정나무 모형의 특징
① 새로운 데이터를 분류하거나 값을 예측하는 것을 목표로 한다.
② 분리변수 P차원 공간에 대한 현재 분할은 이전 분할에 영향을 받는다(노드 분리를 위한 질문 생성은 이전 노드 분리를 위한 질문의 영향을 받음).
③ 부모마디보다 자식마디의 순수도가 증가하도록 분류나무를 형성해 나간다(불순도 감소).

(3) 의사결정나무 모형의 장점
① 구조가 단순하여 해석이 용이하다.
② 비모수적 모형으로 선형성, 정규성, 등분산성 등의 수학적 가정이 불필요하다.
③ 종속변수로 범주형(이산형)과 수치형(연속형) 변수를 모두 사용할 수 있다(분류를 위한 의사결정나무 모형과 회귀를 위한 의사결정나무 모형이 모두 존재).
④ 가지치기(Pruning)를 사용하여 비정상적인 잡음 데이터에 대해서도 민감하지 않게 할 수 있다.

(4) 의사결정나무 모형의 단점
① 분류모델의 경우 분류 기준값의 경계선 부근의 자료값은 비연속성을 가지므로 오차가 크다.
② 각 예측변수의 효과를 파악하기가 어렵다(로지스틱회귀는 회귀계수를 통한 예측변수의 효과 파악이 가능).
③ 학습 자료에 심취한 학습을 하는 경향이 커서, 새로운 자료에 대한 예측이 불안정할 수 있다[의사결정나무 모형은 과대적합(Overfitting) 경향이 있음].

부모마디, 자식마디
- 부모마디는 데이터를 특정 조건에 따라 나누는 역할을 하는 것으로 트리의 최상단에 있는 루트 노드(Root Node)는 모든 데이터의 시작점이며, 다른 노드의 부모마디가 될 수 있다. 부모마디는 하나 이상의 자식마디를 가질 수 있다.
- 자식마디는 부모마디의 분리 조건에 따라 데이터가 나뉜 결과를 나타내며, 자식마디는 추가적으로 다른 마디(자식)를 생성할 수도 있고, 최종 노드(Leaf Node)가 될 수도 있다.

3 의사결정나무의 결정 규칙

(1) 의사결정나무의 결정 규칙 개요
① 의사결정나무 모형을 구축할 때 분할 규칙을 사용하여 데이터를 나누고, 정지 규칙을 사용하여 트리 생성을 중지하며, 가지치기 규칙을 사용하여 트리를 단순화하면서 모형을 효과적으로 관리할 수 있다.
② 이러한 규칙들은 모형의 정확성과 일반화 능력을 균형 있게 유지하는 데 도움을 준다.

(2) 분리 기준(Split Criterion)
① 새로운 가지를 만드는 기준을 어떻게 정해야 할까?
② 어떤 특성(변수)을 사용해 데이터를 분할할지를 결정하는 것으로, 정보 이득(Information Gain), 지니지수, 엔트로피지수 등을 사용한다.
③ 정보 이득은 분할 후 불확실성의 감소를 나타내며, 지니지수, 엔트로피지수는 분할 후 클래스의 불순도를 측정하는 것이다.
④ 불확실성이 낮아지는 방향, 불순도가 낮아지는 방향, 즉 순수도가 높아지는 방향으로 분리한다.

불순도

(3) 정지 규칙(Stopping Rule)
① 더 이상 분리가 일어나지 않고 현재의 마디가 최종 마디가 되도록 하는 규칙이다.
② 트리가 지나치게 깊어지거나 과대적합(Overfitting)되는 것을 방지할 수 있다.
③ 정지 규칙의 예
- 노드에 속한 최소 샘플 수가 일정 개수 미만일 때 더 이상 분할을 수행하지 않도록 함
- 트리의 최대 깊이가 일정 수준 이상이 되면 멈춤
- 정보 이득 또는 지니지수의 임곗값 사용으로 분할 후의 평가지표가 일정값 미만이 되면 멈춤
- '불순도 감소량'이 아주 적을 때 정지함

(4) 가지치기 규칙(Pruning Rule)
① 어느 가지를 쳐내야 예측력이 좋은 나무가 될까?
② 생성된 의사결정나무를 단순화하는 프로세스로 불필요한 분기를 제거하여 모델의 일반화 능력을 향상시키는 것이다.
③ 최종 노드가 너무 많으면 과대적합(Overfitting) 가능성이 커지는 데 이를 해결하기 위해 사용한다.
④ 복잡한 트리를 간단하게 만들어 과대적합을 방지하고 데이터에 대한 지나친 적합을 줄여준다.
⑤ 의사결정나무는 가지치기의 비용 함수(Cost Function)를 최소로 하는 분기를 찾아내도록 학습한다.

4 분류용 불순도 측정 지표

(1) 지니지수(Gini Index)

$$\text{Gini}(T) = 1 - \sum \left(\frac{\text{각 범주별 수}}{\text{전체 수}} \right)^2$$
$$= 1 - \sum_{i=1}^{k} P_i^2$$

① 불순도 측정 지표로 그 값이 작을수록 순수도가 높은 것이다[순수도가 높다는 것은 오류(Error)가 적어서 분류가 잘된다는 것을 의미함].

② 가장 작은 값을 갖는 예측변수(= 독립변수)와, 이때의 최적 분리에 의해 자식마디가 형성되므로 여러 변수 중에서 가장 불순도가 작은 값을 갖도록 하는 변수와 분리 조건이 사용된다.

> **보충 학습**
>
> **지니지수의 예**
>
> 1. ◆◆□□ 의 지니지수는 $1 - \left\{ \left(\frac{2}{4}\right)^2 + \left(\frac{2}{4}\right)^2 \right\} = 1 - \left(\frac{1}{4} + \frac{1}{4}\right) = \frac{1}{2}$ 입니다.
>
> 2. 다음과 같은 원본 데이터가 있을 때 색 기준과 모양으로 구분하여 분리할 수 있다면 **불순도가 낮은 '색으로 구분'**이 사용됩니다.
>
> ● ● ▲ ▲ $1 - \left\{ \left(\frac{3}{4}\right)^2 + \left(\frac{1}{4}\right)^2 \right\} = 1 - \frac{5}{8} = \frac{3}{8}$ $1 - \left\{ \left(\frac{2}{4}\right)^2 + \left(\frac{2}{4}\right)^2 \right\} = 1 - \frac{4}{8} = \frac{4}{8}$
>
> 원본 데이터   색으로 구분   모양으로 구분

(2) 엔트로피지수(Entropy Measure)

$$\text{Entropy}(T) = -\sum_{i=1}^{k} P_i \log_2 P_i$$

① 불순도 측정 지표로 그 값이 작을수록 순수도가 높은 것이다.

② 확률이 0.5인 경우(P=0.5) 불순도가 가장 높은 상태이며, 이때의 Entropy는 1이 된다.

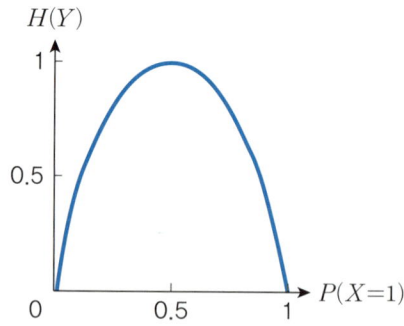

- 그래프에서 $H(Y)$는 Entropy의 크기를 의미하며, $P(X=1)$은 $X=1$일 확률을 의미함
- $P(X=1)$이 0 또는 1인 경우는 Entropy의 값이 0
- $P(X=1)$이 0.5인 경우는 Entropy의 값이 최댓값이 되며 값은 1
    - 예 $P(X=1)$이 0.5인 경우는 동전 던지기를 해서 앞면 또는 뒷면이 나올 가능성이 절반임을 의미함

(3) 카이제곱통계량의 유의확률(p-value)

① p-value가 가장 작은 값을 갖는 방법을 선택한다.
② 카이제곱 동질성검정을 사용한다.
③ 귀무가설: 집단 간 분포가 동일하다.
   대립가설: 집단 간 분포가 동일하지 않다.
④ p-value가 작을수록 집단 간 분포가 동일하지 않은, 이질성이 높은 상태인 것을 의미한다. 이것은 집단 간 분리가 잘 된다는 것으로 이해할 수 있다.

> **보충 학습**
>
> **지니지수, 엔트로피지수, 카이제곱통계량의 p-value에서의 이질성**
> 지니지수 및 엔트로피지수는 이질성이 작은 것이 분리가 잘 되는 것이고, 카이제곱통계량의 p-value는 이질성이 큰 것이 분리가 잘 되는 것입니다.

5 알고리즘별 분리, 정지 기준변수 선택법

의사결정나무를 위한 알고리즘은 CHAID, CART, ID3, C5.0, C4.5가 있으며 하향식 접근 방법을 이용한다.

알고리즘	이산형 목표변수(분류나무)	연속형 목표변수(회귀나무)
CART(Classification And Regression Tree)	지니지수	분산 감소량
C5.0, C4.5	엔트로피지수	-
CHAID(Chi-squared Automatic Interaction Detection)	카이제곱통계량 또는 카이제곱통계량의 p-value	ANOVA F-통계량 또는 ANOVA F-통계량의 p-value

> **보충 학습**
>
> - 지니지수, 엔트로피지수, 카이제곱통계량의 p-value, ANOVA F-통계량의 p-value는 그 값이 작을수록 순수도가 높은 것이고, 분산 감소량은 클수록 순수도가 높은 것입니다.
> - 또한 통계량이 클수록 p-value는 작아지는 특성이 있습니다. 카이제곱통계량, ANOVA F-통계량으로 순수도를 평가한다면 통계량이 클수록 순수도가 높은 것입니다.
> - 하향식 접근 방법을 사용한다는 것은 데이터의 전체적인 구조를 나무 형태로 모델링하고, 상위 노드에서 하위 노드로 내려가면서 데이터를 분할하여 최종 예측을 수행하는 방식을 말합니다.

○ **전문가의 합격 꿀팁**
영문이 무엇의 약자인지 알아두면 암기가 편합니다.

6 의사결정나무 모형의 예(CART 알고리즘)

```
> library(rpart)
> a <- rpart(Species~., data=iris)
> a
> plot(a, compress=T, margin=.3)
> text(a, cex=1)
> install.packages('rpart.plot')
> library(rpart.plot)
> prp(a, type=4, extra=2, digits=3)
> a
n= 150

node), split, n, loss, yval, (yprob)
      * denotes terminal node

1) root 150 100 setosa (0.33333333 0.33333333 0.33333333)
  2) Petal.Length< 2.45 50   0 setosa (1.00000000 0.00000000 0.00000000) *
  3) Petal.Length>=2.45 100  50 versicolor (0.00000000 0.50000000 0.50000000)
    6) Petal.Width< 1.75 54   5 versicolor (0.00000000 0.90740741 0.09259259) *
    7) Petal.Width>=1.75 46   1 virginica (0.00000000 0.02173913 0.97826087) *
```

(1) 코드 해석

① root 150 100 setosa (0.3333333 0.3333333 0.3333333): root node 상태에서 150개이며, 데이터 중 setosa가 50개, setosa가 아닌 것이 100개이다. setosa, versicolor, virginica의 확률은 (0.3333333 0.3333333 0.3333333)이다.

② Petal.Length<2.45 50 0 setosa (1.0000000 0.0000000 0.0000000): Petal.Length<2.45인 데이터가 50개이며, setosa가 50개, setosa가 아닌 것이 0개이다. setosa, versicolor, virginica의 확률은 (1.0000000 0.0000000 0.0000000)이다.

③ Petal.Length>=2.45 100 50 versicolor (0.0000000 0.5000000 0.5000000): Petal.Length>=2.45인 데이터가 100개이며, versicolor가 50개, versicolor가 아닌 것이 50개이다. setosa, versicolor, virginica의 확률은 (0.0000000 0.5000000 0.5000000)이다.

④ Petal.Width<1.75 54   5 versicolor (0.0000000 0.90740741 0.09259259): Petal.Width<1.75인 데이터가 54개이며, versicolor가 49개, versicolor가 아닌 것이 5개이다. setosa, versicolor, virginica의 확률은 (0.0000000 0.90740741 0.09259259)이다.

⑤ Petal.Width>=1.75 46   1 virginica (0.0000000 0.02173913, 0.97826087): Petal.Width>=1.75인 데이터가 46개이며, virginica가 45개, virginica가 아닌 것이 1개이다. setosa, versicolor, virginica의 확률은 (0.0000000 0.02173913, 0.97826087)이다.

(2) 그림 해석 Ⅰ

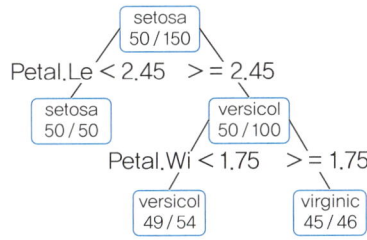

① [setosa 50/150]: 총 150개의 데이터 중에 setosa가 50개, setosa가 아닌 것이 100개이다.
② Petal.Length<2.45–[setosa 50/50]: 총 50개의 데이터 중에 setosa가 50개, setosa가 아닌 것이 0개이다.
③ Petal.Length>=2.45–[versicol 50/100]: 총 100개의 데이터 중에 versicolor가 50개, versicolor가 아닌 것이 50개이다(Petal.Length라는 것은 생략되어 표기되었음).
④ Petal.Width<1.75–[versicol 49/54]: 총 54개의 데이터 중에 versicolor가 49개, versicolor가 아닌 것이 5개이다.
⑤ Petal.Width>=1.75–[virginic 45/46]: 총 46개의 데이터 중에 virginica가 45개, virginica가 아닌 것이 1개이다.

(3) 그림 해석 Ⅱ

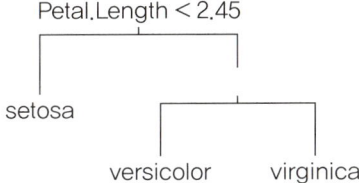

Petal.Length<2.45인 경우 setosa이며, Petal.Length>=2.45인 경우에 Petal.Width<1.75이면 versicolor, 아니면 virginica이다.

기출로 개념 확인

01 다음과 같은 상태의 불순도 측정 방법으로 지니지수를 사용하려고 한다. 지니지수는 얼마인가?

25회 기출문제

① 3 ② 2
③ 1 ④ $\frac{1}{2}$

정답 해설 지니지수=Gini(T)=$1-\sum\left(\frac{\text{각 범주별 데이터 수}}{\text{전체 데이터 수}}\right)^2 = 1-\left\{\left(\frac{2}{4}\right)^2+\left(\frac{2}{4}\right)^2\right\} = 1-\left(\frac{1}{4}+\frac{1}{4}\right) = \frac{1}{2}$

02 다음과 같은 상태의 의사결정나무에서 지니지수는 얼마인가?

22회 기출문제

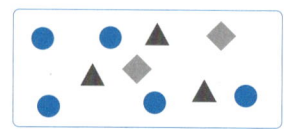

① 0.62 ② 0.56
③ 0.44 ④ 0.68

정답 해설 지니지수=Gini(T)=$1-\sum\left(\frac{\text{각 범주별 데이터 수}}{\text{전체 데이터 수}}\right)^2 = 1-\left\{\left(\frac{5}{10}\right)^2+\left(\frac{3}{10}\right)^2+\left(\frac{2}{10}\right)^2\right\} = 1-\left(\frac{25}{100}+\frac{9}{100}+\frac{4}{100}\right)$
$= 1-\frac{38}{100} = \frac{62}{100} = 0.62$

03 의사결정나무에서 A, B, C노드가 있고 [A노드 Good : 50, Bad : 50], [B노드 Good : 10, Bad : 40], [C노드 Good : 20, Bad : 30]일 때, B노드의 지니지수는?

32회 기출문제

① 0.25 ② 0.32
③ 0.5 ④ 0.52

정답 해설 B노드의 지니지수를 구해야 하므로 [B노드 Good : 10, Bad : 40]으로 구해야 한다.
지니지수=Gini(T)=$1-\sum\left(\frac{\text{각 범주별 데이터 수}}{\text{전체 데이터 수}}\right)^2 = 1-\left\{\left(\frac{1}{5}\right)^2+\left(\frac{4}{5}\right)^2\right\} = 1-\left(\frac{1}{25}+\frac{16}{25}\right) = 1-\frac{17}{25} = \frac{8}{25} = 0.32$

(Good과 Bad의 합이 50이고, Good이 10, Bad가 40이므로 Good은 $\frac{10}{50}=\frac{1}{5}$로 보고 Bad는 $\frac{40}{50}=\frac{4}{5}$로 사용한다)

04 다음 중 의사결정나무의 분류 기준에 대한 설명으로 적절하지 <u>않은</u> 것은? 　　　　35회 기출문제

① 상위 노드로부터 하위 노드로 나무 구조를 형성하는 매 단계 분류변수와 분류 기준값의 선택이 중요하다.
② 지니값(Gini Index)이 작을수록 이질적이며, 순수도가 떨어진다.
③ 카이제곱통계량의 p-값은 그 값이 작을수록 자식 노드 내의 불확실성(이질성)이 큼을 의미한다.
④ 엔트로피지수 $p=0.5$일 때 이질성이 가장 크다.

> **정답 해설** 지니값(Gini Index)이 작을수록 이질적이지 않고, 순수도가 높아진다(클수록 이질적이고 순수도가 떨어짐). 카이제곱통계량의 p-값은 작을수록 자식 노드 내의 불확실성(이질성)이 큰데, 이는 노드와 노드가 잘 분리된다는 것을 의미한다.

05 다음 중 의사결정나무(Decision Tree)에 대한 설명으로 옳지 <u>않은</u> 것은? 　　　　19회 기출문제

① 정지 규칙은 더 이상 분리가 일어나지 않고 현재의 마디가 최종 마디가 되도록 하는 여러 가지 규칙으로 지니지수, 엔트로피지수, 카이제곱통계량 등을 사용한다.
② 최종 마디가 너무 많으면 모형이 과대적합된 상태로 현실 문제에 적용할 수 있는 적절한 규칙이 나오지 않게 되며, 이를 해결하기 위해 가지치기를 한다.
③ 의사결정나무를 위한 알고리즘은 CHAID, CART, ID3, C5.0, C4.5가 있으며 상향식 접근 방법을 이용한다.
④ 의사결정나무는 목표변수가 이산형인 경우의 분류나무(Classification Tree)와 목표변수가 연속형인 경우의 회귀나무(Regression Tree)로 구분된다.

> **정답 해설** 의사결정나무 알고리즘은 하향식 접근 방법을 이용한다.

06 다음 중 의사결정나무 모형에 대한 설명으로 적절하지 <u>않은</u> 것은? 　　　　23회 기출문제

① 의사결정나무의 목적은 새로운 데이터를 분류(Classification)하거나 해당 범주의 값을 예측(Prediction)하는 것이다.
② 목표변수 유형에 따라 범주형 분류나무(Classification Tree)와 연속형 회귀나무(Regression Tree)로 분류된다.
③ 분리변수의 P차원 공간에 대한 현재 분할은 이전 분할에 영향을 받지 않는다.
④ 부모마디보다 자식마디의 순수도가 증가하도록 분류 나무를 형성해 나간다.

> **정답 해설** 의사결정나무에서 분리변수의 P차원 공간에 대한 현재 분할은 이전 분할에 영향을 받는다. 이전에 사용한 변수와 그 변수의 분리 기준에 따라 다음 단계에서 사용되는 변수와 분리 기준이 달라질 수 있다는 것을 의미한다.

07 다음 중 의사결정나무에서 더 이상 분리가 일어나지 않고 현재의 마디가 끝 마디가 되도록 하는 규칙은?

23회 기출문제

① 가지치기 규칙 ② 정지 규칙
③ 분리 기준 ④ 지니지수

정답 해설 의사결정나무 모델을 구축할 때 분리 규칙을 사용하여 데이터를 나누고, 정지 규칙을 사용하여 트리 생성을 중지하며, 가지치기 규칙을 사용하여 트리를 단순화하면서 모델을 효과적으로 관리할 수 있다. 지니지수는 불순도를 알아내는 방법 중 한 가지이다.

08 의사결정나무의 형성 과정 중 최종마디가 너무 많으면 모형이 과대적합 상태로 현실 문제에 적용할 수 없는 규칙이 나오게 된다. 다음 중 이러한 과대적합(Overfitting) 문제를 해결하기 위해 필요한 것은?

28회 기출문제

① 가지치기 규칙 ② 정지 규칙
③ 분리 기준 ④ 지니지수

정답 해설 의사결정나무에서 최종마디를 줄임으로써 과대적합을 해결할 수 있는 방법에는 가지치기 규칙이 있다. 정지 규칙은 더 이상 분리가 일어나지 않고 현재의 마디가 최종마디가 되도록 하는 규칙으로 과대적합을 방지할 수 있다.

09 다음 중 의사결정나무 모형에서 가지치기나 정지 규칙을 적용하지 않고 가지를 모두 사용했을 때 실제 데이터에 적용할 수 없게 되는 문제점은?

23회 기출문제

① 과소적합 ② 일반화
③ 과대적합 ④ 비선형화

정답 해설 의사결정나무에서 가지치기나 정지 규칙을 적용하지 않은 경우 학습 데이터에만 최적화된 모델이 생성될 수 있으며, 이것을 과대적합(Overfitting)이라고 한다. 이 경우 실제 사용 시 에러가 커서 적용할 수 없게 되는 문제가 발생할 수 있다. 따라서 가지치기나 정지 규칙을 적용하여 일반화를 하면 모델의 정확성과 일반화 능력을 균형 있게 유지하는 데 도움이 된다.

10 다음 중 의사결정나무 알고리즘에 대한 설명으로 가장 적절하지 <u>않은</u> 것은?   22회 기출문제

① CHAID는 목표변수가 이산형일 때, Pearson의 카이제곱통계량을 분리 기준으로 사용한다.
② CART는 가장 성취도가 좋은 변수 및 수준을 찾는 것에 중점을 둔 알고리즘이다.
③ Information Gain(정보 이득)이란 어떤 속성을 선택함으로 인해서 데이터를 더 잘 구분하게 되는 것을 의미한다.
④ 의사결정나무는 가지치기의 비용 함수(Cost Function)를 최대로 하는 분기를 찾아내도록 학습한다.

정답 해설 의사결정나무는 가지치기의 비용 함수(Cost Function)를 최소로 하는 분기를 찾아내도록 학습한다.

11 다음 중 의사결정나무에서 이산형 목표변수는 지니지수, 연속형 목표변수는 분산 감소량을 사용하는 알고리즘은?   20회 기출문제

① CHAID
② CART
③ C4.5
④ C5.0

정답 해설 CART, C4.5/C5.0, CHAID 알고리즘 비교

알고리즘	이산형 목표변수 (분류나무)	연속형 목표변수(회귀나무)
CART(Classification And Regression Tree)	지니지수	분산 감소량
C5.0, C4.5	엔트로피지수	-
CHAID(Chi-squared Automatic Interaction Detection)	카이제곱통계량 또는 카이제곱통계량의 p-value	ANOVA F-통계량 또는 ANOVA F-통계량 p-value

12 다음 중 목표변수가 연속형 회귀나무인 경우에 사용하는 분류 기준으로 옳게 짝지어진 것은?   23회 기출문제

① 카이제곱통계량, 지니지수
② 지니지수, 엔트로피지수
③ 엔트로피지수, 분산 감소량
④ 분산 감소량, F-통계량의 p-value

정답 해설 목표변수가 연속형인 경우 CART에서 분산 감소량, CHAID에서 F-통계량의 p-value를 사용한다.

13 다음 중 의사결정나무의 결과에 대한 설명으로 옳지 <u>않은</u> 것은?   22회 기출문제

① 끝 노드로 갈수록 불순도가 상승한다.
② 구조가 단순하여 해석이 용이하다.
③ 수치형 또는 범주형 변수를 모두 사용할 수 있다.
④ 선형성, 정규성, 등분산성 등의 수학적 가정이 불필요한 비모수적 모형이다.

정답 해설 의사결정나무는 순수도가 높아지는 방향으로 분리해 나가기 때문에 끝 노드로 갈수록 불순도가 낮아진다.

14 다음 중 지니지수에 대한 설명으로 옳지 <u>않은</u> 것은?   29회 기출문제

① 지니지수는 '불확실성'을 의미하며 같은 특성을 가진 객체들끼리 잘 모여있는지를 판단한다.
② 지니지수값이 작을수록 이질적이며 순수도(Purity)가 낮다고 할 수 있다.
③ 지니지수는 데이터의 통계적 분산 정도를 정량화해서 표현한 값이다.
④ 지니지수는 이진 분류 모델 생성 시 사용된다.

정답 해설 지니지수는 불확실성을 의미하기 때문에 값이 작을수록 순수도가 높다고 할 수 있다.

정답 01 ④ 02 ① 03 ② 04 ② 05 ③ 06 ③ 07 ② 08 ① 09 ③ 10 ④ 11 ② 12 ④ 13 ① 14 ②

핵심키워드 #Voting #Bagging #Boosting #Random Forest

091 앙상블(Ensemble) 모형 ★★★★★

1 앙상블 모형 개요
① 여러 개의 분류 모형에 의한 결과를 종합하여 분류의 정확도를 높이는 방법이다.
② 성능을 분산시키기 때문에 과적합(Overfitting) 감소 효과가 있다.
③ 앙상블 모형의 종류에는 보팅(Voting), 배깅(Bagging), 부스팅(Boosting), 랜덤 포레스트(Random Forest), 스태킹(Stacking) 등이 있다.
④ 앙상블 기법은 일반적으로 상호 연관성이 낮은 모델을 결합할 때 가장 효과적이다.
⑤ 이를 '다양성(Diversity)'이라고 하는데, 모델이 서로 다르고 독립적일 때 각 모델은 데이터의 다른 부분 또는 패턴을 잡아내는 경향이 있다. 이로 인해 결합된 앙상블 모델은 높은 정확도를 달성할 가능성이 더 높아진다.
⑥ 상호 연관성이 높은 모델을 앙상블하는 경우 각 모델이 유사한 오류를 만들거나 잘못된 판단을 할 가능성이 높아지고 다양성이 부족하므로 개별 모델보다 성능 향상이 제한될 수 있다.

전문가의 합격 코멘트
앙상블 모형은 Bagging, Boosting, Random Forest에서 출제되고 있습니다. Voting, Stacking은 아직 출제된 적이 없었지만 참고로 함께 알아두기를 권장합니다. 특히 앙상블 기법의 특징과 Bagging, Boosting, Random Forest 방법을 정확하게 구분할 수 있어야 하는데 Bagging, Boosting은 표본 추출 방법이 다르며, Random Forest는 분리 기준 생성 시 일부 독립변수(=설명변수, 예측변수)만 랜덤하게 사용된다는 것이 다릅니다. Bagging은 Bootstrap 방식을 사용하는 '단순 임의 복원 추출' 방법이라는 것, Boosting은 이전 학습 모델의 결과 틀린 데이터를 다시 표본으로 추출할 확률을 높인다는 것을 기억하시고, Boosting 방법 중에서 Light GBM은 Leaf-wise Node 방법을 사용하는 것도 함께 기억해 두세요!

2 보팅(Voting)

(1) 보팅(Voting)의 개념
① 동일한 데이터를 사용하는 서로 다른 여러 개의 알고리즘 분류기를 사용한다.
② 각 모델의 결과를 취합하여 많은 것이나 높은 확률로 나온 것을 최종 결과로 채택한다.

(2) 하드 보팅(Hard Voting)과 소프트 보팅(Soft Voting)

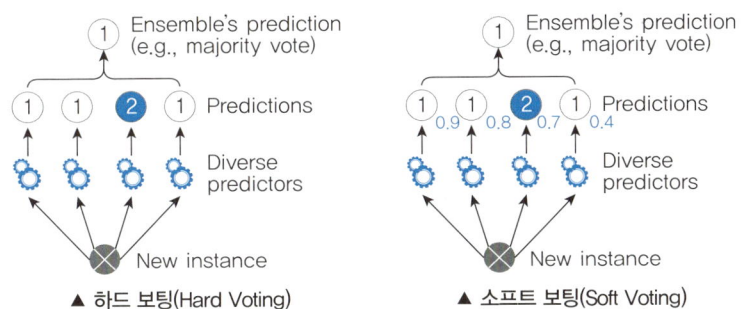

▲ 하드 보팅(Hard Voting)　　▲ 소프트 보팅(Soft Voting)

① 하드 보팅(Hard Voting): 각 모델의 예측 결과 중 많은 것을 선택한다.
　예) 1 예측은 3표, 2 예측은 1표이므로 최종적으로 1로 예측됨
② 소프트 보팅(Soft Voting): 각 모델의 클래스별 확률을 구하고 평균이 높은 확률을 선택한다.
　예) 1 예측: (0.9+0.8+0.3+0.4)÷4=0.6
　　　2 예측: (0.1+0.2+0.7+0.6)÷4=0.4
　　　⇒ 확률이 높은 1로 최종 예측됨

3 배깅(Bagging)

① Bootstrap Aggregating의 줄임말이다.
② 서로 다른 훈련 데이터 샘플로 훈련하며 서로 같은 알고리즘을 사용하는 방식이다.
③ 원 데이터에서 중복을 허용하는, 같은 크기의 표본을 여러 번 단순 임의 복원 추출하여 각 표본에 대해 모델을 생성하는 기법이다.
④ 여러 모델이 병렬로 학습하며, 그 결과를 집계하는 방식이다.
⑤ 같은 데이터가 여러 번 추출될 수도 있고, 어떤 데이터는 추출되지 않을 수도 있다.

4 부스팅(Boosting)

(1) 부스팅(Boosting)의 개념

① 이전 모델의 결과에 따라 다음 모델 표본 추출에서 분류가 잘못된 데이터에 가중치(Weight)를 부여하여 표본을 추출한다.
② 여러 모델이 순차적으로 학습하는 방식이다.
③ 맞히기 어려운 문제를 맞히는 데 초점이 맞춰져 있고, 다른 앙상블 기법에 비해 이상치(Outlier)에 민감한 편이다.

(2) 부스팅의 대표 알고리즘

① Ada Boosting(Adaptive Boosting)
  • 약한 분류기(Weak Classifier)를 연속적으로 학습하고 가중치를 조절하여 강력한 분류기(Strong Classifier)를 만드는 앙상블 학습 알고리즘
  • 각 분류기는 이전 분류기의 오분류된 샘플에 가중치를 부여하여 학습함
② Gradient Boosting
  • 경사 하강법을 이용하여 약한 모델(주로 결정 트리)을 연속적으로 학습하여 강력한 앙상블 모델을 만드는 기법
  • XGBoost, Light GBM, CatBoost 등 다양한 변형이 있음
③ Light GBM
  • Gradient Boosting의 변형 중 하나
  • 고성능 및 효율적인 Gradient Boost 라이브러리
  • Light GBM은 히스토그램 기반 학습을 사용하며, 리프(Leaf) 중심 트리 분할과 병렬 처리를 통해 속도가 빠름(Leaf-wise-Node 방법)

> **보충 학습**
>
> **Leaf-wise-Node 방법**
> 대부분의 Gradient Boosting 구현은 Depth-first 방식을 사용하여 트리를 확장하고 분할할 때 깊이를 우선으로 탐색합니다. 그러나 Light GBM은 Leaf-wise-Node 분할 방법을 사용하는데, 이는 트리를 넓게 확장하는 방법입니다.

5 랜덤 포레스트(Random Forest)
① 배깅(Bagging)에 랜덤 과정을 추가한 방법이다.
② 노드 내 데이터를 자식 노드로 나누는 기준을 정할 때 모든 설명변수에서 최적의 분할을 선택하는 대신 설명변수의 일부분만을 고려하여 성능을 높이는 방법을 사용한다.
③ 여러 개의 의사결정나무를 사용하여 하나의 나무를 사용할 때보다 과대적합 문제를 피할 수 있다.

6 스태킹(Stacking)
① 다양한 기본 모델을 조합하여 더 강력한 메타 모델을 만드는 기술이다.
② 다양한 기본 모델의 결과를 사용하여 메타 모델 학습을 하게 된다.
③ 두 단계의 학습이 있는데, 첫 번째 단계는 다양한 기본 모델들을 사용한 학습이고, 두 번째 단계는 첫 번째 단계에서 얻은 결과를 입력하여 사용하는 메타 모델의 학습이다.
④ 모델 간의 다양성을 높일 때 가장 효과적이며, 서로 다른 알고리즘을 사용하거나 훈련 데이터의 다른 하위 집합을 사용하여 다양성을 확보할 수 있다.
⑤ 충분한 데이터가 없을 때 스태킹이 다른 앙상블 기법보다 효과적일 수 있다.

기출로 개념 확인

01 다음 중 앙상블 모형으로 옳지 <u>않은</u> 것은? 16회 기출문제

① 시그모이드(sigmoid)　　　　② 배깅(Bagging)
③ 랜덤 포레스트(Random Forest)　　④ 부스팅(Boosting)

> **정답 해설** 앙상블 모형의 종류에는 보팅(Voting), 배깅(Bagging), 부스팅(Boosting), 랜덤 포레스트(Random Forest), 스태킹(Stacking) 등이 있다.

02 다음 설명 중 앙상블의 특징으로 적절하지 <u>않은</u> 것은? 21회 기출문제

① 앙상블 학습은 하나의 모델만을 학습시켜 사용하지 않고 여러 모델을 학습시켜 결합하는 방식으로 문제를 처리한다.
② 약하게 학습된 여러 모델들을 결합하여 사용하는 것을 앙상블 학습이라 할 수 있다.
③ 성능을 분산시키기 때문에 과적합(Overfitting) 감소 효과가 있다.
④ 상호 연관성이 높을수록 정확도는 향상이 된다.

> **정답 해설** 앙상블 기법은 일반적으로 상호 연관성이 낮은 모델을 결합할 때 가장 효과적이다. 모델이 서로 다르고 독립적일 때 각 모델은 데이터의 다른 부분 또는 패턴을 잡아내는 경향이 있으며, 이로 인해 결합된 앙상블 모델은 높은 정확도를 달성할 가능성이 더 높아진다.

03 다음 중 원 데이터부터 집합 크기가 같은 표본의 중복을 허용하고, 복원 추출하여 각 표본에 대해 분류기(Classifiers)를 생성하는 기법은? 34회 기출문제

① 부스팅(Boosting)　　　　② 배깅(Bagging)
③ 랜덤 포레스트(Random Forest)　　④ 인공신경망

> **정답 해설** 배깅(Bagging)은 원 데이터로부터 집합 크기가 같은 표본의 중복을 허용하고 복원 추출한다.

04 다음 중 Bootstrap Aggregating의 줄임말로, 원 데이터 집합으로부터 크기가 같은 표본을 여러 번 단순 임의 복원 추출하여 각 표본에 대해 분류기를 생성한 후 그 결과를 앙상블하는 방법은? 23회 기출문제

① 랜덤 포레스트(Random Forest)　② 부스팅(Boosting)
③ 배깅(Bagging)　④ 인공신경망

정답 해설 데이터 집합으로부터 크기가 같은 표본을 여러 번 단순 임의 복원 추출하여 앙상블하는 방법은 배깅(Bagging)이다.

✓ 풀이전략
배깅(Bagging)이 무엇인지 설명하면서 Bootstrap이라는 단어도 알려주는 친절한 문제입니다. '데이터 집합으로부터 크기가 같은 표본을 여러 번 단순 임의 복원 추출'한다는 것을 반드시 기억하세요.

05 다음 중 재표본 과정에서 각 자료에 동일한 확률을 부여하지 않고, 분류가 잘못된 데이터에 더 가중을 주어 표본을 추출하는 분석 기법은? 19회 기출문제

① 배깅(Bagging)　② 부스팅(Boosting)
③ 랜덤 포레스트(Random Forest)　④ 퍼셉트론(Perceptron)

정답 해설 부스팅(Boosting)은 배깅(Bagging)과 표본을 추출하는 방법이 다르다. 순차 학습이 될 수밖에 없는 결정적인 이유는 바로 이전 모델의 학습 결과, 분류가 잘못된 데이터에 더 가중치를 부여하여 표본을 추출하기 때문이다.

06 다음 중 부스팅(Boosting) 알고리즘 중 Leaf-wise-Node 방법을 사용하는 알고리즘은? 25회 기출문제

① Adaboost　② GBM
③ Xgboost　④ Light GBM

정답 해설 부스팅(Boosting)의 방법 중에서 Light GBM은 Leaf-wise-Node 방법을 사용한다.

07 다음 중 앙상블 모형 관련 설명 중 매번 분할을 수행할 때마다 설명변수의 일부분만을 고려하여 성능을 높이는 방법은?

27회 기출문제

① 배깅(Bagging)
② 부스팅(Boosting)
③ 랜덤 포레스트(Random Forest)
④ 의사결정나무

정답 해설 랜덤 포레스트 방법은 '매번 분할을 수행할 때마다 설명변수(= 독립변수)의 일부분만을 랜덤하게 고려'하여 성능을 높이는 방법이다.

08 다음 중 부스팅(Boosting)에 대한 설명으로 옳은 것은?

29회 기출문제

① 여러 개의 붓스트랩 자료를 생성해 각 붓스트랩 자료에 예측 모형을 만들고 결합하여 보팅(Voting)을 통한 최종 예측 모형을 만드는 방법이다.
② 결정 트리의 단점인 훈련 데이터에 과대적합되는 경향을 보완한 방법이다.
③ 약한 학습기의 오류 데이터에 가중치를 부여하면서 최종 모형을 만들어가는 방법이다.
④ 주어진 데이터 집합을 바탕으로 새로운 데이터가 어느 카테고리에 속할지 판단하는 비확률적 이진 선형 분류 모델을 만드는 방법이다.

오답 해설 ① 배깅(Bagging)에 대한 설명이다.
② 앙상블(Ensemble)에 대한 설명이다. 주어진 설명만으로 부스팅(Boosting)으로 단정할 수 없다.
④ SVM에 대한 설명이다.

정답 01 ① 02 ④ 03 ② 04 ③ 05 ② 06 ④ 07 ③ 08 ③

핵심키워드 #K-NN #Lazy Learning #SVM

092 K-NN, SVM

★★☆☆☆

1 K-NN(k-Nearest Neighbors)

① 새로운 데이터에 대해 주어진 이웃의 개수(k)만큼 가까운 멤버들과 비교하여 결과를 판단하는 방법이다.
② k값에 따라 소속되는 그룹이 달라질 수 있다(k값=Hyper Parameter).
③ 거리를 측정해 이웃들을 뽑기 때문에 스케일링이 중요하다.
④ 반응변수가 범주형이면 분류, 연속형이면 회귀 목적으로 사용된다.
⑤ 모형을 미리 만들지 않고, 새로운 데이터가 들어오면 그때부터 계산을 시작하는 Lazy Learning(게으른 학습)이 사용되는 지도 학습 알고리즘이다.
⑥ 이상치가 있는 경우 이상치는 주변의 이웃들과의 거리를 크게 벌리는 경향이 있어 모델의 예측에 큰 영향을 미칠 수 있다. 특히 이웃의 개수(k)가 작은 경우 그 영향이 더 크게 나타날 수 있다.

> **전문가의 합격 코멘트**
> K-NN의 특징을 묻는 문제가 출제되었습니다. Lazy Learning에 대한 개념을 함께 기억하세요.

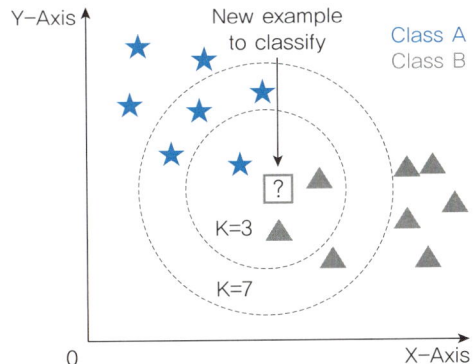

2 SVM(Support Vector Machine)

서로 다른 분류에 속한 데이터 간의 간격(Margin)이 최대가 되는 선을 찾아 이를 기준으로 데이터를 분류하는 모델이다.

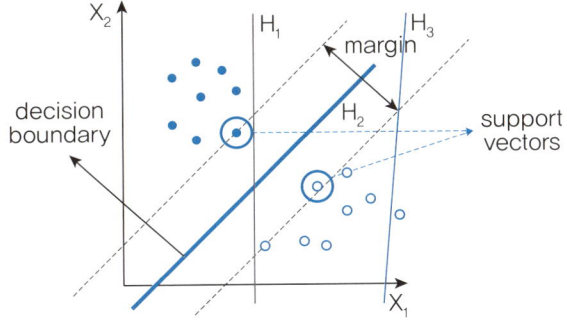

H₃는 분류를 올바르게 하지 못하며, H₁과 H₂는 분류를 올바르게 하는데 H₂가 H₁보다 더 큰 간격을 갖고 분류하므로 분류 기준이 된다.

기출로 개념 확인

01 다음 중 Lazy Learning(게으른 학습)이 사용되는 지도 학습 알고리즘은?   21회 기출문제

① K-NN
② SVM
③ 로지스틱회귀
④ 의사결정나무

정답 해설 게으른 학습이란 모형을 미리 만들지 않고 새로운 데이터가 들어오면 그때부터 계산을 시작하는 것으로, K-NN의 학습 특징이다.

02 다음 중 K-Nearest Neighbor의 단점으로 옳지 않은 것은?   29회 기출문제

① k값을 구하기 어렵다.
② 비수치형 데이터에는 사용하기 어렵다.
③ 이상치에 영향을 많이 받는다.
④ 차원의 크기가 크면 계산의 양이 많아진다.

정답 해설 K-NN 방법은 비수치형 데이터(범주형 데이터)에도 적용할 수 있다. 다만, 비수치형 데이터를 숫자로 변환하는 Encoding 방법의 적용이 필요하다.

정답 01 ① 02 ②

핵심키워드 #activation function #sigmoid #softmax #Weights

093 인공신경망(ANN) 모형 ★★★★☆

1 인공신경망(ANN, Artificial Neural Network)

(1) 인공신경망 개요
① 인공신경망을 이용하면 분류 및 예측을 할 수 있다.
② 인공신경망은 입력층, 은닉층, 출력층 3개의 층으로 구성되어 있고, 각 층에 뉴런이 여러 개 포함되어 있다.
③ 뉴런은 퍼셉트론(Perceptron)이라고도 불린다.
④ 인공신경망에서 학습은 입력에 대한 올바른 출력이 나오도록 가중치(Weights)를 조절하는 것이다.

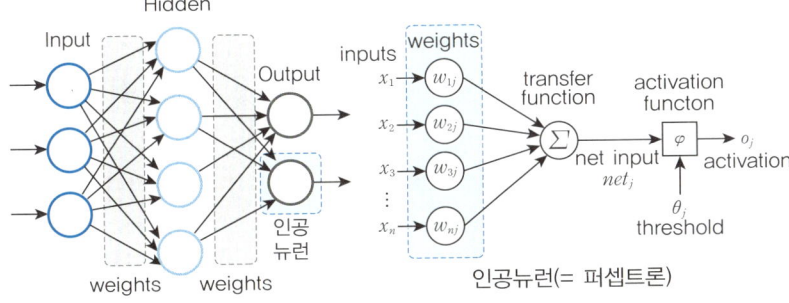

> **전문가의 합격 코멘트**
>
> 인공신경망에 대한 다양한 유형의 문제가 출제되고 있습니다. 어려운 용어들이 많지만, 용어 중심으로 학습해야 합니다. 특히, 인공신경망의 Activation Function인 sigmoid, softmax의 수식을 알고 있어야 하며, 인공신경망의 특징, 기울기 소실, 역전파 알고리즘, 레이어와 노드의 개수 조절에 대한 내용을 집중적으로 학습하세요.

(2) 신경망 모형의 장단점

① 장점
- 변수의 수가 많거나 입·출력변수 간에 복잡한 비선형 관계에 유용함
- 이상치 잡음에 대해서도 민감하게 반응하지 않음
- 입력변수와 목적변수가 연속형이나 이산형인 경우 모두 처리 가능함

② 단점
- 결과에 대한 해석이 쉽지 않음
- 최적의 모형을 도출하는 것이 상대적으로 어려움
- 모형이 복잡하면 훈련 과정에 시간이 많이 소요됨
- 데이터를 정규화하지 않으면 지역해(Local Minimum)에 빠질 위험이 있음

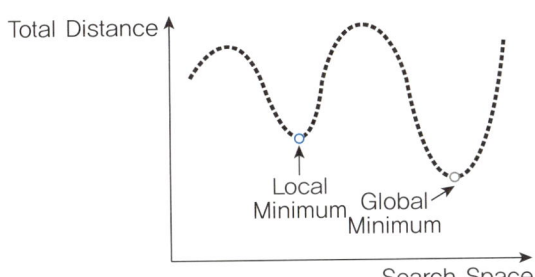

> Global Minimum이 찾으려고 하는 최적해이다. 그러나 Local Minimum을 만나게 되면 최적의 해가 있는 위치로 인지하고 학습을 멈추게 될 수 있다.

> **보충 학습**
>
> **지역해(Local Minimum)**
> 특정 지역에서만 최솟값을 갖는 지점을 의미합니다. 즉, 해당 지점에서는 그 주변보다 높은 값들 중에서 최솟값을 가지고 있지만, 전역적으로는 최솟값이 아닐 수 있습니다. 경사하강법과 같은 최적화 알고리즘을 사용할 때, 지역 최솟값에 빠질 우려가 있습니다. 이는 알고리즘이 시작점을 잘못 선택하거나, 함수가 국소적으로 간혹 다른 최솟값을 가질 수 있기 때문입니다.
>
> **최적해(Global Minimum)**
> 주어진 함수에서 전체적으로 가장 작은 값을 갖는 지점을 나타냅니다. 이는 함수 전체에서의 최솟값이며, 함수의 모든 입력에 대해 해당 값이 최소임을 의미합니다. 전역 최솟값은 특정 지역에 국한되지 않고, 전체 함수의 형태를 고려하여 결정됩니다.

2 경사하강법(Gradient Descent)

(1) 경사하강법 개요

① <u>함수 기울기를 낮은 쪽으로 계속 이동시켜 극값에 이를 때까지 반복시키는 것</u>을 말한다.
② 제시된 함수의 기울기의 최솟값을 찾아내는 머신러닝 알고리즘이다.
③ <u>비용 함수(Cost Function)</u>를 최소화하기 위해 매개변수(Parameter)를 반복적으로 조정하는 과정이다.

비용 함수(Cost Function)
모델이 예측한 값과 실제값 간의 차이를 수치화하여 학습 과정에서 이 차이를 최소화하도록 신경망을 최적화하는 데 사용되며, 학습의 성능을 평가하는 핵심적인 요소로 손실(Loss) 함수라고도 불린다.

(2) 경사하강법 과정

① 임의의 매개변수(Parameter) 값으로 시작한다.
② 비용 함수(Cost Function)를 계산한다. 비용 함수(Cost Function)는 시작점에서 곡선의 기울기를 통해 계산한다.
③ 매개변수 w의 값 갱신: W=W−learning rate×기울기 미분값

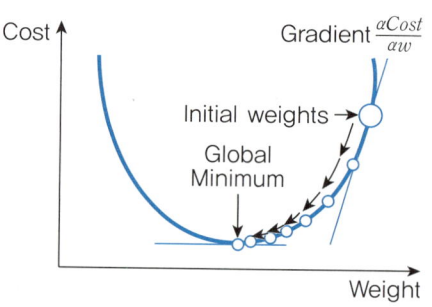

- n번은 최솟값을 향해 수렴한다.
- 효율적인 학습을 위해 Learning Rate가 적절해야 한다.

3 신경망 활성화 함수(Activation Function)

(1) 신경망 활성화 함수의 개요

① 결괏값을 내보낼 때 사용하는 함수로, 가중치값을 학습할 때 에러가 적게 나도록 돕는다.

② 풀고자 하는 문제의 종류에 따라 활성화 함수의 선택이 달라진다.

③ 목표 정확도와 학습 시간을 고려하여 선택하고 Layer(층)별로 다른 활성화 함수를 사용하는 방식으로, 혼합 사용을 할 수도 있다.

④ 문제 결과가 직선을 따르는 경향이 있으면 '선형 함수'를 사용한다(회귀 분석).

⑤ sigmoid를 사용하는 경우 층이 많아지면 기울기 소실 문제가 발생할 수 있다.

(2) 활성화 함수의 종류

① 계단 함수: X가 0 또는 양수값이면 $Y=1$, 음수값이면 $Y=0$이다.

$$Y^{step}=\begin{cases} 1, & if\ X \geq 0 \\ 0, & if\ X < 0 \end{cases}$$

(X는 입력, Y는 출력을 의미함)

② 부호 함수: X가 0 또는 양수값이면 $Y=1$, 음수값이면 $Y=-1$이다.

$$Y^{sign}=\begin{cases} +1, & if\ X \geq 0 \\ -1, & if\ X < 0 \end{cases}$$

(X는 입력, Y는 출력을 의미함)

③ 선형 함수: 직선의 형태로, 입력에 대해 비례적으로 증가하거나 감소한다.

$$Y^{linear}=X$$

(X는 입력, Y는 출력을 의미함)

(3) 문제 종류에 따른 활성화 함수의 선택

① sigmoid 함수

- 이진 분류 문제에 사용됨
- 연속형 0 ~ 1의 범위를 가지며, Logistic 함수라고도 함
- 선형적인 멀티 퍼셉트론에서 비선형값을 얻기 위해 사용함

$$sigmoid(x) = \frac{1}{1+e^{-x}}$$

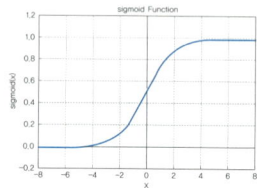

② softmax 함수

- 다중 클래스(3개 이상의 범주) 분류 문제에서 주로 사용함
- 모든 Logist의 합이 1이 되도록 출력을 정규화함
- sigmoid 함수의 일반화된 형태로, 결과가 다범주인 경우 각 범주에 속할 사후 확률(Posterior Probability)을 제공하는 활성화 함수

$$softmax(z_i) = \frac{e^{zi}}{\sum_{j=1}^{k} e^{zj}}$$

$$\begin{bmatrix} 1.2 \\ 0.9 \\ 0.4 \end{bmatrix} \rightarrow softmax \rightarrow \begin{bmatrix} 0.46 \\ 0.34 \\ 0.20 \end{bmatrix}$$

③ ReLU 함수

- 음수 입력에 대해 0을 출력하고 양수 입력에 대해 입력값을 그대로 출력함
- 이미지 분류를 포함한 다양한 문제에 사용되며, 경사가 소실되지 않고 학습이 빠르게 진행되는 장점이 있음
- 음수 입력에 대해서는 출력이 0이 되는 Dying ReLU 문제가 발생함

$$f(x) = max(0, x)$$

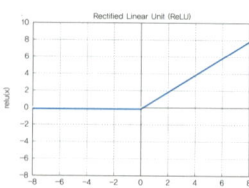

④ Leaky ReLU / ELU(Exponential Linear Unit)

- Dying ReLU 문제를 해결하기 위해 도입함
- 음수 입력에 대해 작은 기울기를 가지도록 하여 Dying ReLU를 방지함
- CNN 및 다양한 딥러닝 아키텍처에서 사용됨

⑤ tanh(Hyperbolic Tangent Function)
- 함수의 중심점을 0으로 옮겨 sigmoid가 갖고 있던 문제인 최적화 과정에서 느려지는 것을 해결함
- 연속형 −1 ~ 1의 범위를 가짐
- 기울기 소실(Gradient Vanishing) 문제는 해결하지 못함

$$Y_{tanh} = \frac{exp(z) - exp(-z)}{exp(z) + exp(-z)}$$

4 신경망 은닉층, 은닉 노드
① 다층신경망은 단층신경망에 비해 훈련이 어렵다.
② 은닉층 수와 은닉 노드 수 결정은 '분석가가 분석 경험에 의해 설정'한다.

은닉층/은닉 노드가 너무 적은 경우	• 네트워크가 복잡한 의사결정 경계를 만들 수 없음 • 과소적합(Underfitting) 문제가 발생함
은닉층/은닉 노드가 너무 많은 경우	• 복잡성을 잡아낼 수 있지만 일반화하기가 어려움 • 레이어가 많아지면 기울기 소실 문제가 발생할 수 있음 • 과대적합(Overfitting) 문제가 발생함

5 기울기 소실(Vanishing Gradient) 문제
① 역전파(Backpropagation) 알고리즘은 출력층(Output Layer)에서 입력층(Input Layer)으로 오차 기울기를 흘려 보내면서, 각 뉴런의 입력값에 대한 손실 함수의 기울기를 계산한다.
② 계산된 기울기를 사용하여 각 가중치 매개변수를 업데이트한다.
③ 기울기 소실은 다층신경망에서 역전파 알고리즘이 입력층으로 갈수록 Gradient가 점차적으로 작아져 0에 수렴하므로 Weight가 업데이트(갱신)되지 않는 현상을 말한다.
④ sigmoid 함수를 활성화 함수(Activation Function)로 사용할 때 발생하므로 기울기 소실 문제의 해결을 위해 ReLU 등 다른 함수를 활성화 함수로 사용한다.

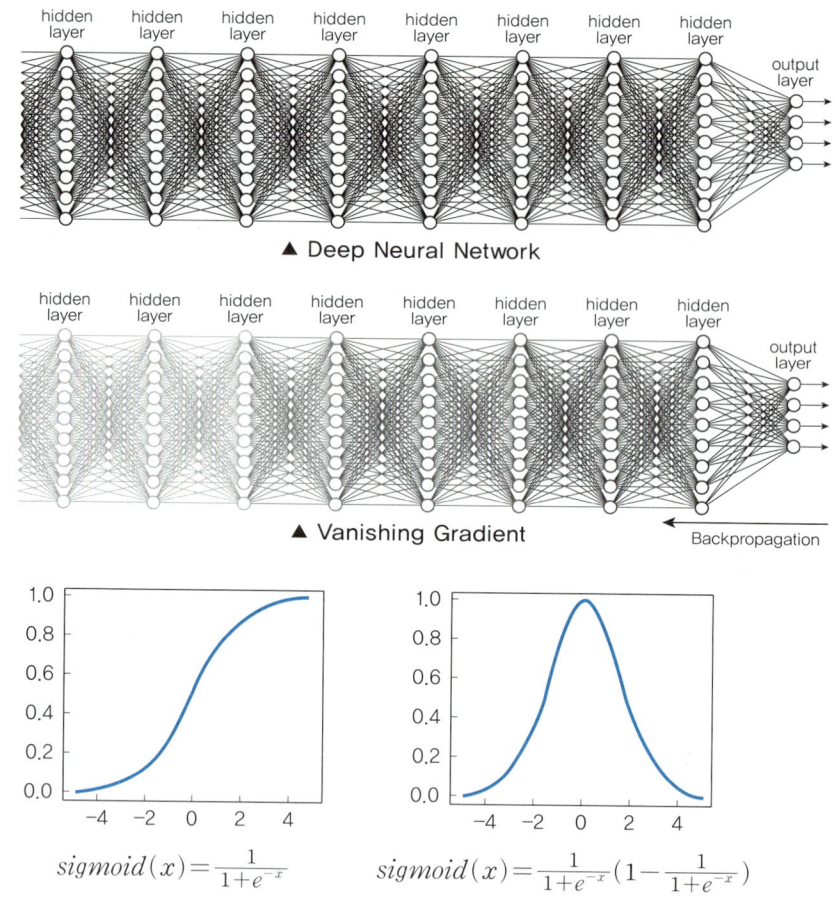

▲ Deep Neural Network

▲ Vanishing Gradient

$sigmoid(x) = \dfrac{1}{1+e^{-x}}$ $sigmoid(x) = \dfrac{1}{1+e^{-x}}\left(1 - \dfrac{1}{1+e^{-x}}\right)$

x=0에서 기울기 최대가 되고 x가 크거나 작을 때 기울기가 0에 가까워 짐

$W = W - a\dfrac{d}{dW}cost(W, b)$

기출로 개념 확인

01 다음 중 인공신경망의 특징으로 옳지 <u>않은</u> 것은? 19회 기출문제

① 분석가의 주관과 경험에 따른다.
② 입력변수의 속성에 따라 활성화 함수의 선택이 달라진다.
③ 역전파 알고리즘이 동일한 입력층에 대해 원하는 값이 출력될 수 있도록 각각의 weight를 조정하는 방법이다.
④ 이상치 잡음에 민감하지 않다.

정답 해설 풀고자 하는 문제의 종류에 따라 활성화 함수의 선택이 달라진다.

02 다음 중 시그모이드(sigmoid) 함수의 일반화된 형태로, 목표치가 다범주인 경우 각 범주에 속할 사후 확률(Posterior Probability)을 제공하는 활성화 함수는? 35회 기출문제

① ReLU
② sigmoid
③ softmax
④ Leaky ReLU

정답 해설 sigmoid(시그모이드) 함수는 이진분류, softmax 함수는 다항분류(다범주), ReLU는 이미지 학습, Leaky ReLU는 Dying ReLU의 해결을 위해 사용하는 활성화 함수이다.

03 다음 중 시그모이드 함수의 범위는? 20회 기출문제

① 0~1
② -1~1
③ -1~0
④ 0.5~1

정답 해설 sigmoid 함수는 0~1의 값을 갖는다. -1~1의 범위를 갖는 활성화 함수에는 tanh가 있다.

04 Logistic 함수라 불리기도 하며, 선형인 멀티 퍼셉트론에서 비선형값을 얻기 위해 사용하기 시작한 함수로 0~1의 값을 함수의 범위로 갖는 활성화 함수는? 21회 기출문제

① 부호 함수
② 계단 함수
③ 소프트맥스 함수
④ 시그모이드 함수

정답 해설 시그모이드(sigmoid) 함수는 Logistic 함수라 불리며 연속형 0~1의 값을 갖고 멀티 퍼셉트론에서 비선형값을 얻기 위해 사용한다. 계단 함수는 0 또는 1의 값을 갖고, 소프트맥스 함수는 다범주 분류에 사용된다.

05 다음 중 인공신경망(ANN)의 은닉 노드의 수가 적으면 발생하는 문제점은? 23회 기출문제
① 네트워크가 복잡한 의사결정 경계를 만들 수 없다.
② 네트워크의 일반화가 어렵다.
③ 레이어(Layer)가 적을 때 기울기 소실 문제가 발생한다.
④ 노드의 수가 적으면 과대적합 문제가 발생한다.

> **정답 해설** 은닉 노드는 학습을 하는 직접적인 요소이므로 은닉 노드가 많을수록 복잡한 의사결정 경계를 갖는 문제에 대한 학습이 잘 되고, 은닉 노드가 적으면 복잡한 의사결정 경계를 만들 수 없게 된다.

06 다음 중 다층신경망에서 은닉층이 많아 인공신경망 기울기의 값을 베이스로 하는 역전파 알고리즘으로 학습시키려고 할 때 발생하는 weight가 갱신되지 <u>않는</u> 문제는? 23회 기출문제(주관식 변형)
① 과대적합(Overfitting)　　② 과소적합(Underfitting)
③ 기울기 소실　　④ 지역해(Local Minimum)

> **정답 해설** 기울기 소실(Vanishing Gradient) 문제는 다층신경망에서 역전파 알고리즘이 입력층으로 갈수록 Gradient가 점차적으로 작아져 0에 수렴하여, weight가 업데이트되지 않는 현상이다.

07 인공신경망에서 역전파 알고리즘은 출력층으로부터 하나씩 앞으로 되돌아가며 각 층의 가중치를 수정하는 방법이다. 다음 중 은닉층이 늘어나면서 기울기가 중간에 0이 되는 문제는? 23회 기출문제(주관식 변형)
① 과대적합(Overfitting)　　② 과소적합(Underfitting)
③ 기울기 소실　　④ 지역해(Local Minimum)

> **정답 해설** 기울기가 0이 되는 문제를 기울기 소실 문제라고 하며, 기울기가 소실되면 학습이 더 이상 진행되지 않는다.
>
> ✓ **풀이전략**
> **06**번과 동일한 문항인데 설명만 약간 다르게 해서 출제되었습니다. 실제 시험도 이러한 방식으로 출제됩니다.

정답 01 ② 02 ③ 03 ① 04 ④ 05 ① 06 ③ 07 ③

핵심키워드 #Accuracy #Error Rate #Precision #Recall #Sensitivity #Specificity #FP Rate #F1 Score

094 분류 모형 평가 지표1 - 오분류표 ★★★★★

1 오분류표에서 사용되는 약어의 의미

T/F P/N

실제 == 예측: True   True 예측: Positive
실제 != 예측: False   False 예측: Negative

T P   T N   F P   F N

① 오분류표는 실제값과 예측값의 일치, 불일치에 대해 집계한 표이다.
② 오분류표 내부에 TP, TN, FP, FN 등의 값이 표시되어 있으며 이 값을 사용해 다양한 분류 모형 성능평가 지표를 구할 수 있다.
③ 오분류표의 식을 이해하기 위해서는 TP, TN, FP, FN에서 T/F, P/N의 의미를 알아야 한다.
- T/F: 예측값과 실제값이 동일하여 맞춘 경우는 T, 동일하지 않아 틀린 경우는 F로 표기
- P/N: True인 경우 Positive를 의미하는 P, False인 경우 Negative를 의미하는 N으로 표기

구분	결과	예측, 실제 상황
TP(True Positive)	맞음	예측 True, 실제 True
TN(True Negative)	맞음	예측 False, 실제 False
FP(False Positive)	틀림	예측 True, 실제 False
FN(False Negative)	틀림	예측 False, 실제 True

2 오분류표(= 혼동행렬, Confusion Matrix)

(1) 오분류표 개요

① 구분이 예측/실제 또는 실제/예측으로 되어 있거나 FALSE/TRUE, TRUE/FALSE 등으로 나왔을 때에도 정확하게 표를 이해할 수 있어야 한다.
② 문제에서 오분류표가 제시되면 실제/예측, TRUE/FALSE의 위치를 먼저 확인하고 문제를 풀도록 한다.

구분		실제		구분		예측	
		FALSE	TRUE			FALSE	TRUE
예측	FALSE	TN	FN(2종)	실제	FALSE	TN	FP(1종)
	TRUE	FP(1종)	TP		TRUE	FN(2종)	TP

> **전문가의 합격 코멘트**
> 오분류표를 활용한 Accuracy, Error Rate, Precision, Recall (=Sensitivity), Specificity, FP Rate의 식을 찾거나 계산하는 문제가 출제되었습니다. 클래스 불균형 데이터에서 F1 Score를 사용하는 것이 Accuracy보다 적합한 방식이라는 것을 기억하세요.

> **전문가의 합격 꿀팁**
> F0.5인 경우는 정밀도에 재현율의 2배 만큼의 가중치가 부여됩니다.

③ 오분류표를 사용하여 Accuracy, Error Rate, Precision, Recall, F1 Score, Specificity, FP Rate와 같은 분류 모형 성능평가 지표를 구할 수 있도록 연습해야 한다.

구분		예측(귀무가설, H_0)		Error Rate
		TRUE	FALSE	(FP+FN)÷(TP+TN+FP+FN)
실제 (판정)	TRUE 채택	TP	FN(2종 오류)	Sensitivity, Recall: TP÷(TP+FN) TP Rate라고도 함(ROC Curve)
	FALSE 기각	FP(1종 오류)	TN	Specificity: TN÷(TN+FP) FP Rate: FP÷(TN+FP), 1−Specificity
Type 1 error(α) P(H_0 기각 | H_0 참)		Precision: TP÷(TP+FP)		Accuracy: (TP+TN)÷(TP+TN+FP+FN)
Type 2 error(β) P(H_0 채택 | H_0 거짓)		F1 Score = 2×(Precision×Recall)÷(Precision+Recall)		

> **보충 학습**
> 위의 표에서 Sensitivity와 Precision은 '실Sen예Pre'로 암기하세요.
> '실'이라는 글자의 'ㄹ'이 Sensitivity의 'S'와 비슷하죠.
> 그리고 예쁘다! Pretty! 그래서 '예', 'Pre'라고 암기하는 것입니다.
> 실제가 TRUE인 것에 대해 예측도 TRUE인 것이 Sensitivity → '실Sen'
> 예측이 TRUE인 것에 대해 실제도 TRUE인 것이 Precision → '예Pre'

(2) 분류 모형 오분류표

정확도, 정분류율 (Accuracy)	• 전체 예측에서 옳은 예측의 비율 • Accuracy = $\frac{TP+TN}{TN+TP+FN+FP}$
오분류율 (Error Rate)	• 전체 예측에서 틀린 예측의 비율 • Error Rate = $\frac{FP+FN}{TP+TN+FP+FN}$
정밀도(Precision)	• 예측값이 TRUE인 것에 대해 실제값도 TRUE인 것(맞춘 것)의 비율 • Precision = $\frac{TP}{TP+FP}$
재현율, 민감도 (Recall, Sensitivity)	• 실제값이 TRUE인 것에 대해 예측값도 TRUE인 것(맞춘 것)의 비율 • Recall, Sensitivity = $\frac{TP}{TP+FN}$
F1 Score	• 불균형한 데이터(Imbalanced Data) 평가에 사용함 • 정밀도와 재현율의 조화평균으로, 정밀도와 재현율에 같은 가중치를 부여하여 평균한 지표 • F1 = 2 × $\frac{Precision \times Recall}{Precision + Recall}$ • Accuracy의 경우 불균형한 레이블값 분포의 데이터에서는 모델의 성능이 실제로 좋지 못하더라도 정확도가 높을 수 있음

F2 Score	• F 뒤의 숫자는 재현율에 부여하는 가중치를 주는 방식을 의미함 • 재현율에 정밀도의 2배만큼 가중치를 부여하는 것 • $F_\beta = (1+\beta) \times \dfrac{\text{precision} \times \text{recall}}{(\beta^2 \times \text{precision}) + \text{recall}}$ 　예) $F_2 = (1+2^2) \times \dfrac{\text{precision} \times \text{recall}}{(2^2 \times \text{precision}) + \text{recall}}$
특이도 (Specificity)	• 일반적인 지표들은 True로 맞춘 것에 대해 관심이 있는데, 특이도는 False로 맞춘 것에 대해 관심이 있음 • 실제 False인 것 중에서 예측도 False인 것(맞춘 것)의 비율 • $\text{Specificity} = \dfrac{TN}{TN+FP}$
FP Rate (1종 오류)	• 실제 False인 것 중에서 예측이 True인 것(틀린 것)의 비율 • $\text{FP Rate} = \dfrac{FP}{TN+FP} = 1 - \text{Specificity}$

보충 학습

오분류표를 사용하여 Accuracy~F1 Score 구하기

N=165		Predicted		
		NO	YES	
Actual	NO	TN=50	FP=10	60
	YES	FN=5	TP=100	105
		55	110	

- Accuracy=(TP+TN)÷(TN+TP+FN+FP)=150÷165≒0.91
- Error Rate=(FP+FN)÷(TN+TP+FN+FP)=15÷165≒0.09
- Specificity=TN÷(TN+FP)=50÷60≒0.83
- FP Rate=FP÷(TN+FP)=10÷60≒0.17
- Precision=TP÷(TP+FP)=100÷110≒0.91
- Recall=TP÷(TP+FN)=100÷105≒0.95
- F1=2×(Precision×Recall)÷(Precision+Recall)
  =2×(0.91×0.95)÷(0.91+0.95)≒0.93

기출로 개념 확인

01 다음 중 오분류표(Confusion Matrix)의 오분류율(Error Rate)은? 23회 기출문제

Confusion Matrix		예측값	
		TRUE	FALSE
실제값	TRUE	40	60
	FALSE	60	40

① 0.6　　　　　　　　　　　　② 0.4
③ 0.5　　　　　　　　　　　　④ 0.3

정답 해설
- Error Rate = $\dfrac{FP+FN}{TP+FP+FN+TN}$
- $\dfrac{60+60}{40+60+60+40} = \dfrac{120}{200} = 0.6$

02 다음 표를 보고 정분류율(Accuracy)을 구하는 식을 구하면? 18회 기출문제(주관식 변형)

Confusion Matrix		Predicted Class	
		1	0
Actual Class	1	a	b
	0	c	d

① (a+b)÷(a+b+c+d)　　　　② (b+c)÷(a+b+c+d)
③ (a+d)÷(a+b+c+d)　　　　④ (c+d)÷(a+b+c+d)

정답 해설 Accuracy = $\dfrac{TP+TN}{TP+FN+FP+TN}$ 이므로, 위의 표를 적용하면 Accuracy = $\dfrac{a+d}{a+b+c+d}$ 와 같다.

03 다음 중 오분류표의 정밀도와 재현율의 조화평균을 나타내며 정밀도와 재현율에 같은 가중치를 부여하여 평균을 구하는 지표는? 17회 기출문제

① F1　　　　　　　　　　　　② Precision
③ Recall　　　　　　　　　　　④ Specificity

정답 해설 F1은 데이터가 불균형할 때 사용하는 지표로, 오분류표 중 정밀도와 재현율의 조화평균을 나타내며 정밀도와 재현율에 같은 가중치를 부여하여 평균을 구한 것이다.

F1 = $\dfrac{2 \times (Precision \times Recall)}{Precision + Recall}$

04 다음 오분류표를 이용하여 구한 F1의 값은? 14회 기출문제(주관식 변형)

n=165	Predicted: NO	Predicted: YES	
Actual: NO	TN=50	FP=10	60
Actual: YES	FN=5	TP=100	105
	55	110	

① 0.92 ② 0.91
③ 0.95 ④ 0.93

정답 해설
- $F1 = \dfrac{2 \times (Precision \times Recall)}{Precision + Recall}$
- Precision: $\dfrac{TP}{TP+FP} = \dfrac{100}{110} \fallingdotseq 0.91$
- Recall: $\dfrac{TP}{TP+FN} = \dfrac{100}{105} \fallingdotseq 0.95$
- $\therefore F1 = \dfrac{2 \times (0.91 \times 0.95)}{0.91 + 0.95} \fallingdotseq 0.93$

05 다음 오분류표를 이용하여 F1의 값을 구하면? 34회 기출문제

Confusion matrix		예측값	
		TRUE	FALSE
실제값	TRUE	40	60
	FALSE	60	40

① 0.3 ② 0.4
③ 0.15 ④ 0.5

정답 해설
- $Precision = \dfrac{TP}{TP+FP} = \dfrac{40}{100} = 0.4$
- $Recall = \dfrac{TP}{TP+FN} = \dfrac{40}{100} = 0.4$
- $F1 = \dfrac{2 \times (Precision \times Recall)}{Precision + Recall}$
  $= \dfrac{2 \times (0.4 \times 0.4)}{0.4 + 0.4} = \dfrac{0.32}{0.8} = 0.4$

06 다음 오분류표를 이용하여 재현율을 구하면? 17회 기출문제

Confusion Matrix		실제값	
		Y	N
예측값	Y	True Positive	False Positive
	N	False Negative	True Negative

① TP/(TP+FN) ② TP/(TP+FP)
③ TP/FP ④ TN/FN

정답 해설 재현율(Recall, Sensitivity)은 실제값이 True(=Y)인 것에 대해 예측값이 True(=Y)인 지표이다.
따라서 $Recall = \dfrac{TP}{TP+FN}$ 이다.

07 다음 중 오분류표를 활용한 평가지표 F1 지표 중 민감도(Sensitivity)와 같은 지표는? _{19회 기출문제}

① Precision
② Specificity
③ Recall
④ kappa

정답 해설 Recall, Sensitivity는 동일한 지표이다.

---

08 다음 중 오분류표의 평가지표 중 TRUE로 예측한 관측치 중 실제 TRUE인 지표는? _{20회 기출문제}

① Precision
② Accuracy
③ F1
④ Kappa

정답 해설
• Precision: 예측값이 True인 것에 대해 실제값이 TRUE인 지표
$$Precision = \frac{TP}{TP+FP}$$
• Sensitivity: 실제값이 True인 것에 대해 예측값이 TRUE인 지표
$$Sensitivity = \frac{TP}{TP+FN}$$

✔ 풀이전략
'실Sen예Pre' 중에서 '예Pre'에 해당하는 내용입니다.

---

09 다음 중 오분류표의 평가지표에서 F2의 의미는? _{21회 기출문제}

① 재현율에 정밀도의 1/4배만큼의 가중치 부여
② 재현율에 정밀도의 4배만큼의 가중치 부여
③ 재현율에 정밀도의 1/2배만큼의 가중치 부여
④ 재현율에 정밀도의 2배만큼의 가중치 부여

정답 해설 F2는 재현율에 정밀도의 2배만큼의 가중치를 부여하는 것을 의미한다.

---

10 다음 오분류표를 이용하여 구한 특이도의 값은? _{21회 기출문제}

Confusion Matrix		예측값	
		TRUE	FALSE
실제값	TRUE	40	60
	FALSE	60	40

① 0.4
② 0.3
③ 0.15
④ 0.5

정답 해설 특이도(Specificity)는 실제로 N인 것들 중 예측이 N으로 된 경우의 비율이다.
따라서 특이도는 $\frac{TN}{TN+FP} = \frac{40}{40+60} = 0.40$이다.

정답 01 ① 02 ③ 03 ① 04 ④ 05 ② 06 ① 07 ③ 08 ① 09 ④ 10 ①

핵심키워드 #ROC Curve #AUC #Kappa #Lift Table #Lift Chart

095 분류 모형 평가 지표 2

★★★☆☆

1 ROC(Receiver Operating Characteristic) 그래프

① X축은 FP Rate(1-Specificity), Y축은 민감도(Sensitivity)를 나타내며, 두 평가값의 관계로 모형을 평가한다.
② ROC 그래프의 밑부분의 면적(AUC, Area Under the Curve)이 넓을수록 좋은 모형으로 평가한다.
③ AUC값은 0~1 사이의 값을 가지며, 그 값이 1에 가까울수록 더 넓은 것이며 좋은 것이다.

> **전문가의 합격 코멘트**
> ROC Curve에 대한 문제가 출제되고 있으며, Kappa, Lift Table 등의 내용은 아주 가끔 출제되었습니다. ROC Curve의 그래프 구조와 해석 방법은 정확히 알고 있어야 하고 Kappa, Lift Table 등은 간략히 학습하세요.

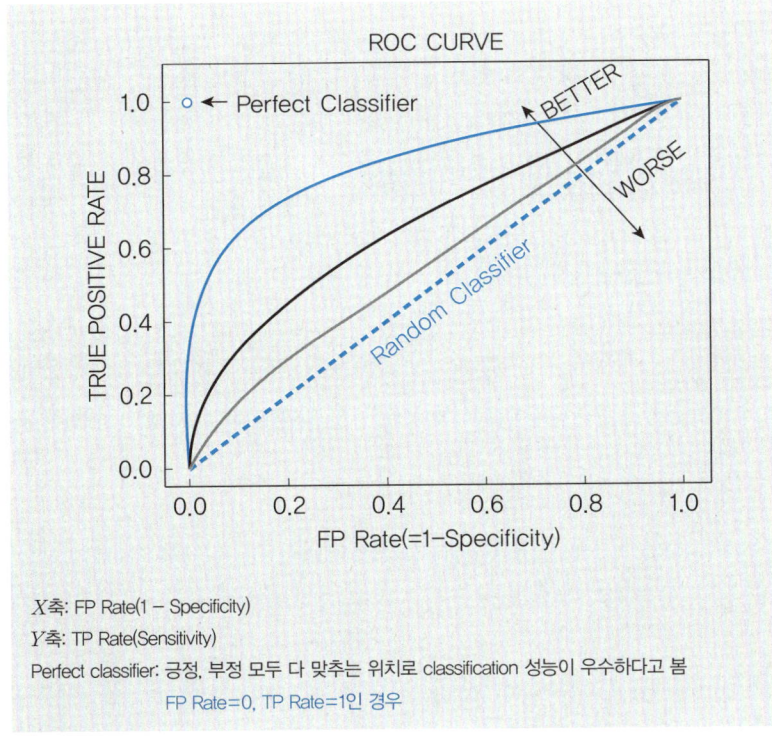

X축: FP Rate(1 − Specificity)
Y축: TP Rate(Sensitivity)
Perfect classifier: 긍정, 부정 모두 다 맞추는 위치로 classification 성능이 우수하다고 봄
FP Rate=0, TP Rate=1인 경우

> **보충 학습**
>
> **재현율, 민감도(Recall, Sensitivity)**
> 실제값이 TRUE인 것에 대해 예측값이 TRUE인 비율을 의미합니다.
>
> $Recall = \dfrac{TP}{TP+FN}$
>
> **FP-Rate(=1-Specificity)**
> 실제값이 FALSE인데 예측값이 TRUE인 비율(제1종 오류 비율)을 의미합니다.
>
> $FP\ Rate = \dfrac{FP}{FP+TN}$

2 카파 상관계수(Kappa)

$$K = \frac{Accuracy - P(e)}{1 - P(e)}$$

① 코헨(Cohen)의 상관계수로, 두 평가자의 평가가 얼마나 일치하는지를 평가하는 값이다.
② 모델 예측값과 실제값의 일치 여부를 판단하는 통계량으로 사용된다.
③ 0~1 사이의 값을 가지며, 1에 가까울수록 일치 정도가 높다고 판단한다.
④ $P(e) = P(Yes) + P(No)$이며, $P(e)$가 클수록 일치 정도가 높다.

P(e)
우연히 일치할 확률, Accuracy 를 P(o) 또는 P(a)로 표기하기도 한다.

> **보충 학습**
>
> **카파 상관계수의 예**
>
> | 평가자 | | B | |
> |---|---|---|---|
> | | | 긍정 | 부정 |
> | A | 긍정 | a | b |
> | | 부정 | c | d |
>
> $P_{Yes} = \frac{a+b}{a+b+c+d} \cdot \frac{a+c}{a+b+c+d}$
>
> $P_{No} = \frac{c+d}{a+b+c+d} \cdot \frac{b+d}{a+b+c+d}$
>
> $P_e = P_{Yes} + P_{No}$
>
> | 평가자 | | B | |
> |---|---|---|---|
> | | | 긍정 | 부정 |
> | A | 긍정 | 20 | 5 |
> | | 부정 | 10 | 15 |
>
> $P_{Yes} = \frac{a+b}{a+b+c+d} \cdot \frac{a+c}{a+b+c+d} = 0.5 \times 0.6 = 0.3$
>
> $P_{No} = \frac{c+d}{a+b+c+d} \cdot \frac{b+d}{a+b+c+d} = 0.5 \times 0.4 = 0.2$
>
> $P_{Yes} = P_{Yes} + P_{No} = 0.3 + 0.2 = 0.5$
>
> $\frac{Po - Pe}{1 - Pe} = \frac{0.7 - 0.5}{1 - 0.5} = 0.4$
>
> 따라서 '일치 정도가 0.4'이므로 '높지 않음'으로 판단됩니다.

3 향상도 도표(Lift Table)

① 분류 모형의 예측 성능을 평가하기 위한 척도이며, 주로 불균형 데이터 집합에 사용된다.
② 랜덤 모델과 비교하여 해당 분류 모델의 성과가 얼마나 향상되었는지를 등급별로 파악할 수 있다.
③ 임의로 나눈 등급(Decile)별로 반응 검출률, 반응률, Gain(이득), Lift(향상도) 등의 정보를 산출하여 나타내는 표이다.

> **보충 학습**
>
> 전체 고객(전체 데이터 개수): 2,000명, 구매 고객(전체 반응 수): 381명, 10개 등급인 경우의 이익 도표 작성
> - 데이터셋의 각 관측치에 대한 예측 확률을 내림차순으로 정렬합니다.
> - 임의 개수로 구간(등급, Decile)을 나눕니다(아래 예시는 200명씩 구간을 나눔).
> - 반응 검출률, 반응률, 이득, 향상도를 구합니다.
>
> $$\text{향상도}(lift) = \frac{\text{반응률}}{\text{기본 향상도}}$$
>
> $$\text{기본 향상도}(baseline\ lift) = \frac{\text{전체 반응 수}}{\text{전체 데이터 개수}} = \frac{381}{2000} = 19\%$$
>
> | 등급
(Decile) | 반응 수 | 누적 반응 수 | 반응 검출률 (%) | 반응률 (%) | Gain(%)
(누적 반응 검출률) | 향상도
(Lift) |
> |---|---|---|---|---|---|---|
> | 1 | 174 | 174 | 174÷381
≒45.67 | 174÷200
=87 | 174÷381≒45.67 | 87÷19
≒4.57 |
> | 2 | 110 | 284 | 110÷381
≒28.87 | 110÷200
=55 | 284÷381≒74.54 | 55÷19
≒2.89 |
> | 3 | 38 | 322 | 38÷381
≒9.97 | 38÷200
=19 | 322÷381≒84.51 | 19÷19
=1.00 |
> | … | … | … | … | … | … | … |

4 향상도 차트(Lift Chart)와 이득 차트(Gain Chart)

① 랜덤 모델과 비교하여 해당 모델의 성과가 등급별로 얼마나 향상되었는지 시각적으로 파악할 수 있도록 하는 도구이다.
② 향상도 차트상에 랜덤과 해당 모델의 향상도 곡선(Lift Curve) 또는 이득 곡선(Gain Curve)을 표시한다.
③ 향상도 도표(Lift Table)의 Gain값을 사용하여 Gain Chart, Lift값을 사용하여 Lift Chart를 그린다.
④ X축은 모집단의 비율이고, Y축은 향상도(Lift)이며 Lift Curve 모양에 따라 좋은 모델과 나쁜 모델을 판단할 수 있다.

- 좋은 모델: Lift Curve가 빠른 속도로 감소 추세를 보임
- 나쁜 모델: Lift Curve가 들쭉날쭉하거나 차이를 보이지 않음

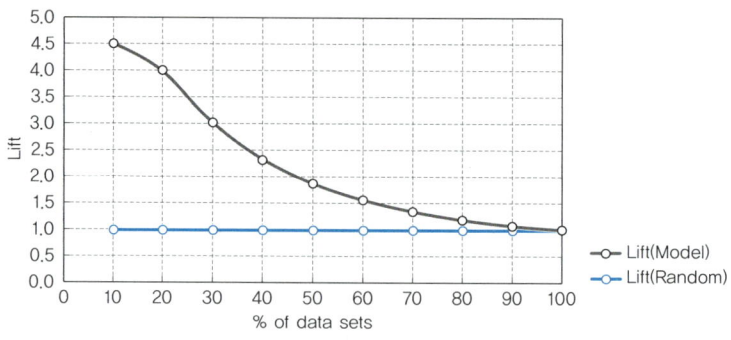

▲ Lift Chart

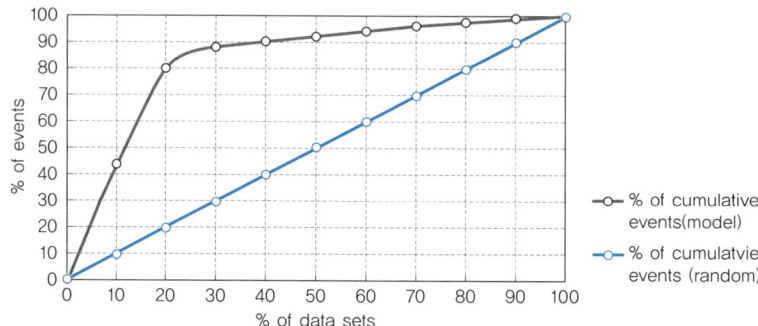

▲ Gain Chart

기출로 개념 확인

01 ROC 그래프의 X축은 FP Rate, Y축은 민감도를 나타낸다. 다음 중 가장 이상적인 각 X, Y축의 값은?

22회 기출문제

① 0, 1
② 1, 0
③ 1, 1
④ 0, 0

정답 해설 X축이 FP Rate이므로 0이 좋은 값이고, Y축은 민감도(Sensitivity)를 나타내므로 1이 좋은 값이다.

02 다음 중 FP Rate(=1-특이도)와 민감도를 나타내어 이 두 평면값의 관계를 작성하는 모형 평가는?

26회 기출문제

① Kappa
② Lift Chart
③ ROC Curve
④ Gain Chart

정답 해설 X축에 FP Rate, Y축에 민감도(Sensitivity) 또는 재현율(Recall)을 사용하여 ROC Curve를 그리게 된다.

03 다음 중 두 평가자의 평가가 얼마나 일치하는지 평가하는 값으로 0~1 사이의 값을 가지며, $P(e)$가 두 평가자의 평가가 우연히 일치할 확률을 의미하는 모델 평가 매트릭스는?

17회 기출문제(주관식 변형)

① Confusion Matrix
② Lift Chart
③ ROC Curve
④ Kappa

정답 해설 두 평가자의 평가가 얼마나 일치하는지를 평가하는 값을 Kappa라고 한다.

정답 01 ① 02 ③ 03 ④

핵심키워드 #단일연결법 #완전연결법 #평균연결법 #중심연결법 #Ward연결법 #유클리드 #맨해튼 거리 #덴드로그램

096 군집 분석 - 계층적 군집

전문가의 합격 코멘트

군집에 대해 많은 문제가 출제되고 있습니다. 군집 분석의 종류에 대해 구분할 수 있도록 종류를 암기하고 응집형의 경우 각 연결법의 방법에 대해 알고 있어야 하며, 거리 개념의 종류를 암기하고, 유클리드, 맨해튼 거리를 계산하고 덴드로그램을 해석할 수 있어야 합니다.

1 군집 분석의 종류

여러 변수값으로부터 n개의 개체를 유사한 성격을 가지는 몇 개의 군집으로 집단화하고 형성된 군집의 특성을 파악해 군집들 사이의 관계를 분석하는 다변량 분석 기법이다.

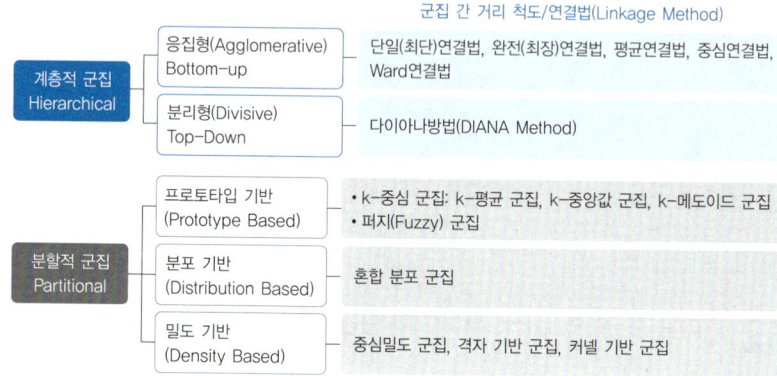

거리의 예

유클리드, 맨해튼, 민코프스키, 마할라노비스 등

2 계층적 군집(Hierarchical Clustering)의 특징

① 가장 유사한 개체를 묶어 나가는 과정을 반복하여 원하는 개수의 군집을 형성하는 방법이다.
② 유사도 판단은 두 개체 간의 거리에 기반하므로 거리 측정에 대한 정의가 필요하다.
③ 이상치에 민감하다(거리에 기반하는 경우 이상치에 민감하다는 특징을 갖게 됨).
④ 사전에 군집 수 k를 설정할 필요가 없는 탐색적 모형이다.
⑤ 군집을 형성하는 데 매 단계에서 지역적 최적화를 수행하는 방법을 사용하므로 그 결과가 전역적인 최적해라고 볼 수 없다.
⑥ 병합적 방법에서 한 번 군집이 형성되면 군집에 속한 개체는 다른 군집으로 이동할 수 없다.
⑦ R에서 계층적 군집을 위해 사용하는 함수에는 hclust( ), cluster 패키지의 agnes( ), mclust( ) 등이 있다.

3 계층적 군집의 거리

(1) 수학적 거리 개념

① 유클리드(Euclidean)
  - 두 점 사이의 직선 거리를 말하며, 가장 직관적이고 일반적인 거리의 개념임
  - 두 점의 성분별 차의 제곱의 합에 대한 제곱근

② 맨해튼(Manhattan): 두 점의 성분별 차의 절댓값의 합
③ 민코프스키(Minkowski)
- 거리 차수(p)에 따라 유클리드 또는 맨해튼 거리 개념으로 사용됨
- 거리 차수 $p=1$이면 맨해튼(Manhattan) 거리, $p=2$이면 유클리드(Euclidean) 거리가 됨

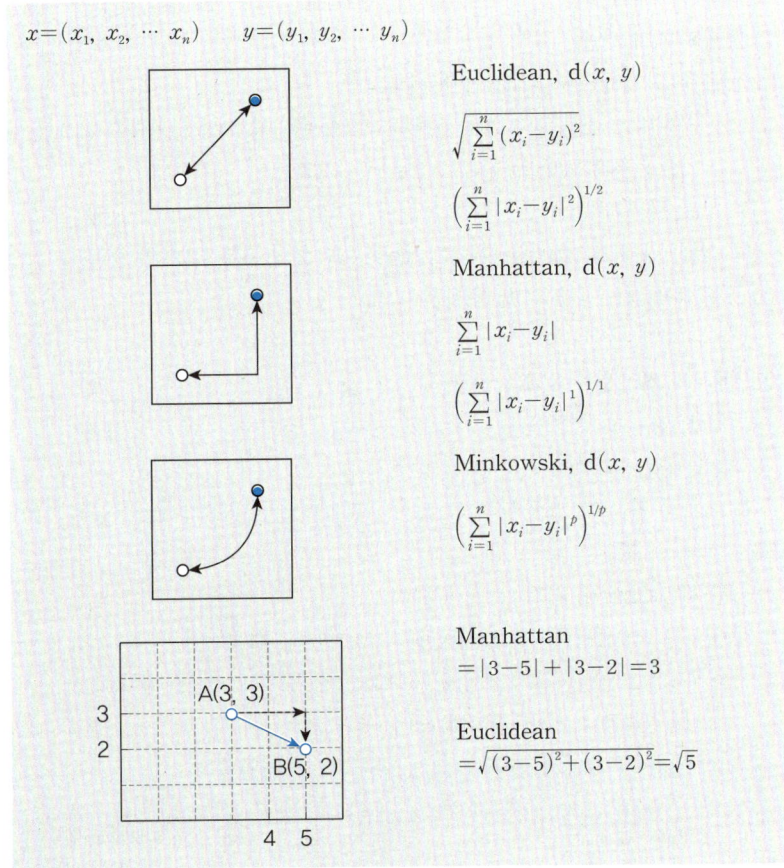

| 예제 | 아래 데이터셋에서 a, b 간의 맨해튼 거리는 얼마인가? |

구분	a	b
Score	90	80
Time	60	75

> 해설 문제에서 a, b라고 했기 때문에, 두 지점은 a, b이고 Score, Time이 a, b의 성분이다. 따라서 a와 b의 두 개의 성분의 거리상 절댓값을 구하면 Score의 경우 |90-80|=10, Time의 경우 |60-75|=15이므로 10+15=25가 된다.

> **보충 학습**
>
> 민코프스키 거리에서 '$p=1$일 때 맨해튼 거리'라는 것은 절댓값 기호(| |)를 떠올려 연상해보세요! 숫자 1과 비슷하게 생겼습니다. 그리고 '$p=2$일 때 유클리드 거리'라는 것은 '제곱'을 기억해 연상해보세요! 유클리드 거리를 구할 때 성분별 차의 제곱을 구하죠. 그러니까 제곱과 숫자 2를 연결해서 암기해 주시면 어렵지 않답니다.

(2) 통계적 거리 개념

① 표준화 거리(Standardized Distance)
- 각 변수를 해당 변수의 표준편차로 척도 변환한 후에 유클리드 거리를 계산한 것으로, 통계적 거리(Statistical Distance)라고도 함
- 표준화를 하면 척도의 차이, 분산의 차이로 인한 왜곡을 피할 수 있음

② 마할라노비스(Mahalanobis Distance): 변수의 표준화와 함께 변수 간의 상관성을 동시에 고려한 통계적 거리

(3) R에서의 거리 함수 & 코사인 거리

① dist 함수
- R에서 거리 측정에 사용하는 함수
- 사용 가능한 거리 개념: 유클리드, 맨해튼, 민코프스키, maximum, canberra, binary 등

② 코사인(Cosine) 거리
- 두 벡터 사이의 사잇각을 계산해서 유사한 정도를 구하는 것임
- 코사인 거리=1−코사인 유사도(Cosine distance=1−Cosine similarity)
- 값이 1인 경우 유사도가 매우 크며, −1인 경우 유사도가 매우 작음을 의미함
- R의 dist 함수에서 코사인 거리는 제공하고 있지 않음

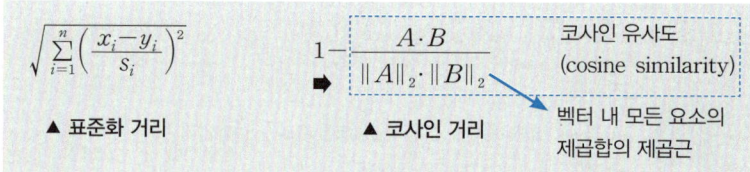

▲ 표준화 거리   ▲ 코사인 거리

$$\sqrt{\sum_{i=1}^{n}\left(\frac{x_i - y_i}{s_i}\right)^2} \qquad 1 - \frac{A \cdot B}{\|A\|_2 \cdot \|B\|_2}$$

코사인 유사도(cosine similarity) → 벡터 내 모든 요소의 제곱합의 제곱근

4 계층적 군집 – 응집형 군집의 종류

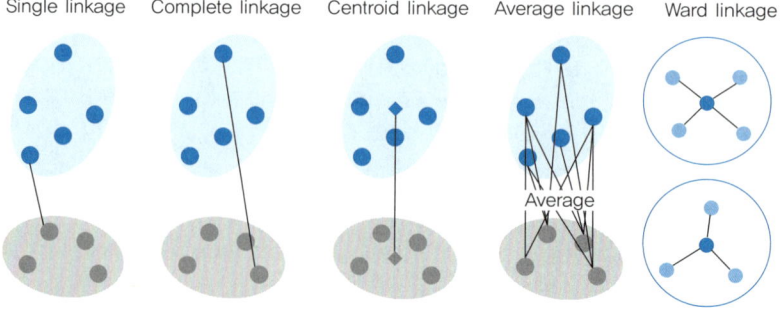

① **최단연결법(Single Linkage Method, 단일연결법)**: 두 군집 사이의 거리는 군집에서 하나씩 관측값을 뽑았을 때 나타날 수 있는 거리의 최솟값으로, 두 관측값을 연결한다.

② **최장연결법(Complete Linkage Method, 완전연결법)**: 두 군집 사이의 거리는 군집에서 하나씩 관측값을 뽑았을 때 나타날 수 있는 거리의 최댓값으로, 두 관측값을 연결한다.

③ **중심연결법(Centroid Linkage Method)**
   - 두 군집의 중심 간의 거리를 측정하여, 중심끼리 연결함
   - 두 군집이 결합될 때 새로운 군집의 평균은 가중평균을 통해 구함

④ **평균연결법(Average Linkage Method)**
   - 모든 항목에 대한 거리 평균을 구하면서 군집화함
   - 계산량이 많아질 수 있음

⑤ **와드연결법(Ward Linkage Method)**
   - 계층적 군집 내의 오차(편차) 제곱합(Error Sum of Square)에 기초하여 군집을 수행하는 군집 방법
   - 크기가 비슷한 군집끼리 병합하는 경향이 있음

5 덴드로그램(Dendrogram)

① 계층적 군집의 결과는 중첩 클러스터(Nested Clusters)와 덴드로그램(Dendrogram)으로 표현할 수 있으며, 보다 직관적이며 다차원을 표현하기에 편한 덴드로그램(Dendrogram)을 주로 사용한다.

② 문제에서 덴드로그램의 Y축의 값을 주고 몇 개의 군집으로 나누어지는지 묻는 문제가 출제되는데, 이때는 주어진 Y축의 특정값으로부터 X축 방향으로 직선을 그어 만나는 선의 개수를 군집의 개수로 본다.

Nested clusters

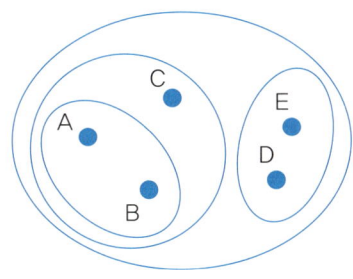

Dendrogram

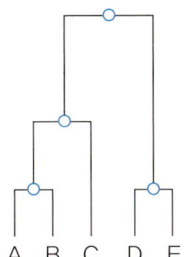

③ 군집의 생성 과정

❶ {A, B}와 {D, E} 군집을 생성한다.
❷ {A, B}와 {C} 묶음 → {A, B, C} 군집이 생성된다.
❸ {A, B, C}와 {D, E} 묶음 → {A, B, C, D, E} 군집이 생성된다.
❹ 한 개의 그룹으로 응집된다.

보충 학습

덴드로그램 문제의 예

아래 그림은 평균연결법을 통한 계층적 군집화에 대한 예제이다. 데이터 분석 목적상 Height값을 1.5를 기준으로 하위 군집을 구성할 때 다음 중 생성된 하위 군집을 가장 잘 나타낸 것은?

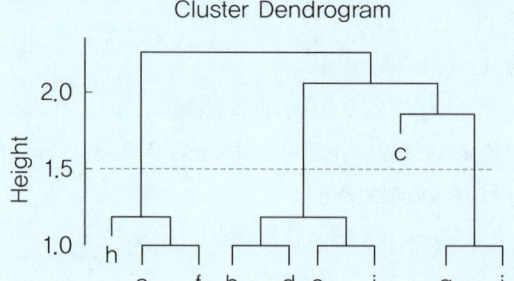

덴드로그램에서 {c} 개체가 점선의 위에 있지만, 아래로 선을 그려서 생각해야 합니다. 즉, Height 1.5의 경우 4개의 군집이 되는 것입니다. 그래프가 그려질 때 다시 분리되지 않는 경우 선이 아래까지 그려지지 않아서 그런 것입니다. {c} 개체가 1.5 선 위쪽에 있지만, 별도의 분리된 군집으로 봐야 합니다. 따라서 군집은 {h, a, f}, {b, d, e, j}, {c}, {g, i}의 4개가 됩니다. 만일, Height를 2.0으로 했다면 군집은 {h, a, f}, {b, d, e, j}, {c, g, i}로 3개가 됩니다.

기출로 개념 확인

01 다음 중 거리를 활용한 측도에 대한 설명으로 옳지 않은 것은? *18회 기출문제*

① 유클리드 거리는 두 점 사이의 거리로, 가장 직관적이고 일반적인 거리 개념이다.
② 맨해튼 거리는 두 점의 성분별 차이의 절댓값의 합을 구하는 것이다.
③ 마할라노비스 거리는 변수의 표준화를 고려하고, 변수 간의 상관성을 고려하지 않는다.
④ 표준화와 마할라노비스 거리는 통계적 거리의 개념이다.

> **정답 해설** 마할라노비스 거리는 변수의 표준화와 함께 변수 간의 상관성을 고려하는 통계적 거리의 개념이다.

02 다음 중 거리에 대한 개념으로 두 벡터 사이의 사잇각을 계산해서 유사한 정도를 구하는 것은? *21회 기출문제*

① 코사인 유사도　　　　　　　　② binary 거리
③ 민코프스키 거리　　　　　　　④ 표준화 거리

> **오답 해설**
> ② binary 거리: 두 개의 이진(binary) 숫자나 이진 코드 간의 차이나 거리를 의미하는 것으로, 각 자리별로 다른 비트(bit)의 개수를 나타낸다.
>   예 X가 10101, Y가 11001일 때 2개 bit가 다르므로, binary 거리는 2가 된다.
> ③ 민코프스키 거리: 거리 차수(p)에 따라 유클리드 또는 맨해튼 거리로 사용되는 거리 개념으로, $p=1$일 때 맨해튼, $p=2$일 때 유클리드이다.
> ④ 표준화 거리: 각 변수를 해당 변수의 표준편차로 척도 변환한 후에 유클리드 거리를 계산한 것이다.

03 계층적 군집은 두 개체 간의 거리에 기반하므로 거리 측정에 대한 정의가 필요하다. 다음 중 R 언어의 dist( ) 함수에서 지원하지 않는 거리는? *19회 기출문제*

① 유클리드　　　　　　　　　　② 맨해튼
③ 민코프스키　　　　　　　　　④ cosine

> **정답 해설** dist 함수에서 사용 가능한 거리 개념에는 유클리드, 맨해튼, 민코프스키, maximum, canberra, binary 등이 있다.

04 다음 두 좌표 A, B 간의 맨해튼 거리(Manhattan Distance)를 구하면?

35회 기출문제

구분	A	B
키	175	180
몸무게	70	65

① 10
② 50
③ $\sqrt{10}$
④ $\sqrt{50}$

정답 해설 A, B 간의 거리이고 성분은 키와 몸무게이다. 각 성분별 차의 절댓값의 합을 구하는 것이 맨해튼 거리이다.
따라서 |A의 키-B의 키|=|175-180|=5, |A의 몸무게-B의 몸무게|=|70-65|=5이고, 5+5=10으로 맨해튼 거리를 구한다.

05 다음 덴드로그램에서 Y축의 값이 100일 때의 군집의 수는?

18회 기출문제

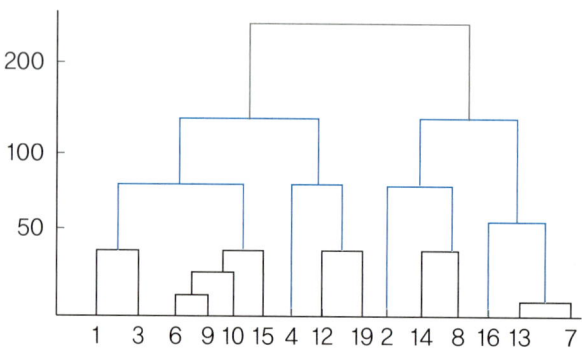

① 2
② 4
③ 6
④ 8

정답 해설 Y축의 값이 100인 곳에서 X축 방향으로 선을 그어보면 4개의 선과 마주친다.

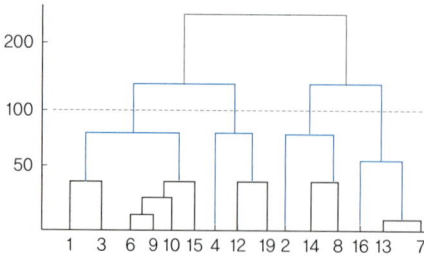

06 다음 중 군집 간의 거리에 따라 데이터를 연결하기보다는 군집 내 편차들의 제곱합에 근거를 두고 군집을 병합시키는 방법은?

21회 기출문제

① 최단연결법
② 평균연결법
③ 최대연결법
④ 와드(Ward)연결법

정답 해설 와드(Ward) 연결법은 계층적 군집 내의 오차(편차) 제곱합(Error Sum of Square)에 기초하여 군집을 수행하는 군집 방법이다.

07 두 개체 간의 거리에 기반하여 군집을 형성해가는 계층적 군집 방법에서 사용되는 측도 중 두 개체의 벡터 내적을 기반하여 다음 수식으로 계산할 수 있는 유사성 측도는?

14회 기출문제

$$similarity(A,\ B) = \frac{A \cdot B}{\|A\|_2 \cdot \|B\|_2} = \frac{\sum_{i=1}^{n} A_i \times B_i}{\sqrt{\sum_{i=1}^{n}(A_i)^2} \times \sqrt{\sum_{i=1}^{n}(B_i)^2}}$$

① 표준화 거리(Standardized Distance)
② 민코프스키(Minkowski)
③ 코사인 유사도(Cosine Similarity)
④ 맨해튼 거리(Manhattan Distance)

정답 해설

$1 - \dfrac{A \cdot B}{\|A\|_2 \cdot \|B\|_2}$ ➡ 코사인 유사도 (cosine similarity)

벡터 내 모든 요소의 제곱합의 제곱근

오답 해설

① $\sqrt{\sum_{i=1}^{n}\left(\dfrac{x_i - y_i}{s_i}\right)^2}$

② $\left(\sum_{i=1}^{n}|x_i - y_i|^p\right)^{1/p}$

④ $\sum_{i=1}^{n}|x_i - y_i| = \left(\sum_{i=1}^{n}|x_i - y_i|^1\right)^{1/1}$

정답 01 ③ 02 ① 03 ④ 04 ① 05 ② 06 ④ 07 ③

097 군집 분석 - 계층적 군집의 예

핵심키워드 #최단연결법

전문가의 합격 코멘트
2 와 3 의 두 가지 예시는 기출로 나왔던 문제입니다.

1 계층적 군집의 절차

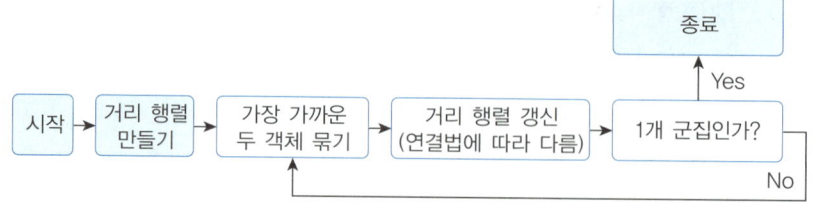

❶ 모든 개체 간의 거리(혹은 유사도)를 계산해서 거리 행렬(Distance Matrix)을 만든다.
❷ 거리가 가장 가까운 개체 두 개를 묶어 하나의 군집으로 만든다.
❸ ❷에서 만든 군집을 포함하여 다시 거리 행렬을 계산하여 만든다.
❹ ❶~❸의 과정을 모든 개체가 하나의 군집이 될 때까지 반복한다.

2 계층적 군집의 예 Ⅰ

다음은 학생들의 키와 몸무게를 정규화한 데이터이다. 최단연결법(단일연결법)을 통해 학생들을 3개의 군집으로 나누면 어떻게 나누어지는가? (Euclidean 거리 사용)

학생	(키, 몸무게)
A	(1, 5)
B	(2, 4)
C	(4, 6)
D	(4, 3)
E	(5, 3)

	A	B	C	D
B	2			
C	10	8		
D	13	5	9	
E	20	10	10	1

	A	B	C
B	2		
C	10	8	
DE	13	5	9

	AB	C
C	8	
DE	5	9

	C
ABDE	8

① 학생 A~E에 대해 초기 거리표를 작성한다(제곱근을 구하지 않고 성분별 차의 제곱의 합으로 계산함).
② (첫 번째 표에서) 가장 가까운 거리인 1에 해당하는 두 학생 {D, E}를 하나의 군집으로 묶는다. 따라서 {A}, {B}, {C}, {D, E}의 4개 군집이 된다.
③ 최단연결법을 사용하여 거리 행렬을 갱신한다. A와 {D, E}, B와 {D, E}, C와 {D, E} 거리를 최단 거리로 갱신한다.
   • 첫 번째 표에서 A와 D는 13, A와 E는 20인 경우 A와 D의 거리가 가까우므로 A와 {D, E}의 거리는 13

- B와 D는 5, B와 E는 10인 경우, B와 D의 거리가 가까우므로 B와 {D, E}의 거리는 5
- C와 D는 9, C와 E는 10인 경우, C와 D의 거리가 가까우므로 C와 {D, E}의 거리는 9

④ (두 번째 표에서) 가장 가까운 거리인 2에 해당하는 두 학생 {A, B}를 하나의 군집으로 묶는다. 이에 따라 {A, B}, {C}, {D, E}의 3개 군집이 된다.
   ⇒ 정답

⑤ 최단연결법을 사용하여 거리 행렬을 갱신한다. C와 {A, B}, {D, E}와 {A, B} 거리를 최단 거리로 갱신한다.
   - 두 번째 표에서 C와 A는 10, C와 B는 8인 경우, C와 B의 거리가 가까우므로 C와 {A, B}의 거리는 8
   - {D, E}와 A는 13, {D, E}와 B는 5인 경우, {D, E}와 B의 거리가 가까우므로 {D, E}와 {A, B}의 거리는 5

⑥ 세 번째 표에서 가장 가까운 거리인 5에 해당하는 두 그룹 {A, B}와 {D, E}를 하나의 군집으로 묶는다.

⑦ 최단연결법을 사용하여 거리 행렬을 갱신한다. 따라서 {A, B, D, E}와 C를 최단 거리 8로 갱신한다.

⑧ 네 번째 표에서 군집이 한 개가 되었으므로 종료한다.

○ 전문가의 합격 꿀팁
3개의 군집으로 나누면 {A, B}, {C}, {D, E}가 됩니다.

보충 학습

R 코드로 확인

위의 데이터를 저장하여 hclust 함수를 사용하여 군집화하고, 결과를 덴드로그램으로 나타내면 다음과 같습니다.

```
height <- c(1, 2, 4, 4, 5)
weight <- c(5, 4, 6, 3, 3)
student <- data.frame(height, weight,
           row.names=c('A', 'B', 'C', 'D', 'E'))
d <- dist(student)
m <- hclust(d, method='single')
plot(m, hang=-1, cex=0.9)
# single : 최단연결법, complete : 최장연결법, average : 평균연결법
```

- hclust(d, method='single')는 최단연결법을 의미한다.

3 계층적 군집의 예 Ⅱ

데이터셋 x는 두 개의 변수와 5개의 관측치를 가지며 아래는 데이터와 관측치 간의 유클리드 거리를 나타낸다. 최단연결법을 사용하여 계층적 군집화를 할 때 첫 단계에서 형성되는 군집과 관측치 a와의 거리를 구하면?

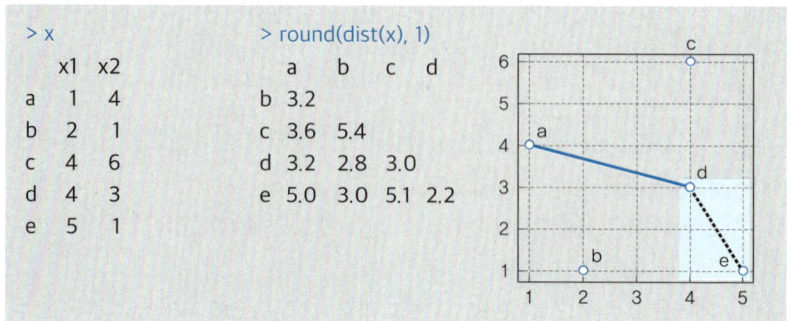

```
> x                    > round(dist(x), 1)
   x1 x2                  a   b   c   d
a   1  4               b 3.2
b   2  1               c 3.6 5.4
c   4  6               d 3.2 2.8 3.0
d   4  3               e 5.0 3.0 5.1 2.2
e   5  1
```

① 첫 단계에서 형성되는 군집을 dist(x)의 결과에서 찾는다. dist(x)의 결과에서 값이 가장 작은 거리인 2.2에 해당하는 {d, e}가 군집이 되므로 {d, e}는 2.2이다.

② 문제에서 '최단연결법'이라고 했으므로 {d, e} 군집과 a의 거리는 a와 d의 거리 3.2와 a와 e의 거리 5.0 중에서 더 짧은 거리인 a와 d의 거리 3.2가 a와 {d, e}의 거리가 된다.

③ 따라서 첫 단계에서 형성되는 군집과 관측치 a와의 거리는 3.2이다.

핵심키워드 #K-means #DBSCAN #혼합분포 군집 #EM 알고리즘

098 군집 분석 - 분할적(=비계층적) 군집 ★★★★☆

1 K-means 군집

(1) K-means 군집의 특징

① 분할적(=비계층적) 군집 중 K-중심 군집의 한 가지 방법이다.
② K-mean 방법은 사전에 군집의 수 k(k: hyper parameter)를 정해야 한다. Nbclust 패키지를 통해 군 집수에 대한 정보를 참고한다.
③ 군집 수 k가 원 데이터 구조에 적합하지 않으면 좋은 결과를 얻을 수 없다.
④ 알고리즘이 단순하며 빠르게 수행되므로 계층적 군집보다 많은 양의 자료를 처리한다.
⑤ 100개의 데이터라면 계층적 군집의 경우 최단 거리 탐색과 거리표 갱신을 99번 하게 되지만, 분할적 군집은 이보다 적은 횟수의 반복을 하게 된다.
⑥ K-means 군집은 잡음이나 이상값에 영향을 받기 쉽다.
⑦ K-means 분석 전에 이상값을 제거하는 것도 좋은 방법이다.
⑧ K-means 군집은 볼록한 형태의 군집을 가정하므로 비볼록(non-convex)한 형태의 군집이 존재하면 성능이 떨어진다.

> **전문가의 합격 코멘트**
> K-means, DBSCAN의 특징을 잘 이해하고 있어야 하며, K-means의 절차와 EM 알고리즘이 최대가능도와 연관된 알고리즘이라는 것도 기억해 두시기를 바랍니다. 간단한 혼합분포에 대한 그래프를 해석할 수 있어야 합니다.

볼록, 비볼록

(2) K-means 군집의 절차

❶ 초기 중심으로 사용할 k개의 객체를 임의로 선택한다.
❷ 각 자료를 가장 가까운 군집의 중심에 할당한다.
❸ 각 군집 내의 자료들의 평균을 계산하여 군집의 중심을 갱신한다.
❹ 군집 중심의 변화가 거의 없을 때까지 ❷와 ❸을 반복한다.

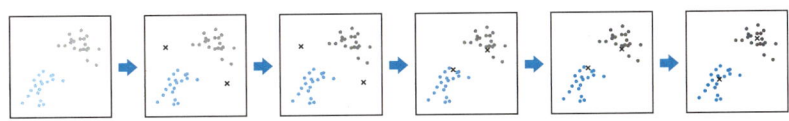

> **보충 학습**
>
> **PAM(Partitioning Around Medoids)**
> - K-means 군집은 이상값(Outlier)에 민감하여 군집 경계의 설정이 어렵다는 단점을 극복하기 위해 등장한 군집 기법입니다.
> - K-means는 중심점에 대해 랜덤 초기화를 하지만, PAM은 중앙에 있는 실제 데이터 포인트인 medoids를 사용하며, 다양한 거리 측정 방법을 적용할 수 있어 이상치에 민감하지 않고 좀 더 안정적인 결과를 제공하는 특성을 갖습니다.
> - 계산 비용이 K-means에 비해 더 많이 소요될 수 있어, 데이터가 매우 큰 경우 더 느릴 수 있다는 단점이 있습니다.

(3) R에서의 K-means 군집 실행

다음은 학생들의 키와 몸무게를 정규화한 데이터와 K-means를 사용하여 군집을 실행한 결과이다. 이때, 군집의 개수는 3을 사용하였다.

```
height <- c(1, 2, 4, 4, 5)
weight <- c(5, 4, 6, 3, 3)
student <- data.frame(height, weight,
          row.names=c('A', 'B', 'C', 'D', 'E'))

# 비계층적 군집
> km=kmeans(student, 3)
> km
K-means clustering with 3 clusters of sizes 2, 1, 2

Cluster means:
  height  weight
1   1.5     4.5
2   4.0     6.0
3   4.5     3.0

Clustering vector:
A B C D E
1 1 2 3 3

Within cluster sum of squares by cluster:
[1] 1.0 0.0 0.5
 (between_SS / total_SS= 91.5 %)

Available components:

[1] "cluster"      "centers"      "totss"    "withinss"
[5] "tot.withinss" "betweenss"    "size"     "iter"
[9] "ifault"
```

따라서 결과를 보면 {A, B}, {C}, {D, E}의 3개 군집이 생성된 것을 확인할 수 있다.

2 DBSCAN(Density-Based Spatial Clustering of Applications with Noise)

① 밀도 기반 군집으로 점이 세밀하게 몰려 있어 밀도가 높은 부분을 클러스터링한다.

② 어느 점을 기준으로 반경 x 내에 점이 n개 이상 있으면 하나의 군집으로 인식하는 방식이다.

③ Gaussian 분포가 아닌 임의적 모양의 군집 분석에 적합하다.

④ k값을 정할 필요가 없으며, 이상치(Outlier)에 의한 성능 하락을 완화할 수 있다.

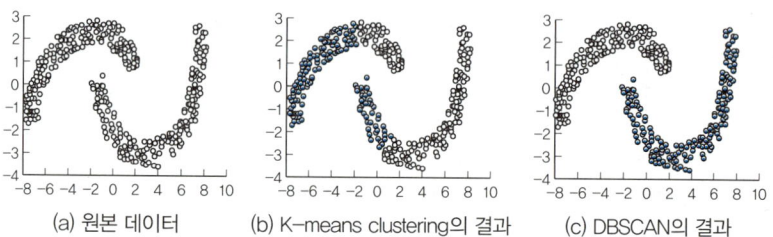

(a) 원본 데이터   (b) K-means clustering의 결과   (c) DBSCAN의 결과

3 혼합분포 군집(Mixture Distribution Clustering)

(1) 혼합분포 군집의 개요

① 데이터가 봉우리가 여러 개인 분포와 같이 복잡한 형태를 가진 분포의 경우는 여러 분포를 확률적으로 선형 결합한 혼합분포로 설명될 수 있다.

② 데이터가 k개의 모수적 모형의 가중 합으로 표현되는 모집단 모형에서 나왔다는 가정하에, 추정된 k개의 모형 중 어느 모형으로부터 나왔을 확률이 높은지에 따라 군집 분류를 수행한다.

③ 군집 크기가 작으면 추정의 정도가 떨어지고 정밀한 추정이 어렵다.

④ 군집을 몇 개의 모수로 표현할 수 있으며, 확률분포를 도입하여 군집 수행을 한다.

⑤ 모수와 가중치 추정에 EM 알고리즘이 사용된다.

⑥ EM 알고리즘을 이용한 모수 추정에서 데이터가 커지면 수렴에 시간이 더 많이 걸릴 수 있다.

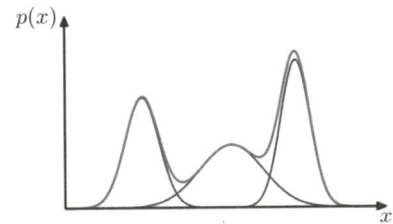

▲ 3개의 정규분포가 결합된 혼합분포

(2) EM 알고리즘(Expectation Maximization)

① 최대가능도(Maximum Likelihood Estimation)와 관련있는 알고리즘이다.

② EM 알고리즘 단계

> ❶ 모수(평균, 분산, 혼합계수)에 대해 임의의 초깃값을 정한다.
>
> ❷ E 단계(Expectation Step): k개의 모형 군집에 대해 모수를 사용하여 각 군집에 속할 사후 확률을 구한다.
>
> ❸ M 단계(Maximization Step): 사후 확률을 이용해 최대우도추정으로 모수를 다시 추정하고, 이를 반복한다.

보충 학습

최대가능도(Maximum Likelihood Estimation)
최대우도라고도 하며 어떤 확률변수에서 수집한 값들을 토대로 그 확률변수의 모수를 구하는 방법입니다. 어떤 모수가 주어졌을 때 원하는 값들이 나올 가능도를 최대로 만드는 모수를 선택하는 방법이며, 점추정에 해당합니다.

로그-가능도(Log Likelihood)
최대가능도에 로그 함수를 취해서 차수나 지수를 단순화시킨 방법입니다. 최대가능도는 로그를 취해도 최대가 되므로 쉽게 계산하기 위해 보통 로그를 취해서 계산합니다.

보충 학습

EM 알고리즘으로 추정된 정규 혼합분포의 시각화

다음 그래프는 미국의 간헐천 분출 시간 자료에 대해 정규 혼합분포 모형을 적합한 결과에 대한 것입니다.

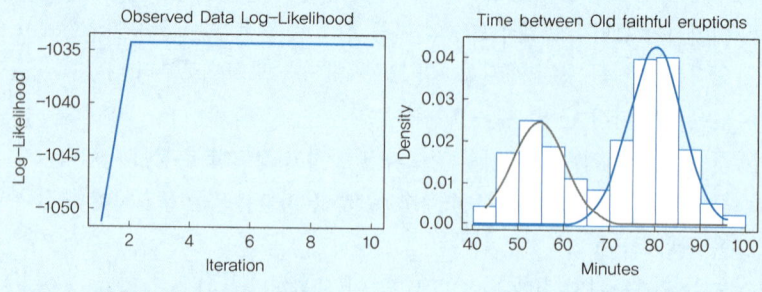

▲ 관측된 데이터 로그-가능도   ▲ 간헐적 분출 시간 간격

왼쪽 선 그래프를 통해 반복(Iteration)이 2에서 로그-가능도(Log-Likelihood) 값이 약 −1035로 최대가 됨을 알 수 있습니다.

- EM 알고리즘을 통해 모수를 추정하는 과정에서 반복 회수 2회만에 로그-가능도 함수가 최대가 됩니다.
- 로그-가능도 함수의 최댓값은 −1035입니다.
- 모수 추정을 위해 2회의 반복이 필요합니다.
- 오른쪽 히스토그램을 통해 2개의 정규분포가 혼합된 것을 알 수 있습니다.

기출로 개념 확인

01 다음 분석 방법 중 K-평균 군집화와 달리 군집의 수 k를 설정할 필요가 없는 탐색적 모형은? 35회 기출문제

① 계층적 군집 분석　　② 비계층적 군집 분석
③ 판별 분석　　④ 혼합분포 군집 분석

정답 해설 계층적 군집 분석은 두 개체 간의 거리에 기반하므로 거리 측정에 대한 정의가 필요한, 사전에 군집 수 k를 설정할 필요가 없는 탐색적 모형이다. 또한 병합적 방법에서 한 번 군집이 형성되면 군집에 속한 개체는 다른 군집으로 이동할 수 없다.

오답 해설 ② 비계층적 군집은 분할적 군집과 같은 의미이며, K-평균 군집이 포함된 군집 분석이다.
③ 판별 분석은 비지도 학습인 군집 분석이 아닌 지도 학습의 한 종류이다.
④ 혼합분포 군집 분석은 k의 지정이 필요하다.

02 다음 중 K-평균 군집에 대한 설명으로 적절하지 않은 것은? 17회 기출문제

① 초깃값 선택이 최종 군집 선택에 영향을 미친다.
② 초기 군집 수를 결정하기 어렵다.
③ 한 개체가 속해 있던 군집에서 다른 군집으로 이동하여 재배치가 가능하지 않다.
④ 각 군집 내의 자료들의 평균을 계산하여 군집의 중심을 갱신한다.

정답 해설 한 개체가 속해 있던 군집에서 다른 군집으로 이동하여 재배치가 가능하지 않은 것은 '계층적 군집'이다.

03 다음 중 비계층적 군집 분석인 K-means의 군집 분석 수행 순서로 옳은 것은? 22회 기출문제

> 가. 초기 중심으로 사용할 k개의 객체를 임의로 선택한다.
> 나. 각 자료를 가장 가까운 군집 중심에 할당한다.
> 다. 각 군집 내의 자료들의 평균을 계산하여 군집의 중심을 갱신한다.
> 라. 군집 중심의 변화가 거의 없을 때까지 앞의 단계를 반복한다.

① 가-나-다-라　　② 나-가-다-라
③ 다-나-가-라　　④ 라-가-나-다

정답 해설 K-means의 순서
가. 초기 중심으로 사용할 k개의 객체를 임의로 선택한다.
나. 각 자료를 가장 가까운 군집의 중심에 할당한다.
다. 각 군집 내의 자료들의 평균을 계산하여 군집의 중심을 갱신한다.
라. 군집 중심의 변화가 거의 없을 때까지 나, 다를 반복한다.

04 어느 점을 기준으로 반경 x 내에 점이 n개 이상 있으면 하나의 군집으로 인식하는 방식을 의미하며, 임의적 모양의 군집 분석은?

21회 기출문제

① K-NN
② PAM
③ K-means
④ DBSCAN

정답 해설 DBSCAN은 어느 점을 기준으로 반경 x 내에 점이 n개 이상 있으면 하나의 군집으로 인식하는 방식이다. Gaussian 분포가 아닌 임의적 모양의 군집 분석에 적합하다.

오답 해설 ① K-NN: 분류·회귀 모델로, k개의 가까운 이웃 개체를 찾는 방식이다.
② PAM(Partitioning Around Medoids): K-means 군집은 이상값(Outlier)에 민감하여 군집 경계의 설정이 어렵다는 단점을 극복하기 위해 등장한 군집 기법이다. 중앙에 있는 실제 데이터 포인트인 medoids를 사용하며, 다양한 거리 측정 방법을 적용할 수 있어 이상치에 민감하지 않고 좀 더 안정적인 결과를 제공하는 특성을 갖는다.
③ K-means: 비계층적인 군집 방법 중 하나로 k개의 중심에 대한 거리의 평균값을 사용하여 군집한다.

05 다음 중 혼합분포 군집 모형에서 최대가능도(Maximum Likelihood Estimation)와 관련 있는 알고리즘은?

37회 기출문제

① K-medoids
② EM 알고리즘
③ K-means
④ DBSCAN

정답 해설 EM 알고리즘은 최대가능도(Maximum Likelihood Estimation)와 관련 있는 알고리즘으로, 다음과 같은 절차가 있다.
- 모수(평균, 분산, 혼합계수)에 대해 임의의 초깃값을 정한다.
- E step: k개의 모형 군집에 대해 모수를 사용하여 각 군집에 속할 사후 확률을 구한다.
- M step: 사후 확률을 이용해 최대우도추정으로 모수를 다시 추정하고, 이를 반복한다.

06 다음 중 EM 알고리즘을 사용한 혼합분포 모형의 결과를 해석한 내용으로 옳은 것은? 35회 기출문제

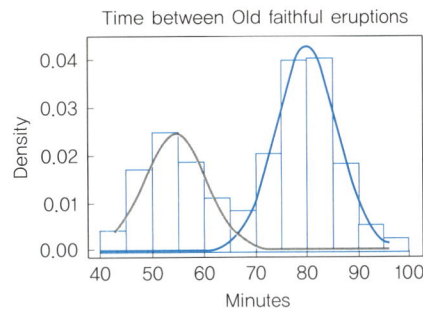

① 반복 횟수 2회만에 로그-가능도 함수가 최대가 됨을 알 수 있다.
② 로그-가능도 함수의 최댓값은 -1050이다
③ 결과적으로 3개의 정규분포가 혼합된 것을 알 수 있다.
④ 모수 추정을 위해 8회 이상의 반복이 필요함을 알 수 있다.

정답 해설 ② 로그 가능도 함수의 최댓값은 -20350이다.
③ 오른쪽 그림을 보면 두 개의 봉우리가 있으므로 2개의 정규분포가 혼합된 것을 알 수 있다.
④ 왼쪽의 그래프를 보면 2회의 반복으로 로그가능도 함수가 최대가 되는 것을 알 수 있다.

07 다음 중 혼합분포 군집의 특징으로 적절하지 않은 것은? 35회 기출문제

① 군집을 몇 개의 모수로 표현할 수 있으며, 확률분포를 도입하여 군집을 수행한다.
② EM 알고리즘을 이용한 모수 추정에서 데이터가 커지면 수렴에 시간이 더 많이 걸릴 수 있다.
③ 군집의 크기가 작을수록 추정이 쉽고, 정밀한 추정이 가능하다.
④ 복잡한 형태를 가진 분포의 경우 여러 분포를 확률적으로 선형 결합한 혼합분포로 설명할 수 있다.

정답 해설 혼합분포 군집에서 군집의 크기가 작으면 추정의 정도가 떨어지고 정밀한 추정이 어렵다.

정답 01 ① 02 ③ 03 ① 04 ④ 05 ② 06 ① 07 ③

핵심키워드 #실루엣 계수 #BIC #교차타당성

099 군집 분석 - 평가, 결과 해석

★★★☆☆

전문가의 합격 코멘트
실루엣 계수에 대한 이해 및 적정 군집의 개수를 찾기 위해 사용하는 그래프들을 살펴보세요! 그리고 지도 학습의 교차타당성과 비지도 학습(군집)의 교차타당성 방법이 다르다는 것도 알아두시기를 바랍니다!

1 군집 분석 평가 지표

(1) 실루엣 계수(Silhouette Coefficient)
① 군집 내 거리와 군집 간의 거리를 기준으로 군집 분할 성과를 측정하는 방식이다.
② 군집(Cluster) 안의 데이터들이 다른 군집과 비교해 얼마나 비슷한가를 나타내는 군집 평가 지표이다.
③ 실루엣 지표가 1에 가까울수록 군집화가 잘 되었다고 판단한다.
④ 실루엣 지표가 1인 것은 군집 내 모든 개체가 한치도 떨어져 있지 않고 붙어있는 경우로 군집 간 완벽히 분리된 경우이다.
⑤ 실루엣 지표가 0.5보다 크면 결과가 타당한 것으로 평가한다.

(2) Dunn Index

$$DI = \frac{\text{군집과 군집 사이 거리 중 최솟값}}{\text{군집 내 데이터들 거리 중 최댓값}}$$

① 분자가 클수록 군집 간의 거리가 멀고, 분모가 작을수록 군집 내 데이터가 모여 있는 것을 의미한다.
② Dunn Index가 클수록 군집화가 잘 되었다고 평가한다.

2 군집 개수 구하기

(1) Silhouette Scores를 사용한 군집 수

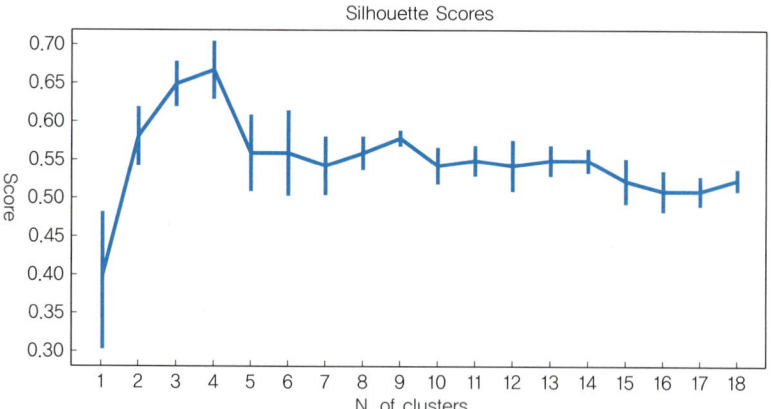

Silhouette Scores 그래프를 사용해 실루엣 점수(Score)가 최대인 5개를 적정 군집의 수로 볼 수 있다.

(2) R의 mclust 패키지를 사용한 군집 수

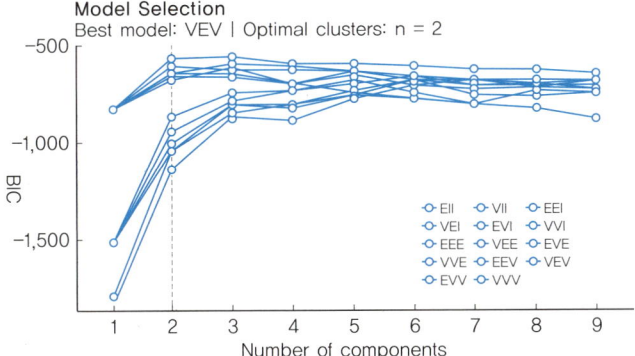

① 그래프에서 Y축의 BIC값이 최대인 X축의 값인 2를 적정한 군집의 개수로 볼 수 있다.
② BIC(Bayesian Information Criterion)
- BIC는 모델의 적합도와 복잡성을 고려하는 통계적 기준
- R 언어의 mclust 패키지를 사용한 결과에서 BIC가 가장 큰 값인 모형을 선택하고, 그 때의 X축의 값이 최적의 군집 수가 됨

> **보충 학습**
>
> **적합도와 복잡성**
> - **적합도**: 모델이 데이터를 얼마나 잘 설명하는지를 나타내며, 로그-우도(Log-Likelihood)에 의해 평가됩니다. 높을수록 좋은 모델을 의미합니다.
> - **복잡성**: 모델의 파라미터 수에 대한 패널티로, 더 많은 파라미터를 가진 모델에 더 큰 패널티가 부여되어 더 복잡한 모델일수록 BIC가 높아집니다.

(3) 집단 내 제곱합(Inertia) 그래프

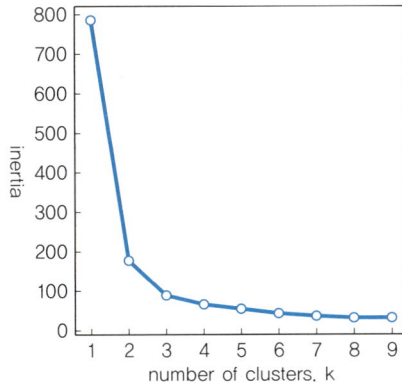

집단 내 제곱합 그래프에 Elbow 기법을 적용해서 기울기가 완만해지는 3개를 적정 군집의 수로 정할 수 있다.

3 군집 분석의 안정성 및 타당성

① 군집 분석의 안정성(Stability)과 타당성(Validation)은 모두 중요한 요소이다.
- 두 가지를 모두 고려하여 최적의 결과를 도출하여야 함
- 안정성, 타당성을 점검하기는 어려움

② 안정성은 군집 분석의 결과가 변동 없이 일관되는지를 나타낸다.
- 안정성이 높을수록 동일 데이터에 대해 반복 수행 시 결과가 일관되어 신뢰성이 높음
- 집단별 특성이 유사할 경우 안정성이 높을 수 있지만, 데이터의 복잡성·다양성에 따라 결과가 달라질 수 있음

③ 타당성은 군집 분석 결과가 실제 데이터의 특성과 부합하는지를 나타낸다. 타당성이 높을수록 군집 분석 결과가 실제로 의미 있는 구조를 잘 나타내며, 결과를 신뢰할 수 있음

④ 군집 분석 결과에 대한 타당성과 안정성에 대한 검정으로 교차타당성(Cross Validation)을 이용할 수 있다.
- 데이터를 A, B 두 개 부분으로 랜덤하게 분류해 놓은 다음 각 부분에서 따로 군집 분석을 한 후, 합쳐서 군집 분석한 결과와 비교하여 비슷하면 결과에 대한 안정성이 있다고 판단함
- 지도 학습의 교차타당성과 동일한 방법이 아님

○ 전문가의 합격 꿀팁
지도 학습은 여러 개의 평가 결과를 평균하여 구합니다.

기출로 개념 확인

01 다음 중 군집 내 거리와 군집 간의 거리를 기준으로 군집 분할 성과를 측정하여 클러스터 안의 데이터들이 다른 클러스터와 비교해서 얼마나 비슷한가를 나타내는 군집 평가는?　　21회 기출문제(주관식 변형)

① Silhouette Coefficient
② Scree plot
③ F1 Score
④ ROC Curve

정답 해설　실루엣 지표(Silhouette Coefficient)는 군집 내 거리와 군집 간의 거리를 기준으로 군집 분할 성과를 측정하는 방식으로, 군집(Cluster) 안의 데이터들이 다른 군집과 비교해 얼마나 비슷한가를 나타내는 군집 평가 지표이다.

오답 해설　② Scree plot: 주성분의 개수를 정할 때 도움이 되는 그래프이다.
③ F1 Score: 분류 모델에서 불균형 데이터의 경우 주로 사용할 수 있는 평가 지표이다.
④ ROC Curve: 분류 모델에서 X축을 FP Rate, Y축을 Recall로 하는 그래프를 사용한 평가 도구이다.

02 다음 중 군집 분석의 중요한 지표로서, 군집 내 데이터 간 거리가 가까울수록 높고 멀수록 낮은 지표이자 군집 간 완벽히 분리되었을 때 1이 되는 지표는?　　31회 기출문제

① AUC
② 상관계수
③ Silhouette
④ MAPE

정답 해설　실루엣 지표(Silhouette Coefficient)가 1에 가까울수록 군집화가 잘 되었다고 판단한다. 실루엣 지표가 1인 것은 군집 내 모든 개체가 한치도 떨어져 있지 않고 붙어있는 경우로 군집 간 완벽히 분리된 경우이다.

오답 해설　① AUC: 분류 모델에 대한 평가 지표이다.
② 상관계수: 변수 간 상관관계를 -1 ~ 1 사이의 값으로 표현하는 값이다.
④ MAPE: 회귀 모델에 대한 평가 지표이다.

03 다음 중 군집 분석(Cluster Analysis)에 대한 설명으로 옳지 않은 것은?　　35회 기출문제

① 비계층적 군집 분석 기법의 경우 사용자가 사전 지식 없이 그룹의 수를 정해주는 일이 많기 때문에 결과가 잘 나오지 않을 수 있다.
② 군집 분석은 신뢰성과 타당성을 점검하기 어렵다.
③ 군집 결과에 대한 안정성을 검토하는 방법으로 지도 학습과 동일한 교차타당성을 이용한다.
④ 계층적 군집 분석은 이상치에 민감하다.

정답 해설　군집 결과에 대한 타당성과 안정성에 대한 검정으로 교차타당성(Cross Validation)을 이용할 수 있는데, 지도 학습의 교차타당성과 동일한 방법은 아니다.

04 다음은 혼합분포 군집방법으로 군집 분석을 시행한 결과물(공분산 형태의 BIC)이다. 최적의 군집 수는 몇 개인가?

27회 기출문제(주관식 변형)

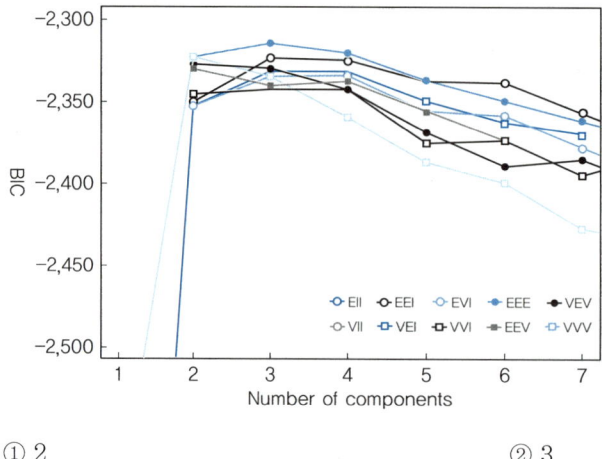

① 2 ② 3
③ 4 ④ 5

정답 해설 Y축의 BIC 값이 최대인 X축의 군집 개수 3이 적정 군집의 수이다.

05 군집 모형 평가 기준 중 하나이며 군집의 밀집 정도를 계산하는 방법으로, 군집 내의 거리와 군집 간의 거리를 기준으로 군집 분할의 성과를 평가하는 것은?

29회 기출문제

① 피어슨 상관 계수(Pearson Correlation Coefficient)
② ARI(Adjusted Rand Index)
③ NMI(Normalized Mutual Information)
④ 실루엣 계수(Silhouette Coefficient)

정답 해설 군집 내의 거리와 군집 간의 거리를 기준으로 군집 분할의 성과를 평가하는 것은 '실루엣 계수'이다.

정답 01 ① 02 ③ 03 ③ 04 ② 05 ④

핵심키워드 #비지도 신경망 #경쟁층 #전방 패스 #경쟁 학습

100 군집 분석 - 자기조직화지도(SOM)   ★★★☆☆

1 SOM(Self-Organizing Map)

(1) SOM(Self-Organizing Map)의 개요

① 자기조직화 지도로 해석되며 Kohonen Neural Network(코호넨 신경망) 이라고도 한다.
② 비지도 학습(Unsupervised Learning)의 한 가지 방법이다.
③ 인공신경망의 한 종류로, 차원 축소와 군집화를 동시에 수행하는 기법이다.
④ 고차원으로 표현된 데이터를 저차원으로 변환해서 보는 데 유용하다.
⑤ 입력층과 2차원 격자 형태의 경쟁층으로 구성된다(2개의 층으로 구성).

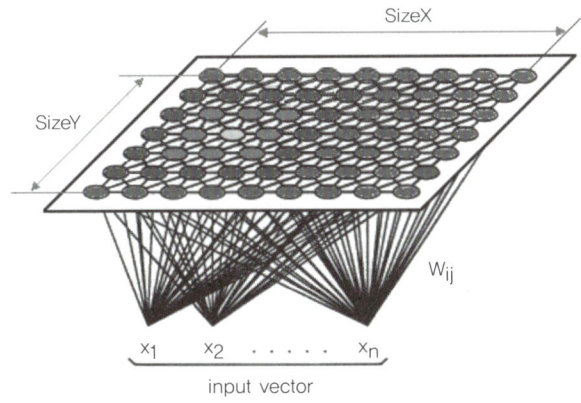

> **전문가의 합격 코멘트**
>
> SOM의 특징에 대해 잘 이해해야 하고 SOM은 지도 학습의 인공신경망과 비교하여 그 특징을 기억해야 합니다. 특히 비지도 학습, 입력층과 2차원 격자 형태의 경쟁층으로 구성된다는 것은 반드시 기억하세요. 그리고 용어를 지칭할 때 그냥 신경망이라고 하면 일반적으로 지도 학습의 인공신경망을 의미하고, 비지도 학습의 인공신경망은 SOM이라고 합니다.

(2) 입력층과 경쟁층

① 입력층(Input Layer)
- 입력 벡터를 받는 층으로 입력변수의 개수와 동일한 뉴런 수가 존재함
- 입력층에 있는 각각의 뉴런은 경쟁층에 있는 각각의 뉴런들과 완전 연결(Fully Connected)되어 있음

② 경쟁층(Competitive Layer)
- 입력 벡터의 특성에 따라 벡터가 한 점으로 클러스터링되는 층
- 입력 데이터와의 유사성을 경쟁하며, 각 노드 또는 뉴런들 사이의 경쟁적 상호 작용을 담당함
- 승자만이 출력을 내고, 승자와 그의 이웃만이 연결 강도를 수정하는 승자 독점 구조로 인해 경쟁층에는 입력 데이터와 가장 유사한(= 가까운) 뉴런인 승자 뉴런만 나타남

2 SOM 과정

(1) SOM 절차

> ❶ SOM의 노드에 대한 연결 강도(Weight)를 초기화한다.
> ❷ 입력 벡터와 경쟁 층 노드 간의 거리 계산 및 입력 벡터와 가까운 노드를 선택한다. → 경쟁
> ❸ 경쟁에서 선택된 노드와 이웃 노드의 가중치(연결 강도)를 갱신한다. → 협력 및 적응
> ❹ 단계 2로 가서 반복한다.

(2) SOM의 결과

① 결과적으로 승자만이 출력을 내고, 승자와 그의 이웃만이 연결 강도를 수정하는 승자 독점 구조로 인해 경쟁층에는 승자 뉴런만 나타난다.
② 경쟁 학습으로 각각의 뉴런이 입력 벡터와 얼마나 가까운가를 계산하여 연결 강도를 반복적으로 재조정하여 학습한다. 이와 같은 과정을 거치면서 입력 패턴과 가장 유사한 경쟁층 뉴런이 승자가 된다.
③ 입력변수의 위치 관계를 그대로 보존한다는 특징으로 인해 입력변수의 정보와 그들의 관계가 지도상에 그대로 나타난다.
④ 고차원의 데이터를 저차원의 지도 형태로 형상화하기 때문에 시각적으로 이해하기 쉬울 뿐 아니라 입력변수의 위치 관계를 그대로 보존하기 때문에 실제 데이터가 유사하면 지도상에는 가깝게 표현된다.

3 SOM과 신경망 모형

항목	SOM	신경망 모형
구성	입력층, 2차원의 격자(Grid) 형태의 경쟁층	입력층, 은닉층, 출력층
학습 방법	전방 패스의 경쟁 학습(속도가 빠름) feed-forward flow	오차 역전파 알고리즘 back propagation
분류	비지도 학습	지도 학습

① 신경망 모형은 연속적인 layer로 구성되지만, SOM은 입력층과 2차원의 그리드(격자)의 경쟁층으로 구성된다.
② 신경망 모형은 오차 역전파 알고리즘을 사용하여 학습하지만, SOM은 단 하나의 전방 패스를 사용하는 경쟁 학습으로 속도가 매우 빠르다.

기출로 개념 확인

01 다음 중 SOM에 대한 설명으로 옳은 것은?   21회 기출문제

① 지도 학습이다.
② 인공신경망과 같은 역전파 알고리즘을 이용한다.
③ 다수의 입력층과 다수의 출력층으로 구성되어 있다.
④ 출력 뉴런들은 승자 뉴런이 되기 위해 경쟁하고 오직 승자만이 학습한다.

> **오답 해설** ① SOM은 비지도 학습이다.
> ② 지도 학습의 신경망 모형은 역전파 알고리즘이지만, SOM은 전방패스를 사용해 속도가 매우 빠르다.
> ③ 지도 학습의 신경망 모형은 연속적인 layer로 구성되지만, SOM은 입력층과 2차원의 그리드(격자) 형태의 경쟁층으로 구성된다.

02 다음 중 SOM에 대한 설명으로 옳지 <u>않은</u> 것은?   18회 기출문제

① SOM은 역전파 알고리즘을 사용한다.
② 차원 축소와 군집화를 동시에 수행하는 기법이다.
③ 주요 기능 중에 데이터의 특징을 파악하여 유사 데이터를 클러스터링한다.
④ 대표적인 비지도 학습이다.

> **정답 해설** 지도 학습의 신경망 모형은 역전파 알고리즘이지만, SOM은 전방 패스를 사용해 속도가 매우 빠르다.

03 SOM은 비지도 신경망으로 고차원의 데이터를 이해하기 쉬운 저차원의 뉴런으로 정렬하여 지도 형태로 형상화하는 방법이다. 다음 중 SOM 방법에 대한 설명으로 옳지 <u>않은</u> 것은?   18회 기출문제

① SOM은 입력변수의 위치 관계를 그대로 보존한다는 특징이 있다. 이러한 SOM의 특징으로 인해 입력변수의 정보와 그들의 관계가 지도상에 그대로 나타난다.
② SOM을 이용한 군집 분석은 인공신경망의 역전파 알고리즘을 사용함으로써 수행 속도가 빠르고 군집의 성능이 매우 우수하다.
③ SOM은 고차원의 데이터를 저차원의 지도 형태로 형상화하기 때문에 시각적으로 이해하기 쉬울 뿐 아니라 변수의 위치 관계를 그대로 보존하기 때문에 실제 데이터가 유사하면 지도상 가깝게 표현된다.
④ SOM은 경쟁 학습으로 각각의 뉴런이 입력 벡터와 얼마나 가까운가를 계산하여 연결 강도를 반복적으로 재조정하여 학습한다. 이와 같은 과정을 거치면서 입력 패턴과 가장 유사한 경쟁층 뉴런이 승자가 된다.

> **정답 해설** 지도 학습의 신경망 모형은 역전파 알고리즘이지만, SOM은 전방 패스를 사용해 속도가 매우 빠르다.
>
> **✔ 풀이전략**
> 01~03번 모두 '전방 패스'에 대한 특징을 '역전파 알고리즘'으로 바꾸어 틀린 지문으로 출제하였습니다. 반드시 기억해 주세요.

CHAPTER 03 정형 데이터 마이닝

04 다음 중 자기조직화지도(Self-Organizing Map, SOM)에 대한 설명으로 옳은 것은? 21회 기출문제

① 군집 분할을 위해 역전파 알고리즘을 사용한다.
② 지도(Map) 형태로 형상화가 이루어지지만 입력변수의 위치 관계를 보존하지는 않는다.
③ 학습 횟수(Epochs)와 군집 내 거리는 반비례한다.
④ 승자 독점의 학습 규칙에 따라 입력 패턴과 가장 유사한 경쟁층 뉴런이 승자가 된다.

> **오답 해설** ① 군집 분할을 위해 전방 패스를 사용한다.
> ② 지도(Map) 형태로 형상화가 이루어지며 입력변수의 위치 관계를 보존한다.
> ③ 학습 횟수(Epochs)와 군집 내 거리는 비례한다.

05 SOM은 비지도 신경망으로 고차원의 데이터를 이해하기 쉬운 저차원의 뉴런으로 정렬하여 지도의 형태로 형상화한다. 다음 중 입력 벡터의 특성에 따라 벡터가 한 점으로 클러스터링되는 층은 어떤 층인가? 30회 기출문제

① 경쟁층(Competitive Layer)
② 입력층(Input Layer)
③ 은닉층(Hidden Layer)
④ 출력층(Output Layer)

> **정답 해설** SOM에는 입력층과 경쟁층이 있으며, 경쟁층은 입력 벡터의 특성에 따라 벡터가 한 점으로 클러스터링되는 층이다.

06 다음 중 SOM에 대한 설명으로 옳지 않은 것은? 35회 기출문제

① 비지도 학습이다.
② SOM은 차원 축소와 군집화를 동시에 수행하는 기법이다.
③ 입력층과 경쟁층이 부분 연결되어 있다.
④ 뉴런들은 승자 뉴런이 되기 위해 경쟁하고 오직 승자만이 학습한다.

> **정답 해설** SOM의 입력층에 있는 각각의 뉴런은 경쟁층에 있는 각각의 뉴런들과 완전 연결(fully connected)되어 있다.

07 다음 중 기법 활용 분야가 다른 것은? 18회 기출문제

① SOM
② 로지스틱회귀 분석
③ 신경망
④ 의사결정나무

> **정답 해설** SOM은 군집 분석이고, 로지스틱회귀 분석, 신경망, 의사결정나무는 분류 분석에 활용될 수 있다. 특히 로지스틱회귀 분석은 분류 분석 전용이며, 신경망과 의사결정나무는 분류 및 회귀 분석에 활용 가능하다.

정답 01 ④ 02 ① 03 ② 04 ④ 05 ① 06 ③ 07 ①

핵심키워드 #Apriori #FP Growth #지지도 #신뢰도 #향상도

101 연관 분석(Association Analysis) ★★★★★

1 연관 분석(Association Analysis)

(1) 연관 분석의 개요
① 연관 규칙(Association Rule): 항목들 간의 '조건-결과' 식으로 표현되는 유용한 패턴을 말한다.
② 연관 규칙의 패턴 규칙을 발견해내는 것을 연관 분석이라 한다.
③ 장바구니 분석이라고도 한다(미국 마트에서 기저귀를 사는 고객은 맥주를 동시에 구매한다는 연관 규칙을 알아낸 것에 기인함).
④ 교차 판매, 물건 배치 등에 이용된다.

(2) 연관 분석의 장단점
① 장점
- 조건 반응(if-then)으로 표현되는 연관 분석의 결과를 이해하기 쉬움
- 강력한 비목적성 분석 기법이며, 분석 계산이 간편함

② 단점
- 분석 품목 수가 증가하면 분석 계산이 기하급수적으로 증가함
- 너무 세분화된 품목을 가지고 연관 규칙을 찾으면 의미 없는 분석 결과가 도출됨
- 상대적으로 거래량이 적으면 규칙 발견 시 제외되기 쉬움

> **보충 학습**
>
> **비목적성 분석 기법**
> - 명시적인 목표나 레이블 없이 데이터의 구조를 파악하거나 해석하기 위해 사용됩니다.
> - 주로 군집화(Clustering), 차원 축소(Dimensionality Reduction), 이상치 탐지(Outlier Detection), 연관 규칙 학습(Association Rule Learning) 등의 기법을 포함합니다.

2 연관 분석 알고리즘

(1) Apriori 알고리즘
① 연관 분석의 대표적인 알고리즘으로 현재도 많이 사용된다.
② 데이터들에 대한 발생 빈도를 기반으로 각 데이터 간의 연관 관계를 밝히는 방법이다.
③ 빈발 항목 집합을 찾는 데 기초하며, 지지도(Support), 신뢰도(Confidence), 향상도(Lift)와 같은 지표를 사용하여 항목 집합의 연관성을 평가한다.
④ 가능한 모든 후보 항목의 집합을 생성하고 검사하는 과정이 비효율적일 수 있다.
⑤ 데이터셋이 큰 경우 모든 후보 itemset에 대해 하나하나 검사하는 것은 비효율적이다.

> **전문가의 합격 코멘트**
>
> 연관 분석의 특징, 알고리즘 종류 및 특징을 잘 알아두고, 지지도, 신뢰도, 향상도를 계산하는 문제를 풀 수 있도록 연습해야 합니다.

(2) FP Growth(Frequent Pattern Growth)

① Apriori 단점을 보완하기 위해 제안된 알고리즘으로, 구조화된 트리(트리 구조를 이용한 데이터 구조)를 사용하여 빈발 항목 집합을 효율적으로 추출한다.
② FP-tree와 node, link라는 특별한 자료 구조를 사용한다.
③ 대규모 데이터셋에서의 성능이 우수하며, 더 높은 속도로 빈발 항목 집합을 찾을 수 있다.

3 연관 규칙 측정지표

규칙 표기: A → B	if A then B → A가 팔리면 B가 같이 팔린다.

(1) 지지도(Support)

$$P(A \cap B) = \frac{A\text{와 }B\text{가 동시에 포함된 거래 수}}{\text{전체 거래 수}}$$

① 전체 거래 항목 중 차지하는 비율을 통해 해당 연관 규칙이 얼마나 의미가 있는지를 확인한다.
② 전체 거래 항목 중 상품 A와 상품 B를 동시에 포함하여 거래하는 비율이다.

(2) 신뢰도(Confidence)

$$P(B|A) = \frac{P(A \cap B)}{P(A)} = \frac{A\text{와 }B\text{가 동시에 포함된 거래 수}}{A\text{가 포함된 거래 수}}$$

① 상품 A를 구매했을 때 상품 B를 구매할 확률이 어느 정도 되는지 확인한다.
② 상품 A를 포함하는 거래 중 A와 B가 동시에 거래되는 비율이다.

(3) 향상도(Lift)

$$\frac{P(B|A)}{P(B)} = \frac{P(A \cap B)}{P(A) \times P(B)}$$
$$= \frac{\text{상품 }A\text{의 거래 중 상품 }B\text{가 포함된 거래의 비율}}{\text{전체 상품 거래 중 상품 }B\text{가 거래된 비율}}$$
$$= \frac{A\text{와 }B\text{가 동시에 일어난 확률}}{A, B\text{가 독립된 사건일 때 }A, B\text{가 동시에 일어날 확률}}$$

① A가 주어지지 않았을 때 B의 확률 대비, A가 주어졌을 때 B의 확률 증가 비율이다.
② 품목 B를 구매한 고객 대비, 품목 A를 구매한 후 품목 B를 구매하는 고객에 대한 확률이다.

보충 학습

지지도, 신뢰도, 향상도는 모두 $P(A\cap B)$로 볼 수 있으며, 분모만 다릅니다. 또한 A → B와 B → A일 때 지지도와 향상도는 동일하지만, 신뢰도는 서로 다릅니다.

상황	지지도	신뢰도		향상도
A → B	$P(A\cap B)$	$P(B\|A)=\dfrac{P(A\cap B)}{P(A)}$	$\dfrac{P(B\|A)}{P(B)}$	$\dfrac{P(A\cap B)}{P(A)\times P(B)}$
B → A		$P(A\|B)=\dfrac{P(A\cap B)}{P(B)}$	$\dfrac{P(A\|B)}{P(A)}$	

4 향상도 해석

- 향상도가 1보다 높아질수록 연관성이 높다고 할 수 있음
- 이 규칙은 결과를 예측하는 데 있어 우수하다는 것을 의미함
- 서로 양의 관계로, 품목 B를 구매할 확률보다 품목 A를 구매한 후에 품목 B를 구매할 확률이 더 높다는 것을 의미함

- 품목 A와 B 사이에 아무런 상호관계가 없음(독립)

- 향상도가 1보다 작으면 두 품목이 서로 음의 관계임을 의미함

5 A, B가 독립일 때의 연관 분석 결과

① 지지도: $P(A\cap B)=P(A)\times P(B)$
② A → B 신뢰도: $P(B|A)=P(B)$
   B → A 신뢰도: $P(A|B)=P(A)$
③ 향상도: $\dfrac{P(B|A)}{P(B)}=\dfrac{P(B)}{P(B)}=1$

기출로 개념 확인

01 다음 중 연관 분석의 특징으로 옳지 않은 것은? 25회 기출문제

① 조건 반응(if then)으로 표현되는 연관 분석의 결과를 이해하기 쉽다.
② 비목적성 분석 기법이다.
③ 세분화 분석 품목 없이 연관 규칙을 찾을 수 있다.
④ 분석 계산이 간편하다.

> **정답 해설** 연관 분석에서는 연관 규칙을 찾기 위해서 세분화 분석 품목이 필요하다. 다만, 너무 세분화된 품목을 가지고 연관 규칙을 찾으면 의미 없는 분석 결과가 도출된다.

02 다음 중 조건-결과(if-then) 유형의 패턴을 발견하는 데 사용하는 데이터 마이닝 기법은? 34회 기출문제

① SOM
② 연관 분석
③ 다차원 척도
④ 의사결정나무

> **정답 해설** 연관 규칙(Association rule)은 항목들 간의 '조건-결과' 식으로 표현되는 유용한 패턴을 의미하는데, 이러한 패턴 규칙을 발견해내는 것을 연관 분석이라고 한다.

03 다음 중 연관 분석의 대표적 알고리즘 Apriori의 단점을 보완하기 위해 트리와 노드 링크라는 특별한 자료 구조를 사용하는 알고리즘은? 16회 기출문제

① FP-Growth
② arules
③ Kohonen Neural Network
④ spade

> **정답 해설** FP-Growth은 Apriori에서 데이터셋이 큰 경우 모든 후보 itemset에 대해 하나하나 검사하는 것이 비효율적이며, 이러한 Apriori 단점을 보완하기 위해 FP-tree와 node, link라는 특별한 자료 구조를 사용한다.
>
> **오답 해설** ② arules: R 언어의 연관 규칙 분석 수행을 위한 패키지 중 한 가지로 Apriori 알고리즘을 포함한다.
> ③ Kohonen Neural Network: SOM의 다른 이름이다.
> ④ spade: R 언어의 패턴 분석 수행을 위한 패키지 중 하나로, 시간적으로 연관된 아이템이 발생하는 순차 데이터를 다룬다.

04 다음 중 교차 판매, 물건 배치 등에 이용되는 분석 기법은? 23회 기출문제

① 연관 분석
② 주성분 분석
③ 회귀 분석
④ SOM

> **정답 해설** 연관 분석은 장바구니 분석이라고도 하며, 교차 판매, 물건 배치 등에 이용되는 분석 기법이다.
>
> **오답 해설** ② 주성분 분석: 공분산, 상관계수를 사용하여 변수 축소에 사용하는 분석 기법이다.
> ③ 회귀 분석: 종속변수가 연속형일 때 사용하는 지도 학습이다.
> ④ SOM: 입력층과 2차원 격자 형태의 경쟁층으로 구성된 인공신경망을 사용한 군집 기법이다.

05 다음 장바구니에서 빵 → 우유의 신뢰도를 구하면?

23회 기출문제

장바구니	item
1	빵, 맥주, 우유
2	빵, 우유, 계란
3	맥주, 우유
4	빵, 맥주, 계란
5	빵, 맥주, 우유, 계란

① 0.75
② 0.65
③ 0.6
④ 0.7

정답 해설 A → B일 때의 신뢰도 $= \dfrac{P(A \cap B)}{P(A)} = \dfrac{\text{A와 B가 동시에 포함된 거래 수}}{\text{A가 포함된 거래 수}}$

따라서 A는 빵, B는 우유일 때, $\dfrac{P(\text{빵} \cap \text{우유})}{P(\text{빵})} = \dfrac{3}{4} = 0.75$이다.

06 다음 중 A 제품 구입 → B 제품 구입의 연관 규칙 측정 지표에서 지지도(Support)는?

16회 기출문제

① (A가 포함된 거래 수)÷(전체 거래 수)
② (A와 B가 동시에 포함된 거래 수)÷(A가 포함된 거래 수)
③ (A와 B가 동시에 포함된 거래 수)÷(B가 포함된 거래 수)
④ (A와 B가 동시에 포함된 거래 수)÷(전체 거래 수)

정답 해설 지지도 $= \dfrac{\text{A와 B가 동시에 포함된 거래 수}}{\text{전체 거래 수}}$

오답 해설 ② A → B에 대한 신뢰도
③ B → A에 대한 신뢰도

07 다음 거래 데이터에서 추출된 연관 규칙 중 콜라 → 맥주의 지지도는?

30회 기출문제(주관식 변형)

거래번호	판매 상품
1	소주, 콜라, 맥주
2	소주, 콜라, 와인
3	소주, 주스
4	콜라, 맥주
5	주스

① 0.2
② 0.4
③ 0.6
④ 0.8

정답 해설 콜라 → 맥주의 지지도: $\dfrac{\text{콜라와 맥주가 동시에 포함된 거래 수}}{\text{전체 거래 수}} = \dfrac{2}{5} = 0.4$

08 다음 중 연관 규칙의 측정 지표 중 전체 거래 중에서 품목 A, B가 동시에 포함되는 거래의 비율은?

17회 기출문제

① 지지도
② 향상도
③ 신뢰도
④ ROC

정답 해설 A → B에서의

- 지지도: $\dfrac{\text{상품 A와 상품 B가 동시에 포함된 거래 수}}{\text{전체 거래 수}}$
- 신뢰도: $\dfrac{\text{A와 B가 동시에 포함된 거래 수}}{\text{A가 포함된 거래 수}}$
- 향상도: $\dfrac{\text{상품 A의 거래 중 항목 B가 포함된 거래의 비율}}{\text{전체 상품 거래 중 상품 B가 거래된 비율}}$

---

09 다음 슈퍼마켓 고객 6명의 장바구니별 구입 품목이 다음과 같을 때, 연관 규칙(콜라 → 맥주)의 지지도는?

12회 기출문제

거래번호	판매상품
1	소주, 콜라, 맥주
2	소주, 콜라, 와인
3	소주, 주스
4	콜라, 맥주
5	소주, 콜라, 맥주, 와인
6	주스

① 0.6
② 0.4
③ 0.5
④ 0.3

정답 해설 지지도: $\dfrac{\text{콜라와 맥주가 동시에 포함된 거래 수}}{\text{전체 거래 수}} = \dfrac{3}{6} = 0.5$

---

10 어느 마트에서는 A제품과 B제품을 판매하고 있는데 A제품 → B제품의 지지도는 0.3이고, 신뢰도가 0.6이다. A제품과 B제품의 판매 수량이 동일할 때 향상도는?

21회 기출문제

① 0.3
② 0.5
③ 0.6
④ 1.2

정답 해설
- 지지도 $= P(A \cap B) = 0.3$
- A → B일 때의 신뢰도는 $= \dfrac{P(A \cap B)}{P(A)} = 0.6$
- 신뢰도에 지지도 0.3을 대입하면 $\dfrac{0.3}{P(A)} = 0.6 \rightarrow 0.3 = 0.6 \times P(A) \rightarrow P(A) = 0.5$
- A제품과 B제품의 판매 수량이 동일하므로 $P(B)$는 $P(A)$와 같은 0.50이다.
- 이때 향상도는 $\dfrac{P(A \cap B)}{P(A) \times P(B)}$ 이므로

  향상도 $= \dfrac{0.3}{0.25} = 1.2$

11 다음은 데이터베이스에 있는 속성(Attribute)들 간의 연관 분석 결과이다. 이에 대한 설명으로 옳은 것은?

32회 기출문제

item	구매 항목
1	햄버거, 피자, 라면
2	라면, 치킨, 김밥, 피자
3	치킨, 햄버거, 피자
4	라면, 치킨, 김밥

① 햄버거 → 피자의 향상도가 1이 넘으면 햄버거와 피자 사이에 연관성이 높다고 할 수 있다.
② 향상도가 1이면 햄버거와 피자는 서로 독립이 아닌 관계이다.
③ 향상도가 1보다 작으면 햄버거와 피자는 서로 양의 관계를 가진다.
④ 햄버거 → 피자의 지지도는 햄버거와 피자가 동시에 포함된 거래 수를 분자로, 햄버거를 포함하는 거래 수를 분모로 나타낼 수 있다.

오답 해설 ②, ③ 향상도가 1이면 독립관계, 1보다 크면 서로 양의 관계이다.
④ 햄버거 → 피자의 신뢰도는 햄버거와 피자가 동시에 포함된 거래 수를 분자로, 햄버거를 포함하는 거래 수를 분모로 나타낼 수 있다.

12 다음 중 연관 규칙 지표에 대한 설명으로 옳은 것은?

21회 기출문제

① 향상도가 1보다 크면 이 규칙은 결과를 예측하는 데 있어서 우수하다는 것을 의미한다.
② 향상도가 1이면 두 품목 간에 상호 연관성이 높다는 것으로 해석한다.
③ 향상도가 1보다 작으면 품목 간에 독립적인 관계로 본다.
④ 지지도는 조건부 확률로, 품목 a를 구매한 사람이 품목 b도 구매한다고 해석한다(a → b).

정답 해설 ② 향상도가 1이면 품목 A와 B 사이에 아무런 상호관계가 없음을 의미한다.
③ 향상도가 0이면 품목 간에 독립적인 관계로 본다.
④ 신뢰도는 조건부 확률로 품목 a를 구매한 사람이 품목 b도 구매한다고 해석한다.

13 다음 중 품목 B를 구매한 고객 대비 품목 A를 구매한 후 품목 B를 구매하는 고객에 대한 확률을 의미하는 연관 규칙의 측정지표는?

20회 기출문제

① 지지도
② 신뢰도
③ 향상도
④ 상관도

정답 해설 A → B에서의

- 지지도: $\dfrac{\text{상품 A와 상품 B가 동시에 포함된 거래 수}}{\text{전체 거래 수}}$
- 신뢰도: $\dfrac{\text{A와 B가 동시에 포함된 거래 수}}{\text{A가 포함된 거래 수}}$
- 향상도: $\dfrac{\text{상품 A의 거래 중 항목 B가 포함된 거래의 비율}}{\text{전체 상품 거래 중 상품 B가 거래된 비율}}$

14 다음은 어떤 쇼핑몰의 거래 내역이다. 연관 규칙 '딸기 → 사과'의 향상도는? (단, 전체 거래 건수는 1,350이다)

27회 기출문제

항목	구매 개수
딸기	100
사과	100
배	50
[딸기, 사과]	500
[딸기, 배]	300
[사과, 배]	200
[딸기, 사과, 배]	100

① 0.96
② 0.75
③ 0.9
④ 0.7

정답 해설 향상도 $= \dfrac{P(A \cap B)}{P(A) \times P(B)} = \dfrac{\text{딸기와 사과를 동시에 구입할 확률}}{\text{딸기 구입확률} \times \text{사과 구입확률}}$

$= \dfrac{600}{1350} \div \left(\dfrac{1000}{1350} \times \dfrac{900}{1350} \right)$

$\fallingdotseq 0.9$

15 다음 거래 데이터에서 추출된 연관 규칙 중 하나인 '사과 → 딸기'의 향상도는?

12회 기출문제(주관식 변형)

거래번호	판매 상품
1	배, 사과, 딸기
2	배, 사과, 포도
3	배, 자몽
4	사과, 딸기
5	배, 사과, 딸기, 포도
6	자몽

① 1.5
② 0.75
③ 1
④ 0.5

정답 해설 향상도 $= \dfrac{\text{사과와 딸기가 함께 판매되는 확률}}{\text{사과 판매 확률} \times \text{딸기 판매 확률}}$

$= \dfrac{3}{6} \div \left(\dfrac{4}{6} \times \dfrac{3}{6} \right)$

$= 1.5$

정답 01 ③ 02 ② 03 ① 04 ① 05 ① 06 ④ 07 ② 08 ① 09 ③ 10 ④ 11 ① 12 ① 13 ③ 14 ③ 15 ①

핵심키워드 #지도 학습 #비지도 학습 #회귀 분석 #분류석 #군집 분석 #연관 분석 #딥러닝

102 기계 학습과 딥러닝

★★★☆☆

1 기계 학습의 분류

(1) 지도 학습(Supervised Learning)
① X를 사용해 Y를 예측할 때, 학습 데이터에 X, Y 데이터가 모두 존재하는 학습이다.
② X를 독립변수, Y를 종속변수라고 하며, Y에는 실제값과 예측값이 존재한다.
③ 회귀(Regression) 모형과 분류(Classification) 모델이 있다.
- 회귀(Regression): 예측값이 실제값보다 크거나 작거나 사이 값일 수 있음(연속형 결과)
  - 예) 부모 키를 사용해 딸의 키를 예측, 판매량 예측, 집값 예측
- 분류(Classification): 예측값이 실제값에서 주어진 데이터 범주(종류)로 제한됨(범주형 결과)
  - 예) 화물의 정시 도착 여부 예측, 생존 여부 예측, 품종 예측, 이미지 숫자 예측

(2) 비지도 학습(Unsupervised Learning)
① 학습 데이터에 X에 대한 데이터만 존재한 학습을 의미한다.
② 군집(Clustering) 모델과 연관(Association) 모델이 있다.
- 군집(Clustering): 데이터를 특성에 따라 구분되는 몇 개의 그룹으로 나누는 학습
  - 예) 고객을 k개의 그룹으로 나눔(그룹 내 서로 유사한 특성, 범주형 결과)
- 연관(Association): 항목들 간의 '조건 → 결과' 식으로 표현되는 유용한 패턴을 발견하는 것
  - 예) 삼겹살 → 상추, 빵 → 우유 (지지도, 신뢰도, 향상도 등으로 연속형 결과)

 전문가의 합격 코멘트

모형의 종류에 대해 다른 한 가지를 찾는 문제 유형이나 딥러닝 모형이 아닌 것을 찾는 문제들이 종종 출제되고 있습니다. 이에 대비하기 위해 아래의 기계 학습의 분석 모형을 암기하고, 딥러닝의 기본적인 모형 이름을 알아 두시기를 바랍니다.

2 분석 모형의 종류

(1) 지도 학습(종속 변수에 따라 나뉨)

회귀(연속형 종속변수)	분류(범주형 종속변수)	회귀+분류

• 단순선형회귀
• 다중선형회귀
• 다항회귀
	• 로지스틱회귀
	• 다중로지스틱회귀
		• KNN(K-Nearest Neighbors)
		• Decision Tree
		• SVM(Support Vector Machine)
		• Ensemble
		  – Bagging
		  – Boosting
		  – Voting
		  – Stacking
		• 인공신경망(ANN)
		  – 다층퍼셉트론

• Linear Regression • Lasso Regression • Ridge Regression • ElasticNet	• Logistic Regression	

(2) 비지도 학습(종속 변수 없음)

3 딥러닝(Deep Learning)

(1) 딥러닝(Deep Learning) 개요

① 딥러닝은 머신러닝의 한 종류로 인공신경망(ANN)에 기반을 둔 학습 방법이다.
② 머신러닝은 정형 데이터 학습에서, 딥러닝은 이미지, 소리, 텍스트와 같은 비정형 데이터 학습에서 주로 사용된다.
③ 딥러닝 학습을 위한 오픈 소스에는 Tensorflow, Caffe, Theono, PyTorch, Keras 등이 있다.
④ 딥러닝 학습의 종류에는 DNN, CNN, RNN, GAN, Autoencoder, 전이 학습(Transfer Learning) 등이 있다.

인공지능·머신러닝·딥러닝의 관계

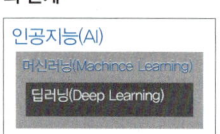

(2) 딥러닝 학습의 종류

① DNN(Deep Neural Network): 일반적인 신경망의 확장판으로, 다층으로 쌓인 은닉층을 통해 복잡한 특징을 학습하는 데 사용한다.
② CNN(Convolutional Neural Network): 이미지의 공간적인 구조를 보존하면서 특징을 추출하는 데 특화되어 이미지 학습에 주로 사용한다.
③ RNN(Recurrent Neural Network): 순환 구조를 사용하여 이전 상태 정보를 현재 상태에 전달하여 순차 데이터의 패턴을 학습하고 예측하는 데 효과적인 학습으로, LSTM, GRU 모델이 있다.
④ GAN(Generative Adversarial Network): 생성 모델로, 생성자(Generator)와 판별자(Discriminator)로 이루어져 있으며 생성자는 실제 데이터와 유사한 가짜 데이터를 생성하고, 판별자는 생성자가 만든 가짜 데이터와 실제 데이터를 구별하는 데 사용한다.
⑤ Autoencoder: 비지도 학습 방법으로, 입력 데이터를 저차원의 표현으로 압축한 뒤 다시 복원하는 신경망구조로 데이터의 효율적인 표현을 학습하고 잡음 제거, 차원 축소 등에 사용된다.
⑥ 전이 학습(Transfer Learning): 풍부한 데이터를 이용해서 학습된 Pre-trained Model을 가져와 부족한 사용자 데이터 환경에 맞도록 새롭게 모델을 학습시키는 일련의 과정이다.

기출로 개념 확인

01 다음 중 딥러닝과 가장 관련이 없는 분석 기법은? 25·32회 기출문제

① CNN(Convolutional Neural Network)
② LSTM(Long Short-Term Memory)
③ SVM(Support Vector Machine)
④ Autoencoder

정답 해설 SVM은 군집에 사용되는 머신러닝 기법이다.
오답 해설 ①, ②, ④ CNN, LSTM, Autoencoder는 딥러닝 기법이다.

02 최근 딥러닝(Deep Learning)에 관한 관심이 전 세계적으로 높아지고 있고, 딥러닝을 활용하기 위해 다양한 오픈소스를 개발하여 제공하고 있다. 다음 중 가장 관련이 없는 것은? 13회 기출문제

① Caffe
② Tensorflow
③ Anaconda
④ Theano

정답 해설 Anaconda
- 데이터 과학 및 기계 학습 작업을 수행하기 위한 파이썬 기반의 오픈 소스 배포판으로 주로 데이터 과학자, 연구원, 개발자들이 데이터 분석, 기계 학습, 과학적 컴퓨팅 등을 사용하는 데 도움을 주는 통합 환경이다.
- 개발자들에게 효율적인 환경을 제공하여 프로젝트를 관리하고 새로운 도구들을 쉽게 시도해 볼 수 있는 환경을 제공한다.

03 다음 중 인공지능 기술의 발전과 함께 주목받고 있는 것으로, 딥러닝 기법의 기반이 되는 모형은? 27회 기출문제

① 유전자 알고리즘(Genetic Algorithm)
② 인공신경망(Artificial Neural Network)
③ 의사결정나무(Decision Tree)
④ 규칙 기반(Rule-Based) 모형

정답 해설 인공신경망은 머신러닝 기법 중 한 가지로, 딥러닝은 인공신경망에 기반한 모형이다.

정답 01 ③ 02 ③ 03 ②

FINAL
기출 복원
모의고사

※ 3회독 체크

2023 기출 복원 모의고사

제36회 기출 복원 모의고사 ☐ ☐ ☐
제37회 기출 복원 모의고사 ☐ ☐ ☐
제38회 기출 복원 모의고사 ☐ ☐ ☐
제39회 기출 복원 모의고사 ☐ ☐ ☐

※ 3회독 체크

2024 기출 복원 모의고사

제40회 기출 복원 모의고사 ☐ ☐ ☐
제41회 기출 복원 모의고사 ☐ ☐ ☐
제42회 기출 복원 모의고사 ☐ ☐ ☐
제43회 기출 복원 모의고사 ☐ ☐ ☐

제 36 회 기출 복원 모의고사

2023년 데이터분석 준전문가 정기시험

제한시간 | 90분
정답과 해설 | 2p

※ 문항당 2점
※ 2024년 출제 기준에 맞춰 수정된 문제입니다.

1과목 데이터 이해

01
다음 중 데이터에 대한 설명으로 가장 적절하지 않은 것은?

① 추론, 예측, 전망, 추정을 위한 근거(Basis)로 기능하는 특성을 갖는다.
② 데이터는 축적된 지식과 아이디어가 결합된 창의적인 산물이다.
③ 데이터는 개별 데이터 자체로는 의미가 중요하지 않은 객관적인 사실이다.
④ 다른 객체와의 상호관계 속에서 가치를 갖는다.

02
다음 중 빅데이터가 가치 창출 측면에서 기업, 정부, 개인에게 미친 영향으로 옳지 않은 것은?

① 산업 전체의 생산성이 향상되었다.
② 개인은 맞춤형 서비스를 받거나 적시에 필요한 정보를 얻음으로써 기회비용을 절약하게 되었다.
③ 기업 활동의 투명성은 없어졌지만, 경쟁사보다 강한 경쟁력을 확보하는 데 도움이 되었다.
④ 비즈니스 모델을 혁신하거나 신사업 발굴에 활용할 수 있게 되었다.

03
다음 중 사생활 침해 문제를 해결하기 위한 방법으로 적절한 것은?

① 정보 제공자의 동의제를 정보 사용자의 책임제로 전환
② 결과 기반 책임 원칙 고수
③ 알고리즘 접근권 허용
④ 사용자 동의 제도 시행

04
다음 중 암묵지와 형식지 상호작용 과정에서 개인의 내재된 경험을 객관적인 데이터로 변환하여 문서나 매체에 저장·가공·분석하는 과정은?

① 표출화   ② 연결화
③ 내면화   ④ 공통화

05
다음 중 비식별화 기법에 대한 설명으로 옳지 않은 것은?

① 가명 처리는 식별할 수 없는 다른 값으로 대체하는 것을 의미한다.
② 데이터 마스킹은 개인 정보 식별이 가능한 특정 값을 삭제하는 것이다.
③ 범주화는 단일 식별 정보를 해당 그룹의 대푯값으로 변환한다.
④ 총계 처리는 총합 또는 평균값으로 대체하여 개별 데이터의 값이 보이지 않도록 하는 것이다.

06
다음 중 데이터베이스에 대한 설명으로 적절하지 않은 것은?

① 한 조직의 다수 사용자가 공동으로 이용하고 유지하는 공용 데이터이다.
② DBMS 소프트웨어를 사용하여 데이터베이스를 구축한다.
③ 법률적으로 데이터베이스는 기술을 기반으로 한 일종의 저작물로 인정한다.
④ 데이터베이스 내의 모든 데이터는 2차원 테이블로 표현된다.

07
다음 중 데이터웨어하우스에 대한 설명으로 적절하지 않은 것은?

① ETL은 주기적으로 내부 및 외부 데이터베이스로부터 정보를 추출하고 정해진 규약에 따라 정보를 변환한 후에 데이터웨어하우스에 정보를 적재한다.
② 데이터웨어하우스는 전사적 차원보다는 특정 조직의 특정 업무 분야에 초점을 둔 것이다.
③ 데이터웨어하우스에서 관리하는 데이터들은 시간적 흐름에 따라 변화하는 값을 유지한다.
④ 데이터웨어하우스는 기업 내의 의사결정 지원 애플리케이션을 위한 정보를 제공하는 하나의 통합된 데이터 저장 공간을 말한다.

08
다음 중 데이터 사이언스에 대한 설명으로 옳지 않은 것은?

① 데이터 사이언스란 데이터로부터 의미 있는 정보를 추출하는 학문이다.
② 분석뿐 아니라 이를 효과적으로 구현하고 전달하는 과정까지 포함한 포괄적 개념이다.
③ 데이터 사이언스는 정형 데이터를 대상으로 총체적 접근법을 사용한다.
④ 과학과 인문학의 교차로에 서 있다고 할 수 있다.

09
다음 내용의 빈칸에 들어갈 알맞은 단어는?

( )은/는 거래 정보를 하나의 덩어리로 보고 이를 차례로 연결한 거래 장부이다. 기존 금융회사의 경우 중앙 집중형 서버에 거래 기록을 보관하는 반면, ( )은/는 거래에 참여하는 모든 사용자에게 거래 내역을 보내주며 거래 때마다 이를 대조해 데이터 위조를 막는 방식을 사용한다.

① 블록체인
② BI
③ KMS
④ OLAP

10
다음 내용이 설명하는 것은?

인간의 개입을 최소화하여 인터넷 기반으로 모든 사물을 연결하여 상호 소통하는 지능형 기술로, 허기스의 tweet pee, 구글의 google glass, 나이키의 fuel band, 삼성의 갤럭시 워치 등을 예로 들 수 있다.

① 서비티제이션(Servitization)
② 클라우드(Cloud)
③ IoT(Internet of Things)
④ RFID

2과목 데이터 분석 기획

11
다음 중 기업의 데이터 분석 도입 수준의 진단 대상으로 가장 적절하지 않은 것은?

① 분석 업무 파악
② 분석 기법
③ 분석 인력 및 조직
④ 분석 성과 평가

12
다음 중 분석 성숙도 모델 구성에서 고려하는 분석 성숙도 진단 부문으로 적절하지 않은 것은?

① 비즈니스 부문
② 기업 문화 부문
③ 조직의 역량 부문
④ IT 부문

13
다음 분석 과제의 특징 중 Accuracy와 Precision에 대한 설명으로 옳지 않은 것은?

① 분석의 활용적인 측면에서는 Precision이 중요하며, 안정적인 측면에서는 Accuracy가 중요하다.
② Accuracy와 Precision의 관계는 트레이드 오프 되는 경우가 많다.
③ Accuracy는 모델과 실제값의 차이에 대한 것이다.
④ Precision은 모델을 반복했을 때의 편차를 의미한다.

14
다음 중 분석 대상은 명확하지만, 분석 방식이 명확하지 않을 때 수행하는 분석 주제 유형은?

① 솔루션(Solution)
② 통찰(Insight)
③ 최적화(Optimization)
④ 발견(Discovery)

15
다음 중 분석 과제 정의서에 대한 설명으로 가장 적절한 것은?

① 이해 관계자가 프로젝트의 방향을 설정하고, 성공 여부를 판별할 수 없는 자료이다.
② 분석 모델에 적용될 알고리즘과 분석 모델의 기반이 되는 Feature가 포함되어야 한다.
③ 프로젝트 수행 계획 수립 단계에서 전체 업무를 분류하여 구성 요소로 만든 후 각 요소를 평가하고 일정별로 계획하며 그것을 완수할 수 있는 사람에게 할당해 주는 역할을 한다.
④ 필요한 소스 데이터, 분석 방법, 데이터 입수 난이도, 분석 과정 상세 등의 항목이 포함되어야 한다.

16
다음 중 분석 마스터 플랜을 수립할 때의 적용 범위 및 방식에 대한 고려 요소로 옳지 않은 것은?

① 분석 데이터 적용 수준
② 투입 비용 수준
③ 업무 내재화 적용 수준
④ 기술 적용 수준

17

다음 중 분석 마스터 플랜의 세부 이행 계획 수립 시 고려해야 할 데이터 분석 체계에 대한 설명으로 적절한 것은?

① 분석 마스터 플랜의 모든 단계를 반복한다.
② 프로젝트의 세부 일정 계획도 데이터 분석 체계를 고려하여 작성한다.
③ 순차적인 정련 과정을 통해 프로젝트의 기간을 단축하는 방식을 주로 사용한다.
④ 데이터 수집 및 확보와 분석 데이터를 준비하는 단계를 반복적으로 진행한다.

18

다음 중 분석 기획에 대한 설명으로 적절하지 <u>않은</u> 것은?

① 해당 문제 영역에 대한 전문성 역량 및 통계학적 지식을 활용한 분석 역량과 분석 도구인 데이터 및 프로그래밍 기술 역량에 대한 균형 잡힌 시각을 가지고 방향성과 계획을 수립해야 한다.
② 성공적인 분석을 하기 전의 중요한 사전 작업이다.
③ 상향식 분석은 분석 기획 전에 탐색적 데이터 분석을 수행한다.
④ 실제 분석 수행에 앞서 분석을 수행할 과제의 정의 및 의도했던 결과를 도출할 수 있도록 적절하게 관리할 수 있는 방안을 사전에 계획하는 일련의 작업이다.

19

다음 빅데이터의 4V는 빅데이터의 3V에 무엇이 추가된 것인가?

① Volume
② Velocity
③ Variety
④ Value

20

다음 내용의 빈칸에 공통적으로 들어갈 단어는?

> 분석 과제 우선순위 평가 기준에는 (　　　)과 난이도가 있으며 (　　　)의 경우 전략적 중요도와 목표 가치, 난이도의 경우 데이터 획득·저장·가공 비용, 분석 적용 비용, 분석 수준에 따라 판단하게 된다.

① 시급성
② 투자 비용
③ 정확성
④ 수익성

3과목　데이터 분석

21

다음 중 군집 분석 기법으로 적절하지 <u>않은</u> 것은?

① PAM
② DBSCAN
③ 실루엣 지수(Silhouette Coefficient)
④ 퍼지(Fuzzy) Clustering

22

다음 중 wage 데이터셋에 대한 ANOVA 분석 결과를 해석한 내용으로 옳지 <u>않은</u> 것은?

```
> aov <- aov(wage ~ age, data=data)
> summary(aov)
             Df   SUM Sq   Mean Sq   F value   Pr(>F)
age           1   199870   199870    119.3     <2e-16 ***
Residuals  2998  5022216   1675
---
Signif. codes:  0 '***'  0.001 '**'  0.01 '*'  0.05 '.'  0.1 ' ' 1
```

① age와 wage에 대한 선형관계를 알 수 없다.
② age와 wage는 양의 상관관계이다.
③ 관측치는 3000개이다.
④ MSE는 1675이다.

23

다음 중 웹 데이터의 수집을 위해 웹 페이지의 구조를 분석하여 데이터를 자동으로 수집하는 방법은?

① FTP
② 웹 크롤링(Web Crawling)
③ Streaming
④ Open API

24

다음 중 신경망 모형에서 출력값이 여러 개이고 목표치가 다범주인 경우에 사용하는 것으로, 각 범주에 속할 사후 확률(Posterior Probability)을 제공하는 활성화 함수는?

① 항등 함수
② ReLU
③ sigmoid
④ softmax

25

다음 중 시그모이드(sigmoid) 함수의 범위로 알맞은 것은?

① 0~1
② −1~1
③ −1~0
④ 0.5~1

26

다음 수식에 해당하는 데이터 간의 거리 계산 방식은?

$$\sum_{i=1}^{n}|x_i-y_i|$$

① 유클리드 거리
② 맨해튼 거리
③ 민코프스키 거리
④ 마할라노비스 거리

27

다음 중 연관 분석에 대한 설명으로 옳지 <u>않은</u> 것은?

① 조건 반응(if−then)으로 표현되는 연관 분석의 결과를 이해하기 쉽다.
② 비목적성 분석 기법이다.
③ 대표적인 알고리즘으로 Apriori가 있다.
④ 분석을 위한 계산이 복잡하다는 단점이 있다.

28
다음 중 표본들이 서로 관련되어 있는 경우에 짝지어진 두 개의 관찰치들의 크고 작음을 +와 -로 표시하여 그 개수를 가지고 두 그룹의 분포 차이가 있는가에 대한 가설을 검증하는 방법은?

① Sign Test
② Chi-Square Test
③ ANOVA Test
④ 스피어만 상관계수

29
다음 중 자료의 척도에 대한 설명으로 적절하지 않은 것은?

① 비율척도 - 사칙연산이 모두 가능하며, 혈액형, 학력 등을 나타내는 척도이다.
② 구간척도 - 덧셈, 뺄셈이 가능하며, 절대 0점을 포함하지 않는 온도가 이에 해당된다.
③ 서열척도 - 연산이 불가능하고 메달과 같이 범주 간 순서가 있는 것을 나타내는 척도이다.
④ 명목척도 - 단순히 측정 대상의 특성을 분류하거나 확인하기 위한 목적으로 사용된다.

30
다음 중 소득 순위처럼 정규분포가 아닌 오른쪽 꼬리가 긴 분포(Positive Skewed)에서 평균과 중앙값의 관계로 옳은 것은?

① 중앙값이 평균보다 크다.
② 평균이 중앙값보다 크다.
③ 평균과 중앙값의 관계에 변화가 없다.
④ 평균은 중앙값의 제곱과 같다.

31
다음 중 R에서 숫자형, 문자형, 논리형 벡터를 하나로 합친 벡터를 구성하는 경우 합쳐진 벡터의 형식은?

① 숫자형 벡터
② 문자형 벡터
③ 논리형 벡터
④ 데이터프레임

32
다음 중 빅데이터 분석 프로세스에서 모델링 단계에 해당하지 않는 항목은?

① 데이터 분할
② 데이터 모델링
③ 모델 적용 및 운영 방안
④ 수행 방안 설계

33
다음 중 모형의 성과를 평가하는 방법으로 적절하지 않은 것은?

① 결정계수
② 실루엣 지수
③ 엔트로피(Entropy)
④ ROC 그래프

34
다음 중 분류 모형 평가에 활용하지 않는 것은?

① 덴드로그램
② 오분류표
③ ROC 그래프
④ Kappa 지수

35
다음 중 다차원 척도법에 대한 설명으로 가장 적절하지 않은 것은?

① 개체들의 거리는 유클리드(Euclidean) 거리와 유사도를 이용하여 구한다.
② 개체들 사이의 군집을 시각적으로 표현하는 분석 방법이다.
③ 상관관계가 있는 변수들을 선형 결합을 통해 상관관계가 없는 새로운 변수로 만들고 분산을 극대화하는 변수로 축약한다.
④ 관측 대상의 상대적 거리의 정확도를 높이기 위해 적합 정도를 스트레스값(Stress Value)으로 나타낸다.

36
다음 중 앙상블 모형의 특징으로 옳지 않은 것은?

① 성능을 분산시키므로 과대적합(Overfitting)을 감소시키는 효과가 있다.
② 각 모형의 상호 연관성이 높을수록 정확도 또한 높아진다.
③ 여러 개의 모형의 결과를 종합하여 정확도를 높이는 방법이다.
④ Bagging, Boosting 등 다양한 방법의 앙상블 기법이 존재한다.

37
다음 중 이상치에 대한 설명으로 옳지 않은 것은?

① DBSCAN 군집을 실행해 군집에 포함되지 않은 것을 이상치로 한다.
② ESD 방법을 사용하는 경우 평균-3×표준편차보다 작거나, 평균+3×표준편차보다 큰 데이터를 이상치로 규정한다.
③ 기하평균을 사용하는 경우 기하평균-2.5×표준편차보다 작거나, 기하평균+2.5×표준편차보다 큰 데이터를 이상치로 규정한다.
④ IQR을 사용하는 경우 Q2(중위수)+1.5×IQR보다 크거나 Q2(중위수)-1.5×IQR보다 작은 데이터를 이상치로 규정한다.

38
다음 중 군집 분석에 대한 설명으로 옳지 않은 것은?

① 집단별 특성이 유사할 경우 안정성이 높다.
② 유사성을 이용하여 몇 개의 집단으로 그룹화하는 분석이다.
③ 군집 분석은 집단 간 이질성과 집단 내 동질성이 모두 낮아지는 방향으로 군집을 만든다.
④ 비계층적 군집 분석 기법의 경우 사용자가 사전 지식 없이 그룹의 수를 정해주는 일이 많으므로 결과가 잘 나오지 않을 수 있다.

39
다음 중 의사결정나무의 특징으로 옳지 않은 것은?

① 연관성이 높은 변수가 있어도 영향을 받지 않는다.
② 비정상적인 잡음 데이터에 대해서는 민감하게 분류한다.
③ 목적 변수가 이산형(범주형)인 경우와 연속형인 경우 모두 사용할 수 있다.
④ 설명력이 좋으며, 과대적합에 취약하다는 특징이 있다.

40
다음 중 데이터 마이닝을 위한 데이터 분할에 대한 설명으로 옳지 않은 것은?

① 데이터는 학습용, 검증용, 평가용 데이터로 분할하여 사용할 수 있다.
② 검증용 데이터(Validation Data)는 학습 과정에서 사용되지 않는다.
③ 검증용 데이터는 훈련에 사용되지 않는다.
④ 데이터 수가 적을 때는 교차검증을 사용한다.

41
다음 중 확률적 표본 추출 방법으로 옳지 않은 것은?

① 단순 무작위 추출법
② 계통 추출법
③ 집단 추출법
④ 층화 추출법

42
다음 코드 실행 결과에 대한 설명으로 옳은 것은?

```
Call:
lm(formula = Fertility ~ ., data = swiss)

Residuals:
    Min      1Q  Median      3Q     Max
-15.2743 -5.2617  0.5032  4.1198 15.3213

Coefficients:
                 Estimate Std. Error t value Pr(>|t|)
(Intercept)      66.91518   10.70604   6.250 1.91e-07 ***
Agriculture      -0.17211    0.07030  -2.448 0.01873 *
Examination      -0.25801    0.25388  -1.016 0.31546
Education        -0.87094    0.18303  -4.758 2.43e-05 ***
Catholic          0.10412    0.03526   2.953 0.00519 **
Infant.Mortality  1.07705    0.38172   2.822 0.00734 **
---
Signif. codes:  0 '***' 0.001 '**' 0.01 '*' 0.05 '.' 0.1 ' ' 1

Residual standard error: 7.165 on 41 degrees of freedom
Multiple R-squared:  0.7067, Adjusted R-squared:  0.671
F-statistic: 19.76 on 5 and 41 DF,  p-value: 5.594e-10
```

① 회귀 모형은 유의수준 5%하에서 통계적으로 유의미하다.
② 모든 회귀계수들이 유의미하다.
③ 설명력은 7.165이다.
④ 데이터의 개수는 41개이다.

43
다음 중 데이터 전처리 과정에 대한 설명으로 옳은 것은?

① 결측치는 연산에 아무런 방해가 되지 않으므로 그대로 두어도 무방하다.
② 데이터 특성을 파악하고 통찰을 얻기 위한 방법을 데이터 EDA라고 한다.
③ 모든 분석의 이상치는 시간이 오래 걸리더라도 모두 찾아 제거해야 한다.
④ 데이터 변환을 통해 정규분포 형태의 데이터로 만들면 데이터가 왜곡되어 올바른 학습이 되지 않는다.

44
다음 중 변수 가공에 대한 설명으로 적절하지 않은 것은?

① 구간화의 개수가 감소하면 정확도는 높아지지만 속도가 느려진다.
② log, sqrt를 취하면 큰 값을 작게 만들 수 있으므로 오른쪽 꼬리가 긴 분포에 사용한다.
③ 제곱, exp를 취하면 작은 값을 크게 만들 수 있으므로 왼쪽 꼬리가 긴 분포에 사용한다.
④ Min-Max Normalization을 하면 값이 0~1 사이의 범위로 변경된다.

45
다음 내용이 설명하는 시계열 모형은?

> 자기 자신의 과거 자료를 통해 설명하는 모형으로, 백색 잡음의 현재값과 자기 자신의 과거값의 가중합으로 선형성을 표현하는 정상 시계열 모형이다.

① AR 모형
② MA 모형
③ ARMA 모형
④ ARIMA 모형

46

다음 내용이 설명하는 앙상블 모형의 종류는?

> 배깅(Bagging)에 랜덤 과정을 추가한 방법으로, 노드 내 데이터를 자식 노드로 나누는 기준을 정할 때 모든 예측 변수에서 최적의 분할을 선택하는 대신, 설명 변수의 일부분만을 고려함으로써 성능을 높이는 방법을 사용한다.

① 의사결정트리 ② 스태킹(Stacking)
③ 인공신경망 ④ 랜덤 포레스트

47

다음 오분류표를 사용하여 구한 F1-score는?

오분류표		예측		
		TRUE	FALSE	합계
실제	TRUE	30	70	100
	FALSE	60	40	100
	합계	90	110	200

① $\frac{1}{3}$　② $\frac{6}{19}$
③ $\frac{3}{10}$　④ $\frac{13}{19}$

48

이산확률변수 X의 값으로 1, 2, 4가 있다. $P(X=1)=0.3$이고 기댓값이 2.7일 때 $P(X=2)$를 구하면?

① 0.7　② 0.8
③ 0.2　④ 0.3

49

우등반에 들어가기 위해서는 어느 시험에서 상위 2% 안에 들어야 한다. 해당 시험 점수의 평균이 85점이고 표준편차가 5일 때, 우등반에 들어가기 위한 최소 시험 점수는? (단, $P(Z \leq 2.05)=0.98$)

① 0.7　② 0.8
③ 0.2　④ 95.25

50

다음 중 (A)와 (B)에 해당하는 숫자로 알맞은 것은?
(단, $6 \leq X \leq 8$, $2 \leq Y \leq 3$)

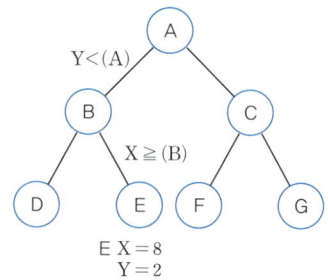

① A=2, B=8
② A=3, B=8
③ A=2, B=7
④ A=3, B=7

제37회 기출 복원 모의고사

2023년 데이터분석 준전문가 정기시험

제한시간 | 90분
정답과 해설 | 10p

※ 문항당 2점
※ 2024년 출제 기준에 맞춰 수정된 문제입니다.

1과목   데이터 이해

01
다음 중 데이터 사이언티스트의 역량에 대한 설명으로 옳지 않은 것은?

① 설득력 있는 전달을 위한 스토리텔링과 시각화를 할 수 있어야 한다.
② 창의적 사고와 호기심, 논리적 비판력을 갖고 통찰력 있는 분석을 한다.
③ 빅데이터에 대한 이론적 지식 및 분석 기술에 대한 숙련이 필요하다.
④ 알고리즘에 의해 부당하게 피해를 입은 사람을 구제한다.

02
다음 중 경영 정보 시스템의 하나로 다양한 비즈니스 분야에서 생산, 구매, 재고, 주문, 공급자와의 거래, 고객 서비스 제공 등 주요 프로세스 관리를 돕는 여러 모듈로 구성된 통합 애플리케이션 소프트웨어 패키지는?

① CRM
② ERP
③ SCM
④ KMS

03
다음 중 데이터베이스의 특징에 대한 설명으로 옳지 않은 것은?

① 통합된 데이터로, 동일한 내용의 데이터가 중복되어 저장된다.
② 저장된 데이터로, 컴퓨터가 접근할 수 있는 저장매체에 저장된다.
③ 공용 데이터로, 여러 사용자에게 서로 다른 목적으로 데이터가 공동 이용된다.
④ 변화되는 데이터로, 항상 변화하면서도 항상 현재의 정확한 데이터를 유지해야 한다.

04
다음 (가)~(라)에서 DIKW 구조와 예시가 올바르게 짝지어진 것은?

(가) A마트는 500원, B마트는 400원에 볼펜을 판매한다.
(나) B마트의 다른 상품도 A마트보다 저렴할 것이다.
(다) B마트는 볼펜 가격이 저렴하다.
(라) 상대적으로 저렴한 B마트에서 볼펜을 사야겠다.

① (가)-데이터, (나)-정보, (다)-지식, (라)-지혜
② (가)-정보, (나)-데이터, (다)-지혜, (라)-지식
③ (가)-데이터, (나)-지혜, (다)-정보, (라)-지식
④ (가)-데이터, (나)-지혜, (다)-지식, (라)-정보

05
다음 중 전략적 인사이트를 주는 가치 기반 분석을 위해 고려해야 할 사항으로 옳지 않은 것은?

① 비즈니스 성과
② 인구 통계학적 변화
③ 경제 사회 트렌드
④ 고객 니즈의 변화

06
다음 중 빅데이터가 가치 창출 측면에서 기업, 정부, 개인에 미치는 영향으로 옳지 않은 것은?

① 기업은 빅데이터를 활용하여 시장 변동을 예측해 비즈니스 모델을 혁신하고 신사업을 발굴할 수 있다.
② 정부는 기상, 인구 이동, 각종 통계, 법제 데이터 등을 수집해 사회 변화를 추정할 수 있다.
③ 운용 효율성이 증가하면 산업 전체의 생산성이 향상되므로 국가 전체의 GDP가 올라가는 효과가 있다.
④ 개인은 아직 데이터를 활용할 수 없다.

07
다음 중 데이터에 대한 설명으로 옳지 않은 것은?

① 비정형 데이터는 데이터 내부에 메타데이터를 갖고 있고 파일 형태로 저장된다.
② 정형 데이터는 행과 열에 의해 데이터의 속성이 구별되는 스프레드시트 형태이다.
③ 반정형 데이터는 Parsing을 통해 구조를 파악할 수 있다.
④ HTML, XML, JSON은 반정형 데이터이다.

08
다음 중 데이터 저장소에 대한 설명으로 옳은 것은?

① 데이터 마트는 특정 조직이나 부서의 사람들과 같이 제한된 사용자 그룹에게 서비스가 제공된다.
② 기업의 원천(Source) 데이터베이스는 데이터 마트(Data Mart)이다.
③ 데이터웨어하우스는 데이터 저장소로, 저장만 가능하며 데이터를 검색할 수 없다.
④ 데이터웨어하우스는 전사적 차원보다는 특정 조직의 업무 분야에 초점을 맞춘다.

09
다음 중 DIKW 계층 구조에서 데이터의 가공 및 처리와 데이터 간의 상관관계 속에서 의미가 도출된 것은?

① 정보
② 지식
③ 지혜
④ 기호

10
다음 빅데이터 활용 기본 테크닉이 설명하는 분석 방법은?

> 이것은 어떤 변인들 간에 주목할 만한 상관관계가 있는지를 찾아내는 방법으로, 상관관계가 높은 상품을 함께 진열하거나 시스템 로그 데이터를 분석해 침입자나 유해 행위자 색출이 가능하며, 우유 구매자가 기저귀를 더 많이 구매하는지 등을 분석할 때 사용한다.

① 회귀 분석
② 주성분 분석
③ 연관 분석
④ SOM

2과목 데이터 분석 기획

11

다음 중 분석 과제 발굴의 접근 방식에 대한 설명으로 옳지 않은 것은?

① 디자인 사고는 중요한 의사결정 시 상향식과 하향식을 반복적으로 사용하는 방법이다.
② 분석해야 하는 대상이 확실한 경우 상향식 접근 방식을 사용한다.
③ 데이터를 활용하여 생각하지 못했던 인사이트를 도출하고 시행착오를 통해 개선해 가는 상향식 접근법의 유용성이 점차 증가하고 있는 추세이다.
④ 분석 과제 발굴의 상향식과 하향식 접근법은 실제 분석 과정에서 혼용하여 활용하는 경우가 많다.

12

다음 중 빅데이터 분석 방법론의 분석 기획 단계에서 수행하는 주요 태스크로 옳지 않은 것은?

① 필요 데이터 정의
② 비즈니스 이해 및 프로젝트 범위 설정
③ 프로젝트 정의 및 수행 계획 수립
④ 프로젝트 위험 계획 수립

13

다음 분석 과제의 특징에서 Accuracy와 Precision에 대한 설명으로 옳지 않은 것은?

① 분석의 활용적인 측면에서는 Accuracy가 중요하며, 안정적인 측면에서는 Precision이 중요하다.
② Accuracy와 Precision의 관계는 트레이드 오프(Trade Off)되는 경우가 많다.
③ Accuracy는 True로 예측된 것 중 실제 True인 것의 비율이고, Precision은 실제 True인 것 중 True로 예측된 것의 비율이다.
④ Precision은 모델을 반복했을 때의 편차를 의미한다.

14

다음 내용은 데이터 거버넌스 중 무엇에 대한 설명인가?

> 데이터의 표준 용어 설정, 명명 규칙 수립, 메타데이터 구축, 데이터 사전 구축

① 데이터 표준화
② 표준화 활동
③ 데이터 저장소 관리
④ 데이터 관리 체계

15

다음 중 과제의 우선순위를 결정할 때 고려해야 할 요소로 적절하지 않은 것은?

① 전략적 중요도
② 비즈니스 성과/ROI
③ 실행 용이성
④ 기술 적용 수준

16

다음 내용의 빈칸 A, B, C에 들어갈 내용이 옳게 짝지어진 것은?

> 상향식 접근법은 기업에서 보유하고 있는 다양한 원천 데이터로부터의 (A)을/를 통하여 (B)을/를 얻을 수 있다. 상향식은 디자인 사고 중 (C)에 해당한다.

① A: 발견, B: 통찰, C: 발산
② A: 인지, B: 통찰, C: 발산
③ A: 통찰, B: 발산, C: 수렴
④ A: 발산, B: 통찰, C: 수렴

17

다음 중 데이터 탐색 단계에서 고려해야 할 사항으로 적절하지 않은 것은?

① 이상값을 확인하여 원인을 파악하고 삭제, 대체, 변환 등의 처리를 한다.
② 데이터의 종류, 분포 등을 파악하고 변수들 간의 관계를 알아본다.
③ 변수들 간의 상관관계 및 연관성을 분석해 유의미한 변수를 식별한다.
④ 결측값을 확인하여 결측값이 있을 경우 제거하는 것이 바람직하다.

18

다음 중 기업의 분석 성숙도 진단 대상으로 옳지 않은 것은?

① 비즈니스 부문
② 조직/역량 부문
③ 서비스 부문
④ IT 부문

19

다음 중 기업의 경영 목표 달성에 필요한 전략적 주요 정보를 포착하고, 주요 정보를 지원하기 위해 전사적 관점의 정보 구조를 도출하며, 이를 수행하기 위한 전략 및 실행 계획을 수립하는 전사적인 종합 추진 계획은?

① 분석 마스터 플랜
② ISP 정보 전략 계획
③ 분석 로드맵
④ 분석 과제 설정

20

다음 내용은 어떤 분석 모델 프로세스에 대한 설명인가?

> 사용자의 요구 사항이나 데이터를 정확히 규정하기 어렵고, 데이터 소스도 명확히 파악하기 어려운 상황에서 사용하는 것으로, 일단 분석을 시도해 보고 그 결과를 확인해 가면서 반복적으로 개선해 나가는 방법을 취한다.

① 폭포수 모델
② 나선형 모델
③ 프로토타입 모델
④ 혼합 모델

3과목 | **데이터 분석**

21

다음 중 구축된 모델을 평가하여 과대적합 또는 과소적합을 미세 조정하는 데 활용하는 데이터는?

① 학습 데이터(Train Data)
② 검증 데이터(Validation Data)
③ 평가 데이터(Test Data)
④ 증강 데이터(Augmentation Data)

22

다음 결괏값은 6개의 feed(사료)를 chicken에게 먹인 후 측정한 weight에 대한 summary이다. 이에 대한 설명으로 옳지 <u>않은</u> 것은?

```
       weight              feed
  Min.    : 108.0     casein    : 12
  1st Qu. : 204.5     horsebean : 10
  Median  : 258.0     linseed   : 12
  Mean    : 261.3     meatmeal  : 11
  3rd Qu. : 323.5     soybean   : 14
  Max.    : 423.0     sunflower : 12
```

① weight의 중앙값은 261.3이다.
② 총 데이터 개수는 71개이다.
③ casein 사료를 먹은 chicken은 12마리이다.
④ feed는 평균 계산을 할 수 없다.

23

다음은 4개의 변수를 가진 USArrests 데이터에 주성분 분석을 적용해서 얻은 결과이다. 제1주성분을 구하는 식은?

```
fit <- prcomp(USArrests, scale=TRUE)
summary(fit)

Importance of components:
                          PC1      PC2      PC3      PC4
Standard deviation      1.5749   0.9949   0.59713  0.41645
Proportion of Variance  0.6201   0.2474   0.08914  0.04336
Cumulative Proportion   0.6201   0.8675   0.95664  1.00000

fit$rotation
                 PC1          PC2         PC3         PC4
Murder      -0.5358995   -0.4181809   0.3412327   0.64922780
Assault     -0.5831836   -0.1879856   0.2681484  -0.74340748
UrbanPop    -0.2781909    0.8728062   0.3780158   0.13387773
Rape        -0.5434321    0.1673186  -0.8177779   0.08902432
```

① $-0.536 \times$ Murder $-0.583 \times$ Assault $-0.278 \times$ UrbanPop $-0.543 \times$ Rape
② $-0.418 \times$ Murder $+0.187 \times$ Assault $-0.873 \times$ UrbanPop $-0.167 \times$ Rape
③ $-0.341 \times$ Murder $-0.268 \times$ Assault $-0.378 \times$ UrbanPop $+0.818 \times$ Rape
④ $0.649 \times$ Murder $-0.743 \times$ Assault $+0.134 \times$ UrbanPop $+0.089 \times$ Rape

24

다음 중 붓스트랩핑을 통해 한 샘플이 뽑힐 확률이 $\frac{1}{d}$이라고 할 때, 샘플 추출을 d번 진행하였다. 어떤 샘플이 한 번도 뽑히지 않을 확률은?

① $\left(1-\frac{1}{d}\right)^2$
② $(1+d)^2$
③ $\left(1-\frac{1}{d}\right)^d$
④ $\sqrt{1-\frac{1}{d}}$

25

다음의 거리표를 사용해 최단연결법으로 계층적 군집화를 할 경우, 첫 번째 단계에서 형성되는 군집과 a와의 거리는?

```
> x
     ×1  ×2
  a   1   4
  b   2   1
  c   4   6
  d   4   3
  e   5   1
```

	a	b	c	d
b	3.2			
c	3.6	5.4		
d	3.2	2.8	3.0	
e	5.0	3.0	5.1	2.2

① 3.6
② 2.2
③ 3.0
④ 3.2

26

다음 중 통계적 가설검정에 대한 내용으로 옳지 <u>않은</u> 것은?

① 귀무가설이 참인 경우 이것을 기각하여 발생하는 오류를 제1종 오류라고 한다.
② 귀무가설이 거짓인 경우 이것을 채택하여 발생하는 오류를 제2종 오류라고 한다.
③ 유의확률이 유의수준보다 작을 때 귀무가설을 기각하게 된다.
④ p-value가 작을수록 해당 검정통계량의 관측값은 귀무가설을 지지하는 것으로 해석 가능하다.

27
다음 중 회귀 분석에 대한 설명으로 옳은 것은?
① 명목형 변수는 더미변수화하여 사용할 수 없다.
② 독립변수의 수가 많아지면 모델의 설명력이 증가하고 모형이 단순해진다.
③ 종속변수들 간의 강한 상관관계가 나타나는 다중공선성 문제가 발생할 수 있다.
④ 독립변수와 종속변수의 사이를 모형으로 나타내고 두 변수의 관계를 도출하는 것이다.

28
다음 중 다중공선성(Multicollinearity)에 대한 설명으로 옳지 않은 것은?
① 다중공선성에 대한 측정은 VIF를 사용한다.
② 다중공선성이 발생하는 독립변수들은 표본의 크기에 관계없이 발생하게 된다.
③ 독립변수 간 높은 상관관계를 가질 때 다중공선성의 발생 확률이 높다.
④ 중대한 다중공선성은 회귀계수의 분산을 증가시켜 불안정하고 해석하기 어렵게 만든다.

29
다음 중 주성분 분석에 대한 설명으로 옳지 않은 것은?
① 차원 축소 방법 중 하나이다.
② 비지도 학습(Unsupervised Learning)에 해당한다.
③ 이론적으로 주성분 간은 상관관계가 없다.
④ 원 변수의 선형 결합 중 가장 분산이 작은 것을 제1주성분(PC1)으로 설정한다.

30
다음 중 신경망 모형에서 입력받은 데이터를 다음 층(Layer)으로 출력하는 형태를 결정하는 함수는?
① 활성화 함수
② 로짓 함수
③ 오즈비 함수
④ 매핑 함수

31
다음 중 데이터 마이닝 프로세스에서 모델링 기법에 따라 변수를 정의하고 데이터를 데이터 마이닝 소프트웨어에 적용할 수 있는 적합한 형식으로 변환하는 활동 수행 단계는?
① 데이터 가공
② 데이터 준비
③ 모델 검증
④ 데이터 마이닝 기법 적용

32
다음 중 ARMA(2, 0)에 대한 설명으로 옳은 것은?
① 정상 시계열이 되기 위해 2차 차분이 필요하다.
② PACF는 3차항부터 절단 형태가 되고 ACF는 지수적으로 감소한다.
③ ARMA(2, 0)은 MA(2)와 같은 모형이라고 할 수 있다.
④ ARMA(2, 0)은 비정상 시계열이므로 차분 처리 후 분석 용도로 사용할 수 없다.

33

다음 중 시계열 모형에 대한 설명으로 옳지 않은 것은?

① MA 모형은 정상성을 만족하기 위한 조건이 필요하다.
② AR 모형은 백색 잡음의 현재값과 자기 자신의 과거값의 선형 가중값으로 이루어진 정상 확률 모형이다.
③ MA는 현시점의 자료가 유한 개의 과거 백색 잡음의 선형 결합으로 표현되어 있는 모형이다.
④ ARIMA는 비정상 시계열이며 차분·변환을 통해 AR, MA, ARMA 모형으로 정상화할 수 있다.

34

다음 중 회귀 분석의 결과 해석에 대한 설명으로 옳지 않은 것은?

① 모델의 통계적 유의성은 F 통계량과 p-value를 통해 확인한다.
② 회귀계수의 유의성 검증은 t값과 p-value를 통해 확인한다.
③ 결정계수가 커질수록 회귀 방정식의 설명력이 높아진다.
④ 결정계수는 −1~1 사이의 값을 갖는다.

35

다음 Wage 데이터의 wage 변수에 대한 t검정 결과에 대한 해석으로 옳지 않은 것은?

```
> t.test(Wage$wage, mu=100)

        One Sample t-test

data:  Wage$wage
t = 15.362, df = 2999, p-value < 2.2e-16
alternative hypothesis: true mean is not equal to 100
95 percent confidence interval:
110.2098   113.1974
sample estimates:
mean of x
  111.7036
```

① 자유도(Degree of Freedom)는 2999이다.
② 유의수준 0.05일 때 귀무가설은 기각되지 않는다.
③ 대립가설은 "wage의 평균은 100과 같지 않다."이다.
④ 95% 신뢰구간에 점추정값이 포함되어 있다.

36

다음 중 다차원 척도법에 대한 설명으로 옳은 것은?

① 데이터를 고차원에서 저차원으로 축소하는 방법으로, 독립변수들 간의 다중공선성 문제를 해결할 수 있다.
② 다차원 척도법에서 개체들 간의 유사성 측정에는 밀도 개념을 사용한다.
③ 관측 대상의 상대적 거리의 정확도를 높이기 위해 적합 정도를 스트레스값(Stress Value)으로 나타내며, 1에 가까울수록 적합도가 좋다.
④ 상관관계가 있는 변수들을 선형 결합을 통해 상관관계가 없는 새로운 변수로 만들고 분산을 극대화하는 변수로 축약한다.

37

다음 중 인공신경망 모델에 대한 설명으로 옳지 않은 것은?

① 인간 두뇌의 학습 과정인 뉴런과 시냅스의 상호작용을 연산 과정으로 간주하고, 이를 재현한 분류·예측 모델이다.
② 복잡한 비선형관계 모델링과 대용량 데이터 처리가 가능하다는 장점이 있다.
③ 은닉층을 포함하고 있어 모델 해석이 어렵고 초기 가중치 설정이 어렵다.
④ 은닉층 수와 노드의 수는 자동으로 설정되며 은닉층이 많을수록 예측력이 우수하다.

38

다음 중 연관 분석에 대한 설명으로 옳지 않은 것은?

① 사건들이 어떤 순서로 일어나고 이 사건들 사이에 어떤 연관성이 있는지 알아내는 것은 시차 연관 분석이지만 원인과 결과의 형태로 해석되지 않는다.
② 조건 반응(if-then)으로 표현되어 결과를 이해하기 쉽다.
③ 너무 세분화된 품목을 가지고 연관 규칙을 찾으려면 의미 없는 분석 결과가 도출될 수 있다.
④ 강력한 비목적성 분석 기법이다.

39

다음 중 혼합분포 군집 모형에서 최대가능도(Maximum Likelihood Estimation)와 관련 있는 알고리즘은?

① K-Means
② DBSCAN
③ K-Medoids
④ EM 알고리즘

40

다음 중 모분산 추정에 대한 설명으로 옳지 않은 것은?

① 모집단의 변동성 또는 퍼짐의 정도에 관심이 있는 경우 모분산이 추론의 대상이 된다.
② N개 집단에 대한 분산 검정은 자유도가 $N-1$인 카이제곱분포를 따른다.
③ 모집단이 정규분포를 따르지 않더라도 중심극한정리를 통해 정규 모집단으로부터의 모분산에 대한 검정을 유사하게 시행할 수 있다.
④ 이표본(Two Sample)에 의한 분산비 검정은 두 표본의 분산이 동일한지를 비교하는 검정으로 검정통계량은 F-분포를 따른다.

41

다음 중 회귀 분석에서 유의성 검정을 위한 분산 분석표에 대한 설명으로 옳지 않은 것은?

모형	자유도	제곱합	평균	F	p-value
회귀	1	100	100	F값	0.00004
잔차	10	200	2		
전체	11	300			

① 회귀 모형은 5% 수준에서 유의하다.
② 오차 분산의 불편추정량이 0.1이다.
③ 표본의 개수는 12개이다.
④ 결정계수는 $\frac{1}{3}$이다.

42

다음 중 텍스트 마이닝에 대한 설명으로 옳지 않은 것은?

① 자연어 처리(NLP) 방식으로 특징 추출, 요약, 분류, 군집화 등 의미를 도출하는 분석이다.
② 비구조화된 텍스트에서 구조화된 데이터로 변환하는 방법을 코퍼스라고 한다.
③ 텍스트 마이닝 전처리 작업에는 클렌징, 토큰화, 불용어 제거, 어간 추출, 표제어 추출 등이 있다.
④ 감정 분석 및 워드 클라우드 등의 패턴 분석을 할 수 있다.

43

다음 중 사회 연결망 분석에서 연결망을 표현하는 분석 방법으로 옳지 않은 것은?

① K-means
② 네트워크 그래프(Network Graph)
③ 클러스터링(Clustering)
④ 영향력 분석(Influence Analysis)

44

다음 중 사회 관계망 분석(Social Network Analysis)에서 중심성 분석에 대한 내용으로 옳지 않은 것은?

① 연결 정도 중심성(Degree Centrality)
② 근접 중심성(Closeness Centrality)
③ 매개 중심성(Betweenness Centrality)
④ 링크 중심성(Link Centrality)

45

다음 중 비지도 신경망으로 고차원의 데이터를 이해하기 쉬운 저차원의 뉴런으로 정렬하여 지도의 형태로 형상화하는 알고리즘은?

① SOM
② 로지스틱회귀 분석
③ 인공신경망
④ 의사결정나무

46

다음 내용이 설명하는 앙상블 모형의 종류는?

> 여러 모델이 순차적인 학습을 하며, 이전 모델의 결과에 따라 다음 모델 표본 추출에서 분류가 잘못된 데이터에 가중치(Weight)를 부여하여 표본을 추출한다.

① 배깅(Bagging)
② 부스팅(Boosting)
③ 스태킹(Stacking)
④ 랜덤 포레스트(Random Forest)

47

어느 마트에서 A제품과 B제품을 판매하고 있는데 A제품 → B제품의 지지도는 0.30이고, 신뢰도는 0.60이다. A제품과 B제품의 판매 수량이 동일할 때 향상도는?

① 0.5
② 0.6
③ 0.3
④ 1.2

48

다음 내용은 회귀 모형의 가정에 대한 설명이다. 빈칸에 들어갈 알맞은 용어는?

- 잔차와 독립변수의 값이 관련되어 있지 않아야 한다 - 독립성
- 잔차들끼리 상관이 없어야 한다. - 비상관성
- (　　)은/는 정규분포를 이뤄야 한다. - 정상성

① 종속변수　　② 독립변수
③ 잔차항　　　④ 일반항

50

다음 오분류표에서 민감도(Sensitivity)를 구하는 식은?

오분류표		예측	
		YES	NO
실제	YES	a	b
	NO	c	d

① a ÷ (a+b)
② a ÷ (a+c)
③ (a+d) ÷ (a+b+c+d)
④ d ÷ (c+d)

49

다음 덴드로그램에서 100일 때의 군집의 수는?

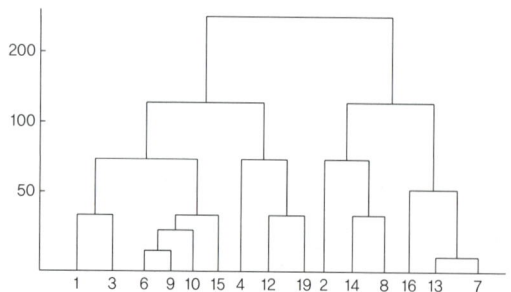

① 2　　　　② 4
③ 6　　　　④ 8

제 38회 기출 복원 모의고사

2023년 데이터분석 준전문가 정기시험

제한시간 | 90분
정답과 해설 | 18p

※ 문항당 2점
※ 2024년 출제 기준에 맞춰 수정된 문제입니다.

1과목 데이터 이해

01
다음 내용은 데이터베이스의 구성 요소에 대한 설명이다. 무엇에 대한 설명인지 옳게 짝지어진 것은?

> (가) 데이터를 설명해주는 데이터로 데이터의 특성, 구조, 정의 및 관리 정보를 설명하는 데이터
> (나) 데이터를 빠르고 쉽게 찾을 수 있게 해주는 자료 구조

① (가) 테이블, (나) 인덱스
② (가) 테이블, (나) 속성
③ (가) 메타데이터, (나) 속성
④ (가) 메타데이터, (나) 인덱스

02
다음 중 상용 DB로 옳지 않은 것은?

① DB2
② Tableau
③ SQL Server
④ Oracle

03
다음 중 데이터의 크기를 작은 것부터 큰 것의 순서로 옳게 나열한 것은?

① PB < EB < ZB < YB
② PB < YB < EB < ZB
③ YB < ZB < EB < PB
④ PB < ZB < EB < YB

04
다음 중 데이터베이스의 특징에 대한 설명으로 옳지 않은 것은?

① 통합된 데이터로, 동일한 내용의 데이터가 중복되어 저장된다.
② 저장된 데이터로, 컴퓨터가 접근할 수 있는 저장 매체에 저장된다.
③ 공용 데이터로, 여러 사용자에게 서로 다른 목적으로 데이터가 공동 이용된다.
④ 변화되는 데이터로, 항상 변화하면서도 항상 현재의 정확한 데이터를 유지해야 한다.

05
다음 중 빅데이터 활용을 위한 세 가지 요소로 옳지 않은 것은?

① 데이터: 모든 것의 데이터화
② 기술: 진화하는 알고리즘, 인공지능
③ 인력: 데이터 사이언티스트, 알고리즈미스트
④ 프로세스: 이전과는 다른 데이터 관리를 위한 작업 절차

06
다음 내용 중 빅데이터로 인한 본질적인 변화에 대한 설명으로 옳지 <u>않은</u> 것은?

> 가. 이미 가치가 있을 것이라고 정해진 특정한 정보만 모아서 처리하던 것을 가능한 많은 데이터를 모으고 다양한 방식으로 조합해 숨은 정보를 찾아낸다.
> 나. 일부 데이터의 샘플링을 통한 표본조사를 수행하는 환경으로 변화되었다.
> 다. 질보다 양의 관점을 갖는다.
> 라. 인과관계에 의한 미래 예측이 데이터 기반의 상관관계 분석을 점점 더 압도하는 추세이다.

① 가, 나
② 나, 라
③ 가, 다
④ 다, 라

07
다음 중 빅데이터의 위기 요인으로 옳지 <u>않은</u> 것은?

① 익명화
② 사생활 침해
③ 데이터 오용
④ 책임 원칙의 훼손

08
다음 데이터 사이언티스트가 가져야 할 역량 중 종류가 <u>다른</u> 것은?

① 다분야 간 협력
② 통찰력 있는 분석
③ 설득력 있는 전달
④ 빅데이터에 대한 이론적 지식

09
다음 중 기업이 외부 공급 업체 또는 제휴 업체와 통합된 정보 시스템으로 연계하여 시간과 비용을 최적화시키기 위한 솔루션은?

① SCM
② CRM
③ OLAP
④ OLTP

10
다음 중 데이터, 정보, 지식을 통해 최종적으로 지혜를 얻어내는 과정을 계층 구조로 설명한 것은?

① 정량적 데이터
② 정성적 데이터
③ 암묵지와 형식지
④ DIKW 피라미드

2과목 데이터 분석 기획

11
다음 중 기업의 데이터 분석 수준 진단 결과에서 분석 준비도와 분석 성숙도가 둘 다 낮은 경우에 해당하는 것은?

① 정착형
② 확산형
③ 준비형
④ 도입형

12

다음 중 비즈니스 모델 캔버스를 활용한 과제 발굴의 영역으로 옳지 않은 것은?

① 혁신
② 업무
③ 고객
④ 제품

13

다음 중 분석 과제의 우선순위 선정에 대한 설명으로 옳지 않은 것은?

① 우선순위를 시급성에 둔다면 'Ⅲ - Ⅳ - Ⅱ' 순서로 진행한다.
② 우선순위를 난이도에 둔다면 'Ⅲ - Ⅰ - Ⅱ' 순서로 진행한다.
③ 시급성과 난이도 둘 다 높은 것은 우선순위가 가장 높다.
④ 시급성의 판단 기준의 핵심은 전략적 중요도이다.

14

다음 중 분석 성숙도에 대한 내용으로 옳지 않은 것은?

① 유사 업종, 경쟁 업체와의 비교 분석을 포함한다.
② 성숙도 수준에 따라 도입, 활용, 확산, 최적화 단계로 구분해 살펴볼 수 있다.
③ 시스템 개발 업무 능력과 조직의 성숙도 파악을 위해 CMMI 모델을 활용하여 분석 성숙도를 평가한다.
④ 데이터 분석 수준 진단은 분석 준비도와 분석 성숙도를 함께 평가함으로써 수행될 수 있다.

15

다음 중 분석 마스터 플랜 수립 시 적용 범위 및 방식의 고려 요소로 옳지 않은 것은?

① 업무 내재화 적용 수준
② 분석 데이터 적용 수준
③ 기술 적용 수준
④ 실행 용이성

16

다음 중 데이터 분석을 위한 분석 업무 조직 구조에 대한 설명으로 옳지 않은 것은?

① 집중형 조직 구조는 일부 협업 부서와 분석 업무가 중복 또는 이원화될 가능성이 있다.
② 기능 중심 조직 구조는 전사적 관점에서 핵심 분석이 어렵다.
③ 분산 조직 구조는 분석 결과 실무 적용에 대한 대응이 느리다.
④ 분석 조직의 인력들이 협업 부서에 배치되어 업무를 수행하는 것은 분산 조직 구조이다.

17

다음 중 분석 활용 시나리오에 대한 설명으로 옳지 않은 것은?

① 데이터 확보가 가장 중요하다.
② 데이터 분석을 특정 목적에 맞게 활용하는 방법 또는 계획을 의미한다.
③ 분석 목표와 분석 방법을 설명하고 예상 결과를 제시하는 문서이다.
④ 프로젝트 진행 중에도 변경될 수 있다.

18

다음 중 분석 기획 시 고려해야 할 것으로 적절하지 않은 것은?

① 데이터 확보가 될 수 있는지에 대한 판단과 데이터 유형 분석이 필요하다.
② 비용보다 분석력을 최우선적으로 고려해야 한다.
③ 기존에 잘 구현되어 활용되고 있는 유사 시나리오 및 솔루션을 최대한 활용한다.
④ 장애 요소에 대한 사전 계획 수립이 고려되어야 한다.

19

다음 중 데이터 분석 준비도 프레임워크에서 '운영 시스템 데이터 통합, EAI, ETL 등 데이터 유통 체계, 분석 전용 서버 및 스토리지, 빅데이터 분석 환경, 비주얼 분석 환경 등'과 관련된 항목은?

① 인력 및 조직 ② 분석 기법
③ 분석 데이터 ④ IT 인프라

20

다음 내용의 빈칸에 들어갈 알맞은 용어는?

> 기존의 논리적인 단계별 접근법에 기반한 문제 해결 방식은 최근 복잡하고 다양한 환경에서 발생하는 문제에 적합하지 않을 수 있다. 이를 해결하기 위해 (   ) 접근법을 통해 전통적인 분석적 사고를 극복하려고 한다. 이 접근법은 상향식 접근 방식의 발산 단계와 도출된 옵션을 분석하고 검증하는 하향식 접근 방식의 수렴 단계를 반복하여 과제를 발굴한다.

① 프로토타입 ② 폭포수
③ 디자인 사고 ④ 나선형

3과목 데이터 분석

21

다음은 수면유도제 데이터를 통한 t-test 결과이다. 결과를 해석한 내용으로 적절하지 않은 것은?

```
> t.test(extra~group, data=sleep, var.equal=TRUE)

        Two Sample t-test

data: extra by group
t = -1.8608, df = 18, p-value = 0.07919
alternative hypothesis: true difference in means is not equal to 0
95 percent confidence interval:
 -3.363874   0.203874
sample estimates:
mean in group 1 mean in group 2
      0.75            2.33
```

① 수면유도제 2가 수면유도제 1보다 효과적이다.
② 유의수준 0.05하에서 두 집단의 평균이 동일하다는 귀무가설을 채택할 수 있다.
③ 두 개의 표본 집단의 크기가 클 경우(N>30) 집단의 정규성 검정 없이 이 표본 t 검정을 사용할 수 있다.
④ 독립표본 t 검정 분석 전에 등분산 검정을 실시한다.

22

다음 중 분류 모형 평가에 사용되는 도구로 옳지 않은 것은?

① ROC 그래프
② 덴드로그램
③ 향상도 곡선
④ 이익 도표

23
다음 중 증거가 확실할 때 가설검정으로 증명하고자 하는 가설은?

① 귀무가설 ② 영가설
③ 대립가설 ④ 기각가설

24
다음 중 성격이 다른 한 가지는?

① K-means
② Single Linkage Method
③ DBSCAN
④ 주성분 분석

25
다음 중 스피어만 상관계수에 대한 설명으로 옳지 않은 것은?

① 스피어만 상관계수는 비선형적인 관계를 나타낼 수 없다.
② 대상 자료는 서열척도를 사용한다.
③ 원시 데이터가 아니라 각 변수에 대해 순위를 매긴 값을 기반으로 한다.
④ 연속형 외에 이산형 데이터도 사용이 가능하다.

26
다음 중 비지도 신경망으로 고차원의 데이터를 이해하기 쉬운 저차원의 뉴런으로 정렬하여 지도의 형태로 형상화하는 알고리즘은?

① SOM ② DBSCAN
③ PCA ④ EM 알고리즘

27
다음 내용에 해당하는 분석 방법은?

> 공분산 행렬 또는 상관계수 행렬을 사용해 모든 변수들을 가장 잘 설명하는 변수를 찾는 방법으로, 상관관계가 있는 변수들을 선형 결합을 통해 상관관계가 없는 새로운 변수로 만들고 분산을 극대화하는 변수로 축약하는 방법이다. 새로운 변수들은 변수들의 선형 결합으로 이루어져 있다.

① 요인 분석 ② 회귀 분석
③ 주성분 분석 ④ 다차원 척도법

28
다음 중 확률 및 확률분포에 대한 설명으로 옳지 않은 것은?

① (사건 A가 일어나는 경우의 수)/(일어날 수 있는 모든 경우의 수)를 $P(A)$라 할 때 이를 A의 수학적 확률이라 한다.
② 한 사건 A가 일어날 확률을 $P(A)$라 할 때 N번의 반복 시행에서 사건 A가 일어난 횟수를 R이라 하면, 상대도수 R/N은 N이 커짐에 따라 확률 $P(A)$에 가까워짐을 알 수 있다. 이때 $P(A)$를 사건 A의 통계적 확률이라 한다.
③ 두 사건 A, B가 독립일 때 사건 B의 확률은 A가 일어났다는 가정하에서의 B의 조건부 확률과는 다르다.
④ 표본공간에서 임의의 사건 A가 일어날 확률 $P(A)$는 항상 0과 1 사이에 있다.

29

다음은 TV 광고 수에 따른 Sales에 대한 산점도이다. 이에 대한 설명으로 옳지 <u>않은</u> 것은?

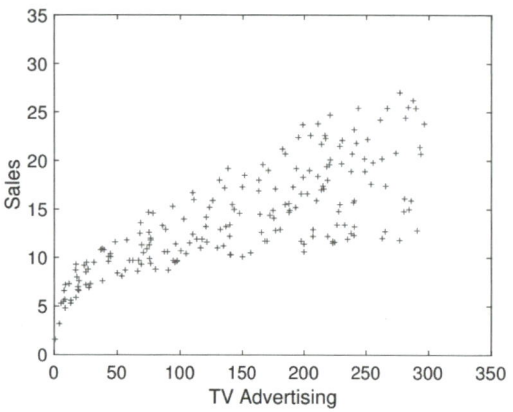

① TV 광고가 증가할수록 Sales도 증가하는 경향이 있다.
② TV 광고와 Sales는 양의 상관관계를 가진다.
③ TV 광고가 증가할수록 Sales의 분산은 동일하다.
④ Sales를 설명하기 위해 TV 광고를 독립변수로 하는 단순선형회귀 모델은 적절하다.

30

다음은 Hitters Dataset의 일부이다. 이에 대한 설명으로 적절하지 <u>않은</u> 것은?

```
> summary(Hitters)
    AtBat            Hits           HmRun
 Min.   : 16.0   Min.   :  1    Min.   : 0.00
 1st Qu.: 255.2  1st Qu.: 64    1st Qu.: 4.00
 Median : 379.5  Median : 96    Median : 8.00
 Mean   : 380.9  Mean   :101    Mean   :10.77
 3rd Qu.: 512.0  3rd Qu.:137    3rd Qu.:16.00
 Max.   : 687.0  Max.   :238    Max.   :40.00
 NewLeague         Salary
 A:176          Min.   :  67.5
 N:146          1st Qu.: 190.0
                Median : 425.0
                Mean   : 535.9
                3rd Qu.: 750.0
                Max.   :2460.0
                NA's   :  59
```

① Salary 변수 분포는 왼쪽 꼬리가 긴 분포를 가진다.
② NewLeague 변수는 범주형 자료이다.
③ Hits 변수에는 결측값이 없음을 알 수 있다.
④ HmRun 변수의 최댓값은 40이다.

31

다음 중 모집단의 크기가 비교적 작을 때 주로 사용되며 한 번 추출된 표본이 재추출될 수 있는 표본 추출 방법은?

① 복원 추출법 ② 층화 추출법
③ 군집 추출법 ④ 계층 추출법

32

다음은 닭 사료의 종류(feed)와 닭의 성장에 대한 Boxplot 결과이다. 이에 대한 설명으로 옳지 <u>않은</u> 것은?

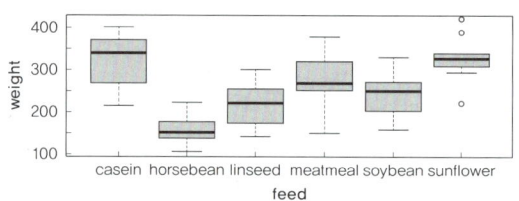

① 이상치가 존재하지 않는 것을 알 수 있다.
② casein의 경우 horsebean보다 중위수가 크다.
③ soybean의 경우 meatmeal보다 최솟값은 크고 최댓값은 작다.
④ horsebean 사료를 먹은 닭의 무게가 가장 작은 쪽에 분포해 있다.

33

다음 중 자료의 척도에 대한 설명으로 옳지 <u>않은</u> 것은?

① 명목척도: 단순히 측정 대상의 특성을 분류하거나 확인하기 위한 목적으로 사용된다.
② 서열척도: 대소 또는 높고 낮음 등의 순위만 제공할 뿐 양적인 비교는 할 수 없다.
③ 등간척도: 사칙연산이 가능하다.
④ 비율척도: 절대 0점이 존재하여 측정값 사이의 비율 계산이 가능한 척도이다.

34
다음 중 연관 분석에 대한 설명으로 옳지 않은 것은?

① 비목적성 분석 기법으로 계산이 간편하다.
② 대표적인 알고리즘으로 Apriori가 있다.
③ 조건 반응으로 표현되는 연관 분석의 결과를 이해하기 쉽다.
④ 품목 수가 증가해도 분석에 필요한 계산이 늘어나지 않는다.

35
다음 중 데이터 분할에 대한 설명으로 옳지 않은 것은?

① 데이터 마이닝 적용 후 결과의 신빙성 검증을 위해 데이터를 학습, 검증, 테스트 데이터로 나누어 사용한다.
② 검증용 데이터는 모델 성능 평가에 사용한다.
③ 테스트용 데이터와 학습 데이터는 섞여서는 안 된다.
④ 검증용 데이터는 학습 단계에서 사용된다.

36
다음 중 표준오차에 대한 설명으로 옳지 않은 것은?

① 표본평균이 모평균과 얼마나 떨어져 있는가를 나타낸다.
② 표준오차는 $\frac{\sigma}{\sqrt{n}}$로 구한다.
③ 표준오차 95%는 신뢰구간에 모수의 참값이 항상 포함되어 있음을 나타낸다.
④ 더 작은 표준오차는 추정치가 모집단 파라미터를 더 정확하게 반영한다는 것을 나타낸다.

37
다음 불순도 측정 결과를 사용해서 구한 지니 지수는?

● ● ● ◆ ◆

① 0.5　　② 0.32
③ 0.48　　④ 0.38

38
어떤 슈퍼마켓 고객 6명의 장바구니별 구입 품목이 다음과 같다. 이때 연관 규칙(콜라 → 맥주)의 지지도는?

거래번호	판매상품
1	소주, 콜라, 맥주
2	소주, 콜라, 와인
3	소주, 주스
4	콜라, 맥주
5	소주, 콜라, 맥주, 와인
6	주스

① 0.6　　② 0.4
③ 0.5　　④ 0.3

39
다음 품목/거래량 표를 사용하여 구한 연관 규칙(딸기 → 사과)의 향상도는?

품목	거래량
딸기, 사과, 포도	100
딸기, 포도	400
사과, 포도, 바나나	150
사과, 딸기, 바나나	200
포도, 바나나	150

① 0.3　　② $\frac{0.3}{0.7 \times 0.45}$
③ $\frac{0.3}{0.7}$　　④ $\frac{0.3}{0.7+0.45}$

40

다음 내용에 해당하는 앙상블 기법은?

> 여러 개의 붓스트랩 자료를 생성하고 각 붓스트랩 자료에 예측 모형을 만든 후, 결합하여 최종 예측 모형을 만드는 방법이다.

① 배깅(Bagging) ② 부스팅(Boosting)
③ 보팅(Voting) ④ 스태킹(Stacking)

41

다음 중 군집 분석에 대한 설명으로 옳지 <u>않은</u> 것은?

① 계층적 군집 분석은 사전에 군집 수 k를 설정할 필요가 없는 탐색적 모형이다.
② 집단 간 이질화, 집단 내 동질화 모두 낮은 것을 군집으로 선택한다.
③ K-means 군집은 잡음이나 이상값에 영향을 받기 쉽다.
④ 군집 분석은 비지도 학습이다.

42

다음 중 여러 개의 약한 학습자를 결합하여 강력한 예측 모델을 만드는 기법으로 이전 단계에서 잘못 예측된 데이터에 더 높은 가중치를 부여해 다음 모델이 이 데이터를 더 잘 예측하도록 유도하는 방식으로 순차적 학습을 하고 모형의 결과를 집계하여 분류 및 예측하는 기법은?

① Mini-Batch ② Bagging
③ Drop-out ④ AdaBoost

43

다음 회귀 분석 결과를 해석한 내용으로 옳지 <u>않은</u> 것은?

```
> model <-lm(weight ~ Time, chick)
> summary(model)

Call:
lm(formula = weight ~ Time, data = chick)

Residuals:
    Min     1Q  Median     3Q    Max
-14.3202 -11.3081 -0.3444 11.1162 17.5346

Coefficients:
            Estimate Std. Error t value Pr(>|t|)
(Intercept)  24.4654    6.7279   3.636  0.00456**
Time          7.9879    0.5236  15.255  2.97e-08***
---
signif. codes: 0 '***' 0.001 '**' 0.01 '*' 0.05 '.' 0.1 ' ' 1
Residual standard error: 12.29 on 10 degrees of freedom
Muliple R-squared: 0.9588, Adjusted R-squared: 0.9547
F-statistic: 232.7 on 1 and 10 DF, p-value: 2.974e-08
```

① 결정계수는 0.9588이다.
② 5% 유의수준에서 모형은 통계적으로 유의미하다.
③ Time이 1 단위 증가하면 weight가 평균적으로 8.8 증가한다.
④ 추정된 회귀식은 weight=24.4654+7.9879×Time이다.

44

독립변수 간 상관관계가 높아 많은 문제점이 발생하는 현상으로, 회귀계수의 분산을 증가시켜 불안정하고 해석하기 어렵게 만들게 되는 것을 다중공선성이라고 한다. 다음 중 이를 해결할 수 있는 방법은?

① 주성분 분석 ② 오차 분석
③ 교차 분석 ④ 연관 분석

45

다음 중 시계열 분석에서 시계열의 수준과 분산에 체계적인 변화가 없고, 주기적 변동이 없다는 것으로 미래는 확률적으로 과거와 동일하다는 것을 의미하는 것은?

① 항등성(Constancy)
② 정상성(Stationary)
③ 정규성(Normality)
④ 균등성(Uniformity)

46

다음 오분류표를 사용하여 F1 Score를 구하면?

오분류표		예측값	
		True	False
실제값	True	15	60
	False	60	30

① $\frac{1}{4}$
② $\frac{2}{5}$
③ $\frac{1}{5}$
④ $\frac{1}{3}$

47

다음 내용의 빈칸에 들어갈 알맞은 내용은?

> 완전연결법이라고도 하며, 두 군집 사이의 거리를 군집에서 하나씩 관측값을 뽑았을 때 나타날 수 있는 거리의 (   )(으)로 측정한다.

① 최솟값
② 최댓값
③ 평균값
④ 합계

48

다음 주성분 분석 결과에서 주성분 1개를 사용했을 때 분산을 구하면? (단, %로 표기하고, 소수점 둘째 자리에서 반올림한다)

```
> summary(fit)
Importance of components:
                          PC1    PC2    PC3    PC4    PC5     PC6
Standard deviation      1.8118 1.0042 0.9057 0.7771 0.52403 2.525e-16
Proportion of Variance  0.5746 0.1423 0.1367 0.1007 0.04577 0.000e+00
Cumulative Proportion   0.5746 0.7169 0.8536 0.9542 1.00000 1.000e+00
```

① 95.42%
② 85.36%
③ 71.69%
④ 57.46%

49

다음 중 생물학적 진화 과정을 모방하여 최적화 및 검색 문제를 해결하는 데 사용되는 계산 알고리즘으로, 다양한 해를 탐색하고 선택, 교차, 변이와 같은 유전 연산을 통해 최적해를 찾아내는 데 효과적인 알고리즘은?

① 유전 알고리즘
② 최적화 알고리즘
③ 분류 알고리즘
④ 회귀 알고리즘

50

다음 중 모집단을 먼저 서로 겹치지 않는 여러 개의 층으로 분할한 후, 각 층에서 단순 임의 추출법에 따라 배정된 표본을 추출하는 방법은?

① 계통 추출법
② 군집 추출법
③ 단순 무작위 추출법
④ 층화 추출법

제 39 회 기출 복원 모의고사

2023년 데이터분석 준전문가 정기시험

제한시간 | 90분
정답과 해설 | 26p

※ 문항당 2점
※ 2024년 출제 기준에 맞춰 수정된 문제입니다.

1과목 데이터 이해

01
다음 중 데이터 사이언티스트에 대한 설명으로 옳지 않은 것은?
① 머신러닝 모델 구축을 위한 기본적인 언어를 사용한 코딩 스킬이 필요하다.
② 외국의 각 전문가들은 강력한 호기심이야말로 데이터 사이언티스트의 중요한 특징이라 생각한다.
③ 데이터 해커, 애널리스트, 커뮤니케이션, 신뢰받는 어드바이저 등의 조합이라 할 수 있다.
④ 개인적으로 업무를 진행하기 위한 커뮤니케이션 기술은 중요하지 않다.

02
다음 중 데이터 사이언티스트의 역량으로 가장 적절한 것은?
① 데이터베이스 테이블 설계 능력
② 소프트 스킬을 활용한 통찰력 있는 분석 능력
③ 네트워크 최적화 능력
④ 데이터 분석 알고리즘으로 인해 불이익을 당한 사람을 구제하는 능력

03
다음 중 빅데이터의 출현 배경으로 옳지 않은 것은?
① 비정형 데이터의 확산
② 학계의 거대 데이터 활용 과학의 확산
③ 중앙 집중 처리 방식의 특성
④ 데이터 처리 기술 발전

04
다음 중 데이터베이스의 특징에 대한 설명으로 옳지 않은 것은?
① 통합된 데이터로 동일한 내용의 데이터가 중복되어 저장된다.
② 저장된 데이터로 컴퓨터가 접근할 수 있는 저장 매체에 저장된다.
③ 공용 데이터로 여러 사용자에게 서로 다른 목적으로 데이터가 공동 이용된다.
④ 변화되는 데이터로 항상 변화하면서도 항상 현재의 정확한 데이터를 유지해야 한다.

05

다음 내용 중 빅데이터의 위기 요인과 해결 방안이 **잘못** 연결된 것을 모두 고르면?

> 가. 사생활 침해 → 정보 제공자의 동의제를 정보 사용자의 책임제로 전환
> 나. 책임 원칙의 훼손 → 알고리즘 허용
> 다. 데이터의 오용 → 정보 선택 옵션 제공

① 가, 나 ② 가, 다
③ 나, 다 ④ 가, 나, 다

06

다음 중 암묵지-형식지의 상호작용에 대한 용어와 설명이 옳게 연결된 것은?

① 내면화: 암묵적 지식인 노하우를 책이나 교본 등 형식지로 만드는 것
② 표출화: 암묵적 지식인 노하우를 다른 사람에게 알려주는 것
③ 연결화: 책이나 교본에 자신이 알고 있는 새로운 지식을 추가하는 것
④ 공통화: 만들어진 책이나 교본을 보고 다른 직원들이 암묵적 지식을 습득하는 것

07

다음 중 빅데이터 가치 패러다임의 변화 단계를 옳게 나열한 것은?

① Agency → Digitalization → Connectio
② Digitalization → Connection → Agency
③ Connection → Digitalization → Agency
④ Digitalization → Agency → Connection

08

다음 중 데이터의 가공 및 처리와 데이터 간 상관관계 속에서 의미가 도출된 것은?

① 정보 ② 지식
③ 지혜 ④ 기호

09

다음 내용은 빅데이터가 만들어내는 본질적인 변화에 대한 설명이다. A와 B에 들어갈 내용이 옳게 연결된 것은?

> (A)는 어떤 현상에 대하여 현상을 발생시킨 원인과 결과 사이의 관계를 말하고, (B)는 어떤 두 현상이 관계가 있음을 말하지만 어느 쪽이 원인인지는 알 수 없다.

① A: 선형관계, B: 비선형관계
② A: 비선형관계, B: 선형관계
③ A: 인과관계, B: 상관관계
④ A: 상관관계, B: 인과관계

10

다음 내용은 데이터베이스를 기반으로 기업 내에 구축하는 주요 정보 시스템 중 하나를 설명한 것이다. 아래의 내용이 설명하고 있는 정보 시스템은?

> 고객별 구매 이력 데이터베이스를 분석하여 고객에 대한 이해를 돕고 이를 바탕으로 각종 마케팅 전략을 통해 보다 높은 이익을 창출할 수 있는 솔루션

① CRM ② SCM
③ EDW ④ OLTP

2과목　데이터 분석 기획

11
다음 중 데이터 분석을 위한 조직 구조로 옳지 않은 것은?

① 사업 구조
② 집중 구조
③ 분산 구조
④ 기능 구조

12
다음 중 분석 마스터 플랜 수립 과정에서 데이터 분석의 우선순위를 평가할 때 고려하여야 할 사항으로 옳지 않은 것은?

① 분석 기술 능력
② 전략적 중요도
③ 실행 용이성
④ ROI

13
다음 중 분석 프로젝트의 영역별 주요 관리 항목으로 옳지 않은 것은?

① 시간(Time)
② 관계(Relationship)
③ 범위(Scope)
④ 원가(Cost)

14
다음 중 빅데이터 분석 방법론의 분석 기획 단계에서 프로젝트 위험 계획 수립 시 위험에 대한 대응 방법의 종류에 포함되지 않는 것은?

① 회피(Avoid)
② 수용(Accept)
③ 완화(Mitigate)
④ 관리(Management)

15
다음 중 데이터 거버넌스의 구성 요소로 옳지 않은 것은?

① 원칙(Principle)
② 조직(Organization)
③ 분석 방법(Method)
④ 프로세스(Process)

16
다음 중 분석 방법(How)은 알고 있으나, 분석 대상(What)을 모르는 경우의 분석 주제 유형으로 적합한 것은?

① 최적화(Optimization)
② 통찰(Insight)
③ 솔루션(Solution)
④ 발견(Discovery)

17
다음 중 분석 과제 관리 프로세스에 대한 설명으로 가장 옳지 않은 것은?

① 과제 발굴 단계에는 분석 아이디어 발굴, 분석 과제 후보 제안, 분석 과제 확정 프로세스가 있다.
② 분석 과제로 확정된 분석 과제를 풀(Pool)에 관리한다.
③ 분석 과제를 진행하면서 만들어진 시사점과 분석 결과물은 풀(Pool)에 잘 축적하고 관리한다.
④ 과제 수행 단계에서는 팀 구성, 분석 과제 실행, 분석 과제 진행 관리, 결과 공유 프로세스가 있다.

18
다음 중 빅데이터의 4V 중 ROI 관점에서 효과(Return)에 해당하는 요소는?

① 가치(Value)
② 양(Volume)
③ 속도(Velocity)
④ 다양성(Variety)

19
다음 내용은 어떤 모델에 대한 설명인가?

> 반복을 통하여 점증적으로 개발하는 모델로, 처음 시도하는 프로젝트에 적용이 용이하지만, 반복에 대한 관리 체계를 효과적으로 갖추지 못한 경우 복잡도가 상승하여 프로젝트 진행이 어려울 수 있다.

① 프로토타입 모델
② 나선형 모델
③ 폭포수 모델
④ 혼합 모델

20
다음 중 새로운 문제를 탐색할 때, 문제의 정의 자체가 어려운 경우 데이터를 기반으로 문제의 재정의 및 해결 방안을 탐색하고 이를 지속적으로 개선하는 방식은?

① 중앙식 접근 방법
② 디자인 사고
③ 하향식 접근 방법
④ 상향식 접근 방법

3과목　데이터 분석

21
다음 중 잔차의 정규성(Normality) 검정에 대한 설명으로 옳지 않은 것은?

① Shapiro-Wilk, Kolmogorov-Smirnov, Anderson Darling 등의 정규성 검정을 위한 방법을 사용한다.
② 정규성 가정을 충족하지 못할 경우 상관계수가 높은 변수를 제거한다.
③ 잔차의 정규성 검정은 잔차가 정규분포를 보이는지에 대한 검정이다.
④ Q-Q plot으로 대략적인 확인이 가능하다.

22

다음은 단순회귀 분석의 결과이다. 이에 대한 설명으로 옳지 <u>않은</u> 것은?

```
> summary(lm(dist~speed, data=cars))

Call:
lm(formula = dist ~ speed, data = cars)

Residuals:
    Min      1Q  Median      3Q     Max
-29.069  -9.525  -2.272   9.215  43.201

Coefficients:
            Estimate Std. Error t value Pr(>|t|)
(Intercept) -17.5791     6.7584  -2.601   0.0123 *
speed         3.9324     0.4155   9.464 1.49e-12 ***
---
Signif. codes:  0 '***' 0.001 '**' 0.01 '*' 0.05 '.' 0.1 ' ' 1

Residual standard error: 15.38 on 48 degrees of freedom
Multiple R-squared:  0.6511,  Adjusted R-squared:  0.6438
F-statistic: 89.57 on 1 and 48 DF,  p-value: 1.49e-12
```

① speed가 한 단위 증가할 때 dist는 3.932만큼 증가한다.
② 유의수준 5%하에서, 위의 모델은 통계적 유의미성을 갖는다.
③ speed 변수의 변동성 중 설명력은 0.6511이다.
④ speed와 dist의 상관계수는 0보다 클 것이다.

23

다음 코드는 chickwts Dataset의 weight 변수의 t-test 결과에 대한 해석이다. 이에 대한 설명으로 옳지 <u>않은</u> 것은?

```
chickwts = read.csv('../data/chickwts.csv',
fileEncoding='UTF-8-BOM')
data("chickwts")
> t_weight <- t.test(x=chickwts$weight, mu=260)
> t_weight

    One Sample t-test

data: chickwts$weight
t = 0.14137, df = 70, p-value = 0.888
alternative hypothesis: true mean is not equal to 260
95 percent confidence interval:
 242.8301 279.7896
sample estimates:
mean of x
 261.3099
```

① 닭 무게 260은 신뢰구간 안에 존재한다.
② 전체 관측치의 수는 70이다.
③ 닭 무게의 95% 신뢰구간은 242.8~279.7이다.
④ 닭 무게의 점추정량은 261.3이다.

24

다음 중 모수에 대한 설명으로 옳지 <u>않은</u> 것은?

① 표본평균은 모든 데이터를 더한 값을 데이터의 개수로 나눈 값이다.
② 중앙값은 데이터를 크기 순으로 나열했을 때 중간에 있는 값을 의미한다.
③ 데이터 개수를 n이라고 했을 때, 표본분산은 모든 데이터의 편차의 제곱값을 더해 $n-1$로 나눈 값이다.
④ p-백분위수는 전체 데이터 중 p번째 순위에 해당하는 값을 의미한다.

25
다음 중 목표변수가 연속형인 회귀나무의 경우 사용하는 분류 기준으로만 짝지어진 것은?

① 카이제곱통계량, 지니지수
② 지니지수, 엔트로피지수
③ 엔트로피지수, 분산 감소량
④ 분산 감소량, F-통계량

26
다음 중 신용카드 월간 사용액 예측에 적합한 모형은?

① 능형회귀 모형
② 로지스틱회귀 모형
③ DBSCAN
④ SOM

27
다음 두 좌표 A, B 간의 유클리드 거리(Euclidean Distance)는?

구분	A	B
키	175	180
몸무게	70	65

① 10
② 50
③ $\sqrt{10}$
④ $\sqrt{50}$

28
다음 중 표본 추출 시 발생하는 오차에 대한 설명으로 옳지 않은 것은?

① 표본오차(Sampling Error)는 모집단의 일부인 표본에서 얻은 자료를 통해 모집단 전체의 특성을 추론함으로써 생기는 오차를 의미한다.
② 비표본오차(Non-sampling Error)는 표본 크기가 증가함에 따라 증가한다.
③ 표본편의(Sampling Bias)는 표본 추출 방법에서 기인하는 오차를 의미하고, 정규화에 의해 최소화하거나 없앨 수 있다.
④ 표본오차(Sampling Error)는 표본의 크기를 증가시키고, 표본 선택 방법을 엄격히 하여 줄일 수 있다.

29
다음 중 특이도(Specificity)의 계산식으로 옳은 것은?

구분		예측치		합계
		TRUE	FALSE	
실제값	TRUE	TP	FN	P
	FALSE	FP	TN	N
합계		P'	N'	P+N

① (TP+TN) ÷ (P+N)
② TN ÷ N
③ TP ÷ (TP+FP)
④ TP ÷ P

30
다음 중 카탈로그 배열, 교차 판매 등의 마케팅을 계획할 때 적절한 데이터 마이닝 기법은?

① 분류
② 추정
③ 군집
④ 연관분석

31

다음은 USArrest 데이터 주성분 분석의 결과이다. 80% 이상을 설명하려면 최소 몇 개의 주성분이 필요한가?

Importance of components:	Comp.1	Comp.2	Comp.3	Comp.4
Standard deviation	1.5748783	0.9948694	0.5971291	0.41644938
Proportion of Variance	0.6200604	0.2474413	0.0891408	0.04335752
Cumulative Proportion	0.6200604	0.8675017	0.9566425	1.00000000

① 1개
② 2개
③ 3개
④ 4개

32

다음 중 $f(x)$를 갖는 이산형 확률변수일 때 기댓값을 구하는 계산식은?

① $E(X) = \sum_{i=1}^{n} x_i \cdot f(x_i)$
② $E(X) = \int_{-\infty}^{+\infty} x \cdot f(x) dx$
③ $E(X) = x \cdot f(x)$
④ $E(X) = sd(x)$

33

다음 중 배깅(Bagging)에 대한 설명으로 옳은 것은?

① 서로 다른 여러 개 모형에 대한 결과를 집계하여 최종 결과를 결정한다.
② 두 단계의 학습이 있으며 첫 번째 단계는 다양한 기본 모델들을 사용한 학습이고, 두 번째 단계는 첫 번째 단계에서 얻은 결과를 입력으로 하는 메타 모델의 학습이다.
③ 약한 학습기의 오류 데이터에 가중치를 부여하면서 최종 모형을 만들어가는 방법이다.
④ 붓스트랩 방법을 사용하여 동일한 데이터가 여러 번 선택될 수 있고, 어떤 데이터는 추출되지 않을 수 있다.

34

다음 중 K-fold 교차검증에 대한 내용으로 옳지 않은 것은?

① $k=2$인 경우, LOOCV라고 한다.
② 주어진 데이터를 가지고 K번 반복적으로 성과를 측정해 그 결과를 평균한다.
③ K-fold는 데이터를 K개로 분할하는 것을 의미한다.
④ 데이터가 충분하지 않은 경우 주로 사용한다.

35

다음 중 비계층적 군집 분석인 K-means 군집의 수행 절차를 옳게 나타낸 것은?

> 가. 각 자료를 가장 가까운 군집 중심에 할당한다.
> 나. 군집 중심의 변화가 거의 없을 때까지 자료를 중심에 할당하는 것과 자료의 중심을 갱신하는 것을 반복한다.
> 다. 초기 군집의 중심으로 k개의 객체를 임의로 선택한다.
> 라. 각 군집 내의 자료들의 평균을 계산하여 군집의 중심을 계산하여 갱신한다.

① 가-나-다-라
② 나-가-다-라
③ 다-나-가-라
④ 다-가-라-나

36

다음 중 주성분 분석에 대한 설명으로 옳지 않은 것은?

① 주성분은 변수들의 선형 결합으로 이루어져 있다.
② 지도 학습법 중 하나이다.
③ 가장 분산이 큰 것을 제1주성분으로 설정한다.
④ 공분산 행렬 또는 상관계수 행렬을 사용해 모든 변수를 가장 잘 설명하는 주성분을 찾는다.

37
다음 중 연관 분석과 관련된 지표로 옳지 않은 것은?

① 신뢰도 ② 향상도
③ 순수도 ④ 지지도

38
다음 중 분해 시계열의 분해 요인으로 옳지 않은 것은?

① 정상 요인 ② 추세 요인
③ 순환 요인 ④ 계절 요인

39
SOM은 비지도 신경망으로 고차원의 데이터를 이해하기 쉬운 저차원의 뉴런으로 정렬하여 지도 형태로 형상화하는 방법이다. 다음 중 SOM 방법에 대한 설명으로 옳지 않은 것은?

① SOM은 입력변수의 위치 관계를 그대로 보존한다는 특징이 있다. 이러한 SOM의 특징으로 인해 입력변수의 정보와 그들의 관계가 지도상에 그대로 나타난다.
② SOM을 이용한 군집 분석은 인공신경망의 역전파 알고리즘을 사용함으로써 수행 속도가 빠르고 군집의 성능이 매우 우수하다.
③ SOM 알고리즘은 고차원의 데이터를 저차원의 지도 형태로 형상화하기 때문에 시각적으로 이해하기 쉬울 뿐 아니라 변수의 위치 관계를 그대로 보존하기 때문에 실제 데이터가 유사하면 지도상 가깝게 표현된다.
④ SOM은 경쟁 학습으로 각각의 뉴런이 입력 벡터와 얼마나 가까운가를 계산하여 연결 강도를 반복적으로 재조정하여 학습한다. 이와 같은 과정을 거치면서 입력 패턴과 가장 유사한 경쟁층 뉴런이 승자가 된다.

40
다음 중 동전을 3개 던져서 앞면이 한 번 나올 확률은?

① $\frac{1}{4}$ ② $\frac{3}{8}$
③ $\frac{1}{2}$ ④ $\frac{5}{8}$

41
다음 중 ARIMA(1, 2, 3) 모형에서 ARMA로 정상화할 때 필요한 차분 수는?

① 0 ② 1
③ 2 ④ 3

42
다음 중 시계열 분석에 대한 내용으로 옳은 것은?

① AR 모형은 과거 q 시점 이전 오차들에서 현재 항의 상태를 추론한다.
② 지수평활법은 이동평균법의 종류로 특정 기간 안에 속하는 모든 관측치에 대해 동일한 가중치를 부여한다.
③ 일반적으로 평균이 일정하지 않은 비정상 시계열은 변환을 통해, 분산이 일정하지 않은 비정상 시계열은 차분을 통해 정상 시계열로 바꾼다.
④ AR 모형과 MA 모형은 둘 다 정상성(Stationary)을 만족하는 정상 시계열 모형이다.

43

다음 중 아래의 회귀 분석 결과에 대한 설명으로 옳지 않은 것은?

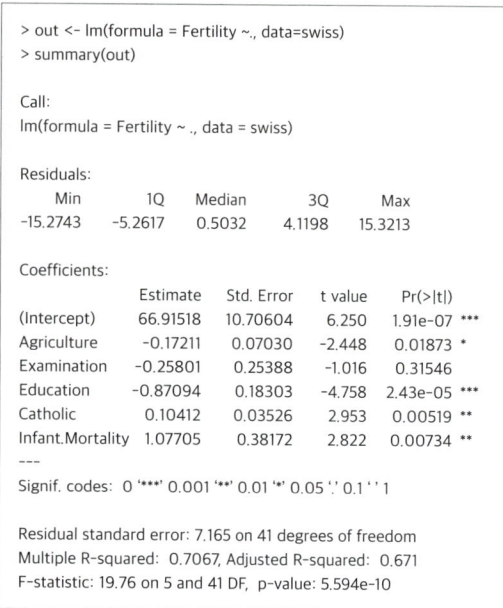

① 5개의 독립변수를 갖는 47개의 표본(Sample)이 사용되었다.
② 독립변수의 수가 많아 수정된 결정계수값이 결정계수보다 더 작다.
③ Examination 변수는 유의하지 않으므로 회귀식은 Fertility=66.915−0.172×Agriculture−0.871×Education+0.104×Catholic+1.077×Infant.Mortality이다.
④ 이 모델은 종속변수의 분산의 70.67%를 설명한다.

44

다음 데이터 군집 분석 결과에 대한 설명으로 옳지 않은 것은?

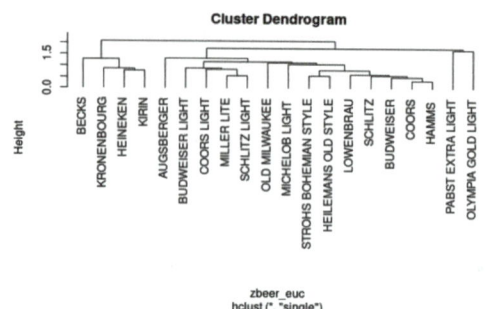

① 계층적 군집 방법을 사용하여 군집한 결과를 그래프로 표현한 것이다.
② 임의 파라미터 k를 선택할 필요가 없다.
③ 두 군집의 관측값들 사이에서 가능한 모든 거리 중 최솟값을 기준으로 두 군집을 연결한다.
④ 고립된 군집을 찾기 어렵다.

45

다음 중 모집단에서 표본을 추출하여 모집단의 모수를 추측하는 과정에서 범위가 아니라 가장 참값이라고 여겨지는 하나의 모수를 택하는 것은?

① 점추정
② 구간추정
③ 가설검정
④ 비모수적 추론

46

다음 내용의 빈칸에 들어갈 알맞은 용어는?

> 아래는 단순 로지스틱회귀 모형이다. $\exp(\beta_1)$의 의미는 $x_1, x_2, \cdots, x_k$가 주어질 때 x_1이 한 단위 증가할 때마다 성공($Y=1$)의 (　　)이/가 몇 배 증가하는지를 나타내는 값이다.
> $$\log\left(\frac{\Pi(x)}{1-\Pi(x)}\right) = \beta_0 + \beta_1 x_1 + \cdots + \beta_k x_k$$

① 확률(probability)
② 오즈비(odds ratio)
③ 오즈(odds)
④ 시그모이드(sigmoid)

47

다음 중 거래 데이터에서 추출된 연관 규칙 중 하나인 빵 → 우유의 지지도는?

항목	거래수
빵, 치즈, 우유	10
사과, 우유, 치즈	35
우유, 빵, 사과	10
빵, 라면	25
우유, 라면, 치즈	20
합계	100

① 0.45　　② 0.75
③ 0.44　　④ 0.2

48

다음 중 $P(A)=0.3$, $P(B)=0.4$일 때, 사건 A와 사건 B가 독립사건이라면 $P(B|A)$는?

① 0.4　　② 0.3
③ 0.12　　④ 0.7

49

다음 중 차원 축소 기법 중, 객체들 사이의 유사성 및 비유사성을 측정하여 2차원 또는 3차원 공간상에 점으로 표현하는 분석 방법은?

① 주성분 분석(Principal Component Analysis)
② 다차원 척도법(Multi-Dimensional Scaling)
③ 요인 분석(Factor Analysis)
④ 정준상관 분석(Canonical Correlation Analysis)

50

다음 중 모집단 개체에 1, 2,…, N까지 일련번호를 부여한 후, 첫 번째 표본을 임의로 선택하고 일정 간격(k)으로 다음 표본을 선택하는 방법은?

① 층화 추출법(Stratified Sampling)
② 단순 무작위 추출(Random Sampling)
③ 계통 추출(Systematic Sampling)
④ 군집 추출(Cluster Sampling)

제 40 회 기출 복원 모의고사

2024년 데이터분석 준전문가 정기시험

제한시간 | 90분
정답과 해설 | 33p

※ 문항당 2점

1과목 데이터 이해

01
다음 중 빅데이터 전략 도출을 위한 가치 기반 분석에 관한 내용으로 옳지 <u>않은</u> 것은?

① 일차적 분석을 통해서도 부서나 업무 영역에서 상당한 효과를 얻을 수 있으며, 일차적 분석의 경험을 점점 늘림으로써 분석의 활용 범위를 더 넓고 전략적으로 변화시켜야 한다.
② 기업의 핵심 가치와 관련해 전략적 통찰력을 가져다 주는 데이터 분석을 내재화하는 것이 어렵다.
③ 비즈니스의 핵심에 더욱 객관적이고 통찰력 있는 데이터를 추출하는 것이 중요하다.
④ 기존의 성과를 유지하는 것이 가장 중요한 목표이다.

02
다음 중 기업의 내부 데이터베이스 시스템으로 옳지 않은 것은?

① SCM
② ITS
③ ERP
④ KMS

03
다음 중 음성, 문자 등의 데이터를 포함하는 데이터의 종류는?

① Structured Data
② Semi-Structured Data
③ Unstructured Data
④ Streamed Data

04
다음 중 데이터에 대한 설명으로 옳지 <u>않은</u> 것은?

① 바이트는 데이터의 최소 단위로 이진수로만 구성된다.
② 데이터는 가공되지 않은 객관적인 사실이다.
③ 데이터는 추론, 예측, 전망, 추정의 자료로 사용된다.
④ 수치 데이터는 용량이 커져도 문서 데이터에 비해 데이터베이스에서 관리가 용이하다.

05
다음 중 빅데이터가 만들어 내는 본질적인 변화로 옳은 것은?

| 가. 질(Quality) → 양(Quantity) |
| 나. 전수조사 → 표본조사 |
| 다. 사전 처리 → 사후 처리 |
| 라. 상관관계 → 인과관계 |

① 가, 나
② 가, 다
③ 나, 다
④ 나, 라

06
다음 중 빅데이터 활용 기법에 대한 설명으로 옳지 않은 것은?

① 개인 신용 평가에 군집 분석을 활용한다.
② 소셜 네트워크 분석으로 개인에게 쇼핑몰을 추천할 수 있다.
③ 한국어의 언어적 특성상 감정 분석에 어려움이 있다.
④ 시스템 로그 데이터를 분석해 침입자, 유해 행위자를 색출하기 위해 연관 분석을 활용한다.

07
가트너가 본 데이터 사이언티스트의 역량이 아닌 것은?

① 분석 모델링
② 데이터 관리
③ 비즈니스 분석
④ 조직 관리

08
다음 중 데이터 사이언티스트의 하드 스킬로 옳은 것은?

① 빅데이터 분석 기술
② 커뮤니케이션 능력
③ 통찰력 있는 분석
④ 설득력 있는 전달

09
다음 중 데이터베이스의 특징에 대한 설명으로 적절하지 않은 것은?

① 공동 접근이 가능함
② 데이터가 중복되어 있지 않음
③ 응용 프로그램의 종속성을 가짐
④ 새로운 데이터의 추가, 기존 데이터의 삭제, 갱신을 통해 항상 변화함

10
다음 중 빅데이터가 만들어 낼 변화로 알맞지 않은 것은?

① 구글 'Ngram Viewer'를 통해 수천만 권의 책을 디지털화를 통해 산업 전반에 영향을 미칠 것으로 기대한다.
② 제조업의 비용이 절감된다.
③ 수집된 데이터를 가공, 처리, 저장해 두고, 이 데이터에 접근할 수 있도록 API를 공개하여, 빅데이터가 그 자체의 플랫폼 역할을 수행한다.
④ 서비스 산업이 축소되고 제조업의 생산성이 감소되었다.

2과목 데이터 분석 기획

11
다음 중 데이터 분석 주제 유형에 대한 설명으로 옳지 않은 것은?

① 분석의 대상(What)과 분석의 방법(How)에 따라 구분한다.
② 최적화, 솔루션, 관찰, 발견의 4가지 분석 주제 유형으로 이루어져 있다.
③ 4가지 영역을 넘나들 수 있다.
④ 최적화는 분석 대상이 명확하고 기존 분석 방법을 알 때 사용한다.

12

다음은 분석 성숙도에서 어떤 단계에 대한 설명인가?

> 시뮬레이션/최적화, 빅데이터 관리 환경, 비주얼 분석, 분석 전용 서버

① 최적화 단계
② 도입 단계
③ 활용 단계
④ 확산 단계

13

다음 중 빅데이터 분석 단계 중 분석 기획 단계에서 작성되는 프로젝트 범위 정의서에 들어갈 내용으로 옳은 것은?

① 비즈니스 이해 및 프로젝트 범위
② 데이터 스토어 설계
③ 데이터 확보 계획
④ 프로젝트 관리 방안

14

다음 중 CRISP-DM 모델링 단계에서 수행하는 태스크로 적절하지 않은 것은?

① 데이터 분할
② 데이터 통합
③ 모델링
④ 모델 평가

15

다음 중 조직에 데이터 분석 문화가 자리잡게 하기 위해 하지 말아야 할 행동은?

① 데이터를 기반으로 한 의사결정을 한다.
② 조직 내 분석 문화 확산을 위해 교육 및 변화 관리 활동을 수행한다.
③ 모든 구성원이 데이터를 분석하고 이를 바로 업무에 활용할 수 있도록 조직 전반에 분석 문화를 정착시키고 변화시키려고 시도한다.
④ 경영진을 대상으로 한시적 속성 교육을 강화한다.

16

다음 중 하향식 접근 방법의 데이터 분석 기획 단계와 관련된 내용으로 옳지 않은 것은?

① 문제 탐색
② 문제 정의
③ 프로토타이핑 모형
④ 타당성 검토

17

다음 내용이 설명하는 데이터 분석 조직 구조는?

> 조직 내 별도 독립적인 분석 전담 조직을 구성하며, 분석 전담 조직에서 회사의 모든 분석 업무를 담당한다. 전사 분석 과제의 전략적 중요도에 따라 우선순위를 정해 추진하며 일부 협업 부서와 분석 업무가 중복 또는 이원화될 가능성이 있다.

① 기능형 구조
② 분산 구조
③ 집중형 구조
④ 혼합형 구조

18
다음 중 빅데이터 분석 방법론의 분석 기획 단계 순서를 올바르게 나열한 것은?

① 데이터 분석 프로젝트 정의 – 프로젝트 범위 설정 – 프로젝트 수행 계획 수립 – 데이터 분석 위험 식별
② 프로젝트 범위 설정 – 프로젝트 수행 계획 수립 – 데이터 분석 프로젝트 정의 – 데이터 분석 위험 식별
③ 프로젝트 범위 설정 – 데이터 분석 프로젝트 정의 – 프로젝트 수행 계획 수립 – 데이터 분석 위험 식별
④ 데이터 분석 프로젝트 정의 – 데이터 분석 위험 식별 – 프로젝트 범위 설정 – 프로젝트 수행 계획 수립

19
다음 중 과제 중심적인 접근 방식으로 진행되는 프로젝트 특징 중 연관성이 낮은 것은?

① Speed & Test
② Quick-Win
③ Accuracy & Deploy
④ Problem Solving

20
다음 중 상향식 접근법에 대한 설명으로 옳지 않은 것은?

① 분석 대상이 명확할 때 솔루션을 찾는 방식이다.
② 디자인 사고에서 상향식 접근법을 사용한다.
③ 프로토 타입 모델은 상향식 접근법에 사용한다.
④ 분석 주제가 통찰(Insight), 발견(Discovery)일 때 사용하는 방법이다.

3과목 데이터 분석

21
주성분 개수 선택 방법에 대한 설명으로 적절하지 않은 것은?

① 성분들이 설명하는 분산의 비율을 누적한 누적 분산 비율이 70~90% 사이가 되는 주성분 개수를 사용한다.
② 평균 고윳값 방법은 고윳값들의 평균을 구한 후 고윳값이 평균값 이상이 되는 주성분을 선택하는 방법이다.
③ Scree Plot에서 주성분 개수는 그래프가 급격히 완만해지는 지점을 찾아 주성분의 개수를 정한다.
④ 전체 변이 공헌도 방법은 고윳값 평균 및 Scree Plot 방법보다 항상 더 나은 결과를 도출한다.

22
다음 내용이 설명하는 표본 추출법은?

> 모집단을 먼저 서로 겹치지 않는 여러 개의 층으로 분할한 후, 각 층에서 무작위로 표본을 추출하는 표본 추출 방법이다.

① 집락 추출
② 계통 추출
③ 단순 무작위 추출
④ 층화 추출법

23
의사결정나무 분리 기준인 엔트로피지수의 계산식은?

① $-\sum_{i=1}^{k} p_i \times \log_2(p_i)$
② $1-\sum_{i=1}^{k} p_i^2$
③ $\sum_{i=1}^{n} |x_i - y_i|$
④ $\dfrac{1}{1+e^{-z}}$

24

다음 F_β 지표에 대한 설명으로 옳은 것은?

$$F_\beta = (1+\beta^2) \times \frac{precision \times recall}{(\beta^2 \times precision) + recall}$$

① F_2의 경우 재현율(Recall)에 0.5의 가중치를 부여하여 조화 평균을 구한다.
② 정확도(Accuracy)와 정밀도(Precision)의 평균을 사용하는 지표이다.
③ $F_{0.5}$일 경우 정밀도(Precision)에 2배 가중치를 부여하여 조화 평균을 구한다.
④ F 뒤의 숫자는 정밀도(Precision)에 부여하는 가중치를 의미한다.

25

아래 분석 결과를 해석한 내용으로 옳지 않은 것은?

```
> summary(wage[, c("wage", "education")])
     wage              education
 Min.   : 20.09    1. < HS Grad       : 268
 1st Qu.: 85.38    2. HS Grad         : 971
 Median :104.92    3. Some College    : 650
 Mean   :111.70    4. College Grad    : 685
 3rd Qu.:128.68    5. Advanced Degree : 426
 Max.   :318.24
```

① education의 최솟값은 20.09이다.
② 2. HS Grad의 수는 971명이다.
③ 임금(wage) 값의 분포는 오른쪽으로 꼬리가 길게 늘어져 있다.
④ wage 변수에는 3rd Qu. 이상인 값이 25% 포함되어 있다.

26

다음 중 계층적 군집 방법으로 옳지 않은 것은?

① 와드연결법
② 평균연결법
③ 편차연결법
④ 중심연결법

27

다음 중 분해 시계열 요인으로 가장 적절하지 않은 것은?

① 추세 요인
② 환경 요인
③ 계절 요인
④ 불규칙 요인

28

다음 수식은 어떤 거리에 대한 수식인가?

$$\left(\sum_{i=1}^{n} |x_i - y_i|^p\right)^{1/p}$$

① 유클리드 거리
② 마할라노비스 거리
③ 맨해튼 거리
④ 민코프스키 거리

29
다음 중 의사결정나무의 불순도 검사와 가장 관련 없는 용어는?

① 카이제곱통계량
② 퍼셉트론
③ 엔트로피지수
④ 지니지수

30
공분산에 대한 설명으로 적절하지 않은 것은?

① 두 확률변수 x, y가 독립이면 공분산 COV(x, y)=0이다.
② COV(x, y)=E[(x−E[x])(y−E[y])]이다.
③ −1≤COV(x, y)≤1이다.
④ 부호 표시만으로 두 변수의 방향성을 설명할 수 있다.

31
카이제곱검정에서 기댓값과 관측값 차이, 검정통계량, 유의확률 관계에 대한 설명으로 옳은 것은?

① 기댓값과 관측값의 차이가 작을수록 검정통계량 값은 감소하며 유의확률은 작아진다.
② 기댓값과 관측값의 차이가 클수록 검정통계량 값은 증가하며 유의확률은 작아진다.
③ 기댓값과 관측값의 차이가 작을수록 검정통계량 값은 증가하며 유의확률은 커진다.
④ 기댓값과 관측값의 차이가 클수록 검정통계량 값은 감소하며 유의확률은 커진다.

32
다음 오분류표를 사용하여 Recall 값을 구하면?

오분류표		예측값	
		TRUE	FALSE
실제값	TRUE	30	70
	FALSE	10	90

① $\frac{3}{10}$
② $\frac{1}{2}$
③ $\frac{2}{3}$
④ $\frac{7}{10}$

33
다음 확률밀도 함수에서 E(X) 기댓값을 구했을 때, 그 값은 얼마인가?

$$Y = x \cdot f(x) \ \{1, 0 \leq x \leq 1\} \ \{0, \text{otherwise}\}$$

① 0.3
② 0.5
③ 0.7
④ 1

34
분류 분석 시 차원 간 데이터의 단위가 다를 경우 사용하는 기법으로 옳은 것은?

① 제거(Elimination)
② 평균화(Averaging)
③ 범주화(Binning)
④ 스케일링(Scaling)

35
데이터 정규성 검정 방법으로 옳지 <u>않은</u> 것은?

① Kolmogorov-Smirnov Test
② 결정계수
③ Q-Q Plot
④ 첨도와 왜도

36
선형회귀 모형에서 모형의 유의성 확인에 사용하는 검정통계량은?

① F 통계량
② t 통계량
③ Z 통계량
④ Chi-Squared 통계량

37
데이터 양이 가장 많이 발생하는 데이터 유형은?

① 명목척도
② 등간척도
③ 비율척도
④ 서열척도

38
다음 중 앙상블 모형에 대한 설명으로 옳은 것은?

① 과적합(Overfitting)이 증대되는 효과가 있다.
② 대표적인 모형으로 배깅과 부스팅 모형이 있다.
③ 상호 연관성이 높은 모델을 결합할 때 가장 효과적이다.
④ 여러 개의 모형에 의한 결과를 종합하므로 정확도는 떨어진다.

39
확률에 대한 설명으로 적절하지 <u>않은</u> 것은?

① 이진 확률변수의 확률은 0 아니면 1이다.
② 전체 사건의 확률은 1이다.
③ 독립인 사건들의 확률의 합은 각 사건의 합집합의 확률과 동일하다.
④ 모집단에서 추출한 표본에 속한 원소가 한 개면 근원사건이다.

40
다음 중 가설검정에 대한 설명으로 옳지 <u>않은</u> 것은?

① 귀무가설과 대립가설이 있으며, 가설검정의 대상이 되는 가설은 귀무가설이다.
② 유의확률(p-value)이 유의수준보다 작을 경우 귀무가설을 기각한다.
③ 귀무가설이 참일 때 기각하는 것이 2종 오류이다.
④ 유의수준은 귀무가설이 참인데 기각하여 발생하는 오류의 최대 허용한계이다.

41

K-평균(K-means)군집에 대한 설명으로 옳은 것은?

① 군집 수 K가 원 데이터 구조에 적합하지 않아도 최적의 결과를 얻을 수 있다.
② 비볼록(Non-convex)한 형태의 군집을 가정하므로 볼록한 형태의 군집이 존재하면 성능이 떨어진다.
③ 잡음과 이상치에 민감하지 않다.
④ 군집 수 K는 초기에 설정되어야 한다.

42

다음 중 통계 용어에 대한 설명으로 옳지 <u>않은</u> 것은?

① y=f(x)에서 y는 설명변수이고 값이 변하며, 종속변수에 영향을 미친다.
② 각 데이터를 그래프에 점으로써 관계를 표시하는 것을 산점도라고 한다.
③ 잔차는 계산으로 얻어진 이론값과 실제 관측이나 측정에 의해 얻어진 값의 차이이다.
④ 기초통계량에는 평균, 분산, 표준편차 등이 있다.

43

다음 중 시계열 분석에 활용되는 ARIMA(p, d, q) 모형에 대한 설명으로 옳은 것은?

① ARIMA(p, d, q)에서 q는 차분에 대한 숫자로 차분하면 정상시계열이 된다.
② ARIMA 모형 사용 시 정상성(stationary)을 확인할 필요가 없다.
③ ARIMA(p, d, q)에서 p와 d가 0이 아니면 AR(p, d) 모형이다.
④ ARIMA(p, d, q)에서 p=0이면 IMA(d, q)이다.

44

다음 중 상관 분석에 대한 설명으로 옳은 것은?

① 피어슨 상관계수가 0이면 선형관계가 없다.
② 상관계수는 항상 0~1 사이의 값을 갖는다.
③ 스피어만 상관계수는 두 변수 간의 선형적인 크기만 측정 가능하다.
④ 상관관계가 높으면 인과관계가 있다고 할 수 있다.

45

다음 중 시계열 데이터의 정상성(Stationary)에 대한 설명으로 옳은 것은?

① 해당 시계열 확률분포의 모수는 시점에 의존하지 않고 일정하다.
② 정상성을 갖는다면, 일정하게 평균이 증가한다.
③ 공분산은 시점에 의존한다.
④ 정상성을 갖는다는 것은 데이터의 이상값이 없음을 의미한다.

46

다음 중 회귀 모형을 해석할 때 고려해야 할 내용으로 옳지 <u>않은</u> 것은?

① 모형이 선형성, 정상성, 독립성을 만족하는가?
② 상관계수가 통계적으로 유의미한가?
③ 모형이 통계적으로 유의한가?
④ 모형이 데이터를 잘 적합하는가?

47

다음 중 선형회귀 분석의 가정에 대한 설명으로 가장 적절한 것은?

① 선형성은 독립변수가 증가함에 따라 잔차가 일정하게 증가하는 성질을 의미한다.
② 독립성은 종속변수와 독립변수가 서로 독립일 때를 의미한다.
③ 등분산성은 모든 관측치에 대해 오차들의 분산이 일정한 것이다.
④ 정규성(Normality)은 독립변수에 이상치가 포함되어 있지 않은 것을 의미한다.

48

다음 내용에 대한 설명으로 가장 적절한 것은?

> 다층 신경망 모형에서 은닉층의 개수를 너무 많이 설정하면 역전파 과정에서 앞쪽 은닉층의 가중치가 조정되지 않아, 신경망에 대한 학습이 제대로 되지 않는다.

① 기울기 소실 문제
② Local Minima 문제
③ 경사 하강법
④ 과대적합(Overfitting)

49

다음 Chicken Weight 데이터셋을 활용한 회귀 분석 결과에 대한 해석으로 옳은 것은?

```
> out <- lm(weight ~ Time, data=ChickWeight)
> summary(out)

Call:
lm(formula = weight ~ Time, data = ChickWeight)

Residuals:
    Min      1Q  Median      3Q     Max
-138.331 -14.536   0.926  13.533 160.669

Coefficients:
            Estimate Std. Error t value Pr(>|t|)
(Intercept) 27.4674     3.0365   9.046  <2e-16 ***
Time         8.8030     0.2397  36.725  <2e-16 ***
---
Signif. codes:  0 '***' 0.001 '**' 0.01 '*' 0.05 '.' 0.1 ' ' 1

Residual standard error: 38.91 on 576 degrees of freedom
Multiple R-squared:  0.7007,   Adjusted R-squared:  0.7002
F-statistic: 1349 on 1 and 576 DF,  p-value: < 2.2e-16
```

① R-squared의 결정계수 값이 0.05보다 크므로 회귀 모형은 유의하지 않다.
② 독립변수는 weight이고, 종속변수는 Time이다.
③ Time 변수가 1 증가할 때마다 weight의 평균 증가량은 8.8030이다.
④ 유의수준 5% 하에서 Time은 유의하지 않다.

50

다음 중 인공신경망에 사용되는 활성화 함수(Activation Function)에 대해 옳지 않은 것은?

① 소프트맥스(softmax) 함수는 다범주일 때 사후 확률을 구하는 활성화 함수이다.
② 하이퍼볼릭 탄젠트(tanh) 함수는 0~1 사이의 값을 출력하며 시그모이드(sigmoid) 함수와 관련이 있다.
③ 활성화 함수의 종류로는 시그모이드, 계단 함수, 탄젠트, 소프트맥스 등이 있다.
④ 계단 함수는 입력이 양수일 때 1, 음수일 때 0의 값을 갖는다.

제41회 기출 복원 모의고사

2024년 데이터분석 준전문가 정기시험

제한시간 | 90분
정답과 해설 | 41p

※ 문항당 2점

1과목 데이터 이해

01
다음 중 DIKW에 대한 설명으로 옳지 않은 것은?

① Knowledge는 상호 연결된 정보 패턴을 이해하여 이를 토대로 예측한 결과물이다.
② Insight는 데이터의 가공 및 상관관계 속에서 의미가 도출된 것을 의미한다.
③ Wisdom은 근본 원리에 대한 깊은 이해를 바탕으로 도출되는 아이디어이다.
④ Data는 다른 데이터와의 상관관계가 없는 가공 전의 순수한 수치나 기호이다.

02
다음 중 제조, 물류, 유통 업체 등 유통 공급망에 참여하는 모든 업체가 협력을 바탕으로 정보 기술을 활용하여 재고를 최적화하기 위한 것은?

① SCM
② ERP
③ CRM
④ OLAP

03
다음 중 데이터 사이언티스트의 역량 중 통찰력에 해당하지 않는 것은?

① 논리적 비판
② 호기심
③ 창의적 사고
④ 연구 윤리

04
다음 중 데이터 사이언티스트의 소프트 스킬에 대한 설명으로 올바르게 묶인 것은?

가. 빅데이터에 대한 이론적 지식
나. 데이터 분석 기술에 대한 숙련
다. 통찰력 있는 분석 능력
라. 팀 협업 능력
마. 설득력 있는 전달

① 가, 나
② 다, 라, 마
③ 라, 마
④ 가, 나, 다

05
다음 중 위기 요인과 통제 방안이 올바르게 묶인 것은?

가. 사생활 침해 - 책임제의 도입
나. 책임 원칙의 훼손 - 기존 책임 원칙의 고수
다. 데이터 오용 - 알고리즘 접근권 제한

① 가, 나
② 나, 다
③ 가, 다
④ 가, 나, 다

06
다음 중 빅데이터의 가치 산정이 어려운 이유로 적절하지 않은 것은?

① 재사용이나 재조합, 다목적용 데이터 개발 등이 일반화되면서 특정 데이터를 언제, 어디서, 누가 활용할지 알 수 없다.
② 데이터가 기존에 없던 가치를 창출함에 따라 그 가치를 측정하기 어렵다.
③ 분석 기술의 발달로 지금은 가치 없는 데이터도 새로운 분석 기법의 등장으로 거대한 가치를 만들어내는 재료가 될 가능성이 있다.
④ 폐쇄적 데이터 공유로 그 가치를 측정하기 어렵다.

07
다음 중 다양한 의미 전달 매체에 의하여 형성된 데이터, 정보, 지식, 경험 등의 인식 가능한 모든 자료를 무엇이라고 하는가?

① 암묵지
② 형식지
③ 콘텐츠(Contents)
④ 데이터베이스

08
다음 빅데이터의 가치 패러다임의 변화를 순서대로 나열한 것은?

> 가. Connection
> 나. Agency
> 다. Digitalization

① 다 - 나 - 가
② 다 - 가 - 나
③ 가 - 다 - 나
④ 가 - 나 - 다

09
다음 중 빅데이터가 만들어내는 본질적인 변화에 관한 내용으로 옳지 않은 것은?

① 사후 처리에서 사전 처리로 변화
② 인과관계에서 상관관계로 변화
③ 표본조사에서 전수조사로 변화
④ 질(Quality)에서 양(Quantity)으로 변화

10
다음 내용이 설명하고 있는 것은?

> 데이터 분석 알고리즘으로 부당한 피해를 보는 사람을 방지하기 위해 생겨난 직업으로, 데이터 분석 알고리즘으로 인해 피해를 입은 사람을 구제하는 전문가로서 법률 전문가인 변호인, 금전 거래에 정통한 회계사처럼 컴퓨터와 수학, 나아가 통계학이나 비즈니스에 두루 깊은 지식을 갖춘 사람이 이 직업을 담당하게 된다.

① 데이터 엔지니어
② 데이터 분석가
③ 데이터 사이언티스트
④ 알고리즈미스트

2과목   데이터 분석 기획

11
다음 중 데이터 분석 주제 유형에 대한 설명으로 옳지 않은 것은?

① 분석 대상과 분석 방법을 모를 때 발견을 사용한다.
② 분석 방법만 알 때 솔루션(Solution)을 사용한다.
③ 분석 주제 유형에는 최적화, 통찰, 솔루션, 발견이 있다.
④ 분석 대상이 명확하고 기존 분석 방법을 알 때는 최적화를 사용한다.

12

다음 중 프로젝트 위험 계획 수립에 있어 위험에 대한 대응 방법으로 적절하지 <u>않은</u> 것은?

① 전이(Transfer)
② 완화(Mitigate)
③ 제거(Delete)
④ 수용(Accept)

13

다음 중 KDD에서 이상값, 잡음을 식별하고 필요시 제거하는 단계는?

① 데이터 마이닝
② 데이터 변환
③ 데이터셋 선택
④ 데이터 전처리

14

유사 동종사례 벤치마킹을 통한 분석 기회를 발굴하는 단계는?

① 외부 참조 모델 기반 문제 탐색
② 경쟁 업체 분석 기반 문제 탐색
③ 비즈니스 모델 기반 문제 탐색
④ 분석 유즈케이스 정의

15

다음 중 분석 과제 도출 방법에서 상향식 접근 방식에 대한 설명으로 옳지 <u>않은</u> 것은?

① 문제의 정의 자체가 어려운 경우 사용한다.
② 지도 학습 방법에 의해 수행된다.
③ 디자인 사고(Design Thinking)의 발산 단계에 해당한다.
④ 데이터를 기반으로 문제의 재정의 및 해결 방안을 탐색하고 이를 지속적으로 개선하는 방식이다.

16

다음 분석 프로젝트 관리 영역의 요소 중 "분석 프로젝트의 목적에 맞는 적절한 아웃소싱이 필요하며, PoC(Proof of Concept) 형태의 프로젝트는 클라우드 등의 기술 활용 방안을 검토하는 것이 필요하다."와 관련된 것은?

① 원가
② 통합
③ 조달
④ 범위

17

다음 중 데이터 조직에 대한 설명으로 적절하지 <u>않은</u> 것은?

① 비즈니스의 최종 의사결정을 할 수 있어야 한다.
② 과제를 정의하고 결과를 도출할 수 있어야 한다.
③ 다른 업무 부서와 협력을 잘해야 한다.
④ 기능형, 집중형, 분산형 등의 조직 구조를 고려해야 한다.

18
다음 중 분석 수준 진단 결과에서 분석 기법은 부족하지만 준비도가 높은 경우에 해당하는 유형은?

① 정착형
② 준비형
③ 도입형
④ 확산형

19
분석 로드맵 설정 단계인 '데이터 분석 체계 도입 – 데이터 분석 유효성 입증 – 데이터 분석 확산과 고도화' 중에서 두 번째 단계인 데이터 분석 유효성 입증을 위한 추진 내용으로 옳은 것은?

① 과제 파일럿 테스트
② 목표 설정
③ 지속적 모니터링 및 최적화
④ 데이터 수집 및 정리

20
다음 중 분석 거버넌스 체계 구성 요소로 옳지 않은 것은?

① 분석 프로세스
② 비용에 대한 체계
③ 분석 시스템
④ 분석 조직

3과목 데이터 분석

21
결측값을 처리하는 방법 중에서 완전 사례 분석(Complete Case Analysis)에 대한 설명으로 옳지 않은 것은?

① 결측값을 모두 제거하는 방법이다.
② 결측값을 데이터의 평균으로 대치한다.
③ 결측값의 수가 적으면 효율적이다.
④ 데이터/결측값 수가 많은 경우 데이터 손실이 많이 발생할 수 있다.

22
결측값에 대한 설명으로 옳은 것은?

① 결측값은 데이터 학습 속도에 영향을 주지 않는다.
② 결측값은 데이터의 입력이 되지 않은 상태로 0, 공백 문자 등으로 채워진 경우를 말한다.
③ 결측값을 포함한 경우라도 해결하지 않고 그대로 학습이 가능하다.
④ 결측값을 해결하는 과정에서 데이터가 왜곡될 수 있다.

23
다음 중 모수, 비모수 검정에 대한 설명으로 적절하지 않은 것은?

① 모수 검정은 분포를 가정하지 않고, 값의 절대량에 의존하지 않는다.
② 카이제곱검정, Mann Whitney U Test는 비모수 검정이다.
③ 모수 검정에는 T-test, F-Test 등이 있다.
④ 비모수 검정은 중앙값, 순위 등을 사용한다.

24

다음 중 집중화 경향에 대한 설명으로 옳지 <u>않은</u> 것은?

① 표본평균은 데이터의 전체 값을 더해 개수로 나눈 것이다.
② 분산은 평균으로 산포를 측정하는 값이다.
③ 평균절대편차는 데이터의 산포를 측정하는 값이다.
④ 중앙값은 크기 순서대로 나열했을 때 중간에 있는 값으로, 특정한 값들의 영향을 많이 받는다.

25

다음 중 성별, 혈액형 등에 해당하는 척도는?

① 명목척도
② 순위척도
③ 비율척도
④ 등간척도

26

다음 중 회귀 모형의 가정에서 오차항에 관련된 것끼리 올바르게 묶인 것은?

① 신뢰성, 정규성, 등분산성
② 정규성, 타당성, 정확성
③ 신뢰성, 정확성, 선형성
④ 정규성, 독립성, 등분산성

27

다음 자료를 해석한 내용으로 옳지 <u>않은</u> 것은?

```
> head(Orange)
   Tree    age    circumference
1    1    118         30
2    1    484         58
3    1    664         87
4    1   1004        115
5    1   1231        120
6    1   1372        142

> summary(Orange)
 Tree        age          circumference
 3:7    Min.   : 118.0    Min.   : 30.0
 1:7    1st Qu.: 484.0    1st Qu.: 65.5
 5:7    Median :1004.0    Median :115.0
 2:7    Mean   : 922.1    Mean   :115.9
 4:7    3rd Qu.:1372.0    3rd Qu.:161.5
        Max.   :1582.0    Max.   :214.0
```

① 자료 개수는 6개이다.
② 다섯 가지의 나무 종류가 있다.
③ 나무 둘레의 중앙값은 115.0이다.
④ 나무 나이의 평균은 922.1이다.

28

다음 회귀 분석을 해석한 내용으로 적절하지 <u>않은</u> 것은?

```
> m <- lm(formula = dist ~ speed, data = cars)
> summary(m)

Call:
lm(formula = dist ~ speed, data = cars)

Residuals:
    Min     1Q  Median     3Q    Max
-29.069 -9.525  -2.272  9.215  43.201

Coefficients:
            Estimate Std. Error  t value  Pr(>|t|)
(Intercept) -17.5791    6.7584   -2.601    0.0123 *
speed         3.9324    0.4155    9.464  1.49e-12 ***
---
Signif. codes:  0 '***' 0.001 '**' 0.01 '*' 0.05 '.' 0.1 ' ' 1

Residual standard error: 15.38 on 48 degrees of freedom
Multiple R-squared:  0.6511,   Adjusted R-squared:  0.6438
F-statistic: 89.57 on 1 and 48 DF,  p-value: 1.49e-12
```

① 결정계수는 0.6511이다.
② 데이터의 개수는 48개이다.
③ 모형은 통계적으로 유의미하다.
④ speed 변수의 회귀계수는 3.9324이다.

29

다음 중 이상치가 있을 것으로 의심되는 집단은?

```
    CompPrice       Income         Advertising      Population
Min.   : 77     Min.   : 21.00   Min.   : 0.000   Min.   : 10.0
1st Qu.: 115    1st Qu.: 42.75   1st Qu.: 0.000   1st Qu.: 139.0
Median : 125    Median : 69.00   Median : 5.000   Median : 272.0
Mean   : 125    Mean   : 68.66   Mean   : 6.635   Mean   : 264.8
3rd Qu.: 135    3rd Qu.: 91.00   3rd Qu.:12.000   3rd Qu.: 398.5
Max.   : 175    Max.   :120.00   Max.   :29.000   Max.   : 509.0
```

① CompPrice
② Income
③ Advertising
④ Population

30

다음 수면유도제 복용 후 수면시간을 해석한 내용으로 옳지 않은 것은? (단, extra: 수면시간 증가량, group: 사용한 수면유도제 종류이다)

```
     extra            group
Min.   :-1.600      1 : 10
1st Qu.:-0.025      2 : 10
Median : 0.950
Mean   : 1.540
3rd Qu.: 3.400
Max.   : 5.500
```

① 최대 수면시간 증가량은 5.5이다.
② 25%가 3.4시간 이상 수면했다.
③ 수면시간이 늘어난 사람과 줄어든 사람이 모두 존재한다.
④ 수면시간이 줄어든 사람은 5명이다.

31

다음 중 다중공선성 관련 내용으로 옳은 것은?

① 회귀계수 분산을 증가시켜 불안정하고 해석을 어렵게 한다.
② 표본의 크기가 작을 때 다중공선성을 예측하거나 다루는 것이 더 쉽다.
③ 모형의 일부 설명변수가 종속변수와 상관되어 있을 때 발생한다.
④ 다중공선성은 낮은 상관관계가 있는 설명변수를 모형에서 제거하는 것으로 해결할 수 있다.

32

회귀 분석의 변수 선택에 대한 설명으로 적절하지 않은 것은?

① 전진선택법은 중요하다고 생각되는 변수를 차례로 모형에 추가하는 분석 방법이다.
② 후진제거법은 모든 설명변수를 포함한 모형에서 출발해 종속변수의 설명에 가장 적은 영향을 주는 변수부터 제거한다.
③ 단계별 선택법은 기준 통계치에 가장 도움이 되지 않는 변수를 삭제하거나, 모델에서 빠져 있는 변수 중에서 기준 통계치를 가장 개선시키는 변수를 추가하는 방법이다.
④ Ridge는 Lasso보다 변수 선택이 가능하다.

33

다음 중 변수의 영향력과 관련한 내용으로 적절하지 않은 것은?

① 레버리지(Leverage)가 높고 잔차 역시 큰 경우 영향력이 큰 관측치라고 할 수 있다.
② DFBETA 값이 클수록 영향력이 크다.
③ COV(공분산)은 변수 제거 시 분산이 얼마나 커지는가에 관한 것이다.
④ Cook's distance 값이 크면 영향력이 크다.

34

다음 중 상관 분석의 귀무가설(H0)과 대립가설(H1)에 대한 설명으로 옳은 것은?

① H0=상관계수가 0이다, H1=상관계수가 0이 아니다.
② H0=상관계수가 0이 아니다, H1=상관계수가 0이다.
③ H0=상관계수가 1이다, H1=상관계수가 1이 아니다.
④ H0=상관계수가 1이 아니다, H1=상관계수가 1이다.

35

다음 중 상관 분석에 대한 설명으로 옳지 않은 것은?

① 상관계수는 두 변수 간 관계의 방향과 강도를 나타낸다.
② 상관계수의 범위는 -1 ~ 1이다.
③ 상관계수가 0이면 독립이다.
④ 데이터 단위에 상관없이 사용할 수 있다.

36

다음 중 다차원 척도법에 대한 설명으로 적절하지 않은 것은?

① 개체들의 거리는 유클리드 거리와 유사도를 이용하여 구한다.
② 다차원 척도가 실수이면 거리는 완전히 보존된다.
③ 고차원 데이터를 저차원 공간상에 점으로 표현하여 개체 사이의 군집을 시각적으로 표현하는 분석 방법이다.
④ 차원 축소에 사용되는 기법 중 하나이다.

37

다음 중 거리에 대한 설명으로 옳지 않은 것은?

① 맨해튼 거리는 직선의 최단 거리를 구한다.
② 민코프스키는 거리 차수를 사용하여 유클리드나 맨해튼 거리를 구하는 데 사용할 수 있다.
③ 표준화 거리는 각 변수를 해당 변수의 표준편차로 척도변환 후, 유클리드 거리를 계산한 것이다.
④ 유클리드는 두 점의 성분별 차의 제곱의 합에 대한 제곱근으로 구한다.

38

다음 중 시계열 분석에 대한 설명으로 적절하지 않은 것은?

① 분해시계열 분해 요인에는 추세 요인, 계절 요인, 순환 요인, 불규칙 요인이 있다.
② 이동평균법은 추세, 주기를 측정하기 위해 사용하며, 계절 성분과 불규칙 성분을 제거한다.
③ 정상시계열은 공분산이 시차에만 의존하고 시점에는 의존하지 않는다.
④ 지수평활법은 가중치를 쓰지 않고 평균만 사용한다.

39

다음 중 시계열 모형에 대한 설명으로 적절하지 않은 것은?

① AR 모형은 PACF에서는 급격히 감소하지 않고 ACF에서는 점진적으로 감소한다.
② MA 모형은 항상 정상성을 만족한다.
③ ARIMA 모형은 비정상시계열 모형이며 차분을 통해 정상시계열 모형으로 변환할 수 있다.
④ MA 모형은 PACF가 지수적으로 감소하여 0에 접근한다.

40

다음 중 로지스틱회귀 분석에 대한 설명으로 옳지 않은 것은?

① 오즈비(Odds Ratio)는 X가 1단위 증가할 때 오즈가 몇 배로 증가하거나 감소하는지를 나타낸다.
② 오즈(Odds)는 성공률÷실패율을 의미한다.
③ 선형회귀 분석처럼 X의 1단위 증가는 Y에 선형적으로 영향을 준다.
④ 종속변수가 범주형일 때 적용되는 회귀 분석 모형이다.

41

다음 중 의사결정나무의 가지치기에 대한 설명으로 옳은 것은?

① 분기 가능한 최소 잎사귀 수를 증가시키면 나무의 크기는 줄어든다.
② 비용 복잡도가 커지면 가지가 복잡해질 수 있다.
③ 가지치기를 적용하면 학습 데이터에 대한 예측력이 높아진다.
④ 가지치기를 통해 만들어진 의사결정나무는 과대적합(Overfitting) 가능성이 높아진다.

42

다음 의사결정나무 알고리즘 중 지니지수와 분산 감소량을 사용하는 것은?

① C5.0
② CART
③ CHAID
④ ID3

43

다음 중 순수도에 대한 설명으로 옳은 것은?

① 순수도가 낮아지는 방향으로 데이터를 나눈다.
② 지니지수는 1-엔트로피이다.
③ 지니지수와 엔트로피는 반대 방향이다.
④ 순수도가 가장 높으면 지니지수는 0이다.

44

다음 중 배깅(Bagging)에 대한 설명으로 옳지 않은 것은?

① 여러 번 표본을 추출하여 학습시켜도 과적합되지 않는다.
② 초기 분류기의 성능에 따라 붓스트랩하여 추출한다.
③ 사용하는 모델 성능에 따라 모델 결과가 달라질 수 있다.
④ 학습 모델의 종류에 따라 결과가 달라진다.

45

다음 중 인공신경망에 대한 설명으로 옳은 것은?

① 인공신경망 모형은 이상치와 잡음에 민감하게 반응한다.
② 은닉 노드가 적은 경우 과적합 문제가 발생할 수 있다.
③ 은닉층 감소 시 결과 해석이 단순하게 되어 의사결정이 간편하다.
④ 입력변수의 속성에 따라 활성화 함수의 선택이 달라진다.

46

다음 중 인공신경망에 사용되는 활성화 함수(Activation Function)에 대해 옳지 않은 것은?

① 소프트맥스(softmax) 함수는 다범주일 때 사후확률을 구하는 활성화 함수이다.
② 하이퍼볼릭 탄젠트(tanh) 함수는 0~1 사이의 값을 출력하며 시그모이드(sigmoid) 함수와 관련이 있다.
③ 활성화 함수의 종류로는 시그모이드, 계단 함수, 탄젠트, 소프트맥스 등이 있다.
④ 계단 함수는 입력이 양수일 때 1, 음수일 때 0의 값을 갖는다.

47
다음 중 계층적 군집에 대한 설명으로 옳은 것은?

① KNN을 사용하여 가장 가까운 K개를 한 개의 군집으로 만들 수 있다.
② 계층적 군집은 겹치지 않는 N개의 집단으로 분리한다.
③ K-means는 대표적인 계층적 군집 방법으로 K를 사전에 지정해 주어야 한다.
④ 기준으로부터 가까운 군집을 묶어 나가는 과정을 반복해서 군집을 형성해 나간다.

48
다음 중 재현율(Recall)의 식으로 옳은 것은?

① TP÷(TP+FN)
② TN÷(TN+FP)
③ (TP+TN)÷(TP+FP+TN+FN)
④ TP÷(TP+FP)

49
다음 중 맥주 → 커피에 대한 연관 분석에서 지지도와 신뢰도는?

번호	항목
1	맥주, 커피
2	맥주, 커피
3	맥주, 커피
4	맥주, 커피
5	맥주
6	우유
7	우유
8	우유
9	우유
10	우유

① 지지도 = 0.8, 신뢰도 = 0.4
② 지지도 = 0.4, 신뢰도 = 0.8
③ 지지도 = 0.8, 신뢰도 = 0.8
④ 지지도 = 0.4, 신뢰도 = 0.4

50
다음 중 연관 분석에 대한 내용으로 옳지 않은 것은?

① Apriori는 후보 항목 집합을 생성하고, 각 단계마다 지지도를 계산해야 하므로 계산량이 많다.
② FP-Tree를 사용하여 데이터베이스를 두 번만 스캔하고, 후보 집합 생성 단계를 제거하여 효율성을 높이는 방식이다.
③ 향상도가 1인 경우 품목 A, B 사이에 아무런 상호 관계가 없음을 의미한다.
④ A, B가 서로 독립관계라면 지지도는 $P(A \cap B)=1$이다.

제 42회 기출 복원 모의고사

2024년 데이터분석 준전문가 정기시험

제한시간 | 90분
정답과 해설 | 49p

※ 문항당 2점

1과목 데이터 이해

01
다음 중 데이터의 유형이 다른 하나는?
① 풍량
② 강수량
③ 기상특보
④ 습도

02
다음 중 지식(Knowledge)에 해당하는 것은?
① A마트는 10,000원에, B마트는 15,000원에 건전지를 판매한다.
② A마트가 B마트보다 더 저렴해서 A마트에서 건전지를 사야겠다.
③ A마트의 다른 상품들도 B마트보다 쌀 것이라고 판단한다.
④ A마트의 건전지가 더 싸다.

03
각 빈칸에 들어갈 알맞은 데이터베이스 특징을 순서대로 나열한 것은?

- (　　) 데이터는 데이터베이스에 동일한 내용이 중복되어 있지 않다는 것이다.
- (　　) 데이터는 컴퓨터가 접근할 수 있는 저장 매체에 저장된다는 것이다.
- (　　) 데이터는 여러 사용자가 서로 다른 목적으로 데이터베이스의 데이터를 공동으로 이용한다는 것이다.
- (　　) 데이터는 항상 변화하면서도 항상 현재의 정확한 데이터를 유지해야 한다는 것이다.

① 공용 – 저장 – 통합 – 변화되는
② 저장 – 통합 – 공용 – 변화되는
③ 통합 – 저장 – 공용 – 변화되는
④ 통합 – 공용 – 변화되는 – 저장

04
다음 중 빅데이터가 발전한 요인으로 적절하지 않은 것은?
① 정형 데이터가 폭증했다.
② 하둡을 통해 대용량 데이터 분석이 가능해졌다.
③ SNS를 통한 방대한 양의 데이터가 생성되었다.
④ M2M, IoT와 같은 통신 기술의 발달은 데이터 다양성 및 실시간성을 제공하게 되었다.

05

다음 중 빅데이터가 만들어 내는 변화에 대한 설명으로 옳은 것은?

① 사후 처리 → 사전 처리
② 양(Quantity) → 질(Quality)
③ 전수조사 → 표본조사
④ 인과관계 → 상관관계

06

다음 중 빅데이터의 영향에 대한 설명으로 옳지 않은 것은?

① 고객에게 일반화 및 획일화된 서비스를 제공한다.
② 기업은 소비자의 행동 분석, 시장 변동 예측으로 비즈니스 모델을 혁신하거나 신사업 발굴을 하게 되었다.
③ 원가 절감, 제품 차별화, 기업활동의 투명성 등을 제공한다.
④ 알고리즘을 통한 의사결정 지원 및 자동화가 되었다.

07

다음 중 빅데이터의 위기 요인으로 옳지 않은 것은?

① 사생활 침해
② 책임 원칙의 훼손
③ 데이터 오용
④ 분석 기술의 발달

08

다음 중 빅데이터의 위기 요인 중 사생활 침해에 해당하는 통제 방안으로 옳은 것은?

① 정보 제공자의 동의제에서 정보 사용자의 책임제로 전환
② 기존 책임 원칙의 강화
③ 알고리즘에 대한 접근권 허용
④ 데이터의 익명화

09

다음 중 데이터 사이언티스트에게 필요한 역량으로 옳지 않은 것은?

① 스토리텔링
② 데이터 분석 기법
③ 네트워크 최적화
④ 다분야 간 협력

10

다음 가치 패러다임의 변화가 설명하는 단계는?

> 새로운 시대에서 디지털화된 정보와 대상들은 서로 연결되기 시작했다. 따라서 이 연결을 효과적으로 관리하는 것이 중요해지고 있다.

① Digitalization
② Connection
③ Agency
④ Modernization

2과목 데이터 분석 기획

11
다음 분석 주제 유형 중 분석 방법(How)은 알고 대상(What)은 모를 경우의 유형은?

① 발견
② 통찰
③ 최적화
④ 솔루션

12
다음 중 KDD 분석 방법론의 순서를 올바르게 나열한 것은?

① Selection – Preprocessing – Transformation – Data Mining – Interpretation/Evaluation
② Planning – Preprocessing – Transformation – Data Mining – Interpretation/Evaluation
③ Selection – Transformation – Preprocessing – Interpretation/Evaluation – Data Mining
④ Preprocessing – Selection – Transformation – Data Mining – Interpretation/Evaluation

13
다음 중 CRISP-DM의 프로세스 6단계 중 업무 이해(Business Understanding)의 주요 작업으로 옳은 것은?

① 업무 목적 파악 → 상황 파악 → 데이터 마이닝 목표 설정 → 프로젝트 계획 수립
② 초기 데이터 수집 → 데이터 기술 분석 → 데이터 탐색 → 데이터 품질 확인
③ 분석용 데이터 준비 → 텍스트 분석 → 탐색적 분석 → 모델링 → 모델 평가 및 검증
④ 분석 기획 → 데이터 준비 → 데이터 모델링 → 평가 및 전개

14
다음 빅데이터의 4V 중에서 비즈니스 효과 요소에 해당하는 것은?

① Value
② Variety
③ Volume
④ Velocity

15
다음 중 상향식 방법론에 대한 설명으로 옳지 않은 것은?

① 문제 정의가 되었을 때 주로 사용하는 방법이다.
② 계층적 군집 분석에서 하며, 비지도 학습에서 자주 사용된다.
③ 분석 주제가 통찰, 발견일 때 사용하는 방법이다.
④ 데이터 기반으로 문제의 재정의 및 해결 방안을 탐색하고 이를 지속적으로 개선하는 방식이다.

16
다음 중 분석 과제의 주요 특성 관리 영역에 포함되지 않는 항목은?

① 데이터 규모(Size)
② 속도(Speed)
③ 데이터 복잡도(Data Complexity)
④ 데이터 분류(Classification)

17
다음 중 분석 우선순위 평가에서 시급성이 현재일 때 가장 먼저 고려해야 할 항목은?

① 분석 수준
② 전략적 중요도
③ 분석 적용 비용
④ 데이터 획득, 저장, 가공 비용

18
다음 중 데이터 분석 준비도의 6가지 영역에 포함되지 <u>않는</u> 것은?

① 분석 비용
② 분석 업무 파악
③ 분석 문화
④ 분석 기법

19
다음 데이터 분석 성숙도의 단계 중에서 분석 결과를 활용하고, 분석을 진화시켜 혁신 및 성과 향상에 기여하는 단계는?

① 도입
② 활용
③ 확산
④ 최적화

20
다음 중 협의의 분석 플랫폼 항목으로 옳은 것은?

① 하드웨어
② 분석 라이브러리
③ 분석 서비스 제공 API
④ 분석 서비스 제공 엔진

3과목   데이터 분석

21
다음 중 결측치의 대치법에 대한 설명으로 옳지 <u>않은</u> 것은?

① 완전 사례 분석은 불완전 자료는 모두 무시하는 방법이다.
② 평균 대치법(Mean Imputation)은 관측 또는 실험을 통해 얻어진 데이터의 평균으로 결측값을 대치하는 방법이다.
③ 단순확률 대치법(Single Stochastic Imputation) 중 조건부 평균 대치법은 회귀 분석을 활용하여 대치하는 방법이다.
④ 다중 대치법은 단순 대치법을 한 번이 아닌 m번 수행하여 m개의 가상적 완전 자료를 만드는 방법으로 추정량 표준오차의 과소추정 또는 계산의 난해성 문제 등을 가지고 있다.

22
다음 중 이상치를 이용한 시스템은?

① 부정 사용 방지 시스템
② 매출 예측 시스템
③ 교차 판매 시스템
④ 장바구니 분석 시스템

23
다음 제시된 것에 해당하는 척도로 옳은 것은?

| 매우 만족 – 만족 – 보통 – 불만족 – 매우 불만족 |

① 서열척도
② 명목척도
③ 구간척도
④ 비율척도

24
다음은 남여 학생 100명을 대상으로 사과에 대한 호/불호를 조사한 것이다. 임의로 한 명을 선택했을 때 사과를 좋아하는 학생일 확률은?

구분	사과 좋아함	사과 좋아하지 않음
남	30	20
여	10	40

① $\frac{3}{10}$
② $\frac{4}{10}$
③ $\frac{2}{10}$
④ $\frac{6}{10}$

25
다음 신뢰구간에 대한 설명으로 옳지 않은 것은?

신뢰구간 $= 0.5 \pm 1.96 \times \left(\frac{\sigma}{\sqrt{n}}\right)$

위의 식에 따라 95% 신뢰구간을 구하면 [101.3, 130.3]이다.

① 신뢰구간이 95%에서 99%로 변경되면, 1.96이 2.58로 변경된다.
② 위의 식으로 보아 표본평균은 0.5이다.
③ 모평균 값이 신뢰구간 내에 존재하지 않을 수 있다.
④ 동일한 모집단에서 동일한 개수의 표본을 다시 뽑았을 때, 평균은 동일하다.

26
귀무가설이 참이라고 가정할 때 얻은 결과보다 극단적인 결과가 실제로 관측될 확률은?

① α
② p-value
③ β
④ $1-\alpha$

27
다음 중 다중회귀 모형의 유의성 평가에 사용하는 검정으로 옳은 것은?

① F 검정
② 카이제곱검정
③ T-검정
④ Z 검정

28

다음은 오렌지 나무에 대한 회귀 분석 결과의 일부이다. Tree.L에 대한 t 통계량을 구한 것으로 올바른 것은?

	Estimate	Std. Error
(Intercept)	17.399650	5.543461
age	0.106770	0.005321
Tree.L	39.935049	5.768048
Tree.Q	2.519892	5.768048
Tree.C	-8.267097	5.768048
Tree^4	-4.695541	5.768048

① $39.935049 \div 5.768048$
② $5.768048 \div 39.935049$
③ $39.935049 \times 5.768048$
④ $39.935049 + 5.768048$

29

다음 중 다중공선성에 대한 설명으로 옳지 <u>않은</u> 것은?

① 다중공선성 해결을 위해 중요도가 낮은 변수 중 상관관계가 높은 변수를 제거한다.
② 다중공선성 해결을 위해 평균 중심을 이동시킨다.
③ 다중공선성은 변수의 표준화 및 변수를 변환하여 상관성이 낮아지도록 조정하여 해결할 수 있다.
④ 다중공선성은 VIF로 확인한다.

30

다음 중 변수 선택법에 대한 설명으로 옳지 <u>않은</u> 것은?

① 후진 제거법은 상수항만 남을 때까지 제거한다.
② 전진 선택법은 상수항만 있는 상태에서 출발하여 변수를 추가하고 의미가 없는 변수가 있다면 변수 추가를 멈춘다.
③ 단계별 선택법은 변수를 삭제하거나, 추가할 수 있는 방법이다.
④ 모든 가능한 독립변수들의 조합에 대한 회귀 모형을 고려해 가장 적합한 회귀 모형을 선택할 수 있다.

31

다음 중 AR(1)과 AR(2)에 대한 설명으로 옳은 것은?

① AR(1): 선형, AR(2): 비선형
② AR(1): 단거리 메모리에 사용됨, AR(2): 장거리 메모리에 사용됨
③ AR(1): 정상 시계열, AR(2): 비정상 시계열
④ AR(1): 1개 시차 이용, AR(2): 2개 시차 이용

32

다음 중 분해 시계열의 분해 요인에 포함되는 것으로 옳지 <u>않은</u> 것은?

① 추세 요인
② 계절 요인
③ 교호 요인
④ 순환 요인

33
다음 내용과 관련된 의사결정나무의 규칙은?

> 의사결정나무에서 더 이상 분리가 일어나지 않고, 현재의 마디가 최종 마디가 되도록 하는 규칙이다.

① 분할 규칙
② 정지 규칙
③ 가지치기 규칙
④ 상쇄 규칙

34
다음 의사결정나무 모델 중 분류나무의 분리 기준 선택에 사용하는 방법으로 옳지 않은 것은?

① 카이제곱통계량
② 지니지수
③ 엔트로피지수
④ 분산 감소량

35
다음 중 앙상블 기법의 종류로 적절하지 않은 것은?

① 시그모이드
② 부스팅
③ 배깅
④ 스태킹

36
다음 인공신경망에 대한 설명으로 옳지 않은 것은?

① 뉴런이 많으면 과소적합, 뉴런이 적으면 과대적합 문제가 발생한다.
② 계단 함수는 x가 0 또는 양수일 때 y=1, 음수일 때 y=0이다.
③ 은닉층 수와 은닉 노드 수의 결정은 분석가가 분석 경험에 의해 설정한다.
④ softmax 함수는 결과가 다범주인 경우 각 범주에 속할 사후 확률을 제공하는 활성화 함수이다.

37
다음 오분류표를 사용했을 때의 오분류율(Error Rate)은?

오분류표		예측값	
		TRUE	FALSE
실제	TRUE	10	40
	FALSE	90	60

① $\dfrac{13}{20}$　　② $\dfrac{7}{20}$
③ $\dfrac{4}{11}$　　④ $\dfrac{1}{3}$

38
다음 중 혼합분포군집에서 모수와 가중치 추정에 사용되는 것은?

① 맨해튼 거리
② EM 알고리즘
③ K-means
④ 유클리드 거리

39
다음 중 DBSCAN 알고리즘에 대한 설명으로 옳지 않은 것은?

① 임의적 모양의 군집 분석에 적합하다.
② 초기에 k 개수를 설정해야 한다.
③ 이상치에 의한 성능 하락을 완화할 수 있다.
④ 밀도가 높은 부분을 군집한다.

40
다음 중 군집 분석에서 적정 군집의 수를 계산하는 방법으로 옳은 것은?

① 엘보우 방법
② 유클리드 거리
③ 상관계수
④ ROC Curve

41
다음 중 apriori 알고리즘에 대한 설명으로 옳은 것은?

① 모든 항목에 대해 연관 규칙을 찾는다.
② 구조화된 트리(트리구조를 이용한 데이터 구조)를 사용하여 빈발 항목 집합을 효율적으로 추출한다.
③ 대규모 데이터셋에서의 성능이 우수하다.
④ 빈발 항목 집합(일정한 최소 지지도 기준을 충족하는 항목 집합)을 찾고 그에 기반한 유의미한 연관 규칙만을 탐색한다.

42
다음 내용이 설명하는 연관 규칙의 측정지표는?

> A가 주어지지 않았을 때 B의 확률 대비 A가 주어졌을 때 B의 확률 증가 비율이다.

① 지지도
② 신뢰도
③ 향상도
④ 재현도

43
다음 중 지도 학습의 종류로 옳지 않은 것은?

① 로지스틱회귀 분석
② 의사결정나무
③ 인공신경망
④ SOM

44
다음 중 신용카드 사용 고객의 파산확률을 Yes, No로 예측하기에 적절하지 않은 방법은?

① 단순선형회귀 모형
② 로지스틱회귀 모형
③ 랜덤포레스트
④ 의사결정나무

45

다음 중 인공신경망에 대한 설명으로 옳지 않은 것은?

① 각 층은 완전 연결되어 있다.
② 역전파 알고리즘을 사용해 기울기를 갱신하는 방법으로 학습한다.
③ 결과에 대한 해석이 쉽지 않고, 복잡한 비선형 관계에 유용하다.
④ 이상치와 잡음에 대해 민감하게 반응한다.

46

다음 중 회귀 모형 선택 방법에 대한 설명으로 옳지 않은 것은?

① AIC, BIC는 작은 값을 갖는 것이 좋은 모델이다.
② Mallow's CP는 모델의 편향(bias)과 분산(variance)을 균형 있게 고려하여 최적의 모델을 선택하는 데 사용한다.
③ AIC는 변수가 많아질수록 더 많은 벌점을 부여한다.
④ BIC는 베이지안 모형에 기반하며 변수가 많아질수록 가중치를 부여한다.

47

다음 광고와 판매에 대한 데이터셋을 활용한 분석 결과에 대한 해석으로 옳지 않은 것은?

```
> model <- lm(sales ~ TV + radio + TV*radio, data = Advertising)
> summary(model)

Call:
lm(formula = sales ~ TV + radio + TV*radio, data = Advertising)

Residuals:
    Min      1Q  Median      3Q     Max
-6.3366 -0.4028  0.1831  0.5948  1.5246

Coefficients:
              Estimate Std. Error t value Pr(>|t|)
(Intercept)  6.750e+00  2.479e-01  27.233  < 2e-16 ***
TV           1.910e-02  1.504e-03  12.699  < 2e-16 ***
radio        2.886e-02  8.905e-03   3.241   0.0014 **
TV:radio     1.086e-03  5.242e-05  20.727  < 2e-16 ***
---
Signif. codes:  0 '***' 0.001 '**' 0.01 '*' 0.05 '.' 0.1 ' ' 1

Residual standard error: 0.9435 on 196 degrees of freedom
Multiple R-squared: 0.9678,  Adjusted R-squared: 0.9673
F-statistic: 1963 on 3 and 196 DF,  p-value: < 2.2e-16
```

① TV와 radio는 시너지 효과가 있다.
② TV가 1 상승하면 radio 값과 상관없이 sales가 증가한다.
③ 결정계수가 0.9678로 전체 변동의 96.78%만큼 설명할 수 있다.
④ 수정된 결정계수는 결정계수의 단점을 보완해 준다.

48

다음 내용 중 옳지 않은 것은?

① 분산은 평균으로부터 떨어진 정도를 나타낸다.
② 중앙값은 데이터를 크기 순으로 정렬했을 때 가운데 위치한 값을 의미한다.
③ 편차가 작을수록 값들이 평균에 더 가까이 분포한다.
④ 평균절대편차값은 각 측정치에서 중앙값을 뺀 값의 절댓값으로 표시되는 편차와 관련된 값이다.

49

다음 중 시계열에 대한 설명으로 옳지 않은 것은?

① 비정상 시계열 자료는 정상성을 만족하도록 데이터를 정상 시계열로 만든 후 시계열 분석을 수행한다.
② 시간에 따라 분산이 일정하지 않은 경우는 로그 변환을 통해서 정상 시계열로 바꿀 수 있다.
③ 정상성 만족을 평가하기 위해서 개입 분석을 실시할 수 있다.
④ 차분이란 현재 시점 자료의 값에서 이전 시점의 값을 빼는 것으로 차분을 반복하여 여러 시점 전의 값을 뺄 수 있다.

50

다음 내용을 바탕으로 A질병을 진단받은 사람 중 A질병에 걸린 사람의 비율을 구하면?

- 전체 인구 중 A질병에 걸린 사람이 10%이다.
- 전체 인구 중 A질병으로 진단받은 사람은 20%이다.
- A질병에 걸린 사람 중 A질병을 진단받은 사람은 90%이다.

① $\dfrac{1}{9}$
② $\dfrac{2}{9}$
③ $\dfrac{9}{10}$
④ $\dfrac{9}{20}$

제43회 기출 복원 모의고사

2024년 데이터분석 준전문가 정기시험

제한시간 | 90분
정답과 해설 | 57p

※ 문항당 2점

1과목 데이터 이해

01
다음 중 정보 관리적 측면에서의 데이터베이스를 설명한 것으로 옳은 것은?

① 데이터 관리 목적에 따라 소비자가 저렴하게 사용할 수 있다.
② 체계적인 정보 관리를 통해 데이터를 효율적으로 저장·추가·수정·삭제 및 검색할 수 있으며, 새로운 정보를 쉽게 축적하고 관리할 수 있도록 지원한다.
③ 데이터를 계층형으로 구조화하여 데이터의 검색을 쉽게 할 수 있다.
④ 정보 관리 측면에서 데이터베이스는 다양한 권한 관리 기능을 통해 사용자가 접근할 수 있는 데이터를 제한하고, 보안성을 강화한다.

02
다음 중 조직의 의사결정을 지원하기 위해 기업 내 분산된 데이터베이스를 통합하여 저장·관리하는 시스템은?

① BI(Business Intelligence)
② OLAP(Online Analytical Processing)
③ DW(Data Warehouse)
④ ODBC(Open Database Connectivity)

03
다음 데이터 중 비정형 데이터가 아닌 것은?

① 관측소에서 측정한 온도
② 사진
③ 영상
④ 페이스북 게시글

04
다음 중 빅데이터 출현 배경에 대한 것으로 옳은 것을 모두 고른 것은?

> 가. 다량의 데이터 축적
> 나. 모바일 및 클라우드 발전
> 다. 분석처리기술 발전

① 가, 나
② 나, 다
③ 가, 다
④ 가, 나, 다

05
다음 중 빅데이터의 3V에 포함되지 않는 것은?

① 양(Volume)
② 속도(Velocity)
③ 다양성(Variety)
④ 진실성(Veracity)

06

다음 중 빅데이터 활용에 대한 설명으로 틀린 것은?

① 소비자들이 함께 구매하는 상품들의 관계 분석에 연관 분석을 사용한다.
② 문서를 분류하거나 조직을 그룹으로 나눌 때 유형 분석을 사용한다.
③ 택배 차량의 효율적 배치에 요인 분석을 사용한다.
④ 소셜 미디어에 나타난 의견을 바탕으로 고객이 원하는 것을 찾아낼 때 감정 분석을 사용한다.

07

다음 중 빅데이터가 만들어내는 본질적인 변화에 관련된 설명으로 옳지 않은 것은?

① 사전처리는 데이터를 모은 뒤 그 안에서 숨은 정보를 찾아내는 사후처리로 변화되었다.
② 질(Quality)이 강조되던 것에서 양(Quantity)이 강조되는 것으로 변화되었다.
③ 상관관계보다 특정한 인과관계를 통해 확산되었다.
④ 데이터 수집 및 저장 기술의 발달로 전수조사가 가능해졌다.

08

다음 중 개인정보 보호 관련 내용으로 틀린 것은?

① 기업은 데이터 수집 초기 단계부터 개인정보 보호에 대한 부분을 고려해야 한다.
② 행동 예측 알고리즘 소유권을 개인에게 제공한다.
③ 개인정보 제공에 대한 동의를 선택적으로 할 수 있도록 한다.
④ 수집한 개인정보에 대한 개인의 접근성을 높인다.

09

다음 중 데이터 사이언스에 관한 내용으로 거리가 먼 것은?

① 데이터 사이언스는 정보 분석을 중심으로 하는 학문이다.
② 커뮤니케이션 능력보다는 분석 정확도가 가장 우선시된다.
③ 다양한 데이터 유형을 대상으로 하며, 총체적(holistic) 접근법을 사용한다.
④ 다른 사람들과의 커뮤니케이션이 중요하다.

10

빅데이터 가치 패러다임 변화의 순서로 올바른 것은?

① Digitalization – Connection – Agency
② Connection – Agency – Digitalization
③ Agency – Connection – Digitalization
④ Connection – Digitalization – Agency

2과목 데이터 분석 기획

11

다음 중 빅데이터 분석 방법론의 계층적 프로세스에 관한 설명으로 옳은 것은?

① 단계(Phase)-스텝(Step)-태스크(Task) 순서로 구성된다.
② 각 단계(Phase)는 기준선(Baseline)으로 설정하여 관리한다.
③ 스텝(Step)은 단계(Phase)의 구성단위이다.
④ 태스크(Task)는 입력과 출력으로 구성된다.

12

다음 중 분석 준비도와 분석 성숙도를 고려한 분석 수준 진단 결과 사분면 분석에서 확산형에 대한 설명으로 옳은 것은?

① 낮은 준비도와 낮은 성숙도로 사전 준비가 필요한 상태이다.
② 낮은 준비도와 높은 성숙도로 기업 내부에서 제한적으로 사용하고 있다.
③ 높은 준비도와 낮은 성숙도로 분석 업무, 기법 등은 부족하지만 적용 조직 등은 준비가 되어 있다.
④ 높은 준비도와 높은 성숙도로 기업에 필요한 분석 관련 모든 준비가 되어 있다.

13

다음 중 빅데이터 분석 단계 중 데이터 준비에 관하여 옳은 것을 모두 고른 것은?

> 가. 데이터베이스에 정형, 비정형, 반정형 데이터를 모두 저장할 수 있어야 한다.
> 나. 기업 데이터를 사용할 때 이전 자료들을 포함한 전사적 데이터를 사용한다.
> 다. 내부적 정보는 정보 사용에 대한 동의를 받지 않아도 된다.
> 라. 자료를 수집하고 나서 정합성을 맞추어 보아야 한다.

① 가, 다, 라 ② 가, 나, 라
③ 가, 나, 다, 라 ④ 나, 다

14

시급성과 난이도를 모두 고려할 때 가장 우선적으로 고려되어야 하는 것은?

① 시급성이 낮고 난이도도 낮은 것이다.
② 시급성이 높고 난이도가 낮은 것이다.
③ 시급성이 낮고 난이도가 높은 것이다
④ 시급성이 높고 난이도도 높은 것이다

15

분석기회 발굴의 범위 확장에 있어 비즈니스 모델의 고객 영역에 존재하는 현재 고객을 확장하여 전체 시장을 대상으로 문화적, 구조적 트렌드 변화에 기반한 분석 기회 도출과 관련된 것은?

① 환경 ② 경제
③ 사회 ④ 정치

16
분석 과제의 주요 5가지 특성 관리 영역에 대한 설명으로 틀린 것은?

① 정확도와 복잡도는 트레이드 오프(Trade Off) 관계가 존재한다.
② 분석하고자 하는 데이터의 양을 고려하는 관리 방안 수립이 필요하다.
③ 분석의 안정적인 측면에서 정확도가 정밀도보다 중요하다.
④ 정확도와 정밀도는 트레이드 오프(Trade Off)인 경우가 많다.

17
다음 분석 프로젝트 관리 영역의 요소 중 "분석 프로젝트의 목적에 맞는 적절한 아웃소싱이 필요하며, PoC(Proof of Concept) 형태의 프로젝트는 클라우드 등의 기술 활용 방안을 검토하는 것이 필요하다."와 관련된 것은?

① 조달　　② 품질
③ 원가　　④ 자원

18
다음 데이터 분석 조직 관련 설명 중 옳은 것은?

① 집중 조직 구조는 전사적 관점에서 핵심 분석이 어렵다.
② 기능 중심의 조직 구조는 해당 업무부서에서 직접 분석을 한다.
③ 분산 조직 구조는 분석 전담 조직에서 회사의 모든 분석 업무를 담당한다.
④ 이원화 구조는 분석 조직의 인력들이 협업부서에 배치되어 업무를 수행한다.

19
다음 중 데이터 거버넌스 체계 요소의 데이터 표준화에 대한 설명으로 옳은 것은?

① 메타데이터와 데이터 사전(Data Dictionary)의 관리 원칙을 수립한다.
② 표준용어 설정, 명명 규칙 수립, 데이터 사전 구축 등을 한다.
③ 메타데이터 및 표준 데이터를 관리하기 위한 전사 차원의 저장소를 구성한다.
④ 데이터 거버넌스 체계 구축 후, 표준 준수 여부를 주기적으로 점검, 모니터링한다.

20
다음 중 데이터 분석 기획 시 고려 사항이 아닌 것은?

① 위험(Risk) 비용
② 사용할 수 있는 데이터 탐색
③ 유사 시나리오
④ 장애 요소에 대한 사전 계획 수립

3과목　데이터 분석

21
다음 척도 관련 설명으로 틀린 것은?

① 등간척도에는 절대 0점이 있다.
② 명목척도에는 성별, 혈액형 등이 있다.
③ 순서척도는 대소 또는 높고 낮음 등의 순위는 존재하지만 양적인 비교는 할 수 없다.
④ 비율척도는 데이터 양이 가장 많이 발생한다.

22
다음 표본 추출법에 대한 설명 중 **틀린** 것은?

① 단순 무작위 추출은 모집단의 각 개체가 표본으로 선택될 확률이 동일하게 추출된다.
② 계통 추출은 일련번호를 부여한 후, 첫 번째 표본을 임의로 선택하고 일정 간격으로 다음 표본을 선택한다.
③ 집락 추출법은 모집단을 차이가 없는 여러 개의 집단으로 나누고 이들 집단 중 몇 개를 선택한 후, 선택된 집단 내에서 필요한 만큼의 표본을 임의로 선택하는 방법이다.
④ 층화 추출법은 이질적인 원소들로 구성된 각 계층에서 대표가 되는 표본들을 추출한다.

23
다음 중 제1종 오류에 대한 설명으로 옳은 것은?

① 귀무가설이 거짓인데 거짓으로 판단하여 발생하는 오류
② 귀무가설이 참인데 참으로 판단하여 발생하는 오류
③ 귀무가설이 참인데 참이 아닌 것으로 판단하여 발생하는 오류
④ 귀무가설이 참이 아닌데 참으로 판단하여 발생하는 오류

24
다음 확률 관련 설명으로 **틀린** 것은?

① 종속사건은 두 사건 A와 B에서 한 사건의 결과가 다른 사건에 영향을 주는 사건이다.
② 공집합은 원소가 하나도 없는 것이다.
③ 교집합은 두 사건의 곱이다.
④ 배반사건의 P(A∪B)는 P(A)와 P(B)의 합이다.

25
다음 베이즈 정리 이론에 대한 설명으로 **틀린** 것은?

① 베이즈 정리는 연역적 추론 방법이다.
② A의 사후 확률 $= \frac{\text{B의 사후확률} \times \text{A의 사전확률}}{\text{B의 사전확률}}$ 이다.
③ P(B|A)에 반대되는 P(A|B)를 구한다.
④ 베이즈 정리는 과거 경험과 현재 증거를 기반으로 추정한다.

26
인공신경망에서 weight(가중치)가 의미하는 것은?

① 결괏값 조정
② 입력 신호 조절
③ 연결 강도
④ 데이터 크기 조절

27
다음 오분류표를 사용하여 계산한 F1 Score는?

오분류표		예측	
		TRUE	FALSE
실제값	TRUE	0.2	0.3
	FALSE	0.3	0.2

① 0.4
② 0.5
③ 0.6
④ 0.8

28
다음 중 회귀 분석의 정규성을 검증하는 방법이 아닌 것은?

① Q-Q plot
② 히스토그램(Histogram)
③ 샤피로 윌크(Shapiro-wilk) 검정
④ 더빈 왓슨(Durbin-Watson) 검정

29
다음 중 설명변수가 여러 개이고 종속변수가 연속형 데이터일 때 사용하는 분석 기법은?

① 다중회귀 분석
② 다항회귀 분석
③ 로지스틱회귀 분석
④ 단순선형회귀 분석

30
파생변수에 대한 설명으로 틀린 것은?

① 모든 데이터에 공통으로 활용할 수 있다.
② 파생변수는 다양한 모델에 공통으로 적용할 수 있다.
③ 파생변수는 주관적이라서 논리적 타당성을 확보해야 한다.
④ 비만도를 알기 위해 몸무게와 키를 사용하여 BMI 지수를 구한 경우 BMI는 파생변수이다.

31
다음 그림으로 알 수 있는 것은?

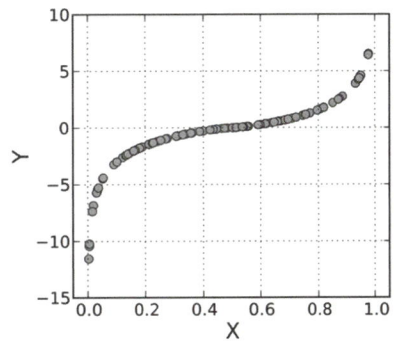

① X, Y 두 변수는 완전한 선형관계이다.
② 피어슨 상관계수가 1이다.
③ 스피어만 상관계수가 1이다.
④ X, Y 두 변수는 선형성이 없는 독립관계이다.

32
다음 잔차 그래프에 대한 설명으로 틀린 것은?

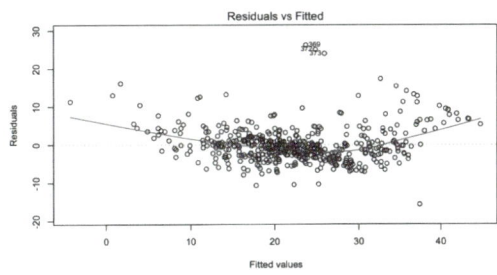

① 오차항이 등분산성을 만족하지 않는다.
② 오차항이 독립성을 만족한다.
③ 이상값이 존재한다.
④ 해당 그래프로 영향점을 파악할 수 없다.

33
다음 앙상블 종류에 대한 설명 중 <u>틀린</u> 것은?

① 배깅은 원 데이터 집합으로부터 크기가 같은 여러 개의 붓스트랩 표본을 생성하고 각 붓스트랩 표본에 대해 분류기를 생성한 후 그 결과를 앙상블하는 기법이다.
② 랜덤 포레스트는 분할에 사용될 예측 변수를 중요도에 따라 선택하고, 선택한 변수 내에서 최적의 분할을 만들어나가는 방법이다.
③ 부스팅은 이전모델 결과에 대해 분류가 잘못된 데이터에 더 큰 가중을 주어 표본을 추출하는 방식이다.
④ 스태킹은 다양한 기본 모델을 조합하여 더 강력한 메타 모델을 만드는 기술로, 두 단계의 학습이 있으며 첫 번째 단계는 다양한 기본 모델들을 사용한 학습이고, 두 번째 단계는 첫 번째 단계에서 얻은 결과를 입력으로 하는 메타 모델의 학습이다.

34
다음 중 앙상블의 목적으로 옳은 것은?

① 모델 복잡도 증가
② 학습 속도 향상
③ 분류 정확도 향상
④ 다차원 축소

35
다음 중 이상치에 처리 방법에 대한 설명 중 <u>틀린</u> 것은?

① 이상치라도 반드시 제거해야 하는 것은 아니다.
② 이상치가 데이터의 분포에 큰 영향을 준다면 변환을 통해 분포를 정규화한다.
③ 이상값 데이터를 삭제하면 정보손실률도 낮아진다.
④ 이상치를 절단하면 이상치의 영향을 줄이면서 데이터 손실을 최소화할 수 있다.

36
다음 중 다중공선성에 대한 설명으로 옳지 <u>않은</u> 것은?

① VIF로 확인되고, 10을 넘기면 다중공선성의 가능성이 있다.
② 다중공선성을 제거하려면 독립변수를 더 추가해야 한다.
③ 다중공선성이 존재하는 경우 독립변수 간에 높은 선형관계가 있는 것을 의미한다.
④ 다중공선성이 존재하는 경우 특정 변수의 통계적 유의성 검정이 어렵거나 왜곡될 수 있다.

37
다음 중 연관 분석과 관련된 내용이 <u>아닌</u> 것은?

① 거래 횟수(거래량)가 적은 품목에 대해 규칙을 쉽게 발견할 수 있다.
② 결과를 이해하기 쉽다.
③ 품목 수가 많아지면 계산량이 기하급수적으로 증가한다.
④ 데이터를 변환할 필요가 없다.

38
다음 중 의사결정나무에서 가지치기하는 이유로 옳은 것은?

① 변수를 제거하기 위해
② 순수도를 높이기 위해
③ 불순도 감소량을 최대로 하기 위해
④ 과대적합(Overfitting)을 방지하기 위해

39

다음 중 변수 간의 거리를 유지하면서 각 변수를 실수 좌표로 나타내는 점들로 표현하여 고차원 데이터를 시각적으로 분석할 수 있게 하는 것은?

① 다차원척도법
② 상관계수
③ 시계열 분석
④ 주성분 분석

40

다음 중 두 군집 사이의 거리를 군집에서 하나씩 관측값을 뽑았을 때 나타날 수 있는 거리의 최댓값으로 측정하는 방법은?

① 최단연결법
② 중심연결법
③ 최장연결법
④ 와드연결법

41

다음 데이터셋 결과에 대한 해석으로 틀린 것은?

```
> head(cats)      > tail(cats)       > summary(cats)
  Sex Bwt Hwt       Sex Bwt Hwt    Sex      Bwt           Hwt
1  F  2.0 7.0    139  M  3.6    15 F:47 Min.   :2.0   Min.   :6.3
2  F  2.0 7.4    140  M  3.7    11 M:97 1st Qu.:2.3   1st Qu.:8.9
3  F  2.0 9.5    141  M  3.8    15      Median :2.7   Median :10.1
4  F  2.1 7.2    142  M  3.8    17      Mean   :2.7   Mean   :10.6
5  F  2.1 7.3    143  M  3.9    14      3rd Qu.:3.0   3rd Qu.:12.1
6  F  2.1 7.6    144  M  3.9    20      Max.   :3.9   Max.   :20.5
```

① Bwt와 Hwt는 1~144의 인덱스 번호를 갖는 수치 데이터를 가지고 있다.
② Sex 변수는 문자 또는 문자열(character) 데이터이다.
③ Bwt 변수는 이상값이 있고, 결측치가 1개 있다.
④ Hwt 변수의 평균은 10.6이다.

42

두 벡터 사이의 사잇각을 계산해서 유사한 정도 측정에 사용되는 측도는?

① 자카드 거리
② 피어슨 상관계수
③ 코사인 유사도
④ 캔버라 거리

43

아래 산점도는 Hitters 데이터에 관한 상관계수 그래프이다. 이에 관한 설명으로 가장 적절하지 않은 것은? (단, 파란색 동그라미는 양수, 흰색 동그라미는 음수를 나타낸다)

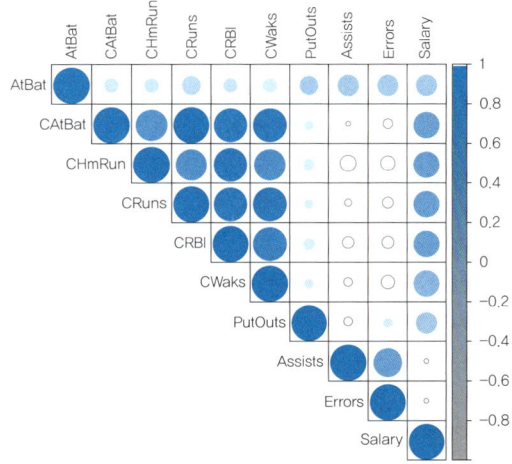

① Salary와의 상관관계가 작은 변수 중 하나는 Errors이다.
② Salary와 CRuns의 상관계수는 통계적으로 유의하다.
③ 상관계수는 -1 ~ 1 사이의 범위를 갖는다.
④ Salary를 종속변수로, 나머지 변수들을 독립변수로 하는 회귀 모형을 적합할 때 다중공선성이 존재할 가능성이 크다.

44
다음 중 K-means에 대한 설명으로 틀린 것은?

① 군집하는 과정 중의 하나의 데이터가 여러 개 군집에 배정될 수 있다.
② 이상치에 영향을 받기 쉽다.
③ K값을 미리 정해야 한다.
④ 초기에 중심값이 임의로 선택된다.

45
다음 중 점 추정, 구간추정에 대한 설명으로 틀린 것은?

① 점 추정은 하나의 값으로 모수의 값이 얼마인지 추측하는 것이다.
② 구간추정은 모수를 포함할 것으로 기대되는 구간을 확률적으로 구하는 것이다.
③ 구간추정을 통해 얻은 신뢰 구간에는 모수가 항상 포함된다.
④ 관측치의 크기가 커지면 신뢰 구간의 길이는 줄어든다.

46
다음 중 분석 목적과 분석 기법의 연결이 옳은 것은?

① 분류 – 선형회귀
② 군집 분석 – 의사결정나무
③ 추정 – 로지스틱회귀
④ 연관 분석 – 장바구니 분석

47
wage 데이터셋을 사용한 검정결과의 해석으로 틀린 것은?

```
Call:
lm(formula = "wage ~ education", data = Wage)

Residuals:
    Min      1Q  Median      3Q     Max
-112.31  -19.94   -3.09   15.33  222.56

Coefficients:
                         Estimate Std. Error t value Pr(>|t|)
(Intercept)                 84.10       2.23   37.70   <2e-16 ***
education2. HS Grad         11.68       2.52    4.63  3.7e-06 ***
education3. Some College    23.65       2.65    8.92   <2e-16 ***
education4. College Grad    40.32       2.63   15.32   <2e-16 ***
education5. Advanced Degree 66.81       2.85   23.46   <2e-16 ***
---
Signif. codes:  0 '***'  0.001 '**'  0.01 '*'  0.05 '.'  0.1 ' ' 1

Residual standard error: 36 on 2995 degrees of freedom
Multiple R-squared: 0.235, Adjusted R-squared: 0.234
F-statistic: 230 on 4 and 2995 DF,  p-value: <2e-16
```

① education의 더미변수는 4개이다.
② education 학력이 상승할수록 임금의 평균도 상승한다.
③ education2. HS Grad 평균이 84.10이다.
④ education5. Advanced Degree가 여러 변수 중이 평균이 제일 높다.

48

다음 64개 변수에 대한 주성분 분석의 Scree plot 결과에 대한 해석으로 <u>틀린</u> 것은?

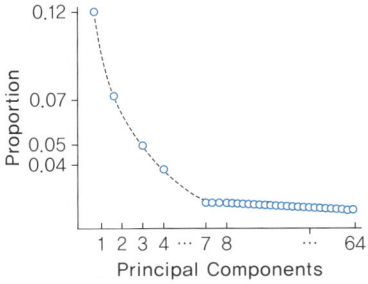

① 첫 번째 주성분으로 10% 이상 설명이 가능하다.
② 주성분 64개로 100% 분산을 설명할 수 있다.
③ 두 개의 주성분으로 7% 분산을 설명한다.
④ 7, 8번째 성분에서부터 완만한 기울기를 가진다.

49

Credit 데이터는 400명의 신용카드 고객에 대한 신용카드와 관련된 변수들이 포함되어 있다. 아래 변수 간의 산점도와 피어슨 상관계수를 나타내고 있다. 이에 대한 설명으로 옳지 <u>않은</u> 것은?

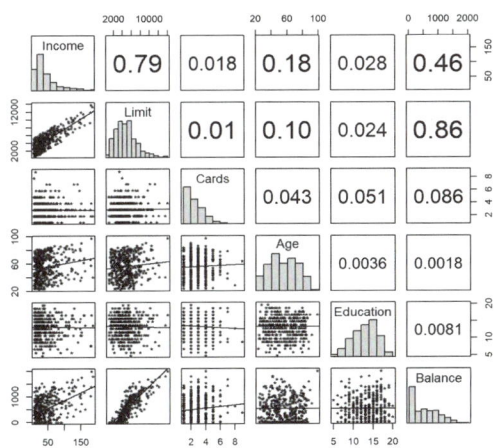

① 가장 상관관계가 높은 두 변수는 Limit과 Balance 이다.
② 모든 상관관계가 양의 상관관계를 보인다.
③ Limit과 Cards의 상관계수는 0.01이다.
④ Balance와 Education의 상관관계가 가장 약하다.

50

다음은 71개 관측치의 평균에 대한 90% 신뢰구간을 구하는 식이다. 빈칸에 들어갈 내용으로 알맞은 것은?

$$\overline{X} \pm \boxed{} \cdot \left(\frac{s}{\sqrt{n}}\right)$$

① $t_{0.90,\ 70}$
② $t_{0.90,\ 71}$
③ $t_{0.95,\ 70}$
④ $t_{0.95,\ 71}$

에듀윌이
너를
지지할게

ENERGY

내가 꿈을 이루면
나는 누군가의 꿈이 된다.

– 이도준

여러분의 작은 소리 에듀윌은 크게 듣겠습니다.

본 교재에 대한 여러분의 목소리를 들려주세요.
공부하시면서 어려웠던 점, 궁금한 점,
칭찬하고 싶은 점, 개선할 점, 어떤 것이라도 좋습니다.

에듀윌은 여러분께서 나누어 주신 의견을
통해 끊임없이 발전하고 있습니다.

EXIT 합격 서비스 exit.eduwill.net
- 부가학습자료 및 정오표: EXIT 합격 서비스 → 자료실 / 정오표 게시판
- 교재문의: EXIT 합격 서비스 → 실시간 질문답변 게시판(내용) / Q&A 게시판(내용 외)

에듀윌 데이터분석 준전문가 ADsP 2주끝장

발 행 일	2025년 1월 5일 초판 │ 2025년 4월 28일 2쇄
편 저 자	윤소영(EduAtoZ)
펴 낸 이	양형남
펴 낸 곳	(주)에듀윌
I S B N	979-11-360-3571-4
등록번호	제25100-2002-000052호
주 소	08378 서울특별시 구로구 디지털로34길 55 코오롱싸이언스밸리 2차 3층

*이 책의 무단 인용·전재·복제를 금합니다.

www.eduwill.net
대표전화 1600-6700

매달 선물이 팡팡!
독자참여 이벤트

교재 후기 이벤트
나만 알고 있기 아까운!
에듀윌 교재의 장단점, 더 필요한 서비스 등을 자유롭게 제안해주세요.

 이벤트 참여

오타 제보 이벤트
더 나은 콘텐츠 제작을 돕는 일등 공신!
사소한 오타, 오류도 제보만 하면 매월 사은품이 팡팡 터집니다.

 이벤트 참여

IT자격증 A~Z 이벤트
모르고 지나치기엔 아쉬운!
에듀윌 IT자격증에서 제공 중인 무료 이벤트를 확인해보세요.

 이벤트 참여

참여 방법 | 각 이벤트의 QR 코드 스캔
당첨자 발표 | 매월 5일, EXIT 합격 서비스(exit.eduwill.net) 공지사항
사은품 | 매월 상이하며, 당첨자 발표 후 순차 발송

2025

에듀윌
데이터분석 준전문가 ADsP
2주끝장

정답 & 해설

eduwill

2025

에듀윌
데이터분석 준전문가 ADsP
`2주끝장`

에듀윌 데이터분석 준전문가 ADsP 2주끝장

정답 & 해설

정답과 해설 　제36회 기출 복원 모의고사

정답 확인

01	②	02	③	03	①	04	①	05	②
06	④	07	②	08	③	09	①	10	③
11	④	12	②	13	①	14	①	15	④
16	②	17	②	18	③	19	④	20	①
21	③	22	②	23	②	24	④	25	①
26	②	27	④	28	①	29	①	30	②
31	②	32	④	33	③	34	①	35	③
36	②	37	④	38	③	39	②	40	②
41	③	42	①	43	②	44	①	45	①
46	④	47	②	48	③	49	④	50	②

1회독

영역	맞은 개수
데이터 이해	/ 10
데이터 분석 기획	/ 10
데이터 분석	/ 30
합계	/ 50

2회독

영역	맞은 개수
데이터 이해	/ 10
데이터 분석 기획	/ 10
데이터 분석	/ 30
합계	/ 50

3회독

영역	맞은 개수
데이터 이해	/ 10
데이터 분석 기획	/ 10
데이터 분석	/ 30
합계	/ 50

1과목 데이터 이해

01 정답 ②
📁 핵심 이론 001, 003

Quick해설 지혜에 대한 설명이다.
상세해설 ① 데이터는 추론, 예측, 전망, 추정을 위한 근거(Basis)로 기능하는 특성을 갖는다.
③ 데이터는 개별 데이터 자체로는 의미가 중요하지 않은 객관적인 사실(Fact)이다.
④ 데이터는 다른 객체와의 상호관계 속에서 가치를 갖는다.

02 정답 ③
📁 핵심 이론 015

Quick해설 빅데이터가 기업에 미친 영향 중에는 기업 활동의 투명성을 제공했다는 점이 있다.
상세해설 빅데이터의 영향
- 기업: 비즈니스 모델 혁신, 신사업 발굴, 기업 활동의 투명성 제공, 경쟁력 확보, 산업 전체의 생산성 향상, 경제적 가치 창출을 통한 GDP 상승에 기여
- 정부: 환경 탐색, 상황 분석, 미래 대응, 사회 변화 추정, 각종 재해 관련 정보 추출
- 개인: 맞춤형 서비스를 저렴한 비용으로 이용 가능

03 정답 ①
📁 핵심 이론 017

Quick해설 사생활 침해 문제를 해결하기 위해서는 정보 제공자의 동의제를 정보 사용자의 책임제로 전환해야 한다.
상세해설 빅데이터 위기 요인과 통제 방안
- 사생활 침해: 정보 제공자의 동의제를 정보 사용자의 책임제로 전환
- 책임 원칙의 훼손: 결과 기반 책임 원칙 고수
- 데이터의 오용: 알고리즘에 대한 접근권 허용 및 객관적 인증 방안 도입

04 정답 ①
📁 핵심 이론 002

Quick해설 표출화는 암묵적 지식(노하우)을 책이나 교본 등 형식지로 만드는 것이다.
상세해설 ② 연결화: 책이나 교본(형식지)에 자신이 알고 있는 새로운 지식(형식지)을 추가하는 것이다.
③ 내면화: 만들어진 책이나 교본(형식지)을 보고 다른 직원들이 암묵적 지식(노하우)을 습득하는 것이다.
④ 공통화: 암묵적 지식(노하우)을 다른 사람에게 알려주는 것이다.

05 정답 ②
📁 핵심 이론 018

Quick해설 주어진 내용은 데이터값 삭제에 대한 설명이다.
상세해설
- 가명 처리: 홍길동 → 임꺽정, 국제대 재학 → 한성대 재학
- 데이터값 삭제: 특정 데이터값의 부분 또는 전체를 삭제하는 방법
- 데이터 마스킹: 카드 뒤 4자리 숨기기, 주민등록번호 뒤 6자리 숨기기
- 데이터 범주화: 홍길동 → 홍 씨, 35세 → 30~40세
- 총계 처리: 데이터의 총합을 보이게 해서 개별 데이터의 값이 보이지 않도록 하는 것

06 정답 ④
📁 핵심 이론 007

Quick해설 데이터베이스 내의 모든 데이터가 2차원 테이블로 표현되는 것은 아니다.
상세해설 RDBMS의 경우 데이터베이스 내의 데이터가 2차원 테이블로 표현되기도 하지만, ODBMS, NoSQL 등은 테이블 이외에 객체를 기반으로 한 계층 구조이므로 Key와 Value를 사용하는 방법도 존재한다.

07 정답 ②
📁 핵심 이론 010

Quick해설 데이터 마트에 대한 설명이다.
상세해설 데이터 웨어하우스와 데이터 마트
- 데이터 웨어하우스: 사용자의 의사결정에 도움을 주기 위하여 다양한 운영 시스템에서 추출, 변환, 통합되고 요약된 데이터베이스이다.
- 데이터 마트: 전사적으로 구축된 데이터웨어하우스로부터 특정 주제, 부서 중심으로 구축된 소규모 단일 주제의 데이터웨어하우스로, 대개 특정 조직 혹은 팀 등 제한된 사용자 그룹에게 서비스가 제공된다.

08 정답 ③
📁 핵심 이론 021

Quick해설 데이터 사이언스는 정형, 반정형, 비정형의 다양한 데이터 유형을 대상으로 한다.
상세해설 데이터 사이언스의 특징
- 데이터로부터 의미 있는 정보를 추출해내는 학문이다.
- 정형, 반정형, 비정형의 다양한 데이터 유형을 대상으로 한다.
- 분석뿐 아니라 이를 효과적으로 구현하고 전달하는 과정까지 포함한 포괄적인 개념이다.

- 데이터 공학, 수학, 통계학, 컴퓨터 공학, 시각화, 해커의 사고방식, 해당 분야의 전문 지식을 종합한 학문으로, 총체적(Holistic) 접근법을 사용한다.
- 과학과 인문학의 교차로에 서 있다고 할 수 있다. → 스토리텔링, 커뮤니케이션, 창의력, 직관력이 필요하다.

09 정답 ① 　　📁 핵심 이론 010

Quick해설 블록체인(Blockchain)은 데이터를 안전하고 투명하게 저장하고 관리하기 위해 고안된 분산형 원장 기술로 금융, 비즈니스, 공공 서비스 등 여러 분야에서 혁신을 이끌 가능성이 큰 기술이다.

상세해설 ② BI(Business Intelligence): 데이터 기반 의사결정을 지원하기 위한 리포트 중심의 도구
③ KMS(Knowledge Management System): 지식 관리 시스템의 약자로, 조직 내의 지식을 체계적으로 관리하는 시스템
④ OLAP(On-Line Analytical Processing): 다차원의 데이터를 대화식으로 분석하기 위한 소프트웨어

10 정답 ③ 　　📁 핵심 이론 013

Quick해설 IoT(Internet of Things)는 인터넷으로 연결된 기계마다 통신 장치를 갖추고 있는 환경에서 사람 또는 기계끼리 자동으로 통신하는 기술로서 사물과 사람, 사물과 사물 간의 정보를 상호 소통하는 방식으로 인터넷에 연결되어 IoT 애플리케이션이나 네트워크에 연결된 장치 또는 산업 장비 등의 다른 사물들과 데이터를 공유할 수 있는 수많은 '사물'을 말한다. 인터넷에 연결된 장치는 내장 센서를 사용하여 데이터를 수집하고, 경우에 따라 그에 맞게 반응하여 굳이 우리가 기계를 조작하지 않아도 모든 것이 사람을 위해 알아서 자동으로 돌아가는 세상이 IoT가 보여줄 미래이다.

상세해설 ① 서비티제이션(Servitization): 제조업체들이 제품을 단순한 제품이 아니라 서비스로 융합함으로써 제품의 만족도를 극대화하는 전략이다.
② 클라우드(Cloud): 클라우드 컴퓨팅은 데이터를 저장, 관리 및 처리하기 위해 인터넷을 통해 원격 서버 및 컴퓨팅 리소스를 사용하는 기술이다.
④ RFID: 무선주파수(RF, Radio Frequency)를 이용하여 대상을 식별할 수 있는 기술이다.

2과목　데이터 분석 기획

11 정답 ④ 　　📁 핵심 이론 043

Quick해설 분석 준비도의 6가지 영역에는 분석 업무 파악, 분석 인력 및 조직, 분석 기법, 분석 데이터, 분석 문화, IT 인프라(= 분석 인프라)가 있다.

상세해설 분석 준비도는 기업의 데이터 분석 도입 수준을 파악하기 위한 진단 방법으로, 6가지 영역을 대상으로 현 수준을 파악한다. 분석 준비도의 6가지 영역에는 분석 업무 파악, 분석 인력 및 조직, 분석 기법, 분석 데이터, 분석 문화, IT 인프라(= 분석 인프라)가 있다.

12 정답 ② 　　📁 핵심 이론 043

Quick해설 분석 성숙도 진단 부문에는 비즈니스 부문, 조직의 역량 부문, IT 부문이 있다.

상세해설 분석 성숙도는 시스템 개발 업무 능력과 조직의 성숙도 파악을 위해 CMMI 모델을 기반으로 분석 성숙도를 평가하는 것이다. 분석 성숙도 부문은 비즈니스 부문, 조직의 역량 부문, IT 부문을 대상으로 성숙도 수준에 따라 도입, 활용, 확산, 최적화 단계로 구분해 살펴볼 수 있다.

13 정답 ① 　　📁 핵심 이론 037

Quick해설 분석의 활용적인 측면에서는 Accuracy가 중요하며, 안정적인 측면에서는 Precision이 중요하다.

상세해설 분석 과제의 특징
- Accuracy: 분석의 활용적인 측면(모델과 실제값의 차이)
- Precision: 분석의 안정성 측면(모델을 반복했을 때의 편차)
- Accuracy, Precision은 트레이드 오프인 경우가 많으며, 모델의 해석 및 적용 시 사전에 고려해야 한다.

14 정답 ① 　　📁 핵심 이론 024

Quick해설 솔루션(Solution)은 분석 과제가 명확한데 분석 방법을 알지 못하는 경우 솔루션을 찾는 방식으로 분석 과제를 수행한다.

상세해설 ② 통찰(Insight): 분석 대상이 불분명하고, 분석 방법을 알고 있는 경우 인사이트를 도출한다.
③ 최적화(Optimization): 분석 대상 및 분석 방법을 이해하고 현 문제를 최적화 형태로 수행한다.
④ 발견(Discovery): 분석 대상, 방법을 모른다면 발견을 통해 분석 대상 자체를 새롭게 도출한다.

15 정답 ④ 핵심이론 037

Quick해설 분석 과제 정의서에는 필요한 소스 데이터, 분석 방법, 데이터 입수 난이도, 데이터 입수 사유, 분석 수행 주기, 분석 결과에 대한 검증, 분석 과정 상세 등을 작성한다.

상세해설 ① 다양한 분석 과제 도출 방법을 통해 도출된 분석 과제를 분석 과제 정의서로 정리한다. 분석 과제 정의서에는 필요한 소스 데이터, 분석 방법, 데이터 입수 난이도, 데이터 입수 사유, 분석 수행 주기, 분석 결과에 대한 검증, 분석 과정 상세 등을 작성한다. 분석 과제 정의서는 프로젝트 수행 계획의 입력물로 사용되며, 이해 관계자가 프로젝트의 방향을 설정하고, 성공 여부를 판별할 수 있는 중요한 자료로 명확하게 작성해야 한다.
② 적용 알고리즘과 분석 모델의 기반이 되는 Feature는 분석 과제 정의서에 반드시 포함되어야 하는 요소가 아니다.
③ SOW(Statement Of Work)에 대한 설명이다.

16 정답 ② 핵심이론 039

Quick해설 '투입 비용 수준'은 우선순위의 고려 요소이다.

상세해설
- 우선순위 고려 요소: 전략적 중요도, ROI(투자 자본 수익률), 실행 용이성
- 적용 범위·방식 고려 요소: 업무 내재화 적용 수준, 분석 데이터 적용 수준, 기술 적용 수준

17 정답 ② 핵심이론 041

Quick해설 분석 마스터 플랜의 세부 이행 계획 수립 시 프로젝트의 세부 일정계획도 데이터 분석 체계를 고려하여 작성한다.

상세해설 ①, ④ 분석 마스터 플랜의 모든 단계를 반복하기보다 데이터 수집 및 확보와 분석 데이터를 준비하는 단계를 순차적으로 진행하고, 모델링 단계는 반복적으로 수행하는 혼합형을 많이 적용한다.
③ 반복적인 정련 과정을 통해 프로젝트의 성능을 높이는 방식을 주로 사용한다.

18 정답 ③ 핵심이론 033

Quick해설 탐색적 데이터 분석은 분석 기획 단계의 내용이 아니라 데이터 분석 단계에 포함된 내용이다.

상세해설 분석 기획은 어떤 목표(What)를 달성하기 위해 어떤 데이터를 가지고 어떤 방식(How)으로 수행할지에 대한 일련의 계획을 수립하는 작업을 말한다.

19 정답 ④ 핵심이론 040

Quick해설 4V는 3V에 Value가 추가된 것이다.

상세해설 3V에는 Volume, Variety, Velocity가 있다. 4V는 3V에 Value가 추가된 것이다.

20 정답 ① 핵심이론 040

Quick해설 분석 과제 우선순위 평가 기준으로는 '시급성'과 '난이도'가 있다.

상세해설 분석 과제 우선순위 평가 기준

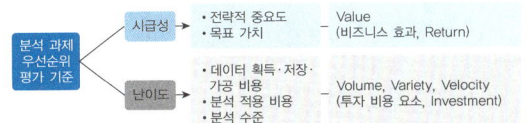

3과목 데이터 분석

21 정답 ③ 핵심이론 96, 98, 99

Quick해설 실루엣 지수는 군집 분석의 평가 지표이다.

상세해설 ① PAM(Partitioning Around Medoids): K-means와 유사하지만 총 비용을 계산해 총 비용이 적을 때만 그룹의 Medoid를 바꾸어준다.
② DBSCAN(Density-Based Spatial Clustering of Application with Noise): 밀도 기반 군집으로 점이 세밀하게 몰려 있어 밀도가 높은 부분을 클러스터링한다.
④ 퍼지(Fuzzy) Clustering: 분할적 군집에서 프로토타입 기반의 군집 분석 중 한 가지로, Soft Clustering이라고도 하며, 관측치가 여러 군집에 속할 수 있으며 이를 각 군집에 속할 가능성(Possibility), 확률(Probability)로 제시해 준다.

22 정답 ② 핵심이론 068

Quick해설 ANOVA 분석은 선형성을 가정하지 않으므로 양의 상관관계인지 알 수 없다.

상세해설 ① ANOVA 분석은 선형성을 가정하지 않는다.
③ 관측치는 2998+1+1=3000(개)이다($n=df+k+1$, k는 변수의 개수).
④ MSE는 Mean Sq와 Residuals의 교차 부분에 표기되어 있으며 1675이다.

23 정답 ②
📁 핵심 이론 032

Quick해설 웹 크롤링(Web Crawling)은 웹 데이터의 수집을 위해 웹 페이지의 구조를 분석하여 데이터를 자동으로 수집하는 방법이다.

상세해설 ① FTP(File Transfer Protocol): 서버·클라이언트 사이의 파일 전송, TCP/IP 기반 빠른 데이터 송·수신
③ Streaming: 음성, 오디오, 비디오 등의 멀티미디어 데이터를 실시간 송·수신하는 기술
④ Open API: 서비스, 정보, 데이터 등 오픈된 정보로부터 API를 통해 실시간 데이터를 수집하는 기술(API는 다수의 함수로 구성되어 시스템 간의 연동을 통해 실시간 데이터를 송·수신함)

24 정답 ④
📁 핵심 이론 093

Quick해설 softmax는 sigmoid 함수의 일반화된 형태로, 결과가 다범주인 경우 사용하는 활성화 함수이다. 각 범주에 속할 사후 확률(Posterior Probability)을 제공한다.

상세해설 ① 항등 함수: 그대로 출력하여 내보내는 활성화 함수이다.
② ReLU: Hidden Layer에서 주로 사용되는 활성화 함수로, 음수는 0으로, 양수는 그대로 내보낸다.
③ sigmoid: 결과가 두 개의 범주인 경우 사용하는 활성화 함수이다.

25 정답 ①
📁 핵심 이론 093

Quick해설 시그모이드(sigmoid) 함수의 범위는 0~1이다.

상세해설 시그모이드(sigmoid) 함수
- 연속형 함수로 0~1 범위를 갖는다.
- 로지스틱(Logistic) 함수라고도 한다.
- 선형적인 Multi-Perceptron에서 비선형값을 얻기 위해 사용한다.

26 정답 ②
📁 핵심 이론 096

Quick해설 맨해튼 거리에 대한 설명이다.

상세해설 맨해튼 거리는 거리 차의 절댓값의 합이고, 유클리드 거리는 거리 차의 제곱의 합에 대한 제곱근이다.

27 정답 ④
📁 핵심 이론 101

Quick해설 연관 분석은 분석 계산이 간편하다는 장점이 있다.

상세해설 연관 분석
- 너무 세분화된 품목을 가지고 연관 규칙을 찾으려면 의미 없는 분석 결과가 도출된다.
- 상대적 거래량이 적으면 규칙 발견 시 제외되기 쉽다.
- 조건 반응(if-then)으로 표현되는 연관 분석의 결과를 이해하기 쉽다.
- 강력한 비목적성 분석 기법이며, 분석 계산이 간편하다.
- 분석 품목 수가 증가하면 분석 계산이 기하급수적으로 증가한다.

28 정답 ①
📁 핵심 이론 070

Quick해설 Sign Test에 대한 설명이다.

상세해설 ② 카이스퀘어검정(Chi-Square Test)
- 한 개의 범주형 변수와 각 그룹별 비율과 특정 상수비가 같은지 검정하는 적합도 검정이다.
- 각 집단이 서로 유사한 성향을 갖는지를 분석하는 동질성 검정이다.
- 두 개의 범주형 변수가 서로 독립인지를 검정하는 독립성 검정이다.

③ ANOVA Test: 2개 집단 이상의 평균 차이에 대한 검정이다.
④ 스피어만 상관계수: 서열척도를 갖는 데이터의 상관관계를 분석하는 것으로, -1 또는 1에 가까울수록 상관관계가 크고, 0에 가까울수록 독립적이다.

29 정답 ①
📁 핵심 이론 056

Quick해설 혈액형과 학력은 명목척도에 해당한다.

상세해설 비율척도·등간(구간)척도
- 비율척도(Ratio Scale): 절대 0점이 존재하여 측정값 사이의 비율 계산이 가능한 척도로, 사칙연산이 가능하다.
- 등간(구간)척도: 순위를 부여하되 순위 사이의 간격이 동일하여 양적인 비교가 가능한 척도, 절대 0점이 존재하지 않는다(온도계 수치, 물가지수).

30 정답 ②
📁 핵심 이론 057

Quick해설 오른쪽 꼬리가 긴 분포는 중앙값보다 평균이 크다.

상세해설
- 오른쪽 꼬리가 긴 분포: 중앙값<평균
- 왼쪽 꼬리가 긴 분포: 중앙값>평균
- 정규 분포: 중앙값=평균

31 정답 ② 📁 핵심 이론 049

Quick해설 R에서 숫자형, 문자형, 논리형 벡터를 합치면 문자형 벡터가 된다.

상세해설 R에서 서로 다른 종류의 타입을 갖는 벡터를 하나로 합칠 때 문자형 벡터가 포함되어 있으면 문자형 벡터가 된다. 만약 숫자형 벡터와 논리형 벡터를 하나로 합치면 숫자형 벡터가 된다.

32 정답 ④ 📁 핵심 이론 033

Quick해설 모델링 단계에는 데이터 분할, 데이터 모델링, 모델 적용 및 운영 방안이 있다.

33 정답 ③ 📁 핵심 이론 090

Quick해설 엔트로피(Entropy)는 불순도 측정에 사용한다.

상세해설
- 회귀 모형 평가: 결정계수, MAPE, MAE, MSE, MSLE, RMSLE 등
- 분류 모형 평가: 오분류표를 활용한 정확도, 정밀도, F1, 특이도, 민감도, 오분류율 등과 ROC 그래프, 이익 도표, 향상도 그래프, Kappa 지수 등
- 군집 모형 평가: 실루엣 지수, Dunn Index 등

34 정답 ① 📁 핵심 이론 094, 096, 097

Quick해설 덴드로그램은 계층적인 군집의 결과를 시각적으로 확인하는 도구이다.

상세해설 분류 모형 평가에는 오분류표를 활용한 정확도, 정밀도, F1, 특이도, 민감도, 오분류율 등이 있고, ROC 그래프, 이익 도표, 향상도 그래프, Kappa 지수 등이 있다.

35 정답 ③ 📁 핵심 이론 082, 083

Quick해설 주성분 분석(PCA)에 대한 설명이다.

상세해설
- 다차원 척도법: 개체들 사이의 유사성, 비유사성을 2차원 혹은 3차원 공간상에 점으로 표현하여 개체 사이의 군집을 시각적으로 표현하는 분석 방법이다.
- 주성분 분석(PCA): 상관관계가 있는 변수들을 선형 결합을 통해 상관관계가 없는 새로운 변수로 만들고 분산을 극대화하는 변수로 축약한다.

36 정답 ② 📁 핵심 이론 091

Quick해설 각 모형의 상호 연관성이 높을수록 정확도는 떨어진다.

37 정답 ④ 📁 핵심 이론 052

Quick해설 IQR을 사용하여 이상치를 탐색할 때에는 Q1-1.5×IQR보다 작거나, Q3+1.5×IQR보다 큰 데이터를 이상치로 규정한다.

38 정답 ③ 📁 핵심 이론 086

Quick해설 군집 분석은 집단 간의 이질성과 집단 내 동질성이 모두 높아지는 방향으로 군집을 만든다.

상세해설 군집 분석
- 집단 간 이질성과 집단 내 동질성이 모두 높아지는 방향으로 군집을 만든다.
- 집단별 특성이 유사할 경우 안정성이 높다.
- 유사성을 이용하여 몇 개의 집단으로 그룹화하는 분석이다.
- 비계층적 군집 분석 기법의 경우 사용자가 사전 지식 없이 그룹의 수를 정해주는 일이 많기 때문에 결과가 잘 나오지 않을 수 있다.

39 정답 ② 📁 핵심 이론 090

Quick해설 의사결정나무는 가지치기(Pruning)를 사용하여 비정상적인 잡음 데이터에 대해 민감하지 않도록 할 수 있다.

상세해설 의사결정나무
- 상관성이 높은 다른 불필요한 변수가 있는 경우에도 크게 영향을 받지 않는다.
- 가지치기(Pruning)를 사용하여 비정상적인 잡음 데이터에 대해서도 민감하지 않도록 할 수 있다.
- 과대적합(Overfitting)에 취약하다.
- 설명력이 좋다.

40 정답 ② 📁 핵심 이론 087

Quick해설 검증용 데이터(Validation Data)는 학습 단계(학습 과정)에서 사용되는 데이터이다.

상세해설 데이터는 학습 세트, 검증 세트, 평가(테스트) 세트, 세 가지로 분할하여 사용할 수 있다.

- Training Data: 학습용 데이터
- Test Data: 학습 종료 후 성능 확인용 데이터
- Validation Data: 학습 중 성능 확인용 데이터(Overfitting 여부 확인, Early Stopping 등을 위해 사용함)

41 정답 ③ 　　　📁 핵심 이론 055

Quick해설 확률적 표본 추출 방법에는 단순 무작위 추출법, 계통 추출법, 군집 추출법, 층화 추출법이 있다.

상세해설 확률적 표본 추출
- 단순 무작위 추출: 모집단의 각 개체가 표본으로 선택될 확률이 동일하게 추출되는 경우이다.
- 층화 추출: 모집단을 서로 겹치지 않게 몇 개의 집단 또는 층(Strata)으로 나누고, 각 집단 내에서 원하는 크기의 표본을 단순 무작위 추출법으로 추출한다.
- 군집 추출(=집락 추출): 모집단을 차이가 없는 여러 개의 집단(Cluster)로 나누고, 이들 집단 중 몇 개를 선택한 후 선택된 집단 내에서 필요한 만큼의 표본을 임의로 선택한다.
- 계통 추출: 모집단 개체에 1, 2, ⋯, N이라는 일련번호를 부여한 후, 첫 번째 표본을 임의로 선택하고 일정 간격으로 다음 표본을 선택한다.

42 정답 ① 　　　📁 핵심 이론 079

Quick해설 p-value가 5.594e-10이므로 유의수준 5%하에서 유의미하다.

상세해설 ② Examination의 회귀계수는 유의미하지 않다.
③ 잔차 표준 에러는 7.165이며, 설명력은 70.67%(Multiple R-squared)이다.
④ 데이터의 개수는 41+5+1=47개이다.

43 정답 ② 　　　📁 핵심 이론 033, 080

Quick해설 EDA(Exploratory Data Analysis)는 데이터 분석 과정에서 데이터를 시각화하거나 요약 통계를 통해 주요 특성과 패턴을 탐색하는 단계로 이를 통해 데이터의 분포, 이상치(outlier), 결측치(missing values), 변수 간 관계 등을 파악하고, 데이터 전처리 및 모델링 전략을 수립하는 데 도움을 준다.

상세해설 ① 결측치를 포함한 데이터는 연산이 불가하므로 반드시 해결해야 한다.
③ 모든 분석의 이상치를 모두 제거해야 하는 것은 아니다.
④ 데이터 변환을 통해 정규분포 형태로 만드는 것은 올바른 학습에 도움이 될 수 있는 방법이다.

44 정답 ① 　　　📁 핵심 이론 080

Quick해설 구간화의 개수가 감소하면 정확도는 낮아지지만, 속도는 빨라질 수 있다.

45 정답 ① 　　　📁 핵심 이론 085

Quick해설 AR(p) 모형은 현시점의 자료를 p 시점 전의 유한 개의 자기 자신의 과거값을 사용하여 설명하며, 백색 잡음의 현재값과 자기 자신의 과거값의 선형 가중값으로 이루어진 정상 확률 모형이다.

상세해설 ② MA(q) 모형: 과거 q 시점 이전 오차들에서 현재 항의 상태를 추론한다. 최근 데이터의 평균을 예측치로 사용하는 방법으로, 각 과거치에는 동일한 가중치가 주어진다.
③ ARMA 모형: AR 모형과 MA 모형의 특징을 모두 가지고 있는 모형으로, ARMA(p, q)는 p개의 자기회귀 항과 이동평균 항을 갖는다.
④ ARIMA 모형: 비정상 시계열 모형이며, ARMA 모형은 AR 모형과 MA 모형의 특징을 모두 가지고 있다.

46 정답 ④ 　　　📁 핵심 이론 091

Quick해설 앙상블(Ensemble)의 종류 중 랜덤 포레스트(Random Forest)는 배깅(Bagging)에 랜덤 과정을 추가한 방법으로, 설명변수의 일부분만을 고려함으로써 성능을 높이는 방법을 사용한다.

47 정답 ② 　　　📁 핵심 이론 094

Quick해설
- Precision: $\dfrac{30}{90} = \dfrac{1}{3}$
- Recall(=Sensitivity): $\dfrac{30}{100} = \dfrac{3}{10}$
- F1 score = (2 × Precision × Recall) ÷ (Precision + Recall)
$= \left(2 \times \dfrac{1}{3} \times \dfrac{3}{10}\right) \div \left(\dfrac{1}{3} + \dfrac{3}{10}\right) = \dfrac{6}{19}$

48 정답 ③ 　　　📁 핵심 이론 060

Quick해설 $0.3 + 2 \times p_1 + 2.8 - 4 \times p_1 = 2.7$, $0.4 = 2 \times p_1$
∴ $p_1 = 0.2$

상세해설 이산확률변수의 기댓값: $E(X) = \sum_{i=1}^{n} x_i \cdot f(x_i)$
식1) 기댓값 공식에 대입해서 식을 구하면
$1 \times 0.3 + 2 \times p_1 + 4 \times p_2 = 2.7$

식2) $X=1$일 때 0.30이므로 전체 확률의 합은 $1-0.3=0.70$이고 $p_1+p_2=0.70$이다. $p_2=0.7-p_1$을 식1에 대입하면
$0.3+2\times p_1+4\times(0.7-p_1)=2.7$
$0.3+2\times p_1+2.8-4\times p_1=2.7 \rightarrow 0.4=2p_1$
$\therefore p_1=0.2$

49 정답 ④   📁 핵심 이론 080

Quick해설 $Z=2.05$인 경우 0.98의 확률을 갖게 되므로, 평균+표준편차$\times 2.05$를 한 값을 구하면 된다.
따라서 점수는 $85+5\times 2.05=95.25$이다.

50 정답 ②   📁 핵심 이론 090

Quick해설 $Y<3$일 때 B노드에는 Y가 2값을 가질 수 있고, E노드에서는 $X\geq 8$일 때 $X=8$, $Y=2$인 데이터가 나올 수 있다.

정답과 해설 — 제37회 기출 복원 모의고사

정답 확인

01	④	02	②	03	①	04	③	05	①
06	④	07	①	08	①	09	①	10	③
11	②	12	①	13	③	14	①	15	④
16	①	17	④	18	③	19	②	20	③
21	②	22	①	23	①	24	③	25	④
26	④	27	④	28	②	29	④	30	①
31	①	32	②	33	①	34	④	35	②
36	①	37	④	38	①	39	④	40	②
41	②	42	②	43	①	44	④	45	①
46	②	47	④	48	③	49	②	50	①

1회독

영역	맞은 개수
데이터 이해	/ 10
데이터 분석 기획	/ 10
데이터 분석	/ 30
합계	/ 50

2회독

영역	맞은 개수
데이터 이해	/ 10
데이터 분석 기획	/ 10
데이터 분석	/ 30
합계	/ 50

3회독

영역	맞은 개수
데이터 이해	/ 10
데이터 분석 기획	/ 10
데이터 분석	/ 30
합계	/ 50

1과목 데이터 이해

01 정답 ④   📁 핵심 이론 017, 022

Quick해설 알고리즘에 의해 부당하게 피해를 입은 사람을 구제하는 것은 '알고리즈미스트'이다.

상세해설 데이터 사이언티스트의 역량
- 하드 스킬
  - 빅데이터에 대한 이론적 지식: 관련 기법에 대한 이해와 방법론 습득
  - 분석 기술에 대한 숙련: 최적의 분석 설계 및 노하우 축적
- 소프트 스킬
  - 통찰력 있는 분석: 창의적 사고, 호기심, 논리적 비판
  - 설득력 있는 전달: Storytelling, Visualization
  - 다분야 간 협력: Communication

02 정답 ②   📁 핵심 이론 010

Quick해설 ERP(Enterprise Resource Planning)는 제조업을 포함한 다양한 비즈니스 분야에서 생산, 구매, 재고, 주문, 공급자와의 거래, 고객 서비스 제공 등 주요 프로세스 관리를 돕는 여러 모듈로 구성된 통합 애플리케이션 소프트웨어 패키지이다.

상세해설
① CRM(Customer Relationship Management): 고객별 구매 이력 데이터베이스를 분석하여 고객에 대한 이해를 돕고 이를 바탕으로 각종 마케팅 전략을 통해 보다 높은 이익을 창출할 수 있는 솔루션이다.
③ SCM(Supply Chain Management): 기업이 외부 공급 업체 또는 제휴 업체와 통합된 정보 시스템을 연계하여 시간과 비용을 최적화시키기 위한 것으로, 자재 구매 데이터, 생산·재고 데이터, 유통·판매 데이터, 고객 데이터로 구성된다.
④ KMS(Knowledge Management System): 지식 관리 시스템의 약자로, 조직 내의 지식을 체계적으로 관리하는 시스템이다.

03 정답 ①   📁 핵심 이론 004

Quick해설 데이터베이스의 특징 중 '통합 데이터'는 데이터베이스에 같은 내용의 데이터가 중복되어 있지 않다는 것을 의미한다.

상세해설 데이터베이스의 특징
- 통합 데이터: 데이터베이스에 같은 내용의 데이터가 중복되어 있지 않다는 것을 의미한다.
- 저장 데이터: 자기디스크나 자기테이프 등과 같이 컴퓨터가 접근할 수 있는 저장 매체에 저장되는 것을 의미한다.
- 공용 데이터: 여러 사용자가 서로 다른 목적으로 데이터베이스의 데이터를 공동으로 이용하는 것을 의미한다.
- 변화되는 데이터: 새로운 데이터 추가, 기존 데이터의 삭제·갱신으로 항상 변화하면서도 항상 현재의 정확한 데이터를 유지해야 한다는 것을 의미한다.

04 정답 ③   📁 핵심 이론 003

Quick해설 (가)는 데이터, (나)는 지혜, (다)는 정보, (라)는 지식에 대한 내용이다.

상세해설
- 데이터(Data): 타 데이터와의 상관관계가 없는 가공하기 전의 순수한 수치나 기호
- 정보(Information): 타 데이터와의 상호관계 간의 이해를 통해 단순하게 의미를 부여하는 것
- 지식(Knowledge): 상호 연결된 정보 패턴을 이해하여 이를 토대로 예측한 결과물
- 지혜(Wisdom): 근본 원리에 대한 깊은 이해를 바탕으로 도출되는 아이디어

05 정답 ①   📁 핵심 이론 020

Quick해설 인구 통계학적 변화, 경제 사회 트렌드, 고객 니즈의 변화 등을 고려하지 못하면 비즈니스 성과와 경쟁력의 핵심인 전략적 이슈를 다룰 수 없다.

상세해설 전략적 인사이트를 주는 가치 기반 분석을 위해 고려해야 할 사항
- 사업과 이에 영향을 미치는 트렌드에 대한 큰 그림을 그려야 한다.
- 인구 통계학적 변화, 경제 사회 트렌드, 고객 니즈의 변화 등을 고려하고 다른 큰 변화가 어디서 나타날지를 예측해야 한다.
- 큰 그림으로 폭넓게 사업을 바라보지 못하면 비즈니스 성과와 경쟁력의 핵심인 전략적 이슈를 다룰 수 없다.

06 정답 ④   📁 핵심 이론 015

Quick해설 개인은 맞춤형 서비스를 저렴한 비용으로 이용하며 적시에 필요한 정보를 얻을 수 있다.

07 정답 ①   📁 핵심 이론 004

Quick해설 데이터 내부에 메타데이터를 갖고 있고 파일 형태로 저장되는 것은 '반정형 데이터'이다.

상세해설 • 정형 데이터: 행과 열에 의해 데이터의 속성이 구별되는 스프레드시트 형태(표 형식)
• 반정형 데이터: 데이터 구조에 대한 메타 정보를 포함한 데이터로, Parsing을 통해 구조를 파악하고 정보를 활용할 수 있으며 HTML, XML, JSON 등이 있음
• 비정형 데이터: 형태나 구조가 정형화되지 않은 데이터로, 잠재적 가치가 가장 높음

08 정답 ① 　　　　　　　　　　핵심 이론 010

Quick해설 데이터 마트는 특정 조직 혹은 팀 등 제한된 사용자 그룹에게 서비스가 제공된다.
상세해설 데이터 마트와 데이터 웨어하우스
• 데이터 마트: 전사적으로 구축된 데이터웨어하우스로부터 특정 주제, 부서 중심으로 구축된 소규모 단일 주제의 데이터웨어하우스로, 대개 특정 조직 혹은 팀 등 제한된 사용자 그룹에게 서비스가 제공된다.
• 데이터 웨어하우스: 사용자의 의사결정에 도움을 주기 위하여 다양한 운영 시스템에서 추출, 변환, 통합되고 요약된 데이터베이스이다.

09 정답 ① 　　　　　　　　　　핵심 이론 003

Quick해설 데이터의 가공 및 처리와 데이터 간의 상관관계 속에서 의미가 도출된 것은 데이터의 상위 단계인 '정보(Information)'이다.

10 정답 ③ 　　　　　　　　　　핵심 이론 016

Quick해설 데이터 마이닝 기법 중 교차 판매, 물건 배치라는 단어가 나오는 마케팅과 관련된 분석은 연관 분석에 대한 내용이다.
상세해설 ① 회귀 분석은 연속된 데이터의 추정에 사용한다.
② 주성분 분석은 차원 축소 기법이다.
④ SOM은 군집 분석 방법의 한 가지 종류이다.

2과목　데이터 분석 기획

11 정답 ② 　　　　　　　　　　핵심 이론 034

Quick해설 분석해야 하는 대상이 확실한 경우 하향식 접근 방식을 사용한다.
상세해설 • 하향식 접근 방법: 문제가 확실할 때 사용한다.
• 상향식 접근 방법: 문제의 정의 자체가 어려운 경우 사용한다.
• 디자인 사고(Design Thinking): 중요한 의사결정 시 상향식과 하향식을 반복적으로 사용한다.

12 정답 ① 　　　　　　　　　　핵심 이론 031

Quick해설 필요 데이터 정의는 데이터 준비 단계의 작업이다.
상세해설 분석 기획 단계의 주요 태스크(Task)
• 비즈니스 이해 및 범위 설정
• 프로젝트 정의 및 계획 수립
• 프로젝트 위험 계획 수립

13 정답 ③ 　　　　　　　　　　핵심 이론 037

Quick해설 Accuracy는 전체 예측 결과 중 옳게 예측한 값의 비율, Precision은 예측이 True인 것 중 실제로도 True인 것의 비율이다.
상세해설 • Accuracy: 분석의 활용적인 측면(모델과 실제값의 차이)
• Precision: 분석의 안정성 측면(모델을 반복했을 때의 편차)
• Accuracy, Precision은 트레이드 오프(Trade Off)되는 경우가 많다.
• 모델의 해석 및 적용 시 사전에 고려해야 한다.

14 정답 ① 　　　　　　　　　　핵심 이론 045

Quick해설 주어진 내용은 '데이터 표준화'에 대한 설명이다.
상세해설 ② 표준화 활동: 데이터 거버넌스 체계 구축 후 표준 준수 여부를 주기적으로 점검하고, 모니터링한다.
③ 데이터 저장소 관리: 메타데이터 및 표준 데이터를 관리하기 위한 전사 차원의 저장소를 구성한다.
④ 데이터 관리 체계: 메타데이터와 데이터 사전(Data Dictionary)의 관리 원칙을 수립한다.

15 정답 ④   핵심 이론 039

Quick해설 과제의 우선순위를 결정할 때 고려해야 할 요소에는 전략적 중요도, 비즈니스 성과/ROI, 실행 용이성이 있다.
상세해설 분석 마스터 플랜 과정에서는 전략적 중요도, 비즈니스 성과와 ROI 및 분석 과제의 실행 용이성을 고려하여 과제의 우선순위 기준을 설정한다. 적용 범위 및 방식 고려 요소에는 업무 내재화 적용 수준, 분석 데이터 적용 수준 및 기술 적용 수준이 있다.

16 정답 ①   핵심 이론 034

Quick해설 A는 '발견', B는 '통찰', C는 '발산'에 대한 내용이다.
상세해설 상향식 접근법은 기업에서 보유하고 있는 다양한 원천 데이터로부터의 (발견)을 통하여 (통찰)을 얻을 수 있다. 상향식은 디자인 사고 중 (발산)에 해당한다.

17 정답 ④   핵심 이론 029

Quick해설 결측값이 있을 경우 무조건 제거하는 것이 아니라 상황에 따라 판단해야 한다.

18 정답 ③   핵심 이론 043

Quick해설 분석 성숙도 진단은 비즈니스 부문, 조직/역량 부문, IT 부문을 대상으로 성숙도 수준에 따라 도입, 활용, 확산, 최적화 단계로 구분할 수 있다.

19 정답 ②   핵심 이론 038

Quick해설 주어진 내용은 ISP 정보 전략 계획에 대한 내용이다.

> **TIP**
> 분석 마스터 플랜과 ISP를 구분하여야 합니다. 전사적 관점, 전사적인 종합 추진 계획이라는 단어가 있으면 ISP에 대한 설명입니다.

20 정답 ③   핵심 이론 028

Quick해설 프로토타입 모델은 사용자 요구 사항이나 데이터를 정확히 규정하기 어렵고 데이터 소스도 명확히 파악하기 어려운 상황에서 사용한다. 일단 분석을 시도해 보고 그 결과를 확인하면서 반복적으로 개선해 나간다.

3과목   데이터 분석

21 정답 ②   핵심 이론 087

Quick해설 구축된 모델을 평가하여 과대적합 또는 과소적합을 미세 조정하는 데 활용하는 데이터는 검증 데이터(Validation Data)이다.
상세해설 데이터는 학습 세트, 검증 세트, 평가(테스트) 세트 세 가지로 사용할 수 있다.
- Training Data: 학습용 데이터
- Test Data: 학습 종료 후 성능 확인용 데이터
- Validation Data: 학습 중 성능 확인용 데이터로, Overfitting 여부 확인, Early Stopping 등을 위해 사용된다.

22 정답 ①   핵심 이론 051

Quick해설 weight의 Median: 258.0이므로 중앙값은 258이다.

23 정답 ①   핵심 이론 083

Quick해설 제1주성분의 식은 PC1=−0.536 × Murder − 0.583 × Assault − 0.278 × UrbanPop − 0.543 × Rape이다.
상세해설 fit$rotation의 결과에서 PC1을 사용하여 식을 도출한다. PC1 열의 회귀계수와 변수명을 곱해서 구한 항을 모두 더해 식을 도출한다. 다음의 PC1 식에서 회귀계수는 음수이므로 −가 사용되었다.
PC1=−0.536 × Murder − 0.583 × Assault − 0.278 × UrbanPop − 0.543 × Rape

24 정답 ③   핵심 이론 087

Quick해설 샘플이 뽑힐 확률은 $\frac{1}{d}$, 샘플이 뽑히지 않을 확률은 $1-\frac{1}{d}$이므로, 샘플 추출을 d번 했을 때 샘플이 한 번도 뽑히지 않을 확률은 $\left(1-\frac{1}{d}\right)^d$이다.

25 정답 ④   핵심 이론 096

Quick해설 첫 단계에서 형성되는 군집을 dist(x)의 결과에서 찾는다. 값이 가장 작은 것은 {d, e}: 2.2이다. 문제에서 '최단연결법'이라고 했으므로 {d, e} 군집과 a의 거리는 d와 e 중에서 a와 더 가까운 것과의 거리가 된다. 따라서 거리표를 통해 a와 d의 유클리드 거리는 3.2이다.

26 정답 ④ 📁 핵심 이론 066

Quick해설 p-value는 귀무가설을 기각했을 때 기각 결정이 잘못될 확률을 의미한다.

상세해설
- 귀무가설의 신뢰구간을 벗어나는 확률(= 극단적인 표본값이 나올 확률)로, 판정이 잘못되었을 확률이다.
- 제1종 오류를 범할 확률로, 귀무가설을 지지하는 정도를 의미한다.
- p-value가 작을수록 그 정도가 약하다고 보며, p-value<α 일 때, 귀무가설을 기각하고, 대립가설을 채택한다(p-value가 0.05라는 것은 귀무가설을 기각했을 때 기각 결정이 잘못될 확률이 5%인 것을 의미함).

27 정답 ④ 📁 핵심 이론 071

Quick해설 회귀 분석은 독립변수와 종속변수의 사이를 모형으로 나타내고 두 변수의 관계를 도출하는 것이다.

상세해설
① 명목형 변수는 더미변수화하여 사용할 수 있다.
② 독립변수의 수가 많아지면 모델의 설명력이 증가하고 모형이 복잡해진다.
③ 독립변수들 간의 강한 상관관계가 나타나는 다중공선성 문제가 발생할 수 있다.

28 정답 ② 📁 핵심 이론 076

Quick해설 다중공선성은 독립변수 간에 강한 상관관계가 있을 때 발생하며, 표본의 크기가 작을 때 변수 간 상관관계를 더 정확하게 파악하기 어려울 수 있어 다중공선성을 예측하거나 다루는 것이 더 어려울 수 있다.

상세해설 다중공선성(Multicollinearity)
- 모형의 일부 설명변수(= 예측변수)가 다른 설명변수와 상관되어 있을 때 발생하는 조건이다.
- 중대한 다중공선성은 회귀계수의 분산을 증가시켜 불안정하고 해석하기 어렵게 만드므로 문제가 될 수 있다.
- R의 VIF 함수를 사용해 구할 수 있으며, VIF값이 10이 넘으면 다중공선성이 존재한다고 판단한다.
- 표본의 크기가 작을 때 변수 간의 상관관계를 더 정확하게 파악하기 어려울 수 있으며, 이로 인해 다중공선성을 예측하거나 다루는 것이 더 어려울 수 있다.

29 정답 ④ 📁 핵심 이론 083

Quick해설 원 변수의 선형 결합 중 가장 분산이 큰 것을 제1주성분으로 설정한다.

30 정답 ① 📁 핵심 이론 093

Quick해설 신경망 모형에서 입력받은 데이터를 층(Layer)으로 출력하는 형태를 결정하는 함수는 활성화 함수이다.

상세해설 활성화 함수(Activation Function)
- 결괏값을 내보낼 때 사용하는 함수로, 가중치값을 학습할 때 에러가 적게 나도록 돕는다.
- 풀고자 하는 문제 종류에 따라 활성화 함수의 선택이 달라진다.
- 목표 정확도와 학습 시간을 고려하여 선택하고, 혼합해서 사용하기도 한다.
- 문제 결과가 직선을 따르는 경향이 있으면 '선형 함수'를 사용한다.
- sigmoid를 사용하는 경우 층이 많아지면 기울기 소실 문제가 발생할 수 있다.

31 정답 ① 📁 핵심 이론 086

Quick해설 데이터 마이닝 프로세스에서 모델링 기법에 따라 변수를 정의하고 데이터를 데이터 마이닝 소프트웨어에 적용할 수 있는 적합한 형식으로 변환하는 활동 수행 단계는 '데이터 가공' 단계이다.

상세해설 데이터 마이닝 5단계는 '목적 설정 – 데이터 준비 – 데이터 가공 – 데이터 마이닝 기법 적용 – 검증'으로 진행된다. 이때 '데이터 준비' 단계는 데이터 정제를 통해 데이터의 품질을 보장하고 필요하다면 보강하여 데이터의 양을 충분히 확보하는 단계이고, '데이터 가공' 단계는 모델링 기법에 따라 변수를 정의하고 데이터를 데이터 마이닝 소프트웨어에 적용할 수 있는 적합한 형식으로 변환하는 활동을 수행하는 단계이다.

32 정답 ② 📁 핵심 이론 085

Quick해설 ARMA(2, 0)=AR(2)이다. AR(2)는 PACF에서 3차항부터 절단 형태가 되고 ACF에서는 지수적 감소를 보인다.

상세해설
- ARMA(2, 0)은 $d=0$이므로 AR(2)와 같다.
- AR(2)에서 PACF는 3차항부터 절단 형태, ACF는 지수적 감소를 보인다.
- MA(2)였다면 PACF는 지수적 감소, ACF는 3차항부터 절단 형태를 보일 것이다.
- ARMA(2, 0)은 정상 시계열이어서 분석 용도로 사용할 수 있다.

33 정답 ① 핵심 이론 085

Quick해설 MA 모형은 정상성을 만족하는 모형이므로 별도의 정상성 만족을 위한 조건은 필요하지 않다.

34 정답 ④ 핵심 이론 075

Quick해설 결정계수는 0~1 사이의 값을 갖는다.

상세해설
- 통계적 유의성: F 통계량의 p-value
- 모형의 설명력: 결정계수 → 0 ~ 1 사이의 값
- SSR÷SST, 1−SSE÷SST(SST=SSE+SSR)
- 회귀계수의 유의성: 회귀계수의 t값, 유의확률(p-value)
- 모형의 데이터 적합성: 잔차 통계량 확인, 회귀진단 진행

35 정답 ② 핵심 이론 069

Quick해설 유의수준보다 p-value가 작은 값이므로 귀무가설은 기각되고 대립가설이 채택된다.

36 정답 ① 핵심 이론 082

Quick해설 다차원척도법은 데이터를 고차원에서 저차원으로 축소하는 방법으로 독립변수 간의 다중공선성 문제를 해결할 수 있다.

상세해설 다차원 척도법
- 개체들 사이의 유사성 및 비유사성을 측정하여 2차원 또는 3차원 공간상에 점으로 표현하는 분석 방법이다.
- 다차원 척도법은 주로 데이터 시각화와 데이터 간의 거리나 유사성 분석에 활용한다.
- 개체들의 거리는 유클리드(Euclidean) 거리와 유사도를 이용하여 구한다.
- 관측 대상의 상대적 거리의 정확도를 높이기 위해 적합 정도를 스트레스값(Stress Value)으로 나타내며, 0에 가까울수록 적합도가 좋다.

37 정답 ④ 핵심 이론 093

Quick해설 은닉층이 많을수록 예측력 향상에 도움이 될 수 있지만 과대적합의 위험이 있어 적절한 조정이 필요하다.

상세해설 인공신경망의 은닉층 수와 노드의 수는 Hyper Parameter로 사용자가 지정해야 하는 값이다. 은닉층이 많을수록 예측력 향상에 도움이 될 수 있지만, 과대적합의 위험이 있어 적절한 조정이 필요하다.

38 정답 ① 핵심 이론 101

Quick해설 시차 연관 분석은 '원인 - 결과' 형태의 관계를 파악하기 위한 유용한 분석 도구이다.

상세해설 연관 분석
- 방문 순서를 통해 '고객이 어디를 간 다음 어디를 간다'는 정보가 있는 데이터를 분석하는 것이다.
- 홈페이지의 경우 사용자가 주로 'A페이지를 방문하고 B페이지를 방문한다'와 같은 규칙을 만들고 이 규칙을 기반으로 홈페이지의 구조를 바꿔 고객의 편의를 도모하고 수익성을 높이기 위해 활용되는 기법이다.
- 시차 연관 분석은 '원인 - 결과' 형태의 관계를 파악하기 위한 유용한 분석 도구이다.

39 정답 ④ 핵심 이론 098

Quick해설 혼합분포 군집 모형에서 최대가능도(Maximum Likelihood Estimation)와 관련 있는 알고리즘은 EM 알고리즘이다.

상세해설 혼합분포 군집 모형
- 데이터가 봉우리 2개인 분포로, 도넛 형태의 분포 등 복잡한 형태를 가진 분포의 경우 여러 분포를 확률적으로 선형 결합한 혼합분포로 설명될 수 있다.
- 데이터가 k개의 모수적 모형의 가중합으로 표현되는 모집단 모형에서 나왔다는 가정하에, 추정된 k개의 모형 중 어느 모형으로부터 나왔을 확률이 높은지에 따라 군집 분류를 수행한다.
- 모수와 가중치 추정에 EM 알고리즘이 사용된다(Expectation Maximization).

40 정답 ② 핵심 이론 062

Quick해설 1개 집단에 대한 분산 검정은 자유도가 $N-1$인 카이제곱분포를 따른다.

상세해설 모분산 추정
- 1개 집단에 대한 분산 검정은 자유도가 $N-1$인 카이제곱분포를 따른다.
- 모분산 추정으로 모집단의 변동성과 퍼짐 정도 등의 확인이 가능하다.
- 정규분포를 따르지 않는 분포도 중심극한정리에 따라 모분산을 추정할 수 있다(단, 표본 크기가 작을 경우 중심극한정리의 적용이 제한될 수 있어 비모수적인 방법을 사용해야 함).
- 임의 추출한 두 표본에 대한 검정은 두 분산이 동일한가를 확인하는 것으로 F-분포를 통해 가능하다.

41 정답 ② 핵심 이론 075

Quick해설 오차 분산의 불편추정량(Unbiased Estimate)은 2이다.

상세해설
- 회귀 모형의 유의성은 p-value를 보고 판단하는데, 0.00004는 0.05보다 작으므로 유의하다.
- 잔차의 자유도: $df = n-k$
- 회귀의 자유도: $df = k-1$, $10 = n-k$, $1 = k-1$, $k=2$, $n=12$
- 결정계수: $\dfrac{SSR}{SST} = \dfrac{100}{100+200} = \dfrac{1}{3}$

42 정답 ②

Quick해설 코퍼스(CORPUS)는 자연어 연구를 위해 특정한 목적을 가지고 언어의 표본을 추출한 집합이다.

상세해설 텍스트 데이터 분석을 위해 단어를 벡터화하는 변환 기법으로 Bag of words, TF-IDF, Word Embedding, Word2Vec 등이 있다.

43 정답 ①

Quick해설 K-means는 비지도 학습 알고리즘으로, 군집 분석의 종류 중 하나이다.

상세해설 사회 연결망 분석에서 연결망을 표현하는 분석 방법의 종류
- 노드 및 엣지 리스트
- 인접 행렬(Adjacency Matrix)
- 네트워크 그래프(Network Graph)
- 영향력 분석(Influence Analysis)
- 군집화(Clustering) 분석
- 전파(Propagation) 분석

44 정답 ④

Quick해설 사회 관계망 분석(SNA)에서의 중심성 분석 종류에서 중심성(Centrality)은 한 행위자가 전체 연결망에서 중심에 위치하는 정도를 의미하는데, 연결 정도(Degree) 중심성, 근접(Closeness) 중심성, 매개(Betweenness) 중심성, 위세(Eigenvector) 중심성 등이 있다.

45 정답 ① 핵심 이론 100

Quick해설 자기조직화지도(SOM, Self-Organizing Map)는 인공신경망의 한 종류이다. 차원 축소와 군집화를 동시에 수행하는 기법으로, 비지도 학습(Unsupervised Learning)의 한 가지 방법이다. 고차원으로 표현된 데이터를 저차원으로 변환해서 보는데 유용하며, 입력층과 2차원의 격자 형태의 경쟁층으로 이루어져 있다(2개의 층으로 구성).

상세해설 ②, ③, ④ 로지스틱회귀 분석, 인공신경망, 의사결정나무는 지도 학습에 사용되는 기법이다.

46 정답 ② 핵심 이론 091

Quick해설 주어진 내용은 부스팅(Boosting)에 대한 설명이다.

상세해설 ② 부스팅(Boosting)은 배깅(Bagging)과 표본을 추출하는 방법이 다르다. 부스팅(Boosting)이 순차 학습이 될 수밖에 없는 결정적인 이유는 이전 모델의 학습 결과 분류가 잘못된 데이터에 더 가중을 주어 표본을 추출하기 때문이다.
① 배깅(Bagging): 원 데이터로부터 집합 크기가 같은 표본의 중복을 허용하고, 복원 추출한다.
③ 스태킹(Stacking): 다양한 기본 모델을 조합하여 더 강력한 메타 모델을 만드는 기술이다.
④ 랜덤 포레스트(Random Forest): 매번 분할을 수행할 때마다 설명변수(= 독립변수)의 일부분만을 랜덤하게 고려함으로써 성능을 높이는 방법이다.

47 정답 ④ 핵심 이론 101

Quick해설 A제품과 B제품의 판매 수량이 동일할 때 향상도를 구하면 $0.3 \div 0.25 = 1.2$이다.

상세해설
- 지지도 $= P(A \cap B) = 0.3$
- 신뢰도 $= P(A \cap B) \div P(A) = 0.6 \rightarrow 0.3 \div P(A) = 0.6$
  $\rightarrow 0.3 = 0.6 \times P(A) \rightarrow P(A) = 0.5$

A제품과 B제품의 판매 수량이 동일하므로 $P(A) = P(B) = 0.5$
따라서 향상도 $= P(A \cap B) \div (P(A) \times P(B)) = 0.3 \div 0.25 = 1.2$이다.

48 정답 ③ 핵심 이론 072

Quick해설 정규성(= 정상성)은 잔차항이 정규분포를 이뤄야 한다는 것이다.

상세해설 회귀 모형의 가정
- 선형성: 독립변수의 변화에 따라 종속변수도 변화하는 선형(Linear) 모형이다.

- 독립성: 잔차와 독립변수의 값이 관련되어 있지 않다 (Durbin-Watson 통계량 확인).
- 정규성(= 정상성): 잔차항이 정규분포를 이뤄야 한다.
- 등분산성: 잔차항들의 분포는 동일한 분산을 갖는다.
- 비상관성: 잔차들끼리 상관이 없어야 한다.

49 정답 ②

📁 핵심 이론 096

Quick해설 Y축의 값이 100인 지점에서 X축 방향으로 선을 그으면 4개의 선과 만나게 되므로, 군집의 개수는 4이다.

50 정답 ①

📁 핵심 이론 094

Quick해설 실제 TRUE인 것 중에서 예측도 TRUE인 것의 비율은 $a \div (a+b)$로 구할 수 있다.

정답과 해설

제38회 기출 복원 모의고사

정답 확인

01	④	02	②	03	①	04	①	05	④
06	②	07	①	08	④	09	①	10	④
11	③	12	①	13	③	14	①	15	④
16	③	17	①	18	②	19	④	20	③
21	①	22	②	23	①	24	④	25	①
26	①	27	③	28	③	29	①	30	①
31	①	32	①	33	③	34	④	35	②
36	③	37	②	38	③	39	②	40	①
41	②	42	④	43	③	44	①	45	②
46	③	47	②	48	④	49	①	50	④

1회독

영역	맞은 개수
데이터 이해	/ 10
데이터 분석 기획	/ 10
데이터 분석	/ 30
합계	/ 50

2회독

영역	맞은 개수
데이터 이해	/ 10
데이터 분석 기획	/ 10
데이터 분석	/ 30
합계	/ 50

3회독

영역	맞은 개수
데이터 이해	/ 10
데이터 분석 기획	/ 10
데이터 분석	/ 30
합계	/ 50

1과목 데이터 이해

01 정답 ④ 　핵심 이론 006

Quick해설 (가)는 메타데이터, (나)는 인덱스에 대한 설명이다.
상세해설 데이터베이스의 구성 요소
- 메타데이터(Metadata)
  - 데이터에 대한 데이터로 데이터의 특성, 구조, 정의 및 관리 정보를 설명하는 데이터
  - 데이터의 구조와 의미를 이해하고 데이터를 관리하고 검색 및 분석하는 데 필수적이다.
- 인덱스(Index): 데이터베이스에서 데이터 검색 및 조회의 성능을 향상시키기 위해 사용되는 자료 구조로 검색을 빠르게 수행하기 위한 정렬 및 검색 구조를 제공한다.
- 테이블(Table): 표 형식의 행과 열로 구성된 데이터
- 속성(Attribute): 테이블에서 하나의 열(Column)에 해당하는 데이터

02 정답 ② 　핵심 이론 007

Quick해설 Tableau는 데이터 시각화 및 BI 도구로, 데이터를 시각적으로 탐색하고 이해하며 인사이트를 발견하는 데 사용되는 강력한 소프트웨어이다. Tableau는 데이터 시각화, 대시보드 및 리포트 작성, 데이터 연결 및 준비, 데이터 분석, 대규모 데이터 집합 관리 등 다양한 데이터 관련 작업을 지원한다.
상세해설 상용 DB의 종류에는 Oracle Database, Microsoft SQL Server, IBM DB2, SAP HANA, PostgreSQL, MySQL(무료·유료 존재), Amazon RDS(Amazon Relational Database Service), MariaDB, Teradata, Sybase ASE(Adaptive Server Enterprise) 등이 있다.

03 정답 ① 　핵심 이론 011

Quick해설 데이터 크기의 순서를 작은 것부터 큰 것의 순서로 나열하면 KB < MB < GB < TB < PB < EB < ZB < YB(Peta < Exa < Zetta < Yotta)이다.

04 정답 ① 　핵심 이론 004

Quick해설 데이터베이스는 통합된 데이터로, 동일한 내용의 데이터가 중복되어 있지 않다.

상세해설 데이터베이스의 특징
- 통합 데이터: 데이터베이스에 같은 내용의 데이터가 중복되어 있지 않다는 것을 의미한다.
- 저장 데이터: 자기디스크나 자기테이프 등과 같이 컴퓨터가 접근할 수 있는 저장 매체에 저장되는 것을 의미한다.
- 공용 데이터: 여러 사용자에게 서로 다른 목적으로 데이터베이스의 데이터가 공동으로 이용되는 것을 의미한다.
- 변화되는 데이터: 새로운 데이터의 추가, 기존 데이터의 삭제, 갱신으로 항상 변화하면서도 항상 현재의 정확한 데이터를 유지해야 한다는 것을 의미한다.

05 정답 ④ 　핵심 이론 019

Quick해설 프로세스는 데이터 거버넌스의 구성 요소 중 하나이다.
상세해설
- 빅데이터 활용을 위한 세 가지 요소
  - 데이터(자원): 모든 것의 데이터화(Datafication)
  - 기술: 진화하는 알고리즘, 인공지능
  - 인력: 데이터 사이언티스트, 알고리즈미스트
- 데이터 거버넌스의 구성 요소
  - 원칙: 데이터를 유지 관리하기 위한 지침과 가이드 및 보안, 품질 기준, 변경 관리
  - 조직: 데이터를 관리할 조직의 역할과 책임 및 데이터 관리자, 데이터 아키텍트
  - 프로세스: 데이터 관리를 위한 활동과 체계 및 작업 절차, 모니터링 활동

06 정답 ② 　핵심 이론 015

Quick해설 나. 일부 데이터의 샘플링을 통한 표본조사에서 전체 데이터를 대상으로 하는 전수조사를 수행하는 환경으로 변화되었다.
라. 상관관계에 의한 미래 예측이 데이터 기반의 인과관계 분석을 점점 더 압도하는 추세이다.

07 정답 ① 　핵심 이론 017

Quick해설 빅데이터 위기 요인에는 사생활 침해, 데이터 오용, 책임 원칙의 훼손이 있다.
상세해설 ② 사생활 침해: 정보 제공자의 동의제를 정보 사용자의 책임제로 전환한다.
③ 데이터의 오용: 데이터 알고리즘에 대한 접근권 허용 및 객관적 인증 방안 도입의 필요성을 제기한다.
④ 책임 원칙의 훼손: 기존의 책임 원칙을 강화한다.

08 정답 ④ 핵심 이론 022

Quick해설 빅데이터에 대한 이론적 지식은 데이터 사이언티스트들이 가져야 할 하드 스킬에 해당한다. 다분야 간 협력, 통찰력 있는 분석, 설득력 있는 전달은 소프트 스킬에 대한 내용이다.

상세해설 데이터 사이언티스트들은 하드 스킬과 소프트 스킬을 동시에 갖추고 있어야 한다.
- 하드 스킬: Machine Learning, Modeling, Data Technical Skill
- 소프트 스킬: 통찰력 있는 분석, 설득력 있는 전달, 다분야 간 협력

09 정답 ① 핵심 이론 009

Quick해설 SCM(Supply Chain Management)은 기업이 외부 공급 업체 또는 제휴 업체와 통합된 정보 시스템으로 연계하여 시간과 비용을 최적화시키기 위한 것으로 제조, 물류, 유통 업체 등 유통 공급망에 참여하는 모든 업체들이 협력을 바탕으로 정보 기술(Information Technology)을 활용하여 재고를 최적화하기 위한 솔루션이다.

상세해설
② CRM(Customer Relationship Management): 고객별 구매 이력 데이터베이스를 분석하여 고객에 대한 이해를 돕고, 이를 바탕으로 각종 마케팅 전략을 실행하여 높은 이익을 창출할 수 있도록 하는 솔루션이다.
③ OLAP(On-Line Analytical Processing, 온라인 분석 처리): 다차원으로 이루어진 데이터로부터 통계적인 요약 정보를 제공할 수 있는 기술이다.
④ OLTP(On-Line Transaction Processing): 주 컴퓨터와 통신 회선으로 접속된 복수의 사용자 단말에서 발생한 트랜잭션을 주 컴퓨터에서 처리하여 그 결과를 사용자에게 되돌려 보내주는 처리 형태이다.

10 정답 ④ 핵심 이론 003

Quick해설 DIKW 피라미드는 데이터, 정보, 지식을 통해 최종적으로 지혜를 얻어내는 과정을 계층 구조로 설명한다.

상세해설 DIKW 피라미드
- 데이터(Data): 타 데이터와의 상관관계가 없는 가공하기 전의 순수한 수치나 기호
- 정보(Information): 데이터의 가공 및 상관·연관관계 속에서 의미가 도출된 것
- 지식(Knowledge): 상호 연결된 정보 패턴을 이해하여 이를 토대로 예측된 결과물
- 지혜(Wisdom): 근본 원리에 대한 깊은 이해를 바탕으로 도출되는 아이디어

2과목 데이터 분석 기획

11 정답 ③ 핵심 이론 044

Quick해설 기업의 데이터 분석 수준 진단 결과에서 분석 준비도와 분석 성숙도가 둘 다 낮은 경우는 준비형에 해당한다. 준비형은 기업에 필요한 데이터, 인력, 조직, 분석 업무 등이 적용되어 있지 않아 사전 준비가 필요한 기업이다.

상세해설 분석 수준 진단 결과
- 준비형(준비도 낮음, 성숙도 낮음): 기업에 필요한 데이터, 인력, 조직, 분석 업무 등이 적용되어 있지 않아 사전 준비가 필요한 기업
- 도입형(준비도 높음, 성숙도 낮음): 기업에서 활용하는 분석 업무, 기법 등은 부족하지만 적용 조직 등 준비도가 높아 바로 도입할 수 있는 기업
- 정착형(준비도 낮음, 성숙도 높음): 준비도는 낮으나 기업 내부에서 제한적으로 사용하고 있어 1차적으로 정착이 필요한 기업
- 확산형(준비도 높음, 성숙도 높음): 기업에 필요한 6가지 분석 구성 요소를 갖추고 있고, 부분적으로 도입되어 지속적 확산이 필요한 기업

12 정답 ① 핵심 이론 035

Quick해설 비즈니스 모델 캔버스의 5가지 영역으로는 업무, 제품, 고객, 지원 인프라, 규제와 감사가 있다.

13 정답 ③ 핵심 이론 040

Quick해설 시급성이 높고(현재) 난이도가 높은(Difficult) 영역(1사분면)은 경영진 또는 실무 담당자의 의사결정에 따라 적용 우선순위를 조정할 수 있다. 우선순위가 가장 높은 것은 난이도가 낮고(쉽고), 시급성이 높은(현재) 영역에 해당하는 3사분면에 해당하는 과제이다.

상세해설 분석 과제 우선순위 선정 기법
- 3사분면: 난이도 쉬움, 시급성 현재에 해당하는 것으로 일반적으로 가장 먼저 시행한다.
- 우선순위를 '시급성'에 둔다면 'Ⅲ - Ⅳ - Ⅱ' 순서로 진행한다.
- 우선순위를 '난이도'에 둔다면 'Ⅲ - Ⅰ - Ⅱ' 순서로 진행한다.

- 시급성이 높고(현재) 난이도가 높은(Difficult) 영역(1사분면)은 경영진 또는 실무 담당자의 의사결정에 따라 적용 우선순위를 조정할 수 있다.

14 정답 ① 　　　　　📁 핵심 이론 043

Quick해설 분석 성숙도 수준 진단은 주로 기업 내부의 데이터 분석 능력과 프로세스에 대한 평가를 다룬다.

상세해설 분석 성숙도
- 분석 성숙도 수준 진단은 주로 기업 내부의 데이터 분석 능력과 프로세스에 대한 평가를 다룬다.
- 시스템 개발 업무 능력과 조직의 성숙도 파악을 위해 CMMI 모델을 활용하여 분석 성숙도를 평가한다.
- 비즈니스 부문, 조직·역량 부문, IT 부문을 대상으로 성숙도 수준에 따라 도입, 활용, 확산, 최적화 단계로 구분해 살펴볼 수 있다.
- 데이터 분석 수준 진단은 분석 준비도와 분석 성숙도를 함께 평가함으로써 수행될 수 있다.

15 정답 ④ 　　　　　📁 핵심 이론 039

Quick해설 실행 용이성은 우선순위 고려 요소에 해당한다.
상세해설 적용 범위 및 방식의 고려 요소에는 업무 내재화 적용 수준, 분석 데이터 적용 수준, 기술 적용 수준이 있다.

16 정답 ③ 　　　　　📁 핵심 이론 046

Quick해설 분산 조직 구조는 전사 차원에서 분석 과제의 우선순위를 선정해 수행하는 것이 가능하고, 분석 결과를 신속하게 실무에 적용할 수 있다는 장점이 있다.

상세해설
- 분산 조직 구조
  - 분석 조직의 인력들이 협업 부서에 배치되어 업무를 수행한다.
  - 전사 차원에서 분석 과제의 우선순위를 선정하여 수행이 가능하며, 분석 결과를 신속하게 실무에 적용이 가능하다.
  - 부서 분석 업무와 역할 분담을 명확히 해야 한다.
- 중앙 집중형 조직 구조
  - 조직 내 별도 독립적인 분석 전담 조직을 구성하여 분석 전담 조직에서 회사의 모든 분석 업무를 담당한다.
  - 전사 분석 과제의 전략적 중요도에 따라 우선순위를 정해 추진한다.
- 기능 중심 조직 구조: 일반적인 분석 수행 구조로, 별도 분석 조직을 구성하지 않고 각 해당 업무 부서에서 직접 분석하므로 전사적 관점에서 핵심 분석이 어렵다.

17 정답 ①

Quick해설 분석 활용 시나리오에서 가장 중요한 것은 데이터 확보가 아닌 목표와 목적이다.

상세해설 분석 활용 시나리오
- 분석 활용 시나리오에서 가장 중요한 것은 데이터 확보보다 목표와 목적이다.
- 목표와 목적을 명확하게 이해하고 정의하는 것은 분석 프로젝트의 핵심 요소 중 하나이다.
- 목표와 목적을 정의하지 않으면 데이터 확보, 분석 및 결과에 대한 계획을 수립하기가 어려울 수 있다.
- 데이터는 목표를 달성하고 목적을 실현하기 위한 도구로 사용된다.

18 정답 ② 　　　　　📁 핵심 이론 026

Quick해설 일반적으로 비용과 분석력은 상호 보완적인 요소로 고려되며, 적절한 균형을 유지해야 한다.

상세해설 분석 기획 시 고려 사항
- 가용한 데이터: 데이터의 유형 분석이 선행적으로 이루어져야 한다.
- 적절한 유즈케이스 탐색: 유사 분석 시나리오 솔루션이 있다면 이것을 최대한 활용해야 한다.
- 장애 요소들에 대한 사전 계획 수립이 필요하다.
- 일반적으로 비용과 분석력은 상호 보완적인 요소이며, 적절한 균형을 유지해야 한다.

19 정답 ④ 　　　　　📁 핵심 이론 043

Quick해설 운영 시스템 데이터 통합, EAI, ETL 등 데이터 유통 체계, 분석 전용 서버 및 스토리지, 빅데이터 분석 환경, 비주얼 분석 환경 등과 관련된 항목은 IT 인프라에 대한 내용이다.

상세해설 분석 준비도
분석 준비도의 6가지 영역에는 분석 업무 파악, 인력 및 조직, 분석 기법, 분석 데이터, 분석 문화, IT 인프라(=분석 인프라)가 있다.
- 분석 업무 파악: 발생한 사실 분석 업무, 예측 분석 업무, 시뮬레이션 분석 업무, 최적화 분석 업무, 분석 업무 정기적 개선 등
- 인력 및 조직: 분석 전문가 직무 존재, 분석 전문가 교육 훈련 프로그램, 관리자의 기본 분석 능력 등
- 분석 기법: 업무별 적합한 분석 기법 사용, 분석 업무 도입 방법론, 분석 기법 라이브러리 등

- 분석 데이터: 분석 업무를 위한 데이터 충분성, 신뢰성, 적시성, 비구조적 데이터 관리, 외부 데이터 활용 체계 등
- IT 인프라: 운영 시스템 데이터 통합, EAI, ETL 등 데이터 유통 체계, 분석 전용 서버 및 스토리지, 빅데이터 분석 환경, 비주얼 분석 환경 등

20 정답 ③ 📁 핵심 이론 034

Quick해설 주어진 내용은 디자인 사고에 대한 내용이다. ①, ②, ④는 분석 방법론의 모델이다.

상세해설 분석 과제 도출 방법
- 하향식 접근 방법: 문제가 확실한 상황에서 문제가 주어지고 해법을 찾기 위해 사용하며, 전통적으로 수행되었던 분석 과제 발굴 방식이다.
- 상향식 접근 방법: 문제의 정의 자체가 어려운 경우 사용하며, 분석의 주제는 통찰(Insight), 발견(Discovery)이다.
- 디자인 사고: 분석 과제 도출 방법 중 디자인 사고(Design Thinking)는 상향식 접근 방식의 발산 단계와 하향식 접근 방식의 수렴 단계를 반복하여 과제를 발굴하는 방법으로 기존의 전통적인 분석적 사고를 극복하는 과제 발굴 방법이다.

3과목 데이터 분석

21 정답 ① 📁 핵심 이론 069

Quick해설 '두 집단의 평균이 동일하다'는 귀무가설을 채택할 수 있으므로, 수면유도제 2가 더 효과적이라 할 수 없다.

22 정답 ② 📁 핵심 이론 096

Quick해설 덴드로그램은 계층적 군집의 결과를 시각적으로 표현하는 방법이다.

상세해설
- 회귀 모형 평가 도구: MAE, MAPE, MSE, RMSE, MLSE, RMSLE, 결정계수 등
- 분류 모형 평가 도구: 오분류표(혼동 행렬), ROC 그래프, 향상도 곡선, 이익 도표, Kappa 등
- 군집 모형 평가 도구: 실루엣 계수(Silhouette Coefficient), Dunn Index 등

23 정답 ③ 📁 핵심 이론 066

Quick해설 증거가 확실할 때 가설검정으로 증명하고자 하는 가설은 대립가설이다.

상세해설 귀무가설과 대립가설
- 귀무가설: 가설검정의 대상이 되는 가설, 연구자가 부정하고자 하는 가설, 알고 있는 것과 같음, 변화, 영향력, 연관성, 효과 없음에 대한 가설
- 대립가설: 연구자가 연구를 통해 입증·증명되기를 기대하는 예상이나 주장으로, 귀무가설이 기각되면 채택되는 가설

24 정답 ④ 📁 핵심 이론 098

Quick해설 주성분 분석은 차원 축소에 대한 내용이다.

상세해설 군집 분석
- 계층적 군집 분석: 최소연결법, 최장연결법, 중심연결법, 평균연결법, 와드연결법
- 비계층적 군집 분석: K-means, DBSCAN
- 비지도 신경망: SOM
- 차원 축소: 주성분 분석, 다차원 척도법, 요인 분석 등

25 정답 ① 📁 핵심 이론 081

Quick해설 스피어만 상관계수는 두 변수 간의 비선형적인 관계를 나타낼 수 있다.

상세해설 스피어만 상관계수
- 대상 자료는 서열척도로 사용 가능하며, 두 변수 간의 비선형적인 관계를 나타낼 수 있다.
- 연속형 외에 이산형으로도 사용이 가능하다.
- 스피어만 상관계수는 원시 데이터가 아니라 각 변수에 대해 순위를 매긴 값을 기반으로 한다.

26 정답 ① 📁 핵심 이론 100

Quick해설 SOM은 비지도 신경망으로 고차원으로 표현된 데이터를 저차원으로 변환해서 보는 데 유용하다.

상세해설 SOM(Self-Organizing Maps)
- 인공신경망의 한 종류로, 차원 축소와 군집화를 동시에 수행하는 기법이다.
- 비지도 학습(Unsupervised Learning)의 한 가지 방법이다.
- 고차원으로 표현된 데이터를 저차원으로 변환해서 보는 데 유용하다.
- 입력층과 2차원의 격자 형태의 경쟁층(= 출력층)으로 이루어져 있다(2개의 층으로 구성).

27 정답 ③ 📁 핵심 이론 083

Quick해설 주어진 내용은 주성분 분석에 대한 내용이다.
상세해설 ① 요인 분석(Factor Analysis): 다차원 데이터 집합에서 숨겨진 구조를 파악하고 변수들 간의 상관관계를 이해하는 통계적 기법이다.
④ 다차원 척도법: 개체들 사이의 상대적 거리 또는 유사성 정보를 활용하여 고차원 데이터를 저차원(2차원 혹은 3차원) 공간상에 점으로 표현하여 개체 사이의 군집을 시각적으로 표현하는 분석 방법이다.

28 정답 ③ 📁 핵심 이론 059

Quick해설
- 독립사건: A의 발생이 B가 발생할 확률을 바꾸지 않는 사건, 두 사건 A, B가 독립이면 $P(B|A) = P(B)$이다.
- 조건부 확률: 사건 B가 발생했다는 조건 아래서 사건 A가 발생할 조건부 확률이다.
- 조건부 확률에서 $P(A|B) = \dfrac{P(A \cap B)}{P(B)}$이다(단, $P(B) > 0$).

29 정답 ③ 📁 핵심 이론 081

Quick해설 TV 광고가 증가함에 따라 분산(퍼짐 정도)도 증가된다.

30 정답 ① 📁 핵심 이론 051

Quick해설 Salary의 경우 Median<Mean이므로 오른쪽으로 꼬리가 긴 분포이다.

31 정답 ① 📁 핵심 이론 087

Quick해설 복원 추출법은 추출되었던 데이터를 다시 표본 집단에 포함시켜 다시 추출될 수 있도록 하는 방법으로 Bootstrap이 대표적인 복원 추출법이다.

32 정답 ① 📁 핵심 이론 052

Quick해설 sunflower의 경우 이상치가 존재한다.

33 정답 ③ 📁 핵심 이론 056

Quick해설 등간척도는 사칙연산을 할 수 없다. 사칙연산이 가능한 척도는 비율척도이다.

34 정답 ④ 📁 핵심 이론 101

Quick해설 연관 분석은 분석 품목 수가 증가하면 분석 계산이 기하급수적으로 증가한다.
상세해설 연관 분석의 장단점
- 연관 분석의 장점
  - 조건 반응(if-then)으로 표현되는 연관 분석의 결과를 이해하기 쉽다.
  - 강력한 비목적성 분석 기법이며, 분석 계산이 간편하다.
- 연관 분석의 단점
  - 분석 품목 수가 증가하면 분석 계산이 기하급수적으로 증가한다.
  - 너무 세분화된 품목을 가지고 연관 규칙을 찾으려면 의미 없는 분석 결과가 도출된다.
  - 상대적 거래량이 적으면 규칙 발견 시 제외되기 쉽다.

35 정답 ② 📁 핵심 이론 087

Quick해설 모델 성능 평가에 사용되는 데이터는 테스트용 데이터이다.
상세해설 홀드아웃(Hold Out)
- Training Data: 학습용 데이터
- Test Data: 학습 종료 후 성능 확인(모델 평가)용 데이터
- Validation Data: 학습 단계에서 사용되는 학습 중 성능 확인용 데이터(Overfitting 여부 확인, Early Stopping 등을 위해 사용됨)

36 정답 ③ 📁 핵심 이론 065

Quick해설 신뢰수준 95%는 샘플을 랜덤하게 100번 추출했을 때 신뢰구간에서 95번이 모수의 참값으로 포함되어 있음을 나타낸다.
상세해설 표준오차
- 표본 집단의 평균값이 실제 모집단의 평균값과 얼마나 차이 나는지를 나타낸다.
- 모집단에서 샘플을 무한 번 뽑아서 각 샘플마다 평균을 구했을 때, 그 평균들의 표준편차를 말한다.
- 표본평균이 모평균과 얼마나 떨어져 있는가를 나타낸다. n이 클수록 작은 값임을 의미한다.

- SE(Standard Error) = $\dfrac{\text{원시 데이터의 표준편차}}{\sqrt{\text{평균값 계산에 사용한 데이터 수}}} = \dfrac{\sigma}{\sqrt{n}}$

37 정답 ② 📁 핵심 이론 090

Quick해설 지니지수는 $1-\sum\left(\dfrac{\text{각 범주별 수}}{\text{전체 수}}\right)^2$ 이므로

$=1-\left\{\left(\dfrac{1}{5}\right)^2+\left(\dfrac{4}{5}\right)^2\right\}=1-\left\{\left(\dfrac{1}{25}\right)+\left(\dfrac{16}{25}\right)\right\}=\dfrac{8}{25}=0.32$

38 정답 ③ 📁 핵심 이론 101

Quick해설 지지도는 $\dfrac{\text{A와 B가 동시에 포함된 거래 수}}{\text{전체 거래 수}}$ 이므로

$\dfrac{3}{6}=0.5$ 이다.

39 정답 ② 📁 핵심 이론 101

Quick해설 A는 딸기, B는 사과일 때 향상도는

$P(B|A) \div P(B) = P(A \cap B) \div (P(A) \times P(B)) = \dfrac{0.3}{0.7 \times 0.45}$

상세해설 향상도
- A가 주어지지 않았을 때 B의 확률 대비 A가 주어졌을 때 B의 확률 증가 비율
- 품목 B를 구매한 고객 대비 품목 A를 구매한 후 품목 B를 구매하는 고객에 대한 확률

40 정답 ① 📁 핵심 이론 091

Quick해설 앙상블 기법 중 배깅(Bagging)에 대한 설명이다.

상세해설 ② 부스팅(Boosting): 순차적인 학습, 붓스트랩 표본을 구성하는 재표본 과정에서 분류가 잘못된 데이터에 더 큰 가중치를 주어 표본을 추출하는 기법
③ 보팅(Voting): 서로 다른 여러 개의 모형을 생성하고 결과를 집계하여 많은 표를 받은 것을 답으로 하는 방식
④ 스태킹(Stacking): 두 단계의 학습을 사용하는 방식으로, 서로 다른 여러 모형의 예측 결과를 다시 학습 데이터로 하는 모형을 사용하는 방식

41 정답 ② 📁 핵심 이론 096

Quick해설 집단 간 이질화, 집단 내 동질화가 모두 높은 것을 군집으로 선택한다.

42 정답 ④ 📁 핵심 이론 091

Quick해설 AdaBoost는 강한 분류기를 약한 분류기로 학습시키는 앙상블 방법으로, 각 모델은 이전 모델의 에러를 보완하도록 가중치를 조절하면서 순차적으로 학습한다. 이때 각 모델은 이전 모델이 잘못 분류한 샘플에 집중하여 학습한다. 따라서 AdaBoost는 모델 간 상호 연결되어 있고, 각 모델의 가중치가 조절된다. AdaBoost는 각 모델의 결과를 가중 합하여 최종 예측을 만든다.

상세해설 ① Mini-Batch: 학습을 할 때 거대한 양의 데이터를 한꺼번에 학습하지 않고 단위별로 쪼개서 학습하는 것으로 데이터를 일정한 크기로 나누어 모형을 구성한다.
② Bagging: 원 데이터에서 중복을 허용하는 크기가 같은 표본을 여러 번 단순 임의 복원 추출하여 각 표본에 대해 모델을 생성하는 기법이다.
③ Drop-out: 딥러닝에서 과대적합 방지를 위해 노드의 일부를 랜덤하게 학습하지 못하도록 하는 기법이다.

43 정답 ③ 📁 핵심 이론 075

Quick해설 추정된 회귀식은 weight = 24.4654 + 7.9879 × Time이므로, Time이 1 단위 증가하면 weight가 평균적으로 7.9879 증가한다.

44 정답 ① 📁 핵심 이론 083

Quick해설 주성분 분석은 비지도 학습으로 회귀 분석의 다중공선성 문제를 해결하기 위해 사용한다.

상세해설 다중공선성은 모형의 일부 설명변수(= 예측변수)가 다른 설명변수와 상관되어 있을 때 발생하는 조건으로, 중대한 다중공선성은 회귀계수의 분산을 증가시켜 불안정하고 해석하기 어렵게 만들기 때문에 문제가 된다. 이때 이를 해결할 수 있는 방법으로 주성분 분석이 있다. 주성분 분석은 목표변수를 고려해 목표변수를 잘 예측·분류할 수 있는 선형 결합으로 이루어진 몇 개의 주성분을 찾아내기 위한 것으로, 차원 축소, 이상치 탐지, 자료의 그룹화에 사용할 수 있다.

45 정답 ② 📁 핵심 이론 084

Quick해설 정상성에 대한 설명이다.
상세해설 정상성
- 평균은 모든 시점(시간 t)에 대해 일정하다.
- 분산은 모든 시점(시간 t)에 대해 일정하다.
- 공분산은 시점(시간 t)에 의존하지 않고, 단지 시차에만 의존한다.

46 정답 ③   📁 핵심 이론 094

Quick해설
- F1=2×(Precision×Recall)÷(Precision+Recall)
- F1=2×(Precision×Recall)÷(Precision+Recall)
- Precision=$\frac{TP}{TP+FP}=\frac{15}{75}=\frac{1}{5}$
- Recall=$\frac{TP}{TP+FN}=\frac{15}{75}=\frac{1}{5}$

따라서 F1=$\frac{2\times\left(\frac{1}{5}\times\frac{1}{5}\right)}{\frac{1}{5}+\frac{1}{5}}=\frac{\frac{2}{25}}{\frac{2}{5}}=\frac{10}{50}=\frac{1}{5}$

(단, Precision, Recall이 같으면 F1도 같다)

47 정답 ②   📁 핵심 이론 096

Quick해설 최장연결법(완전연결법)은 두 군집 사이의 거리를 군집에서 하나씩 관측값을 뽑았을 때 나타날 수 있는 거리의 최댓값으로 측정한다.

48 정답 ④   📁 핵심 이론 083

Quick해설 주성분 1개를 사용했을 때의 분산은 PC1의 Proportion of Variance를 보고 판단할 수 있다. 따라서 분산은 57.46%이다.

49 정답 ①   📁 핵심 이론 093

Quick해설 유전 알고리즘은 자연 선택(Natural Selection)과 진화론(Evolutionary Theory)에 기반을 둔 최적화 알고리즘으로, 복잡한 문제에서 최적해 또는 근사해를 찾는 데 사용된다.

상세해설 ② 최적화 알고리즘: 최적해를 찾기 위한 모든 알고리즘의 포괄적 개념이다.
③ 분류 알고리즘: 주어진 데이터를 미리 정의된 범주로 분류하는 지도 학습(Supervised Learning) 알고리즘이다.
④ 회귀 알고리즘: 연속적인 값을 예측하는 데 사용하는 지도 학습(Supervised Learning) 알고리즘이다.

50 정답 ④   📁 핵심 이론 055

Quick해설 층화 추출법에 대한 설명이다.

상세해설 ① 계통 추출법: 모집단 개체에 1, 2,⋯, N이라는 일련번호를 부여한 후 첫 번째 표본을 임의로 선택하고 일정 간격으로 다음 표본을 선택하는 방법이다.
② 군집 추출법: 모집단을 차이가 없는 여러 개의 집단(Cluster)으로 나누고, 이들 집단 중 몇 개를 선택한 후, 선택된 집단 내에서 필요한 만큼의 표본을 임의로 선택한다.
③ 단순 무작위 추출법: 모집단의 각 개체가 표본으로 선택될 확률이 동일하게 추출되는 방법이다.

정답과 해설 제39회 기출 복원 모의고사

정답 확인

01	④	02	②	03	③	04	①	05	③
06	③	07	②	08	①	09	③	10	①
11	①	12	①	13	②	14	④	15	③
16	②	17	②	18	①	19	②	20	④
21	②	22	③	23	②	24	④	25	④
26	①	27	④	28	③	29	②	30	④
31	②	32	①	33	④	34	①	35	④
36	②	37	③	38	①	39	②	40	②
41	③	42	④	43	③	44	④	45	①
46	③	47	④	48	①	49	②	50	③

1회독

영역	맞은 개수
데이터 이해	/ 10
데이터 분석 기획	/ 10
데이터 분석	/ 30
합계	/ 50

2회독

영역	맞은 개수
데이터 이해	/ 10
데이터 분석 기획	/ 10
데이터 분석	/ 30
합계	/ 50

3회독

영역	맞은 개수
데이터 이해	/ 10
데이터 분석 기획	/ 10
데이터 분석	/ 30
합계	/ 50

1과목 데이터 이해

01 정답 ④ 📁 핵심 이론 022

Quick해설 데이터 사이언티스트의 소프트 스킬 능력 중 다분야 간의 협력을 위한 '커뮤니케이션 기술'은 중요한 부분이다.

02 정답 ② 📁 핵심 이론 022

Quick해설 데이터 사이언티스트의 역량
- 데이터 사이언티스트들은 하드 스킬과 소프트 스킬 능력을 동시에 갖추고 있어야 한다.
  - 하드 스킬: Machine Learning, Modeling, Data Technical Skill
  - 소프트 스킬: 통찰력 있는 분석, 설득력 있는 전달, 다분야 간 협력
- 다분야 간 협력을 위해 '커뮤니케이션 기술'은 중요한 부분이다.

03 정답 ③ 📁 핵심 이론 012

Quick해설 빅데이터의 출현 배경에는 디지털화, 저장 기술, 인터넷 보급, 모바일 혁명, 클라우드 컴퓨팅 등 관련 기술 발전, 소셜 미디어, 영상 등 비정형 데이터의 확산, 데이터 처리 기술 발전, 학계의 거대 데이터 활용 과학의 확산 등이 있다.

04 정답 ① 📁 핵심 이론 004

Quick해설 통합 데이터는 데이터베이스에 같은 내용의 데이터가 중복되어 있지 않다는 것을 의미한다.

상세해설
- 통합 데이터: 데이터베이스에 같은 내용의 데이터가 중복되어 있지 않다는 것을 의미한다.
- 저장 데이터: 자기디스크나 자기테이프 등과 같이 컴퓨터가 접근할 수 있는 저장 매체에 저장되는 것을 의미한다.
- 공용 데이터: 여러 사용자가 서로 다른 목적으로 데이터베이스의 데이터를 공동으로 이용하는 것을 의미한다.

05 정답 ③ 📁 핵심 이론 017

Quick해설 나. 책임 원칙의 훼손 → 결과 기반 책임 원칙 고수
다. 데이터의 오용 → 데이터 알고리즘에 대한 접근권 허용 및 객관적 인증 방안 도입

06 정답 ③ 📁 핵심 이론 002

Quick해설 책이나 교본에 자신이 알고 있는 새로운 지식을 추가하는 것은 연결화에 대한 설명이다.

상세해설 ① 내면화: 만들어진 책이나 교본을 보고 다른 직원들이 암묵적 지식을 습득하는 것
② 표출화: 암묵적 지식인 노하우를 책이나 교본 등 형식지로 만드는 것
④ 공통화: 암묵적 지식인 노하우를 다른 직원들에게 알려주는 것

07 정답 ② 📁 핵심 이론 023

Quick해설 가치 패러다임은 'Digitalization – Connection – Agency' 단계로 변화하였다.

상세해설 가치 패러다임
- Digitalization: 아날로그 세상을 디지털화한다.
- Connection: 인터넷 세계의 웹 사이트들을 효과적으로 분류해서 연결한다.
- Agency: 빅데이터를 빠르고 정확하게 처리해 개인과 기기와 사물들이 맺고 있는 하이퍼 연결을 효과적이고 효율적으로 관리한다.

08 정답 ① 📁 핵심 이론 003

Quick해설 데이터의 가공 및 처리와 데이터 간 상관관계 속에서 의미가 도출된 것은 '데이터'의 상위 단계인 '정보(Information)'이다.

09 정답 ③ 📁 핵심 이론 015

Quick해설 '인과관계'는 어떤 현상에 대하여 현상을 발생시킨 원인과 결과 사이의 관계를 말하고, '상관관계'는 어떤 두 현상이 관계가 있음을 말하지만 어느 쪽이 원인인지는 알 수 없다.

상세해설 신속한 의사결정을 원하는 비즈니스에서는 실시간 상관관계 분석에서 도출된 인사이트를 바탕으로 수익을 창출할 수 있는 기회가 점점 늘어나고 있다. 이렇게 상관관계를 통해 특정 현상의 발생 가능성을 포착하고, 그에 상응하는 행동을 하도록 추천하는 일이 점점 늘어날 것이다. 데이터 기반의 상관관계 분석이 주는 인사이트로 인과관계에 의해 미래 예측을 점점 더 압도해 가는 시대가 도래하고 있다. 인과관계는 어떤 현상에 대하여 현상을 발생시킨 원인과 결과 사이의 관계를 말하고, 상관관계는 어떤 두 현상이 관계가 있음을 말하지만 어느 쪽이 원인인지는 알 수 없다.

10 정답 ①   핵심 이론 009

Quick해설 주어진 내용은 CRM에 대한 설명이다. CRM(Customer Relationship Management)은 고객별 구매 이력 데이터베이스를 분석하여 고객에 대한 이해를 돕고 이를 바탕으로 각종 마케팅 전략을 통해 보다 높은 이익을 창출할 수 있는 솔루션이다.

상세해설 ② SCM(Supply Chain Management): 기업이 외부 공급 업체 또는 제휴 업체와 통합된 정보 시스템으로 연계하여 시간과 비용을 최적화시키기 위한 것으로, 자재 구매 데이터, 생산·재고 데이터, 유통·판매 데이터, 고객 데이터로 구성된다.
③ EDW(Enterprise DataWarehouse): 여러 애플리케이션의 비즈니스 정보를 중앙 집중화하고 조직 전체에서 분석 및 사용할 수 있도록 하는 데이터베이스 또는 데이터베이스 모음이다.
④ OLTP(On-Line Transaction Processing): 주 컴퓨터와 통신회선으로 접속된 복수의 사용자 단말에서 발생한 트랜잭션을 주 컴퓨터에서 처리하여 그 결과를 사용자에게 되돌려 보내 주는 처리 형태이다.

2과목 데이터 분석 기획

11 정답 ①   핵심 이론 046

Quick해설 데이터 분석을 위한 조직 구조에는 집중 구조, 분산 구조, 기능 구조가 있다.

상세해설
- 집중형 조직 구조: 조직 내 별도 독립적인 분석 전담 조직이다.
- 기능 중심 조직 구조: 일반적인 분석 수행 구조로, 별도의 분석 조직을 구성하지 않고 각 해당 업무 부서에서 직접 분석한다.
- 분산 조직 구조: 분석 조직의 인력들이 현업 부서에 배치되어 업무를 수행한다.

12 정답 ①   핵심 이론 039

Quick해설 데이터 분석 구현을 위한 적용 우선순위 평가의 고려 요소에는 전략적 중요도, 비즈니스 성과/ROI, 실행 용이성이 있다.

13 정답 ②   핵심 이론 037

Quick해설 분석 프로젝트의 주제별(= 영역별) 프로젝트 관리 체계에는 시간, 범위, 통합, 이해관계자, 시간, 원가, 의사소통, 자원, 조달, 리스크, 품질 등이 있다.

> **TIP**
> '범통이 시원의자 조립(리)품'으로 암기해 보세요!

14 정답 ④   핵심 이론 031

Quick해설 프로젝트 위험 계획 수립 시 위험에 대한 대응 방법에는 회피(Avoid), 전이(Transfer), 완화(Mitigate), 수용(Accept)이 있다.

15 정답 ③   핵심 이론 045

Quick해설 데이터 거버넌스의 구성 요소에는 원칙, 조직, 프로세스가 있다.

상세해설
① 원칙: 데이터를 유지 관리하기 위한 지침과 가이드 및 보안, 품질 기준, 변경 관리
② 조직: 데이터를 관리할 조직의 역할과 책임 및 데이터 관리자, 데이터 아키텍트
④ 프로세스: 데이터 관리를 위한 활동과 체계 및 작업 절차, 모니터링 활동

> **TIP**
> 데이터 거버넌스의 구성 요소는 '원조 프린세스'로 암기하세요.

16 정답 ②   핵심 이론 024

Quick해설 통찰(Insight)은 분석 대상(What)은 모르고, 분석 방법(How)을 아는 경우의 분석 주제 유형이다.

상세해설 ① 최적화(Optimization): 분석 대상과 분석 방법을 모두 알고 있는 경우이다.
③ 솔루션(Solution): 분석 대상은 알지만, 분석 방법을 모르는 경우이다.
④ 발견(Discovery): 분석 대상과 분석 방법을 모두 모르는 경우이다.

> **TIP**
> '너는 누구냐?'는 'Insight', '분석 방법을 찾아야겠다'는 'Solution', '아무것도 몰라요'는 'Discovery', '나는 다 알아'는 'Optimization'으로 암기하세요.

17 정답 ②   📁 핵심 이론 047

Quick해설 분석 과제로 확정된 분석 과제가 아닌, 분석 과제를 진행하면서 만들어진 시사점과 분석 결과물을 풀(Pool)에 잘 축적하고 관리해야 한다.

18 정답 ①   📁 핵심 이론 040

Quick해설 빅데이터의 4V 중 ROI 관점에서 효과(Return)에 해당하는 요소는 Value이다.
상세해설 ②, ③, ④ Volume, Velocity, Variety는 투자 비용 요소이다.

19 정답 ②   📁 핵심 이론 028

Quick해설 주어진 내용은 '나선형 모델'에 대한 설명이다.
상세해설 ① 프로토타입 모델: 사용자 요구 사항이나 데이터를 정확히 규정하기 어렵고 데이터 소스도 명확히 파악하기 어려운 상황에서 사용한다.
③ 폭포수 모델: 순차적이고 하향식 방법론이며, 문제가 발견되면 전 단계로 피드백이 가능하다.

20 정답 ④   📁 핵심 이론 034

Quick해설 새로운 문제를 탐색할 때, 문제의 정의 자체가 어려운 경우 데이터를 기반으로 문제의 재정의 및 해결 방안을 탐색하고 이를 지속적으로 개선하는 방식은 '상향식 접근 방법'이다.
상세해설 분석 과제 도출 방법에는 하향식 접근 방법, 상향식 접근 방법, 디자인 사고가 있다.
- 하향식 접근 방법: 문제가 확실할 때 사용하는 방식으로, 문제가 주어지고 해법을 찾기 위해 사용한다.
- 상향식 접근 방법: 문제의 정의 자체가 어려운 경우 사용한다.
- 디자인 사고: 중요한 의사결정 시 상향식과 하향식을 반복적으로 사용하는 것으로 가능한 옵션을 도출하는 상향식 접근 방식의 발산 단계와 도출된 옵션을 분석하고 검증하는 하향식 접근 방식의 수렴 단계를 반복하여 과제를 발굴한다.

3과목 데이터 분석

21 정답 ②   📁 핵심 이론 067

Quick해설 정규성 가정을 충족하지 못할 경우 Box−cox, log, exp 등의 함수를 사용하여 정규성을 갖도록 데이터를 변환하는 방법을 사용한다.

22 정답 ③   📁 핵심 이론 075

Quick해설 dist 변수의 변동성 중 설명력은 0.6511이다.

23 정답 ②   📁 핵심 이론 069

Quick해설 $df=70$은 자유도에 대한 값이며, One Sample t−test에서 $n=df+1$이므로, 관측치의 개수는 71이다.

24 정답 ④   📁 핵심 이론 055

Quick해설 p−백분위수는 적어도 관찰값의 p퍼센트가 그 값과 같거나 작은 값이다. 그리고 적어도 관찰값의 $(100-p)$퍼센트는 p−백분위수와 같거나 더 큰 값을 갖는다.

25 정답 ④   📁 핵심 이론 090

Quick해설 목표변수가 연속형인 경우 CART에서 분산 감소량, CHAID에서 F−통계량을 사용한다.

26 정답 ①   📁 핵심 이론 077

Quick해설 신용카드 월간 사용액 예측은 종속변수가 '연속형'이므로 '회귀 분석'에 사용되는 모형이 적절하므로 능형회귀 모형이 적합하다.
상세해설 ② 로지스틱회귀 모형: 분류 분석에 사용된다.
③ DBSCAN: 군집 분석에 사용된다.
④ SOM: 군집 분석에 사용된다.

27 정답 ④ 　　　핵심 이론 096

Quick해설 유클리드 거리는 A, B 각 성분의 차의 제곱의 합을 구해 제곱근을 구한 것으로 (A의 키−B의 키)^2=(175−180)^2=25, (A의 몸무게−B의 몸무게)^2=(70−65)^2=25이므로 유클리드 거리는 $\sqrt{25+25}=\sqrt{50}$이다.

28 정답 ③ 　　　핵심 이론 055

Quick해설 표본편의(Sampling Bias)는 표본 추출 방법에서 기인하는 오차를 의미하며, 확률화를 통해 최소화하거나 없앨 수 있다.

29 정답 ② 　　　핵심 이론 094

Quick해설 특이도(Specificity)는 실제로 N인 것들 중 예측이 N으로 된 경우의 비율이다. 특이도=TN÷(TN+FP)이고, TN+FP=N이므로 특이도=TN÷N이다.

30 정답 ④ 　　　핵심 이론 101

Quick해설 카탈로그 배열, 교차 판매 등의 마케팅과 관련된 데이터 마이닝 기법은 '연관 분석'이다.

상세해설 ① 분류: 종속변수가 범주형이며, 새롭게 나타난 현상을 검토하여 기존의 분류, 정의된 집합에 배정한다.
② 추정: 연속된 변수의 값을 추정하는 것으로, 주어진 입력 데이터를 사용하여 알려지지 않은 결과의 값을 추정한다.
③ 군집: 미리 정의된 기준이나 예시에 의해서가 아닌 레코드 자체가 가진 다른 레코드와의 유사성에 의해 그룹화되고 이질성에 의해 세분화되며, 데이터 마이닝이나 모델링의 준비 단계로 사용된다.

31 정답 ② 　　　핵심 이론 083

Quick해설 Comp.2의 Cumulative Proportion이 0.8675017이므로 80% 이상의 자료를 설명할 수 있다. 따라서 2개의 주성분이 필요하다.

32 정답 ① 　　　핵심 이론 059

Quick해설 이산형 확률분포의 기댓값을 구하는 계산식은 $\sum_{i=1}^{n} x_i \cdot f(x_i)$이다.

상세해설 이산형 확률분포의 기댓값은 $\sum_{i=1}^{n} x_i \cdot f(x_i)$이고, 연속형 확률분포의 기댓값은 $\int_{-\infty}^{+\infty} x \cdot f(x) dx$이다.

33 정답 ④ 　　　핵심 이론 091

Quick해설 배깅(Bagging)은 붓스트랩 방법을 사용하여 동일한 데이터가 여러 번 선택될 수 있고, 어떤 데이터는 추출되지 않을 수도 있다.

상세해설 ① 보팅(Voting)에 대한 설명이다.
② 스태킹(Stacking)에 대한 설명이다.
③ 부스팅(Boosting)에 대한 설명이다.

34 정답 ① 　　　핵심 이론 087

Quick해설 LOOCV(Leave One Out Cross Validation)는 1개의 관측값만을 Validation Set으로 사용하고, 나머지 $n-1$개를 Train set으로 사용하여 n번 학습을 진행하는 방법으로, $k=n$인 경우의 교차 검증이다. 학습 후 n개의 MSE를 평균하여 최종 MSE를 계산한다.

35 정답 ④ 　　　핵심 이론 098

Quick해설 K-means 군집의 순서를 옳게 나열하면 '다−가−라−나' 순이다.

상세해설 K-means 군집의 순서

❶ 초기 군집의 중심으로 k개의 객체를 임의로 선택한다.
❷ 각 자료를 가장 가까운 군집의 중심에 할당한다.
❸ 각 군집 내의 자료들의 평균을 계산하여 군집의 중심을 갱신한다.
❹ 군집 중심의 변화가 거의 없을 때까지 ❷와 ❸을 반복한다.

36 정답 ② 　　　핵심 이론 083

Quick해설 주성분 분석은 비지도 학습법 중 하나이다.

37 정답 ③ 　　　핵심 이론 090, 101

Quick해설 순수도는 의사결정나무에서 사용하는 용어로, 노드를 분리할 때 부모마디보다 자식마디의 순수도가 증가하도록 나무를 형성해 간다.

38 정답 ① 📁 핵심 이론 085

Quick해설 분해 시계열에는 '추세 요인, 계절 요인, 순환 요인, 불규칙 요인'의 4가지 종류가 있다.

39 정답 ② 📁 핵심 이론 100

Quick해설 지도 학습의 신경망 모형은 역전파 알고리즘이지만, SOM은 전방 패스를 사용해 속도가 매우 빠르다.

> **TIP**
> '전방 패스'에 대한 특징을 '역전파 알고리즘'으로 바꾸어 사용한 것을 틀린 지문으로 찾는 문항입니다. 반드시 기억하세요.

40 정답 ② 📁 핵심 이론 059

Quick해설 뒤=0, 앞=1이라고 하면 표본공간={000, 001, 010, 011, 100, 101, 110, 111}이고, 앞면이 한 번 나오는 사건은 ={001, 010, 100}이다. 따라서 동전 3개를 던져서 앞면이 한 번 나올 확률은 $\frac{\text{앞면이 한 번 나오는 사건}}{\text{표본공간}} = \frac{3}{8}$이다.

41 정답 ③ 📁 핵심 이론 085

Quick해설 ARIMA(1, 2, 3)이면 2번 차분해서 ARMA 모형을 만들 수 있다.

상세해설 ARIMA(p, d, q)에서 p는 AR 모형 차수, d는 차분, q는 MA 모형 차수를 의미한다.
- ARIMA(1, 2, 3): 2번 차분해서 ARMA 모형이 된다.
- ARIMA(0, 1, 3): IMA(1, 3) 모형이고 이것을 1번 차분하면 MA(3) 모형이 된다.
- ARIMA(2, 3, 0): ARI(2, 3) 모형이고, 이것을 3번 차분하면 AR(2) 모형이 된다.

42 정답 ④ 📁 핵심 이론 084

Quick해설 AR 모형과 MA 모형은 정상성을 만족하는 정상 시계열 모형이며, ARIMA 모형은 비정상 시계열 모형이다.

상세해설 ① MA 모형은 과거 q 시점 이전 오차들에서 현재항의 상태를 추론한다.
② 지수평활법은 이동평균법의 종류로 최근 관측치에 더 높은 가중치를 부여하는 방법이다.
③ 일반적으로 평균이 일정하지 않은 비정상 시계열은 차분을 통해, 분산이 일정하지 않은 비정상 시계열은 변환을 통해 정상 시계열로 바꾼다.

43 정답 ③ 📁 핵심 이론 075

Quick해설 유의하지 않은 변수의 경우에도 회귀식에 포함시켜야 하므로 회귀식은 Fertility=66.915−0.172×Agriculture −0.258×Examination−0.871×Education+0.104× Catholic+1.077×Infant.Mortality이다.

44 정답 ④ 📁 핵심 이론 096

Quick해설 그림은 최단연결법을 나타낸 것으로 고립된 군집을 찾는 데 중점을 둔 방법이다.

상세해설 최단연결법(Single Linkage Method, 단일연결법)
- 계층적 군집 방법으로, 임의 파라미터 k를 선택할 필요가 없다.
- 두 군집 사이의 거리는 군집에서 하나씩 관측값을 뽑았을 때 나타날 수 있는 거리의 최솟값을 갖는 두 관측값을 연결하여 구한다.
- 최단 거리를 사용할 때 사슬 모양으로 생길 수 있으며, 고립된 군집을 찾는 데 중점을 둔 방법이다.

45 정답 ① 📁 핵심 이론 063

Quick해설 하나의 값으로 모수의 값이 얼마인지 추측하는 것은 점추정이다.

상세해설 ② 구간추정(Interval Estimation): 모수를 포함할 것으로 기대되는 구간을 확률적으로 구한다.
③ 가설검정: 모수에 대한 가설을 세우고 그 가설의 옳고 그름을 확률적으로 판정하는 방법론이다.
④ 비모수적 추론(Non-parametric Inference): 모집단에 대해 특정 분포를 가정하지 않는다.

46 정답 ③ 📁 핵심 이론 089

Quick해설 로지스틱회귀에서 exp(β_1)은 승산비(odds ratio, 오즈비)이다(단, β_1: 회귀계수). 승산비(odds ratio)는 나머지 변수가 주어질 때 x_1이 한 단위 증가할 때마다 성공(Y=1)의 오즈(odds, 승산)가 몇 배 증가하는지를 나타낸다.

47 정답 ④ 📁 핵심 이론 101

Quick해설 지지도 $= \frac{\text{빵과 우유를 동시에 포함한 거래}}{\text{전체 거래 항목}}$
$= \frac{10+10}{100} = 0.2$

48 정답 ① 핵심 이론 058

Quick해설 두 사건 A, B가 독립이면 $P(B|A)=P(B)$, $P(A|B)=P(A)$이다. 따라서 $P(B)=0.4$이므로 $P(B|A)=0.4$이다. $P(A)$가 $P(B)$의 발생에 영향을 주지 않기 때문에 $P(A)$를 전제로 발생하는 $P(B)$와 전제되지 않는 경우가 동일하다는 것을 의미한다.

49 정답 ② 핵심 이론 082

Quick해설 객체 간 근접성을 시각화하는 기법으로, 개체들 사이의 유사성, 비유사성을 2차원 혹은 3차원 공간상에 점으로 표현하여 개체 사이의 군집을 시각적으로 표현하는 방법은 다차원 척도법이다.

상세해설 ① 주성분 분석: 공분산 행렬 또는 상관계수 행렬을 사용해 모든 변수를 가장 잘 설명하는 주성분을 찾고, 상관관계가 있는 변수들을 선형 결합을 통해 상관관계가 없는 새로운 변수(주성분)로 만들고 분산을 극대화하는 변수로 축약한다.

③ 요인 분석: 다차원 데이터 집합에서 숨겨진 구조를 파악하고 변수들 간의 상관관계를 이해하는 통계적 기법으로, 주로 변수들 간의 상관성을 고려하여 변수들을 몇 개의 잠재적인 요인(Factor)으로 요약하려는 목적으로 사용된다.

④ 정준상관 분석: 여러 그룹 또는 범주 간의 차이를 감지하고 설명하는 통계적 기술로 다차원 데이터에서 그룹 간의 차이를 최대화하고 그룹 내의 변이를 최소화하는 선형 결합을 찾아내려는 목적으로 사용된다.

50 정답 ③ 핵심 이론 055

Quick해설 모집단 개체에 1, 2,⋯, N이라는 일련번호를 부여한 후, 첫 번째 표본을 임의로 선택하고 일정 간격으로 다음 표본을 선택하는 방식은 계통 추출(Systematic Sampling)이다.

상세해설 ① 층화 추출: 서로 겹치지 않는 '층'을 사용하는 표본 추출 방법이다.

② 단순 무작위 추출: 모집단의 각 개체가 표본으로 선택될 확률이 동일하게 추출되는 경우이다.

④ 군집 추출: 집단 중 몇 개를 선택한 후, 선택된 집단 내에서 필요한 만큼의 표본을 임의로 추출하는 방식이다.

정답과 해설 제40회 기출 복원 모의고사

정답 확인

01	④	02	②	03	③	04	①	05	②
06	①	07	④	08	①	09	③	10	④
11	②	12	④	13	①	14	②	15	④
16	③	17	③	18	③	19	③	20	①
21	④	22	④	23	①	24	③	25	①
26	③	27	②	28	④	29	②	30	③
31	②	32	①	33	②	34	④	35	②
36	①	37	②	38	②	39	③	40	③
41	④	42	①	43	④	44	①	45	①
46	②	47	③	48	①	49	③	50	②

1회독

영역	맞은 개수
데이터 이해	/ 10
데이터 분석 기획	/ 10
데이터 분석	/ 30
합계	/ 50

2회독

영역	맞은 개수
데이터 이해	/ 10
데이터 분석 기획	/ 10
데이터 분석	/ 30
합계	/ 50

3회독

영역	맞은 개수
데이터 이해	/ 10
데이터 분석 기획	/ 10
데이터 분석	/ 30
합계	/ 50

1과목 데이터 이해

01 정답 ④ 핵심 이론 020

Quick해설 빅데이터는 가치 창출이 가능해야 하고, 그 시점이 빠를수록 좋다.
상세해설 일차적 분석 경험을 점점 늘림으로써 분석의 활용 범위를 더 넓고 전략적으로 변화시켜 나가야 한다.

02 정답 ② 핵심 이론 010

Quick해설 ITS(Intelligent Transportation System)는 지능형 교통 시스템으로, 전자, 정보, 통신, 제어 등의 기술을 교통체계에 접목한 것이다. 신속·안전·쾌적한 차세대 교통체계를 만드는 데 목적을 두고 있다.
상세해설 ①, ③, ④는 기업 내부 데이터베이스 시스템이다.

03 정답 ③ 핵심 이론 004

Quick해설 주어진 내용은 비정형 데이터(Unstructured Data)에 대한 설명이다.
상세해설 ③ 비정형 데이터(Unstructured Data): 음성, 이미지, 동영상, 텍스트 등
① 정형 데이터(Structured Data): 관계형 데이터베이스와 관련된 시스템을 이용해 수집한 데이터(ERP, 엑셀)
② 반정형 데이터(Semi-Structured Data): HTML, XML, JSON 등
④ 데이터의 종류에는 정형(Structured), 반정형(Semi-Structured), 비정형(Unstructured) 데이터가 있다.

04 정답 ① 핵심 이론 011

Quick해설 주어진 내용은 비트(Bit)에 대한 설명이다.
상세해설 데이터 단위
- 비트(Bit): 데이터의 최소 단위로 이진수 하나로 이루어진다.
- 바이트(Byte): 8Bit를 나타내는 단위로, 컴퓨터의 기억장치의 크기를 나타내는 단위로 자주 사용되며 ASCII 문자 하나를 나타낼 수 있다.

05 정답 ② 핵심 이론 015

Quick해설 옳은 것은 '가, 다'이다.
나. 표본조사 → 전수조사
라. 인과관계 → 상관관계

상세해설 빅데이터가 만들어 내는 본질적인 변화

사전 처리		사후 처리
표본조사	→	전수조사
질(Quality)		양(Quantity)
인과관계		상관관계

06 정답 ① 핵심 이론 016

Quick해설 개인 신용 평가는 점수 또는 등급을 활용하기 때문에 지도 학습을 해야 한다. 군집 분석은 비지도 학습의 한 종류이다.

07 정답 ④ 핵심 이론 022

Quick해설 가트너가 본 데이터 사이언티스트의 역량으로는 데이터 관리, 분석 모델링, 비즈니스 분석, 소프트 스킬이 있다.

08 정답 ① 핵심 이론 022

Quick해설 사이언티스트의 하드 스킬에는 빅데이터에 대한 이론적 지식, 분석 기술에 대한 숙련이 있다.
상세해설 하드 스킬과 소프트 스킬
- 하드 스킬(Hard Skill)
  - Machine Learning, Modeling, Data Technical Skill
  - 빅데이터에 대한 이론적 지식: 관련 기법에 대한 이해와 방법론 습득
  - 분석 기술에 대한 숙련: 최적의 분석 설계 및 노하우 축적
- 소프트 스킬(Soft Skill)
  - 통찰력 있는 분석: 창의적 사고, 호기심, 논리적 비판
  - 설득력 있는 전달: Storytelling, Visualization
  - 다분야 간 협력: Communication

09 정답 ③ 핵심 이론 004

Quick해설 데이터베이스의 특징으로는 통합 데이터(데이터가 중복되어 있지 않음), 저장 데이터, 공용 데이터, 변화되는 데이터가 있다.
상세해설 데이터베이스의 특징
- 통합 데이터(Integrated): 데이터베이스는 같은 내용의 데이터가 중복되어 있지 않다.
- 저장 데이터(Stored): 자기디스크나 자기테이프 등과 같이 컴퓨터가 접근할 수 있는 저장 매체에 저장된다.

- 공용 데이터(Shared): 여러 사용자에게 서로 다른 목적으로 데이터베이스의 데이터가 공동으로 이용된다.
- 변화되는 데이터(Changed): 새로운 데이터의 추가, 기존 데이터의 삭제, 갱신으로 항상 변화하면서도 항상 현재의 정확한 데이터를 유지해야 한다.

10 정답 ④ 핵심 이론 014

Quick해설 빅데이터를 통해 석탄과 철처럼 제조업뿐만 아니라 서비스 분야의 생산성을 획기적으로 끌어올릴 수 있을 것으로 기대한다.

상세해설 석탄, 철이 산업혁명을 통해 1차 산업혁명에서 2차 산업혁명으로 발전시키는 역할을 했던 것처럼 빅데이터는 제조업뿐만 아니라 서비스 분야의 생산성을 획기적으로 끌어올려 혁명적 변화를 가져올 것으로 기대한다. 우리 사회의 저변을 떠받치는 에너지원인 원유처럼 빅데이터는 각종 비즈니스, 공공기관 대국민 서비스 및 경제 성장에 필요한 '정보'를 제공하여, 산업 전반의 생산성을 향상시킬 것으로 기대한다.

2과목 데이터 분석 기획

11 정답 ② 핵심 이론 024

Quick해설 데이터 분석의 주제 유형에는 최적화, 솔루션, 통찰, 발견의 4가지가 있다.

상세해설 데이터 분석의 주제 유형

		분석 대상(What)	
		Known	Un-Known
분석 방법 (How)	Known	최적화(Optimization)	통찰(Insight)
	Un-Known	솔루션(Solution)	발견(Discovery)

12 정답 ④ 핵심 이론 043

Quick해설 주어진 내용은 분석 성숙도 중 IT 부문의 '확산 단계'에 대한 설명이다.

상세해설 데이터 분석 성숙도(IT 부문)
- 도입 단계: 데이터웨어 하우스, 데이터 마트, ETL, OLAP
- 활용 단계: 실시간 대시보드, 통계 분석 환경
- 확산 단계: 시뮬레이션/최적화, 빅데이터 관리 환경, 비주얼 분석, 분석 전용 서버
- 최적화 단계: 분석 협업 환경, 분석 Sandbox, 프로세스 내재화, 빅데이터 분석

13 정답 ① 핵심 이론 031

Quick해설 프로젝트 범위 정의서에는 비즈니스 이해 및 프로젝트 범위가 포함되어야 한다.

상세해설 프로젝트 범위 정의서와 작업 분할구조도
- 프로젝트 범위 정의서(SOW): 프로젝트 작업 요구 사항에 대한 설명서로, 고객의 요구 사항 및 프로젝트의 결과 등을 상세히 기술해 놓은 명세서
- 작업 분할구조도(WBS): 데이터 확보 계획, 빅데이터 분석 방법, 일정 계획, 예산 계획, 품질 계획, 인력구성 계획, 의사소통 계획 등 포함

14 정답 ② 핵심 이론 029

Quick해설 모델링 단계의 태스크로는 데이터 분할, 모델링 기법 선택, 모델링 작성, 모델 평가가 있다.

상세해설 CRISP-DM 6단계
CRISP-DM 6단계에는 '업무 이해 – 데이터 이해 – 데이터 준비 – 모델링 – 평가 – 전개'가 있다.
- 데이터 이해 작업: 초기 데이터 수집, 데이터 기술 분석, 데이터 탐색, 데이터 품질 확인
- 데이터 준비 작업: 분석용 데이터셋 선택, 데이터 정제, 데이터 통합, 데이터 포맷팅
- 모델링 작업: 데이터 분할, 모델링 기법 선택, 모델링 작성, 모델 평가

15 정답 ④ 핵심 이론 047

Quick해설 데이터 분석 문화 정착을 위해서는 분석 조직 및 인력에 대한 지속적인 교육과 훈련이 필요하다.

16 정답 ③ 핵심 이론 028

Quick해설 프로토타이핑 모형은 신속하게 해결책을 제시하는 모델로, 상향식 접근 방법을 활용한다. 하향식 접근 방법 모델로는 단계를 순차적으로 진행하는 폭포수 모델이 있다.

상세해설 하향식 접근 방식의 데이터 분석 기획 단계는 '문제 탐색 – 문제 정의 – 해결 방안 탐색 – 타당성 검토' 순으로 진행된다.

17 정답 ③ 📁 핵심 이론 046

Quick해설 주어진 내용은 집중형 구조에 대한 설명이다.
상세해설 데이터 분석을 위한 조직 구조
- 집중형 조직 구조: 조직 내 별도 독립적인 분석 전담 조직을 구성하며, 분석 전담 조직에서 회사의 모든 분석 업무를 담당한다. 전사 분석 과제의 전략적 중요도에 따라 우선순위를 정해 추진하고, 일부 협업 부서와 분석 업무가 중복 또는 이원화될 가능성이 있다.
- 기능 중심 조직 구조: 일반적인 분석 수행 구조로, 별도의 분석 조직을 구성하지 않고 각 업무 부서에서 직접 분석을 담당한다.
- 분산 조직 구조: 분석 조직의 인력들이 협업 부서에 배치되어 업무를 수행하는 구조로, 전사 차원에서 분석 과제의 우선순위를 선정해 수행하는 것이 가능하고 분석 결과를 신속하게 실무에 적용할 수 있다.

18 정답 ③ 📁 핵심 이론 031

Quick해설 빅데이터 분석 방법론의 분석 기획은 '비즈니스 이해 – 프로젝트 범위 설정 – 데이터 분석 프로젝트 정의 – 프로젝트 수행 계획 수립 – 데이터 분석 위험 식별 – 위험 대응 계획 수립' 단계로 진행된다.

19 정답 ③ 📁 핵심 이론 025

Quick해설 과제 중심적인 접근 방식에는 Speed & Test, Quick-Win, Problem Solving이 있다. Accuracy & Deploy는 마스터 플랜 단위 중장기 방안에 해당한다.
상세해설 목표 시점별 분석 기획 방안
- 과제 중심적인 접근방식: Speed & Test, Quick-Win, Problem Solving
- 마스터 플랜 단위 중장기 방안: Accuracy & Deploy, Long Term View, Problem Definition

20 정답 ① 📁 핵심 이론 034

Quick해설 상향식 접근 방법은 문제의 정의 자체가 어려운 경우에 사용한다.
상세해설 상향식 접근 방법은 문제의 정의 자체가 어려운 경우 사용하는 방식이고, 하향식 접근 방법은 문제가 확실할 때(= 분석 대상이 명확할 때), 문제가 주어졌을 때 해법을 찾기 위해 각 과정을 체계적으로 단계화해서 수행하는 방식이다.

3과목 데이터 분석

21 정답 ④ 📁 핵심 이론 083

Quick해설 전체 변이 공헌도 방법은 고윳값 평균 및 Scree Plot 방법보다 항상 더 나은 결과를 도출하는 것은 아니다. 주성분 개수 선택은 주어진 데이터와 분석 목적에 따라 적절한 방법을 선택해서 사용해야 한다.
상세해설 주성분 개수 선택은 주어진 데이터와 분석 목적에 따라 적절한 방법을 사용해야 한다.
- 전체 변이 공헌도 방법(누적 분산 비율 사용): 주어진 주성분의 개수에 따른 전체 변이의 설명 비율을 고려하여 주성분의 개수를 선택하는 방법
- 평균 고윳값 방법: 고윳값들의 평균을 구한 후 고윳값이 평균값 이상이 되는 주성분을 선택하는 방법
- Scree Plot: 그래프가 급격히 완만해지는 지점을 찾아 주성분의 개수를 정하는 방법

22 정답 ④ 📁 핵심 이론 055

Quick해설 주어진 내용은 층화 추출법에 대한 내용이다.
상세해설 ① 집락 추출(군집 추출): 모집단을 차이가 없는 여러 개의 집단(Cluster)으로 나누고, 이들 집단 중 몇 개를 선택한 후 선택된 집단 내에서 필요한 만큼의 표본을 임의로 선택하는 방법
② 계통 추출: 모집단 개체에 1, 2, ⋯, N이라는 일련번호를 부여한 후, 첫 번째 표본을 임의로 선택하고 일정 간격으로 다음 표본을 선택하는 방법
③ 단순 무작위 추출: 모집단의 각 개체가 표본으로 선택될 확률이 동일하게 추출되는 경우로, 모집단의 개체 수 N, 표본 수 n일 때 개별 개체가 선택될 확률은 n/N이다.

23 정답 ① 📁 핵심 이론 090

Quick해설 엔트로피지수는 불순도 측정 지표로, 그 값이 작을수록 순수도가 높은 것이다.
엔트로피지수는 $-\sum_{i=1}^{k} p_i \times \log_2(p_i)$로 계산한다.
상세해설 ② 지니지수 공식이다.
③ 맨해튼 거리 공식이다.
④ 시그모이드 공식이다.

24 정답 ③   핵심 이론 094

Quick해설 $F_{0.5}$는 재현율에 정밀도의 0.5배만큼 가중치를 부여하여 조화 평균을 구한다. 즉, 재현율이 1일 때 정밀도에 2의 가중치를 부여하여 조화 평균을 구한다.

상세해설 분류 모형 평가지표 – 오분류표

$$F_\beta = (1+\beta^2) \times \frac{\text{precision} \times \text{recall}}{(\beta^2 \times \text{precision}) + \text{recall}}$$

- F 뒤의 숫자는 재현율(Recall)에 부여하는 가중치를 주는 방식이다.
- F_2 Score는 재현율(Recall)에 정밀도(Precision)의 2배만큼 가중치를 부여한 정밀도와 재현율의 조화 평균이다.
- $F_{0.5}$ Score는 재현율(Recall)에 정밀도(Precision)의 0.5배만큼 가중치를 부여한 정밀도와 재현율의 조화 평균으로, 재현율과 정밀도의 가중치 비는 0.5 : 1 = 1 : 2이다. 즉, 정밀도에 2배의 가중치를 부여한 것이다.

25 정답 ①   핵심 이론 051

Quick해설 wage의 최솟값이 20.09이며, education은 범주형 변수로 최솟값을 알 수 없다.

26 정답 ③   핵심 이론 096

Quick해설 계층적 군집 방법의 종류에는 최단연결법, 최장연결법, 중심연결법, 평균연결법, 와드(Ward)연결법이 있다.

상세해설 ① 와드연결법: 계층적 군집 내의 오차(편차) 제곱합(Error Sum of Square)에 기초하여 군집을 수행하는 군집 방법
② 평균연결법: 모든 항목에 대한 거리 평균을 구하면서 군집화하는 방법
④ 중심연결법: 두 군집의 중심 간의 거리를 측정하여 중심끼리 연결하는 방법

27 정답 ②   핵심 이론 085

Quick해설 분해 시계열의 분해 요인에는 추세 요인, 계절 요인, 순환 요인, 불규칙 요인이 있다.

상세해설 ① 추세 요인: 자료의 그림을 그렸을 때 그 형태가 오르거나 내리는 등 자료가 어떤 특정한 형태를 취하는 경우
③ 계절 요인: 계절에 따른 고정된 주기에 따라 자료가 변화하는 경우
④ 불규칙 요인: 추세 요인, 계절 요인, 순환 요인의 세 가지 요인으로 설명할 수 없는 회귀 분석에서 오차에 해당하는 요인에 의해 발생하는 경우

28 정답 ④   핵심 이론 096

Quick해설 주어진 수식은 민코프스키 거리이다.

상세해설 ④ 민코프스키 거리는 차수와 함께 사용되며, 일반적으로 사용되는 거리 차수(p)는 1과 2이다. $p=2$이면 유클리드 거리(Euclidean Distance), $p=1$이면 맨해튼 거리(Manhattan Distance)이다.
① 유클리드 거리: 두 점 사이의 직선 거리로, 가장 직관적이고 일반적인 거리의 개념이다.
② 마할라노비스 거리: 변수의 표준화와 함께 변수 간의 상관성을 동시에 고려한 통계적 거리 개념이다.
③ 맨해튼 거리: 두 점의 성분별 차의 절댓값의 합을 구하는 거리 개념이다.

29 정답 ②   핵심 이론 090

Quick해설 분류용 불순도의 측정 지표에는 지니지수, 엔트로피지수, 카이제곱통계량의 유의확률 등이 있다. 퍼셉트론(Perceptron)은 인공신경망과 관련된 용어이다.

30 정답 ③   핵심 이론 081

Quick해설 공분산이 아닌, 공분산의 x, y의 표준편차의 곱으로 나눈 값인 상관계수는 −1∼1의 값을 갖는다.

상세해설 공분산
- 공분산은 단위 표준화가 되지 않은 것으로, 음수와 양수의 한계가 정해져 있지 않다.
- 공분산의 x, y의 표준편차의 곱으로 나눈 값인 상관계수는 −1∼1의 값을 갖는다.
- 모집단의 공분산은
$$cov(x, y) = \frac{\sum_{i=1}^{N}(x-\mu_x)(y-\mu_y)}{N}$$ 이므로, $E[(x-E[x])(y-E[y])]$와 같이 표현할 수 있다.

31 정답 ②   핵심 이론 070

Quick해설 카이제곱검정에서 기댓값과 관측값의 차이가 클수록 검정통계량 값은 증가하며 유의확률은 작아진다.

상세해설

$$x^2 = \sum_{i=1}^{k} \frac{(O_i - E_i)^2}{E_i}$$

검정통계량은 기댓값과 관측값의 차이의 제곱을 관측값으로 나누어 더한 것이므로 기댓값과 관측값의 차이가 클수록 증가하며, 검정통계량이 증가할수록 유의확률은 작아지게 된다.

32 정답 ①   📁 핵심 이론 094

Quick해설 주어진 오분류표에서 Recall 값을 구하면
$\frac{TP}{TP+FN} = \frac{30}{30+70} = \frac{3}{10}$ 이다.

상세해설 Recall(=Sensitivity, TP Rate)은 실제 True인 것 중에서 맞춘 것의 비율을 의미하고, $\frac{TP}{TP+FN} = \frac{30}{30+70} = \frac{3}{10}$ 이다.

33 정답 ②   📁 핵심 이론 062

Quick해설 [0, 1] 범위에서 균등한 확률을 갖는 분포는 연속균등분포이며, 기댓값은 x의 범위 중간값인 0.5가 된다.

상세해설 주어진 확률밀도 함수는 [0, 1] 범위에서 균등한 확률을 갖는 '연속균등분포'이며, 균일 확률분포의 경우 기댓값은 x의 범위 중간값인 0.5가 된다.

연속균등분포의 기댓값은 $E(x) = \frac{a+b}{2}$ (a, b는 범위)이다.

34 정답 ④   📁 핵심 이론 080

Quick해설 주어진 내용은 스케일링(Scaling)에 대한 설명이다.

상세해설 데이터 스케일링(Scaling)은 분석에 사용되는 변수들에 사용 단위가 다를 때 데이터를 같은 기준으로 만드는 방법으로 정규화(Normalization)와 표준화(Standardization)가 있다.

35 정답 ②   📁 핵심 이론 073

Quick해설 결정계수는 회귀 모형의 설명력을 표현한다.

상세해설 정규성 검정 방법에는 히스토그램, Q–Q Plot(선상에 점들이 위치), 첨도와 왜도(첨도=0, 왜도=0), Kolmogorov–Smirnov Test, Shapiro–Wilk Test, Anderson Darling Test 등이 있다. 결정계수는 정규성 검정 방법이 아니라 회귀 모형의 설명력을 표현하는 것으로, 1에 가까울수록 설명력이 높다고 볼 수 있다.

36 정답 ①   📁 핵심 이론 075

Quick해설 회귀 모형이 통계적으로 유의미한가에 사용하는 검정통계량은 F 통계량이다.

상세해설 회귀 모형의 해석

- '모형이 통계적으로 유의미한가?'는 F 통계량의 유의확률(p–value)로 확인한다.
- '회귀계수들이 유의미한가?'는 회귀계수의 t값에 대한 유의확률(p–value)로 확인한다.

37 정답 ③   📁 핵심 이론 056

Quick해설 비율척도는 순서, 차이, 비율 계산이 모두 가능하고, 절대적인 0이 존재하는 척도이기 때문에 다른 척도보다 더 많은 데이터 종류와 정보를 포함할 수 있다.

상세해설 데이터 특성에 따른 분류

- 명목척도, 서열척도: 제한된 가짓수의 범주를 갖는 척도로 명목척도는 순위가 없고, 서열척도는 항목 간 서열·순위가 존재한다.
- 등간척도: 순위를 부여하되 순위 사이의 간격이 동일하여 양적인 비교가 가능하고, 절대 0점이 존재하지 않는다.
- 비율척도: 절대 0점이 존재하여 측정값 사이의 비율 계산이 가능한 척도이다.

38 정답 ②   📁 핵심 이론 091

Quick해설 앙상블 모형의 종류로는 보팅(Voting), 배깅(Bagging), 부스팅(Boosting), 랜덤 포레스트(Random Forest), 스태킹(Stacking) 등이 있다.

상세해설 앙상블(Ensemble) 기법

- 여러 개의 분류 모형에 의한 결과를 종합하여 분류의 정확도를 높이는 방법이다.
- 성능을 분산시키기 때문에 과적합(Overfitting) 감소 효과가 있다.
- 앙상블 모형의 종류로는 보팅(Voting), 배깅(Bagging), 부스팅(Boosting), 랜덤 포레스트(Random Forest), 스태킹(Stacking) 등이 있다.
- 앙상블 기법은 일반적으로 상호 연관성이 낮은 모델을 결합할 때 가장 효과적이다.

39 정답 ③   핵심 이론 058

Quick해설 독립 사건의 합집합은
$P(A \cup B) = P(A) + P(B) - P(A \cap B)$
$= P(A) + P(B) - P(A) \cdot P(B)$ 이다.

상세해설 ④ 근원사건(Elementary Event): 표본공간에서의 원소가 한 개일 때 이를 근원사건(Elementary Event)이라고 하며, 이는 표본 공간의 최소 단위이며 다른 사건들로 더 이상 나눌 수 없는 단순한 사건을 말한다.

40 정답 ③   핵심 이론 066

Quick해설 귀무가설이 참인데 기각해서 발생하는 오류는 제1종 오류이다.

상세해설 가설검정
- 제1종 오류: 귀무가설이 참인데 기각하여 발생하는 오류
- 제2종 오류: 귀무가설이 거짓인데 채택하여 발생하는 오류

41 정답 ④   핵심 이론 098

Quick해설 K-means 군집을 하려면 초기군집을 중심으로 K개의 객체를 임의 방식으로 선택해야 한다.

상세해설 군집 분석 - K-means
- K-means 방법은 사전에 군집의 수 K(K: hyper parameter)를 정해야 한다.
- 군집 수 K가 원 데이터 구조에 적합하지 않으면 좋은 결과를 얻을 수 없다.
- 알고리즘이 단순하며 빠르게 수행되므로 계층적 군집보다 많은 양의 자료를 처리한다.
- K-means 군집은 잡음이나 이상값에 영향을 받기 쉽다.
- K-means 군집은 볼록(Convex)한 형태의 군집을 가정하므로 비볼록(Non-convex)한 형태의 군집이 존재하면 성능이 떨어진다.

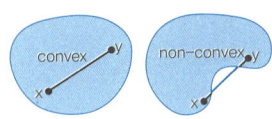

42 정답 ①   핵심 이론 071

Quick해설 $y = f(x)$에서 y는 종속변수(= 반응변수)이며, x가 설명변수이다.

상세해설 독립변수와 종속변수
- 독립변수: 입력값이나 원인을 나타내는 변수로, $y = f(x)$에서 x에 해당하는 것이다.
- 종속변수: 독립변수의 영향을 받아 값이 변화하는 수로, 분석의 대상이 되는 변수이며 결과물이나 효과를 나타내는 변수로, $y = f(x)$에서 y에 해당하는 것이다.

43 정답 ④   핵심 이론 085

Quick해설 ARIMA(p, d, q)에서 p는 AR 모형 차수, d는 차분, q는 MA 모형 차수일 때, 차분을 나타내는 d 차수만큼 차분하면 정상 시계열이 된다.
- ARIMA(1, 2, 3): 2번 차분해서 ARMA 모형이 될 수 있다.
- ARIMA(0, 1, 3): IMA(1, 3) 모형이고 이것을 1번 차분하면 MA(3) 모형이 된다.
- ARIMA(2, 3, 0): ARI(2, 3) 모형이고, 이것을 3번 차분하면 AR(2) 모형이 된다.

44 정답 ①   핵심 이론 081

Quick해설 피어슨 상관계수가 0이면 선형관계가 없는 것이며, -1 또는 1에 가까울수록 높은 선형성이 있음을 알 수 있다.

상세해설 상관계수의 이해
- 상관계수는 두 변수의 관련성의 정도를 의미한다(-1~1의 값으로 나타냄).
- 두 변수의 상관관계가 존재하지 않으면 상관계수는 0으로 나타낸다.
- 상관관계가 높다고 인과관계가 있다고 할 수는 없다.
- 피어슨 상관계수와 스피어만 상관계수가 있다.
- 피어슨 상관계수는 두 변수 간의 선형적인 크기만 측정 가능하며 스피어만 상관계수는 두 변수 간의 비선형적인 관계도 나타낼 수 있다.

45 정답 ①   핵심 이론 084

Quick해설 정상성은 시계열의 평균과 분산에 체계적인 변화가 없고 주기적인 변동이 없다. 즉, 일정하다는 것을 의미한다.

상세해설 정상성(Stationary)
- 정상성은 시계열의 수준과 분산에 체계적인 변화가 없고, 주기적 변동이 없다는 것을 의미한다.
- 미래는 확률적으로 과거와 동일하다.
- 평균은 모든 시점(시간 t)에 대해 일정하다. $E(x_t) = \mu$
- 분산은 모든 시점(시간 t)에 대해 일정하다. $Var(x_t) = \sigma^2$
- 공분산은 시점(시간 t)에 의존하지 않고, 단지 시차에만 의존한다. $Cov(x_{t+h}, x_t) = Y_h$

46 정답 ②　　　🗂 핵심 이론 075

Quick해설　회귀계수가 통계적으로 유의미한지에 대해 고려한다.

상세해설　회귀 모형 해석 방법

- 모형이 통계적으로 유의미한가? → F 통계량의 유의확률로 확인
- 회귀계수들이 유의미한가? → 회귀계수의 t값에 대한 유의확률로 확인
- 모형이 얼마나 설명력을 갖는가? → 결정계수로 확인
- 모형이 데이터를 잘 적합하고 있는가? → 잔차 그래프를 그려 회귀 진단 수행
- 데이터가 모형 가정을 만족시키는가? → 모형 가정(선형성, 독립성, 등분산성, 비상관성, 정상성) 확인

47 정답 ③　　　🗂 핵심 이론 072

Quick해설　등분산성은 독립변수의 모든 값에 대해 잔차항들의 분포는 동일한 분산을 갖는다는 것이다.

상세해설　선형회귀 분석의 가정

- 선형성: 독립변수의 변화에 따라 종속변수도 변화하는 선형(Linear) 모형이다.
- 독립성: 잔차와 독립변수의 값이 관련되어 있지 않다(Durbin-Watson 통계량 확인).
- 정규성(Normality): 잔차항이 정규분포를 이루어야 한다.
- 등분산성: 독립변수의 모든 값에 대해 잔차항들의 분포는 동일한 분산을 갖는다
- 비상관성: 관측치들의 잔차들끼리 상관이 없어야 한다.

48 정답 ①　　　🗂 핵심 이론 093

Quick해설　주어진 내용은 기울기 소실 문제에 대한 설명이다. 기울기 소실 문제는 다층신경망에서 역전파 알고리즘이 입력층으로 갈수록 Gradient가 점차적으로 작아져 0에 수렴하여, weight가 업데이트(갱신)되지 않아 학습도 되지 않는 현상을 말한다.

상세해설　② Local Minima 문제: Global minimum이 찾으려고 하는 최적해일 때 Local minimum을 만나게 되면 그곳이 최적의 해가 있는 위치로 인지하고 학습을 멈추게 되는 문제이다.
③ 경사 하강법: 함수 기울기를 낮은 쪽으로 계속 이동시켜 극값에 이를 때까지 반복시키는 것이다.
④ 과대적합(Overfitting): 학습 데이터에 심취한 학습을 하여 학습 데이터에 대해서는 높은 성능을 보이지만, 학습 데이터가 아닌 다른 데이터에서는 성능이 좋지 않은 상태이다.

49 정답 ③　　　🗂 핵심 이론 075

Quick해설　Time 변수가 1 증가할 때마다의 weight의 평균 증가량은 Time 변수의 회귀계수(Estimate)와 같다. Time 변수의 회귀계수는 8.8030이다.

상세해설　① F-statistic의 p-value가 <2.2e-16으로 0.05보다 작으므로 회귀 모형은 유의하다.
② 종속변수는 weight이고, 독립변수는 Time이다.
④ Time 변수의 p-value가 <2e-16이므로 유의수준 5% 하에서 유의하다.

50 정답 ②　　　🗂 핵심 이론 093

Quick해설　탄젠트(tanh) 함수는 -1~1의 범위를 갖는다.

상세해설　탄젠트(tanh) 함수는 함수의 중심점을 0으로 옮겨 시그모이드(sigmoid)의 문제인 최적화 과정에서 느려지는 것을 해결하며 연속형 -1~1의 범위를 갖는다.

정답과 해설 | 제41회 기출 복원 모의고사

정답 확인

01	②	02	①	03	④	04	②	05	①
06	④	07	③	08	②	09	①	10	④
11	②	12	③	13	④	14	①	15	②
16	③	17	①	18	③	19	①	20	②
21	②	22	④	23	①	24	④	25	①
26	④	27	①	28	②	29	①	30	④
31	①	32	④	33	③	34	①	35	③
36	②	37	①	38	④	39	①	40	②
41	①	42	②	43	④	44	②	45	③
46	②	47	④	48	①	49	②	50	④

1회독

영역	맞은 개수
데이터 이해	/ 10
데이터 분석 기획	/ 10
데이터 분석	/ 30
합계	/ 50

2회독

영역	맞은 개수
데이터 이해	/ 10
데이터 분석 기획	/ 10
데이터 분석	/ 30
합계	/ 50

3회독

영역	맞은 개수
데이터 이해	/ 10
데이터 분석 기획	/ 10
데이터 분석	/ 30
합계	/ 50

1과목 데이터 이해

01 정답 ②   📁 핵심 이론 003

Quick해설 DIKW는 각각 Data, Information, Knowledge, Wisdom을 의미한다. ②는 Information을 의미한다.

상세해설
- 데이터(Data): 타 데이터와의 상관관계가 없는 가공하기 전의 순수한 수치나 기호이다.
- 정보(Information): 데이터의 가공 및 상관관계 간의 이해를 통해 패턴을 인식하고, 그 의미를 부여한 데이터이다.
- 지식(Knowledge): 상호 연결된 정보 패턴을 이해하여 이를 토대로 예측한 결과물이다.
- 지혜(Wisdom): 근본 원리에 대한 깊은 이해를 바탕으로 도출되는 아이디어이다.

02 정답 ①   📁 핵심 이론 009, 010

Quick해설 주어진 내용은 SCM에 대한 설명이다. SCM은 제조, 물류, 유통 업체 등 유통 공급망에 참여하는 모든 업체들의 협력을 바탕으로 정보기술(Information Technology)을 활용하여 재고를 최적화하기 위한 솔루션이다.

상세해설
② ERP(Enterprise Resource Planning): 제조업을 포함한 다양한 비즈니스 분야에서 생산, 구매, 재고, 주문, 공급자와의 거래, 고객 서비스 제공 등 주요 프로세스 관리를 돕는 여러 모듈로 구성된 통합 애플리케이션 소프트웨어 패키지이다.
③ CRM(Customer Relationship Management): 고객별 구매이력 데이터베이스를 분석하여 고객에 대한 이해를 돕고 이를 바탕으로 각종 마케팅 전략을 통해 보다 높은 이익을 창출할 수 있는 솔루션이다.
④ OLTP(On-Line Transaction Processing): 주 컴퓨터와 통신 회선으로 접속된 복수의 사용자 단말에서 발생한 트랜잭션을 주 컴퓨터에서 처리하여 그 결과를 사용자에 되돌려 보내 주는 처리 형태이다.

03 정답 ④   📁 핵심 이론 022

Quick해설 데이터 사이언티스트의 역량 중 통찰력에 해당하는 것에는 창의적 사고, 호기심, 논리적 비판이 있다.

상세해설 데이터 사이언티스트가 갖추어야 하는 스킬
- 하드 스킬: Machine Learning, Modeling, Data Technical Skill, 빅데이터에 대한 이론적 지식, 분석 기술에 대한 숙련
- 소프트 스킬
  - 통찰력 있는 분석: 창의적 사고, 호기심, 논리적 비판
  - 설득력 있는 전달: Storytelling, Visualization
  - 다분야 간 협력: Communication

04 정답 ②   📁 핵심 이론 022

Quick해설 데이터 사이언티스트가 갖춰야 할 소프트 스킬에는 통찰력 있는 분석 능력, 팀 협업 능력, 설득력 있는 전달이 있다.

05 정답 ①   📁 핵심 이론 017

Quick해설
가. 사생활 침해 – 정보 제공자의 동의제에서 정보 사용자의 책임제로 전환
나. 책임 원칙의 훼손 – 기존 책임 원칙의 강화
다. 데이터 오용 – 알고리즘에 대한 접근권 허용 및 객관적 인증 방안 도입

06 정답 ④   📁 핵심 이론 015

Quick해설 빅데이터의 가치 산정이 어려운 이유로는 데이터의 활용 방식, 새로운 가치 창출, 분석 기술의 발달이 있다.

상세해설 빅데이터의 가치 산정이 어려운 이유
- 데이터의 활용 방식: 재사용이나 재조합, 다목적용 데이터 개발 등이 일반화되면서 특정 데이터를 언제, 어디서, 누가 활용할지 알 수 없다.
- 새로운 가치 창출: 데이터가 기존에 없던 가치를 창출함에 따라 그 가치를 측정하기 어렵다.
- 분석 기술의 발달: 분석 기술의 발달로 지금은 가치 없는 데이터도 새로운 분석 기법의 등장으로 거대한 가치를 만들어 내는 재료가 될 가능성이 있다.

07 정답 ③   📁 핵심 이론 002

Quick해설 주어진 내용은 콘텐츠(Contents)에 대한 설명이다. 형식지는 콘텐츠와 유사한 개념이지만 좀 더 포괄적이거나 학문적 맥락에서 사용될 수 있는 용어이다. 정확한 문제의 맥락에 따라 답이 달라질 수 있으므로 주의해야 한다.

상세해설 콘텐츠와 형식지
- 콘텐츠(Contents): 정보, 아이디어 또는 감정을 전달하기 위해 만들어진 다양한 형식의 표현물을 의미한다. 콘텐츠는 디지털 또는 아날로그 형식으로 존재할 수 있으며, 텍스트, 이미지, 비디오, 오디오 등 다양한 미디어 형태를 포함할 수 있다. 콘텐츠의 목적은 사용자나 청중에게 특정 메시지를 전달하거나, 정보를 제공하거나, 엔터테인먼트를 제공하는 것에 있다.

- 형식지(Explicit Knowledge): 쉽게 전달되고 공유될 수 있는 형태로 표현된 지식을 의미한다. 형식지는 문서, 책, 데이터베이스, 매뉴얼, 교육 자료 등으로 구체적으로 기록되고 구조화된 지식이다.

08 정답 ② 📁 핵심 이론 023

Quick해설 가치 패러다임은 'Digitalization – Connection – Agency' 순서로 진행된다. 즉, '다 – 가 – 나' 순서로 진행된다.

상세해설 가치 패러다임의 변화

- 디지털화(Digitalization)
  - 아날로그의 세상을 디지털화한다.
  - 운영체제 및 워드, 파워포인트와 같은 오피스 프로그램 등의 디지털화의 도구를 제공한다.
- 연결(Connection)
  - 인터넷의 등장으로 디지털화된 정보와 대상들은 서로 연결되기 시작한다.
  - 인터넷 세계의 웹 사이트들을 효과적으로 분류해서 연결한다(구글).
- Agency
  - 복잡한 연결을 얼마나 효과적이고 믿을 만하게 관리해주는가?
  - 빅데이터를 빠르고 정확하게 처리해 개인과 기기와 사물들이 맺고 있는 하이퍼 연결을 효과적이고 효율적으로 관리한다.
  - 디지털 시계(갤럭시 기어), 디지털 안경(구글 글래스)

TIP
알파벳 역순(D – C – A)을 기억하세요.

09 정답 ① 📁 핵심 이론 015

Quick해설 빅데이터의 변화는 사전 처리에서 사후 처리로 변화하였다.

상세해설 빅데이터가 만들어 내는 본질적인 변화

사전 처리		사후 처리
표본조사	→	전수조사
질(Quality)		양(Quantity)
인과관계		상관관계

TIP
사전, 표본, 질, 인과 4개의 단어가 사후, 전수, 양, 상관이라는 단어로 변화한 것임을 꼭 기억해 주세요!

10 정답 ④ 📁 핵심 이론 017

Quick해설 '데이터 분석 알고리즘으로 인해 피해를 입은 사람을 구제하는 전문가'는 알고리즈미스트이다.

상세해설 ①, ②, ③ 데이터 엔지니어, 데이터 분석가, 데이터 사이언티스트는 변호인의 업무를 하지 않는다.

2과목 데이터 분석 기획

11 정답 ② 📁 핵심 이론 024

Quick해설 분석 대상은 모르고, 분석 방법만 알 때에는 통찰(Insight)을 사용한다.

상세해설 분석 주제 유형 4가지

		분석 대상(What)	
		Known	Un-Known
분석 방법 (How)	Known	최적화(Optimization)	통찰(Insight)
	Un-Known	솔루션(Solution)	발견(Discovery)

12 정답 ③ 📁 핵심 이론 031

Quick해설 위험의 대응 방법으로는 회피(Avoid), 전이(Transfer), 완화(Mitigate), 수용(Accept)이 있다.

상세해설 프로젝트 위험 계획 수립

- 식별된 위험은 상세한 정량적·정성적 분석을 통해 위험 대응 방안을 수립한다.
- 위험에 대한 대응 방법에는 회피(Avoid), 전이(Transfer), 완화(Mitigate), 수용(Accept)이 있다.

13 정답 ④ 📁 핵심 이론 029

Quick해설 KDD에서 이상값, 잡음을 식별하고 필요시 제거하는 단계는 데이터 전처리 단계이다.

상세해설 KDD 5단계

- 데이터셋 선택: 분석 대상의 비즈니스 도메인에 대한 이해와 프로젝트 목표를 정확하게 설정한다.
- 데이터 전처리: 데이터셋에 포함된 잡음(Noise), 이상값(Outlier), 결측치(Missing Value)를 식별하고 필요할 때 제거한다.
- 데이터 변환: 분석 목적에 맞는 변수를 선택하고, 데이터의 차원을 축소한다.
- 데이터 마이닝: 분석 목적에 맞는 데이터 마이닝 기법 및 알고리즘을 선택한다.

- 데이터 마이닝 결과 평가: 분석 결과에 대한 해석과 평가, 분석 목적과의 일치성을 확인한다.

14 정답 ① 📁 핵심 이론 035

Quick해설 외부 참조 모델 기반 문제 탐색 단계에서 유사·동종 사례 벤치마킹을 통해 분석 기회를 발굴한다.
상세해설 ③ 비즈니스 모델 기반 문제 탐색: 비즈니스 모델 캔버스를 활용하여 가치가 창출될 문제를 누락 없이 도출할 수 있다.
④ 분석 유즈케이스 정의: 풀어야 할 문제에 대한 상세 설명 및 해당 문제를 해결했을 때 발생하는 효과를 명시하고, 향후 데이터 분석 문제로의 전환 및 적합성 평가에 활용한다.

15 정답 ② 📁 핵심 이론 036

Quick해설 상향식 접근 방식(Bottom Up Approach)은 비지도 학습(Unsupervised Learning) 방법에 의해 수행된다.
상세해설 분석 과제 발굴의 상향식 접근 방식
- 문제의 정의 자체가 어려운 경우 상향식 접근 방식을 사용한다.
- 데이터를 기반으로 문제의 재정의 및 해결 방안을 탐색하고 이를 지속적으로 개선하는 방식이다.
- 인사이트 도출 후 반복적인 시행착오를 통해 수정하며 문제를 도출하는 일련의 과정이다.
- 디자인 사고(Design Thinking)의 발산 단계에 해당한다.
- 상향식 접근 방식의 데이터 분석은 비지도 학습(Unsupervised Learning) 방법에 의해 수행된다.

16 정답 ③ 📁 핵심 이론 037

Quick해설 주어진 내용은 조달에 대한 설명이다.
상세해설 분석 프로젝트의 관리 영역에서 유의해야 할 요소
분석 프로젝트의 관리 영역에서 유의해야 할 10개 요소에는 '시간, 범위, 품질, 통합, 이해관계자, 자원, 원가, 리스크, 조달, 의사소통'이 있다.
- 원가: 개발 예산과 원가통제의 진척 상황을 관찰하는 데 요구되는 프로세스이다.
- 통합: 프로젝트와 관련된 다양한 활동과 프로세스를 도출, 정의, 결합, 단일화, 조정, 통제, 종료에 필요한 프로세스이다.
- 범위: 분석의 최종 결과물이 분석 보고서 형태인지 시스템인지에 따라 투입되는 자원 및 범위가 크게 변경되므로 사전에 충분한 고려가 필요하다.

17 정답 ① 📁 핵심 이론 046

Quick해설 비즈니스의 최종 의사결정은 최고 경영자(CEO) 또는 이사회 등에서 하게 된다.
상세해설 데이터 분석을 위한 조직의 역할
- 기업 내부 및 외부에 존재하는 데이터를 활용해 분석을 수행한다.
- 전사 분석 과제를 발굴 및 구체화하고 과제 적용을 위한 우선순위를 정한다.
- 고급 통계기법을 이해하여 다양한 분석 모형을 설계하고 검증한다.
- 조직 내 분석 문화 확산을 위해 교육 및 변화 관리 활동을 수행한다.
- 분석 조직 구조에는 집중형, 분산형, 기능 중심형 조직 구조가 있다.

18 정답 ③ 📁 핵심 이론 044

Quick해설 주어진 내용은 도입형에 대한 설명이다. 도입형은 기업에서 활용하는 분석 업무, 기법 등은 부족하지만 적용 조직 등 준비도가 높아 바로 도입할 수 있는 기업이다.
상세해설 ① 정착형: 준비도는 낮으나 조직, 인력, 분석 업무, 분석 기법 등을 기업 내부에서 제한적으로 사용하고 있어 1차적으로 정착이 필요한 기업
② 준비형: 기업에 필요한 데이터, 인력, 조직, 분석 업무, 분석 기법 등이 적용되어 있지 않아 사전 준비가 필요한 기업
④ 확산형: 기업에 필요한 6가지 분석 구성 요소를 갖추고 있고, 현재 부분적으로도 도입되어 지속적 확산이 필요한 기업

19 정답 ① 📁 핵심 이론 041

Quick해설 데이터 분석 유효성 입증을 위하여 과제 파일럿 테스트(파일럿 프로젝트 수행), 성과 측정, 피드백 수집 및 개선을 추진할 수 있다.
상세해설 이행계획 수립
- 데이터 분석 체계 도입: 목표 설정, 데이터 수집 및 정리, 인프라 구축, 팀 구성 및 교육
- 데이터 분석 유효성 입증: 과제 파일럿 테스트(파일럿 프로젝트 수행), 성과 측정, 피드백 수집 및 개선
- 데이터 분석 확산과 고도화: 확산 전략 수립, 고급 분석 도입, 지속적인 모니터링 및 최적화

20 정답 ②   📁 핵심 이론 042

Quick해설 분석 거버넌스 체제 구성 요소에는 Process, Organization, System, Human Resource, Data가 있다.

상세해설 • Process: 과제 기획, 운영 프로세스
- Organization: 분석 기획, 관리 및 추진 조직
- System: 분석 관련 IT 시스템, 프로그램
- Human Resource: 분석 관련 교육, 마인드 육성 체계
- Data: 데이터 거버넌스

3과목 데이터 분석

21 정답 ②   📁 핵심 이론 054

Quick해설 결측값을 데이터의 평균으로 대치하는 방법은 평균 대치법이다.

상세해설 결측값을 처리하는 방법 중에는 단순 대치법이 있는데, 그중 완전히 응답한 개체 분석(완전 사례 분석)에 대한 설명이다. 완전히 응답한 개체 분석은 불완전한 자료를 모두 무시하는 방법으로, 부분적으로 관측된 자료를 무시하기 때문에 효율성 상실, 통계적 추론의 타당성 문제가 존재한다.

22 정답 ④   📁 핵심 이론 054

Quick해설 결측값을 해결하는 과정에서 데이터가 왜곡될 수 있는데, 이에 대한 문제는 완전하게 해결되지 못했다.

상세해설 결측치(Missing Value)
- 결측값을 포함한 데이터는 데이터 전처리 비용이 증가하고 품질을 저하시킨다(결측치가 있는 데이터는 학습이 불가하므로 전처리 없이는 학습 자체가 불가능함).
- 결측값은 데이터의 입력이 되지 않는 것으로 NA, NaN 등으로 표시된다(0, 공백 문자는 결측값이 아님).
- 결측값을 포함한 경우 학습을 수행할 수 없다.
- 결측값을 해결하는 과정에서 데이터가 왜곡될 수 있다.

23 정답 ①   📁 핵심 이론 068

Quick해설 모수 검정은 분포를 가정하며 값의 절대량에 의존한다.

24 정답 ④   📁 핵심 이론 057

Quick해설 중앙값은 이상값에 영향을 받지 않는다.

상세해설 ④ 중앙값은 자료를 크기 순서대로 배열했을 때 중간에 위치하는 값으로, 이상값에 민감하게 반응하지 않는다.
② 분산은 '평균'으로 산포를 측정하는 값으로, 데이터 포인트들이 평균값으로부터 얼마나 멀리 퍼져 있는지를 나타내는 척도이며 각 데이터 포인트와 평균과의 차이를 제곱하여 평균낸 값이다.
③ 평균절대편차는 각 데이터 값과 전체 데이터의 평균과의 차이의 절댓값을 평균낸 것으로, 데이터 값들이 평균으로부터 얼마나 떨어져 있는지를 나타내는 산포의 척도이다.

25 정답 ①   📁 핵심 이론 056

Quick해설 명목척도에 대한 설명이다. 명목척도는 단순히 측정 대상의 특성을 분류하거나 확인하기 위한 목적으로 숫자로 바꾸어도 그 값이 크고 작음을 나타내지 않고 범주를 표시한다.

상세해설 ② 서열(순위)척도: 항목 간에 서열이나 순위가 존재하는데, 대소 또는 높고 낮음 등의 순위만 제공할 뿐 양적인 비교는 할 수 없는 척도이다.
③ 비율척도: 절대 0점이 존재하여 측정값 사이의 비율 계산이 가능한 척도이다.
④ 구간(등간)척도: 절대 0점이 존재하지 않으며, 양적인 비교가 가능한 척도이다.

26 정답 ④   📁 핵심 이론 072

Quick해설 잔차와 관련된 회귀 모형의 가정에는 '독립성, 정규성, 등분산성, 비상관성'이 있다.

상세해설 회귀 모형의 가정에서 오차항에 관련된 것
- 정규성(Normality): 잔차항이 정규분포를 이뤄야 한다.
- 독립성: 잔차와 독립변수의 값이 관련되어 있지 않다.
- 비상관성: 잔차들끼리 상관이 없어야 한다.
- 등분산성: 잔차항들의 분포는 동일한 분산을 갖는다.

27 정답 ①   📁 핵심 이론 051

Quick해설 자료의 개수는 Tree 변수의 범주별 개수를 모두 더해 구한다. 즉, 7×5=35개이다.

상세해설 ② summary의 결과를 보면 Tree 변수에 5가지가 있음을 알 수 있다.
③ 나무 둘레의 중앙값은 circumference의 Median 값을 보아 115.0인 것을 알 수 있다.

④ 나무 나이의 평균은 age의 Mean 값을 보아 922.1인 것을 알 수 있다.

28 정답 ②   📁 핵심 이론 079

Quick해설 주어진 회귀 모형에서 자료의 개수는 48+1+1=50개이다.

상세해설 회귀 분석 결과 해석
- 자료의 개수는 48+1+1=50이다($n=df+k+1$, k: 독립변수의 개수, df: 자유도).
- F 통계량에 대한 p-value가 1.49e-12로 0.05보다 작기 때문에 모형은 통계적으로 유의미하다.
- speed 변수의 회귀계수(estimate)는 3.9324이며 t값에 대한 p-value가 1.49e-12이므로 통계적으로 유의미하다.

29 정답 ①   📁 핵심 이론 054

Quick해설
- CompPrice: IQR=Q3-Q1=135-115=20
- lower=Q1-1.5×IQR, upper=Q3+1.5×IQR
- lower=115-30=75, upper=135+30=165

따라서 upper보다 더 큰 값인 175가 존재하므로 이상치가 있을 것으로 의심된다.

30 정답 ④   📁 핵심 이론 052

Quick해설 수면시간이 줄어든 사람의 수는 알 수 없다.

31 정답 ①   📁 핵심 이론 076

Quick해설 다중공선성은 회귀계수의 분산을 증가시켜 불안정하고 해석하기 어렵게 만들기 때문에 문제가 될 수 있다.

상세해설 다중공선성 및 변수 선택법
- 모형의 일부 설명변수(=예측변수)가 다른 설명변수와 상관되어 있을 때 발생한다.
- 중대한 다중공선성은 회귀계수의 분산을 증가시켜 불안정하고 해석하기 어렵게 만들기 때문에 문제가 된다.
- 높은 상관관계가 있는 설명변수를 모형에서 제거하는 것으로 해결할 수 있다.
- 단계적 회귀 분석 및 주성분 분석을 이용하는 방법으로 해결할 수 있다.
- 표본의 크기가 작을 때 변수 간의 상관관계를 더 정확하게 파악하기 어려울 수 있으며, 이로 인해 다중공선성을 예측하거나 다루는 것이 더 어려울 수 있다.

32 정답 ④   📁 핵심 이론 076, 077

Quick해설 Lasso는 회귀계수를 0으로 만들 수 있기 때문에 변수 선택이 가능하다.

상세해설 규제 모형을 활용한 변수 선택
- Lasso는 회귀계수를 0으로 만들 수 있지만, Ridge는 회귀계수를 0으로 만들지 않기 때문에 Lasso가 변수 선택이 가능하다.
- Ridge는 변수 선택 기능은 없다. Ridge 회귀는 정규화(Regularization)를 사용하여 회귀계수를 축소하지만, 모든 변수를 모델에 포함시키며 계수를 완전히 0으로 만들지 않는다. 이는 변수 선택보다는 모든 변수의 영향을 줄이면서도 여전히 모델에 포함시키는 방식으로 작동한다.

33 정답 ③   📁 핵심 이론 081

Quick해설 공분산(COV, Covariance)은 두 변수 간의 선형 관계의 강도를 측정하는 통계적 척도로 두 변수의 변동이 서로 어떻게 연관되어 있는지를 나타낸다.

상세해설 ① Leverage가 커지거나 Residual의 크기가 커지면 Cook's distance 값이 커진다.
② DFBETA 값은 회귀 분석에서 특정 데이터 포인트가 회귀계수에 미치는 영향을 측정하는 지표로, DFBETA 값이 크면 해당 데이터 포인트가 회귀계수에 미치는 영향이 크다는 것을 의미하며, 이는 해당 데이터가 모델에 대해 비교적 큰 영향력을 가지고 있음을 나타낸다.
④ Cook's distance 값이 크면 해당 데이터 포인트가 회귀 모델에 미치는 영향이 크다는 것을 의미하므로, 모델의 전체 예측에 대한 개별 데이터 포인트의 영향을 측정하는 지표로 사용된다. 즉, 데이터 포인트 하나를 제외했을 때 모델 파라미터의 추정치가 얼마나 변하는지를 측정한다.

34 정답 ①   📁 핵심 이론 081

Quick해설 "H_0=상관계수가 0이다, H_1=상관계수가 0이 아니다."를 통해 R의 $cor.test(\ )$ 함수를 사용해 상관계수 검정을 수행하고, 유의성검정을 판단할 수 있다.

35 정답 ③   📁 핵심 이론 081

Quick해설 두 변수가 독립이면 상관계수가 0이며, 상관계수가 0이라고 해서 반드시 독립인 것은 아니다.

36 정답 ②　　　　　핵심 이론 082

Quick해설　다차원 척도법(MDS)은 가능한 한 원본 데이터의 구조를 보존하도록 노력하지만, 거리를 완전히 보존하는 방법은 아니다. 원본 데이터의 고차원적인 구조를 완벽하게 보존하는 것이 현실적으로 불가능하기 때문이다.

상세해설　다차원 척도법(MDS)
- 개체들 사이의 상대적 거리 또는 유사성 정보를 활용하여 고차원 데이터를 저차원(2차원 혹은 3차원) 공간상에 점으로 표현하여 개체 사이의 군집을 시각적으로 표현하는 분석 방법이다.
- 주요 목적은 객체 간 상대적 위치를 보존하면서 데이터를 시각화하거나 분석하기 쉬운 형태로 변환하는 것이다.
- 개체들의 거리는 유클리드(Euclidean) 거리와 유사도를 이용하여 구한다.
- 관측 대상의 상대적 거리의 정확도를 높이기 위해 적합 정도를 스트레스 값(Stress Value)으로 나타내며, 0에 가까울수록 적합도가 좋다.

37 정답 ①　　　　　핵심 이론 096

Quick해설　직선의 최단 거리를 구하는 방법은 '유클리드 거리'이다.

38 정답 ④　　　　　핵심 이론 085

Quick해설　지수평활법은 이동평균법의 한 종류로, 최근 관측치에 더 높은 가중치를 부여하는 방법이다.

상세해설　시계열 모형 – 지수평활법
- 지수평활법은 이동평균법의 한 종류이다.
- 최근 관측치에 더 높은 가중치를 부여하는 방법으로 최신의 변동을 민감하게 반영한다.
- 최근 시점에 큰 가중치를 부여하고, 과거 시점으로 갈수록 가중치를 지수적으로 줄여 나간다.
- 지수평활을 사용하여 얻은 예측치는 가장 최근 관측값과 이전 예측값의 가중평균(과거 관측값의 가중평균)이다.

39 정답 ①　　　　　핵심 이론 085

Quick해설　점진적 감소는 일정한 비율로 꾸준히 감소하는 것을 의미하는데, AR 모형은 ACF에서는 지수적 감소를 하여 0에 접근하고, PACF에서는 $p+1$차 항부터 절단 모양을 보인다.

상세해설
- 점진적 감소는 일정한 비율로 꾸준히 감소하는 것을 의미하며, 지수적 감소는 초기에는 빠르게 감소하고 나중에는 감소 속도가 느려지는 것을 의미한다.
- AR 모형은 ACF에서는 지수적 감소를 하여 0에 접근하고, PACF에서는 $p+1$차 항부터 절단 모양을 보인다.
- MA 모형은 PACF에서는 지수적 감소를 하여 0에 접근하고, ACF에서는 $q+1$차 항부터 절단 모양을 보인다.

40 정답 ③　　　　　핵심 이론 089

Quick해설　로지스틱회귀 분석에서 X가 1단위 증가함에 따라 선형적으로 변하는 것은 오즈의 로그 변환이다.

상세해설　로지스틱회귀 분석
- 로지스틱회귀 분석에서 X가 1단위 증가함에 따라 선형적으로 변하는 것은 오즈의 로그 변환이며, 실제 확률 P는 비선형적으로 변화한다.
- 로그 오즈는 오즈(odds) 값에 log를 취한 것으로 $\log(odds(p)) = ax + b$ 형태이며 선형 분석이 가능하다.

41 정답 ①　　　　　핵심 이론 090

Quick해설　분기 가능한 최소 잎사귀 수를 증가시키면 그 수보다 작은 개수의 노드는 분기되지 않으므로 나무의 크기가 줄어들게 된다.

상세해설　의사결정나무
- 비용 복잡도가 높아질수록 트리는 단순해지고, 복잡한 가지를 제거함으로써 모델의 일반화 성능을 향상시키는 방향으로 작용한다.
- 가지치기는 과적합(Overfitting)을 방지하기 위해 의사결정나무의 복잡도를 줄이는 과정이다. 가지치기를 적용하면 학습 데이터에 대한 예측은 약간 낮아질 수 있지만, 새로운 데이터에 대한 예측력이 높아진다.

42 정답 ②　　　　　핵심 이론 090

Quick해설　CART 알고리즘은 지니지수와 분산 감소량을 이용한 기준 변수 선택법이다.

상세해설　의사결정나무 알고리즘
- CART: 분류나무–지니지수, 회귀나무–분산 감소량
- C5.0, C4.5, ID3: 분류나무–엔트로피지수
- CHAID: 분류나무–카이제곱통계량, 회귀나무–ANOVA F–통계량

43 정답 ④　　　　　핵심 이론 090

Quick해설　지니지수는 불순도를 나타내는 지표로, 지니지수가 0일 때 순수도는 가장 높다.

상세해설 의사결정나무
- 지니지수와 엔트로피지수는 불순도를 나타내는 지표이다.
- 지니지수가 0일 때 순수도는 가장 높다.
- 순수도가 높아지는 방향(불순도가 낮아지는 방향)으로 데이터를 나눈다.

44 정답 ② 핵심 이론 091

Quick해설 배깅은 전체 데이터셋에서 무작위로 추출하는 방식으로 진행되므로, 초기 분류기에 성능에 따라 추출되지 않는다.

상세해설 앙상블(Ensemble) 모형
- 배깅은 모델의 분산을 줄여 과적합을 방지하는 데 도움을 준다.
- 배깅은 사용된 개별 모델들의 성능에 영향을 받는다.
- 다른 종류의 모델을 사용하면 결과에 영향을 미칠 수 있다.
- 배깅은 전체 데이터셋에서 무작위로 동일한 크기의 샘플을 복원 추출하는 방식으로 진행된다. 따라서 초기 분류기의 성능에 따라 붓스트랩하여 추출되지 않는다.

45 정답 ③ 핵심 이론 093

Quick해설 은닉층(은닉) 노드가 너무 적은 경우 네트워크가 복잡한 의사결정 경계를 만들 수 없어, 과소적합 문제가 발생한다.

상세해설 ① 인공신경망 모형은 이상치와 잡음에 민감하게 반응하지 않는다.
② 은닉 노드가 많은 경우 과적합 문제가 발생할 수 있고, 적은 경우 과소적합 문제가 발생할 수 있다.
④ 풀고자 하는 문제의 종류에 따라 활성화 함수의 선택이 달라진다.

46 정답 ② 핵심 이론 093

Quick해설 하이퍼볼릭 탄젠트(tanh) 함수는 함수의 중심점을 0으로 옮겨 시그모이드(sigmoid)가 갖고 있던 문제인 최적화 과정에서 느려지는 것을 해결하며 연속형 −1~1의 범위를 갖는다.

47 정답 ④ 핵심 이론 096

Quick해설 계층적 군집은 가장 가까운 개체를 묶어 나가는 과정을 반복하며 원하는 개수의 군집을 형성하는 방법이다.

상세해설 계층적 군집
- 가장 유사한(=가까운) 개체를 묶어 나가는 과정을 반복하여 원하는 개수의 군집을 형성하는 방법이다.

- KNN은 분류(Classification)를 위한 알고리즘으로 가까운 K개 이웃을 사용하여 분류하게 된다.
- K-means는 비계층적인 군집 방법이다. 계층적인 군집에는 응집형인 단일 연결법, 완전 연결법, 평균 연결법, 중심 연결법 및 와드 연결법이 있으며, 분리형인 다이아나 방법이 있다.

48 정답 ① 핵심 이론 094

Quick해설 재현율=TP÷(TP+FN)=TP÷T

상세해설 분류 모형 평가 지표 - 오분류표
- 재현율(Recall), 민감도(Sensitivity): 실제값이 True인 것에 대해 예측 값이 True인 지표, TP÷(TP+FN)
- 정밀도(Precision): 예측값이 True인 것에 대해 실제 값이 True인 지표, TP÷(TP+FP)
- 정확도(Accuracy): 전체 예측에서 옳은 예측의 비율, (TP+TN)÷(TP+FN+FP+TN)
- 특이도(Specificity): 실제로 False인 것들 중 예측이 False로 된 경우의 비율, TN÷(TN+FP)

49 정답 ② 핵심 이론 101

Quick해설
- 지지도: A와 B가 동시에 포함된 거래 수÷전체 거래 수 $=\frac{4}{10}=0.4$
- 신뢰도: A와 B가 동시에 포함된 거래 수÷A가 포함된 거래 수 $=\frac{4}{5}=0.8$

상세해설
- 지지도 $=P(A\cap B)=A$와 B가 동시에 포함된 거래 수÷전체 거래 수 $=\frac{4}{10}=0.4$
- 신뢰도 $=P(B\mid A)=P(A\cap B)\div P(A)=A$와 B가 동시에 포함된 거래 수÷A가 포함된 거래 수 $=\frac{4}{5}=0.8$

50 정답 ④ 핵심 이론 101

Quick해설 A, B가 서로 독립관계라면 지지도는 $P(A\cap B)=P(A)\times P(B)$이다.

상세해설 A와 B가 서로 독립관계일 때,
- 지지도: $P(A\cap B)=P(A)\times P(B)$
- $A\rightarrow B$ 신뢰도: $P(B\mid A)=P(B)$
  $B\rightarrow A$ 신뢰도: $P(A\mid B)=P(A)$
- 향상도: $P(B\mid A)\div P(B)=\frac{P(B)}{P(B)}=1$

정답과 해설 | 제42회 기출 복원 모의고사

정답 확인

01	③	02	②	03	③	04	①	05	④
06	①	07	④	08	①	09	③	10	③
11	②	12	①	13	①	14	①	15	①
16	④	17	②	18	①	19	④	20	②
21	③	22	①	23	①	24	②	25	④
26	②	27	①	28	①	29	①	30	①
31	④	32	③	33	②	34	④	35	①
36	①	37	①	38	②	39	②	40	①
41	④	42	③	43	④	44	①	45	④
46	④	47	②	48	④	49	③	50	④

1회독

영역	맞은 개수
데이터 이해	/ 10
데이터 분석 기획	/ 10
데이터 분석	/ 30
합계	/ 50

2회독

영역	맞은 개수
데이터 이해	/ 10
데이터 분석 기획	/ 10
데이터 분석	/ 30
합계	/ 50

3회독

영역	맞은 개수
데이터 이해	/ 10
데이터 분석 기획	/ 10
데이터 분석	/ 30
합계	/ 50

1과목 데이터 이해

01 정답 ③ 　　　📁 핵심 이론 001

Quick해설 풍량, 강수량, 습도는 정량적 데이터, 기상특보는 정성적 데이터이다.

상세해설 데이터의 정의 및 유형
- 정성적 데이터: 설문조사의 주관식 응답, SNS에 올린 글, 기상특보와 같이 '언어, 문자'로 기술된 데이터
- 정량적 데이터: 지역별 온도, 풍속, 강우량 등과 같이 수치, 기호, 도형으로 표시된 데이터

02 정답 ② 　　　📁 핵심 이론 003

Quick해설 지식은 상호 연결된 정보 패턴을 이해하여 이를 토대로 예측한 결과물이다.

상세해설 ① 데이터, ③ 지혜, ④ 정보이다.

03 정답 ③ 　　　📁 핵심 이론 004

Quick해설 데이터베이스는 '통합, 저장, 공용, 변화되는 데이터'를 특징으로 한다.

상세해설 데이터베이스의 특징
- 통합: 중복되어 있지 않다.
- 저장: 저장 매체에 저장한다.
- 공용: 여러 사용자가 서로 다른 목적으로 데이터를 공동으로 이용한다.
- 변화되는: 항상 변화하면서도 항상 현재의 정확한 데이터를 유지한다.

04 정답 ① 　　　📁 핵심 이론 012

Quick해설 빅데이터는 정형 데이터뿐만 아니라 소셜 미디어, 영상 등 비정형 데이터가 확산되었고, 데이터 처리 기술의 발달로 발전되었다.

상세해설 빅데이터(Big Data)의 출현 배경
기업의 고객 데이터 축적 및 활용 증가, 인터넷 확산, 저장 기술의 발전과 가격 하락, 모바일 시대의 도래, 스마트 단말의 보급, 클라우드 컴퓨팅 기술 발전, SNS, IoT 확산 등이 맞물려 데이터 생산이 폭발적으로 증가하면서 빅데이터 시대는 대세가 되었다.

05 정답 ④ 　　　📁 핵심 이론 015

Quick해설 빅데이터는 인과관계를 중요하게 생각한 과거와 달리, 상관관계 분석을 통해 인사이트를 중요하게 생각하고 있다.

상세해설 ① 사전 처리 → 사후 처리
② 질(Quality) → 양(Quantity)
③ 표본조사 → 전수조사

06 정답 ① 　　　📁 핵심 이론 015

Quick해설 빅데이터를 활용하면 개개인에게 맞는 서비스를 저렴한 비용으로 제공할 수 있다.

상세해설 빅데이터의 가치와 영향
- 개인에게는 맞춤형 서비스를 저렴한 비용으로 이용할 수 있게 되었으며, 적시에 필요한 정보를 얻어 다양한 형태로 기회비용을 절약할 수 있게 되었다.
- 여기서 ④는 '사람이 아닌 알고리즘이 데이터를 분석하고 그 내용을 토대로 결정을 내리는 방식'을 의미한다. 자동화는 인간의 개입을 최소화하고 자동으로 동작하는 IoT의 동작 원리를 말한다.

07 정답 ④ 　　　📁 핵심 이론 017

Quick해설 빅데이터의 위기 요인으로는 사생활 침해, 책임 원칙의 훼손, 데이터 오용이 있다.

상세해설 빅데이터 위기 요인과 통제 방안
- 사생활 침해: 정보 제공자의 동의제에서 정보 사용자의 책임제로 전환
- 책임 원칙의 훼손: 기존 책임 원칙의 강화
- 데이터 오용: 알고리즘에 대한 접근권 허용 및 객관적 인증 방안 도입

08 정답 ① 　　　📁 핵심 이론 017

Quick해설 사생활 침해는 정보 제공자의 동의제에서 정보 사용자의 책임제로의 전환으로 해결할 수 있다.

09 정답 ③ 　　　📁 핵심 이론 022

Quick해설 네트워크 최적화는 네트워크 엔지니어가 담당하고, 데이터베이스 최적화는 데이터 엔지니어가 담당한다.

상세해설 데이터 사이언티스트가 갖춰야 하는 역량
- 하드 스킬
  - Machine Learning, Modeling, Data Technical Skill
  - 빅데이터에 대한 이론적 지식: 관련 기법에 대한 이해와 방법론 습득
  - 분석 기술에 대한 숙련: 최적의 분석 설계 및 노하우 축적
- 소프트 스킬
  - 통찰력 있는 분석: 창의적 사고, 호기심, 논리적 비판
  - 설득력 있는 전달: Storytelling, Visualization
  - 다분야 간 협력: Communication

10 정답 ③ 핵심 이론 023

Quick해설 주어진 내용은 Agency에 대한 설명이다.
상세해설 가치 패러다임의 변화
- Digitalization: 아날로그의 세상을 디지털화한다(오피스 프로그램 등의 디지털화 도구 제공).
- Connection: 인터넷의 등장으로 디지털화된 정보와 대상들이 서로 연결되기 시작한다(구글).
- Agency: 빅데이터를 빠르고 정확하게 처리해 개인과 기기와 사물들이 맺고 있는 하이퍼 연결을 효과적이고 효율적으로 관리한다. 예로 디지털 시계(갤럭시 기어), 디지털 안경(구글 글래스)이 있다.

2과목 데이터 분석 기획

11 정답 ② 핵심 이론 024

Quick해설 분석 대상(What)을 모르고, 분석 방법(How)을 아는 경우에 적합한 분석 주제 유형은 통찰(Insight)이다.

> **TIP**
> - 너는 누구냐?(What을 모름) - Insight
> - 분석 방법을 찾아야겠다(How를 모름). - Solution
> - 아무것도 몰라요. - Discovery
> - 나는 다 알아. - Optimization

12 정답 ① 핵심 이론 029

Quick해설 KDD 분석 방법론의 순서는 Selection(데이터 셋 선택)-Preprocessing(데이터 전처리)-Transformation(데이터 변환)-Data Mining(데이터 마이닝)-Interpretation/Evaluation(데이터 마이닝 결과/평가)이다.

13 정답 ① 핵심 이론 029

Quick해설 CRISP-DM의 프로세스 6단계 중 업무 이해(Business Understanding)의 주요 작업 및 절차는 업무 목적 파악 → 상황 파악 → 데이터 마이닝 목표 설정 → 프로젝트 계획 수립이다.

상세해설 CRISP-DM의 프로세스 6단계 중 업무 이해(Business Understanding)
- 비즈니스 관점에서 프로젝트의 목적과 요구 사항을 이해하기 위한 단계
- 도메인 지식을 데이터 분석을 위한 문제 정의로 변경하고 초기 프로젝트 계획을 수립하는 단계
- 업무 이해의 주요 작업(Task) 및 절차: 업무 목적 파악 → 상황 파악 → 데이터 마이닝 목표 설정 → 프로젝트 계획 수립

14 정답 ① 핵심 이론 040

Quick해설 4V 중 Value는 비즈니스 효과 요소에 해당한다.
상세해설 ROI 관점의 빅데이터 4V
- Value: 비즈니스 효과(Return)
- Volume, Variety, Velocity: 투자 비용 요소(Investment)

15 정답 ① 핵심 이론 034

Quick해설 상향식 방법론은 문제 정의 자체가 어려울 때 주로 사용한다.
상세해설 분석 과제 도출 방법-상향식 접근 방법
- 문제의 정의 자체가 어려운 경우 사용한다. 문제가 확실할 때는 '하향식 접근 방법'을 사용한다.
- 데이터 기반으로 문제의 재정의 및 해결 방안을 탐색하고 이를 지속적으로 개선하는 방식이다.
- 분석 주제가 통찰(Insight), 발견(Discovery)일 때 사용하는 방법이다.

16 정답 ④ 핵심 이론 037

Quick해설 분석 과제 주요 특성 관리 영역에는 Data Size(크기), Data Complexity(복잡도), Speed(속도), Analytic Complexity, Accuracy & Precision이 있다.

17 정답 ②   📁 핵심 이론 040

Quick해설 우선순위 평가에서 시급성이 현재일 때 가장 먼저 고려해야 할 항목으로는 전략적 중요도와 목표 가치가 있다.

상세해설 분석 우선순위 평가 기준
- 시급성: 전략적 중요도, 목표 가치
- 난이도: 데이터 획득·저장·가공 비용, 분석 적용 비용, 분석 수준

18 정답 ①   📁 핵심 이론 043

Quick해설 데이터 분석 준비도의 6가지 영역에는 분석 업무 파악, 인력 및 조직, 분석 기법, 분석 데이터, 분석 문화, IT인프라(=분석 인프라)가 있다.

상세해설 데이터 분석 준비도
- 기업의 데이터 분석 도입의 수준을 파악하기 위한 진단 방법으로 6가지 영역을 대상으로 현 수준을 파악한다.
- 데이터 분석 준비도의 6가지 영역: 분석 업무 파악, 인력 및 조직, 분석 기법, 분석 데이터, 분석 문화, IT인프라(=분석 인프라)

19 정답 ④   📁 핵심 이론 043

Quick해설 주어진 내용은 최적화 단계에 해당한다.

상세해설 데이터 분석 성숙도(Maturity)
- 도입 단계: 분석을 시작하여 환경과 시스템 구축
- 활용 단계: 분석 결과를 실제 업무에 적용
- 확산 단계: 전사 차원에서 분석을 관리하고 공유
- 최적화 단계: 분석을 진화시켜 혁신 및 성과 향상에 기여

20 정답 ②   📁 핵심 이론 044

Quick해설 협의의 분석 플랫폼에는 데이터 처리 프레임워크, 분석 엔진, 분석 라이브러리가 있다.

상세해설 분석 지원 인프라 방안 수립
- 협의의 분석 플랫폼: 데이터 처리 프레임워크, 분석 엔진, 분석 라이브러리
- 광의의 분석 플랫폼: 분석 서비스 제공 엔진, 분석 애플리케이션, 분석 서비스 제공 API, 운영체제, 하드웨어+협의의 분석 플랫폼 항목

3과목   데이터 분석

21 정답 ③   📁 핵심 이론 054

Quick해설 단순확률 대치법은 Hot Deck, Nearest Neighbor 방법 등을 사용한다.

상세해설 결측치와 이상값 처리
평균 대치법 중 조건부 평균 대치법은 회귀 분석을 활용하여 결측값을 대치하는 방법이다. 단순확률 대치법은 Hot Deck, Nearest Neighbor 방법 등을 사용한다.

22 정답 ①   📁 핵심 이론 054

Quick해설 부정 사용 방지 시스템은 이상값을 활용한 시스템이다.

상세해설 이상값 개요
이상치는 일반적인 다른 값과 멀리 떨어져 있는 값으로 반드시 제거해야 하는 것은 아니며, 분석의 목적이나 종류에 따라 적절한 판단이 필요하다. 이상값을 활용한 시스템에는 '부정 사용 방지 시스템' 등이 있다.

23 정답 ①   📁 핵심 이론 056

Quick해설 서열(순위, 순서)척도는 대소 또는 높고 낮음 등의 순위만 제공할 뿐 양적인 비교는 할 수 없으며, 항목들 간의 서열이나 순위가 존재한다.

상세해설 데이터 특성에 따른 분류
- 서열(순위, 순서)척도: 항목들 간에 서열이나 순위가 존재하는데, 대소 또는 높고 낮음 등의 순위만 제공할 뿐 양적인 비교는 할 수 없다.
  예) 학점(A, B, C, D, F), 메달(금, 은, 동), 만족도(1, 2, 3, 4, 5, Likert 척도) 등
- 명목척도: 숫자로 바꾸어도 그 값이 크고 작음을 나타내지 않고 범주를 표시한다.
  예) 성별(F, M), 혈액형(A, B, O, AB), 출생지, 부서 등
- 등간척도: 순위를 부여하되 순위 사이의 간격이 동일하여 양적인 비교가 가능하다(덧셈, 뺄셈 가능). 절대 0점이 존재하지 않는다.
  예) 온도, 물가지수
- 비율척도: 절대 0점이 존재하여 측정값 사이의 비율 계산이 가능하다(사칙 연산 가능).
  예) 몸무게, 나이, 형제의 수, 직장까지 거리(데이터 양이 가장 많이 발생함)

24 정답 ②   📁 핵심 이론 058

Quick해설 100명 중 임의로 한 명을 선택했을 때 사과를 좋아하는 학생일 확률은 $\frac{30+10}{100} = \frac{4}{10}$ 이다.

상세해설 확률은 '사건이 발생할 경우의 수 ÷ 표본공간 경우의 수'로 구할 수 있다.
따라서 P(사과 좋아함) = $\frac{30+10}{100} = \frac{4}{10}$ 이다.

25 정답 ④   📁 핵심 이론 065

Quick해설 표본을 다시 뽑더라도 표본평균이 동일할 확률은 낮다.

상세해설 ① Z분포에서 임곗값은 95% 신뢰구간에서 1.96, 99% 신뢰구간에서 2.58이다.
② 신뢰구간의 식은 '평균 − 표본오차 ~ 평균 + 표본오차'이기 때문에 0.5는 평균, $1.96 \times \left(\frac{\sigma}{\sqrt{n}}\right)$은 표본오차를 의미한다.
③ 95% 신뢰구간이므로 5%에 대해서는 모평균 값이 신뢰구간 내에 존재하지 않을 수 있다.

신뢰구간 = $\bar{x} \pm t_{\alpha/2} \times \left(\frac{s}{\sqrt{n}}\right)$

26 정답 ②   📁 핵심 이론 066

Quick해설 주어진 내용은 p-value에 대한 설명이다. p-value는 제1종 오류를 범할 확률로, p-value<α일 때, 귀무가설을 기각, 대립가설을 채택한다.

상세해설 ① α: 유의수준, 귀무가설이 참인데도 기각시키는 확률(제1종 오류 발생 확률)의 최대 허용 한계
③ β: 제2종 오류 발생 확률, 귀무가설이 거짓인데 채택하는 오류
④ 1−α: 신뢰수준, 제1종 오류를 범하지 않을 확률

27 정답 ①   📁 핵심 이론 075

Quick해설 다중회귀 모형이 통계적으로 유의미한지를 평가하는 데 사용하는 검정 방법은 F 검정이다.

상세해설 회귀 모형 해석
- 모형이 통계적으로 유의미한가? F 통계량의 유의확률(p-value)로 확인
- 회귀계수들이 유의미한가? 회귀계수의 t 값에 대한 유의확률(p-value)로 확인
- 모형이 얼마나 설명력을 갖는가? 결정계수(R^2)로 확인

28 정답 ①   📁 핵심 이론 075

Quick해설 t값은 Estimate(회귀계수) ÷ Std. Error(표준오차)로 구한다. 따라서 Tree.L의 t 통계량은 39.935049 ÷ 5.768048이다.

상세해설 t값은 Estimate(회귀계수) ÷ Std. Error(표준오차)로 구한다. t 통계량이 크다는 것은 표준오차가 작다는 의미이고, t 통계량이 클수록 회귀계수는 유의하다.

29 정답 ②   📁 핵심 이론 076

Quick해설 다중공선성은 평균 중심을 이동하지 않는다.

상세해설 다중공선성의 해결 방법
- 상관관계가 높은 변수를 제거한다.
- 주성분 분석을 사용해 해결한다.
- 단계적 회귀 분석을 이용하여 제거할 수 있다.
- 변수 간의 스케일 차이가 클 때 다중공선성이 발생할 수 있으므로 모든 변수를 통일한 스케일로 변환하여 해결한다.
- 다중공선성은 다항식 변수 사용 시 자주 발생하며, 다항식 변수를 적절하게 변환하거나, 정규화를 통해 다중공선성을 줄일 수 있다.
- VIF는 다중공선성 해결이 아닌 판단에 사용하는 함수이다.

30 정답 ①   📁 핵심 이론 076

Quick해설 후진 제거법은 독립변수 후보 모두를 포함한 모형에서 출발해 제곱 합의 기준으로 가장 적은 영향을 주는 변수로부터 하나씩 제거하면서 더 이상 유의하지 않은 변수가 없을 때까지 설명변수를 제거한 후 모형을 선택한다.

31 정답 ④   📁 핵심 이론 085

Quick해설 현 시점의 시계열 자료에 과거 1시점 이전의 자료만 영향을 주면 이를 1차 AR 모형이라 하고, AR(1)로 표기한다.

상세해설 시계열 모형, 분해 시계열
- AR(p): 현 시점의 자료를 p시점 전의 유한 개의 자기 자신의 과거 값을 사용하여 설명한다.
- 현 시점의 시계열 자료에 과거 1시점 이전의 자료만 영향을 주면 이를 1차 AR 모형이라 하고 AR(1)로 표기한다.
- AR(p)의 식: $X_t = c + \phi_1 X_{t-1} + \phi_2 X_{t-2} + \cdots + \phi_p X_{t-p} + \varepsilon_t$

32 정답 ③ 　　　　　핵심 이론 085

Quick해설 분해 시계열의 분해 요인에는 추세 요인, 계절 요인, 순환 요인, 불규칙 요인이 있다.
교호 요인은 분해 시계열의 분해 요인이 아니다. 교호 요인은 각 요인의 효과가 독립적으로 나타나는 것이 아니라 서로 영향을 주고받아 결합된 효과를 나타내는 요인이다. 예 어떤 실험에서 특정 약물의 효과를 성별과 나이에 따라 분석하려고 할 때, 성별(A)과 나이(B)는 각각 독립적인 요인으로 작용할 수 있지만, 성별에 따라 나이의 효과가 달라질 수도 있다. 즉, 성별이 약물에 미치는 효과는 나이에 따라 다르게 나타날 수 있다. 이때 성별과 나이는 교호 요인이다.

상세해설 분해 시계열의 분해 요인
- 추세 요인(Trend Factor): 자료의 그림을 그렸을 때 그 형태가 오르거나 내리는 등 자료가 어떤 특정한 형태를 취하는 경우
- 계절 요인(Seasonal Factor): 계절에 따라, 고정된 주기에 따라 자료가 변화하는 경우
- 순환 요인(Cyclical Factor): 물가상승률, 급격한 인구 증가 등의 이유로 알려지지 않은 주기를 가지고 자료가 변화하는 경우
- 불규칙 요인(Irregular Factor): 추세 요인, 계절 요인, 순환 요인의 세 가지 요인으로 설명할 수 없는 회귀 분석에서 오차에 해당하는 요인에 의해 발생하는 경우

33 정답 ② 　　　　　핵심 이론 090

Quick해설 의사결정나무에서 정지 규칙은 더 이상 분리가 일어나지 않고 현재의 마디가 최종 마디가 되도록 하는 규칙이다. 따라서 트리가 지나치게 깊어지거나 과대적합(Overfitting)되는 것을 방지할 수 있다.

상세해설 ① 분할 규칙: 어떤 특성(변수)을 사용해 데이터를 분할 할지를 결정하는 것으로 불확실성이 낮아지는 방향, 불순도가 낮아지는 방향, 즉 순수도가 높아지는 방향으로 분리한다.
③ 가지치기 규칙: 생성된 의사결정나무를 단순화하는 프로세스로 불필요한 분기를 제거하여 모델의 일반화 능력을 향상시키는 것이다.

34 정답 ④ 　　　　　핵심 이론 090

Quick해설 분류나무의 분류 기준 선택에 사용하는 방법에는 지니지수, 엔트로피지수, 카이제곱통계량 등이 있다. 분산 감소량은 회귀나무의 분리 기준에 해당한다.

상세해설 의사결정나무의 분리 기준
- 분류나무: 지니지수, 엔트로피지수, 카이제곱통계량, 카이제곱통계량의 p-value
- 회귀나무: 분산 감소량, ANOVA F-통계량

35 정답 ① 　　　　　핵심 이론 091

Quick해설 앙상블(Ensemble) 모형에는 보팅(Voting), 배깅(Bagging), 부스팅(Boosting), 랜덤 포레스트(Random Forest), 스태킹(Stacking) 등이 있다. 시그모이드는 로지스틱회귀에서 인공신경망의 활성화 함수로 사용되는 비선형 함수이다.

36 정답 ① 　　　　　핵심 이론 093

Quick해설 뉴런이 많으면 과대적합, 뉴런이 적으면 과소적합 문제가 발생할 수 있다.

37 정답 ① 　　　　　핵심 이론 094

Quick해설 오분류율(Error Rate)은 전체 예측에서 틀린 예측의 비율을 의미한다.

$$\text{오분류율(Error Rate)} = \frac{FP+FN}{TP+FP+FN+TN} = \frac{130}{200} = \frac{13}{20}$$

38 정답 ② 　　　　　핵심 이론 098

Quick해설 혼합분포군집에서 모수와 가중치를 추정할 때는 EM 알고리즘을 사용한다.

상세해설 군집 분석 – 혼합 분포 군집
데이터가 k개의 모수적 모형의 가중합으로 표현되는 모집단 모형에서 나왔다는 가정하에, 추정된 k개의 모형 중 어느 모형으로부터 나왔을 확률이 높은지에 따라 군집 분류를 수행하는 방법으로, 모수와 가중치 추정에 EM 알고리즘이 사용되며 EM 알고리즘을 이용한 모수 추정에서 데이터가 커지면 수렴에 시간이 더 많이 걸릴 수 있다.

39 정답 ② 　　　　　핵심 이론 098

Quick해설 DBSCAN 알고리즘은 k값을 정할 필요가 없다.

상세해설 군집 분석 – 분할적(= 비계층적) 군집(DBSCAN 알고리즘)
- 밀도 기반 군집으로 점이 세밀하게 몰려 있어 밀도가 높은 부분을 군집한다.

- 어느 점을 기준으로 반경 내에 점이 n개 이상 있으면 하나의 군집으로 인식하는 방식이다.
- Gaussian 분포가 아닌 임의적 모양의 군집 분석에 적합하다.
- k값을 정할 필요가 없고, 이상치(outlier)에 의한 성능 하락을 완화할 수 있다.

40 정답 ① 　　📁 핵심 이론 099

Quick해설 군집 분석의 군집 수는 R의 mclust 패키지를 사용하는 방법, 실루엣 점수를 사용하는 방법, 집단 내 제곱합 그래프를 사용하는 방법이 있으며 집단 내 제곱합 그래프의 경우 엘보우(Elbow) 기법을 적용해 군집의 수를 구한다.

상세해설 ② 유클리드 거리: 두 점 사이의 직선 거리를 말하며, 가장 직관적이고 일반적인 거리의 개념
③ 상관계수: 변수 간 상관관계를 $-1\sim1$ 사이의 값으로 표현하는 값
④ ROC Curve: 분류 모델에서 X축을 FP Rate, Y축을 Recall로 하는 그래프를 사용한 평가 도구

41 정답 ④ 　　📁 핵심 이론 101

Quick해설 apriori는 데이터들에 대한 발생 빈도를 기반으로 각 데이터 간의 연관 관계를 밝히는 방법이다. 빈발 항목 집합을 찾는 데 기초하며, 지지도(Support), 신뢰도(Confidence), 향상도(Lift)와 같은 지표를 사용하여 항목 집합의 연관성을 평가한다.

상세해설 ① apriori는 데이터의 발생 빈도를 바탕으로 연관 관계를 찾는다.
②, ③ FP Growth에 대한 설명이다.

42 정답 ③ 　　📁 핵심 이론 101

Quick해설 향상도는 A가 주어지지 않았을 때 B의 확률 대비 A가 주어졌을 때 B의 확률 증가 비율로, 품목 B를 구매한 고객 대비 품목 A를 구매한 후 품목 B를 구매하는 고객에 대한 확률이다.

상세해설 연관 분석(Association Analysis)
- 지지도: 전체 거래 중 차지하는 비율을 통해 해당 연관 규칙이 얼마나 의미가 있는 것인지를 확인한다.
- 신뢰도: 상품 A를 구매했을 때 상품 B를 구매할 확률이 어느 정도 되는지를 확인한다.
- 향상도: A가 주어지지 않았을 때 B의 확률 대비 A가 주어졌을 때 B의 확률 증가 비율로, 품목 B를 구매한 고객 대비 품목 A를 구매한 후 품목 B를 구매하는 고객에 대한 확률이다.

43 정답 ④ 　　📁 핵심 이론 102

Quick해설 SOM(Self Organizing Map)은 비지도 학습에 해당한다.

상세해설 분석 모형의 종류
- 로지스틱회귀 분석: 지도 학습, 분류
- 의사결정나무: 지도 학습, 분류 및 회귀
- 인공신경망: 지도 학습, 분류 및 회귀
- SOM(Self Organizing Map): 비지도 학습, 군집

44 정답 ① 　　📁 핵심 이론 102

Quick해설 단순선형회귀 모형은 연속형 종속변수에 대한 것으로 회귀 모형에 포함된다.

상세해설 분석 모형의 종류
- 'Yes, No로 예측'이라고 했기 때문에 '분류 분석'에 해당한다.
- 분류 분석에는 로지스틱회귀, KNN, 의사결정나무, SVM, 앙상블, 인공신경망 등이 포함된다.
- 선형회귀는 연속형 종속변수에 대한 것으로 회귀 모형에 포함된다.

45 정답 ④ 　　📁 핵심 이론 093

Quick해설 인공신경망(ANN) 모형은 이상치와 잡음에 대해 민감하게 반응하지 않는다.

46 정답 ④ 　　📁 핵심 이론 076

Quick해설 통계적으로 베이지안 모형 비교(Bayesian model comparison)에 기반을 두고 있으며, AIC보다 복잡도에 대해 더 큰 벌점을 부과하며, BIC 값이 낮을수록 더 나은 모델로 간주된다.

상세해설 다중공선성 및 변수 선택법
- 회귀 모형 평가 지표: Mallow's CP, AIC, BIC
- AIC, BIC: 모델의 적합도와 복잡도를 사용하여 평가하며, 값이 작을수록 모델 적합도가 높다고 평가되는 지표이다.
  $AIC = -2 \cdot \log(\text{likelihood}) + 2 \cdot k$
  $BIC = -2 \cdot \log(\text{likelihood}) + k \cdot \log(n)$
  - AIC: 적합도와 복잡도를 평가하며, 변수가 많아질수록 더 많은 벌점을 부여한다.
  - BIC: 통계적으로 베이지안 모형 비교(Bayesian Model Comparison)에 기반을 두고 있으며, AIC보다 복잡도에 대해 더 큰 벌점을 부과하며, BIC값이 낮을수록 더 나은 모델로 간주된다.

- Mallow's CP: 회귀 분석에서 사용되며, 모델의 적합도와 복잡도를 동시에 고려하여 모델의 편향(Bias)과 분산(Variance)을 균형 있게 평가해 최적의 모델을 선택하는 지표이다.

47 정답 ② 핵심 이론 079

Quick해설 TV가 1 증가하면 radio값과 상호작용을 하여 sales값이 증가한다.

상세해설 선형회귀 분석 결과 해석
- TV가 1 증가하면 radio값과 상호작용을 하여 sales값이 증가한다.
- TV의 증가가 sales에 미치는 효과는 radio값에 따라 달라질 수 있으며, 이는 상호작용 항이 포함된 회귀 모델의 특징이다.
- 반대로 radio값이 변화하면 TV가 sales에 미치는 영향도 달라질 수 있다.

48 정답 ④ 핵심 이론 057

오답확인 각 측정치에서 전체 평균값을 뺀 값(=편차)의 절댓값 평균으로 데이터의 분포에서 각 값이 평균에서 얼마나 떨어져 있는지를 측정하는 방법이다.

$$MAD = \frac{1}{n}\sum_{i=1}^{n} |x_i - \bar{x}|$$

참고 {2, 4, 6, 8, 10}의 MAD는?
평균=6, 각 값에 대한 편차={−4, −2, 0, 2, 4}, 편차의 절댓값={4, 2, 0, 2, 4}

$$\therefore MAD = \frac{12}{5} = 2.4$$

49 정답 ③ 핵심 이론 084

Quick해설 차분은 현재 시점의 값에서 이전 시점의 값을 빼는 방법으로, 이를 통해 시계열 데이터의 추세(Trend)를 제거하고, 평균이 일정한 정상성 시계열로 변환하는 데 도움을 준다. ADF(Augmented Dickey-Fuller) 테스트, KPSS(Kwiatkowski-Phillips-Schmidt-Shin) 테스트, 그리고 Phillips-Perron 테스트와 같은 테스트를 사용하여 데이터가 정상성(Stationary)을 가지는지 확인한다.

50 정답 ④ 핵심 이론 058

Quick해설

$$P(A|B) = \frac{P(B|A) \cdot P(A)}{P(B)}$$

$$P(A|B) = \frac{0.9 \times 0.1}{0.2} = \frac{0.09}{0.2} = \frac{9}{20}$$

상세해설 베이즈 정리
- 전체 중 A질병에 걸린 사람의 비율, $P(A) = 0.1$
- 전체 중 A질병으로 진단받은 사람의 비율, $P(B) = 0.2$
- A질병에 걸린 사람 중 A질병을 진단받은 사람의 비율, $P(B|A) = 0.9$
- A질병을 진단받은 사람 중 A질병에 걸린 사람의 비율

$$P(A|B) = \frac{P(B|A) \cdot P(A)}{P(B)}$$

$$P(A|B) = \frac{0.9 \times 0.1}{0.2} = \frac{0.09}{0.2} = \frac{9}{20}$$

정답과 해설 제43회 기출 복원 모의고사

정답 확인

01	②	02	③	03	①	04	④	05	④
06	③	07	③	08	②	09	②	10	①
11	②	12	④	13	②	14	②	15	③
16	③	17	①	18	②	19	②	20	①
21	①	22	④	23	③	24	③	25	①
26	③	27	①	28	④	29	①	30	①
31	③	32	②	33	②	34	③	35	③
36	②	37	①	38	④	39	①	40	③
41	③	42	③	43	②	44	①	45	③
46	④	47	③	48	③	49	④	50	③

1회독

영역	맞은 개수
데이터 이해	/ 10
데이터 분석 기획	/ 10
데이터 분석	/ 30
합계	/ 50

2회독

영역	맞은 개수
데이터 이해	/ 10
데이터 분석 기획	/ 10
데이터 분석	/ 30
합계	/ 50

3회독

영역	맞은 개수
데이터 이해	/ 10
데이터 분석 기획	/ 10
데이터 분석	/ 30
합계	/ 50

1과목 데이터 이해

01 정답 ② 핵심 이론 004

Quick해설 데이터베이스는 정보의 체계적 관리, 새로운 정보의 축적, 관리의 용이성 등을 제공하여, 데이터를 효율적으로 저장하고 추가할 수 있는 특징을 가지고 있다.

상세해설 ① 비용 측면에 초점을 맞추고 있어, 경제적 측면에 대한 설명이다.
③ 데이터 모델링 방식에 대한 설명으로 구조적 측면에 대한 설명이다.
④ 보안 및 접근 통제에 중점을 두고 있는 설명으로, 정보 관리적 측면이라기보다는 보안적 측면에 가깝다.

02 정답 ③ 핵심 이론 010

Quick해설 Data Warehouse는 기업 내의 의사결정 지원 애플리케이션을 위한 정보를 제공하는 하나의 통합된 데이터 저장 공간을 의미한다.

상세해설 ① BI(Business Intelligence): 데이터 기반 의사결정을 지원하기 위한 리포트 중심의 도구
② OLAP(Online Analytical Processing): 다차원의 데이터를 대화식으로 분석하기 위한 소프트웨어
④ ODBC(Open Database Connectivity): 데이터베이스와 응용 프로그램 간의 연결을 표준화한 인터페이스로, 서로 다른 데이터베이스 간의 호환성을 높이기 위한 프로토콜

03 정답 ① 핵심 이론 004

Quick해설 관측소에서 측정한 온도는 숫자형태로 되어 있는 정형 데이터로 분류된다.

상세해설 비정형 데이터는 형태나 구조가 정형화되지 않은 데이터로 잠재적 가치가 가장 높다는 특징이 있으며 사진, 이미지, 동영상, 소리, 텍스트 등의 데이터가 포함된다.

04 정답 ④ 핵심 이론 012

Quick해설 빅데이터의 출현 배경에는 대량의 데이터, 모바일 및 클라우드 컴퓨팅과 같은 기술의 발전, 분석처리기술의 발전 등 다양한 것들이 있다.

상세해설 빅데이터의 출현 배경
- 디지털화, 저장 기술, 인터넷 보급, 모바일 혁명, 클라우드 컴퓨팅 등 관련 기술의 발전
- 소셜 미디어, 영상 등 비정형 데이터의 확산
- 데이터 처리 기술의 발전
- 학계의 거대 데이터 활용 과학 확산

05 정답 ④ 핵심 이론 011

Quick해설 빅데이터의 3V는 Volume, Variety, Velocity이다.

상세해설 빅데이터의 4V, 5V
- 빅데이터의 4V: 3V + Value(ROI, Return On Investment, 투자자본수익률 관점에서 보는 빅데이터)
- 빅데이터의 5V: 4V + Veracity

06 정답 ③ 핵심 이론 016

Quick해설 택배 차량 배치를 통한 효율적인 비용에 대해 생각해야 하는 '최적화' 문제는 유전 알고리즘과 관련된 내용이다. 요인 분석은 많은 변수들 간의 상관관계를 분석하여 이를 설명하는 잠재적인 요인을 추출하는 통계기법으로, 데이터의 차원을 축소하는 데 사용된다.

07 정답 ③ 핵심 이론 015

Quick해설 빅데이터가 만들어내는 본질적인 변화에서 인과관계는 상관관계로 변화되었다.

상세해설 빅데이터가 만들어내는 본질적인 변화

사전 처리		사후 처리
표본조사	→	전수조사
질(Quality)		양(Quantity)
인과관계		상관관계

08 정답 ② 핵심 이론 017

Quick해설 개인의 행동 예측 알고리즘에 대해서는 데이터 사용 투명성을 높이고 개인이 자신의 데이터에 대한 통제권을 갖도록 하는 방향으로 관리되는 것이 현실적인 방법이다.

09 정답 ② 핵심 이론 021

Quick해설 데이터 사이언스는 스토리텔링, 커뮤니케이션, 창의력, 직관력 등 다양한 능력이 필요하다.

상세해설 데이터 사이언스의 정의
- 데이터로부터 의미 있는 정보를 추출해내는 학문이다.

- 정형, 반정형, 비정형의 다양한 유형의 데이터를 대상으로 한다.
- 분석뿐 아니라 이를 효과적으로 구현하고 전달하는 과정까지 포함한 포괄적 개념이다.
- 데이터 공학, 수학, 통계학, 컴퓨터 공학, 시각화, 해커의 사고방식, 해당 분야의 전문 지식을 종합한 학문이다.
- 기존의 통계학과 다르게 총체적(holistic) 접근법을 사용한다.
- 스토리텔링, 커뮤니케이션, 창의력, 직관력 등이 필요하다.

10 정답 ① 　　　　　📁 핵심 이론 023

Quick해설 빅데이터 가치 패러다임은 'Digitalization – Connection – Agency' 순서로 변화되었다.

> **TIP**
> '디지털 카메라', '알파벳 역순'으로 암기해 보세요!

2과목　데이터 분석 기획

11 정답 ② 　　　　　📁 핵심 이론 030

Quick해설 각 단계(Phase)를 기준선(Baseline)으로 설정하여 관리한다는 것은 프로젝트 관리에서 각 단계의 산출물이나 성과를 일정 시점에 기준선(Baseline)으로 설정하고, 이를 기준으로 성과를 추적하고 평가한다는 뜻이다. 즉, 기준선은 프로젝트 진행 과정에서 일종의 기준점 역할을 한다.

상세해설 빅데이터 분석 방법론 3개층 구조
- 단계(Phase)–태스크(Task)–스텝(Step) 순서로 구성된다.
- 각 단계(Phase)는 기준선(Baseline)으로 설정하여 관리한다.
- 태스크(Task)는 단계(Phase)의 구성단위이다.
- 스텝(Step)은 입력과 출력으로 구성된다.

12 정답 ④ 　　　　　📁 핵심 이론 044

Quick해설 분석 수준 진단 결과 높은 준비도와 높은 성숙도의 상태인 경우는 기업에 필요한 6가지 분석 구성요소를 갖추고 있고, 현재 부분적으로 도입되어 지속적 확산이 필요한 기업이다.

상세해설 분석 수준 진단 결과 사분면 분석
① 낮은 준비도와 낮은 성숙도로 사전 준비가 필요한 상태이다. → 준비형
② 낮은 준비도와 높은 성숙도로 기업 내부에서 제한적으로 사용하고 있다. → 정착형
③ 높은 준비도와 낮은 성숙도로 분석 업무, 기법 등은 부족하지만 적용 조직 등은 준비가 되어 있다. → 도입형

13 정답 ② 　　　　　📁 핵심 이론 032

Quick해설 내부 데이터에 대해 부서 간 업무 협조와 개인정보 보호 및 정보 보안과 관련한 문제점을 사전에 점검하고, 외부 데이터에 대해 시스템 간 다양한 인터페이스 및 법적인 부분의 문제점을 고려하여 계획을 수립해야 한다.

상세해설 빅데이터 분석 방법론 – 데이터 준비
- 필요 데이터 정의: 데이터의 정의(정형, 비정형, 반정형 데이터 종류), 데이터 획득 방안 수립(내부 데이터, 외부 데이터)
- 데이터 스토어 설계: 정형 데이터 스토어 설계, 비정형 데이터 스토어 설계
- 데이터 수집 및 정합성 점검: 다양한 방법으로 데이터 수집하고, 데이터 스토어에 저장하며, 데이터 스토어의 품질 점검을 통해 데이터의 정합성 확보

14 정답 ② 　　　　　📁 핵심 이론 040

Quick해설 일반적으로 가장 우선순위가 높은 것은 3사분면으로 시급성이 높고, 난이도가 낮은(= 시급성이 현재, 난이도가 Easy) 것이다.

상세해설 분석 과제 우선순위 선정
- 일반적으로 가장 먼저 수행하는 것: 3사분면
- 우선순위를 '시급성'에 둔다면 Ⅲ – Ⅳ – Ⅱ 순서로 지정한다.
- 우선순위를 '난이도'에 둔다면 Ⅲ – Ⅰ – Ⅱ 순서로 지정한다.
- 시급성이 높고(현재) 난이도가 높은(Difficult) 영역(1사분면)은 경영진 또는 실무 담당자의 의사결정에 따라 적용 우선순위를 조정할 수 있다.

15 정답 ③ 　　　　　📁 핵심 이론 035

Quick해설 사회(Social): 비즈니스 모델의 고객 영역에 존재하는 현재 고객을 확장하여 전체 시장을 대상으로 문화적·구조적 트렌드 변화에 기반한 분석 기회 도출(노령화, 저출산에 따른 해당 사업 모델의 변화 등)

상세해설 분석 기회 발굴의 범위 확장 – 거시적 관점(메가트랜드)
- STEEP: 사회(Social), 기술(Technological), 경제(Economic), 환경(Environmental), 정치(Political)
- 사회: 비즈니스 모델의 고객 영역에 존재하는 현재 고객을 확장하여 전체 시장을 대상으로 문화적, 구조적 트렌드 변화에 기반한 분석 기회 도출

- ㉔ 노령화, 저출산에 따른 해당 사업 모델의 변화 등
- 기술: 과학, 기술, 의학 등 최신 기술의 등장 및 변화에 따른 역량 내재화와 제품 서비스 개발에 대한 분석 기회 도출
  - ㉔ 나노 기술, 로봇 기술의 고도화에 따른 기존 제품의 Smart화
- 경제: 산업과 금융 전반의 변동성 및 경제 구조 변화 동향에 따른 시장의 흐름을 파악하고 이에 따른 분석 기회 도출
  - ㉔ 원자재 가격, 환율, 금리 변동
- 환경: 환경과 관련된 정부, 사회단체, 시민사회의 관심과 규제 동향을 파악하고 이에 대한 분석 기회 도출
  - ㉔ 탄소 배출 규제 및 거래 시장 등장에 따른 원가 절감
- 정치: 주요 정책 방향, 정세, 지정학적 동향 등의 거시적인 흐름을 토대로 한 분석 기회 도출
  - ㉔ 대북 관계 동향에 따른 원자재 구매 거래선의 다변화 등

16 정답 ③ 　핵심 이론 037

Quick해설 분석의 활용적인 측면에서는 정확도(Accuracy)가 중요하며, 안정적인 측면에서는 정밀도(Precision)가 중요하다.

17 정답 ① 　핵심 이론 037

Quick해설 주어진 내용은 조달에 대한 설명이다.
상세해설 분석 프로젝트의 관리 영역에서 유의해야 할 요소
분석 프로젝트의 관리 영역에서 유의해야 할 10개 요소에는 '시간, 범위, 품질, 통합, 이해관계자, 자원, 원가, 리스크, 조달, 의사소통'이 있다.
- 품질: 품질보증과 품질통제를 계획하고 확립하는 데 요구되는 프로세스
- 원가: 개발 예산과 원가통제의 진척 상황을 관찰하는 데 요구되는 프로세스
- 자원: 인력, 시설, 장비, 자재, 기반 시설, 도구와 같은 적절한 프로젝트 자원을 식별하고 확보하는 데 필요한 프로세스

18 정답 ② 　핵심 이론 046

Quick해설 기능 중심의 조직 구조는 별도 분석 조직을 구성하지 않고 각 해당 업무부서에서 직접 분석한다. 전사적 관점에서 핵심 분석이 어려움이 있으며, 특정 업무 부서에 국한된 분석 수행 가능성이 높거나 일부 중복된 분석 업무를 수행할 수 있다.
상세해설 ① 기능 중심의 조직 구조는 전사적 관점에서 핵심 분석이 어렵다.
③ 집중 조직 구조는 분석 전담 조직에서 회사의 모든 분석 업무를 담당한다.
④ 분산 조직 구조는 분석 조직의 인력들이 협업부서에 배치되어 업무를 수행한다.

19 정답 ② 　핵심 이론 045

Quick해설 데이터 표준화는 표준용어 설정, 명명 규칙 수립, 데이터 사전 구축 등에 대한 것이다.
상세해설 ① 메타데이터와 데이터 사전(Data Dictionary)의 관리 원칙 수립은 데이터 관리 체계에 대한 설명이다.
③ 메타데이터 및 표준 데이터를 관리하기 위한 전사 차원의 저장소를 구성하는 것은 데이터 저장소 관리에 대한 설명이다.
④ 데이터 거버넌스 체계 구축 후, 표준 준수 여부의 주기적 점검 및 모니터링은 표준화 활동에 대한 설명이다.

20 정답 ① 　핵심 이론 026

Quick해설 분석 기획에 앞서 가용한 데이터, 적절한 유즈케이스 탐색, 장애 요소들에 대한 사전 계획 수립을 고려해야 한다.
상세해설 분석 기획 시 고려 사항
① 가용한 데이터: 분석을 위한 데이터 확보 및 데이터 유형 분석
② 적절한 유즈케이스 탐색: 유사 분석 시나리오 및 솔루션이 있다면 최대한 활용
③ 장애 요소들에 대한 사전 계획 수립: 분석 프로젝트를 방해할 수 있는 장애 요소들에 대한 사전 계획 수립

3과목	데이터 분석

21 정답 ① 　핵심 이론 056

Quick해설 절대 0점이 있는 것은 비율척도이다.

22 정답 ④ 　핵심 이론 055

Quick해설 층화 추출법은 동질적인 원소들로 구성된 각 계층에서 대표 표본을 추출하는 방법이다.

23 정답 ③ 　핵심 이론 066

Quick해설 1종 오류는 귀무가설이 참인데 참이 아닌 것(거짓)으로 판단하여 발생하는 오류이며, 2종 오류는 귀무가설이 참이 아닌데(거짓) 참으로 판단하여 발생하는 오류이다. 문제에서 '거짓'을 '참이 아닌데'로 표현하여 어렵게 만들었다.

상세해설 ③ 제1종 오류는 귀무가설이 참인데 거짓으로 판단하여 발생하는 오류이다.
④ 제2종 오류는 귀무가설이 거짓인데 참으로 판단하여 발생하는 오류이다.

24 정답 ③ 📁 핵심 이론 058

Quick해설 교집합이 두 사건의 곱이기 위해서는 '독립사건'이라는 전제가 필요하다.

상세해설 두 사건 A, B가 독립이면 다음이 성립한다.
- $P(B|A) = P(B)$, $P(A|B) = P(A)$,
  $P(A \cap B) = P(A) \cdot P(B)$
- $P(A \cup B) = P(A) + P(B) - P(A \cap B)$
  $= P(A) + P(B) - P(A) \cdot P(B)$

25 정답 ① 📁 핵심 이론 058

Quick해설 나이브베이즈 이론은 귀납적 추론 방법에 해당한다.

26 정답 ③ 📁 핵심 이론 093

Quick해설 인공신경망에서 가중치(weight)는 뉴런(= 노드) 간의 연결 강도를 의미한다. 각 연결에는 가중치가 할당되어 있으며, 이 가중치는 입력 신호가 다음 뉴런에 전달될 때 얼마나 영향을 미치는지를 결정한다.

27 정답 ① 📁 핵심 이론 094

Quick해설 F1 Score $= \dfrac{2 \times \text{Precision} \times \text{Recall}}{\text{Precision} + \text{Recall}}$

Precision $= \dfrac{TP}{TP+FP}$, Recall $= \dfrac{TP}{TP+FN}$

상세해설
- Precision $= \dfrac{TP}{TP+FP} = \dfrac{0.2}{0.2+0.3} = 0.4$
- Recall $= \dfrac{TP}{TP+FN} = \dfrac{0.2}{0.2+0.3} = 0.4$
- F1 Score $= \dfrac{2 \times \text{Precision} \times \text{Recall}}{\text{Precision} + \text{Recall}}$
  $= \dfrac{2 \times 0.4 \times 0.4}{0.4+0.4} = 0.4$

28 정답 ④ 📁 핵심 이론 073

Quick해설 데이터의 정규성 검정 방법에는 Normal Q-Q plot, Histogram, Shapiro Wilk test, Kolmogorov-Smirnov test, Anderson-Darling test 등이 있다.

상세해설 더빈-왓슨 검정(Durbin-Watson Test)
- 오차항(Residuals)이 독립인지 확인하는 방법 중 한 가지로 자기상관(Autocorrelation)에 대해 검정할 수 있다.
- 자료가 시간에 따라 변하는 패턴(자기상관, autocorrelation)을 보인다면 자료의 독립성을 위반하는 것이다.
- 귀무가설: 오차항 간에 자기상관이 없다.
- 대립가설: 오차항 간에 자기상관이 있다.

29 정답 ① 📁 핵심 이론 074

Quick해설 설명변수가 여러 개이고 종속변수가 연속형 데이터일 때는 다중회귀 분석을 사용한다.

상세해설 회귀 분석 모형의 종류
- 다중회귀: 설명변수의 개수가 여러 개이고, 응답변수가 연속형데이터일 때 사용한다.
- 다항회귀: 설명변수와 응답변수가 선형적 관계가 아니라 곡선 형태로 되어 있는 경우 사용한다.
- 로지스틱회귀: 응답변수가 범주형 데이터일 때 사용한다.
- 단순선형회귀: 설명변수(= 독립변수)의 개수가 1개이며, 응답변수(= 종속변수)가 연속형 데이터일 때 사용한다.

30 정답 ① 📁 핵심 이론 053

Quick해설 파생변수가 모든 데이터에 공통으로 활용될 수 있는 것은 아니다. 파생변수는 특정한 목적이나 분석 목표에 따라 원본 데이터를 기반으로 추가로 생성되는 변수이기 때문에, 데이터의 속성과 맥락에 따라 다르게 적용된다.

31 정답 ③ 📁 핵심 이론 081

Quick해설 스피어만 상관계수는 비선형적인 관계를 나타낼 수 있으며, 두 변수 안의 순위가 완전 일치하면 상관계수가 1이다.

32 정답 ② 📁 핵심 이론 072

Quick해설 Residuals vs Fitted 그래프를 사용하여 독립성에 대한 만족 여부를 알 수 없다.

상세해설 Residuals vs Fitted 그래프
① 점들의 분포가 고르게 퍼져있지 않아 등분산성을 만족하지 않는다.
③ 그래프상의 점 위에 숫자가 표시된 것은 이상값이며, 존재하는 것을 볼 수 있다.

④ 영향점을 파악하기 위해서는 Residuals vs Leverage 그래프를 사용해야 하며, Residuals vs Fitted 그래프로 영향점을 파악할 수 없다.

33 정답 ② 　　📁 핵심 이론 091

Quick해설 랜덤포레스트는 분할에 사용될 예측 변수를 '무작위로' 선택하고, 그 선택한 변수 내에서 최적의 분할을 만들어나가는 방법이다.

34 정답 ③ 　　📁 핵심 이론 091

Quick해설 앙상블 학습의 주요 목적은 여러 모델을 결합하여 단일 모델보다 예측 성능(예를 들어 분류 정확도)을 향상시키는 것이며, 다양한 모델의 예측을 조합함으로써 모델의 신뢰성과 일반화 능력을 높이고, 과적합을 줄이는 데 기여할 수 있다.

35 정답 ③ 　　📁 핵심 이론 054

Quick해설 데이터를 삭제하면 정보손실률이 높아진다. 특히, 데이터의 수가 적을 때 유용한 정보도 함께 손실될 수 있어 신중히 사용해야 한다.

상세해설 ① 이상치라도 분석 대상이 될 수 있으므로 반드시 제거해야 하는 것은 아니다.
② 이상치가 데이터의 분포에 큰 영향을 준다면 변환을 통해 분포를 정규화할 수 있지만, 해석이 어려워지므로 변환이 모든 모델에 적합한 것은 아니다.
④ 이상치를 절단하면 이상치의 영향을 줄이면서 데이터 손실을 최소화 할 수 있지만, 데이터의 분포를 왜곡할 수 있다.

36 정답 ② 　　📁 핵심 이론 076

Quick해설 다중공선성을 제거하려면 반드시 독립변수를 더 추가할 필요는 없다. 오히려 다중공선성을 줄이기 위해 독립변수를 제거하거나 변형하는 것이 일반적인 접근 방법이며, 독립변수를 추가하는 것은 다중공선성을 오히려 악화시킬 수 있다.

37 정답 ① 　　📁 핵심 이론 101

Quick해설 연관 분석에서는 거래 횟수가 적은 품목에 대해 규칙을 발견하기 어렵다. 연관 분석은 주로 자주 발생하는 패턴을 찾아내는 데 초점을 맞추기 때문에, 거래 횟수가 적은 품목은 연관 규칙의 지지도(support)가 낮아져 규칙 발견에서 제외되거나 중요하게 다뤄지지 않을 가능성이 크다.

상세해설 연관 분석
② 조건반응(if-then)으로 표현되는 연관 분석의 결과를 이해하기 쉽다.
③ 분석 계산이 간편하지만, 분석 품목 수가 증가하면 분석 계산이 기하급수적으로 증가한다.
④ 항목 간의 발생 빈도나 공존 패턴을 찾는 데 사용되며, 데이터의 빈도 정보를 기반으로 분석을 수행하기 때문에 데이터를 변환할 필요가 없다.

38 정답 ④ 　　📁 핵심 이론 090

Quick해설 의사결정나무의 가지치기(Pruning)를 사용하여 비정상적인 잡음 데이터에 대해서도 민감하지 않게 할 수 있다.

상세해설 의사결정나무의 가지치기
- 생성된 의사결정나무를 단순화하는 프로세스로 불필요한 분기를 제거하여 모델의 일반화 능력을 향상시키는 것이다.
- 최종 노드가 너무 많으면 과대적합(Overfitting)의 가능성이 커지는데, 이를 해결하기 위해 사용한다.
- 복잡한 트리를 간단하게 만들어 과대적합을 방지하고 데이터에 대한 지나친 적합을 줄인다.

39 정답 ① 　　📁 핵심 이론 082

Quick해설 다차원척도법은 변수 간의 거리를 유지하면서 각 변수를 실수 좌표로 나타내는 점들로 표현하여 고차원 데이터를 시각적으로 분석할 수 있게 한다.

상세해설 ② 상관계수: 두 변수 간의 선형 관계의 강도와 방향을 나타내는 값으로, -1에서 1 사이의 범위를 갖는다.
③ 시계열 분석: 시간에 따른 데이터의 패턴, 추세, 계절성을 분석하여 미래를 예측하는 통계기법이다.
④ 주성분 분석(PCA): 고차원 데이터의 분산을 최대한 보존하면서 상관된 변수를 몇 개의 주성분으로 변환하여 차원을 축소하는 기법이다.

40 정답 ③ 　　📁 핵심 이론 096

Quick해설 최장연결법은 두 군집 사이의 거리를 군집에서 하나씩 관측값을 뽑았을 때 나타날 수 있는 거리의 최댓값으로 측정한다.

상세해설 ① 최단연결법: 단일연결법이라고도 하며, 두 군집 사이의 거리를 군집에서 하나씩 관측값을 뽑았을 때 나타날 수 있는 거리의 최솟값을 측정하는 것으로, 고립된 군집을 찾는 데 중점을 둔 방법이다.

② 중심연결법: 두 군집의 중심 간의 거리를 측정한다. 두 군집이 결합될 때 새로운 군집의 평균은 가중평균을 통해 구해진다.
④ 와드연결법: 계층적 군집 내의 오차제곱합에 기초하여 군집을 수행하는 군집 방법으로, 크기가 비슷한 군집끼리 병합하는 경향이 있다.

41 정답 ③ 　　핵심 이론 051

Quick해설 Bwt 변수의 IQR = Q3−Q1 = 3.0−2.3 = 0.7
lower = Q1−1.5×IQR = 2.3−1.05 = 1.25
upper = Q3+1.5×IQR = 3.0+1.05 = 4.05
lower가 Min값인 2.0보다 작고, upper가 Max값인 3.9보다 크기 때문에 이상값이 없다.

상세해설 ① head(), tail()의 결과를 가장 왼쪽의 숫자를 보면 Bwt와 Hwt는 1~144의 인덱스 번호를 갖는 수치 데이터를 가지고 있다는 것을 알 수 있다.
② head()의 결과를 보면 Sex 변수는 F 또는 M이라는 문자 또는 문자열(character) 데이터라는 것을 알 수 있다.
④ Hwt 변수의 Mean값이 평균을 의미하며 그 값은 10.6이다.

42 정답 ③ 　　핵심 이론 096

Quick해설 두 벡터 사이의 사잇각을 계산해서 유사한 정도를 구하는 것은 코사인 유사도이다.
상세해설 ① 자카드 거리: 집합 간의 차이를 측정하는 방법으로, 두 집합 사이의 비슷함과 다름을 측정하는 데 주로 사용된다.
② 피어슨 상관계수: 두 변수의 선형적인 관계를 −1~1 사이의 수치로 나타낸다.
④ 캔버라 거리: 두 벡터 사이의 차이를 측정하는 거리로, 특히 각 요소의 차이를 비율로 계산하는 방식이므로, 값의 크기 차이가 큰 경우 또는 값이 0에 가까운 경우에 민감하게 반응한다.

43 정답 ② 　　핵심 이론 081

Quick해설 Salary와 CRuns의 상관계수에 대한 통계적 유의성은 상관계수에 관한 그래프로 알 수 없으며, 상관계수에 대한 p-value가 필요하다.
상세해설 ① 동그라미가 작고 흐리게 표시된 것은 상관계수가 작음을 의미하고, 동그라미가 크고 진하게 표시된 것은 상관계수가 큰 것을 의미한다.

③ 상관계수는 −1~1의 범위를 갖고, 0인 경우 선형관계가 없음을 나타낸다.
④ CAtBat, CHmRun, CRuns, CRBI 등의 독립변수들은 서로 상관관계가 높아 다중공선성의 문제가 발생할 수 있다.

44 정답 ① 　　핵심 이론 098

Quick해설 두 군집하는 과정 중 하나의 데이터는 하나의 군집에만 배정될 수 있다.
상세해설 K-means의 특징
• K-means 방법은 사전에 군집의 수 K를 정해야 한다.
• 군집 수 K가 원 데이터 구조에 적합하지 않으면 좋은 결과를 얻을 수 없다.
• 알고리즘이 단순하며 빠르게 수행되므로 계층적 군집보다 많은 양의 자료를 처리한다.
• K-means 군집은 잡음이나 이상값에 영향을 받기 쉽다.
• K-means 군집은 볼록한 형태의 군집을 가정하므로 비볼록(non-convex)한 형태의 군집이 존재하면 성능이 떨어진다.
• K-means의 절차

> ❶ 초기 군집의 중심으로 k개의 객체를 임의 방식으로 선택한다(랜덤 초기화).
> ❷ 각 자료를 가장 가까운 군집의 중심에 할당한다.
> ❸ 각 군집 내의 자료들의 평균을 계산하여 군집의 중심을 갱신한다.
> ❹ 군집 중심의 변화가 거의 없을 때까지 ❷와 ❸을 반복한다.

45 정답 ③ 　　핵심 이론 063

Quick해설 구간추정을 통해 얻은 신뢰 구간에 모수가 항상 포함되는 것은 아니다.
신뢰 구간은 특정 신뢰 수준(예 95%)에서 모수가 해당 구간에 포함될 확률이 높다는 것을 의미할 뿐이며, 개별 구간이 항상 모수를 포함하는 것은 아니다.

46 정답 ④ 　　핵심 이론 086

Quick해설 연관 분석은 장바구니 분석이라고도 하며 카탈로그 배열 및 교차판매, 공격적 판촉행사 등의 마케팅 계획에 사용된다.
상세해설 ① 분류: 의사결정나무, 로지스틱회귀
② 군집 분석: K-means, 혼합분포군집, SOM
③ 추정: 선형회귀 분석

47 정답 ③ 핵심 이론 075

Quick해설 84.10은 절편(Intercept)의 값이다.
상세해설 ① education으로 시작하는 4개의 변수는 더미변수이다.
② education2. HS Grad는 11.68, education3. Some College는 23.65, education4. College Grad는 40.32, education5. Advancedd Degree는 66.81로 학력이 상승할수록 임금의 평균도 상승한다.
④ education5. Advanced Degree의 회귀계수가 가장 크기 때문에 평균이 제일 높다.

48 정답 ③ 핵심 이론 083

Quick해설 첫 번째 주성분으로 12%, 두 번째 주성분으로 7% 분산을 설명하므로 두 개의 주성분을 사용하면 약 19%의 분산을 설명할 수 있다.
상세해설 ① X축에 1에 해당하는 Y축 값이 0.12이므로 첫 번째 주성분으로 12% 정도 설명이 가능하다.
② 변수가 64개이므로, 주성분 64개로 100% 분산을 설명할 수 있다.
④ 그림에서 보면 7, 8번째 성분에서부터 완만한 기울기를 가진다.

49 정답 ④ 핵심 이론 081

Quick해설 Balance와 가장 상관관계가 약한 변수는 Age이다.
상세해설 ① 수치를 볼 때 상관계수 0.86으로 Limit과 Balance가 가장 높은 상관관계임을 알 수 있다.
② 수치를 볼 때 음수가 없으므로 모든 상관관계가 양의 상관관계를 보인다.
③ Limit과 Cards가 교차하는 지점에 쓰여 있는 0.01이 두 변수의 상관계수이다.

50 정답 ③ 핵심 이론 065

Quick해설 신뢰구간을 구하는 식은 $\bar{X} \pm 임곗값 \cdot \left(\frac{S}{\sqrt{n}}\right)$이며, 임곗값은 t 분포일 때, 90% 신뢰구간에 대한 것이므로 10%의 $\frac{1}{2}$인 5%에 대한 값을 구해야 하고, 자유도를 사용한다. 즉, 임곗값은 $t_{0.05,\,70}$ 또는 $t_{0.95,\,70}$를 사용한다.

정답&해설

2025

에듀윌
데이터분석 준전문가 ADsP
2주끝장

고객의 꿈, 직원의 꿈, 지역사회의 꿈을 실현한다

EXIT 합격 서비스
exit.eduwill.net
- 부가학습자료 및 정오표: EXIT 합격 서비스 > 자료실/정오표 게시판
- 교재문의: EXIT 합격 서비스 > 실시간 질문답변 게시판(내용)/Q&A 게시판(내용 외)